제3판

무역실무

강원진

博 英 社

제 3 판을 내면서

그 동안 이 책을 애독하여 주신 여러분께 거듭 감사를 드린다.

이 책을 펴낸 후 국제상업회의소 신용장통일규칙(UCP 600) 제 6 차 개정 전문이 공식 간행되고 관련 추록도 업데이트되어 2007년 7월 1일부터 신용장 거래에 적용되고 있다. 따라서 이와 같은 국제상관습의 변화에 부응하고 그 동안 미루어 왔던 몇 개의 장에 대한 수정 및 보완을 위하여 이 책을 개정하여야 할 필요성이 있었다.

이 책 제 3 판에서 반영된 주요내용은 다음과 같다.

제 3 장 한국의 무역관리제도 부분을 개정된 무역관계법규에 따라 수정 · 보완하였다.

제 8 장 신용장 부분을 UCP 600 내용으로 반영하여 전면적인 수정 및 보완을 하였다. 또한 신용장 서식 및 기재내용은 스위프트(SWIFT) 메시지 형식으로 교체시켜 최근의 국제결제관행을 반영시켰다.

제12장 통관과 관세 부분을 개정된 관세법에 따라 수정 · 보완하였다.

그리고 UCP 600 전문의 내용을 부록에 추가하였고 그 동안 이 책에서 발견된 오류 및 표현상의 자구들도 수정하였으며 또한 책의 판형을 크게 하는 등 편집체계를 바꾸었다.

이 책의 제 3 판 간행을 위하여 편집에 수고하여 주신 편집부 김양형 편집위원 그리고 도움을 주신 영업부 박노일 부장님께 깊은 감사를 드린다.

2008년 7월 1일

저　자

개정판을 내면서

그 동안 이 책을 애독하여 주신 여러분께 감사드린다. 최근의 국제무역환경변화에 부응하기 위하여 국내외의 무역관련 법제도 많은 개편이 있었다. 따라서 이 책도 대외무역법 등 무역관련 법규의 개정 내용과 1990년 이후 10년만에 개정되어 2000년 1월 1일부터 새로 적용되는 "INCOTERMS 2000"의 내용에 따라 관련 부분을 수정하고 보완하게 되었다.

이 개정판에서는 제 2 장의 무역업과 무역대리업에 대한 대외무역법상의 개정 내용을 반영시켰으며, 제 3 장의 수출입승인과 특정 수출입 거래의 내용 등 변경된 법규 내용으로 수정하였고, 제 6 장의 무역계약과 주요 약정조건에서는 개정된 인코텀즈 내용을 반영시켰다. 또한 제12장의 수출입 통관절차를 포함하여 그 밖의 부분적인 내용에 대하여 보완하였다.

정보통신기술의 발달은 가상공간을 이용한 새로운 인터넷 무역의 구현을 용이하게 하고 있어 무역거래에 따른 관련 제도 및 관행도 지속적으로 변화될 것으로 예상된다. 앞으로도 꾸준한 연구와 독자 여러분의 충고를 수용하여 이 책도 새로운 변화에 부응할 수 있도록 계속 보완하고자 한다.

이 책의 개정판을 내면서 자료의 정리와 교정 등에 수고를 해 준 부산대학교 대학원 박사학위 과정을 수료한 이상훈 · 손성문 군과 석사학위 과정중에 있는 오창근 군의 수고에 고마움을 전한다. 또한 박영사 편집부의 우석진 선생님과 제작에 수고하여 주신 여러분께 감사를 드린다.

2000년 2월 15일

저　　자

머 리 말

무역거래는 매매계약이 성립된 후 매도인이 물품을 인도하고 대금을 지급받기까지 많은 비용이 들고 운송 · 결제상의 위험도 따른다. 무역거래를 잘 수행하기 위해서는 무역거래 전반에 대한 전문적 지식과 함께 실전경험이 요구된다. 국제무역의 실천적 연구분야인 무역실무를 단순하게 수출입절차로 인식한다면 이는 잘못된 생각이다. 왜냐하면 무역거래에서 발생되는 분쟁은 거래 당사자간의 수출입절차상 문제라기보다는 국제물품매매와 관련된 국제상관습과 법률적 이해관계에 대한 전문적 지식부족과 의사결정의 오류에서 발생되는 문제이기 때문이다.

따라서 무역실무는 상이한 국가간의 거래당사자가 주계약인 매매계약을 기본으로 계약을 이행하기 위한 운송 · 보험 · 결제에 관련된 상관습적 · 법률적인 문제를 실무적으로 접근하여 종합적으로 연구하여야 한다.

저자는 이와 같은 시각에서 외국환은행과 무역업계에서 부서 책임자로서의 실무경험과 대학강단에서의 강의 및 연구자료를 토대로 이 책을 쓰게 되었다.

이 책은 다음과 같은 점에 특징을 두었다.

첫째, 수출입절차 중심의 고찰을 지양하고 무역계약의 성립에서 이행 및 종료되는 상황을 15개의 장으로 구성하여 해당주제에 대한 상관습적 · 법리적 문제를 실무적으로 접근시켰다.

둘째, 계약 · 운송 · 보험 · 결제 · 무역관리 · 상사중재 등 무역실무상의 핵심주제에 대하여 최신의 관행과 법제를 가지고 고찰하였다.

셋째, 무역의 실제를 보다 쉽게 이해할 수 있도록 표와 그림을 활용하였고 상황별로 요구되는 무역 관계서류는 빈 양식만 제시하지 않고 직접 작성하여 일선 실무에 바로 적용할 수 있도록 하였다.

이 책을 쓰면서 저자는 가능한 한 무역을 처음 배우는 학생이나 무역업계의 경영자 및 실무자의 입장에서 전문적으로 알아야 할 내용을 총망라하여 종합적인 이해가 될 수 있는 알찬 내용으로 실무지침서를 펴야 되겠다는 의욕을 가지고 고심하였다. 그러나 원고를 마무리하고 보니 저자의 역부족으로 당초의 의도에 비하여 미흡한 부분이 많다. 이에 대해서는 앞으로 이 책을 읽는 분들의 충고를 수용하고 또한 계속적인 연구를 통하여 더 좋은 책이 되도록 보완하고자 한다.

이 책을 만드는 과정에서 저자는 많은 분들로부터 도움을 받았다. 여러 은사님과 무역학과 교수님들의 격려로 힘을 얻었고, 부산대학교 대학원 박사학위 과정중인 이천수, 이상훈, 손성문 군은 교정을 보는 데 수고를 하여 주었다. 그리고 나의 가족들은 연구에 전념할 수 있도록 늘 자상하게 뒷바라지하여 주었다. 이 모든 분들에게 진심으로 감사드린다.

또한 이 책의 출판을 맡아 주신 박영사 안종만 사장님과 황인욱 부장님, 편집에 세심하면서도 친절하게 열성을 다하여 주신 우석진 선생님, 그리고 관계 임직원 여러분의 협조에 깊은 감사를 드린다.

1995년 5월 20일
저 자

목 차

제 1 장 무역의 기초개념

제 2 장 무역경영의 주체와 조직

제 3 장 한국의 무역관리제도

제 4 장 해외시장조사와 거래선발굴

제 5 장 무역계약의 성립과 기본적 법리

제 6 장 무역계약과 주요 약정조건

제 7 장 신 용 장

제 8 장 물품의 확보와 무역금융

제 9 장 국제물품운송

제10장 적 화 보 험

제11장 수 출 보 험

제12장 통관과 관세

제13장 무역결제서류와 전자무역거래

제14장 무역대금결제

제15장 무역클레임과 상사중재

부 록

제 1 장 무역의 기초개념

제 1 장 무역의 기초개념

1. 무역의 의의

무역(trade)이란 영어로 교환(exchange), 매매(sale) 또는 거래(business)라는 의미이다. 중국에서는 사기(史記)의 화식전(貨殖傳)에 '이물상무역'(以物相貿易)이라고 쓰여 물품의 교환이라는 의미로 풀이되고 있다. 의미상으로 볼 때 무역은 교환이나 매매가 외국뿐만 아니라 한 나라 안에서 이루어지는 이른바 국내무역(domestic trade)도 해당될 수 있지만, 오늘날에 와서는 외국무역(foreign trade)을 가리킨다.

따라서 무역은 상이한 국가간에 물품(goods)을 대상으로 이루어지는 상거래라고 정의할 수 있다. 여기에서 상이한 국가란 지역, 기후 조건, 부존자원, 생산물 등 자연적 조건이 이질적이고 노동, 자본, 기술, 법률, 제도, 관습 등 사회적 조건이 다른 경제주체를 의미한다. 국가는 법률적 내지 정치적 의미의 국가영역이 아니고 경제적 의미의 국가영역, 즉 국가경제영역이므로 양자는 반드시 일치되지는 않는다. 무역거래대상이 되는 물품은 오늘날 국제교류가 확대되고 다양화됨에 따라 일반적인 상품(merchandise) 외에도 용역(service), 이전거래(transfer transaction) 및 자본거래(capital transaction)를 모두 포함시킬 수 있지만, 보통은 협의의 개념의 물품, 즉 형식재이면서 실질적인 상품을 국제매매의 객체로 간주 한다.

우리가 보통 말하는 무역이란 관점에 따라 외국무역(foreign trade), 해외무역(overseas trade), 국제무역(international trade), 세계무역(world trade) 등으로 표현하고 있는데 근본적인 개념은 다르지 않지만 의미상의 차이가 다소 있다.

외국무역이란 주관적인 관점에서 자국과 타국의 무역, 즉 자국의 입장을 기준으로 다른 여러 나라와 이루어지는 무역을 의미한다. 해외무역은 외국무역과 유사한 의미로 쓰여지며, 거래상대방의 국가를 나타낼 때에는 대일무역, 대미무역과 같이 사용된다. 국제무역은 일정한 지역 내의 여러 국가사이의 무역거래를 객관적으로 볼 경우에 사용되는 표현이며, 세계무역은 일정한 지역의 무역거래가 지구촌, 즉 세계 전체에 이르게 될 때에 사용되는 표현이다.

또한 무역은 국제경제의 순환구조상 개별경제적 성격, 국민경제적 성격, 세계경제적 성격을 가지고 움직이기 때문에 매우 복합적인 성격을 갖고 있다고 할 수 있다.

2. 무역실무의 연구

무역실무는 국제간 개별경제주체인 무역기업간의 국제물품매매계약의 성립과 이행 및 종료에 따른 국제상거래관습 및 법리적 문제에 관한 실천적 과학(practical science)으로서의 연구를 중심내용으로 한다. 무역실무를 마치 수출입절차로만 한정하여 단순하게 생각해서는 안 된다.

무역은 상이한 국가의 영역을 넘어서 이루어지고 있기 때문에 주계약인 매매계약이 성립된 이후 물품운송은 해상의존성이 크고, 운송·보관상의 위험이 따르게 됨은 물론, 대금결제에 따른 환위험도 따른다. 이처럼 무역은 매매계약성립 후 그 이행과정을 거쳐 대금결제가 이루어지기까지 상당한 시간과 인력 그리고 비용이 소요되고 복잡한 문제가 따르게 된다. 설령 물품인도가 완료되더라도 계약위반을 이유로 상거래분쟁이 야기되는 경우나 신용장조건 위반으로 인한 대금결제상의 분쟁으로 인하여 경제적 손실을 당하는 사례들을 실제거래에서 흔히 보게 된다. 이는 국제물품매매와 관련된 국제상거래관습이나 법률적 지식부족에서 비롯되는 것이다. 무역거래에서 발생되는 분쟁들을 마치 무역거래상의 부산물이라도 되는 것처럼 착각하고 있다면 커다란 문제가 아닐 수 없다. 왜냐하면 이는 곧 개별무역기업만이 아닌 해당 국가의 상도덕이나 신용과도 연결되기 때문이다.

무역거래는 상이한 국가간에 이루어지기 때문에 국제경제환경과 지역별

경제상황 및 국제마케팅 등에 관한 기본적인 이해를 그 바탕에 두어야 한다. 또한 무역실무를 원활히 수행하기 위해서는 폭넓은 국제감각과 고도의 상거래 기술과 통찰력이 요구되며 다음과 같은 국제상학(상무)적 연구가 병행되어야 한다.

첫째, 무역상담과 교섭력에 관한 연구이다.

무역상담을 성공적으로 수행하기 위하여 외국어 구사능력과 함께 상담자세와 기술 등 교섭력에 대한 연구가 필요하다. 국제무역영어나 기타 외국어에 대한 연구를 제외하고는 상담기술이나 국제교섭에 관한 연구는 미약한 실정이다.

둘째, 국제상관습에 관한 연구이다.

무역은 상관습이 서로 다른 국가간에 이루어지게 되므로 국제매매관습이나 거래관습에 대한 충분한 연구가 뒷받침되어야 한다. 정형거래조건 중심의 매매관습 외에도 업종별 · 지역별 관습도 병행하여 연구되어야 한다.

셋째, 국제무역관련법규에 관한 연구이다.

무역거래시 국제적으로 적용되는 강행법규는 없으나 국제협약, 통일규칙, 주요 국제기구의 법규들은 매매당사자간에 계약자유의 원칙에 따라 선택적으로 채택하여 적용할 수 있기 때문에 국제무역거래와 관련된 다양한 법규들에 대한 연구는 필수적이다. 물론 해당 국내의 무역관계법규도 무역관리 측면에서 연구하여야 한다.

넷째, 주계약인 매매계약과 종속계약인 운송 · 보험 · 결제에 관한 연구이다.

무역계약은 주계약인 매매당사자간에 체결된 매매계약과 이를 이행하기 위한 종속계약으로서 매도인이나 매수인이 각자의 의무이행을 위하여 운송인과 체결하는 운송계약, 보험자와 체결하는 보험계약, 은행과 체결하는 은행거래약정으로 이루어진다. 따라서 매매계약법리에 근거하여 거래조건의 약정을 통한 무역계약체결, 국제물품운송, 해상적화보험, 무역대금의 결제에 관련된 제 문제에 대하여 전문적 연구가 이루어져야 한다.

다섯째, 상거래분쟁예방 및 해결에 관한 연구이다.

무역계약체결 및 계약이행에 관련된 상거래분쟁의 예방은 물론 계약위반에 대한 구제방법 및 상사분쟁이 야기되었을 경우 이에 효과적으로 대응하고 해결하기 위한 상사중재제도에 대해서도 연구하여야 한다.

3. 무역의 종류

무역은 보는 관점에 따라 여러 가지로 구분할 수 있는데, 일반적인 종류는 다음과 같다.

3.1 물품의 이동 방향에 따른 분류

(1) 수출무역

수출이라 함은 일반적으로 매매의 목적물을 외국에 매각하는 행위라고 할 수 있으며 이는 국내에서 외국으로 물품의 이동에 의하여 이루어진다. 수출무역(export trade)은 국내에서 외국으로 물품을 적출하는 것을 말한다.

(2) 수입무역

수입이라 함은 일반적으로 매매의 목적물을 외국에서 구매하는 행위로 이는 외국으로부터 국내로의 물품의 이동에 의하여 이루어진다. 수입무역(import trade)은 수출무역의 경우와 반대로 물품이 외국에서 국내로 반입되는 것을 말한다.

3.2 물품의 형태에 따른 분류

(1) 유형무역

유형무역(visible trade)이라 함은 세관통관절차를 거쳐 무역수지(trade balance)로 무역통계에 나타나는 상품무역(merchandise trade), 즉 보통의 상품 수출입이 이에 해당된다. 여기에는 보이는 수출, 즉 유형수출(visible export)과 보이는 수입, 즉 유형수입(visible import)으로 나누어져 한 나라의 국제수지에 가장 중요한 항목으로 구성된다.

(2) 무형무역

무형무역(invisible trade)이란 국제수지표의 서비스수지항목을 구성하는 광의의 서비스무역(service trade)으로 세관통관절차를 밟지 않으므로 그 나라의 수출입통계에 나타나지 않는 용역 또는 노무상의 수지를 말한다. 여기에는 수수료(commission), 운임, 보험료, 여행경비, 해외사무소유지경비, 투자이익, 특허 · 기술사용료(royalty), 클레임배상금 등이 해당되며, 보이지 않는 무역이라고도 한다. 무형무역은 무형수출(invisible export)과 무형수입(invisible import)으로 나눠진다.

3.3 제 3 국 개입에 따른 분류

(1) 중개무역

중개무역(仲介貿易; merchandising trade)이란 수출국과 수입국의 중간에서 제 3 국의 상인이 중개하여 거래가 이루어지는 경우 제 3 국의 입장에서 볼 때의 무역을 말한다. 예를 들면 한국의 수출상 A와 미국의 수입상 B 사이에 제 3 국인 홍콩의 중개상 C가 개입하여 거래를 알선 · 중개하는 경우로 C는 A나 B로부터 중개수수료(merchanting commission)를 받거나 매매차익을 얻게 되는데 이 때 C의 입장에서 본 무역이다.

(2) 중계무역

중계무역(中繼貿易; intermediate trade)이란 수출물품이 수출국으로부터 수입국에 직접 이동되지 않고 제 3 국에 양륙되어 원형 그대로 또는 약간의 가공을 하여 수입국에 재수출되는 거래를 말하며, 일정한 수수료, 즉 외화가득액[1]을 수취할 목적으로 이루어진다. 예를 들면 한국의 A가 일본의 B로부터 물품을 수입하여 다시 대만의 C로 수출하는 경우 A는 그 차액을 얻게 되는데, 이 때 A의 입장에서 본 무역을 말한다. 이 경우 A와 B간의 계약과 A와 C의 계약은 전혀 별개의 거래가 된다.

---

1) 외화가득액이라 함은 수출금액(FOB 기준)에서 수출물품제조에 소비한 원자재수입금액(CIF 기준)을 공제한 금액을 말하며, 외화가득률은 외화가득액이 수출금액에서 차지하는 비율을 말한다. 즉 외화가득률 $= \frac{\text{수출금액(FOB 기준)} - \text{원자재 수입금액(CIF 기준)}}{\text{수출금액(FOB 기준)}} \times 100 = (\quad)\%$와 같다. 무역금융 중 생산자금을 수혜받을 때 외화가득액산출은 '수출금액(FOB 기준)-소요원자재금액{원자재수입액(CIF금액)+원자재구매액(내국신용장의 부기외화액)}' 과 같이 산출하고 있다.

중계무역은 중계상의 입장에서 볼 때, 시간 · 인력 및 경비를 절감하면서 중계수수료를 취득하거나 자국 물품의 공급능력에 한계가 있을 때 능동적으로 대처할 수 있는 장점이 있으나, 최종수입국의 무역정책상 최초수출국과의 직접 거래를 억제하기 위하여 수입을 제한하거나 차등관세를 두고 있는 경우에 최종수입국의 무역정책에 혼란을 가져올 수 있기 때문에 최종수입국은 중계국에 대하여 수입금지 또는 제한 등 보복조치를 취할 수 있음에 유의하여야 한다. 따라서 중계무역에 의한 거래를 할 경우에는 최종수입국에서 원산지증명서(certificate of origin: C/O) 제공과 원산지표시관계에 대하여 확약해 두는 것이 중요하다.

중계무역이 성행하고 있는 대표적인 중계무역항은 홍콩 · 싱가포르 등이다. 중계무역항이 되기 위해서는 첫째, 관세를 부과하지 않는 자유항(free port)[2)]일 것, 둘째 물품의 집산지일 것, 셋째 외화의 교환이 자유로울 것 등의 조건이 충족되어야 한다.

(3) 통과무역

통과무역(transit trade)이란 무역물품이 수출국에서 수입국으로 직송되지 않고 도중에서 제 3 국을 경유하는 경우에 그 경유국의 입장에서 볼 때의 무역을 말한다. 통과무역은 중계무역과 유사한 것 같지만 제 3 국의 무역상의 자의적인 개입이 없다는 점에서 중계무역과 다르다. 통과국은 그 물품의 국내통과에 따른 운송료, 보관료, 보험료 등의 수익을 얻을 수 있다.

---

2) 자유항이란 중계무역의 촉진을 위하여 이 곳을 출입하는 외국물품에 대하여 모든 관세를 면제하는 상항(commercial port)이다. 여기에는 다음 세 가지 종류가 있다.

① 자유항시(free port town): 항구의 일부를 관세구역에서 제외하고 그 지역 내에서 개인의 거주를 인정하면서 동시에 물품의 보관, 소비, 가공, 제조 등에 관한 모든 자유를 인정한다(예, Singapore).

② 자유항구역(free port area): 항구의 일부를 구획하여 가공 · 제조는 인정하지만 그 지역 내에서 개인의 거주를 금지한다(예, Hamburg, Bremen, 대만의 高雄).

③ 자유항지구(free port district): 항구의 일부를 구획하여, 물품의 보관, 개장, 분할 또는 혼합 등의 작업을 인정할 뿐 제조 · 가공은 허락하지 않으며, 개인의 거주도 인정하지 않는다. New York, New Orleans와 같이 미국에서 이루어지고 있는 외국무역지대(foreign trade zone)제도는 관념적으로 자유항지구와 같은 것이다.

(4) 스위치무역

스위치무역(switch trade)이란 매매계약은 수출입양국의 무역상사간에 직접 체결하고 물품도 직접 송부하지만 그 대금결제만은 제 3 국의 무역상사를 개입시켜 이루어지는 무역을 말한다.

계약은 직접거래이지만 대금결제는 간접거래이다. 이 경우 제 3 국의 상사를 스위치어(switcher)라 하고 스위치어가 받은 수수료를 스위치어커미션(switcher commission)이라 한다. 이와 같은 거래는 무역수지불균형에 따라 특정 제 3 국의 결제통화 또는 계정을 사용 · 전환해서 결제하는 경우에 이루어진다.

3.4 수출과 수입의 연계에 따른 분류

일반적으로 수출과 수입이 연계된 모든 무역거래를 포괄적으로 총칭하여 연계무역(counter trade)이라고 한다. 이 무역방식은 물물교환, 구상무역, 대응구매 및 산업협력 등 네 가지 거래형태로 구분된다.

연계무역은 1960년대 후반에서부터 시작하여 1970년대에 걸쳐 공업화 과정을 거치는 동안 경화(hard currency)의 부족 때문에 괄목할 만하게 증대되어 동구권과의 거래에서 연계무역이 활발하였다.

(1) 물물교환

연계무역의 가장 기본적인 형태로 매매당사자간에 환거래가 발생하지 않는 물물의 직접교환방식이다. 물물교환(barter trade)방식은 하나의 계약서로 거래가 성립되며, 신용장(Letter of Credit: L/C)발행이 없고 교환물품의 양과 질에 의해 거래당사자간의 지급의무를 상계시키며 거의 동시에 물품이 교환된다. 그러나 대응수입의무의 제 3 국 전가는 허용되지 않는다.

(2) 구상무역

구상무역(求償貿易: compensation trade)은 환거래가 발생하고 대응수입의무를 제 3 국에 전가할 수 있다는 점을 제외하고는 물물교환형태와 동일하다.

[표 1-1] 연계무역(Counter Trade)의 형태

거래형태 / 구 분	물물교환 Barter Trade	구상무역 Compensation Trade		
		완전구상무역 Full Compensation	부분구상무역 Partial Compensation	삼각구상무역 Triangular Compensation
개 념	· 직접적인 물물교환 형태의 거래	· 대응수입 비율이 100%	· 대응수입비율이 100% 미만	· 대응수입의무가 제 3 국으로 전가
도 해	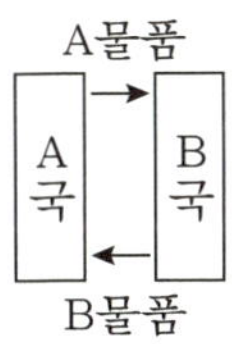	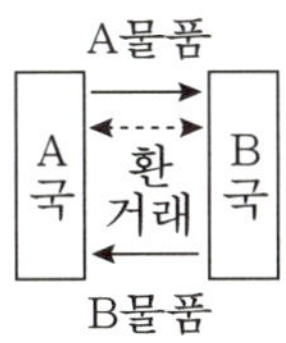	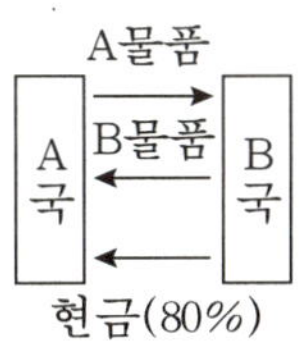	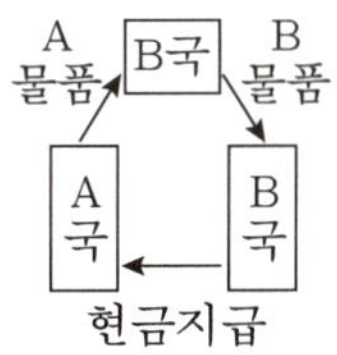
계 약 서	· 하나의 계약서로 수출입거래가 이루어짐	· 하나의 계약서로 수출입거래가 이루어짐		
신용장(L/C)	없 음	· 특수 L/C 발행 (Back-to-Back L/C, Escrow L/C, Tomas L/C)		
상계방법	· 환거래가 없음 · 교환물품의 양과 질에 의해 쌍방간의 지급의무상계	· 환거래 발생 · 쌍방간에 합의된 결제통화(주로 자국통화)로 상계		
대응 수입비율	· 100%	· 쌍방합의에 의하여 대응수입비율 결정 (10～100%)		
대응 수입기간	· 통상 1년 이내(거의 동시에 상품이 교환됨)	· 통상 3년 이내		
수입의무의 제 3 국 전가여부	불 가	가 능		

거래형태 / 구 분	대응구매 Counter Purchase	산업협력 Industrial Cooperation	
		설비수출 · 제품수입 Buy-Back Deal	합작투자 Joint-Venture
개 념	· 별도 거래(two-way trade)방식으로 쌍방간의 거래가 이루어짐	· 수출업자가 공급한 장비, 기술, 플랜트 등에서 생산되는 물품으로 대응수입이 이루어지는 거래형태	· 수출국의 자본 참여가 병행되는 합작투자형식의 거래형태
도 해	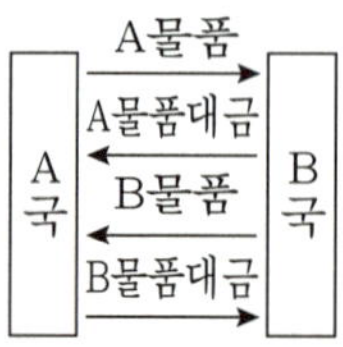	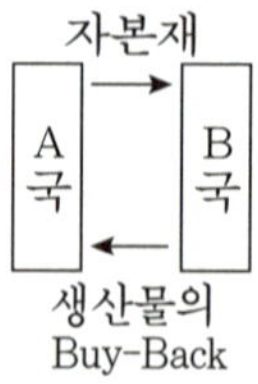	
계 약 서	· 수출 · 수입 각각 별도 계약서에 의해서 이루어짐	· 수출 · 수입 각각 별도 계약서에 의하여 거래가 이루어짐	
신용장(L/C)	· 일반무역거래에 사용되는 L/C(별도 발행)	별도 발행	
상계방법	· 환거래 발생 · 쌍방간 합의된 결제통화로 상계	· 환거래 발생 · 쌍방간 합의에 의한 결제	
대응수입비율	· 쌍방합의에 의하여 대응수입비율결정 (10~100%)	· 쌍방합의에 의하여 대응수입 100%를 초과할 수 있음	
대응수입기간	· 통상 5년 이내	· 통상 3, 4년~25년 이내 · 대응수입이 1회에 한하지 않고 계속됨	
수입의무의 제 3 국 전가여부	가 능	가 능	

자료: 한국무역협회, 「연계무역의 이해와 활용」, 1984, p.69.

구상무역방식은 하나의 계약서로 거래가 성립되며 동시발행신용장(back to back L/C), 기탁신용장(Escrow L/C), 토마스신용장(Tomas L/C) 등 특수신용장이 사용된다. 구상무역은 거래당사자간에 합의된 통화로 대금결제가 이루어진다. 또한 대응수입의무를 제 3 국으로 전가할 수 있는 삼각구상무역(triangular compensation trade)방식도 있다.

(3) 대응구매

대응구매(counter purchase: C/P)는 국영무역(state trade)을 실시하고 있는 동구제국과 다수의 개발도상국간의 동서교역에 이용된 바 있는 연계무역의 가장 보편적인 거래형태로서 대응수입 계약조건하에서 수출액의 일정비율에 상응하는 물품을 대응수입해야 하는 의무를 지는 거래방식이다. 구상무역과는 차이가 없으나, 두 개의 별도계약서로 거래가 이루어지는 점이 다르다. 대응구매는 두 개의 일반신용장이 발행되고 형식상 완전히 분리된 두 개의 일반무역거래형태로 환거래도 발생하며 대응수입의무의 제 3 국전가도 가능하다.

(4) 산업협력

산업협력(industrial cooperation)은 수출설비에 의한 생산제품수입(buyback deal)과 합작투자(joint venture)형태로 구분된다. 수출설비에 의한 생산제품은 플랜트(plant), 장비, 기술 등의 수출에 대응하여 동 설비나 기술로 생산되는 제품을 수입하는 거래형태이며, 합작투자는 일방적인 자본재수출이 아닌 자본참여, 판매망제공 등 수출자의 참여형식을 취하고 있다. 따라서 수출물품은 연관재이며 대응수입도 별도계약서에 의해 이루어지고 제 3 국전가도 가능하다. 대응수입은 물품에 국한되지 않고 판매망제공 등으로 상계될 수 있다.

3.5 물품의 가공방식에 따른 분류

(1) 위탁가공무역

위탁가공무역(improvement trade on consignment)이라 함은 가공임을 지급하는 조건으로 가공할 원자재의 전부 또는 일부를 외국의 거래상대방에게 수출하여 이를 가공한 후 가공물품을 수입하는 수출입을 말한다. 위탁가공무역은 자국 내에서 가공하여 수출하는 것보다 가공임이 비교적 저렴한 국가에 가공을 위탁하는 것이 유리하거나 기술이 상대적으로 발달된 국가에서 가공하고자 할 경우에 이용된다. 위탁가공무역방식을 수동적 가공무역(passive improvement trade)이라고도 한다.

(2) 수탁가공무역

수탁가공무역(improvement trade on trust)이란 가득액을 가득하기 위하여 원자재의 전부 또는 일부를 거래상대방의 위탁에 의하여 외국으로부터 수입하여 이를 가공한 후, 위탁자 또는 그가 지정하는 자에게 수출하는 거래로서 원자재의 조달방법에 따라 유환수탁가공무역과 무환수탁가공무역으로 나누어진다. 유환수탁가공무역이란 원자재의 수입대금과 가공제품의 수출대금이 별도로 지급 또는 회수되는 것이며, 무환수탁가공무역은 그 가득액만이 영수되는 방법이다. 수탁가공무역방식을 능동적 가공무역(active improvement trade)이라고도 한다.

3.6 물품의 판매방식에 따른 분류

(1) 위탁판매무역

위탁판매무역(trade on consignment sales)이란 외국에 있는 수탁자에게 물품을 수출하여 판매를 위탁하기 위하여 무환으로 물품을 수출하여 당해물품이 판매된 범위 안에서 대금결제가 이루어지는 무역이다. 위탁판매방식과 유사한 거래로 보세창고인도조건(Bonded Warehouse Transaction: BWT)[3]이 있다. 이는 무역업자가 거래상대국가에 지점을 설치해 놓고, 상대국정부로부터 허가받은 보세창고에 물품을 무환으로 반출하여 현지의 수입수요상황에 따라 구매계약을 체결하여 판매하는 방식이다.

---

3) BWT거래방식과 유사한 것으로 CTS(Centra1 Terminal Station)가 있는데, 이는 수출국의 무역업자가 해외에 현지법인을 설립하여 그 법인 명의로 본국에서 물품을 수입하여 현지에 판매하고 판매한 범위 안에서 결제가 이루어지는 것으로 위탁판매방식의 일종이다.

(2) 수탁판매무역

수탁판매무역(trade on trust sales)이라 함은 물품을 무환으로 수입하여 당해물품이 판매된 범위 내에서 대금을 결제하는 무역을 말한다. 이 방식의 무역도 BWT조건이 이용되는 경우가 많다.

4. 무역거래의 개요

4.1 수출절차의 개요

일반적으로 수출절차라 함은 매매당사자 사이에 무역계약을 체결하고 수출상이 신용장 등을 수취하여, 무역관계법규의 내용에 따라 수출승인단계에서부터 수출물품을 제조 · 가공하여 수출검사 및 통관수속을 마치고 운송인에게 인도 또는 운송수단에 적재한 후 수출환어음 매입 및 대금회수에 이르기까지의 일련의 행정절차를 의미한다. 이 절에서는 가장 보편적 거래형태인 화환신용장(Documentary Letter of Credit)방식을 기준으로 하여 일반수출절차를 단계별로 개괄적으로 살펴보고자 한다.

(1) 해외시장조사

수출상이 해외시장을 개척하는 데 있어서 제일 먼저 고려하여야 할 사항은 해외시장조사(overseas market research)이다. 이는 수출하고자 하는 물품의 판매가능성과 정보 등을 조사 · 연구 · 분석하는 것으로 가장 좋은 여건을 갖춘 목적시장을 물색하기 위한 것이다. 해외시장을 효율적으로 조사하기 위해서는 수출마케팅(export marketing)에 대한 관심을 가지고 상품연구, 판매경로연구, 소비자분석 등 시장분석(market analysis)과 함께 목적시장의 상관습 및 사정을 철저히 조사하여야 한다.

(2) 거래선발굴

목적시장이 선정되면 거래처를 물색하여야 하는데, 가장 경제적이며 손쉬운 방법으로는 인터넷 및 각국의 상공인명부(directory)를 많이 이용하고 있다. 또한 해외광고를 통하거나 현지에 직접출장 또는 박람회, 전시회 등 각종 행사(event)를 이용할 수도 있다. 한국의 입장에서 관련기관을 이용한다면, 대한무역투자진흥공사(Korea Trade and Investment Promotion Corporation : KOTRA),[4] 대한상공회의소(The Korea Chamber of Commerce and Industry : KCCI), 재외공관, 은행 등을 이용하여 거래선을 발굴할 수 있다.

(3) 신용조회

어떠한 경로를 통하여 거래선의 상호와 주소를 알게 되었더라도 일단 그 거래처에 대한 신용상태에 대하여 조회하여 보아야 상거래에 따른 위험을 예방할 수 있다. 신용조회는 당해업체의 성격(character), 자본(capital) 및 영업능력(capacity) 등에 대하여 현지업자를 통한 동업자조회(trade reference), 은행(bank) 또는 상업흥신소(mercantile agency) 등을 통하여 실시한다.

(4) 거래제의와 권유

거래의 제의는 보통 권유장(circular letter)을 이용하는데, 이는 미지의 거래처에게 자기회사를 소개하고 취급상품과 영업정보 등을 안내하여 거래관계를 권유하는 통신문이다. 권유장을 작성할 경우에는 상대방을 알게 된 동기에서부터 맺음말까지 무역통신문의 구성요소에 알맞게 짜임새 있는 내용으로 적극적인 거래제의를 하도록 한다.

(5) 조회 및 조회에 대한 회신

거래관계의 제의를 받은 자가 그 물품에 대한 관심이나 구매의사가 있게 되면 여러 가지 거래조건에 대하여 문의해 오게 되는데, 이를 조회(照會; inquiry)라고 하며, 조회장(inquiry letter)을 받았을 경우에는 신속하게 회신해 주어야 한다. 또한 조회를 하여 온 고객은 앞으로 거래관계를 성사시킬 수 있는 잠재적인 고객임을 인식하고 잘 관리하여야 한다.

---

4) 무역진흥을 위하여 정부가 설립한 비영리법인의 무역진흥기관으로서 획기적인 수출진흥을 목적으로 1962년 4월 24일 공포된 대한무역진흥공사법(법률 제1059호)에 의하여 동년 6월 21일 대한무역진흥공사로 설립되고 최근에 대한무역투자진흥공사로 개칭을 하였지만 영어 명칭은 KOTRA라는 기존의 명칭을 변경 없이 사용하고 있다.

(6) 청약과 승낙

청약(offer)이란 청약자(offeror)가 피청약자(offeree)에게 매매계약성립을 기대하여 행하는 의사표시이며, 승낙(acceptance)은 피청약자가 청약자에 대하여 그 청약에 응하여 계약을 성립시킬 목적으로 행하는 의사표시이다.

무역계약의 성립은 청약에 의해 승낙이 있으면 즉시 성립되기 때문에 청약을 할 경우에는 확정청약(firm offer)으로 할 것인가 아니면 불확정청약(free offer) 또는 조건부청약(conditional offer)으로 할 것인가 등 청약과 승낙의 법적인 효과와 문제를 고려하여야 한다.

(7) 수출계약의 체결

이론적으로는 청약과 승낙에 의해 매매계약이 성립되지만 그 자체만을 가지고 상관습이 다른 국가와 무역거래를 한다는 것은 매우 위험한 일이다. 왜냐하면 당사자의 이해상충으로 인하여 후일 분쟁에 휘말릴 경우에는 당초 상세한 약정이 없으므로 해서 예기치 못하는 손실을 입게 될 수 있기 때문이다. 그러므로 무역거래에서는 매매계약서(sales contract sheet)를 반드시 작성하는 습관을 가져야 한다.

매매계약을 체결할 경우에는 당사자간에 특히 품질, 수량, 가격, 선적, 결제, 포장, 보험 등의 기본적인 조건을 확실히 약정하고 기타의 거래조건 등 일일이 합의하기 번잡한 내용은 이면약관이나 '일반무역거래조건협정서'(Agreement on General Terms and Conditions of Business; Memorandum of Agreement) 등을 이용하는 것이 좋다. 특히 거래조건에 대한 준거법(governing law)이나 클레임(claim)발생시 클레임을 제기할 수 있는 기간설정과 표준중재조항(Standard Arbitration Clause)을 삽입하는 것을 명심하여야 한다.

(8) 수출신용장의 내도

수출상은 수입상과의 무역계약을 체결하게 되면 동 계약서상의 결제조건에 약정한대로 대금결제수단인 이른바 신용장(Letter of Credit: L/C)을 통지은행(advising bank)을 통하여 수령하게 된다. 수출상은 신용장을 수령하였을 경우에는 우선 유효한 신용장인가를 점검하고 당초 당사자간에 계약한 내용과 신용장조건과 상이한 점이 있는가 없는가를 살피되, 만일 상이하거나 일방에 불리한 문언이나 모호한 문언이 있다면, 즉시 신용장조건을 변경하여 줄 것을 수입상 앞으로 요청하여야 한다. 특히 발행은행이 대금결제상 위험이 있는 국가일 경우에는 수출상 소재지의 신뢰성 있는 제 3 은행을 확인은행(confirming bank)으로 하여 줄 것도 요청하여야 한다.

(9) 수출승인

신용장을 수취한 수출상은 수출하고자 하는 물품이 수출입공고상에 수출이 허용되는 물품인지 여부를 검토하여야 한다. 만일 당해품목이 수출자동승인품목(Automatic Approval Item: A.A.)이 아니고 수출제한승인품목(Export Restricted Item)이나 특별법에서 제한하는 품목일 경우에는 관련기관에서 수출승인(Export Licence: E/L)을 받아야 한다. 수출승인의 유효기간은 원칙적으로 1년이나 수출승인기관의 장이 인정하는 경우 1년 이내 혹은 최장 20년의 범위 안에서 기간을 단축 또는 초과하여 설정할 수 있다. 수출상은 동 유효기간 이내에 수출신고를 완료하여야 한다.

(10) 수출물품 확보

수출승인을 받은 다음에 수출물품을 확보하는 방법에는 자가공장에서 직접 생산하거나 임가공하청방식으로 타사공장을 이용하여 생산하거나 이미 타사에서 생산된 소위 완제품을 공급받는 방법이 있다. 수출상은 자가공장이나 타사측에 임가공하청방식에 의해 물품을 제조 · 가공할 경우에는 거기에 소요되는 원자재[5]를 내국신용장(Local L/C)[6]이나 구매확인서[7]를 이용하여 조달한다.

(11) 무역금융의 이용

수출물품을 제조 · 가공하는 데는 무역업체 자체의 자금에 의할 수도 있

---

5) 수출용원자재를 국내구매 또는 수입하여 조달할 경우에는 수출물품을 제조 · 가공하는 데 필요한 실량과 그 과정에 생기는 평균손모율에 의해 산출된 기준량, 이른바 '소요량증명'을 발급받아 적정한 양인가를 판단하는 기준으로 삼고 있다.

6) 내국신용장이란 수출상의 선수출계약서(D/P · D/A)나 수출상을 수익자(beneficiary)로 하여 내도된 신용장을 근거로 하여 수출상 거래은행인 내국신용장 발행은행이 국내에서 수출용원자재 또는 완제품 공급자 앞으로 내국신용장조건을 충족했을 때 대금지급을 확약하는 수단이다.

7) 구매확인서란 국내에서 생산된 물품 등이나 수입된 물품을 외화획득용원료 또는 물품으로

지만 대부분의 제조업체에서는 무역금융을 이용하게 된다. 무역금융은 수출증대를 목적으로 수출물품의 선적 또는 수출대금의 입금 전에 수출상이 필요한 자금을 원화로 지원하는 단기수출지원자금이다. 무역금융은 용도별로 수출용원자재를 확보하여 수출품을 직접 제조·가공하는 데 소요되는 생산자금, 수출용원자재를 수입하는 데 소요되거나, 내국신용장에 의하여 국내에서 생산된 수출용원자재를 구매하는 데 소요되는 원자재 자금 그리고 일정규모 이하의 중소기업체에게 자금용도에 구분 없이 일괄해서 지원하는 포괄금융이 있다. 그런데 무역금융은 과다금융의 방지와 적정융자를 위하여 업체별로 융자한도를 설정하여 운용함과 동시에 무역금융수혜 이후 수출이행여부를 사후관리하고 있다.

(12) 수출물품의 검사

수출물품을 생산하면 수출상은 계약과 일치되는 물품을 인도하기 위하여 수량, 품질, 포장 등에 대한 물품검사를 행한다. 그러나 매매계약시 수입상이나 그 대리인이 선적전검사(pre-shipment inspection: PSI)를 하기로 약정되었을 경우에는 수출상의 물품검사와는 별도로 수입상 또는 수입상의 대리인이 물품검사를 행하게 된다.

(13) 물품운송계약 및 적화보험부보

물품을 생산하고 포장을 완료하게 되면 수출상은 수출통관수속을 하는 한편, 선적을 위하여 운송인(carrier)과 미리 물품운송계약을 체결한다.[8] 실제에서는 선복요청서(Shipping Request: S/R)로 운항일정을 고려하여 운송편을 예약(booking)하고 있는데, 특히 운임(freight)은 동맹선사(conference line)와 비동맹선사(non-conference line)에 따라 운임적용이 상이하기 때문에 적절한 운송회사를 선택하여야 한다.

한편 정형무역거래조건이 CIF, CIP일 경우 수출상은 수출물품의 운송중의 위험을 담보하기 위하여 보험회사와 적화보험계약을 체결하여야 한다. 적

사용하기 위하여 구매하고자 하는 경우 외국환은행의 장이 내국신용장에 준하여 발급하는 증서를 밀한다.

8) 운송수단의 수배 및 운송비의 부담에 대해서는 "INCOTERMS 2000"을 정형무역거래 조건의 준거로 삼기로 하였다면 FCA 및 FOB조건은 매수인이, CFR, CIF, CPT, CIP조건은 매도인측의 기본

화보험부보시에는 물품의 성질에 따라 담보 및 면책위험 등을 고려하여 어떠한 조건으로 부보하여야 안전하고 경제적인가 등을 검토하여야 한다.

(14) 수출통관 및 선적

수출물품을 생산하거나 구매한 수출상은 물품을 선적하기 전에 관세법이 정하는 바에 따라 수출통관수속을 하여야 한다. 수출통관이란 내국물품을 외국으로 반출하는 것을 허용하는 세관장의 처분을 말한다. 세관장은 세관용 수출승인서(Export Licence: E/L), 상업송장(Commercial Invoice), 포장명세서(Packing List) 등을 갖추고 물품을 보세구역에 반입하거나 타소장치하여 통관업자인 관세사나 통관법인 명의로 세관에 수출신고를 하여야 한다. 수출신고는 대부분이 전자문서교환방식(Electronic Data Interchange: EDI)에 의해 진행되고 있다. 세관장은 EDI방식에 의해 제출된 신고자료 또는 문서에 의해 제출된 서류를 검토 · 확인하고 수리한 후 문서제출의 경우에는 수출신고필증을 신고인에게 교부하고 EDI방식에 의한 제출의 경우에는 관세사 또는 화주가 날인한다. 수출신고인이 서류 없이 수출신고를 하고 세관장으로부터 신고수리의 사실을 전산통보받은 경우에는 소정의 기간 내에 당해 서류를 세관장에게 제출하여야 한다. 이처럼 수출신고의 수리가 이루어져야 비로소 당해물품을 보세구역에서 반출하여 지정된 운송수단에 인도하거나 적재할 수 있다.

수출신용장이나 계약서상에 운송서류(transport documents)로서 복합운송선화증권(multimodal transport bill of lading)을 요구할 경우에는 수출상은 복합운송인에게 수출물품을 인도완료 후, 또는 해상선화증권(marine bill of lading)을 요구할 때에는 지정선박에 적재완료한 후에 물품을 대표하는 권리증권(document of title)으로서 적법한 선화증권을 운송회사로부터 발급받아야 한다.

(15) 수출환어음 매입

수출통관과 선적이 완료되면 수출상은 신용장상에 요구하는 서류, 이를테면, 상업송장(Commercial Invoice), 포장명세서(Packing List), 선화증권(Bill of Lading), 적화보험증권(Marine Cargo Insurance Policy), 원산지증명서(Certificate

---

적 의무이다. 그러나 운송수단지정은 실무상 FCA, FOB조건이라 하더라도 매수인측에서 지정하지 않을 경우에는 매도인이 임의로 지정한다.

of Origin) 등을 준비하고 환어음(Bill of Exchange: Draft)을 발행하여 거래 외국환은행에 수출환어음매입(negotiation)을 의뢰한다. 거래외국은행은 서류를 심사하여 신용장조건에 일치될 경우에는 매입당일의 환율을 적용하여 보통 추심 전에 대금을 수출상에게 지급하게 된다. 그리고 매입은행은 동 수출환어음을 서류와 함께 신용장조건대로 지급은행 또는 발행은행 앞으로 송부하여 대금을 추심하게 된다.

(16) 관세환급 및 사후관리

수출환어음을 매입완료 후 수출상은 운송수단에 적재확인필 수출신고필증 원본을 입수하여 관세환급을 받게 된다. 관세환급이란 수출품제조에 소요된 원재료의 수입시에 납부한 관세 등을 수출에 제공된 때에는 수출상에게 되돌려 주는 것을 의미한다. 수출상은 관세환급을 받아야 비로소 실제 당해수출 선적분에 대한 손익을 당초 예상손익과 비교하여 볼 수 있으므로 환급기관인 지정은행이나 경우에 따라 세관장 앞으로 환급을 신청하여야 한다.

환급금의 산출방법에는 개별환급[9]과 정액환급[10]제도가 운영되고 있다. 환급신청은 물품이 수출 등에 제공된 날로부터 2년 이내에 신청하여야 한다.

한편 수출입공고상 수입제한승인품목이나 특별법 규제대상품목을 외화획득용원료로 수입하거나 내국신용장이나 구매확인서에 의하여 국내구매한 경우에는 대응수출을 이행하였는지 여부에 대한 사후관리를 받아야 한다. 사후관리대상물품을 수입한 자는 일정기간 내에 외화획득을 하고 사후관리은행에 외화획득이행신고(국내공급인 경우에는 공급이행신고)를 하여야 하며, 부득이한 사유로 대응수출이 불가능한 경우에는 외화획득용원료 사용목적변경승인을 받거나 상사간 양도승인을 받아야 한다. 그러나 성실하게 사후관리를 이행하는 업체로 일정한 요건에 부합하여 자율관리기업으로 지정될 경우에는 매건별 사후관리를 면제하도록 하고 있다.

이와 같이 사후관리대상품목에 대한 외화획득이행신고를 마지막으로 수출절차는 끝나게 된다. 또한 수출환어음 지급거절(unpaid)이나 수출물품에 대

9) 개별환급방법은 수출물품제조에 소요된 원재료의 품명 · 규격과 수량을 확인하고, 동원 재료의 수입시 납부세액을 원재료별로 개별적으로 확인하여 환급금을 산출하는 방법이다.

10) 정액환급방법은 정부가 정하는 일정한 금액을 소요원재료의 수입시 납부세액으로 보고 환급금을 산출하도록 하는 방법이다.

[그림 1-1] 한국에서의 일반수출절차 도해(수출용원자재 국내구매 및 수입절차 포함)

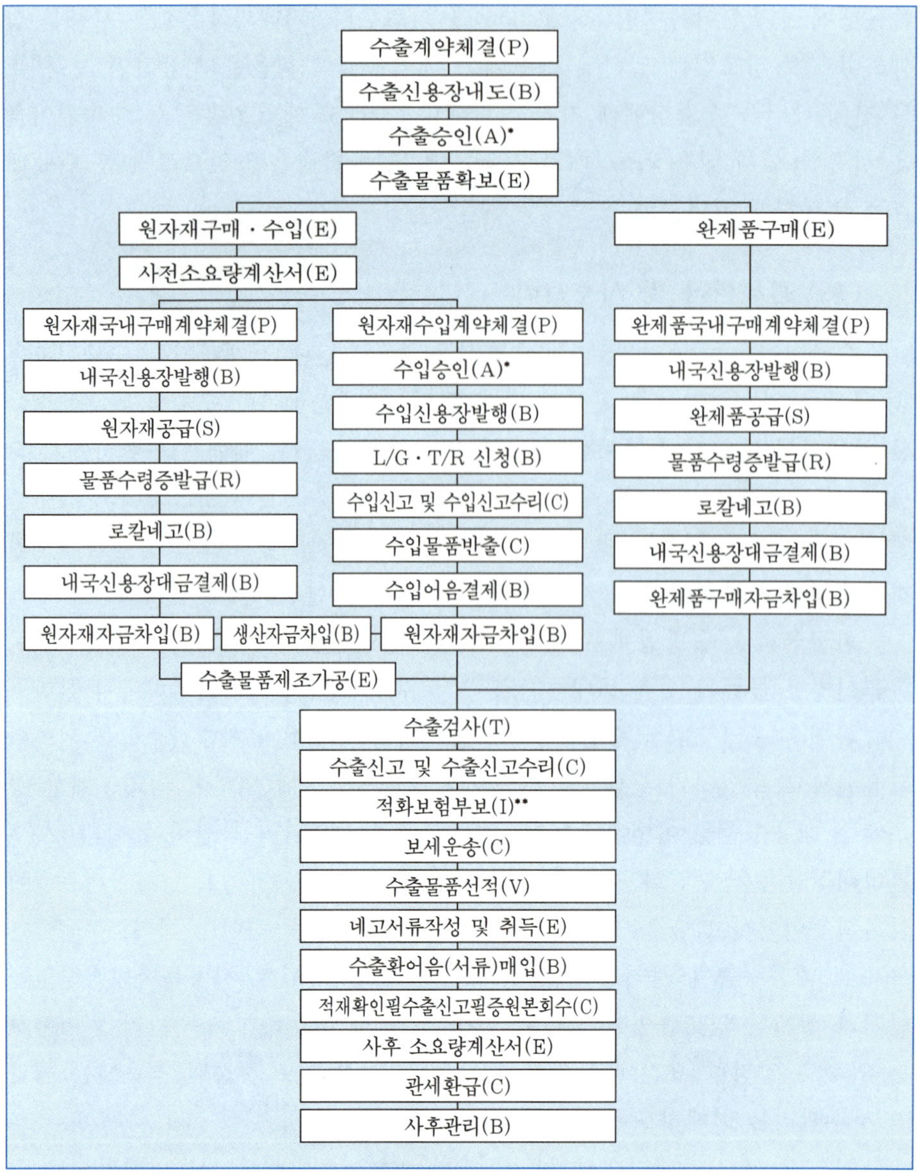

주: ( ) 속 영문자의 업무관련자 예시

P: 매매당사자, B: 외국환은행, E: 수출상, A: 주무기관 또는 조합, C: 세관, G: 시 · 도청, S: 물품공급자, R: 물품수령자, T: 검사기관, I: 보험회사, V: 선박 또는항공회사, *: 특별법규제대상품목 또는 제한승인품목의 경우, **: CIF, CIP거래조건의 경우.

한 클레임(claim)이 야기되었을 경우에는 능동적으로 대응하여 이를 신속하게 해결하도록 하여야 한다.

4.2 수입절차의 개요

수입절차라 함은 무역업자인 수입상이 국외로부터 물품을 수입하기 위하여 물품공급선을 선정하고 수입계약을 체결하여 수입승인 및 수입신용장 등을 발급받은 후 국외의 수출상으로부터 물품선적 관련서류 및 수입어음이 도착되면 수입대금을 지급하고 서류를 인도받아 수입통관절차를 거쳐 물품을 수령하는 일련의 절차를 의미한다.

여기에서는 가장 보편적 거래형태인 화환신용장방식을 기준으로 하여 일반수입절차를 단계별로 개괄적으로 살펴보고자 한다.

(1) 청약에 대한 승낙 및 수입계약체결

수입상이 필요한 물품을 수입하고자 할 경우에는 우선 해외시장조사(overseas merket research) 및 조회(inquiry) 등을 통하여 신뢰성 물품공급처를 물색하여 국외에서 직접 청약(offer)받거나 또는 국내에서 외국 수출업자의 국내대리인을 통하여 물품매도확약서를 제시받게 된다. 보통은 물품매도확약서를 청약자(offeror)와 승낙자(offeree)간에 교부하는데, 이 자체만으로 수입계약을 대신하지 말고 반드시 별도로 거래조건에 대하여 상세히 수입계약을 체결하여 후일에 야기될지 모르는 분쟁에 대비하여야 한다.

(2) 수입승인

수입계약을 체결하고 난 후 물품을 수입하려면 우선 수입하고자 하는 물품이 수출입공고상에서 수입제한승인품목이나 특별법으로 제한되는 품목일경 우에는 동 제한조치에 따라 관계기관으로부터 수입승인(Import Licence: I/L)을 받아야 한다.

수입상은 매건마다 수입물품의 명세, 선적항, 송화인, 대금결제방법 그리고 유효기간 등에 대해 소정양식인 수입승인신청서에 물품매도확약서를 첨부하여 수입승인을 받아야 한다. 수입승인의 유효기간은 원칙적으로 1년이나 수입승인기관의 장이 인정하는 경우 1년 이내 혹은 최장 20년의 범위 내에서 단축 또는 초과하여 설정할 수 있으며, 수입상은 동 유효기간 내에 수입물품의 인수행위를 완료하여야 한다.

(3) 수입신용장의 발행 및 통지

수입상은 수입승인서 및 물품매도확약서 또는 구매계약서의 내용을 참조하여 거래은행 소정양식인 수입신용장발행신청서(application for issuance of commericial letter of credit)에 신용장조건 등을 기재하여 발행은행(issuing bank)에 신용장발행을 의뢰한다. 신용장발행은행은 수수료 등을 징수하고 수익자(beneficiary), 소재지의 통지은행(advising bank) 앞으로 신용장을 전송(teletransmission)하게 되고 이를 받은 통지은행은 수출상에게 신용장도착을 통지하게 된다.

(4) 수입어음결제 및 도착서류수령

국외의 수입상은 계약물품을 선적 또는 인도완료한 후 신용장에서 요구하는 서류, 예컨대 상업송장, 포장명세서, 선화증권 등을 준비하여 환어음을 발행하여 거래은행에서 수출환어음매입(negotiation)을 하고 매입은행은 환어음 및 동 서류를 수입상의 거래은행인 신용장발행은행 앞으로 송부하게 된다. 발행은행은 신용장조건과 서류 상호간의 일치여부를 심사하고 발행의뢰인인 수입상에게 수입어음결제와 도착된 수입서류를 수령하도록 통지한다. 이 때 서류원본이 물품보다 먼저 발행은행에 도착되었을 경우에는 수입상은 발행은행에서 수입어음을 결제하고 서류를 수령한다.[11] 만약에 서류보다 수입물품이 먼저 도착되었으나 수입관련서류원본이 아직 발행은행에 도착되지 않고 수입상이 수출상으로부터 별도로 송부받은 서류사본이 있다면 수입상은 거래은행인 발행은행으로부터 수입화물선취보증서(Letter of Guarantee: L/G)[12]를

11) 수출용원자재수입의 경우에는 원자재수입자금을 이용하여 수입대금의 일부를 결제할 수도 있으나 내수용일반재 등의 수입시에는 수입상 자신의 자기자금을 준비하여 대금을 결제하여야 한다.

12) 수입화물선취보증서(L/G)는 수입상의 요청에 따라 신용장발행은행이 수입상과 연대하여 선박회사 앞으로 발행하는 것으로 운송서류 사본으로 선박회사가 미리 수입상에게 물품을 인도하여 주더라도 나중에 신용장발행은행에 도착되는 선화증권원본에 의해 이중으로 물품인도청구를 않겠다는 취지의 보증서이다. 이 경우에 수입상이 발행은행에 수입대금을 모두 결제하지 않았다면 수

발급받아 수입물품을 적기에 통관하여 인도받을 수 있다.

(5) 수입통관 및 물품반출

수입관계서류의 원본이나 수입화물선취보증서를 받은 수입상은 세관에서 소청의 통관수속을 거쳐 수입신고필증을 받아야 한다. 통관수속은 보통 관세사를 통하여 신고하게 되는데 우선 물품을 지정보세구역에 반입하거나 타소장 치하여 수입신고(Import Declaration: I/D)를 한다.

세관장은 세관용 수입승인서(Import Licence: I/L)와 수입서류를 검토하고 신고물품에 대한 수입검사를 한 후 과세가격의 결정과 세율을 확정하여 부과될 관세 등을 결정하고 관세납부고지를 한다. 수입상이 관세 등을 납부하게 되면 세관장은 수입신고를 수리하여 수입상에게 수입신고필증을 교부하여 준다. 이 때가 비로소 외국물품이 내국물품으로 인정됨은 물론 보세구역에서 반출이 가능하게 되어 수입상의 용도대로 사용할 수 있게 된다.

입상은 신용장발행은행 앞으로 수입물품을 신탁적으로 대여인도받는 데 따른 수입화물대도(Trust Receipt: T/R)신청서를 함께 제출한다. 상세한 것은 제14장을 참조바람.

[그림 1-2] 한국에서의 일반수입절차 도해

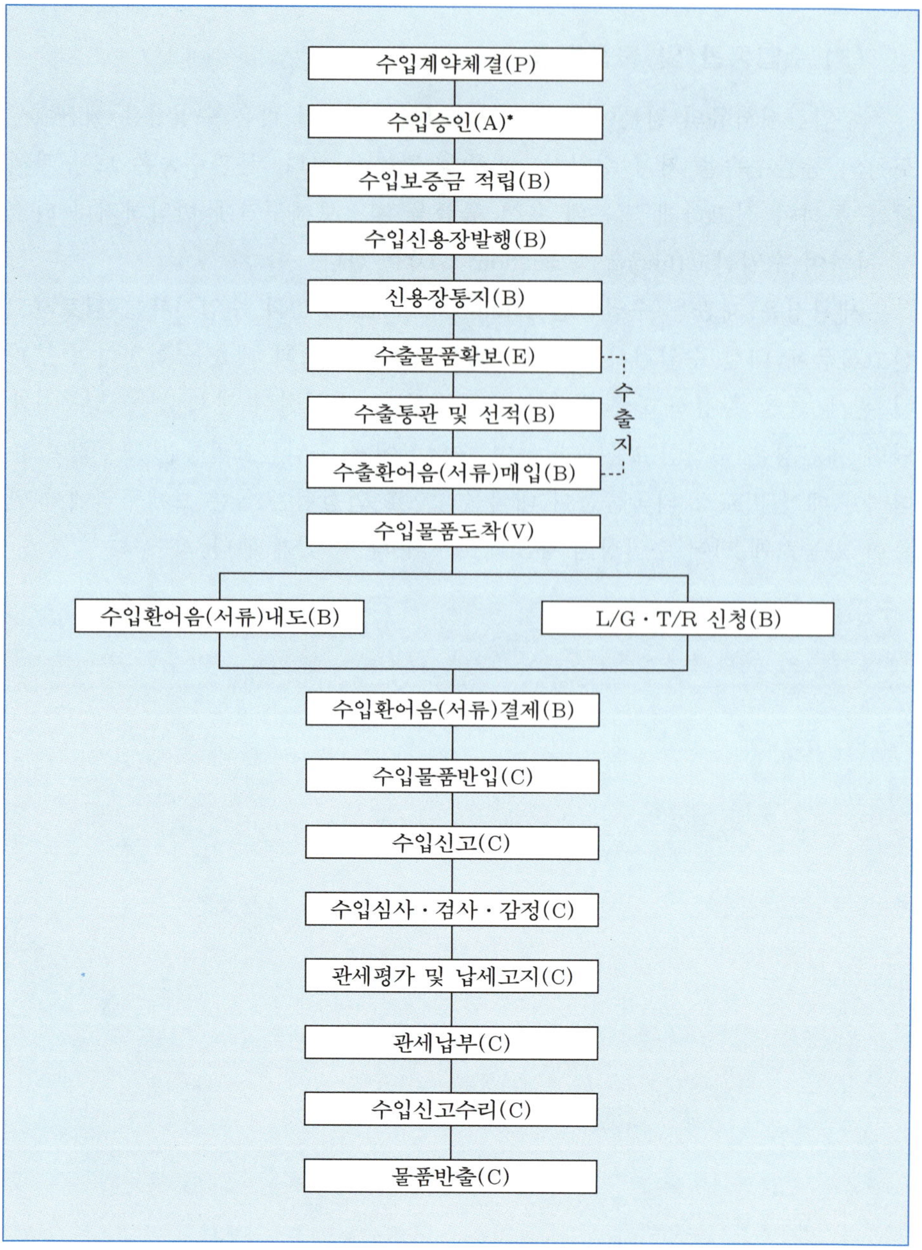

주: ( ) 속 영문자의 업무 관련자 예시

P: 매매당사자, E: 수출상, I: 수입상, A: 주무관청 또는 조합, B: 외국환은행, V: 선박 또는 항공회사, C: 세관, *: 특별법규제대상품목 또는 제한승인품목의 경우.

제 2 장

무역경영의 주체와 조직

1. 무역경영의 주체
2. 무역경영의 조직

제 2 장 무역경영의 주체와 조직

1. 무역경영의 주체

무역경영이란 무역거래를 통하여 경제가치의 증대를 실현해 가려는 조직체, 즉 무역상사가 무역을 영위하는 경영활동을 의미한다.

여기에서는 무역경영의 주체를 직접적으로 매매를 행하는 무역업과 간접적으로 물품판매 또는 구매대리를 행하는 무역대리업으로 구분하여 살펴보기로 한다.

1.1 무역업의 경영주체

(1) 무역업의 의의

무역업이란 무역을 업으로 영위하는 것을 말한다. 무역업의 경영주체는 무역업자(trader)이다. 무역업자 중에서 수출을 업으로 하는 자를 수출업자(exporter), 수입을 업으로 하는 자를 수입업자(importer), 양쪽을 겸하는 자를 수출입업자라고 부른다. 협의의 무역업자는 자기의 명의로 자기의 계산과 위험 아래 수출 또는 수입하는 자를 말하며, 광의의 무역업자는 자기명의 이외에 간접적인 거래로 수수료를 받는 수출입대리업자를 포함시킬 수 있다.

(2) 무역업의 경영유형

1) 제조업자

무역을 영위하게 되는 과정은 보통 자가생산품을 국내에서 판매하다가 생산 및 공급이 국내수요를 초과하거나 국내시장보다 해외시장에서의 이익이 더 크거나 또는 품질 및 가격 등에서 국제경쟁력을 갖추게 되면 그 다음 단계로서 해외로 수출을 시도하게 된다. 이 경우에는 제조업자 자신이 해외시장을 개척하여 무역계약을 직접 체결하고 수출신용장 등을 받아 물품을 제조하여 수출이행을 하게 된다. 또한 제조업자 자신은 자가생산에 필요한 원료기재를 직접 수입하여 수출물품을 제조 · 가공하는 데 따른 이른바 수출용원자재를 조달할 수도 있다.

제조업자의 무역경영은 해외의 거래선과 직접 연결됨으로 해서 당해시장 상황변화에 따라 제품계획이나 판매계획을 수립하는 것이 용이하고 수출용원자재를 탄력적으로 적기에 확보할 수 있다. 또한 중간무역상사를 배제시킬 수 있어 수수료도 절약할 수 있는 장점이 있다.

그러나 제조업은 생산설비나 인력 등에 거대한 자본이 필요하고 불황기에는 위험이 따르게 된다. 또한 제조업에 비중을 두어 경영활동을 수행하다 보면 광범위한 세계시장을 개척하고 유망한 거래선을 확보하는 데는 한계성이 있다.

2) 전문무역상사

전문무역상사란 일반적으로 제조업을 영위하지 않으면서 수출입 또는 수출이나 수입만을 전문으로 하는 무역상(trading company)을 말한다. 이에는 수출입에 관련된 전문무역상사만이 아닌 종합무역상사(general trading company: GTC)도 모두 포함된다. 특히 종합무역상사의 경우에는 제조업을 겸하는 경우가 많다.

전문수출상사는 국내의 수출위탁자와 대행계약에 의하여 수출대행을 수행하기도 하지만 해외의 거래선과 직접거래를 하는 경우가 많다. 이 때는 국내의 물품생산자로부터 견본을 제공받고 해외의 거래선과 무역계약을 본인 대 본인 거래관계(principal to principal basis)로 체결하고 수출상사명의로 수출신용장이 내도하게 되면 국내 물품생산자를 수익자(beneficiary)로 하여 완제품 내국신용장을 발행하여 주거나 내국신용장발행이 용이하지 않을 경우에는 구매확인서를 발급받아 생산자로부터 물품공급을 받아 수출상사가 직접 국외로 수출하게 된다.

한편 전문수입상사의 경우에는 시장성 있는 물품을 자기명의로 수입하여 국내에서 판매하거나 국내 실수요자의 위탁에 의하여 대행수입도 할 수 있다.

이처럼 전문무역상사의 무역경영은 직접적으로 제조업을 영위하지 않으므로 거대한 자본력이나 인력이 필요하지 않고 생산 또는 판로가 여의치 못할 경우에는 전업이 용이하다. 그러나 해외의 거래선과의 무역계약을 이행하는 데 있어 생산자의 생산능력이나 상황에 따라 좌우될 수 있기 때문에 약정된 기간 내에 물품인도의 차질이 야기될 수도 있다.

또한 전문무역상사는 광의로 볼 때, 제조업자가 아닌 수출조합(export association)이나 수입조합(import association)과 같은 협동적 무역경영형태도 포함시킬 수 있다. 협동적 무역경영활동은 강력한 지배력을 발휘하여 공동이익을 균등하게 배분할 수 있고 대량거래로 가격인하 및 운송비를 절감할 수 있으며 계절적 수요에 신속히 대처할 수 있는 장점이 있다.

3) 대외무역법상의 무역업

(가) 무역업의 영위

무역업을 영위하기 위해서는 관할세무서에 사업자등록을 한 후 한국무역협회장으로부터 무역업고유번호를 부여받아야 한다. 무역질서의 확립과 대외신용유지 등을 목적으로 시행되어 오던 무역업신고제도가 2000년 1월 1일부터 폐지됨으로써 우리나라는 무역업에 특별한 자격제한을 두지 않고 있다.

그러나 무역업신고제를 폐지하는 대신 대외무역관리 규정에서는 통계목적을 위하여 무역업고유번호를 부여하도록 하고 있다. 무역업고유번호는 무역을 하고자 하는 자가 한국무역협회장에게 무역업고유번호신청을 하기만 하면 별다른 제약 없이 부여받을 수 있다.

(나) 전자무역중개기관

거래선 발굴, 상담, 계약, 서류처리, 통관, 인도 등 전통적인 무역절차의 전부 또는 일부를 전자적으로 처리하는 이른바 전자무역이 새로운 무역패러다임으로 부상하고 있다. 전자무역은 무역의 전부 또는 일부가 컴퓨터 등 정보처리능력을 가진 장치에 의하여 정보통신망을 통하여 이루어지는 거래이다.

전자무역으로 마케팅 능력이 부족한 중소기업은 인터넷을 통해 부담 없이 거래선을 발굴하고 상담할 수 있으며 서류처리에 소요되는 시간과 비용도 크게 줄일 수 있으므로 전자무역이 활성화될 경우 수출저변 확대와 수출경쟁력 제고에 큰 도움이 될 수 있다.

우리나라는 제반여건이 전자무역 강국으로 성장할 수 있는 충분한 잠재력을 가지고 있으나 무역업계를 위하여 전자무역에 특화된 교육활동이나 정보제공 역할을 수행하는 기관이 부족하고 인터넷거래알선 · 전자문서중계 등 중개업무를 수행하는 기관의 수에 비해 서비스의 질은 낮아 전자무역의 신속한 확산에 애로를 겪고 있다.

따라서, 정부는 전자무역을 신속히 확산시키기 위하여 지식경제부장관이 정하는 일정한 수준 이상의 전자무역중개업무를 수행하는 기관이나 법인을 '전자무역중개기관' 으로 지정하여 공신력을 높여주면서 지정받은 기관의 의무로서 전자무역 교육, 정보제공업무를 부여하고 있다. 전자무역중개기관으로 지정받는 법인이나 단체, 기관은 무역업계를 위한 전자무역 종합지원기관으로서 중소무역업계의 전자무역 활성화에 기여할 것으로 기대된다.

4) 종합무역상사

(가) 종합무역상사의 의의

종합무역상사(general trading company: GTC)는 대규모의 상업자본력과 광범위한 지역의 해외마케팅조직망을 통하여 무역을 위주로 하는 기업조직으로 3국간거래, 자원개발, 현지생산판매, 합작투자, 신제품 · 첨단기술 연구개발에 이르기까지 그 활동범위를 세계로 확대하여 수행하는 대규모 무역상사이다.

종합무역상사는 타상사보다 거래의 대규모성, 막대한 자금력, 신용을 바탕으로 한 금융기능과 정보기능을 갖고 있다. 종합무역상사는 거래품목의 다양성의 의미보다는 그 기능상의 다양성에 의미를 두어야 한다. 한국의 종합무역상사는 일본의 '총합무역상사'(總合貿易商社) 제도를 도입한 것으로, 이는 무역업체의 대형화 및 전문화를 촉진하여 국제경쟁력을 강화하는 동시에 수출증대의 견인차역할을 담당시키는 데 목적이 있다.

1.2 무역대리업의 경영주체

(1) 대리업자의 의의

대리업자, 즉 대리인(agent)이란 본인(Principal)으로부터 일정한 권한을 위임받아 제 3 자에 대해 본인을 대표하거나 본인을 대신하여 특정업무를 수행하는 자를 말한다. 따라서 대리인은 대리행위에 대한 대가로 본인으로부터 수수료를 받는다. 한국민법(제114조 1항)에서는 "대리인이 그 권한 내에서 본인을 위한 것임을 표시한 의사표시는 직접 본인에게 대하여 효력이 생긴다"고 규정하고 있다.

대리인과 본인은 대리점계약서(agency agreement)의 내용을 충실히 이해하여야 한다. 대리인은 대리인으로서 주의의무를 성실히 이행하고 본인에게 정보를 제공하고 본인 외로부터는 수수료(commission)를 받지 않고 거래상의 비밀을 유지하여야 하며 회계의 결과를 제출하여야 한다. 이에 대하여 본인은 적정한 수수료를 대리인에게 지급하고 정상적인 거래경비와 책임을 부담하여야 하며 대리인 이외에는 청약(offer)을 하지 않아야 한다.

그러나 대리점계약은 판매점계약 또는 특약점계약(distributorship agreement)과 구별하여야 한다. 판매점계약은 위탁판매인이 취하는 계약으로 판매점은 자신의 이름과 계산으로 매도인의 특정물품을 구매하여 제 3 자에게 전매하고 매매차익을 향유하는 것이다.

(2) 무역대리업의 경영유형

1) 수입물품판매대리업자

수입물품판매대리업자(selling agent)의 무역경영이란 국외의 제조업자 또는 판매업자가 목표하는 시장의 대리업자를 통하여 대리점계약에 의거 일정기간 특정조건에 따라 물품판매를 대리하게 하고 이에 대한 대가로 일정의 수수료를 받는 간접무역경영형태를 말한다.

이와 같은 대리업자는 대리점계약상 약정된 지역 내에서만 판매가 인정되는 독점판매대리점(exclusive selling agency)이 대부분이다. 이 경우의 독점권은 본인의 당해해외지점이나 대리권을 부여한 현지의 대리업자에게 주는 것이 일반적이다.

2) 수출물품구매대리업자

수출물품구매대리업자(buying agent)의 무역경영이란 국외의 수입상의 요청과 지시에 따라 수출국의 제조업자가 기타 물품공급자로부터 수출물품구매를 대리하고 이에 대한 대가로 물품을 실제로 수입하는 국외의 수입상으로부터 일정한 수수료를 받는 간접무역경영형태를 말한다.

이와 같은 무역경영활동은 국외의 수입상과 국내의 수출물품구매대리업자간의 대리점계약에 따른다.

3) 대리와 구별하여야 할 특수한 업자

(가) 위탁매매인(factor)

위탁매매인이란 자신의 이름으로 위탁자인 제 3 자의 위탁에 의해 매매를 업으로 하는 자로 민법상 사무처리계약에 의거 위임에 관한 규정에 의하여 규율된다. 여기에서 위임관계와 대리관계는 개념상 분리되어 독립된 법률관계를 구성한다. 위탁매매인은 자신의 이름으로 행위함으로써 구매자 또는 판매자와의 매매계약에 따른 모든 책임을 지며 위탁받은 물품의 매매차익을 갖는다.

따라서 무역거래에서는 자신의 비용으로 수입하고 매매가격도 자신이 정하게 된다. 무역거래시 위탁매매인으로서 대표적인 형태는 위탁판매점을 그 예로 들 수 있다.

(나) 중개인(broker)

중개인은 직접 매매계약을 체결하지 아니하고 단지 계약의 체결을 주선하거나 준비하는 데 불과한 자로 대리인이 아니다.

무역거래에서 중개인은 매매당사자간의 계약체결을 중개하기 때문에 그 대가로 매도인·매수인 쌍방으로부터 중개수수료(brokerage)를 받는다.

(다) 지급보증대리인(del credere agent)

지급보증대리인이란 대리점수수료 외에 지급보증수수료(del credere agent commission)라는 특별보수를 받고 대리인의 거래선인 매수인이 대금지급을 하지 않을 경우 대금손해까지 본인에게 배상할 책임이 있는 대리인이다. 그러나 지급보증대리인은 보증(guarantee)하는 것이 아니라 보상(indemnity)하는 데 특징이 있으며 그 밖의 채무불이행에까지 본인에 대해 책임을 부담하지는 않는다.

(라) 컨퍼밍 하우스(confirming house)

컨퍼밍 하우스는 신용장발행은행과 유사한 기능을 하는 수입상의 대리인과 같은 업자로서 영국에서 발달한 하나의 무역보조자이다. 컨퍼밍 하우스는 매도인과 매수인 사이에 개입하여 매도인에 대해서는 직접매수인, 매수인에 대해서는 본인으로 행동한다. 예컨대, 컨퍼밍 하우스는 매매계약이 성립한 경우 수입상은 런던에 있는 컨퍼밍 하우스에 약정한 주문서의 사본을 보내서 수출상에 대하여 확인(confirmation)하도록 의뢰한다.

이 의뢰에 대하여 컨퍼밍 하우스는 수입상의 신용상태를 확인하고 그 계약을 확인한다는 취지를 수출상에게 통고함과 동시에 선적서류의 처분, 환어음의 기간, 수수료 등의 요건을 붙여 발행되는 어음을 인수·지급할 의사 등을 수출상에게 통고한다. 이것이 컨퍼밍 하우스의 주요기능이다. 그러나 이것은 신용장의 확인과는 달리 컨퍼밍 하우스는 확인하여도 어음인수·지급에 관하여 아무런 의무를 부담하는 것이 아니고 다만 수입상의 대리인으로서 런던에서 지급의 뜻을 약속하는 것뿐이므로 수출상의 이익을 옹호하는 점에서는 그 보증이 충분한 것은 못 된다.

예를 들면, 남아프리카 에리자베스항(Port Elizabeth)에 있는 A수입상과 계약을 하는 데 대금결제방법은 신용장발행을 않고 런던의 컨퍼밍 하우스 앞으로 D/P 환어음을 발행할 조건으로 한다. 수출상이 A에게 물품을 선적하면 결제서류는 어음과 함께 어음지급지에 보내서 그 곳의 은행을 통하여 어음지급인에게 인도된다.

이와 같이 어음지급지와 물품도착지가 달라서 서류를 런던을 경유하여 남아프리카로 보내면 서류가 물품보다 늦게 도착함으로써 그 동안 제 비용이 많이 들고, 상기(商機)를 놓치는 위험도 있어 선적서류 1조는 에리자베스항에 있는 은행에 보내고 다른 1~수조는 런던으로 보내어 물품을 찾게 한다. 이 경우 서류인도를 수입항의 은행을 통하는 이유는 런던의 컨퍼밍 하우스가 대금지급을 거절할 때 수입항의 은행에 통지하여 결제서류를 수입상에게 인도하는 것을 보류시키기 위한 것이다.

(마) 연합수출간사회사(combination export manager firm: CEM)

연합수출간사회사란 미국에서 볼 수 있는 독특한 무역경영형태로 물품의 종류가 다르고 비경쟁적인 입장에 있는 다수의 제조업자가 공동으로 독립된 수출부가 되어 각 기업체의 물품수출을 전담하는 수출중간상의 한 형태를 말한다.

제조업자는 자사의 수출부를 가지고 직수출을 하기까지에 이르지 못할 경우 이를 대리하는 방법으로 비경쟁품의 수출을 취급하는 이와 같은 회사의 수출을 위탁하게 된다. 연합수출간사회사는 비경쟁적이지만 다수 제조업자의 수출활동을 자기의 수중에 연합시킬 수 있고 수출을 담당하는 간사로서의 역할을 수행한다. 또한 각 제조업자간에 계약서를 만들어 해당지역에 독점판매를 하게 되며, 그 취급금액에 대해서 일정한 수수료를 받게 된다.

그러나 각 제조업자에게 직접 내도하는 주문에 대해서는 이를 직접 처리하되 간사회사의 존재를 표면에 나타내지 않고 해외의 수입상에 대하여 신용위험을 부담하지 않는다.

따라서 연합수출간사회사는 거래나 해외광고 등을 제조업자의 명의로 수행하고 제조업자의 한 수출부서의 역할을 대행하고 있기 때문에 비경쟁제조업의 수출판매대리점이라고 할 수 있다.

서식 2-1 대리점계약서

AGENCY AGREEMENT

This Agreement entered into this 1st day of May 20xx by XNY INC., a company organized and existing under the laws of New York States, having its principal place of business at 350 Fifth Ave. West, New York, NY10118, U.S.A. (hereinafter referred to as "COMPANY") and ANB INC, a company organized and existing under the laws of Republic of Korea, having its principal place of business at 1, Myungryun-dong, Seoul, Korea (hereinafter referred to as "REPRESENTATIVE")

WITNESSETH:

Article 1. PRODUCTS

The COMPANY hereby appoints the REPRESENTATIVE, and the REPRESENTATIVE hereby accepts appointment as the COMPANY's independent sales representative to promote and assist in the sales of the products specified in the Discount Schedules.

Article 2. TERRITORY

The sales territory designated hereto is the geographical area of Korea as well as th area mutually agreed upon for which the REPRESENTATIVE shall have sales responsibility and in which the REPRESENTATIVE will exert its effort for sales of the products.

Article 3. REPRESENTATIVE'S RESPONSIBILITIES

Generate and stimulate interests in the products and furnish information to the COMPANY in regard to market trend and prospective purchasers of the products. Participate in the sales promotion activities to benefit sales of the products and assist and advises the COMPANY in this regards.

Article 4. COMPANY'S RESPONSIBILITIES

Endeavor to maintain the delivery conditions on all orders accepted by the COMPANY. Provide the REPRESENTATIVE to the full extent, with sales and technical information and assistance regarding the products. Keep the REPRESENTATIVE informed of specification changes in the products.

Article 5. TERMS OF SALE

The prices, discounts and terms applicable to the purchase of the products at the date of this agreement are set forth in the discount schedules, but these prices, discounts, and terms shall be subject to change from time to time hereafter.

Article 6. PAYMENT

The REPRESENTATIVE shall pay the price to the COMPANY within seven(7) days before the date of the shipment of the products by way of wire transfer to the following bank account of the COMPANY.

Article 7. DELIVERY

Unless otherwise specifically provided in the Discount Schedules, delivery of the products shall be FOB New York, and the date of the bill of lading shall be taken to be the date of delivery of the products. The COMPANY shall not be liable for delays in delivery or failure to manufacture due to strikes, lock-outs, riots, civil commotions, insurrections, wars, acts of God, operation of law or any other causes beyond its control.

Article 8. WARRANTY

The COMPANY warrants the REPRESENTATIVE that the products to be delivered on any order will be the kind designated or specified. If it appears within six(6) months from date of shipment by the COMPANY that the products delivered on any order are not of the kind designated or specified, and the REPRESENTATIVE notifies the COMPANY immediately, the COMPANY shall thereupon correct the defect or defects, at its option, either by repairing the defective part or parts or sending a rep1acement(s).

Article 9. CANCELLATION OF ORDERS

The REPRESENTATIVE may cancel any order placed only upon written notice and upon payment to the COMPANY of easonable and proper cancellation charges.

Article 10. ASSIGNMENT OF AGREEMENT

Neither this Agreement nor any rights or obligations hereunder may be assigned by the REPRESENTATIVE without prior written consent of the COMPANY.

Article 11. DURATION & TERMINATION

This Agreement shall be effective for an initial period of three(3) years from the effective date of this Agreement, and shall be extended automatically for a period of one year unless there is written notice from either party not less them thirty(30) days prior to expiration date. This Agreement shall continue in effect from the effective date hereof until terminated as follows:

By an Agreement in writing signed on behalf of the COMPANY by the President or a Vice-President: or By either party at will, with or without cause, upon three months notice in writing given by registered mail. By the COMPANY upon one day's like notice if the REPRESENTATIVE assigns this agreement, or any rights hereunder, without the COMPANY'S prior written consent or there is a change in the control or management of the REPRESENTATIVE which is unacceptable to the COMPANY: or a draft drawn by the COMPANY on the REPRESENTATIVE is dishonored: or the REPRESENTATIVE ceases to function as a going concern, or to conduct its operations in the normal course of business: or a receiver for the REPRESENTATIVE is appointed, or applied for or a petition under the Federal Bankruptcy Act is filed by or against the REPRESENTATIVE.

Article 12. ARBITRATION

All disputes, controversies, or differences which may arise between the REPRESENTATIVE and the COMPANY out of or in relation to this agreement shall be finally settled by arbitration in New York, U.S.A. In accordance with the rules of the New York State Board of Mediation and Arbitration. The award rendered by the arbitrators shall be final and binding upon the parties thereto.

Article 13. FORCE MAJEURE

Neither Party shall be liable to the other party for non-performance or delay in performance of any of its obligation under this agreement due to causes reasonably beyond its control including fire, flood, strikes, labor troubles or other industrial disturbance, unavoidable accidents, governmental regulations, riots, and insurrection. Upon occurrence of such a force majeure condition the affected party shall immediately notify the other party with as much detail as possible and shall promptly inform the other party of any further developments. Immediately after the cause is removed, the affected party shall perform such obligations with all due speed unless the agreement is previously terminated in accordance with Article 10 hereof.

Effective Date: May 1, 20xx

COMPANY,	REPRESENTATIVE,
XNY INC.	ANB INC.
JohnDolan	KildongHong
John F.Dolan	Kil-dong Hong
President	President

2. 무역경영의 조직

무역기업의 목표를 합리적으로 또한 효율적으로 관리하기 위해서는 무역경영조직을 어떠한 구조로 어떻게 배치하여야 할 것인가를 고려하여야 한다. 그 이유는 무역이 국내외 시장을 상대로 하는 특수성을 가지기 때문이다. 어떠한 조직이 무역기업에 적절할 것인지는 개별기업의 취급품목수나 거래지역 상황 등에 따라 다를 수 있다. 여기에서는 무역경영조직을 부속무역부조직, 독립무역부조직 및 사업부제 조직으로 구분하여 살펴보기로 한다.

2.1 부속무역경영조직

제조업자가 국내시장의 한계를 극복하기 위하여 생산규모를 확대하고 해외시장에 수출하기 위해 기존 국내영업부문에 무역과를 부속 신설하게 된다. 부속무역경영조직(built-in trade organization)은 기업이 처음으로 무역을 하고자 할 경우에 쉽게 이용되는 조직으로 비교적 무역규모가 작은 경우에 적절하지만, 무역규모가 커지게 되면 이와 같은 조직으로는 불편하기 때문에 조직을 개편하여야 한다.

[그림 2-1] 부속무역경영조직

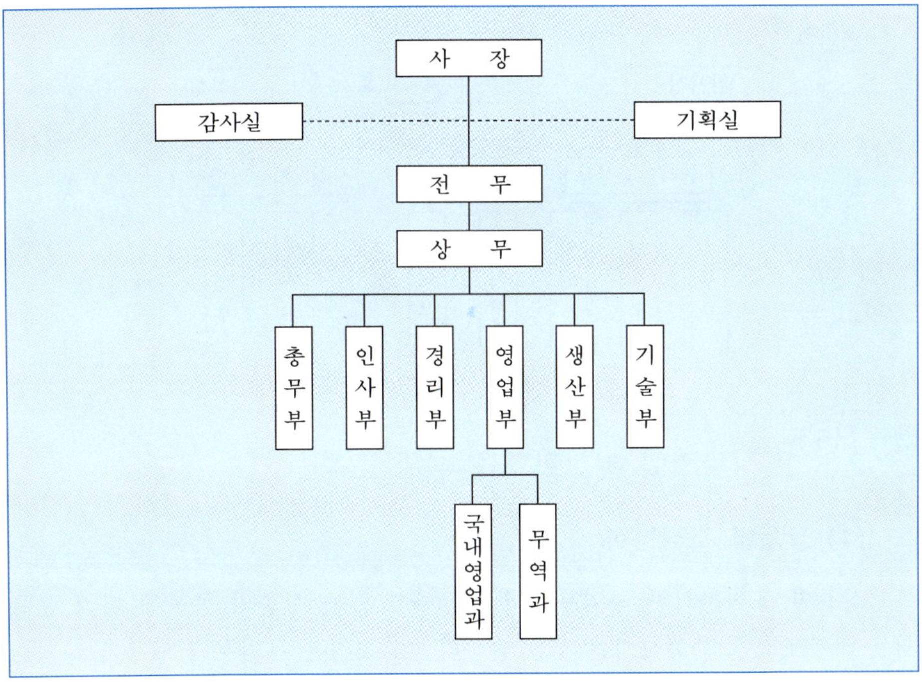

2.2 독립무역경영조직

제조업체나 전문무역상사가 국내영업부문의 한 부속조직으로 무역업무를 수행하다가 무역부문이 점차 매출신장이 이루어지고 사업성이 있게 될 때 기존 국내영업부문에서 분리하여 독립무역경영조직(separate trade organization)을 신설하여 국내영업부문과 병립관계가 되도록 하는 것이다.

독립무역경영조직이 되면 무역부장[1)]이 임명되고 상무나 이사 등 담당중역을 별도로 둘 수도 있다. 무역부 속에서는 수출과, 수입과, 관리과 등을 두고 하부조직으로 활용할 수 있으나 인사, 경리 등 지원이 요구되는 부문에는 보통 부서간에 상호 협조를 얻어 업무를 수행하고 있다.

1) 무역경영조직에서 ××본부장, ××부장 또는 ××과장 등을 ××팀장으로 사용하는 경우도 있으나 이하에서는 팀장이라는 명칭을 사용하지 아니하였다.

[그림 2-2] 독립무역경영조직

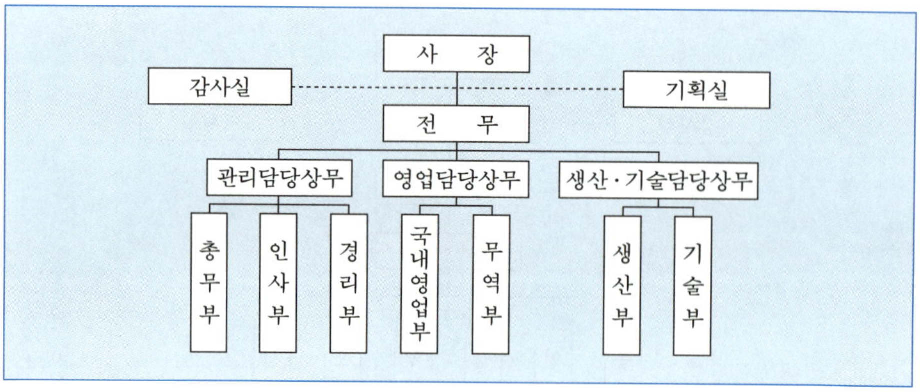

2.3 조직관리의 분화와 사업부제 조직

(1) 상품별 조직분화

상품별 조직분화란 무역부에서 취급하고 있는 상품의 품목에 따라 분류되는 하부조직을 분화시키는 것을 말한다. 이 조직은 무역부의 업무가 무역대상 지역보다 상품의 품목이 다양하여 품목에 중점을 두어 조직을 분화하는 것이 합리적일 때 이용하는 방법이다.

[그림 2-3] 상품별 조직

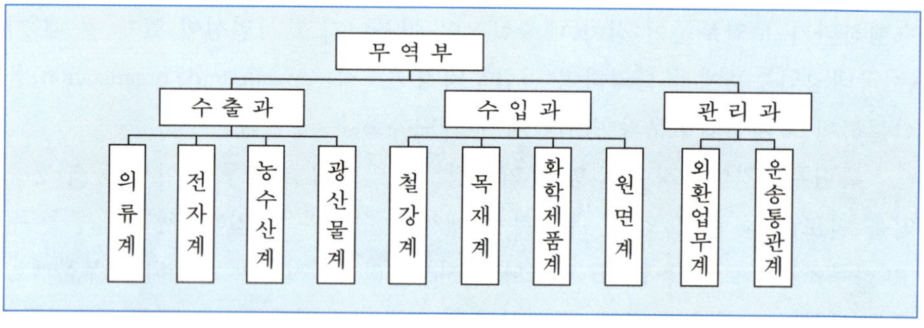

(2) 지역별 조직분화

지역별 조직분화란 무역부에서 수출입하는 지역을 중심으로 하부조직을 분화시키는 것을 말한다.

이 조직은 무역부의 업무가 취급품목수는 그다지 많지 않지만 거래지역이 다변화되어 있다면 무역부의 하부조직을 지역별로 분화시키는 것이 상품별로 분화시키는 것보다 합리적일 경우에 이용하는 방법이다.

[그림 2-4] 지역별 조직

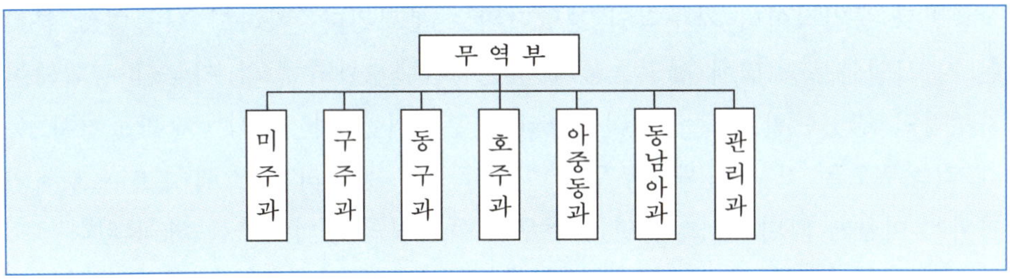

(3) 조직분화의 결합

조직분화는 상품별 또는 지역별 조직분화의 장점만을 살려 이 조직을 합리적으로 결합시켜 조직을 운용하기도 한다.

[그림 2-5] 상품별 분화에 우선한 조직분화의 결합

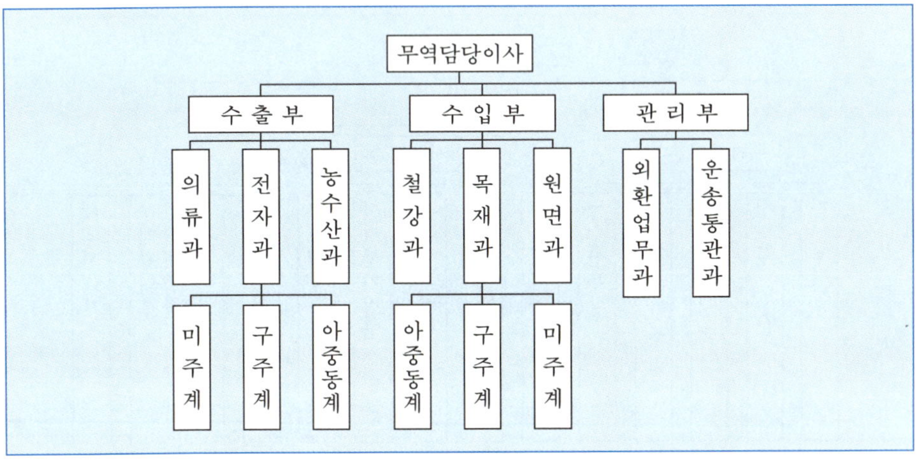

(4) 사입부제 조직

사업부제 조직(divisionalized organization)은 우선 단위분화에 따라 상품별 · 지역별 · 기능별 사업부로 분화시킨 후, 이것을 기초로 하여 편성되는 경영조직구조를 말한다. 다시 말하면, 사업부제는 직능별 부문조직에 대신하여 무역상사 내에 자주성을 발휘하는 통일적인 경영단위를 상품별로 구성하는 것과 같은 부문화를 행하는 조직구조이다.

사업부제 조직은 보통 지역별로 이루어지나 무역업체의 경우에는 거의 상품별로 통일적이며 자주적인 경영단위로 분화된다. 따라서 상품별로 분화된 각 사업본부장 밑에 해당물품의 생산 · 판매 · 관리 등의 기능이 통합되어 자주적인 경영단위로 운영된다. 그리고 본사의 경리 · 인사 · 관리 · 기획 등 각 직능부문은 각 상품사업부문의 이익추구에 봉사하는 스탭(staff)으로서의 지위에 머물게 되며, 각 상품별 사업부는 독자적인 손익관리를 하게 된다.

오늘날 대규모 무역업체 및 종합무역상사들은 사업부제 조직으로 이행하고 있는데 그 이유를 보면 ① 기술혁신에 따른 상품의 다양화, ② 마케팅 전략상, ③ 생산 및 판매관리의 결합, ④ 책임이익의 실현, ⑤ 관리의 분권화, ⑥ 본부부문의 스탭화, ⑦ 경영자의 양성, ⑧ 모티베이션(motivation)의 개선 등을 위해서이다.

[그림 2-6] 사업부제 조직

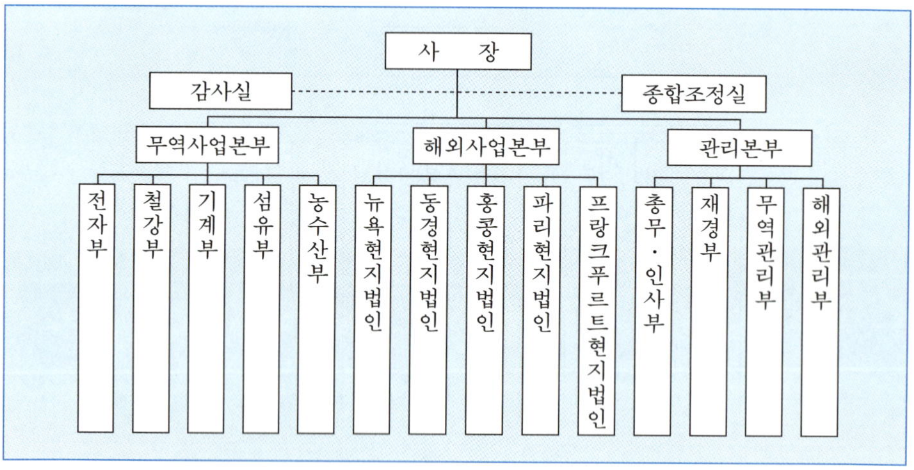

제 3 장

한국의 무역관리제도

1. 무역관리의 개념
2. 무역경영주체에 대한 관리
3. 무역거래대상에 대한 관리
4. 특정거래형태의 수출입인정

제 3 장　한국의 무역관리제도

1. 무역관리의 개념

1.1　무역관리의 의의

무역관리(trade control)란 국가가 제도, 기구 또는 법규에 의하여 무역거래에 대하여 행하는 간섭 내지 통제 또는 규제를 총체적으로 일컫는 말이다. 국제분업의 이익을 극대화하기 위하여는 무엇보다도 아무런 무역장애 없이 거래가 이루어질 수 있는 자유무역체제가 바람직하다.

그러나 불행하게도 세계 각국의 사정은 정도의 차이는 있지만 어느 국가를 막론하고 무역에 대하여 적지 않은 제약을 가하고 있는 것이 오늘의 현실이다. 개발도상국의 입장에서는 만성적인 국제수지적자를 개선하기 위하여 또는 국내유치산업보호를 위하여 어느 정도의 수입제한이나 수출진흥책을 필요로 할 것이며 또한 선진국의 경우에 있어서도 자국 내의 인플레와 실업률을 낮추는 등의 경제적 목적으로 무역을 규제 · 관리할 필요성이 대두된다. 한국과 같이 좁은 국토에 부존자원은 빈약하고 과밀한 인구 등으로 대외의존도가 높은 나라일수록 무역관리의 필요성은 더욱 절실하다고 할 수 있다.

무역관리의 목적에 대하여 한국의 대외무역법은 제 1 조에 "이 법은 대외무역을 진흥하고 공정한 거래질서를 확립하여 국제수지의 균형과 통상의 확대를 도모함으로써 국민경제의 발전에 이바지함을 목적으로 한다"라고 규정하고 있다.

무역관리는 크게 무역업 등을 영위하는 무역경영주체에 대한 관리, 무역물품, 즉 무역대상에 대한 관리가 있는데 이들은 주로 국제기구 또는 국가의 기구에 의하여 관리되고 있다.

1.2 무역관리의 일반적 형태

(1) 수량제한(quantitative control)

수량제한은 보호무역주의정책 중 가장 강력한 수단으로 수출 또는 수입물품의 수량을 제한하기 위하여 일정한 기준에 따라 국가별 또는 품목별로 일정한 한도를 설정하고 그 한도 내에서만 수출 또는 수입이 허용되는 제도이다. 수량제한의 방법으로 수입수량에 대한 할당제도(quota system)가 있는데 이는 수입물품에 대하여 일정한 실시기간을 정하여 그 수입의 수량 또는 가격을 결정하고 할당의 내용을 그 때마다 정부가 발표하는 제도이다.

(2) 수출입링크제(export-import link system)

수출입링크제라 함은 수출입의 균형, 수출입의 장려 또는 수출입의 억제를 위하여 수출과 수입을 연결시켜 수출입을 허용하는 제도를 말한다.

수출입링크의 형태로는 특정지역과 수출입균형을 유지시키기 위한 지역별 수출입링크, 특정상품의 수출입을 연계시키는 상품별 수출입링크, 상품의 수량 수출입링크, 상품의 금액 수출입링크 등이 있다.

(3) 바터제(barter system)

두 나라간에 수입물품의 대금을 화폐로 결제하지 않고 그에 상응하는 만큼의 물품으로 수출하거나 수출한 것에 상응하는 물품을 수입하는 방법으로 무역을 균형시키고자 하는 제도로 물물교환방식의 거래이다. 바터제는 이미 설명한 바와 같이 연계무역 중의 한 가지 형태이다.

(4) 수출입승인제(export-import licence system)

수출 또는 수입하는 내용에 대해서 수출승인(export licence: E/L), 수입승인(import licence: I/L)을 받도록 하는 제도이다.

(5) 수입담보제(advance import deposit system)

물품을 수입하고자 하는 자에게 미리 수입금액의 일정한 비율에 상당하는 담보금을 적립하게 하는 제도로 수입상으로 하여금 자금부담을 가중시켜 수입을 억제하기 위한 수단으로 활용되기도 한다.

(6) 수출보조금(export subsidy)

수출물품의 가격인하를 통하여 수출을 확대시키기 위한 수출장려책의 대표적 수단으로 국가 또는 공공단체에 의한 수출산업과 수출거래에 대한 금융적 자원을 말한다. 수출보조금제는 수출물품가격을 인하할 수 있어 주로 수출을 확대시키는 수단으로 이용되고 있으나 수입억제효과를 발생시키는 경우도 있다. 수출보조금은 직접적으로 국내산업을 보호하는 데 비하여 관세는 가격메커니즘을 통하여 간접적으로 국내산업을 보호한다.[1)]

1.3 한국의 무역관리법규

(1) 대외무역법

대외무역법은 대외무역을 진흥하고 공정한 거래질서를 확립하여 국제수지의 균형과 통상의 확대를 도모함으로써 국민경제의 발전에 이바지함을 목적으로 하는 법이다.

무역에 관한 일반법이며 기본법인 대외무역법은 1967년 1월 16일 법률 제1878호에 의하여 무역거래법으로 제정된 후 1986년 12월 31일 법률 제3895호로 현재의 대외무역법으로 공포되어 그 후 수차 개정되면서 오늘에 이르고 있다.

대외무역법의 주요 내용은 ① 총칙, ② 통상의 진흥, ③ 수출입 거래, ④ 수입수량제한조치 ⑤ 수출입의 질서유지, ⑥ 보칙, ⑦ 벌칙 등을 규정하고 있다.

(2) 외국환거래법

외국환거래법은 외국환거래 기타 대외거래의 자유를 보장하고 시장기능을 활성화하여 대외거래의 원활화 및 국제수지의 균형과 통화가치의 안정을

---

1) 관세는 간접적 무역관리수단으로 상품의 국내가격을 인상시키지만 보조금은 오히려 생산제품의 코스트를 인하시킬 수 있어 국내가격을 하락시킬 수도 있다.

도모함으로써 국민경제의 건전한 발전에 이바지함을 목적으로 하고 있다.

외국환거래법은 1961년 12월 31일 법률 제933호에 의하여 외국환관리법으로 제정된 후 1998년 9월 16일 법률 제5550호로 현재의 외국환거래법으로 공포되어 그 후 수차 개정되면서 오늘에 이르고 있다.

외국환거래법의 주요 내용은 ① 총칙, ② 외국환업무 취급기관 등, ③ 외국환 평형기금, ④ 지급과 거래, ⑤ 보칙, ⑥ 벌칙 등을 규정하고 있다.

(3) 관 세 법

관세법은 관세의 부과 · 징수 및 수출입물품의 통관을 적정하게 하고 관세수입을 확보함으로써 국민경제의 발전에 이바지함을 목적으로 하는 법으로 1967년 11월 29일 법률 제1976호로 제정, 수차 개정되어 오늘에 이르고 있다.

관세법의 주요 내용은 ① 총칙, ② 과세가격과 관세의 부과 · 징수 등, ③ 세율 및 품목분류, ④ 감면 · 환급 및 분할납부 등, ⑤ 납세의 권리 및 불복절차, ⑥ 운송수단, ⑦ 보세구역, ⑧ 운송, ⑨ 통관, ⑩ 세관공무원의 자료제출 요청 등, ⑪ 벌칙, ⑫ 조사와 처분, ⑬ 보칙 등을 규정하고 있다.

(4) 기타 무역관계법

대외무역법, 외국환거래법, 관세법 이외에 무역관리와 관련된 주요 법규로는 ① 수출보험법, ② 중재법, ③ 수출용원재료에 대한 관세 등 환급에 대한 특별법, ④ 해운법, ⑤ 자유무역지역의 지정 및 운영에 관한 법률, ⑥ 전자무역 촉진에 관한 법률, ⑦ 전자금융거래법, ⑧ 불공정 무역행위 조사 및 산업피해구제에 관한 법률, ⑨ 무역거래 기반조성에 관한 법률 등이 있다.

1.4 무역관리의 기구

무역자체가 국제간에 이루어지는 특수성 때문에 각국은 국제무역관련기구와 협조하여 세계무역의 자유화와 효율성을 제고시키고 있고, 당해국가 내에서도 수출입에 관련된 여러 행정기관에 의하여 관리를 받고 있다.

무역관리와 관련된 주요 국제기구로는 국제통화기금(International Monetary Fund: IMF), 세계은행으로 불리우는 국제부흥개발은행(International Bank for Reconstruction and Development: IBRD), 세계무역기구(World Trade Organization: WTO), 경제협력개발기구(Organization for Economic Cooperation and Development: OECD) 및 유엔무역개발회의(United Nations Conference on Trade and Deve1opment: UNCTAD), 관세협력이사회(Customs Cooperation Council: CCC)가 있다.

한편, 한국에 있어서의 무역관리기구로는 주무행정관청인 지식경제부, 기획재정부 등 관련중앙행정관청, 무역위원회, 시·도, 세관, 한국은행, 한국수출입은행, 외국환은행, 수출자유지역관리소, 대한무역투자진흥공사, 공업진흥청, 임업시험장, 한국무역협회, 대한상공회의소, 한국무역대리점협회, 한국수출외국기업협회 등이 있다.

2. 무역경영주체에 대한 관리

한국의 대외무역법에서는 최근의 국제무역환경의 변화에 따른 자율과 개방의 정책기조를 반영하고 국내산업의 국제경쟁력강화를 도모하기 위하여 무역경영주체에 대한 관리는 점차 그 자격요건 등을 완화하는 추세에 있다.

3. 무역거래대상에 대한 관리

무역업자로 인정이 되었다 하더라도 수출입물품에 대하여는 별도로 수출입공고에 정하는 바에 따라 수출승인을 받아야 한다. 여기에서는 무역거래 대상이 되는 물품에 대한 대외무역법상의 관리제도를 중심으로 수출입공고와 무역물품의 분류방식, 수출입추천과 승인에 대하여 살펴보기로 한다.

3.1 수출입공고와 무역물품의 분류방법

(1) 수출입공고의 의의

수출입공고란 개별적인 신용 또는 수입물품에 대하여 수출 · 수입이 제한되는지 여부와 이에 따른 추천 또는 확인사항 등을 지식경제부장관이 종합적으로 정리하여 공고하는 것을 말한다.

관세 또는 외환의 조작에 의한 수출 · 수입규제가 간접규제방식인 데 반하여 수출입공고는 수출 · 수입에 관한 직접규제방식의 하나이다.

수출입공고에서 지식경제부장관은 다음과 같은 사항을 공고하고 있다.

① 물품의 수출 · 수입에 관한 자동승인품목, 제한승인품목 또는 금지품목 등을 구분

② 제한승인품목의 품목별 수량 · 금액 · 규격 또는 지역 등의 제한

③ 제한승인품목의 품목별 수량 · 금액 · 규격 또는 지역 등의 제한에 따른 물품의 수출 · 수입에 관한 추천 또는 확인 등의 절차

(2) 통합공고와 별도공고

대외무역법 이외의 법령에 의하여 물품의 수출 또는 수입요령을 정한 것이 있는 경우에는 지식경제부장관은 그 법령에 의하여 정한 물품의 수출 또는 수입요령을 공고하여야 하는 바 이를 '통합공고'라고 한다. 이에 대한 자료는 관계행정기관의 장이 지식경제부장관에게 제출하여야 한다. 한편 수출 또는 수입제한품목의 수출 또는 수입요령에서 정하는 주무관서의 장 또는 관련단체의 장은 사전에 지식경제부장관의 합의를 얻어 동 승인요령을 수출입공고 시행일 전까지 공고하여야 한다.

한편 대외무역법은 수출의 지속적 증대와 무역의 균형화를 촉진하기 위하여 필요한 경우 수출입공고의 규정을 적용하지 아니하고 별도의 공고를 적용할 수 있도록 마련하고 있는 것이 '수출입별도공고'이다. 현재 수출입별도공고에서는 수출입절차 간소화를 수출입 추천 등의 별도 조치, 항공기 및 동부분품의 수입, 산업피해조사품목의 수입, 통상정책상 필요한 물품의 수출입 등을 규정하고 있다.

(3) 수출입공고의 표시방법

한국은 1967년 4월 GATT에 가입을 계기로 무역자유화 추세에 따라 수출입공고 표시방법을 1967년 7월 25일부터 종전의 "Positive List System"에서 "Negative List System"으로 개편하였다.

[표 3-1] 무역상품분류방식의 비교

구 분	SITC	CCCN	HS
명 칭	표준국제무역상품분류(Standard International Trade Classification)	관세협력이사회품목분류(Customs Cooperation Council Nomenclature)	신국제통일상품분류(The Harmonized Commodity Description and Coding System)
발효 · 채택 연도 (한국사용)	1950. 7. 21 발효 (1955년부터 사용)	1950. 11. 11 발효 1976. 6 BTN → CCCN 명칭변경 (1977년 사용)	1983. 6 CCC채택 (1988년부터 사용)
제정기관	유엔경제사회이사회	관세협력이사회	관세협력이사회
목 적	통계 이용목적 (무역 및 경제분석 용이)	관세부과목적 (관세율 적용)	관세와 기타 목적흡수 (관세 및 국제통계 통합)
분류체계	10부 63류 786품목(4단위) 1,924품목(5단위)	21부 99류 1,011개 품목(4단위) 7,916개 품목(8단위)	21부 97류(77류 공백, 98, 99류 삭제) 1,241개 품목(4단위) =New CCCN 5,019개 품목(6단위) = 협약국 적용 10,033개 품목(10단위) = 자국자율 적용
단위부여	국제공통 5단위	국제공통 4단위 자국용 4단위	국제공통 6단위 자국용 4단위

자료: 한국무역협회, 「무역」 제250호, 1987. 6월호를 참조하여 보완함.

"Positive List System"이란 수출입공고에 수출 또는 수입이 허용되는 품목만을 표시하고, 여기에 표시되지 않은 기타의 품목은 원칙적으로 수출 · 수입이 제한 또는 금지되도록 하는 품목표시방법이다.

이에 대하여 "Negative List System"이란 수출입공고에 수출 또는 수입의 제한 내지 금지품목만을 표시하고 여기에 표시되지 않은 기타의 품목은 수출 · 수입이 허용되도록 하는 품목표시방법이다. 현행의 "Negative List System"은 무역자유화의 폭을 넓히고 외국의 값싸고 품질 좋은 상품을 수입하여 국내상품을 이들 외국제품과 경쟁하게 함으로써 국내산업의 체질을 개선하고 일반대중의 소비생활을 향상시키는 데 목적을 두고 있다.

(4) 무역상품의 분류방식

한국의 수출입공고상의 수출입품목분류는 1950년 7월 21일 유엔경제사회이사회에서 선포한 '표준국제무역상품분류'(Standard International Trade Classification: SITC)방식에 의하고 있었으나, 1971년부터 관세협력이사회(Customs Cooperation Council: CCC)에서 발행한 '브루셀관세품목분류'(Brussels Tariff Nomenclature: BTN)방식에 따라 품목을 분류하여 오다가 1976년 6월 CCC총회에서 특정지역의 명칭을 이용한 BTN보다 관세협력이사회의 명칭을 따서 '관세협력이사회품목분류'(Customs Cooperation Council Nomenclature: CCCN)방식으로 변경하게 됨에 따라 한국도 1977년 상반기부터 품목분류를 CCCN방식으로 표시하게 되었다.

그러나 미국[2] 등 CCCN을 채택하고 있지 않은 국가와 CCCN 채택국과의 사이에 무역통계를 비교하는 데에 많은 시간과 노력의 낭비가 있었고, 무역구조의 변화, 과학기술발전에 부응해야 할 필요성과 관세 · 통계 · 운송 · 보험 등에 공용하기 위하여 '신국제통일상품분류'(Harmonized Commodity Description and Coding System: HS)[3] 방식을 만들었는데 1988년 1월 1일부터 한국을 포함한 세계 주요 무역국가들이 채택하여 사용하고 있다.

HS는 21개부(section)에 97개류(chapter),[4] 1,241호(heading)로 분류되어 무역통계의 수집 · 비교 · 분석과 국제간 자료수집을 용이하게 하고 있다.

---

2) 미국은 CCCN을 채택하지 않고 독자적인 미국관세율표인 TSUSA(Tariff Schedule of the United States Annotated)를 사용하고 있었다.

3) New CCCN이라고도 하며, 줄여서 "Harmonized System"으로 쓰기도 하고 '조화제도'라고도 부르고 있다.

4) 이 중 제77류는 앞으로 신규상품이 나오면 사용하기 위해 유보하여 비워두었다.

[표 3-2] HS Code 분류체계

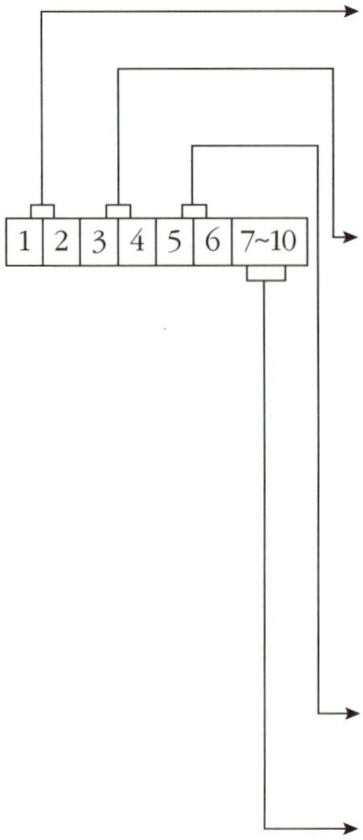

단위	내용
1, 2단위 (류)	· 재질과 기능 등에 따라 전 물품을 분류 · 예외: 84류, 85류(용도, 기능에 따른 분류) · 삭제: 98류, 99류, 공백: 77류
3, 4단위 (호)	· 가공단계별로 분류하되 무역량 및 기타 상품개발에 따른 호의 균등을 유지키 위해 - 분할: 무역량이 많거나 통계집계를 필요로 한 품목 - 이전: CCCN체제의 정비에 따른 동일상품군의 형성 - 삭제: 무역량이 미미한 품목 - 추가: 각국의 특산물, 신개발품, 무역거래량이 많은 품목 등
5, 6단위 (소호)	· 상기기준에 입각하면서 운송·보험 등에도 적용, 사용할 수 있도록 확대
7~10단위 (통계부호)	· 각국의 경제적 사정에 따라 자발적으로 분류할 수 있는 Code · 분류원칙: 일련번호로 다음 사항을 고려 - 세율 측면에서 별도세목 필요품목 - 무역통계상 필요한 품목 - 수입정책상 수출입실태파악이 필요한 품목

(예)

1	2	3	4	5	6	7	8	9	10	
5	0									견(silk)
5	0	0	7							견직물
5	0	0	7	1	0	0	0	0	0	※견·노일직물
5	0	0	7	2	0					※기타직물
						1	0	0	0	※※생지견직물
						2	0			순견직물
								1	0	※※※홀치기가공
								2	0	사틴(Satin)

자료: 한국무역협회, 「무역」 제250호, 1987. 6.

[표 3-3] 신국제통일상품분류(HS)

제 1 부 산동물 및 동물성 생산품

제 1 류 산동물

제 2 류 육과 식용설육

제 3 류 어류 · 갑각류 · 연체동물 및 기타 수생무척추동물

제 4 류 낙농품 · 조란 · 천연꿀 및 다른 류에 분류되지 아니한 식용의 동물성 생산품

제 5 류 다른 류에 분류되지 아니한 동물성 생산품

제 2 부 식물성 생산품

제 6 류 산 수목과 기타 식물 및 인경 · 뿌리 및 이와 유사한 물품과 절화(切花) 및 장식용의 잎

제 7 류 식용의 채소 · 뿌리 및 괴경

제 8 류 식용의 과실 및 견과류와 감귤류 또는 멜론의 껍질

제 9 류 커피 · 차 · 마태 및 향신료

제10류 곡물

제11류 제분공업의 생산품과 맥아 · 전분 · 이눌린 및 밀의 글루텐

제12류 채유용에 적합한 종자와 과실, 각종의 종자와 과실, 공업용 또는 의약용의 식물 및 짚과 사료용 식물

제13류 락, 검 · 수지 및 기타의 식물성 액즙과 엑스

제14류 식물성 편조용 재료와 다른 류에 분류되지 아니한 식물성 생산품

제 3 부 동식물성의 유지 및 이들의 분해 생산물, 조제식용지와 동식물성의 납

제15류 동식물의 유지 및 이들의 분해 생산물, 조제식용지와 동식물성의 납

제 4 부 조제식료품과 음료 · 알콜 · 식초 및 담배와 제조한 담배 대용물

제16류 육류 · 어류 · 갑각류 · 연체동물 또는 기타 수생무척추동물의 조제품

제17류 당류와 설탕과자

제18류 코코아와 그 조제품

제19류 곡물 · 분 · 전분 또는 밀크의 조제품과 베이커리제품

제20류 채소 · 과실 · 견과류 또는 식물의 기타 부분의 조제품

제21류 각종의 조제식료품

제22류 음료 · 알콜 및 식초

제23류 식품공업에서 생기는 잔유물 및 웨이스트와 조제사료

제24류 담배와 제조한 담배 대용물

제 5 부 광물성 생산품

제25류 소금, 유황, 토석류 및 석고 · 석회와 시멘트

제26류 광, 슬랙 및 회

제27류 광물성 연료 · 광물유 및 이들의 증류물, 역청물질 및 광물성 왁스

제 6 부 화학공업 또는 연관공업의 생산품

제28류 무기화학품 및 귀금속 · 희토류금속 · 방사성원소 또는 동위원소의 유기 또는 무기화합물

제29류 유기화학품

제30류 의료용품

제31류 비료

제32류 유연 또는 염색엑스, 탄닌과 그들의 유도체, 염료 · 안료와 기타 착색제, 페인트와 바니쉬, 퍼티와 기타 매스틱 및 잉크

제33류 정유와 레지노이드 및 조제향료와 화장품류 또는 화장용품류

제34류 비누 · 유기 · 계면활성제 · 조직세제(洗劑) · 조제윤활제 · 인조왁스 · 조제왁스 · 광택 또는 연마조제품 · 양초와 이와 유사한 물품 · 조형용 페이스트 · 치과용 왁스와 플라스터를 기제로 한 치과용 조제품

제35류 단백질계 물질, 변성전분, 글루 및 효소

제36류 화약유 · 화공품(火工品) · 성냥, 발화성 합금 및 특정가연성 조제품

제37류 사진용 또는 영화용의 재료

제38류 각종 화학공업 생산품

제 7 부 플라스틱과 그 제품 및 고무와 그 제품

제39류 플라스틱과 그 제품

제40류 고무와 그 제품

제 8 부 원피 · 가죽 · 모피 및 이들의 제품, 마구, 여행용구 · 핸드백 및 이와 유사한 용기와 동물거트(누에의 거트를 제외한다)의 제품

제41류 원피(모피를 제외한다)와 가죽

제42류 가죽제품, 마구(馬具), 여행용구 · 핸드백 및 이와 유사한 용기와 동물의 거트(누에의 거트를 제외한다)의 제품

제43류 모피와 인조모피 및 이들의 제품

제 9 부 목재와 그 제품, 목탄, 코르크와 그 제품, 짚 · 에스파르토 기타의 조

물(粗物) 재료의 제품과 농(籠)세공물 및 지조(枝條)세공물

제44류 목재와 그 제품 및 목탄

제45류 코르크와 그 제품

제46류 짚 · 에스파르토 기타 조물(粗物)재료의 제품 · 농세공물 및 지조(枝條) 세공물

제10부 목재펄프 또는 기타 섬유질 셀룰로스 재료의 펄프, 지 또는 판지의 웨이스트와 스크랩, 지와 판지 및 이들의 제품

제47류 목제펄프 또는 기타 섬유질 셀룰로스 재료의 펄프, 지 또는 판지의 웨이스트와 스크랩

제48류 지와 판지, 제지용 펄프 · 지 또는 판지의 제품

제49류 인쇄서적 · 신문 · 화학 및 기타의 인쇄물, 수제문서 · 타이프문서 및 도면

제11부 방직용 섬유와 그 제품

제50류 견

제51류 양모 · 섬수모 또는 조수모, 마모사 및 이들의 직물

제52류 면

제53류 기타 식물성 방직용 섬유, 지사 및 지사의 직물

제54류 인조 필라멘트

제55류 인조 스테이플 섬유

제56류 워딩 · 펠트 및 부직포, 특수사, 끈, 코디지, 로프 및 케이블과 이들의 제품

제57류 양탄자와 기타 방직용 섬유제의 바닥깔개

제58류 특수직물, 터후트한 섬유직물, 레이스, 태피스트리, 트리밍과 자수포

제59류 침투 · 도포 · 피복 또는 적층한 방직용 섬유의 직물, 공업용의 방직용 섬유제품

제60류 메리야스 편물과 뜨게질 편물

제61류 의류와 그 부속품(메리야스 편물 또는 뜨게질 편물의 것에 한한다)

제62류 의류와 그 부속품(메리야스 편물 또는 뜨게질 편물의 것을 제외한다)

제63류 제품으로 된 방직용 섬유의 기타 물품, 세트, 사용하던 의류 · 사용하던 방직용 섬유제품 및 넝마

제12부 신발류 · 모자류 · 산류 · 지팡이 · 시트 스틱 · 채찍 및 이들의 부분품, 조제우모와 그 제품, 조화, 인모제품

제64류 신발류 · 각반 및 이와 유사한 것과 이들의 부분품
제65류 모자류와 그 부분품
제66류 산류 · 지팡이 · 시트 스틱 · 채찍 및 이들의 부분품
제67류 조제우모와 솜털 및 그 제품, 조화, 인모제품

제13부 석 · 프라스터 · 시멘트 · 석면 · 운모 또는 이와 유사한 재료의 제품, 도자제품, 유리와 유리제품

제68류 석 · 프라스터 · 시멘트 · 석면 · 운모 또는 이와 유사한 재료의 제품
제69류 도자제품
제70류 유리와 유리제품

제14부 천연 또는 양식 진주 · 귀석 또는 반귀석 · 귀금속 · 귀금속을 입힌 금속 및 이들의 제품, 모조신변 장식용품과 주화

제71류 천연 또는 양식 진주 · 귀석 또는 반귀석 · 귀금속 · 귀금속을 입힌 금속 및 이들의 제품, 모조신변 장식용품과 주화

제15부 비(卑)금속과 그 제품

제72류 철강
제73류 철강의 제품
제74류 동과 그 제품
제75류 니켈과 그 제품
제76류 알루미늄과 그 제품
제77류 (유보)
제78류 연(鉛)과 그 제품
제79류 아연과 그 제품
제80류 주석과 그 제품
제81류 기타 비금속,시멘트, 이들의 제품
제82류 비(卑)금속제의 공구 · 도구 · 칼붙이 · 스푼과 포크 및 이들의 부분품
제83류 비(卑)금속제의 각종 제품

제16부 기계류와 전기기기 및 이들의 부분품, 녹음기와 음성 재생기, 텔레비전의 영상 및 음향의 기록기와 재생기 및 이들의 부분품과 부속품

제84류 원자로 · 보일러와 기계류 및 이들의 부분품
제85류 전기기기와 그 부분품, 녹음기와 음성재생기 · 텔레비전의 영상 및 음성의 기록기와 재생기 및 이들의 부분품과 부속품

제17부 차량 · 항공기 · 선박과 수송기기 관련품

제86류 철도 또는 궤도용의 기관차 · 차량과 이들의 부분품, 철도 또는 궤도용의 장비품과 그 부분품 및 기계식(전자기계식을 포함한다)의 각종 교통 신호용 기기
제87류 철도 또는 궤도용 이외의 차량 및 그 부분품과 부속품
제88류 항공기와 우주선 및 이들의 부분품
제89류 선박과 수상구조물

제18부 광학기기 · 사진용 기기 · 영화용 기기 · 측정기기 · 검사기기 · 정밀기기와 의료용 기기, 시계, 악기 및 이들의 부분품과 부속품

제90류 광학기기 · 사진용 기기 · 영화용 기기 · 측정기기 · 검사기기 · 정밀기기와 의료용 기기 및 이들의 부분품과 부속품
제91류 시계와 그 부분품
제92류 악기 및 그 부분품과 부속품

제19부 무기 · 총포탄 및 이들의 부분품과 부속품

제93류 무기 · 총포탄 및 이들의 부분품과 부속품

제20부 잡 품

제94류 가구와 침구 · 매트리스 · 매트리스서포트 · 쿠션과 이와 유사한 물품, 다른 류에 분류되지 아니한 램프와 조명기구, 조명용 사인, 조명은 네임플레이트와 이와 유사한 물품 및 조립식 건축물
제95류 완구 · 유희용구 · 운동용구 및 이들의 부분품과 부속품
제96류 잡품

제21부 예술품 · 수집품과 골동품

제97류 예술품 · 수집품과 골동품
제98류 (유보)
제99류 (유보)

자료: 재무부관세국 감수, 「관세율표」, 한국관세연구소, 1988.

(5) 수출입공고상의 품목구분

1) 수출금지품목

수출금지품목(export banned items)은 수출입공고상 품목의 수출요령에 의하면 수출할 수 없는 품목을 말하며 현행의 수출입공고상에는 수출금지품목은 한 품목도 표시하지 않고 있다.

2) 수출제한승인품목

수출제한승인품목(export restricted items)은 수출입공고 '별표'에 게기되어 있는 품목으로 이는 각 품목별 수출요령에 따라 수출승인을 받아야만 수출할 수 있다. 수출입공고상에 '×××기관의 승인을 받아 수출할 수 있음'과 같은 단서의 승인요건을 충족하여야만 수출이 가능한 품목을 말한다.

3) 수출자동승인품목

수출자동승인품목(export automatic approval items: A.A.)은 수출입공고 '별표'에 게기되지 아니한 품목으로 자동적으로 수출승인할 수 있다. 다만, 수출

[표 3-4] 수출제한승인품목에 대한 수출입공고의 예

HS			품 목	수출요령
4203			의류와 의류부속품(가죽제 또는 콤포지션레더제의 것에 한한다)	
4203.10			의류	1. 다음의 것은 ×××의 승인을 받아 수출할 수 있음 (1) 북미주 및 구주지역으로 수출되는 것 2. 기타의 것은 수출자동승인품목임
4203.10	10		소의 것	
4203.10	10	10	코트류(Coats)	
4203.10	10	20	자켓,블레이저 및 잠바류	
4203.10	10	50	조끼류(Vests)	

품목의 디자인개발을 촉진하고 모방을 방지하기 위하여 수출물품의 디자인 보호대상품목으로 지정된 품목에 대하여는 수출자동승인품목이라 할지라도 동 품목의 인정기관의 디자인인정을 받은 경우에 한하여 수출승인할 수 있다. 주의해야 할 점은 수출자동승인품목이라 하더라도 특별법 등으로 제한을 받는 경우가 있으므로 잘 검토하여야 한다.

4) 수입금지품목

수입금지품목(import banned items)은 수출입공고에 의거 수입을 할 수 없는 품목이다. 수입금지품목도 현행의 수출입공고에는 수출금지품목과 같이 한 품목도 표시하고 있지 않다.

5) 수입제한승인품목

수입제한승인품목(import restricted items)은 수출입공고 '별표'에 게기되

[표 3-5] 수입제한승인품목에 대한 수출입공고의 예

HS			품 목	수입요령
0305.60			염장한 어류(건조 또는 훈제한 것을 제외한다) 및 염수장한 어류	
0305.69	30	00	갈 치	1. 다음의 것은 수입자동승인품목임 (1) 갈치젓 2. 기타의 것은 ×××의 승인을 받아 수입할 수 있음
0305.69	50	00	고등어	×××의 승인을 받아 수입할 수 있음
0305.69	60	00	조 기	1. 다음의 것은 수입자동승인품목임 (1) 조기젓 2. 기타의 것은 ×××의 승인을 받아 수입할 수 있음
0305.69	70	00	전갱이	×××의 승인을 받아 수입할 수 있음

어 있는 품목으로 이는 각 품목별 수입요령에 따라 수입승인을 받아야만 수입할 수 있다. 수출입공고상에 '×××기관의 승인을 받아 수입할 수 있음'과 같이 표시되어 있다면 이 경우에는 당해 기관의 사전승인을 받아야 된다. 즉 수입제한요건을 충족시켜야 수입승인이 가능한 품목이다.

그러나 다음의 하나에 해당하는 경우에는 수입제한승인품목이라 할지라도 자동적으로 수입승인할 수 있다.

① 외화획득용원료 · 기재의 수입. 다만, 대외무역관리규정에서 별도로 정하는 경우에는 동 요건에 적합하여야 한다.

② 지식경제부장관이 인정하는 재한 미국잉여재산의 수입

③ 시장 · 군수(광역시 이상의 구청장 포함)가 추천하는 국내제작을 위한 견본의 수입

6) 수입자동승인품목

수입자동승인품목(import automatic approval items: A.A.)은 수출입공고 '별표'에 게기하지 아니한 품목으로 이는 자동적으로 수입승인할 수 있다. 그러나 다음의 하나에 해당하는 수입은 수입자동승인품목이라 하더라도 지식경제부장관이 별도공고하는 수입요령에 따라 수입승인하여야 한다.

① 항공기 및 동 부분품의 수입

② 산업피해조사에 의한 한시적 수입제한품목의 수입 및 동 잠정조치품목의 수입

③ 통상정책상 필요한 물품의 수출입

한편 수출입공고에서는 HS분류색인서에 포함되지 않은 품목을 불표시품목이라고 한다. 그리고 수출입공고상의 수출 또는 수입승인대상품목은 중고품이 아닌 신품이어야 한다.

3.2 물품의 수출입승인

대외무역법은 무역경영의 주체에 대한 관리 외에 물품을 수출 또는 수입하고자 할 경우는 무역업자라 하더라도 수출입공고에 따라 물품, 거래형태, 대금결제방법 등에 대하여 수출승인 또는 수입승인을 받도록 하고 있다.

서식 3-1 수출승인(신청)서

〔별지 제 3-1호 서식〕

수출승인(신청)서
Export License(Application)

처 리 기 간: 1일
Handling Time: 1 Day

① 수출자 (Exporter) 무역신고번호 (Notificaion No.) 214-12-45678 상호, 주소, 성명 (Name of Firm, Address, Name of Rep) 에이엔비주식회사 서울시 종로구 명륜동 1번지 대표이사 홍길동 (서명 또는 인) (Signature)	④ 구매자 또는 계약당사자 (Buyer or Principal of Contract) X & Y Inc. ⑤ 신용장 또는 계약서 번호(L/C or Contract No.) 78910
② 위탁자 (Requester) 사업자등록번호 (Business No.) 상호, 주소, 성명 (Name of Firm, Address, Name of Rep) (서명 또는 인) (Signature)	⑥ 금액(Total Amount) US$100,000 ⑦ 결제기간(Period of Payment) at sight ⑧ 가격조건(Terms of Payment) CIF New York
③ 원산지(Origin) R.O.K.	⑨ 도착항(Port of Dispatch) New York, U.S.A

⑩ HS 부호 (HS Code)	⑪ 품명 및 규격 (Description/Size)	⑫ 단위 및 수량 (Unit/Quantity)	⑬ 단 가 (Unit Price)	⑭ 금 액 (Amount)
4203	Men' s Split Leather Jackets			
	ST-101	2,000pcs.	@U$25	US$50,000
	ST-102	2,000pcs.	@U$25	US$50,000
		Total: 4,000pcs.		US$100.000

Materials
1. Leather Part: Cow Split Leather thickness 1.0-1.2mm ······ used 16SF/pc.
2. Lining Part : 100% Nylon Taffeta 190T 44/45″ width ······ used 1.6m/pc.
3. Zipper : #8 Plastic Zipper oper and auto lock 21″ long ······ used 1pc./pc.
4. Accessory : Label ······ used 1pc./pc.

Total Weight 600g/pc.

⑮ 승인기관, 기재란(Remarks to be filled out by an Approval Agency)

⑯ 유효기간(Period of Approval) 20××. 4. 30

⑰ 승인번호(Approval No.) E0604-805-12345

⑱ 승인기관 관리번호(No. of an Approval Agency) 1234

⑲ 위의 신청사항을 대외무역법 제14조 제 2 항 및 동법 시행령 제26조 제 1 항의 규정에 의하여 승인합니다.
(The undersigned hereby approves the above-mentioned goods in accordance with Article 14(2) of the Foreign Trade Act and Article 26(1) of the Enforcement Decree of the said Act.)

20××년 5월 1일
승인권자 외환은행장 (인)

※ 승인기관이 2 이상인 경우 ⑮ - ⑱의 기재사항은 이면에 기재하도록 합니다.
※ 이 서식에 의한 승인과는 별도로 대금결제에 관한 사항에 대하여는 외국환관리법령이 정하는 바에 따라야 합니다.

2812-281-01611민 210mm×297mm
98. 1. 12. 승인 일반용지60g/m²

(1) 수출입승인의 의의와 승인기관

수출입승인은 무역절차상의 기본이 되는 것으로 물품을 수출입하고자 하는 자는 대통령령이 정하는 바에 따라 수출 또는 수입승인을 받아야 한다.

(2) 수출승인의 요건

수출입승인기관의 장은 수출 또는 수입승인을 하고자 할 경우에 다음 각호의 요건에 합당한지 여부를 확인하여야 한다.

① 수출 · 수입의 승인신청인이 승인을 얻을 수 있는 자격자일 것

② 수출 · 수입하고자 하는 물품이 수출입공고 등 및 이 규정에 의한 승인요건을 충족한 물품일 것

③ 수출 · 수입하는 물품의 품목분류번호(HS)의 적용이 적정할 것

4. 특정거래형태의 수출입인정

해당 거래의 전부 또는 일부가 다음에 해당하는 수출입 거래형태로서 산업자원부장관이 정하여 고시하는 기준에 해당하는 거래를 특정거래형태의 수출입인정이라고 한다.

특정거래형태의 수출입 유형에는 ① 수출 또는 수입의 제한을 회피할 우려가 있는 거래, ② 산업보호에 지장을 초래할 우려가 있는 거래, ③ 외국에서 외국으로 물품 등의 이동이 있고, 그 대금의 지급이나 영수(領收)가 국내에서 이루어지는 거래로서 대금결제 상황의 확인이 곤란하다고 인정되는 거래, ④ 대금결제 없이 물품 등의 이동만 이루어지는 거래 등이 있다.

제 4 장

해외시장조사와 거래선발굴

1. 해외시장조사의 개념

해외시장조사(overseas market research)란 무역상사가 해외시장의 환경 및 동향을 조사하고 고객이 원하고 있는 바를 파악하여 무역거래의 증진을 목적으로 행하는 시장조사를 말한다. 다시 말하면 특정물품에 대한 판매 또는 구매가능성(selling or buying feasibility)을 조사하는 것이다.

수출상의 입장에서 해외시장을 개척하고 이를 확대하는 데 있어서 제일 먼저 고려하여야 할 문제가 곧 해외시장조사이다. 수출상은 해외시장조사를 통하여 어느 지역의 시장에서 어떠한 거래선을 대상으로 어느 시기에 자신이 취급하고 있는 물품을 가장 합리적인 가격으로 유통비용을 최소화하여 많은 물량을 판매할 수 있는가를 과학적으로 조사 · 연구 · 분석하게 된다. 해외시장조사는 지역적인 격리성, 상관습 및 언어 등의 차이로 인하여 그 조사에 어려움이 많이 따른다. 따라서 조사자의 충실하고 정확한 조사자료가 목적시장 진출여부와 성공적인 거래관계를 유지하기 위한 전제조건이 된다.

2. 해외시장조사의 내용과 방법

2.1 해외시장조사의 내용

해외시장조사는 마케팅(marketing)[1] 활동의 기초가 되는 것이다. 해외시장조사의 내용은 우선적으로 목적시장의 일반적인 환경조사를 한 다음 고객

1) 미국마케팅협회(American Marketing Association: AMA)의 마케팅의 정의에 의하면 "생산자로부터 소비자 내지 사용자에게 상품이나 용역의 흐름을 유도하는 사업활동의 수행"(The

조사, 상품조사, 판매경로조사, 판매조사 등을 보다 구체적으로 실시하고 마지막으로 믿을 만한 거래선을 발굴하는 단계를 거치게 된다.

(1) 목적시장의 일반환경조사

우선 해외시장으로 가죽의류를 팔고자 한다면 목적시장은 열대지방이 아닌 계절적으로 어느 정도 추위를 느낄 수 있는 지역을 선정해야 할 것이다. 이처럼 지리적으로 어떠한 국가를 목적시장으로 할 것인가를 고려하여 당해시장의 일반적인 제 환경(surroundings)에 대하여 다음과 같은 사항을 조사하여야 한다.

① 정치(Politics)에 관한 사항으로 정치체제, 정치적 안정도는 어떠하며 정치적인 위험(political risk)은 없는가?

② 경제(economy)에 관한 사항으로 전반적인 경제사정, 경제적 안정도, 국민소득, 국제수지, 경제성장률, 주요 자원, 노동 및 고용사정, 임금, 물가, 조세체계, 금융기관, 산업구조는 어떠한가?

③ 사회일반(society general)에 관한 사항으로 인구, 인구증가율, 면적, 기후, 인종, 종교, 문화, 통신, 교통, 언어, 교육수준, 법률제도는 어떠한가?

④ 무역(international trade)에 관한 사항으로 품목별 · 지역별 수출입규모, 수출입규제제도, 외환관리, 대금결제조건, 관세율, 환율, 특허, 항만사정, 운송수단, 상관습은 어떠한가?

(2) 고객조사

고객(customer)이란 당해물품을 직접적으로 수출할 수 있는 거래선과 실제 최종수요자 모두를 포함하는 개념이다. 고객조사는 다음 사항을 조사한다.

① 고객층에 관한 사항으로 소비자 또는 사용자의 지역적 분포, 소득분포, 계급별 분포, 구매능력은 어떠한가?

② 고객의 기호(taste) 및 이미지(image)에 관한 사항으로 기호, 취향 및 품질 · 상표 · 생산자 등의 이미지는 어떠한가?

---

performance of business activities that direct the flow of goods and services from producer to consumer or user)이라고 하고 있다.

(3) 상품조사

상품조사(merchandise research)는 취급품에 대한 전반적인 조사가 이루어져야 하며 다음과 같은 사항을 조사한다.

① 당해상품의 수요에 관한 사항으로 수요품목 · 품질 · 규격, 현재의 수요량, 장래의 수요량, 계절적인 특별수요, 현지에서의 국산품의 수요량은 어떠한가?

② 당해상품의 공급에 관한 사항으로 주요 공급선, 공급선의 상호, 계절적인 특별공급 가능성, 현지에서의 국산품 공급량은 어떠한가?

③ 경쟁품(competitive goods), 대체품(substitute goods) 및 유사품(similar goods)의 현황은 어떠한가?

④ 가격(Price)에 관한 사항으로 수입품과 현지국산품의 가격은 어떠한가?

⑤ 할당품목(quota item)에 해당되지 않는가?

⑥ 해당상품은 특허 · 상표 · 공업소유권에 저촉될 수 있는 품목은 아닌가?

(4) 판매경로조사

판매경로조사(sales route research)란 고객이 수입한 물품은 어떠한 통로를 통하여 판매되고 소비자 내지 사용자에게 전달되는가를 조사하는 것으로 다음과 같은 사항을 조사한다.

① 시장기구 및 유통과정에 관한 사항으로 수입상, 판매점, 특약점, 백화점, 체인스토어, 도매상, 소매상 등의 기구와 유통경로는 어떠한가?

② 서비스(service)에 관한 사항으로 판매 전에 행하여지는 사전서비스(pre-serivce)와 판매 후에 행하는 사후서비스(after service)는 어떤 방법으로 행하여지고 있는가?

(5) 판매조사

판매조사(sales research)는 상품계획(merchandising)과 효과적인 판매정책(sales policy)을 어떻게 수립할 것인가를 조사하는 것으로 다음과 같은 사항을 조사한다.

① 상품계획에 관한 사항으로 수출물품의 품목, 품질, 디자인, 상표, 특

허, 포장, 운송 등에 대한 선택은 어떻게 할 것인가?

② 판매정책에 관한 사항으로 판매계획과 예측, 견본, 카탈로그, 안내서 제공 등 판매촉진(sales promotion), 광고, 전시 등은 어떻게 효율적으로 할 것인가?

2.2 해외시장조사의 방법

지금까지 설명한 해외시장조사의 내용을 실제 조사하기 위해서는 다음과 같은 방법을 이용할 수 있다.

(1) 무역통계자료를 이용한 조사

해외시장조사를 하는 데 가장 손쉽고 경제적인 방법은 문헌에 의한 간접적인 방법으로 각종 경제 및 무역통계자료를 이용한 조사방법이다.

주로 활용되는 자료로는 유엔의 「국제무역통계연보」(Yearbook of International Trade Statistics), IMF의 「무역재무통계」(International Financial Statistics), 한국 관세청의 「무역통계연보」 등 각종 경제 및 수출입통계자료 등을 무역투자진흥공사, 무역협회, 상공회의소 등에서 이용할 수 있다.

또한 목적시장의 무역통계자료 및 현지의 최근정보 등은 한국주재외국공관의 상무관실을 이용하면 편리하다.

(2) 대한무역투자진흥공사를 통한 위탁조사

대한무역투자진흥공사(Korea Trade and Investment Promotion Corporation: KOTRA)는 한국의 무역진흥을 위하여 전액정부출자로 설립된 특수법인으로 무역동향에 대한 해외시장조사, 무역관련 각종 자료의 간행, 한국 무역의 홍보, 무역상품전시회업무 등을 담당하고 있다. 현재 세계도처에 해외 무역관이 설치되어 있어 신속한 무역정보수집기능을 수행하고 있으며 해외 및 국내무역관의 조직망을 통하여 국내에서 무역상사의 '해외시장조사유료위탁'에 의한 해외시장조사업무를 담당하고 있다. 현지에서 직접 주재원들의 방대한 조직으로 조사 보고되기 때문에 신빙성이 높다.

(3) 해외출장을 통한 직접조사

목적시장에 직접 출장가서 시장조사를 한다는 것은 시간과 비용문제가 따르겠지만 가장 생생한 시장정보를 얻을 수 있다.

직접조사를 위한 해외출장은 무역상사가 단독으로 조사하거나 또는 관련 수출입조합이나 경제단체의 해외시장조사단에 참가하여 공동출장에 의한 조사가 있다. 시간과 경비를 경제적으로 사용하고 최대효과를 얻기 위해서는 현지의 방문처와 미리 시간약속과 함께 자료나 정보 등이 제공될 수 있도록 협조를 구하는 것이 좋다.

우선 현지의 한국공관 또는 무역투자진흥공사의 현지무역관 그리고 현지의 상업회의소를 방문하여 일반적인 시장개황을 청취한 후 보다 구체적인 자료를 수집하기 위해서는 현지에 진출한 동업자를 만나 조언을 구하고, 백화점, 도매상, 소매상 등을 직접 둘러보는 것도 적절한 방법이다.

3. 거래선의 발굴과 신용조사

3.1 거래선의 발굴

해외시장조사를 통하여 목적시장이 결정되면 믿을 만한 거래선을 발굴하여야 한다. 거래선을 발굴하기 위해서는 상공인명부의 이용, 해외광고 및 인터넷 이용, 국내외 공공기관 이용 및 직접해외출장 및 각종 행사참가 방법 등을 이용할 수 있다.

(1) 상공인명부 이용

거래선의 발굴을 위해서 가장 손쉬운 방법은 상공인명부(directory)를 이용하는 것이다. 상공인명부 속에는 품목별·업종별로 업체명, 주소, 전화번호, 텔렉스(TLX) 및 팩스(FAX)번호가 기본적으로 명시되고 물론 수출입지역과 최근의 영업실적 등이 포함된 것도 있다.

그 가운데 잠정적인 업체명단을 선정하여 준비된 카탈로그(catalog)와 함께 거래를 권유하는 이른바 권유장(circular letter)을 발송한다.

상공인명부는 국내에서는 무역투자진흥공사나 무역협회 또는 상공회의소 등에서 다양한 자료를 이용할 수 있는데, 다음과 같은 종류의 상공인명부를 지역에 따라 이용하면 편리하다.

1) 전 세계적인 Directory

① World Marketing Guide

② Stores of the World

③ Kompas Register

④ Kelly's Directory of Merchants, Manufacturers and Shippers of World

⑤ Dun & Bradstreet Reference Book

⑥ Bottin Mondial

⑦ Maiers Addressbuch der Exporteure und Importeure

2) 미주지역의 Directory

① Directory of United States Importers

② Directory of United States Exporters/U.S. Buying Guide

③ IBAR Trade Directory of Latin American Countries

④ Latin America Importers Directory

⑤ Thomas Register of American Manufacturers, N.Y.

⑥ American Registers

3) 구주지역의 Directory

① International Directory of European Importers

② Major Companies of Europe

③ British Standard Importers

④ ABC Europe Production

4) 아중동지역의 Directory

① Owen's African and Indian Ocean Business Directory

② Owen's Middle East and Mediterranean Business Directory

③ SLAM Trade Year Book of Africa
④ Major Companies of the Arab World
⑤ The Arabia Year Book

5) 아시아지역의 Directory
① International Directory of Asian/Pacific Importers
② Asian Buyers Guide
③ Major Companies of the Far East
④ Standard Trade Index of Japan

(2) 해외광고 및 인터넷 이용

해외거래선을 발굴하기 위한 기초단계로 해외홍보용 카탈로그를 제작하여 예상거래선에 배포하거나 국내의 해외홍보매체 등에 자사물품을 홍보하거나 인터넷을 통하여 거래선을 물색할 수 있다.

카탈로그 또는 홈페이지 제작시에는 사전에 세심한 계획 아래 전문가를 활용하여 영문 또는 대상지역언어로 제작한다. 특히 홍보물의 내용은 회사 또는 대표자의 홍보보다는 취급상품의 소구점, 즉 규격 · 용도 · 재질 등 물품의 차별성에 주안점을 두어 제작하되 물품정보 제공에 만전을 기하여 구매자의 구매력을 자극할 수 있도록 제작하여야 한다.

홍보물배포시에는 경제적인 비용으로 홍보효과의 극대화를 위하여 적정배포처를 선정하는 것이 중요과제이다. 적정배포처는 전술한 지역별 상공인명부에 의거 물색된 예정거래선, 주한외국공관의 바이어안내, 기타 대한무역투자진흥공사, 한국무역협회 등 수출유관기관의 거래알선 · 안내 등을 활용하여 선정 배포하는 것이 바람직하다. 특히 배포처선정에 있어 해외발급전문잡지의 구매자는 특정물품에 관련된 잠재구매자로 판단되므로 취급물품을 전문으로 하는 잡지사의 배포처명단(Distribution List)을 입수하여 이를 대상으로 홍보물을 배포한다면 상당한 효과를 얻을 수 있다.

한편 국내에서 발행되는 수출유관기관의 해외홍보매체를 통한 물품광고는 홍보비용의 절감과 홍보의 효율성면에서 상당한 효과를 얻을 수 있는 방법도 있다.

(3) 국내외 공공기관 이용

각국의 상업회의소, WTCA(World Trade Center Association)체인 또는 수출입 관련기관에 업종홍보 또는 거래소개하여 줄 것을 의뢰하여 발굴하는 방법이다.

국내의 유관기관으로서는 한국무역협회의 거래알선 서비스를 받거나, 세계각국에 현지무역관을 운영하고 있는 대한무역투자진흥공사에 의뢰하여 거래처를 선정하거나 국제상업회의소에 가입되어 있는 대한상공회의소를 활용하거나 기타 우리나라 재외공관에 협조를 의뢰하여 거래선을 발굴할 수도 있다.

(4) 직접 해외출장 및 각종 행사 이용

비용은 많이 들지만 현지에 직접 출장하거나 무역유관기관에서 주선 파견하는 각종 민간무역사절단, 경제협력단, 박람회 및 전시회에 참가하여 거래선을 발굴하거나 기존 거래선과의 유대를 더욱 확고히 하는 방법이다.

각종 행사(event)에 참가할 경우에 현지에서 잠정적인 고객에게 나눠줄 카탈로그(catalog), 권유장(circular letter) 또는 청약서(offer sheet)와 견본, 담당자명함(name card) 등도 충분히 준비하여야 한다.

3.2 거래의 권유

(1) 거래제의와 권유장

해외시장조사를 통하여 거래선을 발굴하게 되면 거래를 제의하는 이른바 권유장(circular letter)을 발송한다.

권유장이란 미지의 거래선에게 자기회사를 소개하고 취급물품과 거래조건 등을 간단하게 안내하여 거래관계를 권유하는 서신을 말한다. 권유장은 발송하는 목적에 따라 회사의 신설, 조직이나 주소변경 등 통지할 필요가 있는 사항을 알리는 일반통지(general announcement), 신상품 소개, 거래제의를 위한 판매안내(sales circular) 등이 있다. 권유장을 발송하는 경우에는 관련 카탈로그(catalog)를 동봉할 수 있지만 오퍼(offer)나 견본제공은 상대방의 요청이나 관심을 보일 때 송부하는 것이 좋다.

(2) 권유장의 작성

권유장의 작성은 해당지역의 몇 개 회사로 한정하는 것이 효과적이며 보낼 때에는 시차를 두고 보내는 것이 바람직하다. 따라서 권유장은 남발하여 발행하여서는 안 되고 거래선으로 하여금 거래관계를 창설할 수 있도록 간결하고 명료하게 다음과 같은 내용과 순서를 참조하여 작성하여야 한다.

① 상대방을 알게 된 동기와 거래관계 개설의 희망
② 자기회사의 업계에서의 지위와 능력
③ 자기회사의 영업종목 및 거래물품의 명세와 특성
④ 추가정보 및 자료제공의 용의표명
⑤ 주문에 응할 수 있는 예상공급량 또는 사업규모
⑥ 자기회사의 신용조회처
⑦ 맺음말

3.3 조회 및 회신

(1) 조회와 조회의 내용

조회(照會: inquiry)란 거래관계의 권유를 받은 자가 그 권유에 대한 관심이나 물품을 구매할 의사가 있을 때 문의하는 것을 말한다.

조회는 통신수단에 따라 우편(mail), 전보(cable), 가입전신(telex), 모사전신(facsimile) 또는 전자우편(E-mail)으로 할 수 있으며, 그 내용에 따라 정가표나 오퍼 또는 견본제공을 요청하는 조회가 있다.

(2) 조회의 작성

조회를 작성할 경우에는 다음과 같은 요령으로 한다.

① 상대방을 알게 된 경위
② 관심품목의 명시와 가격조회
③ 수요 규모, 구매물품의 명세
④ 주문내용의 구체적 설명
⑤ 소요수량의 선적시기

⑥ 기타의 문의사항
⑦ 맺음말

(3) 조회에 대한 회신

조회에 대한 회신은 신속하게 성의를 다하여 하여야 한다. 왜냐하면 조회를 하는 상대방은 앞으로 거래관계를 유지시킬 수 있는 자이기 때문이다.

조회에 대한 회신은 다음과 같은 요령으로 한다.

① 조회의 접수에 대한 확인과 감사의 표시
② 가격표 또는 오퍼의 통지와 조회사항에 대한 회답
③ 조회품목의 과거실적 및 거래시 유리한 점 강조
④ 견본 등 별도송부 통지
⑤ 주문의 기대표시
⑥ 맺음말

3.4 거래선에 대한 신용조회

(1) 신용조회에서의 3C

무역거래에 있어서 거래대상업체에 대한 신용상태를 확인하는 것은 향후 거래가능성을 진단하고 위험요소를 사전에 예방한다는 면에서 그 중요성이 특별히 강조되고 있다.

이러한 신용조회에 있어서 필수적으로 조사내용에 포함해야 하는 것으로는 보통 당해업체의 성격(character), 자본(capital) 및 능력(capacity)의 셋을 들고 있는데, 이를 일컬어 신뢰도측정요소(reliability or credit factors)로서의 "Three C's"라 하며 그 각각의 구체적 내용을 보면 다음과 같다.

1) 성격(character)

당해업체의 개성(Personality), 성실성(integrity), 평판(reputation), 영업태도(attitude toward business), 채무변제이행열의(willingness to meet obligation) 및 계약이행에 대한 도덕성에 관련된 내용 등을 조사한다.

서식 4-1 권유장(Circular Letter)의 예

March 16, 20XX

X & Y Inc.
350 Fifth Avenue
New York, NY10118
U.S.A.

Gentlemen :

Your name has been given by the Chamber of Commerce of New York as one of the reputable importers of cotton goods in your city.

We are large manufacturers and exporters in Korea producing all kinds of cotton products including cotton shirts using latest computerized manufacturing facilities.

Our products are highly accepted by the importers of Japan, U.K., Germany and France, etc. In order to diversify our existing market, we are interested in supplying our quality products to you on favorable terms.

Upon receipt of your drawings or samples, we could submit our samples with competitive prices, to you.

As for our company, we have two ultra modern factories, one in Seoul and the other in Daegu, with over 300 workers and our export record for last year was over Ten Million U.S. Dollars and we are aiming to surpass Twenty Million US Dollars this year.

As to our credit standing, we refer you to the Korea Exchange Bank or any of the commercial banks in Korea.

Your early reply would be appreciated

Yours very truly,
A & B Co., Ltd.
KildongHong
Kil-dong Hong
President

2) 자본(capital)

당해업체의 재무상태(financial status), 즉 수권자본(authorized capital)과 납입자본(Paid-up capital), 자기자본과 타인자본, 기타 자산상태 등 지급능력과 직결되는 내용을 조사한다.

3) 능력(capacity)

당해업체의 연간매출액(turn-over), 개인 또는 법인 등 업체의 형태, 업종, 연혁(historical background) 내지 경력(career) 및 영업권(goodwill) 등 영업능력에 관한 내용을 조사한다.

이러한 "Three C's" 이외에 거래조건(condition), 담보능력(collateral), 거래통화(currency), 소속국가(country) 가운데 두 가지를 추가시켜 "Five C's"라고도 한다.

신용조회에서의 신뢰도측정요소 중에 가장 중요한 것은 성격(character)으로 지적되고 있다. 그것은 격지자간에 이루어지는 무역거래에 있어서는 무엇보다도 신용이 중시되어야 하기 때문이다. 고의적인 클레임(market claim)을 미연에 방지할 수 있도록 거래선의 평판에 대한 면밀하고 철저한 조사가 원활한 거래성취의 관건이 된다. 특히 정치적 위험(Political risks)이나 경제적 위험(economic risks)이 많은 국가인가를 기본적으로 고려하여야 한다.

신용조회는 현지업자를 통한 '동업자조회'(trade reference)에 의할 수도 있고, 국제적인 금융기관을 통한 '은행조회'(bank reference)에 의할 수도 있으며, 미국의 "Dun & Bradstreet Inc."나 영국의 "Bradstreet British Ltd," 독일의 "Auskunft W. Schimmelpfung," 일본의 "Tokyo Mercantile Agency"와 같은 상업흥신소(mercantile or credit agencies: credit bureaux) 등 전문적인 신용조사기관을 통해서 할 수 있으나 한국에서는 보통 대한무역투자진흥공사, 한국수출보험공사, 신용보증기금 등을 많이 이용하고 있다.

(2) 상사 신용조사시 평가요소

무역거래대상 상사의 신용도를 조사하는 데 있어서 고려하여야 할 일반적인 평가요소를 보면 다음과 같다.

서식 4-2 조회(Inquiry)의 예

New York, March 19, 20XX

A & B Co., Ltd.
C.P.O. Box 777
Seoul, Korea

Gentlemen :

We have learned from the Korea Exchange Bank in New York that your company is a leading firm specializing in cotton goods, we wish to make a purchase of men's cotton shirts from you.

We would appreciate receiving your lowest CIF New York prices with earliest delivery schedule.

We would also like to have two samples with color swatches by air mail.

If your goods are satisfactory in quality and delivery, we will place an order of 500 dozen on a trial basis and can make repeat orders with you soon.

We look forward to your early reply.

Yours very truly,
X & Y Inc.
John Dolan
John F. Dolan
President

[표 4-1] 해외유력신용조사기관

기 관 명	소 재 지	신용조사 가능지역
Dun & Bradstreet International	1 World Trade Center Suit 9069 New York, NY10487, U.S.A.	전 세계
Amalgamated Trades Protections Ltd.	Sellotape House 54/58 Hieh Street Edward Middlesex HW U.K.	전 세계
Commercial Report Australia Pty Ltd.	Launens House 180 Finders Lane Box 2630 GPO Melbourne Vic 3001 Australia	대양주
Avetis Johannes	Trade Inquiry office 51 Khiaban Ramsar Av. Shareza Tehran 15 Iran	중 동
Tokyo Shoko Japan International Co. Ltd.	P.O. Box 1064 Tokyo Central Tokyo, Japan	아시아
Exim Recoveries Ltd.	Investment House(1st)21/25 Broad Street C.P.O Box 8016, Lagos Nigeria	아프리카
Auskunfe Burgel Centrale GmbH	D-57100 Aachen EL isabethstrabe 14 Postfach 310 Germany	유 럽
Veritas Argentina	Maipu 286 Buenos Aires, Argentina	중남미
Incredisa (Inform-Credit S.A.)	Inform-Credit, S.A. Lopez 15-309 Y310 Apartado Postal 572 Mexico I.D.F Mexico	멕시코
Tile Research(Private Ltd.)	109-A Frankel Avenue Singapore 15	싱가포르
ICAP Hellas S.A.	54A Queen Sophia Avenue, Athens 612 Greece	그리스
KUTZ Corporation	P.O. Box 16522 Bombay-400 026, India	인 도

1) 수입자의 평가요소

수입자의 경우에는 첫째 재무상태로 자기자본, 부채비율,[2] 유동비율,[3]

2) $\text{부채비율} = \frac{\text{부채}}{\text{자기자본}} \times 100$(표준비율은 100% 이하)

3) $\text{유동비율} = \frac{\text{유동자산}}{\text{유동부채}} \times 100$(표준비율은 200% 이상)

서식 4-3 조회에 대한 회신의 예

March 26, 20XX

X & Y Inc.
350 Fifth Avenue
New York, NY10118
U.S.A.

Gentlemen :

Thank you very much for your letter of March 19, 20 XX along with your excellent purchasing proposal.

According to your request, we have already dispatched the samples and color swatches by speed post.

From the enclosed price list you will notice that our prices are exceptionally low and this sacrifice is entirely due to our recognition of the necessity for price cutting in order to develop our sales in your market.

Since the market is now slow and prices are generally low, you are very fortunate buying at this time. European buyers, however, seem to be picking up in activity. Therefore, we advise you to buy the goods before the recovery reaches a peak.

Consequently, we can not keep the prices effective more than two weeks from the date of this letter and we wish to receive your order by return mail.

We hope that this will meet with your immediate approval.

Yours very truly,
A & B Co., Ltd.
KildongHong
Kil-dong Hong
President

둘째 경영성과로 연간순매출액, 매출액순이익률, 총자본회전율, 셋째 조직 및 연혁으로 종업원수, 종사업력, 넷째 은행관계로 현금 및 예금잔액, 신용한도액, 다섯째 결제상태, 여섯째 경영능력 및 대외평판을 평가요소로 삼고 있다.

2) 수출자의 평가요소

수출자의 경우에는 첫째, 재무상태로 자기자본비율,[4] 유동비율, 총자본순이익률,[5] 매출액경상이익률, 둘째 사업현황 및 전망으로 총자본회전율, 연간순매출, 연간수출실적, 넷째 기타 사항으로 은행관계, 종사업력, 경영성과, 경영능력 및 대외평판을 평가요소로 삼고 있다.

(3) 국별 신용조사시 평가요소

무역거래대상 국가에 대한 신용조사에 있어서 고려하여야 할 일반적인 평가요소를 보면 다음과 같다.

1) 국가개황

첫째, 일반개황을 고려한다.

면적, 수도, 기후, 인구 및 민족, 인구증가율, 언어, 종교, 통화단위, 환율, 문맹률, 실업률 등을 조사한다.

둘째, 정치개황 등을 고려한다.

정부형태, 국가원수, 외교노선, 의회제도, 주요 정당, 극단세력, 전쟁 · 혁명 · 폭동 등 경험

셋째, 주요 경제지표를 고려한다.

국내총생산액(GDP), 경제성장률, 총투자율, 국민저축률, 통화량증가율, 물가상승률, 재정수지, 환율(1USD당), 대외지급준비자산, 외채잔액, 상품수출액, 상품수입액, 경상수지, 수출가격지수, 수입가격지수, 무역의존도, 주요 수출상품, 주요 수출대상국, 주요 수입상품, 주요 수입대상국, 부존자원, 개발계

---

4) $\text{자기자본비율} = \frac{\text{자기자본}}{\text{총자본}} \times 100$(표분비율은 50% 이상)

5) $\text{총자본순이익률} = \frac{\text{당기순이익}}{\text{총자본}} \times 100$(당해국가 또는 업종의 평균비율 감안)

서식 4-4 신용조회(Credit Inquiry)의 의뢰

March 31, 20XX

Korea Exchange Bank
182, 2Ga Ulchiro, Chung-Gu
Seoul, Korea

Dear Sirs,

We have been referred to your bank by A & B Co., Ltd., Seoul in their recent proposal to enter into business relations with · Should their business standing turn out unquestionable, we are prepared to accept their proposal. We should, therefore, be much obliged if you would give us such information as you may have or can secure for us regarding their financial standing and reliability.

We are particularly interested to know in what line they are mainly engaged and if possible, your candid opinion on their financial responsibility, their mode of doing business and their general reputation they enjoy in your community.

Any expense to be incurred in connection with this inquiry please charge to our account.

Your prompt attention will be much appreciated, and we assure you that your information will be held, as usual, in strict confidence.

Yours very truly,
X & Y Inc.
John Dolan

John F. Dolan
President

서식 4-5 신용조회에 대한 회신

April 10, 20XX

X & Y Inc.
350 Fifth Avenue
New York, NY10118

Gentlemen :

We are pleased to report on the firm referred to in your letter of March 31 as follows :

A & B Co., Ltd. were established in 1973 as General Importers and Exporters, with an authorized capital of US$1,000,000 fully paid-up. The net worth at the end of last year exceeded US$1,500,000 about half of which is readily realizable. Their main lines are cotton goods. Their business policy has been very active, and have many connections both at home and abroad.

They have maintained a current account with us for more than ten years, always to our satisfaction and their latest financial statements show a healthy condition.

We are of opinion that they may be rated as A and you would not run the least risk in opening a connection with the firm.

For this information, we do not like to accept any responsibility, but, we shall be pleased to be of any further sevice to you more details.

The enclosed note shows the charges which we have paid on your behalf, for which we ask you to settle soon.

Yours very truly,
Korea Exchange Bank
Youngsik Kim
Young-sik Kim
Authorized Signature

Inc. Debit Note

획, 한국과의 외교 및 수출입관계 등을 고려한다.

넷째, 국가적 당면과제를 고려한다.

다섯째, 수출신용보험 인수 및 보상과 관련된 회원기관의 정보를 고려한다.

여섯째, 해외시장에서의 국별신용도순위 등을 고려하여 조사한다.

2) 위험분야별 예측

위험발생과 위험억제요인을 분석하되 다음과 같은 위험분야를 예측하여 조사한다.

첫째, 전쟁위험을 예측한다.

그 분석요소로는 권력구조, 외교정책 및 주변정세, 군사력 및 군부태도, 극단세력의 존재, 전쟁 · 혁명 · 폭동 등의 경험, 실업률, 임금, 물가, 정치 · 사회적 불안요인 등이다.

둘째, 송금위험을 예측한다.

그 분석요소로는 국내거래 건전도인 경제성장, 주요 산업분석, 통화신용정책, 재정, 개발정책을, 대외거래 건전도인 국제수지 및 수출입관계, 외채상황 및 대외지급준비, 대외채무상환의 지연 · 불능 · 거절 등의 경험, 신용정보회원기관의 정보교환 내용을 등이다.

셋째, 수용위험을 예측한다.

그 분석요소로는 외국인투자관계법, 외국인 투자환경, 외국인 기업에 대한 태도 투자유망 및 위험부문, 수용몰수 등의 경험 등이다.

넷째, 한국과의 관계를 예측한다.

그 분석요소로는 정치 · 외교관계, 수출입현황 분석 및 경제협력조항관계, 수출보험관계, 천재지변경험, 수입제한 및 금지조치 등에 대하여 조사한다.

제 5 장

무역계약의 성립과 기본적 법리

1. 무역계약의 개념

무역거래는 매매당사자간의 계약(contract)에서 비롯된다. 계약이란 일정한 채권관계의 발생을 목적으로 하는 복수당사자간의 서로 대립되는 의사표시의 합치에 의하여 성립되는 법률행위이다. 무역계약은 '무역물품의 매매계약'의 약칭이며 물품매매계약(contract of sale of goods)은 무역계약 가운데서도 가장 전형적으로 널리 쓰여지고 있다.

영국의 물품매매법(Sale of Goods Act: SGA)에 따르면, 물품매매계약이라 함은 매도인이 대금이라는 금전의 대가를 받고 매수인에게 물품의 소유권을 이전하거나 또는 이전하기로 약정하는 계약을 말한다[1]라고 정의하고 있다. 또한 미국의 통일상법전(Uniform Commercial Code: UCC)에서도 매매는 대가를 받고 매도인으로부터 매수인에게 권리를 이전하는 것[2]이라고 규정하고 있다. 그리고 한국의 민법도 매매는 당사자 일방의 재산권을 상대방에게 이전할 것을 약정하고 상대방이 그 대금을 지급할 것을 약정함으로써 그 효력이 생긴다[3]라고 규정하고 있어서 영미법과 한국법 모두 그 취지가 같다고 할 수 있다.

2. 매매계약의 법적 성격

매매계약의 뜻을 음미하여 볼 때 이는 합의계약이며, 쌍무계약이면서 유상계약과 불요식계약으로서 다음과 같은 법적 성격을 가지고 있다.

1) SGA 1979, Ⅱ-2(1).
2) UCC, §2-106(1).
3) 한국민법 제563조.

2.1 합의계약

합의계약(consensual contract)이란 일방의 청약(offer)에 대하여 상대방이 승낙(acceptance)함으로써 성립되는 계약을 말하며 낙성계약이라고도 한다. 따라서 매매당사자의 합의가 있으면 그 자체로 계약이 성립되는 것으로 물품의 점유이전, 소유이전이나 문서작성 및 교부와 같은 사실이 계약성립의 요건이 되는 것은 아니다. 이런 점에서 분명히 요물계약[4]과 구별되며 보통 이행미필인 상태에서 무역계약이 성립된다.

2.2 쌍무계약

쌍무계약(bilateral contract)이란 계약의 성립에 의하여 즉시 계약당사자가 상호 채무(債務)를 부담하는 계약을 말한다. 다시 말하면 매도인은 물품인도 의무를 부담하고 매수인은 대금지급 의무를 부담하는 것을 의미한다. 여기에서 채무를 부담하는 것, 즉 A가 채무를 부담하는 것은 B가 채무를 부담하기 때문이라는 교환적 원인관계에 서는 것이며 채무이행 문제와 위험부담 문제를 수반하게 된다.[5]

2.3 유상계약

유상계약(remunerative contract)이란 계약당사자가 서로 대가적 관계에 있는 급부를 목적으로 하는 계약을 말한다. 물품매매계약에서는 우선 쌍방의 채무를 발생하게 하고 급부도 서로 대가를 이루어 그 대가의 보상으로서 금전지급을 원칙으로 한다.

上坂酉三 교수는 물품매매계약의 법적 성격을 다음과 같이 구분하고 있다.

4) 요물계약이란 합의 이외에 물건의 인도, 소유권의 이전과 같은 법률사실이 없으면 성립되지 않는 계약을 말하며 소비대차, 사용대차, 임치와 같은 것이 이에 속한다.

5) 증여와 같은 것은 일방적인 의무부담이므로 편무계약이다.

- 물품매매계약
  - 낙성계약-계약의 성립
    - 계약조건의 청약
    - 청약조건의 승낙
  - 쌍무계약-채무의 부담
    - 매도인의 의무(물품인도의 의무)
    - 매수인의 의무(대금지급의 의무)
  - 유상계약-채무의 이행
    - 급부(계약물품의 급부)
    - 반대급부
      - 전액금전의 급부
      - 일부금전 · 일부물품의 급부

2.4 불요식계약

불요식계약(informal contract)이란 요식에 의하지 아니하고 문서나 구두(oral)에 의한 명시계약(express contract)이나 묵시계약(implied contract)도 계약이 성립된다는 것이다. 물품매매계약에 있어서는 청약과 승낙 자체는 반드시 서면으로 입증할 필요는 없고 증인에 의해 입증해도 된다.[6] 무역계약은 자유계약(free contract)으로 단순계약(simple contract)이나 날인계약(contract under seal)도 좋다는 의미이다.

즉 무역계약은 계약형식상의 자유, 계약내용이나 계약상대방 선택의 자유가 있다. 이처럼 무역계약에서는 계약을 매매당사자의 자유의사에 맡겨 당사자의 합의를 최우선으로 존중하고 시인한다는 이른바 계약자유의 원칙(principles of the freedom of contract)이 적용된다.

그러나 계약자유의 원칙도 공서양속이나 강행규정에 어긋나지 않아야 하고, 인허가를 요하는 공적 규제를 받게 되며 독점규제 및 공정거래에 관한 법률 등에 제한을 받게 된다.

6) 국제물품매매계약에 관한 유엔협약(United Nations Convention on Contract for the International Sale of Goods: CISG), 1980, 제11조: 유체동산의 국제매매계약성립에 관한 통일법(Unifonn Law on the Formation of Contract for the International Sale of Goods[corporeal movable]: ULF), 1964, 제 3 조.

3. 매매계약의 대상

국제매매의 대상은 물품(goods)이며, 무역계약의 중심은 물품매매계약이라고 할 수 있다.

영국의 물품매매법에 의하면 "물품(goods)은 무체동산(無體動産; things in action)과 금전을 제외한 모든 순수동산(chattels personal)을 포함하며, 스코틀랜드에서는 금전 이외의 모든 유체동산(有體動産; corporeal moveables)을 포함한다"[7]고 정의하고 있다.

한편 미국의 통일상법전에서는 "물품(goods)이라 함은 매매계약에 특정될 당시에 이동시킬 수 있는 것으로서 지급수단인 금전, 투자증권 및 무체동산 이외의 특히 제조품을 포함한 모든 것을 말하며, 동물의 태아, 성장중의 수확물, 기타 부동산에 부착한 특정물로서 부동산으로부터 분리될 수 있는 것을 포함한다"[8]고 규정함으로써 영국법의 경우보다 상세하게 물품의 정의를 내리고 있다.

그러나 비엔나협약(Vienna Convention)이라고 일컫는 국제물품매매계약에 관한 유엔협약(United Nations Convention on Contracts for the International Sale of Goods: CISG)에서는 물품의 정의를 내리지 않고 있다.[9] 한국민법 제98조는 "본법에서 물건이라 함은 유체물 및 전기 기타 관리할 수 있는 자연력을 말한다"고 정하고, 한국민법 제99조에는 "토지 및 그 정착물은 부동산이며, 부동산 이외의 물건은 동산"이라고 규정하고 있다.

위와 같은 정의를 종합하여 볼 때, 영미법에서와 같이 무체동산(things in action)은 채권이나 소송청구의 목적물과 같이 소유자가 현재 점유하고 있지 아니한 동산을 의미하며, 유체동산은 소유자가 현재 점유하고 있는 동산을 말

---

7) SGA 1979, §61-(1).

8) UCC, §2-15.

9) CISG 제 2 조에서는 "이 협약은 다음의 물품매매에는 적용하지 아니한다"라고 규정하고 있다. 즉 (a) 개인, 가족 또는 가정용으로 매입한 물품. 그러나 매도인이 계약체결시 또는 그 이전에 물품이 그와 같은 용도로 매입된 것을 알지 못하고, 또는 알아야 할 것도 아닌 때에는 그러하지 아니하다. (b) 경매(auction), (c) 강제집행 기타 법률의 규정에 의한 매매, (d) 주식, 시분(shares), 투자증권(investment securities), 유통증권(negotiable instruments) 또는 통화의 매매, (e) 선박, 부선, 헬리콥터 또는 항공기의 매매, (f) 전기(electricity)의 매매.

한다고 할 수 있다. 따라서 물품매매계약상의 물품에 해당될 수 있는 것은 유체동산에 국한되는 것으로 보아야 할 것이다.

이와 같이 유체동산이 매매계약의 목적물로 되는 경우에는 그것이 계약 당시 이미 매도인이 소유 또는 점유하고 있는 현물(existing goods)이거나 계약 체결 후 매도인이 제조 또는 취득할 물품, 즉 선물(先物; future goods)도 해당될 수 있다.

4. 무역계약의 성립

4.1 무역계약의 성립 요건

무역계약이 유효한 계약으로 성립되기 위해서는 기본적으로 계약당사자 간의 '합의'(agreement)가 있어야 한다. 계약성립을 위한 계약당사자의 의사표시는 내용적으로 일치할 뿐만 아니라 그 일치하는 바에 따라 통일적 법률효과를 발생하게 된다. 무역계약에서의 합의는 보통 청약(offer)과 승낙(acceptance)에 의하여 이루어진다.

영미법상 유효한 계약이 되기 위해서는 그 합의가 법정방식에 의해 행하여졌거나 약인(約因; consideration)이 수반된 것이어야 한다. 날인계약(contract under seal)은 날인증서작성[10]이라는 요식성에 계약성립의 근거를 두고 있는데 반해, 단순계약(simple contract)은 당사자간의 합의 이외에 약인의 존재를 계약성립의 근거로 삼고 있다. 약인이란 약속과 교환하여 약속자(promisor)가 받는 권리 · 이익 · 이윤 · 편의 또는 약속을 받은 자, 즉 수약자(promisee)가 부담하는 부작위 · 불이익 · 손실 · 의무 또는 이러한 것들의 약속이라고 정의할 수 있다. 예컨대, 물품매매계약에서 대금지급이나 그 약속 또는 대금지급에 대한 물품인도나 그 약속과 같이 계약상 약속의 대가로 제공되는 행위, 즉 대가의 상호교환(bargained for exchange)을 말한다. 이러한 약인의 요건은 첫째, 약속과 동등한 가치를 지닐 필요는 없으나 법률상으로 보아 가치가 있는 것, 즉 실제적인 것이어야 한다. 둘째, 계약성립시를 기준으로 하여 볼 때 현

10) 날인증서작성이란 단순히 서면작성을 의미하는 것이 아니라 날인계약으로서의 효력을 발생시키는 행위를 말한다.

재의 작위(作爲; act)[11] 또는 부작위(不作爲; forbearance)[12]이든 장래의 작위 또는 부작위의 약속이든 상관없으나 과거의 약인은 될 수 없다.[13] 왜냐하면 과거의 작위나 부작위는 약인과 교환된 것이라고는 볼 수 없기 때문이다. 셋째, 약인은 적법한 것이어야 한다. 따라서 불법적인 약인에 의해서 이루어진 약속은 모두 무효이다. 넷째, 약인은 수약자에 의해서 제공된 것이어야 한다. 따라서 약인을 제공한 자만이 그 계약에 의하여 소송을 제기할 수 있다.

이러한 약인이론에 대하여 미국도 영국의 약인이론을 채용하고는 있으나 역사적 · 전통적인 의미로 간주하고 점차 완화하는 추세에 있다.[14] 그러나 영국이나 미국에서 강제로 이행되어야 할 가능성이 있는 계약은 이 약인요건이 충족되어 있는지의 여부를 미리 검토할 필요가 있다.

4.2 무역계약의 성립 단계

무역계약은 매매당사자간에 여러 단계를 거쳐 체결될 수도 있지만 보통 실무상으로는 거래의 권유(circular) 단계에서 비롯하여 조회(inquiry)에 따른 회신과 아울러 청약자(offeror)의 청약(offer)과 피청약자(offeree)의 승낙(acceptance), 즉 매매계약을 성립시킬 뜻에 대한 의사표시의 합치점에서 성립된다.

거래의 권유를 하기 위해서는 국제마케팅(international marketing)에 대한 전략을 수립하고 해외시장조사를 통하여 목적시장을 결정한 다음 동 시장에서의 거래선을 물색한다. 거래선을 발굴하는 방법으로는 앞에서 살펴본 바와 같이 무역업자명부(directory)를 참조하거나 인터넷 활용, 해외광고, 국내외 공공기관을 통하거나 현지에 직접출장, 또는 무역관련기관에서 주선하는 박람회 등 각종 행사(event)를 이용할 수 있다. 발굴된 거래선에 대해서는 신용상태(credit Standing)를 확인하여야 한다.

11) 어떤 일을 직접하는 것을 말한다.

12) 어떤 일을 하지 아니하는 것을 말한다.

13) 그러나 어음행위에 있어서는 과거의 채무도 유효한 약인이 된다: Bills of Exchange Act, 1882, §27(1).

14) 영국이나 미국과 거래하는 무역계약에서는 약인문제를 고려하여 계약서상에 "In consideration of mutual covenants and promises herein set forth, it is agreed as follows."와 같은 문구를 기재하고 있다.

[그림 5-1] 무역계약의 성립 단계

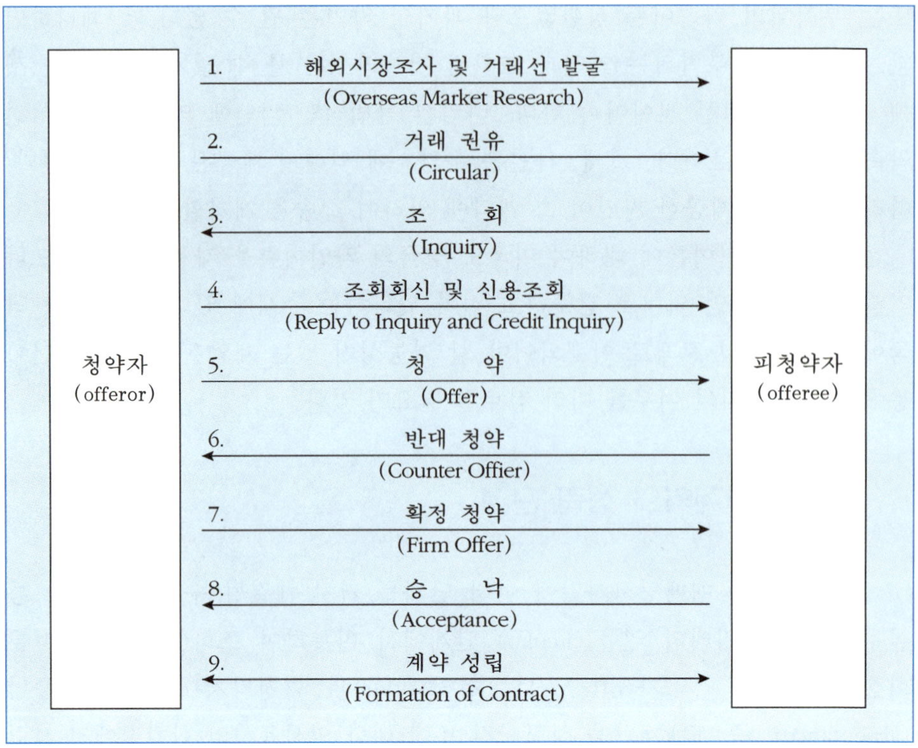

관심 있는 고객으로부터 조회(inquiry)가 있을 경우에는 감사의 표시와 함께 신속하게 회신을 하여야 한다. 이 때 청약자는 청약(offer)을 보통 전자우편(E-mail)이나 서면 등으로 하게 되는데, 대부분은 가격을 흥정하거나 거래조건의 수정을 요청하는 피청약자의 반대청약(counter offer)이 있을 경우가 많다. 이에 대하여 청약자가 다시 확정청약(firm offer)을 하면 피청약자가 승낙(acceptance)함으로써 계약이 성립된다. 이는 무역계약이 성립되는 최초의 시기라고 할 수 있다.

또한 매수인의 주문(order)에 따른 매도인의 주문승낙(acknowledgement)도 계약이 성립되는 것으로 본다. 여기에서 실무적으로 주의를 하여야 할 사항은 청약과 승낙의 합치된 의사표시로서 교환된 전자우편이나 문서 또는 쌍방이 합의한 청약서(offer sheet)만으로는 완전한 계약이라고 할 수 없다. 왜냐하면 그 합의내용이 단순하여 만일 후일에 분쟁이 야기될 경우에는 매매당사자의 책임소재를 명확하게 구분하기가 어렵기 때문이다. 이에 대비하기 위해서는 청약과 승낙에 의하여 법적으로 계약이 성립되었다고 하더라도 항상 매도인과 매수인 사이에 구체적인 거래조건을 망라하여 서면으로 작성한 계약서(contract sheet)를 교부하여 각각 1부씩 보관하여 두어야 한다.

5. 청약과 승낙의 법적 효력

5.1 청약의 의의

청약(offer)이란 일반적으로 청약자(offeror)가 피청약자(offeree)에게 계약을 체결하고자 하는 의사표시를 말한다. 즉 청약은 매매관계에 있는 당사자의 일방이 그 상대방의 승낙(acceptance)과 아울러 일정조건의 매매계약을 기대하고 행하는 의사표시이다. 영미법에서는 계약이 약인(consideration)에 근거를 두고 있기 때문에 대가의 상호교환(bargained for exchange)에 따라 청약은 청약자가 행하는 방법대로 수행할 것이라는 약속(promise)으로 보며, 이에 대해 수약자로부터 약인이 제공되어 계약이 성립하는 것으로 보고 있다. 한편, 대륙법계인 독일 및 일본 법리는 매도인의 청약에 대해 매수인이 이를 승낙하면 계약이 성립하는 것으로 보기 때문에 청약은 계약성립의 기능을 매수인에게 주는 행위, 다시 말해 계약성립을 전제로 한 계약상의 행위로 보고 있다.

5.2 청약의 종류

청약의 종류를 청약의 주체, 청약의 발행지, 청약의 확정력을 기준으로 살펴보면 다음과 같다.

(1) 청약의 주체기준

1) 매도청약(selling offer)

매도인의 매도의사를 말하며 무역거래에서 일반적인 청약이라고 할 경우에는 매도청약을 의미한다.

2) 매수청약(buying offer)

매수인의 매입의사를 말하며, 보통 매입주문서(purchase order: P/O) 등의 형식으로 이루어진다.

(2) 청약의 발행지기준

1) 국내발행청약

청약의 주체가 거래상대국의 물품공급업자 및 본사를 대리하여 국내에서 발행 또는 의사표시한 매도청약을 말한다.[15)]

2) 국외발행청약

거래상대국의 물품공급업자 또는 제 3 자인 청약의 주체가 국외에서 발행 또는 의사표시한 매도청약을 말한다.

(3) 청약의 확정력기준

1) 확정청약(firm offer)

청약자가 청약내용에 대하여 승낙회답의 유효기간(validity of offer)을 지정하고 그 기간 내에 승낙하면 계약이 성립되는 청약이다. 또한 유효기간을 정하지 아니한 경우라도 그 청약이 확정적(firm) 또는 취소불능(irrevocable)[16)] 이라는 표시가 있거나, 승낙 · 회답의 유효기간과 확정적 또는 취소불능이라는 표시가 동시에 있는 청약도 확정청약이 된다.

확정청약(firm offer)의 예문을 보면 다음과 같다.

"We offer you firm subject to your acceptance reaching us by May 10 as follows."

2) 불확정청약(free offer)

청약자가 청약시에 승낙 · 회답의 유효기간이나 확정적(firm)이라는 표시를 하지 아니한 청약이다. 불확정청약의 경우 상대방의 승낙을 받기 전까지는

---

15) 일반적으로 청약이 영어로 작성되었다면 "Offer Sheet," 한국어로 작성되었다면 "물품매도확약서"라고 표현하고 있다.

16) CISG 1980, Article 16에서는 취소불능청약(irrevocable offer)이라고 하고 있다.

청약자가 청약내용을 일방적으로 철회하거나 변경할 수 있다.

불확정청약(free offer)의 예문을 보면 다음과 같다.

"We offer you the following merchandise on the terms and conditions mentioned hereunder."

3) 반대청약(counter offer)

청약자의 청약에 대하여 피청약자가 품명, 수량, 가격, 선적, 결제 등 청약내용의 일부 추가, 제한 및 변경 등 새로운 조건을 제의해 오는 청약을 말한다.[17)] 반대청약은 원래의 청약(original offer)에 대한 거절이 되고 동시에 새로운 청약이 된다. 따라서 원래의 청약은 반대청약에 의하여 소멸된다.

반대청약(counter offer)의 예문을 보면 다음과 같다.

"Your offer dated May 7 is too high. We can accept the offer at U.S. Dollars 15 per piece CIF New York."

4) 교차청약(cross offer)

청약자와 피청약자 상호간에 동일한 내용의 청약이 상호 교차(交叉)되는 청약을 말한다. 즉 우연히 각 당사자가 상호 청약을 하였는데 그 청약내용이 완전히 일치하고 있을 경우에 동일내용에 대해 쌍방이 동시에 의사표시가 교차하여 행해지는 것이다.

이러한 경우에는 청약과 승낙을 구분하기 어렵지만 계약이 성립된다는 데에는 의심의 여지가 없다.[18)]

5) 조건부청약(conditional offer)

청약자의 청약내용에 단서가 있는 청약으로 피청약자의 승낙만으로는 계약이 성립되지 아니하고 다시 청약자의 최종확인(confirmation)이 있어야만 계약이 성립된다.[19)]

---

17) CISG 1980, Artic1e 19(1).

18) 한국민법 제533조에서는 "당사자간에 동일한 내용의 청약이 상호 교차된 경우에는 양 청약이 상대방에 도달한 때에 계약이 성립한다"고 규정하고 있다.

19) 조건부청약은 형식상으로는 불확정청약(free offer)의 범주이지만 엄밀한 의미에서는 청약

조건부청약(conditional offer)의 예문을 보면 다음과 같다.

"offer subject to our final confirmation"
"offer subject to prior sale"
"offer subject to being unsold"
"offer subject to market fluctuation"
"offer without engagement"
"offer on approval"

5.3 청약의 유인

청약의 유인(invitation to treat)이란 타인을 유혹하여 자기에게 청약하도록 하는 행위로 청약과는 구별된다. 결국 이로 인하여 유혹된 자가 의사표시를 하여도 계약은 성립되지 않으며 다시 유인한 측으로부터 승낙의 표시가 있어야 비로소 계약은 성립되는 것이다. 청약의 유인과 청약을 구별하는 것은 개별적 상황에 따라 결정지어야 한다. 예를 들면, 확인조건부청약(offer subject to our confirmation: sub-con offer)과 상대방이 특정되지 아니한 신문이나 텔레비전 또는 방송에 의한 광고(advertisement), 견적서(quotation), 가격표(price list), 물품목록(catalog) 등의 배포를 통하여 불특정의 1인 또는 그 이상의 일반대중을 상대로 하고 있는 경우와 경매(auction) 및 입찰(bid; tender)과 같은 것들은 단지 청약의 유인에 불과한 것으로 간주된다.

[그림 5-2] 청약의 유인의 법적 의미

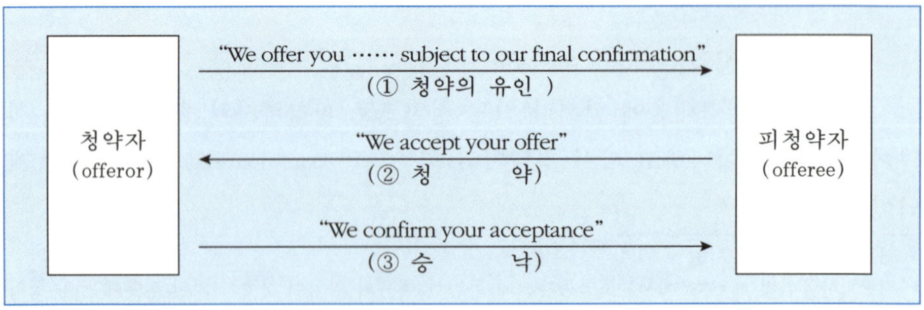

이 아니고 예비적 교섭, 즉 청약의 유인에 지나지 않는다.

그러나 불특정인에 대한 경우라도 제의자가 그 제의(proposal)에 대하여 승낙이 있으면 곧 계약으로 보겠다는 등의 의사를 확실히 표명하였을 경우에는 그러한 제의는 단순한 청약의 유인이 아니라 청약으로 본다.[20]

실제 무역거래에서 청약의 유인으로 볼 수 있는 예문과 그 법적 의미를 살펴보면 〈그림 5-2〉와 같다.

청약당사자가 위에서와 같이 의사표시를 하였다면 ①은 청약이 아니고 청약의 유인, 즉 예비적 교섭(preliminary negotiation)이며, ②는 청약에 따른 승낙이 아니고 청약의 유인에 대한 사실상의 청약으로 보아야 하며, ③은 ②에 대한 승낙이라고 할 수 있다. 따라서 청약의 유인에 따른 매매계약은 청약자의 예비적 교섭 → 피청약자의 청약 → 청약자의 승낙 → 당사자간의 계약체결의 순서로 성립된다고 할 수 있다.

5.4 청약의 법적 효력

(1) 청약의 효력발생

일반적으로 청약은 피청약자에게 도달하였을 때에 비로소 그 효력이 발생된다. 왜냐하면 청약은 피청약자에게 도달하지 않으면 청약자의 청약내용을 상대방이 인지할 수 없기 때문이다. 영미법에서는 청약의 효력발생시기는 피청약자에게 도달해야 한다는 도달주의 입장을 취하고 있고, 한국법도 "상대방있는 의사표시는 그 통지가 상대방에게 도달한 때로부터 그 효력이 생긴다"라고 하고 있어 역시 도달주의 원칙이 적용되고 있다.[21]

(2) 청약의 효력소멸

청약의 효력소멸사유는 일반적으로 청약자의 청약철회, 청약의 취소, 피청약자의 거절이나 반대청약, 시간의 경과, 청약당사자의 사망, 그리고 청약 이후 계약이행이 위법일 경우이다.[22] 특히 이러한 사유들 중에 청약철회(revocation)에 대한 효력발생시기에 대하여 영미법은 철회의 통지가 피청약자에게 도달했

20) CISG 1980, Article 14.

21) 한국민법 제111조 제1항.

22) 그러나 당사자가 사망한 경우 청약의 효력에 대해서 한국법 등 대륙법에서는 청약의 효력에는 영향이 없는 것으로 하고 있다: 한국민법 제111조 제2항.

을 때 발생되는 것으로 보고 있다. 바꾸어 말하면 피청약자가 청약자로부터 철회통지를 받기 전에 승낙통지를 하게 되면 계약이 성립될 수가 있는 것이다. 또한 피청약자가 청약을 거절할 경우에는 청약의 효력이 상실되며, 그 이후 당초 청약을 다시 승낙한다는 의사표시를 하더라도 계약은 성립되지 않게 된다.

(3) 청약의 유효기간과 확정성 문제

확정청약(firm offer)의 경우에는 유효기간(validity of offer)이 명시되는 것이 일반적이다. 그러나 유효기간이 명시되어 있더라도 그 기간 내에 승낙의 의사표시가 청약자에게 도달되어야 할 것인지 아니면 발신만으로 효력이 있는지에 대해서 미리 다음과 같이 명확히 할 필요가 있다.

"We offer you firm subject to your acceptance reaching us by May 10."
"Validity of Offer: Until May 10 our time."

확정청약의 실질적 요건으로서 미국통일상법전[23]에 따르면 ① 청약은 서명된 문서로서 발행되고, ② 상인(merchant)이 발행하고, ③ 청약의 유효기간은 3개월을 초과하지 않을 것이며 만일 3개월을 초과하는 경우에는 피청약자가 청약자에게 대가(consideration)를 지급하여야 하며, ④ 피청약자로부터 제공된 서식(form)에 유효기간이 있는 경우에는 청약자가 별도 서명할 것을 규정하고 있다.

그런데 유효기간이 명시되어 있지 아니한 경우의 청약에 대하여 언제까지 그 효력이 있는지가 문제가 된다. 청약의 유효기간이 확정되지 아니한 이른바 불확정청약(free offer)이라도 그 청약이 무한정 유효하다고는 볼 수 없다. 다수국의 법에서는 '합리적인 기간' 또는 '상당한 기간' 이내에 승낙을 하면 계약이 유효하게 성립된다고 규정하고 있다.[24] 그러나 실제문제로서 합리적 기간 또는 상당한 기간의 결정에는 어려운 점이 많다.

따라서 피청약자가 유효기간이 없거나 조건부청약을 해 오는 경우에는 청약자에게 다시 문의하여야 할 것이다.

---

23) UCC, §2-205.
24) 독일민법 제147조; 일본민법 제542조.

5.5 승낙의 의의

승낙(acceptance)은 피청약자가 청약자에 대하여 그 청약에 응하여 계약을 성립시킬 목적으로 행하는 의사표시이다. 청약이 승낙된 경우는 상호의 동의(mutual assent)가 성립하는 것이므로 그 동의에 대한 의사표시가 승낙이다. 승낙의 조건은 청약의 조건과 일치하여야 한다.[25] 이와 같이 승낙은 본질적으로 무조건적(unqualified)이어야 하며 청약의 조건과 반드시 일치하여야 하고 적극적인 행위(positive conduct)로 승낙에 대한 의사표시(communication of acceptance)를 하여야 계약이 성립될 수 있는 것이다.

실무상 승낙의 표현은 보통 다음과 같이 하고 있다.

"accept or accepted," "confirm or confirmed" 또는 "agree or agreed"

5.6 승낙의 방법

승낙(acceptance)에 대하여 어떠한 방법 또는 수단으로 하여야 할 것인가를 청약서상에 미리 지정하였을 경우에는 그 지정된 방법에 따라야 한다. 이를테면 우편(post), 전보(telegram), 텔렉스(telex), 팩시밀리(facsimile), 전자우편(E-mail) 등으로 지정되어 있다면 그것에 따라야 한다. 청약의 승낙방법을 지정하지 아니한 경우에는 합리적인 방법과 수단에 의하여야 한다.[26] 즉, 청약이 전자우편으로 된 경우에는 전자우편, 텔렉스로 된 경우에는 텔렉스, 항공우편으로 된 경우에는 항공우편과 같이 그에 상응하는 수단에 의하여 승낙의 통지를 하면 된다. 승낙의 방법에 관한 법률문제에 대하여 대륙법계통 국가의 민법에는 별다른 규정이 없으며 한국의 경우도 마찬가지이다. 청약에 대해 피청약자가 승낙회신을 하지 않는 경우에는 계약이 성립되지 않는다.

---

25) 이러한 완전일치의 원칙을 "mirror image rule"이라고 한다.

26) Restatement, *Contract 2nd.*, St. Paul, 1981, §30(2).

5.7 승낙의 효력발생시기

청약자의 청약을 피청약자가 승낙함으로써 계약은 성립하지만, 청약자와 피청약자는 공간적으로 떨어져 있기 때문에 엄밀히 말해서 승낙의 의사표시가 피청약자로부터 발송되어 청약자에게 도달될 때까지 어느 시점에서 계약이 성립되는가라는 문제가 생긴다.

승낙의 효력발생시기에 관해서 이론적으로는 피청약자가 승낙의 의사표시를 발신할 때에 계약이 성립된다고 하는 발신주의(dispatch theory; mail-box rule), 피청약자의 승낙의 의사표시가 청약자에게 도달된 때에 계약의 성립으로 보는 도달주의(receipt theory) 그리고 단지 물리적으로 승낙의 의사표시가 청약자에게 도달될 뿐 아니라 현실적으로 청약자가 그 내용을 알았을 때에 계약의 성립으로 보는 요지주의(了知主義)가 있다. 승낙의 효력발생시기를 보면 영미법계는 물론 대륙법계에서도 승낙의 의사표시에 관한 일반원칙으로 도달주의를 채택하고 있다.

그러나 승낙의 의사표시에서 대화자간이나 격지간에는 도달주의 또는 발신주의를 채택하는 국가들이 있다. 비엔나협약에서는 청약에 대한 승낙은 동의의 의사표시가 청약자가 정한 기간 내에 도달하지 아니하거나, 또는 기간의 정함이 없는 경우에는 동의의 의사표시가 청약자가 사용한 통신수단의 신속성도 포함하여 거래의 상황을 충분히 고려하여 합리적인 기간 내에 도달하지 아니하는 때에는 승낙은 효력이 생기지 아니한다고 규정하여 대화자나 격지간 구분 없이 도달주의의 입장을 취하고 있다.[27)]

여기에서 청약을 포함하여 승낙의 선언 또는 기타의 의사표시가 상대방에게 도달한 때라 함은 그 의사표시가 구두로(orally) 또는 기타의 방법으로 직접 상대방에게 전달되었을 때, 또는 상대방의 영업소(place of business)나 우편주소(mailing address)로 전달되었을 때, 또는 상대방의 영업소나 우편주소가 없는 경우에는 상대방의 상주적인 거소로 전달되었을 때로 한다.[28)] 이 취지는

27) CISG 1980, Article 18(2).

28) CISG 1980, Article 24. "For the purpose of this part of the Convention, an Offer, declaration of acceptance or any other indication of "reaches" the addressee when it is made orally to him or delivered by any other means to him personally, to his place of business or mailing address or, if he

서식 5-1 Offer Sheet(수출의 경우)

OFFER SHEET

Messrs: X & Y Inc.
350 Fifth Ave. West
New York, NY10118, U. S. A.

Date: April 20, 20XX
Ref. No.12

Dear Sirs,
We take much pleasure in offering you as follows :

Packing : Export Standard Packing
Origin : R. O. K.
Shipment : Within 3 months after the date of contract sheet
Payment : Under irrevocable L/C at sight to be opened in our favor.
Inspection : Seller's inspection to be final.

Validity : Until May 10, 20 XX subject to your acceptance reaching us.
Remarks :

H.S.	Item #	Description	Quantity	Unit Price	Amount
4203		Men's Split Leather Jackets		CIF New York per pc.	
	ST-101	....	2,000 pcs.	@$25.-	US$50,000.-
	ST-102	....	2,000 pcs.	@$25.-	US$50,000.-
	Total :		4,000 pcs.		US$100,000.-

A & B Co., Ltd.
Kildong Hong
Kil-dong Hong
President

does not have a place of business or mailing address, to his habitual residence."

(용)

서식 5-2 국내발행오퍼(수입의 경우)

TEL	760-1234	① 오퍼발행자 상호(영문)	② REG.No.	901234
TLX	K25678	Seoul Trading Co., Ltd.	③ DATE	May,7,20××
FAX	760-1239	1 Ga-1, Sokong-dong, Choong-Gu	OFFER No.	S-27
CABLE	ANBCO	Seoul, Korea	REF. NO.	
		FIRM OFFER	사업자등록(납세)번호	123-45-67890

Messrs. :
A & B Co., Ltd.

We are pleased to offer you the undermentioned goods on the terms and conditions described as follows:

④ Origin	Japan	Validity	June 20, 20××
Shipping Date	May 31, 20××	Packing	Export Standard Packing
⑤ Shipping Port	Tokyo, Japan	Destination	Busan, Korea
Price Term	CIF Busan	Inspection	Seller's inspection to be final
Payment	By an Irrevocable L/C at sight to be opened in favor of Marubeni Corp.		
⑥ Supplier	Marubeni Corp.	⑦ 국별: Japan	
⑧ Manufacturer	Marubeni Corp.	Remarks	

⑨ HS NO.	Description ⑩ (Commodity) ⑪ (Specification)	⑫ Unit	⑬ Quantity	⑭ Currency	⑮ Unit Price	⑯ Amount
960719-0000	# Plastic Zipper open end …… 21″long	PC	4,080	US$	@ $1.4706	US$6,000

⑰ FOB ☐ CIF ☒ CFR ☐ Other( ) Total Amount: US$6,000

⑱ Accepted by:
A & B Co., Ltd.
KilDongHong
Kil-dong Hong
President

⑲ Very truly yours,
Seoul Trading Co., Ltd.
MoonsuKim
Moon-su Kim
President

통신이 수신인(addressee)의 영업장소나 우편주소에 인도될 때 수신인에게 도달된 것으로 보는 것인데 구체적으로 말하면 적절한 장소에 인도, 즉 우편투입구(mail slot) 내에 혹은 수신인이 고용한 수임자에게 점유이전(transfer of possession)이 되는 것으로 한다.

한국민법은 의사표시의 효력발생시기에 대하여 상대방 있는 의사표시는 그 통지가 상대방에 도달한 때로부터 그 효력이 생긴다[29]고 하여 도달주의를 취하고 있으나 격지자간의 계약은 승낙의 통지를 발송할 때에 성립한다[30]고 하여 발신주의를 취하고 있다. 특히 발신주의를 적용하는 우편이나 전보에 의한 승낙의 의사표시는 그 송달기관을 이용하는 것이 합리적인 경우이어야 한다.

미국법의 경우에도 영국법과 같이 대화자간에는 도달주의를, 격지자간에는 발신주의를 취하고 있다. 주요 법제에서 승낙의 의사표시에 대한 효력발생시기를 종합하여 정리하여 보면 〈표 5-1〉과 같다.

무역거래에서 매매당사자가 어느 국가 또는 어느 지역이 도달주의 또는

[표 5-1] 승낙의 의사표시에 대한 효력발생시기

<table>
<tr><th colspan="3">준거법
통신수단</th><th>한국법</th><th>일본법</th><th>영국법</th><th>미국법</th><th>독일법</th><th>비엔나 협약</th></tr>
<tr><td colspan="3">의사표시에 관한 일반원칙</td><td>도달주의</td><td>도달주의</td><td>도달주의</td><td>도달주의</td><td>도달주의</td><td>도달주의</td></tr>
<tr><td rowspan="5">승낙의 의사표시</td><td rowspan="3">대화자간[31]</td><td>대면</td><td>도달주의</td><td>도달주의</td><td>도달주의</td><td>도달주의</td><td>도달주의</td><td>도달주의</td></tr>
<tr><td>전화</td><td>도달주의</td><td>도달주의</td><td>도달주의</td><td>발신주의</td><td>도달주의</td><td>도달주의</td></tr>
<tr><td>텔렉스</td><td>도달주의</td><td>도달주의</td><td>도달주의</td><td>도달주의</td><td>도달주의</td><td>도달주의</td></tr>
<tr><td rowspan="2">격지자간</td><td>우편</td><td>발신주의</td><td>발신주의</td><td>발신주의</td><td>발신주의</td><td>도달주의</td><td>도달주의</td></tr>
<tr><td>전보</td><td>발신주의</td><td>발신주의</td><td>발신주의</td><td>발신주의</td><td>도달주의</td><td>도달주의</td></tr>
</table>

29) 한국민법 제111조 제1항.

30) 한국민법 제531조.

31) 팩시밀리 (facsimile)나 전자문서교환방식(electronic data interchange: EDI)은 대화자간의 범위에 속한다고 할 수 있다.

발신주의를 채택하고 있는지 일일이 파악한다는 것은 사실상 번잡하고 어려운 일이다. 그러므로 무역계약을 체결하기 위하여 청약(offer)을 할 경우에는 다음의 예와 같이 승낙의 효력발생시기를 명확히 지정하는 것이 매우 중요하다.[32)]

"We offer you firm *subject to your reply received here* by E-mail not later than May 10, 20××."

5.8 승낙의 효력소멸

일반적으로 승낙은 청약자에게 의사표시를 할 때까지는 완전하지 않기 때문에 승낙의 의사가 도달되기 전에는 철회될 수 있다.

그러나 승낙은 그 의사표시가 청약자에게 도달하여 효력이 발생된 이후에는 원칙적으로 이를 소멸시킬 수 없다. 왜냐하면 승낙과 동시에 계약 그 자체가 성립되기 때문이다. 승낙의 효력이 발생된 이후에 그 효력을 소멸시키는 것은 계약 자체의 취소 또는 해제에 해당하는 것이다. 따라서 승낙의 효력소멸을 위한 승낙의 철회(revocation of acceptance)에 대한 문제는 계약성립을 위한 의사표시의 효력발생시기를 발신주의로 하느냐 아니면 도달주의로 하느냐에 따라 달리 처리되는 것이지만 이는 도달주의 입장을 취하는 경우에 논의의 대상이 될 것이다.

비엔나협약에 의하면 승낙은 승낙의 효력이 발생하기 이전에 또는 그와 동시에 그 취소통지가 청약자에게 도달하는 경우에 철회될 수 있음을 규정하고 있다.[33)] 또한 영국에서는 일반원칙으로 승낙은 도달주의의 입장을 취하고 있기 때문에 승낙의 도달에 의하여 계약이 성립되기 이전이라면, 승낙은 언제든지 철회가능하다.[34)]

무역거래에서 승낙의 의사표시를 철회하고자 할 경우에는 당초의 승낙의

32) 이태릭체 부분은 승낙의 효력박생시기를 도달주의로 지정한 청약조건이다.

33) CISG 1980, Article 22. "An acceptance may be withdrawn if the withdrawal reaches the offeror before or at the same time as the acceptance would have become effective."

34) 독일민법 제130조 제 1 항에서도 같은 취지로 규정하고 있다. 그러나 한국민법의 경우에는 이에 대한 구체적 규정이 없다.

의사표시보다 철회의 의사가 먼저 청약자에게 도달될 수 있도록 하여야 하며 만일 승낙에 의하여 효력이 발생된 경우에는 계약의 취소 또는 해제사유를 들어 계약을 해제하도록 하여야 한다.

6. 매매계약의 기본적 법리

6.1 물품인도와 점유권이전

(1) 물품인도와 점유권의 의의

물품인도(delivery)란 매도인이 매수인에게 계약목적물을 점유(possession)시키는 것을 말한다. 여기서 점유란 물품에 대한 사실상의 지배 또는 사실상의 물품보관(physical custody of goods)을 의미한다.

영국의 물품매매법(SGA)에서는 "인도라 함은 일방이 상대방에게 자의에 의하여 점유를 이전하는 것을 말한다"("Delivery" means voluntary transfer of possession from one person to another)고 규정하고 있다.[35)]

또한 유체동산의 국제매매에 관한 통일법(ULIS)에서는 "물품인도란 계약에 적합한 물품을 교부하는 것(handing over)"이라고 정의하여[36)] 현실적인 인도에 한정시키지 않고 물품은 계약에 적합하여야 할 것을 인도의 현실적 요건으로 규정하고 있다.

비엔나협약(CISG)에서는 물품의 계약적합을 인도의 요건으로 규정하지 않고 '물품을 인도한다'(deliver the goods)라고 하여 물품의 사실적 지배권을 규정한 것으로서 운송을 포함하는 때에는 목적물을 매수인에게 운송하기 위하여 최초의 운송인(first carrier)에게 교부하는 것이며, 매매계약이 물품운송을 포함하지 않는 경우 또한 불특정물(unidentified goods)의 물품으로서 당사자 쌍방이 계약체결시에 그 물품이 특정장소에 존재하거나 혹은 제조 또

35) SGA 1979, §61(1).

36) 유체동산의 국제매매에 관한 통일법(Uniform Law on the International Sale of Goods)(corporea1 movab1e: ULIS), 1964, 제19-1조: ULIS와 유체동산의 국제매매계약의 성립에 관한 통일법(Uniform Law on the Formation of Contract for the International Sale of Goods 〔corporeal movable〕. ULF)은 비군국의 경우도 국제매매계약에 일괄적으로 적용되지 못하였고 통일매매법으로 개도국이나 사회주의 국가의 의도가 고려되지 않고 법개념이 추상적이어서 각국으로부터 지지를 별로 받지 못하여 난관에 봉착하였는데 UNCITRAL에 의해 비엔나협약이 탄생되게 되었다.

는 생산되는 것을 알고 있었던 때에는, 그 장소에서 목적물을 매수인의 처분에 맡기는 것이며, 기타의 경우에 있어서는 계약체결시에 매도인이 영업소를 가지고 있던 장소에서 목적물을 매수인의 처분에 맡기는 것으로 하고 있다.[37)]

물품매매계약에 있어서 목적물의 인도(to make delivery)와 인수(to take delivery)에 관한 것은 계약이론상 인도의 시기, 인도의 장소, 인도의 방식 등 세 가지 요소로 논의할 수 있다.

(2) 물품의 인도시기

물품매매계약상 인도시기에 관한 약정은 '5월인도'라는 방식에 의하지 않고 '5월선적'이라는 방식의 선적기를 조건으로 하는 관습이 일반화되어 있다. 이는 지정적재지에서의 적재에 의한 매도인의 점유권이탈시기를 정하는 관습이 행해지고 있으므로 매매계약상의 인도시기는 쌍방이 약정하는 물품의 적재시기가 된다.

인도시기에 대하여 매매당사자가 합의하지 않았을 경우에 비엔나협약은 "매도인은 인도의 기간이 계약에 의하여 확정되거나 또는 확정될 수 있는 경우에는 그 기간 내에 목적물을 인도하여야 한다. 그러나 매수인이 특정한 날을 선택하여야 할 사정이 있는 때에는 그러하지 않다. 그 외의 경우에는 계약체결 후 합리적인 기간 내에 목적물을 인도하여야 한다"라고 규정하고 있다.[38)]

적출지매매(積出地賣買)에서는 인도(delivery)라는 용어 대신에 해상운송의 경우는 선적(shipment), 본선적재(loading on board), 복합운송의 경우에는 수탁(taking in charge), 항공운송의 경우에는 발송(dispatching)되는 시기를 기준으로 하여 물품의 인도시기를 약정하는 것이 좋다.

(3) 물품의 인도장소

무역계약에서 물품의 인도를 매도인의 소재지에서 행하는가 또는 매수인의 소재지에서 행하는가에 따라서 적출지매매와 양륙지매매(場陸地賣買)로 대

37) CISG 1980, Article 31.

38) CISG 1980, Article 33; UCC, §2-309.; SGA, §29(2).

별할 수 있다. 실제로는 인도장소가 가격구성요건으로, 예를 들면 '부산항 본선인도' (FOB Busan)라는 방식으로 가격조건(price term)에서 결정되는 것을 관례로 하고 있다.

매매당사자간에 합의한 인도제공의 장소가 물품이동의 개시장소인 경우, 즉 출화지(出貨地) 제공조건인 매매계약을 적출지인도계약이라 하고 물품이동의 종료장소인 경우, 즉 목적지 제공조건인 매매계약을 양륙지인도계약이라 한다. 인도장소에 의한 매매계약의 분류는 인도물품의 위험이전(transfer of risk)의 분기점과 일치된다고 할 수 있다.

"INCOTERMS"를 중심으로 볼 때 적출지인도에 따른 매매조건은 EXW, FCA, FAS, FOB, CFR, CIF, CPT, CIP이고 양륙지인도에 따른 매매조건은 DAF, DES, DEQ, DDU, DDP이다.

(4) 물품의 인도방식

국제물품매매에서 인도방식은 인도물품이 현물인가, 서류와 같은 상징인가에 따라 ① 실제로 물품의 점유를 이전시켜 행하여지는 현실적 인도(actual delivery),[39] ② 약정품의 소유이전이 그대로 점유이전으로 간주되는 해석적 또는 추정적 인도(constructive delivery), ③ 물품을 선화증권이나 철도화물수탁서 등으로 화체시켜 그 물권적 유가증권의 제공으로써 물품의 인도로 보는 상징적 인도(symbolic delivery)[40]가 있다.

매매계약에 있어서의 물품의 인도방식은 원칙적으로 무역거래조건에 의하여 정해지나, 특약이 없는 한 CIF조건의 매매는 서류인도라는 상징적 인도에 의하며, FOB조건의 경우는 현실적 인도에 의하고 있다.

朝岡良平 교수는 그의 저서 「貿易賣買と商慣習」에서 "Chalmers' Sale of Goods Act, 1893"을 인용하여 물품의 인도방식을 다음과 같이 분류하여 설명하고 있다.[41]

---

39) 현실적 인도를 물리적 인도(Physical delivery)라고도 한다.
40) 상징적 인도를 서류인도라고도 한다.
41) *Chalmers' Sale of Goods Act*, 1893,14th ed. by Sieghart, P., 1963, P. 179.

인도 { 현실적 인도(actual delivery)
　　 추정적 인도(constructive delivery) { 양도승인의 이한 인도 (delivery by attornment)
　　　　　　　　　　　　　　　　　　　　 상징적 인도(symbolic delivery)

여기에서 현실적 인도는 매도인으로부터 매수인 또는 그의 대리인에게 현실적으로 물품을 인도함으로써 이행되는 것으로 보는 것이다. 현실적 인도는 공장인도조건의 매매계약에서와 같이 매도인의 영업장소 또는 창고 등에서 매수인에게 인도하는 직접적 인도와 본선인도조건에서와 같이 권리를 유보하고 매수인에게 송달할 목적으로 운송인에게 인도하는 간접적 인도가 있다.

추정적 인도란 실제로 물품의 인도를 행함이 없이 인도가 이루어지는 경우를 말하는데, 이에는 당사자의 양도승인(attornment)에 의한 인도와 상징적 인도가 있다.

양도승인에 의한 인도는 다음의 세 가지 경우가 있다. ① 매매가 이루어지기 전에 물품은 이미 매수인에 의해 점유되고, 매매 후 실제의 인도는 일절 행하지 않고 당사자의 의사표시로서 인도가 이루어져 매수인이 그 물품을 자기의 것으로 보유하는 경우,[42] ② 매도인이 물품을 점유하고 있다가 매매 후 점유권의 양도인인 매도인이 매수인의 대리인으로서 계속 물품을 점유하는 경우,[43] ③ 물품은 매도인의 수탁자인 제 3 자에 의해 점유되어 있고, 매매 후 매수인에게 물품을 양도하였다는 취지를 매도인이 제 3 자에게 통지하면 그 이후 제 3 자는 매수인의 권리를 승인하고 그 수탁자로서 계속 물품을 보유하는 경우를 말한다.[44] 또한 매도인의 요청에 의해 매도인이 물품을 매수인의 전매선(sub-purchaser)에 직접인도하는 경우도 매매법상 물품을 수령한 의미로 봐서 매도인에게의 추정적 인도로 볼 수 있다.[45]

상징적 인도는 CIF매매에서 보는 바와 같이, 물품은 수탁자(bailee)의 점

---

42) 한국민법 제188조 제 2 항의 '간이인도'에 해당된다. 양수인이 이미 그 동산을 점유한 때에는 당사자의 의사표시만으로 그 효력이 생긴다.

43) 한국민법 제189조의 '점유개정'에 해당된다. 동산에 관한 물권을 양도하는 경우에 당사자의 계약으로 양도인이 그 동산의 점유를 계속하는 때에는 양수인이 인도받은 것으로 본다.

44) 한국민법 제190조의 '목적물반환청구권의 양도'에 해당된다. 제 3 자가 점유하고 있는 동산에 관한 물권을 양도하는 경우에는 양도인이 그 제 3 자에 대한 반환청구권을 양수인에게 양도함으로써 동산을 인도한 것으로 본다.

45) SGA 1979, §35; UCC, §2-606.

유하에 있고 매도인은 물품을 상징하는 선화증권(bill of lading)과 같은 권리증권(document of title)을 매수인에게 인도함으로써 매수인은 그것과 상환하여 대금을 지급하므로 매매계약이 이행되는 것이다. 이 경우 선화증권의 양도는 물품 그 자체의 인도와 동일한 효과를 갖는다. FOB매매는 거래관습상 현실적 인도이지만 수출무역계약에서 일반적으로 행하여지는 환어음결제의 특약이 있을 경우에는 당사자간의 합의에 의하여 상징적 인도가 행하여진다고도 할 수 있다.

물품의 인도는 직접이냐, 간접이냐에 따라 ① 매도인이 물품을 매수인 또는 그 대리인에게 직접 인도하는 직접인도, ② 계약이나 관습에 의하여 제3자인 운송인이나 운송주선인(freight forwarder)을 통하여 인도하는 간접인도가 있다. 또한 매매의 목적물에 따라 ① 매매의 목적물만을 인도하는 단순인도, ② 물품과 함께 부속물(서류 등)을 수반하는 복합인도가 있다.

이상에서의 인도방식을 "INCOTERMS 2000"에 정하고 있는 정형거래조건과 비교하여 보면 EXW매매는 현실적 인도, 직접인도, 단순인도에 속하고, FCA, FOB매매는 현실적 인도, 간접인도, 단순인도 또는 복합인도에 속하며 CFR, CIF, CPT, CIP매매는 상징적 인도, 간접인도, 복합인도에 속하고, 도착지조건(delivered terms)인 DAF, DES, DEQ, DDU, DDP매매는 현실적 인도, 직접인도, 단순인도에 속한다고 할 수 있다.

6.2 소유권이전

(1) 소유권의 의의

소유권(property; ownership)이란 물품에 대한 완전지배권을 의미하며 재산권과 동의어로 사용된다. 재산권은 경제적 이익을 기반으로 하여 금전으로 평가할 수 있는 권리를 의미하는데 물권, 채권, 무체재산권으로 구성된다. 소유권은 동산이든 부동산이든 유형이든 무형이든, 가시(可視)든 불가시든 관계없이 소유권에 기준하여 사람이 갖고 있는 물품에 대한 권리(rights) 또는 이익(interest)을 의미한다. 한국민법에서는 소유권의 내용에 대하여 "소유자는 법률의 범위 내에서 그 소유물을 사용·수익·처분할 권리가 있다"라고 규정하고 있다.[46]

영국의 물품매매법(SGA)에서는 "소유권이란 물품의 일반소유권(general property)을 말하고 특별소유권(special property)[47]을 의미하지 아니한다"고 정하고 있어,[48] 매매의 본질은 대금을 지급받기 위하여 매도인이 매수인에게 물품의 완전지배권 또는 일반소유권을 이전하는 것이라고 할 수 있다.

(2) 소유권이전의 원칙

1) 소유권이전의 대원칙

소유권이전방식에 관해서는 형식주의(形式主義)와 의사주의(意思主義)가 있다. 전자는 소유권이전을 위해서는 물품의 인도가 필요하다는 입장으로 로마법에서 시작되어 독일법, 한국민법에서 채용하고 있고, 후자는 소유권이전을 위해서는 매매계약의 의사표시가 결정적인 것이라고 보는 입장으로 프랑스법, 영미법, 일본법에서 채용되고 있다.

소유권이전에 대한 대원칙으로는 영국의 물품매매법(SGA)에서 다음과 같이 규정하고 있다.[49]

① 불특정물[50]의 매매계약에 있어서는 물품이 특정되기까지는 그 물품의 소유권은 이전하지 아니한다. (Where there is a contract for the sale of unascertained goods no property in the goods is transferred to the buyer unless and until the goods are ascertained).

② 특정물의 매매계약에 있어서는 그 소유권은 매매당사자가 이전을 의도할 때에 매수인에게 이전한다. (Where there is a contract for the sale of specific or ascertained goods the property in them is transferred to the buyer at such time as

46) 한국민법 제211조.

47) 특별소유권(special property)이란 영국법에서 일반적으로 사용하는 것으로 특별이익(special interest)과 같은 권리가 성립되었을 때 발생하는 것이다. 예를 들면 질권이 설정되었을 때 질권자는 특별소유권을 갖게 되고 일반소유권(general property)은 질권설정자에게 남게 된다.

48) SGA 1979, §61(1); UCC, §2-401(1). SGA에서는 소유권(property)으로, UCC에서는 권원(權原; title)으로 표현하고 있다.

49) SGA 1979, §16, §17.

50) 불특정물(unascertained goods)이란 매매계약체결시 계약의 대상으로는 확정하지 않은 것으로 당사자가 오직 참조할 수 있는 물품을 말하며 불확정물이라고도 한다. 여기에는 ① 매도인에 의해 제조·육성되고 있는 물품, ② 순수한 종류 전체를 나타내는 물품, ③ 특정물전체 가운데 불확정 부분이 있다. 매매계약시 대부분은 불특정물이라고 볼 수 있다. 한편 특정물(specific goods)이라 함은 매매계약성립시 계약의 대상으로 확정하고 합의된 물품을 말하며 확정물이라고도 한다; SGA 1979, §61(1).

the parties to the contract intend it to be transferred)

당사자의 의사를 확정할 때에는 계약의 내용, 당사자의 행위 및 경우의 상황을 고려하여야 한다. (For the purpose of ascertaining the intention of the parties regard shall be had to the terms of the contract, the conduct of the parties and the circumstances of the case)

이와 같이 불특정물의 경우에는 소유권이 이전된, 특정물의 경우에는 당사자의 의사에 의해 이전된 2대원칙이 영국의 물품매매법뿐만이 아니라 미국의 통일상법전(UCC)에서도 같은 취지로 규정되고 있다.[51)]

2) 소유권이전에 관한 의사확정기준

영국의 물품매매법에 의하면 매매당사자간에 다른 의사표시가 없는 한, 물품의 소유권이 매수인에게 이전하는 시기에 관하여 당사자의 의사를 확정할 때에는 다음의 기준에 의한다고 규정하고 있다.[52)]

제 1 기준: 인도가능상태에 있는 특정물의 무조건의 매매계약에 있어서는 물품의 소유권은 계약성립시에 매수인에게 이전된다. 지급 및 인도의 시기 중 일방 또는 쌍방이 연기되는 것은 이전에 영향을 미치지 아니한다.

제 2 기준: 특정물의 매매계약에 있어서 물품을 인도가능상태로 하기 위하여 매도인이 일정한 행위를 해야 할 경우에는 매도인이 그 행위를 하고 매수인이 그 통지를 받기 전까지는 소유권은 이전되지 아니한다.

제 3 기준: 인도가능상태에 있는 특정물의 매매계약에 있어서 대금을 확보하기 위하여 매도인이 물품에 관한 중량, 용적의 측정, 실험, 검사 또는 기타의 행위를 하여야 할 필요가 있는 경우에는 매도인이 그 행위를 하고 매수인이 그 통지를 받기 전까지는 소유권은 이전되지 아니한다.

제 4 기준: 승인조건부(on approval) 또는 반환조건부(on sale or return), 기타 이와 유사한 조항에 의하여 물품이 매수인에게 인도되는 경우에는 소유권은 다음 각호의 시기에 이전된다.

① 매수인이 승인 또는 승낙을 매도인에게 표명하거나 또는 그 거래를 시

---

51) UCC, §2-401(1). 특정물이란 표현은 SGA에서는 "specific or ascertained goods"라고 하는 데 반하여, UCC에서는 "identification"이라고 하고 있다.

52) SGA 1979, §18.

인하는 일정한 행위를 한 때.

② 매수인이 승인 또는 승낙을 매도인에게 표명하지 않고 거절의 통지도 없이 물품을 유치한 경우에 물품의 반환에 대한 기간이 정하여져 있는 때에는 그 기간이 만료한 때, 또한 기간이 정하여져 있지 않은 때에는 상당한 기간이 경과한 때. 다만 상당한 기간의 결정은 사실문제이다.

제 5 기준: ① 불특정물(unascertained goods) 또는 선물(future goods)과 같이 명세에 의한 매매계약에 있어서 명세에 적합하고 인도가능상태에 있는 물품이 매수인의 동의를 얻어 매도인에 의하여 또는 매도인의 동의를 얻어 매수인에 의하여 무조건으로 계약에 충당될 경우 그 물품의 소유권은 그 충당된 시점에 매수인에게 이전된다. 동의는 명시적 또는 묵시적으로 할 수 있으며, 또한 충당의 전후 어느 때라도 할 수 있다.

② 계약에 따라 매도인이 매수인에게 송부할 목적으로 물품을 매수인, 운송인 또는 기타의 수탁자(bailee) 또는 보관자에게 인도하고 처분권을 유보하지 않은 경우에는 매도인은 무조건으로 물품을 계약에 충당한 것으로 본다.

소유권이전의 의사확정기준을 이상과 같이 5가지 기준으로 나누어 볼 때 기준 1~4는 특정물에 대한 것이고, 기준 5는 불특정물에 대한 것이다.

한편 한국민법은 동산에 관한 소유권의 이전에 대하여 형식주의 원칙을 채용하여 의사표시만으로는 효력이 발생하지 않고 인도를 하여야 비로소 그 효력이 발생되는 것으로 하고 있다.

환어음부 매매인 경우에 물품의 소유권은 매수인이 어음의 지급과 상환으로 선화증권을 취득할 때 매수인에게 이전된다.[53] 그 때까지 운송물의 소유권은 매입은행에 의한 선화증권의 취득이 동산질(動産質)의 취득인 경우에는 매도인에게 있다. 또한 운송증권의 수화인이 매수인인 경우에는 은행은 매수인의 증권취득에 이르기까지의 단순한 전달기관에 불과한 것으로 보고 있다. 이 경우에도 매수인이 어음의 지급과 상환으로 선화증권을 취득한 때는 매수인에게 소유권이 이전되며 그 때까지는 소유권이 매도인에게 유보된다.

(3) 소유권이전시기

특정물의 매매에서 소유권은 당사자의 의사에 따라 매매계약체결과 동시

53) 한국민법 제188조, 제190조.

에 이전되며, 불특정물의 소유권은 물품을 인도가능한 상태에 두고 무조건 계약에 충당시킬 때 이전된다.

미국 통일상법전(UCC)은 소유권이전시기에 대하여 매매목적물이 현실적으로 인도되는 경우와 그렇지 아니한 경우를 구분하여 규정하고 있다.

현실적 인도에 의할 경우에는 담보이익의 유보(reservation of a security interest)에도 불구하고 또한 권리증권(document of title)을 다른 시기와 장소에서 교부하기로 되어 있을지라도 매도인이 현실적 인도이행을 종료한 시기와 장소에서 소유권이 이전된다. 또한 계약에서 목적물의 운송에 관하여 규정한 경우에는, 선화증권에 의한 여하한 담보이익의 유보에도 불구하고 ① 적출지인도계약하에서는 선전시기와 그 장소에서 소유권은 매수인에게 이전되며, ② 양륙지인도계약하에서는 목적지에서 제공한 때 소유권이 이전된다.[54]

현실적 인도에 의하지 않고 인도가 이루어질 경우에는 다른 명시적 합의가 없는 한 ① 매도인이 권리증권을 교부하여야 할 때에는 매도인이 그 증권을 교부하는 시기와 장소에서 소유권은 이전되며, (2) 권러증권의 교부가 필요하지 않고 계약체결시 이미 목적물이 특정된 경우에는 계약을 체결하는 시기와 장소에서 소유권이 이전된다.[55] 또한 정당한 사유의 유무를 불문하고 매수인이 목적물의 수령 또는 목적물의 보유를 거절했거나 정당한 인수의 철회가 있는 경우에 매도인은 목적물에 대한 소유권을 회복한다. 그러한 소유권의 회복은 법률의 규정에 따른 효과이고 그 자체가 매매로 취급되지는 않는다.[56]

(4) 처분권의 유보

영국의 물품매매법(SGA)에서는 특히 처분권의 유보(reservation of right of disposal)에 대하여 다음과 같이 규정하고 있다.[57]

① 특정물의 매매계약이 이루어지는 경우 또는 물품이 계약체결 후에 충당되는 경우에는 매도인은 계약의 내용 또는 충당(appropriation)[58]에 따라 일

54) UCC, §2-401(2). 그러나 무역거래에서 정형거래조건으로 많이 사용되고 있는 "INCOTERMS 2000"에는 소유권이전에 관한 규정은 없다. 또한 비엔나협약(CISG) 제 4 조에서도 "매매된 물품의 소유권에 대하여 계약이 가질 수 있는 효력에 대하여 관여하고 있지 않다"고 하여 소유권이전에 관한 규정을 두지 않고 있으며, 위험이전문제도 권리의 이전과 연결시키지 않고 있다.

55) UCC, §2-401(3).

56) UCC, §2-401(4).

57) SGA 1979, §19.

정한 조건이 충족될 때까지 물품의 처분권을 유보할 수 있다. 이러한 경우에는 매수인에게 송부할 목적으로 물품이 매수인, 운송인 또는 기타의 수탁자 혹은 보관자에게 인도되더라도 그 조건이 충족되기까지는 물품의 소유권은 매수인에게 이전되지 아니한다.

② 물품이 선적되고 선화증권에 의해 매도인 또는 그 대리인의 지시하에 물품이 인도될 수 있는 경우에는 매도인은 처분권을 유보한 것으로 간주한다.

③ 물품의 매도인이 대금을 회수하기 위하여 매수인 앞으로 환어음을 발행하고, 환어음의 인수 또는 지급을 확보하기 위하여 환어음과 선화증권에 대하여 지급하지 않으면 매수인은 선화증권을 반환하여야 한다. 매수인이 불법적으로 선화증권을 유보하는 경우에는 물품의 소유권은 매수인에게 이전되지 아니한다.

소유권이전에 대하여 미국의 법학자인 윌리스톤(Williston)과 볼드(Vold)는 분할소유권이익이론(theory of divided property interest)을 주장하여 소유권을 수익이익(beneficial interest)과 담보이익(security interest)으로 분할가능한 것으로 하여 현실적 인도시에 수익이익은 매수인에게 이전되지만 추정적 인도가 있기까지는 담보이익은 직·간접적으로 매도인측에 남는다는 견해를 취하고 있다.

한편 영국의 학자이자 법률가인 슈미토프(Schmitthoff)는 소유권유일이론(所有權唯一理論)을 주장하고 소유권의 본체는 일반소유권(general property)이며, 이것은 추정적 인도가 있기까지는 일관하여 매도인의 수중에 있고 선화증권이 은행의 수중에 있는 동안은 별도로 부가적으로 동산질권으로서의 담보이익이 은행측에 발생하며 대금지급이 있기까지는 추정적 인도(점유권)가 유보되어 있다는 견해를 취하고 있다.[59)]

소유권의 내용 자체가 사용 · 수익 · 처분 등의 권리를 포함한 광범위한 것이지만, 그 가운데서 일부를 어떤 사람이 가지고 나머지 권리를 타인이 가지게

---

58) 충당(appropriation)이란 계약에 제공될 물품을 결정하는 것으로 불확정물(unascertained goods)을 확정물(ascertained goods)로 하는 것을 말한다. 충당에는 조건부충당(conditional appropriation)과 무조건충당(unconditional appropriation)이 있다. 조건부충당의 경우에는 그 부가된 조건이 성취될 때까지 소유권은 이전하지 않고 조건성취에 의하여 비로소 이전하며 무조건충당의 경우에는 소유권도 동시에 이전한다는 의사가 있다고 추정하여 충당과 동시에 소유권도 이전한다.

59) 동산질권설이라 한다; 슈미토프는 원래 독일태생이다.

[표 5-2] 선화증권의 발행방식과 소유권이전시기

선화증권의 발행방식	선적시	대금지급시
① A. 단순지시식(to order) B. 송화인지시식(to the order of shipper)	수익이익만 이전	담보이익소멸 (모든 소유권 매수인에게 이전)
② 제3자지시식(to the order of third party; to the order of bank or seller's agent)	수익이익만 이전	담보이익소멸 (모든 소유권 매수인에게 이전)
③ 지참인식 (to bearer)	수익이익만 이전	담보이익소멸 (모든 소유권 매수인에게 이전)
④ A. 매수인지시식+매도인의 증권점유(to the order of buyer)	수익이익만 이전	담보이익소멸 (모든 소유권 매수인에게 이전)
B. 매수인지시식+매수인에게 증권인도(to the order of buyer)	모든 소유권 이전	—
⑤ 매수인기명식(to the buyer)	모든 소유권 이전	—

되는 경우를 보아서 소유권을 수익이익과 담보이익으로 나누어 생각해 볼 수 있다. 여기서 담보이익이란 채권자가 갖고 있는 채권이 변제되지 않는 경우에 물품을 처분할 수 있는 권리를 말하고, 수익이익이란 담보이익을 준 소유자가 갖는 권리, 즉 소유권으로부터 담보이익을 차인한 나머지 권리를 말한다.

실제로 CIF매매에서 소유권이전은 선화증권(B/L)의 발행방식, 즉 선화증권의 수화인(consignee)란의 기재내용에 따라 배서(背書; endorsement) 또는 교부(交付; handing over)에 의하여 이루어지게 된다.

소유권을 수익이익과 담보이익으로 나누어 소유권이전시기를 살펴보면 〈표 5-2〉와 같다.

6.3 위험의 이전

위험의 이전(transfer of risks)에 관하여 무역계약에서는 "INCOTERMS

2000"에 준거하여 FOB나 CIF매매조건을 채택하기로 합의하였다면 당사자의 의무가 명확해지지만,[60] 그러하지 못한 일반적인 경우 위험부담 내지 위험이전에 대한 입법주의는 다양하기 때문에 위험귀속자를 단정하기 어렵다.[61] 그러나 일반적으로 위험의 이전은 물품의 소유권이 이전할 때 이전한다는 소유자주의 또는 채권자주의가 지배적이다.

영국의 물품매매법(SGA)에서는 "당사자간 다른 약정이 없는 한, 물품의 소유권이 매수인에게 이전하기까지는 그 물품에 대한 위험은 매도인이 부담하고 소유권이 매수인에게 이전한 때에는 인도의 유무에 불구하고 그 물품에 대한 위험은 매수인이 부담한다"[62]고 규정하고 있어 위험의 소유자주의로 추정하고 있다.

비엔나협약(CISG)에서는 소유권이전에 관한 규정은 없으나[63] 위험의 이전에 관하여는 별도의 장(chapter)을 두어 규정하고 있는데,[64] "매매계약이 물품의 운송을 포함하고, 매도인이 특정한 장소에서 이를 교부할 필요가 없는 경우에는, 위험은 매매계약에 의하여 물품을 매수인에게 운송하기 위한 최초의 운송인(first carrier)에게 교부한 때에 매수인에게 이전한다"[65]고 하여 이는 "INCOTERMS 2000"에서의 FCA, CPT 및 CIP매매조건의 취지와 같다. 그러나 '매도인이 특정한 장소에서 목적물을 운송인에게 교부하기까지는 위험은 매수인에게 이전되지 아니한다'[66]라고 한 것은 "INCOTERMS 2000"에서의 FOB나 CIF매매조건처럼 선적항본선의 난간(ship' s rail)을 분기점으로 하는 매매에서 계약물품을 선적항까지 운송중에 발생하는 위험은 매도인이 부담한다는 것을 의미하고 선적 이후 해상운송위험은 매수인의 위험으로 귀속된다는 입장을 규정한 것이다. 비엔나협약은 "위험은 물품의 화인(markings on the

---

60) INCOTERMS에서는 소유권의 이전에 대해서는 언급이 없으나 물품의 인도(delivery)와 위험의 이전(transfer of risks)에 대하여 명확하게 규정하고 있다.

61) 로마법에서도 라딘어로 "res perit domino"라고 하여 '위험은 소유권자가 부담한다'고 하여 영미법과 같이 소유자주의를 표방하고 있다. 한국민법과 일본민법에서는 계약관계에서 불가항력으로 물품이 손실 또는 손상되었을 때 물품의 소유자인 채무자(매도인)에게 위험이 귀속된다고 하는 '채무자주의'를 주로 취하고 있다.

62) SGA 1979, §20.

63) CISG 1980, Article 4.; 위험이전에서도 소유권과 관련시키지 않고 있다.

64) CISG 1980, Chapter Ⅳ. Article 66-70.

65) CISG 1980, Article 67(1).: INCOTERMS 2000, FCA, CPT, CIP의 A4 및 A5 참조.

66) *Ibid.*

goods), 선적서류(shipping documents), 매수인에 대한 통지(notice given to the buyer)에 의하여 계약의 물품으로서 명확히 특정되기까지는(until the goods are clearly identified) 매수인에게 이전되지 아니한다"[67]라고 규정하여 특정되어야 함을 위험이전의 요건으로 하고 있다. 국제물품매매에서 운송중 매매된 물품에 대해서는 계약체결시에 매수인에게 위험이 이전된다. 그러나 특별한 사정이 있을 경우 운송계약에 따라 서류를 발행한 운송인에게 물품을 교부한 때로부터 매수인은 위험을 부담한다. 매매계약체결시에 매도인이 물품이 이미 멸실 또는 손상된 사실을 알았거나 알았어야 할 경우에 매도인이 매수인에게 이를 알리지 아니한 때에는 그 멸실 또는 손상은 매도인의 위험으로 한다.[68] 한편 운송물을 수반하지 아니한 경우에 매도인의 영업소에서 교부할 때의 위험은 매수인이 물품을 수령한 때부터 이전되며, 물품을 매수인의 처분에 맡기고 매수인이 수령을 하지 아니하여 계약을 위반한 때는 매수인에게 이전된다.[69] 또한 매도인의 영업소 이외의 장소에서 매수인이 물품을 수령해야 할 경우의 위험은 인도의 이행시기가 도래하고 물품이 매수인의 처분에 맡겨진 것을 안 때에 이전된다.[70] 따라서 현장인도의 대표적인 조건인 공장인도(EXW)조건에서는 매수인이 임의처분할 수 있는 장소에 매도인이 계약물품을 급부(給付)하였다면 그 이후의 멸실 · 손상에 대한 위험은 매수인에게 귀속되므로 매수인은 적시에 운송수단을 수배하여 물품을 인수하여야 한다.

6.4 대금의 지급

대금지급시기와 방법은 보통 물품매매계약에서는 결제조건(payment terms)으로 일람불신용장(at sight L/C), 기한부신용장(usance L/C) 또는 어음인수서류인도(Documents against Acceptance: D/A) 방식 등으로 약정하게 된다. 매매계약상 대금지급의무와 관련하여 대금지급의 시기와 장소에 대하여 살펴보기로 한다.

---

67) CISG 1980, Article 67(2).
68) CISG 1980, Article 68.
69) CISG 1980, Article 69(1).: INCOTERMS, 2000, EXW, B5.
70) CISG 1980, Article 69(2).

(1) 대금지급시기

물품매매계약은 매도인이 매수인에게 물품에 대한 소유권을 이전하고 매수인으로부터 대금을 지급받게 된다. 이에 대하여 영국의 물품매매법(SGA)은 "당사자간에 다른 약정이 없는 한, 물품의 인도와 지급은 동시이행조건(concurrent conditions)이다. 즉 매도인은 대금과 상환(相換)으로 물품의 점유권을 매수인에게 이전할 수 있어야 하고 매수인은 물품의 점유와 상환으로 대금을 지급할 수 있어야 한다"[71]고 규정하고 있다.

비엔나협약은 "매수인이 대금을 어느 특정한 기일에 지급할 필요가 없을 때에는 매도인이 계약에 정하는 바에 따라 물품 또는 그 처분을 지배하는 서류가 매수인의 처분(buyer' s disposal)에 맡겨진 경우에 매수인은 대금을 지급하여야 한다"[72]고 규정하고 있는데, 이는 물품인도와 대금지급은 동시이행관계에 있다고 할 수 없으며, 물품을 매수인의 처분가능상태에 둔 때에 대금이 지급되어야 하는 관계로 보아야 할 것이다. 즉 비엔나협약은 소유권이전시기에 관하여 침묵을 지킴으로써 물품의 소유권과 대금지급의 동시이행이라는 구성을 포기하는 대신, 당사자의 이익을 가장 균형적으로 고려할 수 있는 방법으로 물품 또는 서류의 제공과 대금의 지급이 동시에 이루어지도록 한 것이다. 매도인은 물품 또는 서류를 인도함에 있어 대금의 지급을 인도의 조건으로 할 수 있으며, 계약에 물품운송이 포함된 경우에는 대금지급과 상환으로 물품 또는 서류를 인도한다는 조건을 붙여 물품을 발송할 수 있는데,[73] 이 경우에 대금이 지급될 때까지는 물품의 처분권은 매도인에게 유보된다고 할 것이다.

(2) 대금지급장소

대금지급장소에 대하여 영국의 물품매매법상에는 명문 규정이 없다. 그러나 비엔나협약에서는 "대금지급은 매도인의 영업소 또는 대금지급을 물품 또는 서류의 교부와 상환으로 하여야 할 때에는 교부가 행해지는 장소에서 지급하여야 한다"[74]고 규정하고 있다. 이것은 일반적인 계약관행에도 부응하는

71) SGA 1979, §28.; U.C.C., §2-310.
72) CISG 1980, Article 58(1).
73) CISG 1980, Article 58(1), (2).
74) CISG 1980, Article 57(1); 계약 이후에 매도인의 영업장소변경에 따른 지급비용 증가분도

원칙이라고 할 수 있다.

미국 통일상법전(UCC)[75]에서도 대금의 지급은 매수인이 물품을 수령한 때와 장소에서 하여야 하며, 발송지가 인도장소일 때도 같다고 정하고 있다.

한국민법은 "채무의 성질 또는 당사자의 의사표시로 변제장소를 정하지 아니한 때에는 특정물의 인도는 채권성립 당시에 그 물건이 있던 장소에서 하여야 하며, 특정물 인도 이외의 채무변제는 채권자의 현주소에서 하여야 하되 영업에 관한 채무의 변제는 채권자의 현 영업소에서 하여야 한다"고 하여 채권자의 주소를 이행지로 하는 지참채무(持參債務; bring schuld)의 입장을 취하고 있어 영미법의 견해와 별차이가 없다고 할 수 있다.[76]

실제거래에서 매매당사자간에 대금지급장소에 관하여 명시적인 특약[77]이 없으면 FCA, FOB매매계약에서는 매도인의 소재지에서 지급될 수 있으나 CIF매매계약에서는 매도인이 결제서류를 제공하므로 매수인의 소재지에서 지급받을 수도 있으며, DES매매계약처럼 도착지인도조건(delivered terms)으로 거래가 이루어질 경우에는 물품이 인도되는 도착지, 즉 매수인의 소재지에서 대금이 지급될 수도 있다. 대금지급시기나 장소문제는 매매당사자간에 신용장방식과 같은 대금결제방식의 선택여하에 따라 당해방식의 상관습에 따르고 있다 할 것이다.

매도인이 부담한다.

75) UCC, §2-310.

76) 한국민법 제467조.

77) 예컨대, 환어음에 의한 결제방식을 명시하는 경우이다.

제 6 장

무역계약과 주요 약정조건

1. 무역거래조건에 관한 협정

청약과 승낙에 의하여 계약은 성립될 수 있지만 실제 거래에서는 청약내용이 매우 간단하므로 상관습이 서로 다른 국가간에 이루어지는 무역거래의 특성 대문에 매매당사자간 거래조건에 대하여 상세한 사전합의가 다시금 필요하고 후일 야기될지 모르는 분쟁에 대비하여 법적 구제조항 등을 망라하여 무역계약서[1]를 작성하여 두어야 한다.

물품매매에서 일반적이며 기본적인 거래조건의 내용을 협정하여 문서로 교환하는 이른바 '일반무역조건협정서'(agreement on general terms and conditions of business; memorandum of agreement)[2]를 계약의 기준으로 이용하기 위하여 계약의 본질, 즉 거래형태에 대한 조건, 청약과 승낙에 의해 계약이 성립되는 조건, 품질 · 수량 · 가격 · 선적 · 지급 · 보험 · 포장 등 계약물품에 대한 조건 그리고 분쟁의 해결 및 법적 구제조건에 대하여 협정하게 된다.

그러나 실무적으로 매매당사자간에는 표준화 내지 정형화된 매매계약서를 이용하고 있다.[3] 즉 매매계약서 전면(face)에는 계약물품의 가격조건 등 기본조건에 대한 제목만 인쇄하고 약정할 내용은 당사자가 합의하여 작성하도록 공란으로 두고, 계약서 이면(back)에는 거래에 관련된 일반적인 조건과 법적 구제조항 등을 미리 서식에 인쇄하여 두었다가 무역상담시에 이용하도

1) 무역계약서의 종류로는 매 건별로 거래가 이루어질 때마다 하나의 계약서가 작성 · 사용되는 개별계약(case by case contract), 동일거래처와 어떤 물품을 장기적으로 거래할 경우에 포괄적인 사항을 미리 약정하는 포괄계약(master contract), 일정한 물품의 수출입에 있어서 수출상은 수입국의 특정 수입상 이외에는 동일 물품을 청약(offer)하지 않으며, 수입상 역시 같은 물품을 수출국의 다른 수출상과는 거래하지 않겠다는 조건으로 이루어지는 독점계약(exclusive contract)이 있다.

2) 일반무역조건협정서의 작성사례에 대하여는 본장의 〈서식 6-1〉을 참조 바람.

3) 정형무역계약서 등 매매계약서작성사례에 대하여는 본장의 〈서식 6-2〉를 참조바람.

록 하고 있다.

다음에는 무역계약시에 약정하여야 할 기본조건과 상거래분쟁에 대비한 법적 구제조건에 관하여 살펴보기로 한다.

2. 매매계약물품에 관한 기본조건

계약물품에 관한 기본적인 조건으로 ① 품질(quality), ② 수량(quantity), ③ 가격(price), ④ 선적(shipment), ⑤ 지급(payment), ⑥ 보험(insurance), ⑦ 포장(packing) 등에 대하여 약정해 두어야 한다.

2.1 품질조건

무역계약서에서 매매의 객체인 물품의 품질(quality)은 거래당사자간에는 매우 중요한 관심사이기 대문에 이 문제로 인하여 상거래 분쟁이 야기되는 경우가 많다. 따라서 물품의 품질에 관하여는 ① 품질의 결정방법, ② 품질의 결정시기, ③ 품질의 증명방법 등을 명확히 하여야 한다.

(1) 품질의 결정방법

상거래에서 어떠한 수준의 품질을 매매의 대상으로 약정할 것인가에 대하여는 다음과 같은 방법을 들 수 있다.

1) 견본에 의한 매매(sales by sample)

무역거래에서 가장 널리 이용되고 있는 방법으로 실제 매매될 물품의 품질을 매매의 당사자가 제시한 견본에 의하여 인도할 것을 약정하는 방법이다.

견본을 송부하는 데 있어서는 매도인이 매수인에게 송부하는 매도인견본(seller' s sample) 또는 매수인이 매도인에게 송부하는 매수인견본(buyer' s sample)이 있는데, 이는 품질의 기준을 약정하기 위한 원견본(original sample)이 된다. 매도인이나 매수인견본, 즉 원견본에 대해서 색상(color)이나 무늬(pattern) 등을 수정하여 매매당사자간 새로운 견본을 제시하게 되면 이 견본을 역견본(counter sample)이라고 한다. 역견본에 대하여 상대방이 수락하게 되면 승인견본(approval sample)이 되며 동 품질을 기준으로 물품을 생산하게 된다. 만일 매수인의 요청에 의하여 생산완료된 물품이 선적품과 동일한 품질의 것임을 알기 위하여 보내게 되면 선적견본(shipping sample)이 된다.

견본은 후일에 야기될지 모르는 분쟁에 대비하여 최소한 동일 견본을 2개 내지 3개를 만들어 물품이 매수인측에 인도완료된 후에도 상당한 기간 동안 보관하여 두어야 한다. 견본은 매도인 및 매수인이 각각 1개씩 보관하고 나머지 1개는 물품생산자가 제 3 자일 경우에 생산자가 참조하고 보관하도록 한다.

매매계약시에 특히 주의해야 할 사항은 견본에 관하여 품질은 견본과 완전히 일치하는 것으로 표현하지 말고 대체로 견본과 비슷한 것이라고 하여 다소 융통성 있는 표현을 하는 것이 좋다. 즉 "Quality to be fully equal to sample"이나 "Quality to be same as sample"보다는 "Quality to be considered as being about equal to sample"처럼 완곡하게 표현하여야 마켓클레임(market claim)을 예방할 수 있다.

2) 상표에 의한 매매(sales by mark or brand)

국제적으로 널리 알려진 물품에 대해서 견본을 제시할 필요 없이 상표(trade mark)나 통명(brand)에 의하여 품질기준으로 삼는 거래를 말한다. 이를테면, Nikon카메라, Parker만년필, Omega손목시계, Dunhill라이터 등과 같은 상표를 이용하는 방법이다.

3) 규격에 의한 매매(sales by type or grade)

물품의 규격이 국제적으로 통일되어 있거나 수출국의 공적규격으로 특정되어 있는 경우에 이용되는 매매방법이다. 국제표준화기구, 즉 ISO(International Organization for Standardization), 영국의 BSS(British Standard Specification), 일본의 JIS(Japan Industrial Standard), 한국의 KS(Korean Standard) 등과 같은 규격을 이용하는 방법이다.

4) 명세서에 의한 매매(sales by specification)

거래대상물품의 소재, 구조, 성능 등에 대하여 상세한 명세서(Specification)

나 설명서(description), 설계도(plan) 등에 의하여 매매기준으로 삼는 방법이다. 예컨대, 선박, 철도차량, 의료용구, 중장비류 등이 해당된다.

5) 표준품에 의한 매매(sales by standard)

수확예정의 농산물, 어획예정의 수산물 또는 벌채예정의 원목 등은 매매계약시에 현품이 없고 견본제공이 곤란하다. 이러한 물품에 대해서는 그 표준품(standard)을 정하고 실제 인도된 물품과 표준품 사이에 차이가 있을 경우 대금을 증감하여 조정하는 거래방법이다. 따라서 품질의 차이에 대하여 견본매매에서는 클레임 사유가 되지만 표준품매매에서는 사후 정산하면 그만이다.

표준품에 의한 품질의 결정방법에는 다음과 같은 것들이 있다.

(가) 평균중등품질(Fair Average Quality: F.A.Q.)

평균중등품질이란 주로 곡물류의 매매에 사용되는 품질조건으로 인도물품의 품질은 선적시, 선적장소에서 당해계절에 나오는 평균중등품질(fair average quality of the season's shipment at time and place of shipment)을 조건으로 하는 것을 의미한다. 이 조건은 물품의 선물거래(future transaction)에 많이 이용된다.

(나) 판매적격품질(Good Merchantable Quality: G.M.Q.)

판매적격품질이란 목재, 냉동어류 등과 같이 견본이용이 곤란하고 그 내부의 품질을 외관상으로 알 수 없는 거래에 이용되는 방법으로 매도인이 인도한 물품은 판매적격성(merchantability)을 지닌 것임을 보증하는 조건이다.

(다) 보통품질(Usual Standard Quality: U.S.Q.)

보통품질이란 주로 원사거래에 이용되는 품질조건으로 공인검사기관 또는 공인표준기준에 의하여 보통품질을 표준품의 품질로 결정하는 조건이다.

(2) 품질의 결정시기

무역거래에서의 물품운송은 대부분이 장거리의 해상운송에 의하여 이루어지기 때문에 선적시점과 양륙시점에서 품질의 차이가 발생할 가능성이 크다. 따라서 후일의 분쟁을 피하기 위하여 미리 계약시에 품질의 결정시기를 선적시점 또는 양륙시점으로 할 것인가의 여부를 명확하게 약정하여 두는 것이 중요하다.

1) 일반물품의 품질결정시기

(가) 선적품질조건(Shipped Quality Terms)

인도물품의 품질이 약정한 품질과 일치하는가의 여부를 선적시의 품질에 의해 결정하는 방법으로 일반공산품 등에 널리 이용되고 있다. 매도인은 운송중에 변질된 물품에 대해서는 책임을 지지 않는 조건이다. 일반적으로 FCA, CFR, CIF, CPT, CIP거래조건은 선적품질조건이라고 할 수 있고,[4] 표준품매매의 F.A.Q.조건 역시 선적시의 품질을 기준으로 한다.

(나) 양륙품질조건(Landed Quality Terms)

인도상품의 품질이 계약품질과 일치하는가의 여부를 도착지에서 양륙시의 품질에 의하여 결정하는 방법이다. 또한 매도인은 운송중에 변질된 물품에 대해서는 책임을 져야 한다. 도착지인도조건(delivered terms)인 DAF, DES, DEQ, DDU, DDP 거래조건은 양륙품질조건으로 볼 수 있으며[5] 표준품매매의 G.M.Q.조건도 역시 여기에 해당된다.

2) 곡물의 품질결정시기

곡물류의 거래에 있어서 선적시와 양륙시의 품질상위에 대하여 매매당사자 중 누가 책임을 지느냐에 대하여 관용되는 특수한 조건들이 있다.

(가) Tale Quale(T.Q.)

이 조건[6]은 선적품질조건(shipped quality terms)으로 매도인은 약정한 물품의 품질을 선적할 때까지만 책임을 지는 조건이다.[7]

(나) Rye Terms(R.T.)

이 조건은 호밀(rye)거래에 사용되면서 물품이 도착시 손상되어 있는 경우에 그 손해에 대하여 매도인이 변상하는 관례에서 생긴 것으로 양륙품질조건(landed quality terms)을 말한다.

(다) Sea Damaged(S.D.)

이 조건은 해상운송중에 발생한 바닷물 등의 조유(潮濡) 또는 응고

---

4) INCOTERMS, 2000.

5) *Ibid*.

6) Tale Quale은 불어로 Tel Quel이라고도 하며 "Such as it is" 또는 "Just as they come"이라는 의미이다.

7) 이 조건에서는 보통 다음과 같이 약정한다. "Shipment in good condition but tale quale as

(condensation) 등에 기인하는 품질손해에 대하여는 매도인이 부담하는 이른바 선적품질조건과 양륙품질조건을 절충한 조건을 말한다.[8)]

(3) 품질의 증명방법

물품의 품질에 대한 검사는 매매계약시에 매매당사자간에 어느 편에서 할 것인가를 합의하게 되지만[9)] 원칙적으로 품질의 입증은 선적품질조건의 경우에는 매도인이, 양륙품질조건의 경우에는 매수인이 입증책임을 져야 한다. 따라서 품질에 대한 입증은 객관적인 입장에서 검사, 감정, 보고증명 등을 업으로 하는 감정인(surveyor)[10)]을 이용하여 감정보고서(surveyor's report)에 의하여 발생된 손해를 배상할 수 있도록 명확하게 계약시에 합의하여 두는 것이 좋다.

2.2 수량조건

무역거래에서는 수량에 대한 관습이 나라에 따라 서로 다르기 때문에 분쟁이 발생되기 쉽다. 수량에 관한 조건에서는 ① 수량의 단위, ② 수량결정의 시기, ③ 과부족의 용인 등에 대하여 명확히 약정하여야 한다.

(1) 수량의 단위

수량의 단위는 물품의 성질에 따라 중량(weight), 용적(measurement), 개수(piece), 포장(package), 길이(length), 면적(square) 등으로 구분 표시한다.

주량은 kg, lb(pound), ton 등이 그 단위로 사용되는데 이 중 ton의 경우에는 Long Ton(L/T), Short Ton(S/T), Metric Ton(M/T)[11)] 가운데 어떤 ton으

---

regards condition on arrival."

8) 이 조건에서는 보통 다음과 같이 약정한다. "Damaged by sea water, if any, to be seller's account." 또는 "All sweeping and damaged by sea water or condensation to be rejected."

9) 무역계약시 물품검사는 어느 쪽에서 하는가를 다음 중의 하나로 하여 약정토록 한다. "Seller's inspection to be final." "Buyer's inspection to be final." "Agency's inspection to be final."

10) 국제적으로 권위 있는 감정인으로는 Lloyd's Surveyor, Lloyd's Agent, 검사기관으로는 SGS(Societe Generale Surveillance S.A.) 등이 있다.

11) M/T는 용적톤(measurement ton)으로 운송회사가 화물의 운임(freight)을 계산할 때 사용되기도 하는데, 1M/T는 40cft(cubic feet), 즉 480S.F.(super foot)에 해당된다.

로 할 것인가를 명시하여야 한다. 영국계의 Long Ton(English Ton; Gross Ton)은 2,240lbs(1,016kgs), 미국계의 Short Ton(American Ton; Net Ton)은 2,000lbs(907kgs), 프랑스계의 Metric Ton(French Ton; Kilo Ton)은 2,204lbs(1,000kgs)를 나타낸다.[12)]

용적 단위로 목재에는 cubic meter(M^3: CBM), cubic feet(cft), super feet(S.F.),[13)] 석유 등 액체에는 barrel, gallon, liter가, 곡물에는 bushel 등이 사용된다. 액체의 경우 영국의 1 English gallon(imperial gallon)은 4.546liters이고 미국의 1 American gallon(wine gallon)은 3.7853liters이므로 어떠한 gallon인가를 확인하여 수량단위를 정해야 한다.

개수는 보통 전자제품과 같은 일반상품의 경우 piece나 set, 연필 · 양말 등은 dozen(12개), 핀(pin)이나 조화(artificial flower) 등 값싼 잡제품의 경우에는 gross(12×12=144개), small gross(12×10=120개) 또는 great gross(12×12×12=1,728개)를 단위로 한다.

포장단위로는 bale, bag, drum, case, can, bundle 등이 있으며 면화, 비료, 밀가루, 유류, 과자, 통조림 등의 거래에 사용된다. 길이의 단위로는 meter, yard, inch, foot 등으로 전선, 원단 등에 사용된다. 그리고 면적의 단위로는 square foot(sft) 등으로 유리, 합판, 타일(tile) 등에 사용된다.

(2) 수량결정의 시기

품질조건의 시기와 마찬가지로 수량조건에서도 수량결정의 시기는 선적수량조건(shipped quantity terms)과 양륙수량조건(landed quantity terms)으로 구분하여 볼 수 있다.

선적수량조건은 선적시점에 검량한 수량이 계약에서 명시한 수량과 합치되면 운송중에 감량이 되더라도 매도인은 이에 대하여 아무런 책임을 부담하지 않는 조건으로 선적시의 수량을 최종으로 하는 것이다. 일반적으로 FOB 조건이나 CIF조건에 의한 거래는 선적지인도조건으로 선적수량조건에 의한다.

---

12) 그러나 물품의 중량에 대한 계량방법은 총중량(gross weight)으로 내외포장과 충진물, 내용물을 모두 포함하는 것과, 순중량(net weight)으로 총중량에서 포장 · 용기의 무게를 제외한 것과 정미중량(net net weight)으로 내 · 외포장물과 충진물 등을 제외한 물품내용물만의 순수한 중량으로 하는 것이 있다.

13) 1S.F.는 square foot×1inch에 상당하는 부피이다.

양륙수량조건은 목적항에서 양륙하는 시점에서 검량하여 인도수량이 계약수량과 합치되어야 하는 조건이며 만일 운송중 감량이 있는 경우에는 매도인이 책임을 부담하게 되는 조건이다. DES조건이나 DEQ조건에 의한 거래는 도착지인도조건으로 양륙수량조건에 의한다고 할 수 있다.

(3) 과부족용인조항(more or less clause: M/L clause)

유류와 같이 휘발성이 있거나 광물이나 곡물처럼 살물(撒物; bulk cargo)인 경우 운송 도중 감량이 생길 우려가 있는 물품에 대하여 매매계약시 과부족 한도를 정해 두고 그 범위 내에서 물품인도가 이루어지면 수량부족에 대한 클레임을 제기하지 않기로 약정하는 수량표시방법을 과부족용인조항이라고 한다.

1) 특약에 의한 과부족용인조항 설정

물품의 성질에 따라 수량과부족을 인정해야 할 경우에 얼마만큼 허용할 것인가와 과부족 선택권자를 누구로 할 것인가에 대하여 계약시에 명시해 두는 것이 좋다. 예를 들면, "Quantity shall be subject to a variation of 3% more or less at seller's option." 또는 "Seller shall have the option of shipment with a variation of more or less 3% of the quantity contracted, unless otherwise agreed."와 같이 약정하도록 한다.[14)]

2) 신용상거래시의 과부족용인

신용장방식에 의한 거래에서는 과부족이 생기기 쉬운 살물에 대하여는 신용장에 명시된 신용장금액(credit amount) 또는 물품의 수량(quantity)이나 단가(unit price) 앞에 "약"(約)이라는 의미의 "about" 또는 "approximately"와 같은 용어를 사용하여 10%를 초과하지 아니하는 과부족을 용인하는 것으로 하고 있다.[15)] 이와 같이 "about" 등과 같은 표현을 하여 과부족의 용인을 신축

14) 신용장거래방식 이외의 추심방식인 D/P, D/A거래나 송금방식거래에서 과부족이 생기기 쉬운 Bulk Cargo에 대해서는 특히 more or less 조항을 명시하여 두는 것이 중요하다. 수량조건을 약정하면서 최소인수가능수량(minimum quantity acceptable) 또는 최대인수가능수량(maximum quantity acceptable)의 경우처럼 막연한 표현보다는 명확한 수량을 표시하거나 개산수량조건(approximate quantity term)을 사용하는 것이 바람직하다.

15) Uniform Customs and Practice for Documentary Credits, ICC Publication No. 600(이하 UCP 600이라 함), 2007, Article 30-a.

적으로 운용하는 것을 개산수량조건(approximate quantity term)이라고 한다.

그러나 신용장상에 물품수량과 과부족 용인문언의 명시가 없더라도 과부족금지문언이 없는 한 환어음 발행금액이 신용장금액을 초과하지 않는 범위 내에서 5%까지의 과부족이 용인된다.[16] 여기에는 포장단위(packing unit)나 개개품목(individual item)에 따라 수량이 명기된 경우에는 적용되지 않는다. 왜냐하면 살물(bulk cargo)의 거래에서는 그 성질상 신용장이 요구하는 대로 정확한 수량을 선적한다는 것은 사실상 불가능하기 때문에 분쟁을 예방하고 신용장거래의 원활을 도모하기 위하여 과부족용인조항을 설정해 두어야 한다.

2.3 가격조건

무역거래에서 매매당사자간에 가장 관심을 두는 것은 무엇보다도 좋은 품질의 물품을 적정한 가격으로 계약을 체결하고자 하는 것이다.

가격조건(price terms)은 적정한 매매가격을 채산(estimation)하는 데 있어서 기본적인 조건이며 중요한 조건이다. 가격조건을 약정하는 데는 ① 매매가격의 산출근거, ② 매매가격의 원가요소, ③ 매매가격의 표시통화 등을 고려하여야 한다.

(1) 매매가격의 산출근거

매매가격은 매도인과 매수인이 부담해야 할 여러 가지의 원가요소와 물품의 인도장소 등을 감안하여 정하여진다. 그러나 매매당사자간에 이러한 점을 고려하여 매거래시마다 계약서상에 구체적으로 나열하여 정한다는 것은 번잡하고 불편한 일이다. 따라서 실제 거래에서는 국제적으로 무역거래관습상 형성된 정형거래조건을 기초로 하여 매매가격이 산출되고 있다.

이를테면 FOB나 CIF 등의 간단한 정형의 사용으로 국가간 상관습의 상이함에서 오는 불충분한 지식과 해석상의 상이점과 실무상의 번거로운 점들을 대부분 해소시킬 수 있다.

1936년 국제상업회의소(International Chamber of Commerce: ICC)는 '무역거래조건의 해석에 관한 국제규칙'(International Rules for the Interpretation of

16) UCP 600, Article 30-b.

Trade Terms)을 제정하였다. 이 통일규칙을 "INCOTERMS"[17]라고 한다. 인코텀즈는 그 동안 6차례의 개정이 있었고 현재 "INCOTERMS 2000"에 규정하고 있는 13가지 거래조건을 사용하고 있다.

인코텀즈는 국제물품매매계약에서 가격채산과 인도(delivery)에 대한 기준을 설정하여 무역업계에서 가장 널리 채택 사용되고 있다.

한편 미국은 1919년에 제정하고 1941년 및 1990년에 개정한 전미무역협회(National foreign Trade Council)의 '개정미국무역정의' (Revised American Foregin Trade Definition, 1990)[18]에 의해 독자적으로 미국관습의 특징적 성격을 거래조건으로 규정하고 있지만 국제성이 없는 정형거래조건이라고 할 수 있다.

또한 1932년 국제법협회(International Law Association: ILA)는 'CIF계약에 관한 와르소 · 옥스포드 규칙' (Warsaw-Oxford Rules for CIf Contract, 1932)을 제정하여 CIF조건에서의 당사자간의 권리 · 의무관계를 다루고 있다.

이와 같은 정형거래조건의 선택은 매매당사자간에 계약자유의 원칙(principles of autonomy of contract)에 따라 어떠한 거래관습의 조건을 채택할 것인가를 계약시에 명시적으로 약정하는 것이 무엇보다도 중요하다.[19] 왜냐하면 FOB, CIF조건이라도 서로 다른 관습으로 이해하여 상거래분쟁이 야기될 수 있기 때문이다.

(2) 매매가격의 원가요소

물품의 수출 또는 수입가격은 여러 가지의 원가요소를 포함하여 가격을 제시하게 된다. 수출가격은 물품을 직접 제조하거나 타사에서 구매하는 물품원가(manufacturing or purchasing cost), 즉 기본원가와 수출상 내의 타부문 간접비를 배분받은 간접원가에다 거래조건에 따라 절차상의 부대비용과 예상이익(expected profit)을 포함하여 가격제시를 하여야 한다. 또한 수입가격은 매도인의 선적물품원가를 기본원가로 하여 수입상 내의 타부문 간접비를 계상

17) International Commercial Terms의 세 단어를 조합한 것으로 동 규칙은 1936년에 최초로 간행되었으며 공식명칭은 "International Rules for the Interpretation of Trade Terms"이다; Jan Ramberg, *Guide to Incoterms* 1990, ICC Publishing S.A., 1991, p. 8.

18) 개정미국무역정의에서는 FOB조건을 6가지로 구분하고 기타 거래조건 5가지에 대하여 규정하고 있다.

19) 매매계약시의 약정은 "The trade used under this contract shall be governed and interpreted by the provisions of INCOTERMS 2000."과 같이 한다.

[표 6-1] INCOTERMS 2000의 정형거래조건별 원가구성요소

원가구성요소 / 정형거래조건	기본원가	간접원가	예상이익	부대비용															
				수출지 발생								운송과정 발생		수입지 발생					
	물품(제조·구매)원가	사업부문별 간접원가	이익	포장비	검사비	내륙운송비	최초 운송인측 인도비용	수출통관제비용	수출제세 및 부과금	수출항부선사용료	서류제공비용	수출항본선선적비용	해상운임	적화보험료	수입항양륙비	수입관세	수입통관제비용	수입제세 및 부과금	수입지내륙운송비
1. EXW	○	○	○	○	○														
2. FCA	○	○	○	○	○	○	○	○	○	△	○								
3. FAS	○	○	○	○	○	○	○	○	○	△									
4. FOB	○	○	○	○	○	○	○	○	○	○	○	○							
5. CFR	○	○	○	○	○	○	○	○	○	○	○	○	○		◈				
6. CIF	○	○	○	○	○	○	○	○	○	○	○	○	○	○	◈				
7. CPT	○	○	○	○	○	○	○	○	○	○	○	○	○		○				△
8. CIP	○	○	○	○	○	○	○	○	○	○	○	○	○	○	○				△
9. DAF	○	○	○	○	○	○	○	○	○										
10. DES	○	○	○	○	○	○	○	○	○	○	○	○	○	○	◈				
11. DEQ	○	○	○	○	○	○	○	○	○	○	○	○	○	○	○				
12. DDU	○	○	○	○	○	○	○	○	○	○	○	○	○	○	○				○
13. DDP	○	○	○	○	○	○	○	○	○	○	○	○	○	○	○	○	○	○	○

주: 1) ○표는 매도인 부담비용, 공란은 매수인 부담비용
2) △표는 필요에 따라 매도인 부담비용
3) ◈표는 정기선 운송시 운임에 양륙비를 포함할 경우 매도인 부담비용
4) 해상 및 내수로운송시 사용가능한 조건: FAS, FOB, CFR, CIF, DES, DEQ
5) 운송형태와 관계없이 사용가능한 조건: EXW, FCA, CPT, CIP, DAF, DDU, DDP
6) 목적항의 선박상에서 복합운송으로 인도될 경우 사용가능한 조건: DES
7) 목적항의 선박에서 부두로 양륙하여 복합운송으로 인도될 경우 사용가능한 조건: DEQ

한 간접원가와 거래조건에 따른 부대비용 및 예상이익 등의 요소를 모두 포함하여 수입가격의 원가로 삼는다.

앞의 〈표 6-1〉은 "INCOTERMS 2000"에 의거한 정형거래조건별 매매가격에 대한 원가구성요소들을 나타낸 것이다. 현재 사용되고 있는 인코텀즈에 규정된 정형거래조건에 대해서는 본장 5.에서 상술하기로 한다.

(3) 매매가격의 표시통화

통화(currency)는 국가마다 고유의 통화를 사용하고 있기 때문에 무역거래에서는 매매당사자간에 어느 나라의 어떠한 통화를 사용할 것인지에 대하여 약정해 두어야 한다. 예컨대 달러(Dollar)라고만 표시했다면 달러를 쓰는 나라가 미국을 위시하여 캐나다, 오스트레일리아, 싱가포르, 홍콩 등 여러 나라가 있고 그 대외가치도 서로 달라 대금결제시에 문제가 된다. 그러므로 미국 달러는 USD(US$), 캐나다 달러는 CAD(C$), 오스트레일리아 달러는 ATS(A$), 상가포르 달러는 SGD(S$) 그리고 홍콩 달러는 HKD(HK$)와 같이 국가별 통화단위를 명확히 표시하여야 한다.[20]

---

20) 한국의 외국환은행들이 매일 고시하고 있는 주요 국별 통화들은 다음과 같다.
Algeria: DZD(Algerian Dinars), Argentina: ARP(Argentinean Pesos), Australia: AUD(Australian Dollars), Austria: ATS(Auatrian Schillings), Bahamas: BSD(Bahamas Dollars), Barbados: BBD(Barbados Dollars), Belgium: BEF(Belgian Francs), Bermuda: BMD(Bermudan Dollars), Brazil: BRL(Brazilian Real), Bulgaria: BGL(Bulgarian Lev), Canada: CAD(Canadian Dollars), Chile: CLP(Chilean Pesos), China: CNY(Chinese Renminbi), Cyprus: CYP(Cyprus Pounds), Czech Republic: CZK(Czech Koruna), Denmak: DKK(Danish Kroner), Egypt: EGP(Egyptian Pounds), Euro: EUR(Euro), Fiji: FJD(Fiji Dollars), Finland: FIM(Finland Markka), France: FRF(French Francs), Germany: DEM(German Deutsche Marks), United Kingdom: GBP(Great Britain Pounds), Greece: GRD(Greek Drachmas), Hong Kong: HKD(Hong Kong Dollars), Hungary: HUE(Hungarian Forint), Iceland: ISK(Icelandic Krona), India: INR(Indian Rupees), Indonesia: IDR(Indonesian Rupiah), Ireland: IEP(Irish Punt), Israel: ILS(Israeli New Shekels), Italy: (Italian Lira), Jamaica: JMD(Jamaican Dollars), Japan: JPY(Japanese Yen), Jordan: JOD(Jordanian Dinar), Lebanon: LBP(Lebanese Pounds), Luxembourg: LUF(Luxembourg Francs), Malaysia: MYR(Malaysian Ringgit), Mexico: MXP(Mexican Pesos), Netherlands: NLG(Dutch Guilders), New Zealand: NZD(New Zealand Dollars), Norway: Nok(Norway Kroner), Pakistan: PKR(Pakistani Rupees), Philippines: PHP(Filipino Pesos), Poland: PLZ(Polish Zloty), Portugal: PTE(Portuguese Escudo), Romania: ROL(Romanian Leu), Russia: RUR(Russian Rubles), Saudi Arabia: SAR(Saudi Arabian Riyal), Singapore: SGD(Singapore Dollars), Slovakia: SKK(Slovakian Koruna), South Africa: ZAR(South African Rand), South Korea: KRW(South Korean Won), Spain: ESP(Spanish Pesetas), Sudan: SDD(Sudan Dinar), Sweden: SEK(Swedish Krona), Switzerland: CHF(Swiss Francs), Taiwan: TWD(Taiwanese Dollars), Thailand: THB(Thai Baht), Trinidad/Tobago:

2.4 선적조건

선적(shipment)이라는 의미는 본선적재(loading on board), 발송(dispatch), 운송을 위한 인수(accepted for carriage), 비행일(flight date), 우편수령일(date of post receipt), 접수일(date of pick-up) 및 복합운송을 요구하거나 허용할 경우에는 수탁(taking in charge)의 뜻을 표현하는 것으로 광범위하게 이해되고 있다.[21] 따라서 선적은 계약물품을 선적항의 지정선박에 적재하는 것뿐만 아니라 복합운송이 이루어지는 경우 매도인의 공장 문전에서 운송인(carrier)에게 인도하는 것을 포함한다.

무역계약서에서의 선적에 관한 조건은 계약물품이 어느 시기에 선적이 이행되어야 하느냐를 약정하는 것이다. 인도(delivery)라는 용어와 구별되어야 할 것은 영미법에서 물품의 인도는 특정인이 타인에게 자의적으로 점유를 이전(voluntary transfer of possession)시키는 것이라고 하고 있어[22] 계약물품을 수령하는 장소가 적출지인지 양륙지인지 오해의 여지가 있으므로 인도조건(delivery terms)보다는 선적조건(shipment terms)으로 약정하는 것이 혼돈을 예방할 수 있다.

물품인도의 의무를 이행하는 데는 인도장소, 인도방법 및 인도시기에 대한 약정이 필요하다. 인도장소는 인코텀즈상의 가격조건(price terms)을 고려하여 결정하여야 한다. 인도방법은 서류에 의한 상징적 인도(symbolic delivery)냐 또는 현물의 현실적 인도(actual delivery)냐에 따라 다르다. 또한 인도시기[23]는 적출지에서 선적되는 시기를 고려 약정하여야 한다.

선적조건에서는 ① 선적시기의 약정, ② 분할선적(partial shipment)과 환

TTD(Trinidad/Tobago Dollars), Turkey: TRL(Turkish Lira), United States: USD(United States Dollars), Venezuela: VEB(Venezuelan Bolivar), Zambia: ZMX(Zambian Kwacha).

21) UCP 400, Article 46-a; UCP 600, Articles 19~25.

22) SGA, 1979, §62(1); Uniform Sales Act(U.S.A.), §76(11).

23) 비엔나협약에서 물품의 인도시기에 대하여는 (a) 일자가 계약에 의하여 확정되어 있거나 또는 확정될 수 있는 경우에는 그 일자, (b) 기간이 계약에 의하여 확정되어 있거나, 또는 확정될 수 있는 경우에는 매수인이 일자를 선정하여야 하는 상황이 명시되어 있지 않는 한 그 기간 내의 임의의 일자, 또는 (c) 기타의 경우에는 계약체결 이후의 상당한 기간 내라고 규정하고 있다; CISG 1980, Article 33.

적(transshipment)의 허용여부, ③ 선적지연에 따른 면책조항 설정, ④ 선적일자의 해석기준 등에 대하여 합의하여야 한다.

(1) 선적시기의 약정

선적시기는 특정한 달〔月〕 또는 일정한 기간 내에 약정하는 방법이 일반적이다.

특정한 달로 거래를 할 경우에는 보통 단월로 "March Shipment" 또는 연월로 "Shipment shall be effected from March to April, 20××"와 같이 명시하게 되는데 3월 선적이라 함은 3월중(during March), 즉 3월 1일에서 3월 31일 사이의 어느 날에 선적하여도 되며, 3~4월 선적조건으로 합의하면 3월에서 4월 사이에 선적이 이행되어야 함을 의미한다.

실무적으로 무역계약을 체결한 경우에는 보통 "Terms of Shipment: Within two months after receipt of L/C"라는 표현을 많이 쓰고 있는데 이때 신용장을 수령한 후 2개월 기산 기준이 통지은행의 실제 통지일자(date of creit advice)인지 수익자(beneficiary)가 통지된 신용장을 수령하는 일자를 기준할 것인지 문제가 될 수 있으므로 "Terms of Shipment: within sixty days from the date of this contract"와 같이 본 계약체결일자로 60일 이내 선적하는 것으로 표현하는 것이 훨씬 명확하다. 또한 신용장은 계약체결 후 10일 이내에 신용장을 발행하는 것으로 합의해 두는 것이 좋다.

특히 신용장거래에서는 일자에 관련된 용어(date terms)로 선적기간을 결정하기 위하여 사용된 경우 "to," "until," "till," "from," "between"이라는 단어는 언급된 일자 및 일자들을 포함하며, "before" 및 "after"라는 단어는 언급된 일자를 제외한다. 그러나 만기일을 결정하기 위하여 사용된 경우 "from" 및 "after"라는 단어는 언급된 일자를 제외한다.[24] 또한 "Shipment shall be effected during first half of March, 20××"와 같이 어느 달의 전반(first half), 후반(second half)이라는 용어는 그 달의 1일부터 15일 그리고 16일부터 말일까지를 포함하는 것으로 해석되며,[25] 만일 어느 달의 상순(beginning), 중순(middle) 또는 하순(end)이라는 용어가 사용되었다면 각기 그 달의 1일부터 10일, 11일

24) UCP 600, Article 3.
25) UCP 600, Article 3.

부터 20일, 그리고 21일부터 말일까지를 포함하는 것으로 간주된다.[26]

특히 무역계약시 주의하여야 할 사항은 선적시기에 관하여 모호하게 즉시선적이라는 표현을 사용하지 말아야 한다. 선적시기를 특정월이나 기간으로 명시하지 아니하고 "immediate shipment," "prompt shipment" 처럼 막연하게 즉시 선적하도록 하는 표현은 매매당사자간에 분쟁이 야기되기 쉽다. 신용장거래와 관련하여 "prompt," "immediately," "as soon as possible" 등 유사한 표현을 사용해서는 아니 되며 만일 그런 용어가 사용되었을 경우에는 은행은 그것을 무시하도록 규정하고 있다.[27]

또한 신용장상의 선적시기에 관하여 융통성 있는 표현으로 "Shipment shall be effected on or about March 10, 20××"과 같이 "on or about"란 표현과 이와 유사한 표현이 사용될 경우에는 선적이 지정일자인 3월 10일로부터 5일 전후까지의 기간 내에 선적이 이행되는 것으로 해석하며 전후 양 말일(兩末日)은 각각 포함되는 것으로 간주하고 있다.[28]

(2) 분할선적과 환적의 허용여부

매매계약시에 분할선적(partial shipment)이나 환적(transshipment)[29]을 허용하느냐의 유무는 보통 "Partial shipments are allowed(or prohibited)" 및 "Transshipment is allowed(or prohibited)" 등으로 약정하면 된다. 신용장에 분할선적을 금지하는 문언이 없을 경우에는 분할선적이 허용되는 것으로 간주된다.[30] 그러나 분할선적이 허용되면서 "March and April shipment equally divided"와 같이 할부선적(instalment shipment)이 요구되고 있을 경우에는 수익자가 그 할부선적분 중 어느 부분에 대하여 소정의 기간 내에 선적을 이행하지 못한 때에는 별도의 약정[31]이 없는 한 그 불이행분은 물론이고 그 이후

26) UCP 600, Article 3.

27) UCP 600, Article 3.

28) UCP 600, Article 3; 이 경우 선적이 허용되는 일자는 3/5, 3/6, 3/7, 3/8, 3/9, 3/10, 3/11, 3/12, 3/13, 3/14, 3/15 모두 11일 된다.

29) UCP 600, Article 20-b～c.

30) UCP 600, Article 31-a.

31) 특약에 의하여 할부된 매선적을 별도의 독립된 거래로 할 수 있다. 예컨대 "In case of shipment by instalment, each shipment shall be regarded as a separate and independent contract." 와 같은 문언을 사용한다.

의 모든 할부분에 대하여도 무효가 된다.[32)]

또한 동일운송수단(same means of conveyance), 동일항해(same voyage)에 이루어진 수 회의 해상운송 또는 해상운송을 포함하는 두 가지 이상의 운송방식에 의한 각 선적은 본선적재를 표시하는 운송서류에 상이한 발행일자를 나타내거나 상이한 본선적재항을 표시하고 있을지라도 분할선적으로 간주되지 않는다.[33)]

환적(transshipment)에 대한 문제는 신용장통일규칙[34)]에서도 신용장상에 환적이 금지되지 않는 한 운송인이 환적할 권리를 유보한다는 문언이 기재되거나, 복합운송이 이루어지는 경우 전 항로를 단일한 동일증권이 커버하고 있는 운송서류를 수리하는 것으로 규정하고 있어 이에 대한 분쟁은 해소되고 있지만, 예를 들면 유리그릇이나 도자기류 등 깨어지기 쉬운 물품은 직항선(direct vessel)을 이용하는 것이 현명하다 할 것이다.

(3) 선적지연에 따른 면책조항의 설정

매도인의 고의, 과실 또는 태만으로 인하여 약정된 기간 내에 선적이 미이행되어 선적지연(delayed shipment)이 야기되었을 경우에는 당연히 매도인이 책임을 져야 한다. 그러나 선적지연의 원인이 천재지변(act of God)이나 전쟁(war) 등 기타 불가항력(force majeure)인 경우에는 수출지에 주재하는 상대방의 공관장이나 상공회의소 등 공적기관의 동 사태에 대한 입증을 통하여 선적을 일시 지연시키거나 선적의무를 면제받을 수 있다. 이와 같은 불가항력사태가 발생할 경우를 대비하여 매매계약시에는 불가항력조항(force majeure clause; contingency clause)을 설정하여 두는 것이 중요하다. 불가항력 조항은 추상적이어서는 안 되고 구체적으로 약정하여야 한다. 그 이유는 영미법상의 '동종문언의 원칙'(rule of ejusdem generis)[35)]이 적용되기 때문이다.

불가항력조항의 예는 '어느 당사자도 본 계약을 이행할 수 없는 사유가

32) UCP 600, Article 32; 신용장상에 할부선적 1회분 내에서 분할선적(partial shipment within an instalment)을 허용하고 있지 않으면 할부기간 내의 분할선적도 금지된다.

33) UCP 600, Article 31-b.

34) UCP 600, Article 31-a.

35) "any cause beyond the control of the parties"와 같이 일반적이고 포괄적인 문언을 불가항력조항에 삽입하였을 때, 그 효력이 무조건 인정되는 것이 아니라 동일한 종류의 경우에 한한다는 원칙을 말한다.

천재지변, 화재, 홍수, 파업, 노동쟁의, 기타 노사분규, 불가피한 사고, 전쟁(선전포고 여부를 불문하고), 수출금지, 봉쇄, 법적 규제, 소요, 내란, 기타 당사자가 지배할 수 없는 일체의 원인에 의한 때에는 그 불이행에 대하여 면책된다'와 같이 가능한 한 상세하고 명확하게 다음과 같이 설정하여 두는 것이 바람직하다.

"**Force majeure**: Neither shall be liable for failure to perform its part of this contract when such failure is due to acts of God, fire, flood, strikes, labor troubles or other industrial disturbances, inevitable accidents, war(declared or undeclared), embargoes, blockades, legal restrictions, riots, insurrections, or any causes beyond the control of the parties"

(4) 선적일자의 해석기준

선적일자는 보통 운송서류(transport documents)의 일자를 기준으로 하여 약정된 기간 내에 선적이행이 되었는지, 지연선적이 되었는지를 판단하게 된다. 운송서류 중 예컨대, 선적해상선화증권(on board marine bill of lading)의 경우에는 본선적재일(loading on board date)과 발행일(date of issue)이 동시에 기재되기 때문에 선적일자에 대한 증명과 해석기준이 문제가 된다. 따라서 무역계약시에는 이를 명확히 하기 위하여 다음과 같이 약정하도록 한다.

"The date of Bill of lading(or transprot document) shall be taken as the conclusive proof of the date of shipment and the date of issuance of transport document determined in accordance with UCP 600 shall be taken to be date of shipment."

이렇게 확약해 두면 선화증권(운송서류)상의 일자가 선적일자의 결정적 증거로 간주되고, 화환신용장통일규칙에 따라 운송서류의 발급일자가 선적일자로 간주되기 때문에 신용장거래시에도 그대로 적용되게 된다.

실무상 선적일자의 해석기준은 화환신용장통일규칙에 의하여 운송서류별로 발행일자의 결정기준에 따라 판단되고 있다.

운송방식에 따라 요구되는 운송서류에 따른 그 발행일자의 해석은 다음과 같다.

① 해상/해양선화증권(Marine/Ocean Bill of Lading)의 경우에는 본선적재일(date of loading on board) 또는 선적일(date of shipment)[36]

② 비유통 해상화물운송장(Non-Negotiable Sea Waybill)의 경우에는 발행일(date of issuance) 또는 본선적재일(date of loading on board)[37]

③ 용선계약 선화증권(Charter Party Bill of Lading)의 경우에는 본선적재일(date of loading on board) 또는 선적일(date of shipment)[38]

④ 복합운송서류(Multimodal Transport Document)의 경우에는 발송일(date of dispatch), 수탁일(date of taking in charge), 본선적재일(date of loading on board)[39]

⑤ 항공운송서류(Air Transport Document)의 경우에는 신용장이 실제의 선적일에 관한 특정표기를 포함하지 아니한 경우 외에는 발행일(date of issuance)[40]

⑥ 도로 · 철도 · 내수로 운송서류(Road, Rail or Inland Waterway Transport Document)의 경우에는 운송서류상에 물품수령스탬프가 찍혀 있으면 수령스탬프일자(date of the reception stamp) 그렇지 않으면 발행일(date of issuance)[41]

⑦ 특사(Courier)를 이용할 경우에는 접수일(date of pick-up) 또는 수령일(date of receipt)[42]

⑧ 우편수령증(Post Receipt)의 경우에는 발송지에서의 스탬프 일자(date of stamp)[43]

또한 선적일의 증명에 관하여 'CIF계약에 관한 와루소 · 옥스포드 규칙'에서는 "운송계약의 증명으로 유효하게 제공된 선화증권이나 기타 서류에 기재된 선적일 또는 운송인에 대한 인도일은 그 날에 실제로 선적 또는 인도하였다는 일단의 추정적 증거(prima facie evidence)가 된다"[44]고 규정하고 있다.

---

36) UCP 600, Article 20-a-ii.
37) UCP 600, Article 21-a-ii.
38) UCP 600, Article 22-a-ii.
39) UCP 600, Article 19-a-ii.
40) UCP 600, Article 23-a-iii.
41) UCP 600, Article 23-a-ii.
42) UCP 600, Article 25-a-ii.
43) UCP 600, Article 25-c.

따라서 무역거래에서의 운송서류는 가격조건과 신용장의 운송서류문언과 상호보완적 관계를 갖게 된다.

2.5 대금결제조건

매매당사자는 물품매매계약을 체결할 때 대금결제조건(payment terms)으로 ① 대금결제의 방식, ② 대금결제의 시기, ③ 결제통화 등에 대하여 약정하여야 한다.

(1) 대금결제의 방식

무역대금의 결제방식으로는 신용장방식(L/C basis)에 의한 결제, 추심방식(collection basis)에 의한 결제 및 송금방식(remittance basis)에 의한 결제로 크게 구분할 수 있는데, 이 중 신용장방식에 의한 결제가 가장 보편적인 방식이다.

1) 신용장방식에 의한 결제

신용장이란 국제무역거래에서 대금결제의 원활을 기하기 위하여 수입상(신용장 발행의뢰인)의 요청과 지시에 의하여 신용장발행은행이 신용장조건에 일치하는 명시된 서류와 상환으로 수출상인 수익자(beneficiary) 또는 그 지시인에게 지급(payment)을 이행하거나, 수익자가 발행한 환어음을 인수(acceptance) 및 지급(payment)하거나, 타은행에게 지급이행 또는 인수 및 매입(negotiation)하도록 수권하는 약정을 의미한다. 이를 한마디로 표현하면 '은행의 조건부 지급확약' (conditional bank undertaking of payment)이라고 정의할 수 있다.[45]

신용장에 의한 결제는 추심방식이나 송금방식에 비하여 금융기능과 지급확약기능을 갖고 있어 금융적 불편이나 신용위험을 대폭 감소시킬 수 있는 편리성과 매매당사자에게 유용성이 있기 때문에 가장 많이 이용되고 있다.

신용장을 결제수단으로 이용하고자 할 경우에는 다음의 예와 같이 약정한다.

---

44) ILA, Warsaw-Oxford Rules for C.I.F. Contracts, 1932, Rule 3.

45) ICC, *Guide to Documentary Credit Operations*, ICC Publishing S.A., 1985, p.6.

"**Payment Terms**: Under irrevocable L/C at sight to be opened in favor of A & B Co., Ltd., Seoul."

"**Payment Terms**: By an irrevocable L/C at 30 days after sight to be opened in our favor."

2) 추심방식에 의한 결제

추심방식에는 어음지급서류인도조건(Documents against Payment: D/P)과 어음인수서류인도조건(Documents against Acceptance: D/A)이 있다. D/P조건은 수출상이 수입상과의 매매계약에 따라 물품을 선적하고 준비된 서류에 일람출급환어음(sight bill of exchange)을 발행하여 자기거래은행, 즉 추심의뢰은행(remitting bank)을 통하여 수입상의 거래은행인 추심은행(collecting bank)으로 하여금 수입상에게 어음을 제시하여 그 어음금액을 일람출급받는 거래방식을 말하며, D/A조건은 D/P거래와 추심경로는 같으나 다른 점은 수출상은 일람후 정기 또는 확정일부 환어음을 발행하고 수입상은 그 제시된 어음을 일람출급함이 없이 인수만 함으로써 서류를 인도받은 후 만기일(maturity)에 대금을 지급하는 거래방식이다.

이처럼 D/P · D/A거래방식은 은행이 대금지급에 대한 확약은 없이 오직 수입상의 신용만을 믿고 매매당사자의 계약서[46]만을 근거로 대금을 추심하는 방식이기 때문에 본지사간거래나[47] 신용이 있는 거래선 사이에만 이용하는 것이 결제상의 위험을 줄일 수 있다.[48]

D/P · D/A 거래방식을 사용하기 위하여는 다음의 예와 같이 그 결제조건을 약정한다.

"**Payment Terms**: Under D/P at sight in U.S. Dollars."

"**Payment Terms**: Under D/A at 30 days after sight in U.S. Dollars."

3) 송금방식에 의한 결제

송금방식은 수입상이 수출상 앞으로 물품대금을 송금하여 주는 방식으로

46) 일반수출계약서와 구별하여 선수출계약서라고 부른다.
47) 해외지점이나 해외현지법인과의 거래를 포괄한다.
48) 대금결제상의 위험을 감소하기 위하여 한국수출보험공사의 수출보험 중 '수출어음보험'에

수출상의 입장에서는 수출대금의 회수불능과 같은 위험은 없어 좋은 조건이라고 할 수 있으나, 수입상으로서는 수출상이 계약물품을 선적이행하지 않는다든가 품질 · 수량 등 계약조건을 이행하지 않을 수도 있기 때문에 불리한 입장에 있다고 할 수 있다. 송금방식에는 송금수표(Demand Draft: D/D),[49] 우편송금환(Mail Transfer: M/T), 전신송금환(Telegraphic Transfer: T/T) 등 세 가지가 있다.[50]

송금수표는 은행이 발행하는 수표를 송금인이 수취인에게 직접 보내기 때문에 우송사고의 위험성은 약간 있지만 소액송금시 많이 사용하고 있다. 수출상이 대금결제수단으로 수표를 받았을 경우에는 신용 있는 은행이 발행한 이른바, 은행수표(banker' s check)인지 회사나 개인자격으로 발행한 개인수표(personal check)인지를 잘 검토하고 개인수표는 공신력이 없으므로 가급적 은행수표를 이용하도록 하는 것이 좋다.[51]

우편송금환은 은행이 수취인에 대하여 일정한 금액지급을 위탁하는 지급지시서(payment order)를 우편에 의해 통지하는 방법으로 긴급을 요하지 않는 소액송금시에 많이 사용된다.

전신송금환은 우편송금환과 비슷하나 지급지시를 우편에 의하지 않고 전신(cable)으로 하는 점이 다르고 많은 금액을 급히 송금하고자 할 경우 이용되고 있다.

이상과 같은 세 가지 방법 중 수취인인 수출상측에서 가장 안전하고 유리한 것은 전신송금환에 의한 것이다.[52]

대금결제수단으로 송금방식을 이용하고자 할 경우에는 다음과 같이 약정하도록 한다.

부보하면 수출상의 귀책사유가 없을 경우 어음금액의 90% 이내에서 보상받을 수 있다.

49) 보통송금환이라고도 한다.

50) 이와 같은 세 가지 송금방식을 단순송금방식이라고 하며 후술하는 CAD와 COD방식과 구별하고 있다.

51) 수표상에 지급은행(paying bank)이 기재되어 있다 하더라도 수표발행자격이 은행인지 회사 또는 개인인지를 잘 검토하여야 한다.

52) 외국환은행이 전신송금환(T/T)을 매입할 경우의 환율적용은 매입당일의 대고객 전신환매입률(T/T buying rate)을 적용한다. 그러나 은행수표는 지급은행앞으로도 동 수표를 송부하여 지급요청을 해야 하기 때문에 외국환은행이 추심 전 매입시에는 표준우편일수만큼의 환가료(exchange commission)를 공제한다. T/T는 banker' s check보다 수출상(수취인)측의 환율적용시 유리하다.

"**Payment Terms**: Under T/T basis in U.S. Dollars."

"**Payment Terms**: Under Banker' s Check basis in U.S. Dollars."

(2) 대금결제의 시기

1) 환어음의 지급기일(tenor of draft)

신용장방식과 추심결제방식인 D/P · D/A조건은 보통 환어음(draft)에 의하여 결제가 이루어진다. 수출상은 계약물품을 선적한 후 대금결제를 위해 요구하는 서류를 준비하여야 환어음을 발행한다. 이때 발행되는 환어음은 일람출급환어음(sight draft; sight bill of exchange)과 기한부환어음(usance draft; usance bill of exchange)이 있다. 환어음의 지급기일(tenor of draft)은 일람출급 또는 기한부환어음에 의해 결정된다.

일람출급환어음이란 매도인이 발행한 어음이 어음지급인(drawee)[53]에게 제시되면 이를 일람함과 동시에[54] 환어음금액을 지급하는 것으로 무역거래에서 결제가 이루어지는 기간은 그 결제기간에 소요되는 우편일수(mail day) 이내이므로 신속히 이루어지게 된다. 일람출급환어음의 요구문언은 보통 "…drafts drawn at sight…"과 같이 표현된다.

한편 기한부환어음은 매도인이 발행한 어음이 어음지급인에게 제시되면 지급인이 그 환어음을 인수(acceptance)하여 일정기간 지급유예를 받고 만기일(maturity)에 지급하는 것으로 여기에는 "at 30 days after sight"와 같이 일람 후 30일 되는 날에 지급이 이루어지는 일람후정기출급, "at 30 days from date of B/L"과 같이 선화증권일자[55]로부터 만기일에 지급이 이루어지는 발행일자후정기출급, "on May 30, 20××"처럼 특정일에 지급이 이루어지는 확정일출급(on a fixed date) 등이 있다.

매매계약시에 주의하여야 할 사항은 기한부환어음의 경우에 지급을 유예하여 주는 기간 동안의 이자(usance interest)는 매도인과 매수인 중에 어느 편에서 부담하는가를 확약하는 일이다. 예컨대, "Usance interest(or Discount charge) to be covered by buyer"와 같이 약정하여야 한다. 따라서 수입상도

53) 신용장거래일 경우에는 은행이 지급인이 된다. 보통 신용장상에는 "drafts drawn on ×× bank"와 같이 on 뒤에 지급인(drawee)을 명시한다.

54) 일람출급어음의 결제기간은 국가마다 그 나라의 어음법 내지 관계법규에 따라 상이하다.

55) 신용장에서 운송서류발행일자의 해석기준은 UCP 600 제19조에서 제25조까지를 참조 바람.

신용장거래시 동 기간의 이자부담자는 "buyer"라고 신용장에 명시하게 되는 것이다.

2) 선지급(payment in advance)

물품이 선적 또는 인도되기 전에 미리 대금을 지급하는 조건으로 주문과 함께 송금수표나 우편송금환 또는 전신송금환 등에 의하여 송금되는 단순송금방식(remittance basis), 수출상이 신용장수령과 더불어 미리 대금부터 결제되는 전대신용장(red clause L/C), 그리고 주문과 동시에 현금결제가 이루어지는 주문시지급(cash with order: CWO) 등과 같은 방법이 있는데, 이 경우 수출상은 대금을 미리 받고 물품을 선적하게 되므로 자신에게는 매우 유리한 지급조건이다.[56)]

3) 동시지급(concurrent payment)

물품을 인도받거나 물품을 화체(化體)한 서류를 인도받음과 동시에 대금지급이 이루어지는 방식이다. 이에는 매도인이 비용과 위험을 부담하고 수입지에서 현품과 교환하여 대금지급이 이루어지는 현품인도지급(cash on delivery: COD),[57)] 선화증권을 포함한 기타 계약시 요구된 결제서류와 교환하여 대금지급이 이루어지는 서류상환지급(cash against document: CAD)이 있는데,[58)] COD는 매수인에게 매우 유리한 방식이다. 이와 같이 동시지급이 이루어지기 위해서는 COD방식은 수입지에 매도인의 지점(branch)이나 대리인 또는 지정은행이 있어야 하고, CAD방식은 수출지에 매수인의 지점이나 대리인 또는 지정은행이 있어야 거래가 가능하기 때문에 계약시에 이와 같이 동시상환지급이 가능한가를 고려하여야 한다.

4) 연지급(延支給; deferred payment)

물품의 선적 또는 선적서류의 인도 후 일정한 기간이 경과된 이후에 대금

---

56) 지급시기가 혼합된 지급방식에는 누진지급(progressive payment)과 할부지급(instalment payment)이 있는데, 이는 물품대금의 주문과 동시에 대금의 일부를 지급하고 선적시 및 물품도착 후 일정기간(수 년)에 걸쳐 나누어 누진적으로 지급하는 결제방식이다.

57) 보석 등 귀금속류의 거래에 사용되고 있다.

58) COD와 CAD를 대금교환도조건이라고 한다.

지급이 이루어지는, 즉 외상거래방식이 연지급조건이다. 보통 기한부신용장(usance L/C)이나 D/A거래와 같이 1년 이내의 기간에 지급되는 것을 단기연지급, 1년 이상의 거래를 중장기연지급이라고 한다.

연지급 결제의 대표적인 예는 외상판매(sales on credit), 위탁판매(sales on consignment) 및 청산계정(淸算計定; open account)[59] 등이 있다.

(3) 결제통화

앞서 언급한 바와 같이 무역매매가격의 산출시에 통화의 표시를 어느 나라의 통화로 계약할 것인가를 약정하는 것이 중요한데, 보통은 품목(commodity), 수량(quantity), 단가(unit price), 금액(amount)이 명시될 때에는 단가와 금액란에 "@US$5.30," "US$53,000"과 같이 각각 표시하면 되지만, 결제조건(payment terms)을 언급할 때 "Payment Terms: Under T/T basis in U.S. Dollars"와 같이 결제통화를 명시하여 두는 것이 중요하다.

2.6 보험조건

물품을 운송하는 과정에 선박의 좌초(stranding), 침몰(sinking), 충돌(collision) 등과 같은 해상 고유의 위험(perils of the seas)이나 전쟁(war) 등과 같은 인위적 위험을 만날 가능성이 있다. 이러한 위험을 담보받기 위해서는 적화보험(cargo insurance)을 부보(付保; cover)하여 만일의 손해발생에 대비하여야 한다.

CIF나 CIP조건을 채택하여 매매계약을 체결할 경우 매도인은 보험자와 적화보험계약을 체결하여야 한다. 그러나 FOB 및 CFR과 같은 조건을 채택할 경우에는 매수인은 자기자신을 위하여 보험자와 적화보험계약을 체결하여 보험부보를 하여야 한다.

무역계약시 보험조건(insurance terms)을 약정할 경우에는 보험목적물인 물품에 대하여 보험부보금액과 보험을 부보하는 목적물의 성질에 따라 어떠한 담보조건으로 부보할 것인지, 즉 보상범위의 선택이 중요하다.

59) open account란 거래관계가 이루어지는 매매당사자간에 매거래시에 물품대금을 결제하지 않고 이것을 장부상에 상쇄하고 일정기간마다 그 차액만을 청산하여 결제하는 방식을 말한다.

(1) 보험부보금액의 약정

적화보험을 부보하기 위해서는 보험금액(insured amount)을 얼마로 할 것인가를 고려하여야 한다. 보험금액이란 보험사고 또는 소정의 손해가 발생한 경우 보험자(保險者; insurer; assurer)가 지급해야 하는 금액 또는 그 최고한도의 금액으로 보험계약의 체결에 있어 보험자와 피보험자(insured; assured)간에 약정된 금액을 말한다.

보험금액을 정하기 위해서는 매도인과 매수인 사이에 매매계약을 체결하면서 "the amount of invoice plus 10%" 또는 "115 percent of the CIF value"와 같이 송장금액에 10%를 가산한 금액으로 부보할 것인가 또는 15%를 가산한 금액으로 부보할 것인가를 약정하여야 한다. 가산비율에 따라서 보험료(insurance permium)도 달라지기 때문에 부보금액을 약정할 때 매도인은 보통 최소부보금액으로 송장금액에 10%를 가산하여 부보하는 것으로 합의하는 것이 일반적이다.

(2) 보상범위의 선택

적화보험에서의 보상범위는 계약에서 명시한 특정 원인에서 발생한 멸실(loss) 및 손상(damage)에 한정되어 있기 때문에 어떠한 멸실이나 손상이 발생되었다 해도 약관상 특별히 제외되어 있는 경우에는 보상받지 못한다.

해상적화보험(marine cargo insurance)의 경우에는 런던보험업자협회(Institute of London Underwriters)가 "Lloyd's S.G. Policy"를 기초로 이른바 구약관인 '협회적화약관'(Institute Cargo Clause: ICC)에서는 기본적인 약관으로 전위험담보조건(All Risk: A/R)인 ICC(A/R), 분손담보조건(With Average: WA)인 ICC(WA), 단독해손부담보조건(Free from Particular Average: FPA)인 ICC(FPA) 등이 있고, 런던보험업자협회와 로이드보험협회(Lloyd's Underwriters' Association)의 합동작업에 의한 새로운 보험증권양식 및 새로운 협회적화약관인 ICC(A), ICC(B), ICC(C)가 1982년 1월 1일부터 적용되고 있다.[60] ICC(A)는 ICC(A/R)와, ICC(B)는 ICC(WA), ICC(C)는 ICC(FPA)에 대응하는 것이지만 ICC(B)와 (C)의 위험담보내용은 다소 차이가 있다.

60) 한국의 경우는 1983년 3월 1일부터 신양식을 사용하고 있다.

ICC의 신약관은 보험자의 담보위험과 면책위험이 명확하게 구분하고 있어 비교적 이해하기 쉽게 되어 있다. 매매당사자간에 보험조건을 약정할 경우에는 보험자의 담보위험과 면책위험을 검토하여야 한다. 만일 ICC(A)로 부보하지 않고,[61] ICC(B)나 ICC(C) 조건으로 부보시킬 경우에는 담보가 되지 않는 것이 많으므로, 물품의 성질과 운송상의 특성 등을 감안하여 예컨대, 유리그릇이나 도자기는 파손(Breakage)을 추가담보하는 등의 부가위험(extraneous risks)을 추가하여 적화보험을 부보하여야 한다.[62]

매매계약시에 해상적화보험부보와 관련한 보험조건의 예를 들면 다음과 같다.

"**Insurance Terms**: All shipments shall be covered subject to ICC(C) for sum equal to the amount of the invoice plus 10(ten) per cent. War risk and/or any other additional insurance required by buyer shall be covered at his own expenses. All policies shall be made out in U.S. Dollars and payable in New York."

2.7 포장조건

포장(packing)이란 물품의 운송, 보관, 하역, 진열, 판매 등을 하는 데 있어 그 물품의 내용 및 외형을 보호하고 상품으로서의 가치를 유지하기 위하여 적절한 재료나 용기로 둘러싸는 기술작업 및 상태를 말한다.

수출포장은 원격지 운송물의 안전을 위하여 견고하면서도 경제성이 있고 취급하기가 용이하여야 한다.

무역계약에서 포장조건(packing terms)의 내용에 대해서는 ① 포장의 방법(packing method), ② 포장의 종류(kinds of package), ③ 화인(shipping marks) 등에 대하여 약정하여야 한다.

---

61) ICC(A)로 부보하더라도 전쟁위험(war risk)은 담보되지 않기 때문에 추가로 보험료를 부담하고 추가담보하도록 부보하여야 한다.

62) CIF조건이나 CIP조건에서는 매도인은 최소의 담보범위(minimum coverage)로 부보한다는 사실을 매수인은 유의하고 부가위험담보해당물품인지를 검토하여야 한다: ICC, INCOTERMS 2000, CIF 및 CIP 정의 참조.

(1) 포장의 방법

포장을 하는 방법은 소매(retail)의 단위가 되는 개품 또는 최소의 묶음을 개별적으로 하는 소포장인 개장(unitary packing) 및 개장물품을 운송 또는 취급하기에 편리하도록 몇 개로 합하고 내부결속, 충진, 칸막이 등을 행하는 내장(inner or interior packing) 그리고 한 개의 포장물의 외부용기에 대한 포장, 이를테면 용기의 종류에 따라 상자 또는 부대에 넣은 것과 같은 외장(outer packing)이 있다.

무역계약시에는 "inner packing"은 어떠한 방법으로 하여 모두 몇 개씩을 담아 "outer packing"을 하도록 할 것인가를 고려하여 약정하여야 한다.

(2) 포장의 종류

수출품의 포장은 의류, 완구 등 가벼운 일반잡화인 경우에는 종이상자(carton)를 이용한다. 이처럼 포장의 종류에 따라 상자, 베일(bale), 부대(bag), 통, 특수용기의 경우에는 용기포장, 살물(bulk cargo)의 경우에는 무용기포장으로 하고 있다. 물품에 따라 적당한 포장종류를 〈표 6-2〉를 참조하여 약정하여야 한다.

(3) 화 인

화인(貨印; shipping marks; cargo marks)이란 수출품 매포장의 외장에 특정의 기호, 포장번호, 목적항 등의 표시를 하여 포장 상호간 식별할 수 있도록 하는 것을 말한다. 무역계약을 체결할 경우에 화인은 보통 매수인이 요청하게 되는데 이 경우에는 그 지시대로 이행하여야 한다. 그러나 매수인의 별도 요청이 없을 경우에는 매도인의 임의대로 화인을 표시하면 된다.[63]

매매계약시에 포장(packing)과 화인(shipping marks)에 대한 약정은 다음의 예와 같이 한다.

"**Packing and Marking**: Packing of the products shall be made in the manner usually effected by the seller in its export of such kind of the products. Shipping marks shall be as follows: ......"

63) shipping marks를 너무 복잡하게 하거나 그렇다고 너무 간결하게 하여도 불편하다.

[표 6-2] 포장의 종류

구분	포장종류	재질	포장명	약호	포장대상물품
용기포장	상자	나무	wooden box; case; chest	W/B; C/S; CST	식료품, 손상되기 쉬운 잡화, 홍차
		종이	carton	C/; CTN	가벼운 일반잡화
		금속지	tin-lined case	C/S	통조림
		투시상자	crate; skelton case	CRT	자동차
	베일 (bale)	마	burlap; hessian cloth	–	면사, 원모
		압축베일	pressed bale	BL	원면
		가마니	straw mat	–	쌀
	부대 (bag)	마대	gunny bag	BG	미곡, 잡곡
		면대	sack	SK	소맥
		지대	paper made bag	BT	시멘트, 석회
		폴리에틸렌	polyethylene bag	BG	소금, 사료, 분말약품
	통	나무통(대)	barrel	BRL	술, 간장
		나무통(중)	cask	CSK	염료
		나무통(소)	keg	KG	못, 볼트
	특수용기	드럼관	drum	DR	화공약품, 유지
		양철관	tin; can	–	석유, 통조림
		옹기, 유리	jar; pot; carboy	–	유산, 음료수
		대나무	basket; hamper	BKT	과일
		철제원통	cylinder; iron flask	–	탄소
무용기포장	두루마리		roll; coil	RL; CL	철판, 신문지, 철사
	다발		bundle	BDL	철근
	궤		ingot	–	철강, 알미늄

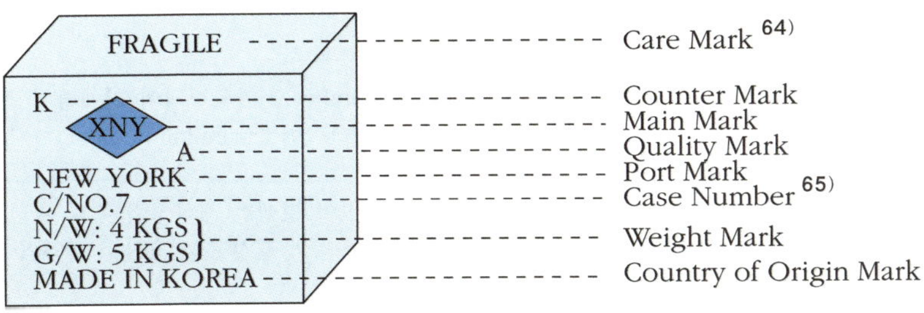

64) 주의표시(care mark)로는 "HANDLE WITH CARE," "KEEP DRY," "USE NO HOOKS,"

3. 분쟁해결과 법적 구제조건

무역계약을 체결할 때는 물품매매와 관련된 기본적인 조건 외에도 계약이행 이후에 발생될지도 모르는 분쟁과 계약내용에 대한 법적 구제조건들을 약정하여 두는 것이 매우 중요하다.

이에 대해서는 ① 불가항력조항, ② 클레임과 중재조항, ③ 재판관할조항, ④ 준거법조항 등을 설정하여 두도록 한다.

3.1 불가항력조항

불가항력(Force Majeure)이란 '당사자의 통제를 넘어서는 모든 사건'(every event beyond the control of the parties)을 말한다. 특히 계약당사자는 계약체결시에 미리 불의의 사태로 인하여 '프러스트레이션'(frustration)[66]이 되는 경우를 대비해서 계약조항 가운데 불가항력조항(Force Majeure Clause)을 삽입하여 당사자의 권리와 의무를 규율하는 것이 실무상 일반화되어 있다. 그러나 불가항력조항은 계약상 중요한 위치를 차지하고 있으나 구체적으로 어떠한 경우가 불가항력이라고 단정하기는 어렵기 때문에 매매당사자는 계약의 성질이나 거래의 특수성에 따라 불가항력의 범위를 구체적으로 설정하여야 한다.[67]

또한 불가항력조항에는 불가항력사태가 발생하였을 경우 매도인이 그 사실을 매수인에게 지체없이 통지하고 불가항력사태에 대한 입증자료도 제시하

"THIS SIDE UP," "EXPLOSIVE," "OPEN HERE" 등이 많이 사용된다.

65) 무역계약을 체결할 때 shipping marks상에 case number는 미확정되어 기재하기 곤란하기 때문에 "C/No.1-up"과 같이 표기하면 "1, 2, 3…" 순으로 연속번호(running number)가 부여됨을 의미한다.

66) frustration이란 당사자 자신들의 고의나 과실이 없이 발생한 계약성립 후의 후발적 사정으로 인하여 계약이 해제됨으로써 당사자가 추구했던 '계약목적의 달성불능' 또는 '계약의 좌절'을 말한다.

67) 불가항력조항에 "…any other causes beyond their control"과 같이 표현되었다고 하더라도 불명시된 모든 불가항력이 면책범위에 해당된다고 볼 수 없고 동일한 종류의 사유인 경우에 한한다는 이른바 '동종문언의 원칙'(doctrine of ejusdem generis)이 영미법 등에서 적용되고 있다.

도록 하여야 한다.

무역계약시에 불가항력조항은 다음의 예와 같이 약정할 수 있다.

"**Force Majeure**: The seller not be responsible for the delay of shipment due to force majeure, including mobilization, war, strike, riots, civil commotion, hostilities, blockade, requisition of vessels, prohibition of export, fires, floods, earthquakes, tempests, and any other contingencies, which prevent shipment within the stipulated period. In the event of any of the aforesaid causes arising, documents proving its occurrence or existence shall be sent by the seller to the buyer without delay."

3.2 클레임과 중재조항

무역거래에서 클레임(claim)이란 매매당사자가 약정된 계약을 위반함으로써 상대방에게 단순한 불평(complaint)을 넘어서 권리의 회복을 요구하거나 손해배상을 청구하는 것을 말한다. 클레임은 무역계약상의 조건을 위반 또는 불이행하여 발생되기도 하지만 매수인측의 시황(market situation)이 나빠 매도인에게 고의적으로 제기하는 이른바 마켓클레임(market claim)도 적지 않다. 따라서 무역계약시에는 클레임 제기시한을 약정하는 것이 중요하며 아울러 제기한 클레임의 정당성을 입증할 수 있는 공인된 감정인의 감정보고서(surveyor's report)를 첨부토록 합의하여야 한다.

클레임의 제기시한과 입증에 대한 약정은 다음 예문과 같이 한다.

"**Claims**: No claim shall be entertained before the payment is made or draft is duly honored. Each claim shall be advised by cable to seller within fourteen(14) day after the arrival of the goods at destination specified in the relative Bill of Lading and shall be confirmed by airmail with surveyor's report within fifteen(15) days thereafter. No claims shall be entertained after the expiration of such fourteen days."

서식 6-1 일반무역조건협정서

AGREEMENT ON GENERAL TERMS AND CONDITIONS OF BUSINESS

This Agreement entered into between A & B Co., Ltd., Seoul, Korea, hereinafter called the Sellers, and X & Y Inc., New York U.S.A. hereinafter referred to as the Buyers, witnesses as follows :

1. **Business**: Both Sellers and Buyers act as Principals and not as Agents.

2. **Goods**: Goods in Business, their unit to be quoted, and their mode of packing shall be stated in the attached list.

3. **Quotations and Offers**: Unless otherwise specified in E-mail or letters, all quotations and offers submitted by either party to this Agreement shall be in U.S. Dollars on a C.I.F. New york basis.

4. **Firm Offers**: All firm offers shall be subject to a reply within the period stated in respective E-mail. When "immediate reply" is used, it shall mean that a reply is to be received within three days and in either case, however, Sundays and all official holidays are excepted.

5. **Orders**: Any business closed by E-mail shall be confirmed in writing without delay, and orders thus confirmed shall not be cancelled unless by mutual consent.

6. **Credit**: Banker's irrevocable Letter of Credit shall be issued in favor of the Sellers within ten(10) days from the date of contract. Credit shall be made available twenty-one(21) days beyond shipping promises in order to provide for unavoidable delays of shipment.

7. **Payment**: Drafts shall be drawn under credit at sight for the full invoice amount.

8. **Shipment**: All goods sold in accordance with this Agreement shall be shipped within the stipulated time. The date of Bill of Lading shall be taken as conclusive proof of the day of the shipment. Unless expressly agreed upon, the port of shipment shall be at the Sellers' option.

9. **Cargo Insurance**: All shipments shall be covered ICC(B) Clauses for a sum equal to the amount of the invoice plus ten(10) percent, if no other conditions are particularly agreed upon. All policies shall be made out in U.S. Dollars and payable in New York.

10. **Quality**: The Sellers shall guarantee all shipment to confirm to samples, types, or descriptions, with regard to quality and condition.

11. **Damage in Transit**: The Sellers shall ship all goods in good condition, and the Buyers shall assume all risks of damage, deterioration, or breakage

일반무역조건협정서

본협정서는 한국 서울특별시의 A&B 주식회사(이하 매도인이라 칭함) 및 미국 뉴욕의 X&Y 주식회사(이하 매수인이라 칭함)간에 다음과 같은 사항을 정한다.

1. 거래: 매도인 · 매수인의 쌍방은 본인으로서 거래하며 대리인으로서 행하는 것이 아니다.

2. 물품: 거래물품, 제시단위 및 포장형태를 별첨목록에 기재한다.

3. 견적 및 청약: 전자우편 또는 서신에 별도의 규정이 없는 한 본협정 당사자에 의한 견적 및 청약은 모두 뉴욕항 운임 · 보험료포함인도조건에 의한 미화를 기준으로 한다.

4. 확정청약: 확정청약은 모두 개개의 전자우편에 제시되어 있는 기한 내의 회답을 조건으로 한다. 「즉답」이라는 용어를 사용하였을 때에는 회답이 3일 내에 도착한다는 것을 뜻한다. 다만 어떠한 경우에도 일요일 및 공휴일은 제외한다.

5. 주문: 전자우편에 의해 결정된 거래는 지체 없이 서면에 의하여 확인하는 것으로 하고 이렇게 확인된 주문은 당사자 쌍방의 동의에 의하지 않는 한 취소할 수 없는 것으로 한다.

6. 신용장: 계약체결일자로부터 10일 이내에 은행취소불능신용장이 매도인 앞으로 발행되도록 한다. 신용장은 부득이한 선적지연에 대비하기 위하여 그 유효기간을 선적약정기일보다 21일간 길게 한다.

7. 대금결제: 환어음은 신용장에 의거하여 일람출급으로 하고 송장금액 전액에 대하여 발행되는 것으로 한다.

8. 선적: 본협정에 의해 매매되는 물품은 모두 약정기한 내에 선적되는 것으로 한다. 선화증권의 일자는 선적일을 최종적으로 입증하는 것으로 간주한다. 별도의 약정이 없는 한 선적항은 매도인이 자유로이 선정한다.

9. 적화보험: 특히 다른 조건을 약정하지 않는 한 모든 화물은 송장금액에 10%를 가산한 것에 ICC(B) 조건의 보험을 부보하는 것으로 한다. 모든 보험증권은 미화로써 표시되며 또한 뉴욕에서 지급되는 것으로 한다.

10. 품질: 매도인은 모든 선적화물이 품질 및 상태에 관하여 견본, 규격 혹은 명세와 일치할 것을 보증한다.

11. 운송중의 손상: 매도인은 모든 물품을 양호한 상태로 선적하고 매수인은 운송도중의 손상 · 변질 혹은 파손에 관한 모든 위험을 부담하는 것으로 한다.

during transportation.

12. **Claims**: Claims, if any, shall be submitted by E-mail within fourteen(14) days after arrival of goods at destination. Certificates recognized by surveyors shall be sent by mail without delay. All claims which cannot be amicably settled between Sellers and Buyers shall be submitted to arbitration in Seoul, the arbitrators are consist of three members, the decision of an umpire selected by the arbitrators shall be final, and the losing party shall bear expenses thereof.

13. **Force Majeure**: The Sellers shall not be responsible for the delay of shipment in all cases of force majeure, including mobilization, war, riots, civil commotion, hostilities, blockade, requisition of vessels, prohibition of export, fires, floods, earthquakes, tempest, and any other contingencies, which prevent shipment within the stipulated period. In the event of any of the aforesaid causes arising, documents proving its occurrence or existence shall be sent by the Sellers to the Buyers without delay.

14. **Delayed Shipment**: In all cases of force majeure provided in Article 13, the period of shipment stipulated shall be extended for a period of twenty-one(21) days. In case shipment within the extended period should still be prevented by a continuance of the causes mentioned in Article 13 or the consequences of any of them, it shall be at the Buyers' option either to allow the shipment of late goods or to cancel the order by giving the Sellers the notice of cancellation by E-mail.

15. **Shipping notice**: Shipment effected against the contract of sale shall be immediately E-mailed.

16. **Shipment Samples**: In case shipment samples be required, the Sellers shall forward them to the Buyers prior to shipment.

17. **Marking**: All shipments shall be marked as arranged otherwise.

18. **Tele-transmission Expenses**: Expenses relating to tele-transmission shall be borne by the respective senders.

in witness whereof, A & B co., Ltd. have hereunto set their hand on the 1st day of September, 20 × ×, and X & Y Inc., have hereunto set their hand on the 10th day of October, 20 × ×. This Agreement shall be valid on and from the 1st day of November, 20 × ×, and any of the Articles in the Agreement shall not be changed or modified unless by mutual consent.

(Buyers)	X & Y Inc.	(Sellers)	A & B Co., Ltd.
	John Dolan		*Kil-dong Hong*
	John F. Dolan		Kil-dong Hong
	President		President

12. **클레임**: 「클레임」이 있을 때에는 물품이 목적지에 도착한 후 14일 이내에 전자우편으로써 행하고 검사인이 확증한 증명서를 지체 없이 우편으로 제시토록 한다. 매도인과 매수인간에 화해할 수 없는 「클레임」은 모두 「서울」에서 중재에 붙여지고 그 중재인은 3명으로 구성되며 양자의 의견이 일치하지 않을 때에는 중재인이 선정하는 재정인의 결정에 최종적으로 따르기로 한다. 패소자는 그 중재비용을 부담하도록 한다.

13. **불가항력**: 약정기간 내에 선적을 방해하는 동원, 전쟁, 소요, 폭동, 적대행위, 항만봉쇄, 선박징발, 수출금지, 화재, 홍수, 지진, 폭풍, 기타 예측하기 어려운 사건 등의 불가항력적인 사건이 발생했을 경우에는 매도인은 선적지연에 대하여 책임을 지지 않는다. 전기한 제요인이 발생하였을 때에는 매도인은 이것의 발생 혹은 존재를 증명하는 서류를 지체 없이 매수인에게 송부하여야 한다.

14. **선적지연**: 본협정서 제13조에 규정한 불가항력일 경우에는 약정된 선적기간을 21일간 연장하는 것으로 한다. 유예기간 내의 선적이 제13조에 기재된 제 요인의 계속 혹은 그 결과에 의하여 아직 방해되고 있을 경우에는 지연화물의 선적을 용인하든가 아니면 전자우편으로써 해약통지를 매도인에게 행함으로써 주문을 취소할 것인가 하는 것은 매수인이 자유로이 결정토록 한다.

15. **선적통지**: 매매계약에 대하여 행한 선적은 즉시 전자우편으로 통지한다.

16. **적송품 견본**: 적송품의 견본을 필요로 할 때에는 매도인은 그와 같은 견본을 선적 전에 매수인에게 송부토록 한다.

17. **화인**: 모든 선적화물에는 별도 약정한 대로 화인을 표시한다.

18. **전송료**: 전송료는 각각의 발신인이 이를 부담한다.

상기사항의 증거로서 A&B 주식회사는 20××년 9월 1일 이에 서명을 하고 또 X&Y 주식회사는 20××년 10월 10일 이에 서명을 하였다. 본협정서는 20××년 11월 1일부터 효력을 발생하며 본협정서의 조항 중의 어느 것이든 당사자 쌍방의 의견이 일치하지 않는 한 변경 혹은 수정되지 아니한다.

(매수인) X&Y 주식회사
대표이사 존 에프 돌란

(매도인) A&B주식회사
대표이사 홍길동

서식 6-2 정형무역계약서(전면)

SALES NOTE

Messrs. X & Y Inc.
350 Fifth Avenue
New York. NY10118, U.S.A.

Date: May 1, 20 × ×
No. : E15

Dear Sirs,

We as Seller confirm having sold you as Buyer the following goods on the terms and conditions as stated below on the back hereof.

Item#	Description	Quantity	unit price	Amount
	Men's Split Leather Jackets		CIF New York per pc.	
ST-101	....	2,000 pcs.	@$25,-	US$50,000.-
ST-102	....	2,000 pcs.	@$25.-	US$50,000.-
TOTAL:		4,000 pcs.		US$100,000.-

* Materials:

1. Leather part : Cow split leather thickness 1.0~1.2mm .... Used 16 SF/pc.
2. Lining part : 100% Nylon Taffeta 190T 44/45 ″ width .... Used 1.6m/pc.
3. Zipper : #8 Plastic Zipper open end lock 21 ″ long .... Used 1pc./pc.
4. Accessory : Label .... Used 1pc./pc.

Total Weight 600g/pc.

Payment : Under irrevocable L/C at sight to be opened in our favor.
Price : CIF New York
Insurance : Covering 110% of the invoice value, ICC(B).
Inspection : Seller's inspection to be final.
Documents:
1. Commercial Invoice
2. Packing List
3. Full set of clean on board marine Bills of Lading
4. Marine Cargo Insurance Policy

Shipment : Within 3 months after date of this contract.
Destination: New York, U.S.A.
Origin : R.O.K.
Packing : Export Standard Packing.
Shipping Marks:
XY
NEW YORK
C/T NO.1-200
MADE IN KOREA

Buyer,
X & Y Inc.
John Dolan
John F. Dolan
President

Seller,
A & B Co., Ltd.
KilDong Hong
Kil-dong Hong
President

P.S: Please sign and return the Duplicate to Seller after confirming.

(후면)

GENERAL TERMS AND CONDITIONS

1. **BASIS**: All business hereunder shall be transacted between Buyer and Seller on a principal to principal basis.
2. **QUANTITY**: The quantity set forth on the face hereof is subject to variation of five percent (5%) plus or minus at Seller's option.
3. **SHIPMENT**: The date of the Bill of Lading shall be accepted as the conclusive date of shipment. A grace period of 20 day shall be allowed for shipment earlier or later than time agreed by the parties. Partial shipment and transshipment shall be permitted at the option of Seller unless otherwise stated on the face hereof. Each shipment shall be considered as a separate contract. Seller shall not be responsible for nonshipment or late shipment of the Goods due to failure of Buyer to provide in time the relative letter of credit or other instrucitons requested by Seller or due to failure of Buyer to comply with the terms and conditions of the Contract in a timely manner.
4. **PAYMENT**: An irrevocable, without recourse and unrestricted letter of credit at sight in full conformity to this Contract shall be established by Buyer in favor of Seller through a bank acceptable to Seller within 10 days after conclusion of this Contract and such letter of credit shall have the validity of at least 15 days after the last day of the month of shipment.
5. **INSURANCE**: If this Contract is on CIF or CIP basis the insurance shall be effected for one hundred ten percent(110%) of the invoice amount. Any additional premium for insurance coverage over 110% of the invoice amount, if so required, shall be borne by Buyer and shall be added o the invoice amount, for which the letter of credit shall be worded accordingly. If the war risk insurance or other special insurance is deemed necessary by Buyer or Seller, Seller shall effect such insurance at Buyer's expense. Any changes in insurance rates from the rates available at the time of this Contract shall be for Buyer's account. In this Contract where Buyer is to effect the insurance, he shall give Seller the necessary information thereof in time for the scheduled shipmnt.
6. **INSPECTION**: Unless otherwise instructed by Buyer, inspection of the Goods performed by Korean surveyor under the laws and regulations of Korea, manufacturer or Seller before shipment shall be considered as final. When Buyer requires a special inspector to perform the inspection of the

Goods, Buyer must inform Seller of the name of such inspector at the time of acceptance of the Contract and shall bear any and all costs and expenses to be incurred in connection with such special inspection. Inspection performed by such special inspector nominated by Buyer shall be final.

7. **PACKING**: Packing, packaging and marking shall be done at the Seller's discretion, unless otherwise specifically provided on the face hereof. In the manner customary for the respective merchandise, special arrangements are being subject to buyer's extra charges.
8. **CARRIER**: In the event that Buyer nominates a carrier or particular vessel for shipment of the Goods, Seller shall not be responsible for late shipment or nonshipment due to delay or cancellation of or any other causes attributable to such carrier. In such case, Buyer shall comply with Seller's request to amend the letter of credit or any other terms, conditions or procedures necessitated thereby or resulting therefrom.
9. **TAXES AND DUTIES**: All taxes, duties, costs and charges for the Goods shall be borne and paid by Buyer.
10. **DEFAULTS**: In the event of Buyer neglecting or defaulting his parts in this Contract or becoming insolvent, Seller shall have the option of suspending performance of or cancelling this Contract, reserving the right to claim against Buyer for expenses, charges losses and/or market differences caused by such suspension or cancellation.
11. **DISPOSITION OF THE GOODS**: In the event of cancellation of this Contract or rejection of the Goods, Seller shall be entitled to resell or otherwise dispose of the Goods to third parties, regardless of the trademark, design, patent, copyright, utility model etc., thereon Buyer shall not raise any objection to such disposition.
12. **INCREASED COST**: If Seller's costs of performance of this Contract are increased after the date of this Contract by reason of increased freight rates, taxes or other governmental charges or insurance rates or if any fluctuation in exchange rates increases Seller's cost or reduce Seller's earnings, Buyer shall bear all such increased cost or loss of earnings suffered by Seller.
13. **INFRINGEMENTS OF PATENTS, TRADE MARKS, ETC.**: Seller shall not be liable for infringements of patents, designs, trademarks or copyrights involving the Goods. If any dispute arises concerning patents, designs, trademarks or copyrights as the result of the sale of the Goods by Seller, Buyer shall, at its own expense, take all such steps as may be necessary to

protect itself.

14. **WARRANTY**: There are no representations or warranties, whether express or implied, as to the fitness for a particular purpose of the Goods sold hereunder other than description on the face of this Contract.
15. **WAIVER**: Failure of Seller at any time to require full performance by Buyer shall not affect the right of Seller to enforce the same. The waiver by Seller of any breach of any provision hereof shall not be construed as a waiver of any subsequent breach of any provision or waiver of the provision itself.
16. **FORCE MAJEURE**: If shipment is prevented or delayed in whole or in part by reason of any prohibition license or any other acts of any government or restriciton impossed by any government, war, revolution, riot, strike or other labour disputes, fire, flood, typhoon, peril or accident of the sea, inabilty to obtain transportation or any other causes beyond the control of Seller, then Seller shall not be liable for nonshipment or late shipment of the Goods or for nonperformance of this Contract, and Buyer must accept any shipment made within one month after the termination or removal of any of the aforesaid causes which prevented Seller from timely performance of this Contract, or at Seller's option must accept the termination of all or any part of this Contract in which event Seller shall have no obligation or liability whatsoever to Buyer under this Contract.
17. **CLAIMS**: Any claims by Buyer regarding the Goods shipped shall be notified by Buyer to Seller fully by E-mail or in writting to Seller supported by certificate of an authorized public surveyor within 30 days after the arrival of the Goods at the destination specified in the relative Bill of Lading. A claim made after the said 30 day period shall have no effect and Seller shall not be obligated to honor it. Seller shall not under any circumstances be liable for indirect or consequential damages.
18. **ARBITRATION**: All disputes, controversies, or differences which may arise between the parties, out of or in relation to or in connection with this Contract, or for the breach thereof, shall be finally settled by arbitration in Seoul, Korea in accordance with the rules of the Korean Commercial Arbitration Board under the Laws of Koea. The award rendered by the arbitrators shall be final and binding upon both parties concerned.
19. **ENTIRE AGREEMENT**: This agreement constitutes the entire agreement between the parties, all prior representations having been merged herein, and may not be modified except by a writing signed by a duly authorized representatives of both parties.

> 20. **TRADE TERMS AND GOVERNING LAW**: The trade terms used herein such as CIF, CIP and FOB shall be in accordance with INCOTERMS 2000. In all other respects, this Contract shall be governed by and construed in accordance with the Laws of Korea.

한편, 일단 클레임이 제기되면 신속히 해결하려는 노력이 필요하다. 클레임해결단계로는 ① 매수인의 단순경고(warning), ② 매매당사자간의 타협(compromise) 및 화해(amicable settlement), ③ 제 3 자, 즉 조정인(mediator)이 개입한 조정(conciliation), ④ 중재기관의 중재(arbitration)나 소송(litigation)에 의할 수 있다. 클레임은 법률적 소송에 의하는 것보다는 중재로 해결하는 것이 더 좋으며 또한 중재보다는 조정이 그리고 조정보다는 분쟁의 예방이 계약당사자 모두에게 유리하다. 클레임에 대하여 타협이 이루어지지 않을 때에는 가장 보편적인 해결방법으로 중재를 이용하고 있다. 소송과 비교하여 중재가 널리 채택되는 이유는, 첫째 단심제이므로 분쟁을 신속히 종결시킬 수 있고, 둘째 비용이 비교적 적게 들어 경제적이며, 셋째 무역전문가의 판정으로 보다 현실적이며 합리적 해결이 기대되고, 넷째 중재심리가 비공개로 진행되므로 당사자의 비밀이 보장되며, 다섯째 중재판정의 결과는 뉴욕협약(New York Convention)[68]에 의해 국제적으로 집행력을 보장받기 때문이다.

중재는 분쟁해결을 중재에 의한다는 중재조항(arbitration clause)을 미리 계약시에 약정해 두지 않거나 나중에 중재에 의해 해결한 것을 합의하지 못하면 편리한 중재제도를 이용할 수 없게 된다.

따라서 무역계약을 체결할 경우에는 중재조항을 반드시 삽입하되 중재기관, 중재장소 및 준거법 등을 포함시키도록 하여야 한다.

한국의 경우에는 중재기관으로 대한상사중재원(The Korean Commerical Arbitration Board)이 설립되어 있으며 다음과 같은 표준중재조항(standard arbitration clause)을 제정하여 모든 계약서상에 삽입하여 분쟁이 발생할 경우에 대비하도록 권장하고 있다.

---

68) 뉴욕협약이란 UN 경제사회이사회에서 채택한 '외국중재판정의 승인 및 집행에 관한 UN협약' (United Nations Convention on the Recognition and Enforcement of Foreign Arbitral Awards, June 10, 1958)으로 1959년 7월 7일부터 시행되었고 한국은 1973년 5월 9일 42번째 회원국으로 가입하였다. 따라서 회원국간에는 국내외 중재판정의 상호집행이 보장받게 된다.

"**Arbitration**: All disputes, controversies, or differences which may arise between the parties, out of or in relation to or in connection with this contract, or for the breach there of, shall be finally settled by arbitration in Seoul, Korea in accordance with the Commercial Arbitration Rules of the Korean Commercial Arbitration Board and under the Laws of Korea. The award rendered by the arbitrator(s) shall be final and binding upon both parties concerned."

3.3 재판관할조항

무역계약은 당사자자치의 원칙이 존중되므로 분쟁의 해결을 중재에 의지 않고 법원판결에 의하기로 하거나 뉴욕협약에 가입이 되어 있지 않거나 기타의 사유로 중재합의가 이루어지지 못하는 거래에는 어느 특정국가의 법원을 관할법원으로 할 것인가에 대한 재판관할조항(jurisdiction clause)을 설정하여 두는 것이 좋다.

다음은 한국의 법원을 합의관할로 하는 예이다.

"**Jurisdiction**: The Courts of the Republic of Korea shall have jurisdicition over all disputes which may arise between the parties with respect to the execution, interpretation and performance of this contract and the parties shall waive any other forum to which they might be entitled by virtue of domicile for otherwise."

3.4 준거법조항

무역계약의 성립과 이행 그리고 그 해석에 관하여 어느 나라 법을 적용할 것인가, 즉 준거법(governing law; applicable law)이 문제가 될 수 있다. 준거법을 결정하는 데는 국가별로 법제의 해석기준이 상이하기 때문에 계약당사자가 준거법을 어느 국가의 법으로 하느냐를 명확히 약정하여야 한다.

준거법에 관하여 명시적 합의가 있으면 이를 우선 적용하며, 매매당사자의 의사가 불분명한 경우에는 국제사법에 따라 행위지법이나 법정지의 국제사법이 준거법이 된다. 만일 상대방이 무작정 자국법을 준거법으로 삼기를 고집할 경우에 재판관할의 선택여하에 따라 실질적으로 준거법의 효력이 상실되는 수도 있다.[69)]

무역계약시 준거법에 대한 약정은 다음과 같이 한다.

"**Governing Law**: This contract shall be governed, construed and performed by the laws of the Republic of Korea."

특히 물품매매계약서의 준거법 설정에서의 위와 같은 준거법조항에 추가하여 FOB, CIF 등 정형거래조건은 어느 국제관습에 의할 것인가에 대해서도 다음과 같이 약정하여야 한다.

"**Trade Terms**: The trade terms used under this contract shall be governed and interpreted by the provisions of INCOTERMS 2000."

4. 국제상관습과 정형거래조건

4.1 국제상관습의 의의

한 사회내부에 역사적으로 발생하여 계속 반복됨으로써, 널리 승인되어 있는 사실적인 행위양식을 관습(custom)이라 한다. 관습은 법, 도덕과 함께 사회규범을 이룬다. 관습으로서 행하여지고 있는 사항을 규범의 측면이 아닌 행위의 측면으로 본 것은 관행(usage)이라 하고, 또한 관습까지는 이르지 않았으나, 얼마간 되풀이하여 반복된 사례를 관례(practice)라 한다. 또한 관습이 사회의 법적 확신에 의해서 지지되어 일종의 법적 규범력을 가지게 되면 관습법(customary law)이 되고, 그러한 정도에까지 이르지 못한 것을 사실인 관습[70)] 이라고 한다. 관습 중에서 상업계에 확립되어 온 상거래 행위양식을 상관습

69) 예컨대 준거법은 한국법으로, 재판관할은 미국의 어느 주의 재판소로 할 경우를 말한다.

70) 사실인 관습이란 사회의 법적 확신에 의하여 지지되기에까지 이르지 않은 관습으로 단순히 사회에서 행하여지는 습속에 지나지 않는 것이며, 법적 규범력을 가지지 않은 관습을 말한다. 이는 법률행위의 내용을 결정하는 데 있어서 표준이 될 수 있을 따름이다.

(mercantile custom; trade usage)이라 하고, 또한 국제무역거래에 관용되고 있는 상관습을 국제상관습(international commercial custom; international mercantile custom) 또는 국제무역관습(custom of international trade)[71]이라고 한다.

실제 국내에서의 상거래는 당해 국내법에 의하여 규율되지만, 국제무역거래에서는 공통된 법이나 통일법이 없기 때문에 대체로 정형화된 상관습에 근거, 당사자가 그것을 채택하는 의사표시, 즉 합의가 있을 경우에는 법률과 동일한 효력을 갖게 된다.

무역계약은 이미 고찰한 바와 같이 본질적으로는 청약과 승낙이라고 하는 당사자의 의사표시의 합치에 의하여 성립된다. 무역계약의 내용 또는 조항은 명시조항(express terms)과 묵시조항(implied terms)으로 구성된다. 명시조항은 당사자가 서로 합의하여 계약에 삽입한 조항인 데 반하여, 묵시조항은 계약시에 명시하지는 않았으나 법 또는 관습에 의하여 당사자가 당연히 따를 것으로 생각하는 것으로 계약내용의 일부가 되는 것이다.

개개의 무역계약은 거래물품의 종류 또는 성질에 따라 약간의 차이가 있으나, 물품매매계약이라는 점에서 당사자가 반드시 합의한 후 계약에 포함시키지 않으면 안 될 몇 개의 기본적 조항으로 구성되어 있다. 예컨대 품질 · 수량 · 가격 · 선적 · 결제 등에 관한 것이다. 이러한 내용은 극히 간결한 형태로 표현되고 있음에도 불구하고 대량물품의 격지간운송을 통하여 무역거래가 신속하고 안전하게 행하여질 수 있는 것은 주로 국제상관습에 바탕을 둔 묵시조항에 의하여 무역계약이 보완되고 있다.

또한 무역거래는 상이한 국가간에 이루어지므로 계약불이행시에 국내법과 외국법이 충돌하고, 분쟁발생시 어느 나라의 법률을 적용할 것인가에 대한 법적인 불확실성의 문제와 또한 어떤 나라에서 행하여진 판정이 다른 나라에서는 승인되지 아니할 수 있는 문제가 발생하게 된다.

오늘날 무역거래시에 강행적으로 누구에게나 적용되는 통일된 법은 없지만 1936년 국제상업회의소(International Chamber of Commerce: ICC)에서 제정한 '무역거래조건의 해석에 관한 국제규칙'(INCOTERMS)과 같은 정형거래조

---

71) 국제상관습이나 국제무역관습은 국제상거래 행위에 대한 지역관습, 특정업종의 관습 또는 매매관습을 망라한 광의의 개념이며, 물품매매를 대상으로 한 무역거래의 경우에는 국제매매관습으로서 이는 협의의 개념이다.

건 중 예컨대, FOB 또는 CIF와 같은 정형거래조건을 국제물품매매시에 당사자간에 채택하여 사용하게 된다면 이러한 정형화된 관습은 법적인 효력이 발생하게 됨은 물론 무역계약의 통일된 해석기준에 의하여 해석상 또는 준거법상의 불안을 최소화시킬 수 있다. 따라서 이러한 국제상관습의 정형화는 오늘날의 국제무역거래를 보다 원활히 수행할 수 있게 하는 역할을 담당하고 있다고 할 수 있다.

국제상관습은 지역 또는 일반관습, 항구, 또는 특정업종의 관습 그리고 매매관습이 있는데 특히 물품매매계약에서는 정형화된 매매관습이 중요시된다.

4.2 정형거래조건과 국제규칙

무역거래는 무역계약에서 비롯되며 쌍무계약(bilateral contract)에 의한 거래이다. 따라서 매도인과 매수인 사이에는 각자 부담해야 할 여러 가지 의무(obligation)가 있다. 이러한 매매당사자간의 의무는 다양하기 때문에 매계약시마다 일일이 열거한다는 것은 계약체결 실무상 번거롭고 비효율적이다. 무역거래는 상관습과 제도가 다른 국가간에 이루어지는 특성과 매매당사자 중 일방의 지식부족 등으로 인하여 일방에게 불리한 조건으로 무역계약을 체결할 가능성도 얼마든지 있다.

따라서 국제상관습의 다양성에서 오는 무역거래조건에 대한 매매관습의 필요성이 대두되어 표준화 내지 통일화작업이 이루어져 FOB나 CIF처럼 간단한 정형을 무역거래에 이용할 수 있게 되었다. 이와 같이 표준화된 거래조건을 정형거래조건(typical trade terms)이라고 한다.

국제상업회의소 등에서는 계약자유의 원칙에 따라 매매당사자가 임의로 어느 국가 어느 지역에서도 통일적으로 사용할 수 있는 정형거래조건을 마련하였다. 정형거래조건의 보편화작업에 선도적 역할을 수행하고 있는 국제 민간단체인 국제상업회의소는 '무역거래조건의 해석에 관한 국제규칙'(INCOTERMS)을 제정하였고, 국제법협회(I.L.A.)는 'CIF계약에 관한 와르소 · 옥스포드 규칙'(Warsaw-Oxford Rules for CIF Contract)을 제정하였다. 또한 미국은 광활한 국토와 인접국간의 거래관습에 특성을 두어 제정한 독자적인 '개정미국무역정의'(Revised American Foreign Trade Definition)와 '통일상법전'(Uniform Commercial

Code)에 정형거래조건을 마련하고 있다. 이러한 정형거래조건들은 운송수단의 발달과 운송기술의 진보, 정보통신수단의 발달 등 국제무역환경의 변화에 부응하기 위하여 고정되지 않고 끊임없이 변화·발전되고 있으며 특히 대표적인 매매관습인 인코텀즈는 1936년 제정된 이래 6차에 걸쳐 개정 및 수정보완을 거듭해 오늘에 이르게 되었다.

4.3 무역거래조건의 해석에 관한 국제규칙

(1) INCOTERMS의 의의

"INCOTERMS"란 "International Commercial Terms"의 약칭에서 따온 말로[72] 일반적으로 '무역거래조건의 해석에 관한 국제규칙'(International Rules for the Interpretation of Trade Terms)이라고 한다. 파리(Paris)에 본부를 두고 있는 국제상업회의소의 무역거래조건위원회(Trade Terms Committee)가 중심이 되어 제정한 인코텀즈는 외국과의 무역에서 가장 일반적으로 사용되는 정형거래조건의 해석에 관하여 일련의 국제규칙을 제공하자는 데에 그 목적이 있다.[73] 따라서 인코텀즈의 채택은 서로 다른 국가간에 이들 거래조건들에 대한 상이한 해석으로 인한 불확실성이 제거될 수 있거나 상당한 정도로 감소될 수 있다.

따라서 인코텀즈를 국제물품매매계약시에 적용함으로써 무역업자들이 겪는 매우 곤란한 세 가지 무역장애요인, 즉 ① 준거법에 대한 불확실성, ② 불충분한 지식, ③ 해석상의 상이점 등을 대부분 해소할 수 있다. 다른 국제무역규칙도 마찬가지이지만 인코텀즈는 매매당사자가 임의로 무역계약에 채택할 수 있도록 매매당사자간의 최소한의 해석기준을 통일하여 제공하는 데 지나지 않으며 운송계약이나 보험계약내용까지 전부 포괄적용되는 것은 아니다. 인코텀즈의 적용은 특정거래나 당시의 사정 또는 개별적 편의에 적합하도록 특정내용을 변경하거나 추가할 수도 있다. 이 경우 매매당사자 사이에 체결된 개별계약의 특별규정은 인코텀즈에 우선하여 적용된다.

---

72) Jan Ramberg, *Guide to incoterms 1990*, ICC Publishing S.A. 1991, p.8.

73) INCOTERMS 2000, Introduction: "The purpose of Incoterms is to provide a set of international rules for the interpretation of the most commonly used trade terms in foreign trade. Thus, the uncertainties of different interpretations of such terms in different countries can be avoided or at least reduced to a considerable degree."

(2) INCOTERMS의 적용범위

인코텀즈는 컴퓨터 소프트웨어와 같은 '무형'(intangibles)이 아닌, '유형'(tangibles)의 의미에서 매각되는 물품인도에 관하여 매매계약 당사자들의 권리와 의무에 관련된 것에 한정되어 적용된다. 인코텀즈는 흔히 매매계약보다는 운송계약에 적용되는 것으로 잘못 이해되고 있고 당사자들이 매매계약에 포함시키고자 하는 모든 의무를 규정하고 있는 것으로 잘못 알려져 있다.

국제상업회의소가 항상 강조하여 온 바와 같이, 인코텀즈는 매매계약에 따른 매도인과 매수인간의 일부의 특별한 측면만을 다루고 있다. 수출상과 수입상이 국제매매를 이행하기 위하여 필요로 하는 다양한 계약, 즉 매매계약뿐만 아니라 운송, 보험 및 결제계약이 요구되는 경우에는 이들 사이의 매우 실제적인 관계를 고려하는 것이 필수적이지만, 인코텀즈는 단지 이들 계약 중의 하나인 매매계약에만 관계되어 있다.

그럼에도 불구하고 당사자들이 어느 특정의 인코텀즈를 사용하기로 합의하면 그것은 필연적으로 기타의 계약에 대하여도 함축적인 의미를 지니게 된다. 예를 들면, CFR 또는 CIF 계약에 합의하면 매도인은 해상운송 이외의 어떠한 운송방식으로는 그러한 계약을 이행할 수 없다. 왜냐하면 이들 거래조건하에서는 매도인이 해상운송 이외의 운송방식을 사용한다면 선화증권 또는 기타의 해상서류를 매수인에게 제시하는 것이 불가능하기 때문이다. 더구나 화환신용장하에서 요구되는 서류는 필연적으로 사용이 의도된 운송수단에 달려 있을 것이다.

인코텀즈는 매도인의 물품을 매수인의 임의처분상태로 두거나, 또는 운송을 위하여 이를 교부하거나 또는 목적지에서 이를 인도할 의무 등 당사자들에게 부과되는 다수의 특정된 의무 및 당사자들간의 위험분담을 다루고 있다. 나아가 인코텀즈는 물품의 수출과 수입통관의 의무, 물품의 포장, 매수인의 인도수령의 의무뿐만 아니라 각각의 의무를 정히 완수하였다는 증거제공의 의무 등을 다루고 있다. 인코텀즈가 매매계약의 이행을 위하여 극히 중요한 것임에도 불구하고, 그러한 계약에서 발생할 수 있는 매우 많은 문제들, 예컨대 소유권과 기타 재산권의 이전, 계약의 위반과 그러한 위반으로 야기되는 결과뿐만 아니라 일정한 사정에서의 의무면제 등은 전혀 다루어지지 아니하고 있다. 이와 같이 인코텀즈는 계약위반의 결과와 다양한 장애요인으로 인한 의무면제를 다루지 아니하고 있기 때문에 이러한 문제들은 매매계약의 다른 규정과 그 준거법에 의하여 해결되어야 한다.[74]

(3) INCOTERMS의 제정과 개정추이

무역계약의 당사자들은 각국의 무역관행이 서로 다르다는 것을 인식하지 못하는 경우가 흔히 있다. 이로 인해서 오해(misunderstanding)와 분쟁(dispute)과 법정제소(litigation)를 야기할 수 있고 그 결과 많은 시간과 금전상의 낭비를 초래하게 한다. 이와 같은 문제를 제거하기 위하여 국제상업회의소는 1936년 무역거래조건의 해석에 관한 일련의 국제규칙을 최초로 제정하였고 이 규칙이 "INCOTERMS 1936"으로 알려졌다. 그 후 1953년, 1967년, 1976년, 1980년, 1990년 그리고 현행 2000년 개정분을 포함하여 6차례의 개정이 이루어졌다.

1) INCOTERMS 1936의 제정

1920년 국제상업회의소(ICC)가 창립된 후 최초의 사업으로 착수한 것이 정형거래조건의 통일이었다. 파리의 국제상업회의소 본부 안에 무역거래조건위원회를 설치하여 우선 각국에 관용되고 있는 정형거래조건에 대하여 각국의 국내위원회에 그 실태조사를 요청하였다. 12개국의 국내위원회로부터 조사자료를 수집 · 정리하여 1923년에는 "Trade Terms Definitions"의 초판을 간행, ① FOB, ② FOR/FOT, ③ Free Delivered, ④ CIF의 4종에 대하여 각국의 정의와 당사자간의 권리 · 의무에 관한 해석의 차이점을 나타내는 비교대조표를 발표하였다.

그 후 다시 20여개국으로부터 보고를 받아 이들의 자료를 정리하여 1929년에 "Trade Terms"로 간행하였는데, 여기에는 상기의 4종 이외에 FAS와 C&F가 추가되어 6종에 대하여 35개국별 매매당사자의 의무를 비교표시하였다. 그 결과, 정형거래조건의 해석과 관용에 대하여 각국간에 존재하는 상위점이 더욱 확실하게 되었으므로 1929년의 "Trade Terms"를 기초로 정형거래조건의 해석에 관한 국제적 통일규칙을 기초하게 되었다.

통일규칙해석기준의 초안이 무역거래조건위원회에 제출된 것은 1936년

---

74) INCOTERMS 2000, Introduction 1.

1월인데, 25개국의 국내위원회에 의해 승인되자 동년 6월의 국제상업회의소 이사회는 이를 정식으로 채택하여 '무역거래조건의 해석에 관한 국제규칙' (International Rules for the Interpretation of Trade Terms), 약칭 "INCOTERMS, 1936"으로 간행하였다.

INCOTERMS 1936은 다음과 같이 11가지의 정형거래조건에 대하여 규정하고 있다.

① 공장인도(Ex works)

② 철도인도…지정출발지(FOR/FOT...named departure point)

③ 반입인도…지정선적항(Free...named port of shipment)

④ 선측인도…지정선적항(FAS...named port of shipment)

⑤ 본선인도…지정선적항(FOB...named port of shipment)

⑥ 운임포함인도…지정목적항(C&F...named port of destination)

⑦ 운임 · 보험료포함인도…지정목적항(CIF...named port of destination)

⑧ 운송비지급인도…지정목적지(Freight or Carriage Paid to...named point of destination)

⑨ 반입인도…지정목적지(Free or Free Delivered...named point of destination)

⑩ 착선인도…지정항(Ex Ship...named port)

⑪ 부두인도…지정항(Ex Quay...named port)

2) INCOTERMS 1953

1953년 개정규칙에는 지정선적항 반입인도(Free...named port of shipment) 조건과 지정목적지 반입인도(Free or Free Delivered...named point of destination) 조건이 제외된 9종류로 규정하였다. 2개의 정형거래조건을 삭제한 이유에 대하여 ICC의 공식설명은 없지만 ① 양 거래조건을 나타내는 용어가 비슷하여 혼동하기 쉽고, ② 당사자의 의무에 대하여 각국의 해석이 너무 달라 통일적인 기준을 설정하기 어렵고, ③ 이들 거래조건이 무역거래에 거의 이용되고 있지 않다는 것 등을 이유로 제외되었다고 할 수 있다.

3) Montreal Rules 1967과 INCOTERMS Supplement 1976

제2차대전 후의 국제경제부흥기가 끝나고 성장기로 들어갈 무렵부터 유럽에서는 팰릿(pallet)[75]에 의한 하역 · 운송의 합리화가 진행되었다. 화물운송이 팰릿이나 컨테이너에 의하여 이루어지게 되면서 매도인이 수입국 내의 지정목적지까지 반입하여 그 장소에서 약정품을 매수인에게 제공하는 계약이 현저히 늘어나게 되었다. 이러한 새로운 거래관행은 일반화되면서 ICC의 무역거래조건위원회에서 거론되고 1967년 몬트리올(Montreal)에서 개최된 ICC의 제21차 총회에서 채택되었기 때문에 "Montreal Rules 1967"이라고 불리어지고 있다.

1967년 몬트리올규칙에서 추가된 2가지의 거래조건은 다음과 같다.

① 국경인도…지정국경인도장소(Delivered at Frontier...named place of delivery at frontier)

② 관세지급반입인도…지정수입국목적지(Delivered Duty Paid...named place of destination on the country of importation)

한편, 1970년대에 들어서면서 항공기에 의한 화물수송이 빈번해지자 이를 반영하기 위하여 1976년에 공항인도…지정발송공항(FOB Airport...named airport of departure)조건을 'Supplement'에 수록하게 되었다.

4) INCOTERMS 1980

1970년대에 컨테이너 이용이 보편화되면서 이른바 "door to door service"에 의해 육 · 해 · 공을 일관하는 운송체계인 복합운송(multimodal transport)이 등장하게 되었다. 복합운송이라는 새로운 운송개념의 등장은 전통적인 해상 운송중심의 무역거래에 상거래절차상의 변화를 가져옴으로써 국제무역거래규칙과 조약 등에 대하여 복합운송을 수용할 수 있도록 수정 또는 새로운 조항의 신설이 요구되었다.

인코텀즈도 이러한 흐름에 따라 트레일러(trailer)나 페리(ferry)에 의한 "roll on-roll off" 방식을 복합운송에 부응시키기 위하여 운송인인도(Free Carrier)조건과 운송비 · 보험료지급인도(Freight or Carriage and Insurance Paid

75) pallet이란 화물을 일정 수량단위로 보아 하역 · 보관 · 수송하기 위하여 사용되는 하역받침으로 fork-lift를 이용하여 하역하기 때문에 받침에는 fork가 들어갈 입구가 있다. palletized cargo는 체선시간을 줄이고 하역비를 절감시키는 데 유리하다.

to)조건을 신설하는 한편, 종래에는 내륙운송에만 적용되던 운송비지급인도(Freight or Carriage Paid to)조건을 복합운송에도 적용할 수 있도록 수정하였다. 이로써 "INCOTERMS 1953" 이후 1967년, 1976년의 추가조건과 1980년의 새로운 조건을 포함하여 새로이 편성한 "INCOTERMS 1980"을 공표하게 된 것이다.

"INCOTERMS 1980"에는 14가지의 거래조건을 규정하고 국제통신에 편리하게 각 조건마다 3문자의 국제약어(international code)를 정하여 다음과 같이 사용하도록 하였다.

① 공장인도…공장, 제분소, 경작지, 창고인도 등(Ex Works...ex factory, ex mill, ex plantation, ex warehouse, etc, EXW)

② 철도화차인도…지정출발지(Free on Rail/Free on Truck...named departure point, FOR/FOT)

③ 선측인도…지정선적항(Free Alongside Ship...named port of shipment, FAS)

④ 본선인도…지정선적항(Free on Board...named port of shipment, FOB)

⑤ 운임포함인도…지정선적항(Cost and Freight...named port of destination, C & F or CFR)

⑥ 운임 · 보험료포함인도…지정목적항(Cost, Insurance and Freight...named port of destination, CIF)

⑦ 착석인도…지정목적항(Ex Ship...named port of destination, EXS)

⑧ 부두인도…지정항구에서의 관세지급(Ex Quay…duty paid...named port, EXQ)

⑨ 국경인도…지정국경인도장소(Delivered at Frontier...named place of delivery at frontier, DAF)

⑩ 관세지급인도…지정수입국 내 목적지(Delivered Duty Paid...named place of destination in the country of importation, DDP)

⑪ 공항인도…지정출발공항(FOB Airport...named airport of departure, FOA)

⑫ 운송인인도…지정지점(Free Carrier...named point, FRC)

⑬ 운송비지급인도…지정목적지(Freight or Carriage Paid to...named point of destination, DCP)

⑭ 운송비보험료지급인도…지정목적지(Freight or Carriage and Insurance Paid to...named point of destination, CTP)

5) INCOTERMS 1990

정보통신수단의 급격한 발전과 복합운송기술의 지속적인 발전에 부응하기 위하여 무역거래조건을 보다 체계적으로 보완할 필요성이 대두되어 개정된 것이 "INCOTERMS 1990"이다. "INCOTERMS 1990"은 컴퓨터를 이용한 전자문서교환방식(Electronic Date Interchange: EDI)이 선진국을 중심으로 보편화될 전망에 따라 무역거래에 도입하기 위한 의도와, RO/RO하역방식 등 새로운 운송기술의 발달에 부응한 거래조건의 활용제고, 매도인과 매수인간의 의무조항이 체계적으로 배열되지 못한 데 따른 거래조건별 세부조건의 명확화, 철도운송에 사용되어야 할 FOR/FOT조건이 도로운송을 요구하는 계약에 사용되는 오류를 방지하고자 하는 점 등이 개정의 주요 과제였다.

따라서 "INCOTERMS 1990"의 특징을 살펴보면, 첫째, FOA, FOR/FOT조건을 폐지하고 운송인인도(FCA)조건에 흡수 · 통합하였다.

둘째, 운송방식에 따라 거래조건을 채택하도록 하였다. 즉 FAS, FOB, CFR, CIF, DES, DEQ조건은 해상운송 및 내수로운송(inland waterway transport)에만 사용하고, EXW, FCA, CPT, CIP, DAF, DDU, DDP조건은 운송방식에 관계없이 사용할 수 있도록 하였다.

셋째, DDP조건을 분리하여 관세미지급인도(DDU)조건을 신설하였다.

넷째, 거래조건의 약자 표기는 FRC → FCA, DCP → CPT, EXS → DES, EXQ → DEQ로 변경하였다.

다섯째, 각 거래조건별로 매도인과 매수인의 세부의무조항을 10개 조항으로 구분, 대칭되게 배열하여 비교검토를 용이하게 하고 단순화 및 명확화를 기도하였다.

여섯째, 전자문서교환방식(EDI)의 사용증대에 대비하여 EDI에 의한 것도 운송서류(transport documents)에 상응하는 서류로 인정할 수 있도록 하였다.[76)]

"INCOTERMS 1990"의 13가지 거래조건의 구성은 4개의 큰 그룹, 즉 ① 출발지조건군인 E그룹에 EXW조건을, ② 주운임미지급조건군인 F그룹에

76) 강원진, "개정 INCOTERMS 1990 해설," 대한상공회의소, ICC한국국내위원회, 1990. 3월, 5면.

FCA, FAS, FOB조건을, ③ 주운임지급조건군인 C그룹에 CFR, CIF, CPT, CIP 조건을, ④ 도착지조건군인 D그룹에 DAF, DES, DEQ, DDU, DDP조건으로 구분하여 매도인의 최소의무부담(seller' s minimum obligation)에서 매도인 최대 의무부담(seller' s maximum obligation)의 순으로 배열하여 매매당사자의 의무에 관하여 규정하고 있다.

"INCOTERMS 1990"에 규정하고 있는 13가지 거래조건은 다음과 같다.

① 공장인도…지정장소(Ex Works...named place, EXW)

② 운송인인도…지정장소(Free Carrier...named place, FCA)

③ 선측인도…지정선적항(Free Alongside Ship...named port of shipment, FAS)

④ 본선인도…지정선적항(Free on Board...named port of shipment, FOB)

⑤ 운임포함인도…지정목적항(Cost and Freight...named port of destination, CFR)

⑥ 운임 · 보험료포함인도…지정목적항(Cost, Insurance and Freight...named port of destination, CIF)

⑦ 운송비지급인도…지정목적지(Carriage Paid To...named place of destination, CPT)

⑧ 운송비 · 보험료지급인도…지정목적지(Carriage and insurance paid to..named place of destination, CIP)

⑨ 국경인도…지정장소(Delivered at Frontier...named place, DAF)

⑩ 착선인도…지정목적항(Delivered Ex Ship...named port of destination, DES)

⑪ 부두인도…지정목적항(Delivered Ex Quay...named port of destination, DEQ)

⑫ 관세미지급인도…지정목적지(Delivered Duty Unpaid...named place of destination, DDU)

⑬ 관세지급인도…지정목적지(Delivered Duty Paid...named place of destination, DDP)

6) INCOTERMS 2000

"INCOTERMS 2000"은 최근의 관세자유지역의 확대, 상거래에서 전자적 통신의 사용 증가 및 운송관행의 변화에 부응할 수 있도록 하기 위하여 현재 13가지 정형거래 조건의 정의를 보다 간결하고 명확하게 보완하고 매매당사자간의 의무에 관해서도 현실적인 무역관행에 부합되도록 개정하였다. "INCOTERMS 2000"은 국제상업회의소 간행물 번호 560호로 공표되어 2000년 1월 1일부터 새로 적용되고 있다.

약 2년 동안에 걸친 "INCOTERMS 2000" 개정 작업과정 중 국제상업회의소 국제상관습위원회(Commission on International Commerical Practice)는 각국의 국제상업회의소 국내위원회(National Committee)로부터 제기된 문제점들을 참조하여 이번 개정에 반영하였다. "INCOTERMS 2000"에 나타난 거래조건은 외관상 별 변화가 없는 것으로 보인다. 이는 구 관습을 확고히 정착시키고자 하는 뜻이 담겨져 있다 할 것이다. 그러나 "INCOTERMS 2000"에서는 실제 무역거래에 적용시 매매당사자간의 오해와 분쟁의 소지에 대하여 단순·명료화하기 위한 노력이 이루어졌고 거의 모든 거래조건에 대하여 수정 및 보완이 이루어졌다. "INCOTERMS 1990"과 비교할 때 "INCOTERMS 2000" 개정의 특징은 다음과 같다.

① 13가지 기존 거래조건의 개념을 보다 간결하고 분명하게 정의하였다.

② 매도인의 물품 인도장소 및 방법을 명확히 하고 물품의 적재 및 양화의무 부담자에 대한 구분을 명확히 하였다.

③ 운송인도인(FCA) 조건에 대하여 수출국에서 매도인의 물품인도의무와 인도시기를 단순화시켜 활용이 보다 증대될 수 있도록 하였다.[77]

④ 인코텀즈의 13가지 거래조건별로 매도인과 매수인의 의무에 대하여 10가지 세부의무조항을 나란히 대칭되게 배열하여 당사자의 의무에 대한 비교검토가 용이하도록 그 체계를 바꾸었다.[78]

⑤ 용어(terminology) 사용이 일관성을 기하기 위하여 가능한 한 국제물품매매계약에 관한 유엔협약(CISG 1980)에 나타난 용어를 사용하고 상이한 의미로 해석할 수 있는 용어의 의미를 정리하였다.[79]

---

77) INCOTERMS 2000, FCA; FCA A4.

78) INCOTERMS 2000, Introduction 5.

⑥ 운송계약 또는 보험계약 표제 아래 "의무 없음"(no obligation)이라는 표현은 당사자 일방이 상대방에 대하여 어떠한 의무를 이행하는 데 있어 "의무 없음"에 해당된다고 할지라도, 이것은 자신의 이익을 위하여도 당해 의무를 이행할 필요가 없음을 의미하지 아니한다는 사실을 지적하도록 서문에서 강조하고 있다.[80)]

⑦ 물품에 대한 위험과 비용의 이전은 계약물품이 충당(appropriation)되기 이전에는 이루어지지 아니하는 것으로 규정하였다.

⑧ 통관의무에 대하여 선측인도(FAS)조건에서 수출통관의무가 매수인의 의무이던 것을 매도인의 의무로 하고, 부두인도(DEQ) 조건에서 수입통관 의무가 매도인의 의무이던 것을 매수인의 의무로 하여 종전 규정과 정반대로 바꾸어 실무상의 관행을 반영시켰다.[81)]

⑨ 매매당사자가 무역거래조건을 변형하여 상용하고자 할 경우에는 매매계약서상에 당사자가 부담하여야 하는 추가의무부담에 관하여 명확히 하여야 할 필요성을 강조하였다.[82)]

⑩ 일부 거래조건에서 물품인도와 관련하여 매수인이 어떤 정확한 지점

---

79) INCOTERMS 2000, Introduction 6:

· 화주(shipper): 운송을 위하여 물품을 교부하는 자와 운송인과 운송계약을 체결하는 자의 의미로 사용한다.

· 인도(delivery): 매도인의 의무를 완료하는 시기를 결정할 때의 인도와 매수인의 인도수령(taking delivery) 또는 인도승낙(acceptance)의 경우의 인도에 사용한다.

· 통상적(usual): 관습을 중시하는 개념으로 사용한다. 구 규칙의 합리적(reasonable)이라는 용어는 법률적 해석을 중시하는 개념이다.

· 부과금(charges): 수출 또는 수입통관과 관련되어 필수적으로 당사자에 부과되는 비용의 의미로 사용한다.

· 항구(ports): 물품인도 장소가 해상인도 조건인 경우에 사용한다.

· 장소(places): 기타 모든 인도조건에서의 광의의 물품인도 장소에 사용한다.

· 지점(points): 장소 내에서도 구체적인 물품인도 장소가 될 경우에 사용한다.

· 구내(premises): 특히 인도지점이 매도인의 영업장소일 경우에 사용한다.

· 본선(ship): FAS, FOB조건과 같은 전통적인 표현으로서의 본선의 용어로 사용한다.

· 선박(vessel): 기타 해상운송에 사용되도록 의도된 경우에 사용한다.

· 점검(checking): 매도인의 인도의무에 관련되는 경우에 사용한다.

· 검사(inspection): 선적 전 검사(pre-shipment inspection)가 이행되는 특별한 경우에 사용한다.

80) INCOTERMS 2000, Introduction 10; FOB조건은 인코텀즈의 규정에 의하여 매도인이나 매수인은 보험계약에 대한 의무가 없다. 그러나 매수인은 자기 자신을 위하여 보험계약을 체결하고 보험을 부보하여야 한다.

81) INCOTERMS 2000, FAS; INCOTERMS 2000, DEQ.

82) "EXW loaded," "FOB stowed," "FOB stowed and trimmed," "CIF/CIP the buyer's need for additional insurance," "DEQ the added obligation for the seller to pay for costs after discharge"

을 지정할 의무를 가지면서도 자신의 권리를 행사하지 아니하게 되면 매도인에게 자신의 목적에 적합한 지점을 선택할 권리를 부여할 수 있도록 하고 있다.[83]

⑪ 유럽연합(EU) 등 관세자유지역의 확대 등으로 수출 또는 수입통관 절차가 불필요한 지역 확대 등 예외적인 고려를 위하여 "적용 가능한 경우"(where applicable)라는 문언을 삽입하여 통관의무 규정을 적용함에 있어 탄력성을 부여하고 있다.[84]

⑫ 매도인은 운송을 위하여 요구되는 방법으로 매매계약체결 전에 운송에 관한 사정이 매도인에게 알려진 범위 내에서 물품을 포장할 의무를 진다는 사실에 대하여 약정할 필요가 있음을 언급하고 있다.[85]

⑬ 물품이 운송을 위하여 교부되기 이전 또는 당시에 선적 전 검사(pre-shipment inspection: PSI)가 이루어질 경우에는 별도 약정이 없는 한 매수인이 검사비용을 지급하여야 하며, 그러나 검사가 매도인 자신의 국가에서 강행규칙(mandatory rules)에 의하여 이루어지는 경우의 검사비는 EXW조건을 제외하고는 매도인이 부담하도록 명확히 하였다.[86]

⑭ 물품인도가 선박상에서 이루어지지 아니하고 내륙의 어떠한 장소에서 이루어질 경우에는 FOB, CFR, CIF조건 대신에 FCA, CPT, CIP조건으로 이용할 것을 강조하고 있다.[87]

⑮ 운송방식별로 적합한 인코텀즈 2000의 13개 거래조건을 구분하고 있다.[88]

⑯ 전자상거래(electronic commerce)시대에 대비하기 위하여 개정 서문에서 전자선화증권 소지인 등록기구인 볼레로(BOLERO)서비스와 같은 시스템은 국제해사위원회(CMI)의 전자선화증권에 관한 규칙, 전자해상화물운송장에 관

83) INCOTERMS 2000, Introduction 13.

84) INCOTERMS 2000, Introduction 14.

85) INCOTERMS 2000, Introduction 15.

86) INCOTERMS 2000, Introduction 16.

87) INCOTERMS 2000, Introduction 17, 78; INCOTERMS 2000, FOB, CFR, CIF.

88) 해상운송 및 내수로 운송시 사용 가능한 거래조건으로는 FAS, FOB, CFR, CIF, DES, DEQ 조건, 운송형태와 관계없이 사용 가능한 거래조건으로는 EXW, FCA, CPT, CIP, DAF, DDU, DDP 조건, 목적항의 선박상에서 복합운송으로 인도될 경우 사용 가능한 거래조건으로는 DES조건 그리고 적항 선박에서 부두로 양륙하여 복합운송으로 인도될 경우 사용 가능한 거래조건으로는 DEQ조건이 있다.

[표 6-3] INCOTERMS 2000의 그룹별 13가지 정형거래조건

군(Group)	정형거래조건(Trade Terms)
Group E Departure 출발지인도조건군	EXW Ex Works…(named place) 공장인도…(지정장소)
Group F Main Carriage Unpaid 주운임미지급인도 조건군	FAC Free Carrier…(named place) 운송인인도…(지정장소) FAS Free Alongside Ship…(named port of the shipment) 선측인도…(지정선적항) FOB Free on Board…(named port of shipment) 본선인도…(지정선적항)
Group C Main Carriage Paid 주운임지급인도 조건군	CFR Cost and Freight…(named port of destination) 운임포함인도…(지정목적항) CIF Cost, Insurance and Freight…(named port of destination) 운임 · 보험료포함인도…(지정목적항) CPT Carriage Paid To…(named place of destination) 운송비지급인도…(지정목적지) CIP Carriage and Insurance Paid to…(named place of destination) 운송비 · 보험료지급인도…(지정목적지)
Group D Arrival 도착지인도조건군	DAF Delivered At Frontier…(named place) 국경인도…(지정장소) DES Delivered Ex Ship…(named port of destination) 착선인도…(지정목적항) DEQ Delivered Ex Quay…(named port of destination) 부두인도…(지정목적항) DDU Delivered Duty Unpaid…(named place of destination) 관세미지급인도…(지정목적지) DDP Delivered Duty Paid…(named place of destination) 관세지급인도…(지정목적지)

[그림 6-1] INCOTERMS 2000에서의 물품운송 의무, 위험 및 비용부담 관계

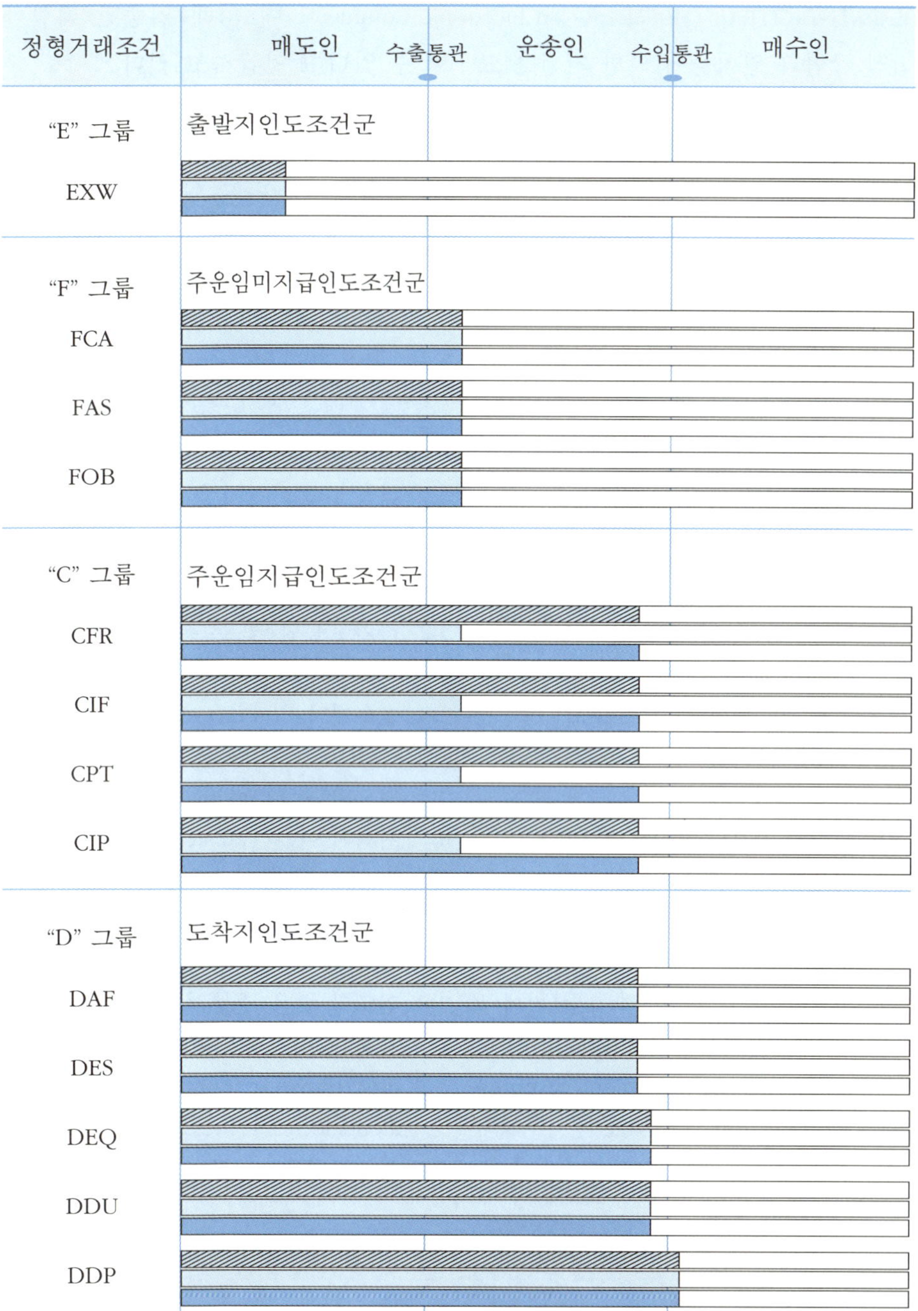

주: 매도인의 물품운송 의무, 매도인의 위험부담, 매도인의 비용부담

한 CMI통일규칙 및 유엔국제무역법위원회(UNCITRAL)의 전자상거래에 관한 표준법(UNCITRAL, Model Law on Electronic Commerce)에 의해 입증된 적합한 법적 규범과 원칙들에 의한 지원을 요구할 수 있다고 언급하고 있다.[89]

⑰ 운송중인 물품을 매각하는 것을 제외하고는 해상화물운송장(sea waybills), 정기선화물운송장(liner waybills), 화물수령증(freight receipt) 등과 같은 비유통서류(non-negotiable documents)를 사용할 수 있도록 하고 있다.[90]

⑱ "C" 조건에서 물품대금을 지시하는 매수인은 매도인이 운송인에게 새로운 지시를 하여 화물운송장상에 명시된 이외의 자에게 타장소에서 인도할

[표 6-4] 매도인과 매수인의 세부의무

매도인의 의무(seller's obligations)	매수인의 의무(buyer's obligations)
A1. 계약과 일치하는 물품의 제공 (Provision of goods in conformity with the contract)	B1. 대금지급(payment of the price)
A2. 허가, 승인 및 수속절차(Licences, autho-risations and formalities)	B2. 허가, 승인 및 수속절차(licences, authorisations and formalities)
A3. 운송 및 보험계약(Contract of carriage and insurance)	B3. 운송계약(Contract of carriage)
A4. 인도(Delivery)	B4. 인도의 수령(Taking delivery)
A5. 위험의 이전(Transfer of risks)	B5. 위험의 이전(Transfer of risks)
A6. 비용의 분담(Division of costs)	B6. 비용의 분담(Division of costs)
A7. 매수인에 대한 통지(Notice to the buyer)	B7. 매도인에 대한 통지(Notice to the seller)
A8. 인도의 증거, 운송서류 또는 이에 상응하는 전자통신문(Proof of delivery, transport document or equivalent electronic message)	B8. 인도의 증거, 운송서류 또는 이에 상응하는 전자통신문(Proof of delivery, transport document or equivalent electronic message)
A9. 검사, 포장, 화인(Checking-packaging-marking)	B9. 물품검사(Inspection of goods)
A10. 기타 의무(Other obligations)	B10. 기타 의무(Other obligations)

89) INCOTERMS 2000, Introduction 19.
90) INCOTERMS 2000, Introduction 20.

수 있게 하는 물품처분권을 포기한다는 "처분금지"(no-disposal) 조항을 당사자가 삽입할 수 있도록 하고 있다.[91)]

⑲ 선화증권(bill of lading)이나 기타 종이 문서는 당사자가 합의할 경우에 전자적 수단에 의하여 대체될 수 있도록 하고 그러한 메시지는 관계당사자 또는 부가서비스를 제공하는 제 3 자를 통하여 전송될 수 있도록 하여 전자상거래시대에 부응할 수 있도록 하였다.

7) 거래조건별 매매당사자의 세부의무

"INCOTERMS 2000"에서는 매거래조건별로 매도인과 매수인의 의무부담 조항을 10개로 규정하여 표제어(headings)를 달아서 〈표 6-4〉와 같이 간결하게 대조 · 검토할 수 있도록 하고 있다.[92)]

5. 인코텀즈에 규정된 정형거래조건

여기에서는 "INCOTERMS 2000"에 정하고 있는 13가지 정형거래조건을 중심으로 ① 출발지인도조건군, ② 주운임 미지급 인도조건군, ③ 주운임 지급인도조건군, ④ 도착지 인도조건군으로 구분하여 각 거래조건별로 전문에서 정하고 있는 개념과 매매당사자의 의무의 위험의 이전시점 및 비용의 분기점, 매도인의 제공서류, 기타 당사자의 의무 및 거래조건 표기의 예를 순서로 하여 살펴보고자 한다.[93)]

91) INCOTERMS 2000, Introduction 21.

92) "INCOTERMS 2000"을 중심으로 한 정형거래조건의 구체적인 내용은 본장의 5.에서 설명하기로 한다.

93) INCOTERMS 2000, ICC Publishing S.A. 1999; 강원진, "인코텀즈 2000에 대한 검토와 실적 적용상의 유의점," 부산상공회의소, 1999, 12; 강원진, "개정 INCOTERMS 1990 해설," 대한상공회의소, ICC한국국내위원회, 1990. 3; 한국무역협회, 「수출입절차해설」, 1990; 朝岡良平, 「貿易賣買と商慣習」, 東京布井出版, 1982 ; Jan Ramberg, *Guide to incoterms 1990*, ICC Publishing S.A., 1991을 參照.

5.1 출발지인도조건군

(1) 공장인도 [Ex Works...(named place): EXW]

1) 공장인도의 개념

공장인도(Ex Works)[94]라 함은 매도인이 물품을 수출통관하지 아니하고 매수인의 집화차량(collecting vehicle)에 적재하지 아니한 상태로 자신의 구내(premises) 또는 기타 지정된 장소(예컨대 작업장, 공장, 창고 등)에서 매수인의 임의처분상태로 둘 때 인도하는 것을 의미한다.

따라서 이 조건은 매도인의 최소의무(minimum obligation for the seller)를 나타내며 또한 매수인은 매도인의 구내로부터 물품을 수령하는 데 수반되는 모든 비용과 위험을 부담하여야 한다.

그러나 당사자들이 매도인이 출발시 물품적재에 대한 책임을 지고 그러한 적재의 위험과 모든 비용을 부담할 것을 원하는 경우에는 매매계약상에 이러한 취지의 명시적인 문언을 추가함으로써 이를 명확히 하여야 한다.

이 조건은 매수인이 직접 또는 간접적으로 수출수속절차(export formalities)를 이행할 수 없는 경우에 사용되어서는 안 되며 그러한 경우에는 매도인이 자신의 비용과 위험으로 적재할 것으로 합의하는 한 운송인인도(FCA)조건이 사용되어야 한다.[95]

2) 위험의 이전시점

위험의 이전(transfer of risks)시점은 매도인이 계약물품을 약정된 일자나 기간 내에 지정된 인도장소에서 매수인의 임의처분상태로 둘 때이며 동 물품의 멸실(loss)이나 손상(damage)에 대한 모든 위험을 부담하여야 한다. 따라서 EXW조건에서 매수인은 계약내용대로 충당(appropriation)[96]된 물품이 자기의 임의처분에 맡겨진 이후에 동 물품에 대하여 발생하는 모든 위험을 부담하여야 한다.

---

94) Ex는 라틴어로 영어의 "from" 또는 "out of"의 의미를 갖는다. Ex Works는 라틴어로 "Loco," 영어의 "Spot"의 의미로 계약물품을 현장에서 인도하는 경우에 사용되며 포괄적으로 현장인도조건이라고 한다.

95) INCOTERMS 2000, EXW.

96) 충당이란 매매목적물을 다른 물품과 명백히 구분해 놓거나 기타의 계약물품임을 확인할

3) 비용의 분기점

비용의 분기점(division of costs)은 위험이전(transfer of risks)의 분기점과 동일하다. 따라서 매도인이 현장에서 임의처분상태로 인도하는 데까지 부담하여야 할 비용은 물품을 직접 제조하거나 구매 · 조달하는 데 따른 기본원가(basic costs), 사업부문별 간접원가(indircet costs), 포장비(packing costs), 품질 · 용적 · 중량 · 수량 등 물품 점검업무비용(costs of checking operations)[97] 및 기타 잡비이다.

한편 매수인은 운송수단 적재비용(loading charges), 수출입 승인비용, 선적전검사비용(costs of pre-shipment inspection: PSI), 적용가능한 경우(where applicable) 수출시에 지급되는 모든 관세(all duties), 조세(taxes) 및 기타 부과금(other charges)을 포함한 수출통관비용(customs clearance charges), 내륙운송비(inland freight), 해상운임(ocean freight), 적화보험료(cargo insurance premium) 등 매수인의 임의처분상태로 인도된 이후의 제비용을 부담하여야 한다.

EXW조건에서는 원칙적으로 매도인은 매수인의 집화차량상에 물품을 적재할 의무는 없지만 매매당사자가 '적재필 공장인도'(EXW loaded)와 같이 변형시켜 매도인의 의무를 확대시키려 한다면 매매계약서상에 이를 명확히 하여야 한다.

4) 매도인의 제공서류

EXW조건에서 매도인은 기본적으로 매매계약과 일치하는 상업송장(Commercial Invoice) 또는 이에 상응하는 전자통신문(electronic message) 그리고 계약에서 요구되는 일치증명서류를 제공하여야 하며 매수인의 위험과 비용으로 매수인이 필요한 제서류의 취득을 위한 모든 협조를 제공하여야 한

수 있도록 하는 것으로 불특정물을 특정물(ascertained goods; specific goods)이 되게 하는 것을 의미한다.

97) 매수인이 부담하는 '선적 전 검사비용'(costs of pre-shipment inspection)과 구분하여야 한다. INCOTERMS 2000에서 규정하고 있는 '선적 전 검사'(pre-shipment inspection; PSI)라 함은 매수인 자신이 수출국 등에서 행한 검사나 매수인의 요청에 의한 특정기관의 검사를 말하며 동 검사비용은 매수인이 부담하는 것을 원칙으로 한다. 그러나 일반적으로 행하여지는 수출상 자체의 품질검사나 수출국 검사규정에 의한 의무적인 수출검사는 당연히 매도인 책임하에 행하며 검사비용도 매도인이 부담한다; INCOTERMS 2000, EXW, B9.

다.[98] 따라서 매도인은 상업송장(Commercial Invoice), 포장명세서(Packing List), 품질 또는 수량증명서(Certificate of Quality or Quantity), 중량 · 용적증명서(Certificate of Weight and Measurement)를 제공하여야 한다. 또한 매수인의 요청에 따라서 영사송장(Consular Invoice), 원산지증명서(Certificate of Origin), 보험주선을 위한 정보(Information for Procuring Insurance) 등 임의서류(optional documents)를 제공할 수 있다.

5) 기타 당사자의 의무

매도인은 매수인에게 계약과 일치하는 물품을 제공하고, 계약물품을 매수인의 임의처분상태로 인도될 시기와 장소에 대하여 충분히 통지해야 하며, 포장이 필요한 물품의 경우에는 포장외면에 적절한 화인(marking)을 하여야 한다.

한편 매수인은 계약에 정한 바에 따라 대금지급(payment of price)을 하여야 하며, 수출입승인과 수출입통관수속절차를 이행하여야 하고, 물품을 임의처분하는 장소에서 이를 인도의 수령, 즉 인수(taking delivery)하여야 하며 약정 기간 내에 물품의 인수시기와 장소를 결정할 권리를 유보할 경우에는 매도인에게 충분한 통지를 하여야 한다.

6) 거래조건 표기의 예

무역계약을 체결할 때 가격조건(price terms)을 공장인도(EXW)조건으로 약정하고자 할 경우에는 다음의 예와 같이 표기한다.[99]

"EXW Abc Co., Ltd., Seoul"

예컨대, 인도장소가 공장이라면 "Ex Factory," 제분소라면 "Ex Mill," 광산이라면 "Ex Mine," 농장 또는 경작지라면 "Ex Plantation," 창고라면 "Ex Warehouse" 등과 같이 표현할 수 있다.

---

98) INCOTERMS, 2000 EXW, A 1, A 10.

99) EXW조건은 운송형태에 관계없이 사용가능하기 때문에 뒤에 임의처분상태로 두는 장소를 다양하게 표기할 수 있다.

5.2 주운임미지급인도조건군

(1) 운송인인도 [Free Carrier...(named place): FCA]

1) 운송인인도의 개념

운송인인도(Free Carrier)라 함은 매도인이 물품을 수출통관하고, 지정된 장소에서 매수인에 의하여 지정된 운송인에게 인도하는 것을 의미한다. 인도장소의 선택은 그 장소에서의 물품의 적재 및 양화 의무에 영향을 미친다는 사실에 유의하여야 한다.

인도가 매도인의 구내에서 이루어지는 경우에는, 매도인은 적재의 책임을 부담한다. 인도가 그 밖의 장소에서 이루어지는 경우에는, 매도인은 양화의 책임을 부담하지 아니한다. 이 조건은 복합운송을 포함하여 운송방식에 관계없이 사용될 수 있다.

운송인(carrier)이라 함은 운송계약에서 철도, 도로, 항공, 해상, 내수로 또는 이들의 복합방식에 의하여 운송을 이행하거나 또는 그 이행을 주선할 것을 약정하는 모든 자를 의미한다. 이처럼 매수인이 물품을 수령할 운송인 이외의 자를 지정한 경우에는, 매도인은 물품이 그러한 자에게 인도되는 때에 물품인도 의무는 이행되는 것으로 간주된다.[100]

2) 위험의 이전시점

위험의 이전(transfer of risks)시점은 매매당사자가 계약에 의하여 약정된 일자 또는 기간 내 지정된 장소에서 약정된 방법이나 관습적인 방법에 따라 매수인이 지정한 운송인에게 계약물품을 인도한 때이다.

물품의 인도장소는 매수인이 지정하는 것이 원칙이지만 그렇지 않으면 매도인이 적합한 장소를 선택할 수 있다. 인도장소는 구체적으로 철도터미널(railway terminal), 화물터미널(cargo terminal), 컨테이너터미널(container terminal), 내륙컨테이너기지(Inland Container Depot: ICD), 매도인의 작업장 구내(premises)가 될 수 있다.

FCA조건에서 위험의 이전시점은 매도인이 적출지에서 다음과 같이 운송

100) INCOTERMS 2000, FCA.

인측에 물품인도의무가 완료되는 때가 있다.

첫째,지정된 장소가 매도인 구내(premises)인 경우에는 물품이 매수인에 의하여 지정된 운송인 또는 운송인을 대리하는 기타의 자에 의하여 제공된 운송수단상에 적재된 때 인도가 완료되는 것이며 이때 위험도 매도인으로부터 매수인에게 이전된다.

둘째, 지정 장소가 매도인의 구내가 아닐 경우에는 물품이 매도인의 운송수단상에서 양화되지 아니하고 매수인에 의하여 지정되거나 지정되지 않았을 경우 매도인에 의하여 선택된 운송인 또는 기타의 자의 임의처분 상태로 둘 때 인도가 완료되는 것이며 이때 위험도 매도인으로부터 매수인에게 이전된다.

3) 비용의 분기점

FCA조건에서의 비용분기점은 위험이전의 분기점과 같다.

따라서 매도인은 전술한 EXW조건에서 부담하여야 하는 기본적인 비용 이외에도 수출승인이나 기타 정부승인을 얻음에 있어 소요되는 비용, 수출에 수반되어 부과되는 관세(export duties)와 조세 및 또는 기타 부과금 및 세관수속절차(customs formalities)에서 소요되는 일체의 비용, 인도지점까지의 내륙운송비(inland freight), 물품인도완료에 따른 통지비용과 물품인도증명서류 취득비용을 부담하여야 한다.

한편 매수인은 매도인이 물품인도의무를 완료한 이후 일체의 비용을 부담하여야 한다.

4) 매도인의 제공서류

매도인은 기본적으로 매매계약과 일치하는 상업송장 또는 이에 상응하는 전자통신문, 그리고 계약에서 요구되는 모든 일치증명서류를 제공하여야 한다. 만약 운송서류(transport document)를 제공해야 하는 것이 관습으로 되어 있는 경우에는 유통선화증권(negotiable bill of lading), 비유통해상화물운송장(non-negotiable sea waybill), 내수로 운송서류(inland waterway document), 항공화물운송장(air waybill: AWB), 철도화물수탁서(railway consignment note), 도로화물수탁서(road consignment note) 또는 복합운송서류(multimodal transport document)를 제공하여야 한다. 그런데 당사자간에 전문으로 통고할 것을 약정한 경우에는 이러한 서류들은 EDI로 대체될 수 있다. 이 밖에 필요한 경우에는 매도인은 원산지증명서, 세관송장, 검역증명서 등 매수인의 요청에 따르는 임의서류를 제공하여야 한다.

5) 기타 당사자의 의무

매도인은 EXW조건에서의 의무에 추가하여 수출승인과 통관절차를 완료하고, 매수인이 요구하는 경우 매수인의 위험 및 비용부담으로 운송계약을 체결하여야 하며, 운송인 등의 보관하에 물품을 인도하였음을 적절히 통지하여야 하며, 운송인이 약정된 기간에 물품을 인수하지 않은 때에는 이를 매수인에게 통지하여야 한다.

한편 매수인은 물품을 인수하고 그 대금을 지급하여야 하며, 운송계약을 체결하고, 수입승인과 수입통관 및 적용가능한 경우 물품수입 및 제3국으로의 통과를 위한 모든 통관절차를 이행하여야 한다.

또한 운송방식, 물품인도 일자 또는 기간 및 물품인도 장소를 매도인에게 충분한 통지를 하여야 하며, 매도인에 의하여 계약물품이 정당하게 충당된 경우에는 전술한 통지의무를 이행하지 않았거나 매수인이 지정한 운송인이 물품을 그의 관리하에 인수하지 못함으로써 매도인의 물품인도장해요인을 야기시킨 때에는 약정된 인도일 또는 인도기일의 만료일 이후의 모든 추가비용과 물품에 대한 추가위험을 부담하여야 한다. 또한 별도의 약정이 없는 한 선적전검사의 비용을 부담하여야 한다.

6) 거래조건 표기의 예

무역계약을 체결할 때 가격조건(price terms)을 FCA조건으로 약정하고자 할 경우에는 다음의 예와 같이 표기한다.[101)]

항공운송의 경우 "FCA Incheon Airport"
해상운송의 경우 "FCA Yongdang Container Terminal, Busan"
철도운송의 경우 "FCA Yongsan Station, Seoul"
도로운송의 경우 "FCA Seocho Cargo Terminal, Seoul"

101) FCA조건 뒤에는 운송방식에 따라 다양하게 지정 장소를 표기할 수 있다.

복합운송의 경우 "FCA Abc Warehouse(or Customs Warehouse), Seoul"

(2) 선측인도 [Free Alongside Ship...(named port of shipment): FAS]

1) 선측인도의 개념

선측인도(Free Alongside Ship)라 함은 물품이 지정된 선적항에서 본선의 선측에 둘 때 매도인이 인도하는 것을 의미한다. 따라서 매수인은 선측의 지점으로부터 물품에 대한 모든 비용과 멸실 또는 손상의 위험을 부담하여야 한다. 이는 매수인이 수출통관을 이행할 것을 요구하였던 종래의 인코텀즈 관행과는 반대되는 것이다.

그러나 당사자들이 매수인이 물품의 수출통관을 이행할 것을 원하는 경우에는, 매매계약상에 이러한 취지의 명시적인 문언을 추가함으로써 이를 명확히 하여야 한다. 이 조건은 해상 또는 내수로 운송에만 사용될 수 있다.[102)]

2) 위험의 이전시점

FAS조건에서는 약정된 일자 또는 기간 내에 지정된 선적항에서 항구의 관습적인 방법에 따라 물품을 매수인에 의하여 지정된 적재장소의 선박의 선측(alongside the vessel)에 둘 때, 물품에 대한 위험은 매도인으로부터 매수인에게 이전된다.

따라서 위험부담의 장소적 분기점은 본선이 부두에 접안된 때에는 선적을 위한 하역장비, 즉 양화기(winch) 등 선적용구(tackle)가 도달할 수 있는 부두상(on the quay)이 되고, 또한 해상에 정박해 있는 때에는 부선 내(in lighter)가 된다.

3) 비용의 분기점

FAS조건에서의 비용부담의 분기점은 위험의 이전시점과 동일하다.

따라서 매도인은 전술한 EXW조건에서 그의 부담으로 귀속되는 비용 이외에도 수출허가와 수출통관비, 선적항까지의 내륙운송비(inland freight), 항구세(port dues), 부두사용료(wharfage), 창고료(go-down rent), 보관료(storage), 본선이 부두에 접안된 경우 본선선측까지의 물품운반비용(porterage), 본선이

102) INCOTERMS 2000, FAS.

해상에 정박된 경우의 부두인부임(stevedorage), 본선선측까지의 부선비(lighterage)를 부담하여야 한다.

한편 매수인은 본선의 선측에서 물품을 인수한 이후의 모든 비용, 즉 적재비(loading charges)와 적부비(stowage; stowing charges) 등 선적작업비용, 최종 목적지까지의 해상운임(ocean freight), 보험료(insurance premium), 목적항에서의 양륙비용(unloading charges), 수입통관비용 및 제세와 공과금, 적용가능한 경우 제3국 통과를 위한 통관절차를 이행하여야 한다. 뿐만 아니라 별도의 약정이 없는 한 선적전검사(pre-shipment inspection: PSI) 비용을 부담하여야 한다.

이 밖에 전술한 매도인의 임의제공서류의 조달비용과 그 조달에 있어서의 매도인의 협조비용도 매수인이 부담하여야 한다.

4) 매도인의 제공서류

매도인은 기본적으로 매매계약과 일치하는 상업송장 또는 이에 상응하는 전자통신문 그리고 계약에서 요구되는 모든 일치증명서류를 제공하여야 한다. 그러한 서류로는 항만당국이 발행하는 부두수령증(Dock's Receipt: D/R) 등을 들 수 있다.

한편 매수인의 요청이 있을 경우에 그의 위험과 비용부담으로, 유통선화증권이나 비유통해상화물운송장 또는 내수로운송서류를 제공하여야 한다. 이러한 서류들은 당사자 사이에 전자통신문으로 통신할 것을 약정한 경우에는 EDI로 대체될 수 있다.

5) 기타 당사자의 의무

매도인은 매매계약과 일치하는 물품을 매수인에게 제공하여야 하며, 물품의 충당을 위하여 품질 및 수량점검을 완료하여야 하고, 살물(bulk cargo)이 아닌 한 물품운송에 필요한 포장을 한 후 적절한 화인(marking)을 표시하여야 한다. 이 밖에 매도인은 물품이 본선의 선측에서 인도완료되었음을 매수인에게 충분히 통지하여야 하며, 매수인의 요청이 있을 경우에는 해상적화보험이나 내수로적화보험 부보를 위하여 필요한 정보를 제공하여야 한다.

한편 매수인은 수입승인 및 수입통관, 기타 수입국에서의 물품수입에 필요한 공적절차 및 필요한 경우 제 3 국 통과운송에 요구되는 공적절차도 이행하여야 하며, 운송계약을 체결하여 본선의 이름, 선적장소, 물품인도시기 등에 관하여 매도인에게 충분한 통지를 하여야 하고, 이러한 통지의무를 이행하지 않음으로써, 또는 그가 지정한 본선이 적기에 선적항에 도착하지 않거나 물품의 인수가 불가능하거나 절차를 이행하지 않음으로써 매도인에게 물품인도장해요인을 야기시킨 경우에는 그로 인하여 발생되는 이후의 모든 추가위험과 추가비용을 부담하여야 한다.

6) 거래조건 표기의 예

무역계약을 체결할 때 가격조건(price terms)을 FAS조건으로 약정하고자 할 경우에는 다음의 예와 같이 표기한다.[103)]

"FAS Busan"

(3) 본선인도 [Free On Board...(named port of shipment): FOB]

1) 본선인도의 개념

본선인도(Free On Board)라 함은 물품이 지정된 선적항에서 본선의 난간(ship's rail)을 통과하는 때에 매도인이 인도하는 것을 의미한다. 이는 매수인이 그 지점으로부터 물품에 대한 모든 비용과 멸실 또는 손상의 위험을 부담하여야 한다는 것을 의미한다. 본선인도 조건은 매도인에게 물품의 수출통관을 이행할 것을 요구하고 있다.

이 조건은 해상 또는 내수로 운송에만 사용될 수 있다. 당사자들이 본선의 난간을 교차하여 물품을 인도할 의도가 없는 경우에는, 운송인인도(FCA)조건을 사용하여야 한다.[104)]

"INCOTERMS 2000"상의 FOB는 "Revised American Foreign Trade Definitions, 1990"상의 "FOB Vessel~(named port of shipment)"과 혼동될 수 있으므로 특히 대미무역에서는 FOB거래조건에 대한 적용기준을 미리 명확하게 약정하여 두어야 한다.

---

103) FAS조건의 경우 FAS 뒤에는 해상운송의 경우 반드시 선적항인 "sea port" 또는 내수로 운송의 경우 "harbour" 이름이 표기되어야 한다.

104) INCOTERMS 2000, FOB.

2) 위험의 이전시점

FOB조건에서의 물품에 대한 위험의 이전은 물품이 지정 선적항에서 본선의 난간을 통과한 때(from the time they have passed the ship's rail)에 물품의 멸실 또는 손상에 대한 위험은 매도인으로 부터 매수인에게 이전된다.

이처럼 물품이 갑판상에 내려지기 이전인 본선의 난간 위로 통과한 시점을 위험부담의 분기점으로 하는 데에는 실무적으로 문제가 야기될 수 있다. 그러나 미국관습인 "Revised American Foreign Trade Definitions, 1990"상의 "FOB Vessel"조건에서는 물품이 본선에 적재완료된 때(until goods have been placed on board)를 위험부담의 분기점으로 규정함으로써 실무적으로 발생될 수도 있는 문제점을 해소할 수 있도록 하고 있다. 이러한 "FOB Vessel"조건에 따르면 위험부담의 장소적 분기점은 선창 내(in hold)가 되고 다만 갑판적 화물(on deck cargo)의 경우에는 갑판상(on deck)이 된다.

"INCOTERMS 2000"에서는 이러한 점을 감안하여 위험부담의 분기점을 본선의 난간을 교차하여 인도할 의도가 없는 경우에는 FCA조건을 사용하도록 권고하고 있다.

3) 비용의 분기점

FOB조건은 물품에 대한 위험이전의 분기점과 비용의 분기점은 동일하다.

따라서 이 조건으로 거래할 경우에는 매도인은 물품이 지정된 선적하에서 본선의 난간을 통과하였을 때에는 물품과 관련된 제비용을 부담하여야 한다. 또한 수출을 위하여 필요한 공적 수속절차에 소요되는 비용, 관세(export duties)와 조세 및 기타부과금을 포함한 수출통관과 기타 세관절차에 소요되는 비용, 물품선적에 따른 적재비(loading charges), 즉 양화기 사용료 등을 부담하여야 한다. 다만 매도인이 부담해야 하는 이러한 선적비와 양화비는 별도로 징수되지 않고 대부분의 개품운송에서는 주로 "berth terms(liner terms)"을 사용하기 때문에 적재비는 매수인이 부담하여야 한다.

이에 비하여 "Revised American Foreign Trade Definitions, 1990"에서의 "FOB Vessel"조건에서는 매도인이 선적비와 양화비뿐만 아니라 적부비(stowage) 등 일체의 선적비용을 부담하도록 하고 있다.

한편 매수인은 선적완료 후의 일체의 비용, 예컨대 최종목적항까지의 물품운송비 및 보험료, 임의서류의 조달비용 및 그 조달을 위한 매도인과의 협조비용, 적기에 본선이름과 선적항구 및 물품인도시기를 매도인에게 통지하지 않음으로써 또는 매수인이 지정한 본선이 적기에 도착하지 않거나 본선에서 물품인수가 불가능하게 되거나 약정된 시기보다 조기에 화물인수를 마감함으로써 또는 매수인이 지정한 본선이 적기에 도착하지 않거나 본선에서 물품인수가 불가능하게 되거나 약정된 시기보다 조기에 화물인수를 마감함으로써 야기되는 물품인도장해요인이 발생될 경우의 추가비용 및 선적전물품검사(PSI)비용도 부담하여야 한다.

4) 매도인의 제공서류

매도인은 기본적으로 매매계약과 일치하는 상업송장 또는 이에 상응하는 전자통신문 그리고 매매계약에서 요구되는 모든 일치증명서류를 제공하여야 한다. 물품인도를 증명하는 통상적인 서류는 그에 상응하는 "EDI Message"로 대체될 수 있다. 그러나 매도인은 수출승인이나 그 밖의 공적 승인을 얻고 수출통관을 포함한 세관절차를 이행할 의무를 지기 때문에 수출승인서나 수출신고서를 제공하거나 또한 선적완료 후에 본선의 일등항해사(chief mate)가 발행하는 무사고부 선장수령증(Mate' s Receipt: M/R)을 제공하는 경우도 있다.

매도인이 매수인에게 제공해야 할 기본서류로서 물품인도를 증명하는 통상적인 서류 중에는 유통선화증권(Negotiable B/L), 비유통해상화물운송장(Non-negotiable Sea Waybill), 내수로운송서류(Inland Waterway Document) 또는 복합운송서류(Multimodal Transport Document)와 같은 서류가 포함된다.

5) 기타 당사자의 의무

매도인은 매매계약에 일치하는 물품을 매수인에게 제공하여야 하고, 수출승인과 수출통관 등 정부의 공적 절차를 이행해야 하며, 물품을 본선상에 인도완료하였음을 매수인에게 충분히 통지하여야 하고, 물품의 품질검사나 수량점검 등을 완료하여야 하며, 살물이 아닌 한 운송에 필요한 포장을 하고 이에 적절한 화인을 표시하여야 할 뿐만 아니라, 매수인의 요청이 있을 때에는 매수인이 적화보험을 부보함에 필요한 정보를 제공하여야 한다.

한편 매수인은 물품을 인수하고 그 대금을 지급하여야 하며, 선적항에서부터 최종목적지까지의 운송계약을 체결하여야 하고, 그에 따라 선명과 선적항 및 인도시기에 관하여 매도인에게 충분한 통지를 하여야 하며, 매도인의 물품인도장해요인을 야기시킬 경우의 추가위험과 추가비용을 부담하여야 하고, 수입국에서 발생되는 제비용을 부담하여야 한다.

6) 거래조건 표기의 예

무역계약을 체결할 때 가격조건(price terms)을 FOB조건으로 약정하고자 할 경우에는 다음의 예와 같이 표기한다.[105)]

"FOB Busan"

5.3 주운임지급인도조건군

(1) 운임포함인도 [Cost and Freight...(named port of destination): CFR]

1) 운임포함인도의 개념

운임포함인도(Cost and Freight)라 함은 물품이 선적항에서 본선의 난간을 통과하는 때에 매도인이 인도하는 것을 의미한다. 매도인은 지정된 목적항까지 물품을 운반하는 데 필요한 비용 및 운임을 지급하여야 하지만 인도시기 이후에 발생하는 사건에 기인하는 모든 추가적인 비용뿐만 아니라 물품의 멸실 또는 손상의 위험은 매도인으로부터 매수인에게 이전된다.

운임포함인도조건은 매도인이 물품의 수출통관을 이행할 것을 요구하고 있다. 이 조건은 해상 및 내수로 운송에만 사용될 수 있다. 당사자들이 본선의 난간을 교차하여 물품을 인도할 의도가 없는 경우에는, 운송비지급인도(CPT)조건을 사용하여야 한다.[106)]

---

105) FOB조건의 경우 FOB 뒤에는 반드시 해상운송의 경우 선적항인 "sea port" 또는 내수로 운송의 경우 "harbour" 이름이 기재되어야 한다.

106) INCOTERMS 2000, CFR: 운임포함인도(CFR)는 "INCOTERMS 1980"까지 C&F 또는 CFR의 두 가지로 표현하던 것을 하나의 약어로 통일하고, 해상운송뿐만 아니라 내수로 운송에도 사용가능한 것으로 "INCOTERMS 1990"에서 규정하였다.

2) 위험의 이전시점

CFR조건에서의 물품에 대한 위험이전의 분기점은 전술한 FOB조건의 경우와 동일하다.

그러나 "Revised American Foreign Trade Definitions, 1990"상의 "CFR~(named point of destination)"조건에서는 "INCOTERMS 2000"처럼 본선의 난간(ship's rail)이라는 개념을 사용하지 않고 물품이 본선상(on board the vessel)에 인도완료된 때를 위험부담의 분기점으로 규정하고 있다.

3) 비용의 분기점

CFR에서의 비용의 분기점은 위험이전의 분기점과는 일치하지 않는다. 즉 이 조건에서는 매도인의 물품의 멸실이나 손상에 대한 책임, 다시 말하면 물품에 대한 위험부담은 선적항 본선 난간을 기준으로 매수인에게 이전되지만, 목적항까지의 해상운송과 내수로운송에 소요되는 운임은 매도인이 부담하도록 하고 있는 것이다.

CFR조건에서도 매도인의 부담하는 비용은 물품선적완료시까지 소요되는 일체의 수출비용과 선적항(port of shipment)에서부터 목적항(port of destination)까지의 해상운임을 부담하여야 하며, 운송계약체결시에 정기선(liner)에 의하여 부과될 수 있는 양화항(port of discharge)에서의 물품의 양화비(unloading charge)를 부담하여야 하고, 기타 FOB조건에서 매도인의 부담으로 귀속되는 일체의 비용을 부담하여야 한다.

한편 매수인은 운임을 제외한 선적완료 이후의 모든 비용을 부담하여야 한다. 만일 목적항에서의 부선비(lighterage)와 부두사용료(wharfage)를 포함한 양화비 및 물품이 목적항에 도착할 때까지의 운송도중에 발생되는 어떤 비용등이 운임에 포함되어 있는 경우 또는 운송계약 당시에 정기선 운임에 부과되는 경우에는 전술한 바와 같이 운임부담자인 매도인이 이러한 모든 비용을 지급하여야 하지만 이들 비용이 운임에 포함되지 않거나 운송계약 체결시에 정기선에 의하여 징수되지 아니한 경우에는 이러한 일체의 비용은 모두 매수인의 부담으로 귀속된다.

4) 매도인의 제공서류

CFR조건으로 거래할 때 매도인은 상업송장 또는 이에 상응하는 전자통신문 그리고 계약에서 요구되는 모든 일치증명서류를 제공하여야 한다. 매수인에게 제공해야 할 기본적 서류에는 약정된 목적항까지의 물품운송에 관련된 통상적인 운송서류(transport document)가 포함된다.

즉 매도인은 별도의 합의가 없는 한 매도인의 비용으로 유통선화증권(Negotiable Bill of Lading), 비유통해상화물운송장(Non-Negotiable Sea Waybill) 또는 내수로운송서류(Inland Waterway Document)를 매수인에게 제공하여야 한다.

이러한 통상적 운송서류는 다음과 같은 적격요건을 구비한 것이어야 한다.

첫째, 약정된 선적기간 이내에 발행된 것이어야 한다. 다시 말하면 운송증권의 일부가 선적기일 이전이어야 한다.

둘째, 매수인이 목적항에서 운송인에게 물품인도청구를 할 수 있는 것이어야 한다. 따라서 선적선화증권(shipped B/L) 또는 본선적재선화증권(on board B/L)이거나 선적배서선화증권(on board endorsement B/L)이 바람직하다.

셋째, 매수인으로 하여금 운송증권을 양도함으로써 당해 운송물품에 대하여 권리이전할 수 있는 유통선화증권(negotiable B/L)이거나, 또는 운송인에게 당해 운송증권의 양도통지를 함으로써 그 양수인에게 운송물품을 매각할 수 있는 운송서류이어야 한다.

넷째, 운송서류는 원본 전통(full set)을 매수인에게 제공하여야 한다.

이상과 같은 운송서류는 "EDI message"로 대체될 수 있다. 또한 매도인은 매수인의 요청에 따라 임의 서류를 제공하여야 한다.

5) 기타 당사자의 의무

CFR조건에서 매도인은 지정된 목적항까지의 물품운송계약을 체결하여야 한다. 그러한 물품운송계약은 통상적인 운송조건에 의하여 통상적인 항로(usual route)로, 그리고 당해 계약물품의 운송에 정상적으로 이용되는 해상선박(seagoing vessel)이나 내수로운송선박(inland waterway vessel) 기타 적절한 선박으로 운송되도록 체결되어야 한다. 특약이 없는 한 범선(vessel propelled by sail only)에 의한 운송임을 표시하는 운송증권은 전통적으로 부적격으로 인정하고 있다. 매도인은 매수인에게 물품이 본선상에 인도완료되었음을 충분히 통지하여야 하며, 매수인이 물품을 인수함에 있어 통상적으로 요구되는 조치를 취할 수 있도록 하기 위한 기타의 필요한 통지를 하여야 한다. 이 밖에 매도인은 계약과 일치하는 물품의 제공의무, 품질검사나 수량검사의 이행의무, 포장과 화인표시의 의무, 임의제공서류의 취득에 대한 협조의무, 매수인의 요청에 의한 보험부보정보의 제공의무가 있음은 FOB조건의 경우와 같다.

한편 매수인은 지정된 도착항에서 물품을 수령하여야 하며, 물품선적시기나 목적항을 지정할 권한을 유보한 때에는 매도인에게 그에 관한 지정내용을 충분히 통지하여야 하고, 이러한 통지의무의 미이행으로 매도인의 물품인도장해요인을 야기시킨 때에는 지정된 선적기간의 만료일 이후에 물품에 관련되어 발생된 모든 추가위험과 추가비용을 부담하여야 하며, 계약과 일치하는 운송증권이 제공된 때에는 이를 인수하여야 한다.

이 밖에 매수인이 부담하여야 하는 의무는, 운송계약체결과 운송증권 입수가 매도인의 의무로 귀속된다는 점을 제외하고는, 전술한 FOB조건에서 언급한 바와 같다.

6) 거래조건 표기의 예

무역계약을 체결할 때 가격조건(price terms)을 CFR조건으로 약정하고자 할 경우에는 다음의 예와 같이 표시한다.[107)]

"CFR New York"

(2) 운임 · 보험료포함인도 [Cost, Insurance and Freight...(named port of destination): CIF]

1) 운임 · 보험료포함인도의 개념

운임 · 보험료포함인도(Cost, Insurance and Freight)라 함은 물품이 선적항에서 본선의 난간을 통과하는 때에 매도인이 인도하는 것을 의미한다. 매도인은 지정된 목적항까지 물품을 운반하는 데 필요한 비용 및 운임을 지급하여야 하지만 인도된 이후에 발생하는 모든 추가적인 비용뿐만 아니라 물품의 멸실

---

107) CFR조건의 경우 CFR 뒤에는 해상운송의 경우 반드시 목적항인 "sea port" 또는 내수로 운송의 경우 "harbour" 이름이 기재되어야 한다.

또는 손상의 위험은 매도인으로부터 매수인에게 이전된다.

그러나 운임 · 보험료포함인도 조건에서는 매도인은 또한 운송중 물품의 멸실 또는 손상에 대한 매수인의 위험에 대한 해상보험을 주선하여야 한다. 결과적으로, 매도인은 보험계약을 체결하고 보험료를 지급한다. 매수인은 운임 · 보험료포함인도 조건하에서 매도인이 오직 최소담보조건으로 부보할 것을 요구하고 있다는 사실에 유의하여야 한다. 매수인이 보다 더 큰 담보조건으로 보호를 받고자 원하는 경우에는, 매수인은 매도인과 이에 상당하는 명시적인 합의를 하거나 또는 스스로 별도의 보험약정을 체결하여야 할 필요가 있다. 운임 · 보험료포함인도 조건은 매도인이 물품의 수출통관을 이행할 것을 요구하고 있다.

이 조건은 해상 및 내수로 운송에만 사용될 수 있다. 당사자들이 본선의 난간을 교차하여 물품을 인도할 의도가 없는 경우에는, 운송비 · 보험료지급인도(CIP) 조건을 사용하여야 한다.[108]

2) 위험의 이전시점

CIF조건에 의하면 물품의 멸실이나 손상에 대한 위험이전의 분기점은 FOB나 CFR조건의 경우처럼 물품이 본선의 난간을 통과한 때로 하고 있다.

그러나 "Revised American Foreign Trade Definitions, 1990" 상의 "CIF ~ (named point of destination)" 와 "Warsaw-Oxford Rules for C.I.F. Contract, 1932" 의 "Rule 2" 에서는 물품이 본선에 적재된 때를 위험이전시점으로 규정하고 있음에 유의하여야 한다.

3) 비용의 분기점

CIF조건에서의 비용의 분기점은 물품이 목적항에 도착할 때라고 할 수 있다. 즉 이 조건에 의할 경우에는 매도인은 도착항에 물품을 운송함에 소요되는 해상운임(ocean freight)과 목적항까지의 해상적화보험료(marine cargo insurance premium)를 부담하여야 한다.

따라서 상술한 CFR조건에서 매도인의 부담으로 귀속되는 일체의 비용 이외에 다시 적화보험료가 추가되는 것이 CIF조건이다. 매도인과 매수인이 부담

108) INCOTERMS 2000, CIF.

하는 비용에 대해서는 해상적화 보험료를 제외하고 CFR조건과 같다.

해상보험료는 런던보험업자협회(The Institute of London Underwriters)가 제정하여 세계적으로 사용되고 있는 협회적화약관(Institute Cargo Clause: ICC)인 ICC(A), ICC(B) 및 ICC(C) 가운데 담보(cover)되는 해상위험(marine risks)과 해상손해(maritime losses)의 범위가 최소담보범위(minimum coverage)인 ICC(C) 조건으로 부보하되, 보통 CIF금액의 110%에 해당하는 금액을 보험금(insured amount)으로 부보하고 있다. 따라서 매수인은 물품의 성질이나 종류 및 거래 방법에 따라 더 큰 담보조건으로 보호받고자 할 경우에는 보험료를 부담하고 별도의 추가부보 조건으로 약정하여야 한다.

4) 매도인의 제공서류

매도인의 기본적 제공서류나 임의적 제공서류는 CFR조건에서 언급된 것과 같다. 다만 여기에 추가로 보험증권(Insurance Policy)이나 기타 부보를 증명할 수 있는 서류를 매수인에게 제공하여야 한다. 기타 부보를 증명할 수 있는 서류로는 보험증명서(Certificate of Insurance)와 통지서(Declaration)이다. 보험증권은 확정개별보험(definite insurance)의 경우에 발행되고, 보험증명서와 통지서는 미확정보험(floating policy) 가운데 특히 포괄예정보험(open cover)의 경우에 발급되는 것이 보통이다. 문제가 될 수 있는 것은 보험중개인(insurance broker)이 화주로부터 부보위탁을 받은 때에 발행하는 보험인수증(Cover Note)을 적격한 보험서류로 인정할 것인가 하는 것이다. 이에 대하여 "Warsaw Oxford Rules for C.I.F. Contract, 1932"와 신용장통일규칙에서는 적격하지 않은 것으로 규정하고 있다.[109]

"INCOTERMS 2000"에서는 직접적으로 이러한 규정은 없지만, CIF조건에서 매도인이 부보할 때에는 보험회사 또는 보험업자(underwriters)에게 부보하도록 규정하고 있으므로 보험인수증을 보험증권이나 보험증명서에 갈음한 보험서류로 제공해서는 안 될 것이다.

5) 기타 당사자의 의무

CIF조건에서 매도인은 계약과 일치하는 물품을 제공하여야 하며, 목적항

109) Warsaw Oxford Rule for CIF Contracts 1932, Rule 12~iii ; UCP 600, Article 28-c.

까지의 운송계약을 체결하여야 하며, 약정품의 수출허가를 취득하고 수출통관절차를 이행하여야 하며, 약정품에 대한 보험계약을 체결하고, 매수인이 물품을 인수함에 있어 통상적으로 요구되는 조치를 취할 수 있도록 하기 위한 기타의 필요한 통지를 하여야 한다.

한편 매수인은 목적항에서 물품을 수령하고자 약정한 대로 대금을 지급하여야 하며, 수입승인 또는 기타 공적 승인을 취득하고 수입통관수속절차를 이행하고, 물품선적시기나 도착항을 결정할 권리를 유보하고 있는 경우에는 매도인에게 충분한 통지를 하여야 하며, 운송서류를 인수하며, 수출국당국에 의해 강행된 경우를 제외하고 선적전검사비용을 지급하고, 매도인의 요구에 따른 보험주선에 필요한 정보를 제공하여야 한다.

6) 거래조건 표기의 예

무역계약을 체결할 때 가격조건(price terms)을 CIF로 약정하고자 할 경우에는 다음의 예와 같이 표기한다.[110)]

"CIF New York"

(3) 운송비지급인도 [Carriage Paid To...(named place of destination): CPT]

1) 운송비지급인도의 개념

운송비지급인도(Carriage Paid To)라 함은 매도인이 스스로 지정한 운송인에게 물품을 인도하되, 다만 지정된 목적지까지 물품을 운반하는 데 필요한 운송비를 추가로 지급하여야 한다는 것을 의미한다. 이는 물품이 그렇게 인도된 이후에 발생하는 모든 위험과 기타 모든 비용을 매수인이 부담한다는 것을 의미한다. 운송인(carrier)이라 함은 운송계약에서 철도, 도로, 항공, 해상, 내수로 또는 이들의 복합방식에 의하여 운송을 이행하거나 또는 그 이행을 주선할 것을 약정하는 모든 자를 의미한다. 합의된 목적지까지의 운송을 위하여 후속되는 운송인이 사용되는 경우에는, 위험은 물품이 최초의 운송인에게 인

---

110) CIF조건의 경우 CIF 뒤에는 해상운송의 경우 반드시 목적항인 "sea port" 또는 내수로 운송의 경우 "harbour" 이름이 기재되어야 한다.

도되었을 때에 이전된다.

운송비지급인도 조건은 매도인이 물품의 수출통관을 이행할 것을 요구하고 있다. 이 조건은 복합운송을 포함하여 운송방식에 관계없이 사용될 수 있다.[111]

2) 위험의 이전시점

CPT조건에서의 물품의 멸실이나 손상에 대한 위험이전은 매도인에 의하여 물품이 운송인에게 인도완료된 시점이 된다. 여기에서 물품의 인도는 합의된 일자 또는 기간 내에 지정된 지점까지의 운송을 위하여 운송계약이 체결된 운송인에게 또는 후속운송인(subsequent carrier)이 있는 경우에는 최초의 운송인(first carrier)에게 계약물품을 인도함으로써 이루어진다.

보통 "door to door" 서비스가 이루어질 경우에는 매도인의 공장이나 구내에서 최초의 운송인인 컨테이너 복합운송인에게 물품을 컨테이너에 적재 · 인도함으로써 인도가 이루어지고 위험도 이전된다. 또한 인도장소는 구체적으로 철도역이나 화물터미널, 공항이나 선적항 또는 내수로항구, 컨테이너화물조작장(container freight station: CFS)이나 컨테이너야적장(container yard: CY), 기타 운송터미널 또는 적출지의 운송인의 구내(premise), 컨테이너 내륙운송기지(ICD)나 창고 등이 물품인도장소가 될 수 있다.

3) 비용의 분기점

CPT조건에서 물품에 대한 위험이전 시점은 적출지이지만 비용의 분기점은 운송비에 대한 매도인 부담의무를 수입국 내로 함으로써 양자를 상이하게 분리하고 있다.

CPT조건에서 매도인이 부담하여야 하는 비용은 물품을 제조 · 구매하는데 따른 기본원가, 간접원가, 포장비, 물품검사비 이외에 물품인도장소까지의 물품운송비, 약정된 목적지까지의 물품운송비, 운송비에 포함되거나 매도인이 운송계약을 체결할 때에 발생될 수 있는 비용으로서의 물품적재비 및 목적지에서의 양화비(unloading charges), 수출관세나 제세 또는 수출통관비용 및 그 밖의 수출국 세관수속절차에 소요되는 비용 등이다.

111) INCOTERMS 2000, CPT.

한편 매수인은 최종목적지까지의 적화보험료, 물품이 운송인에게 인도된 이후 발생되는 비용으로서 운송비를 제외한 모든 비용을 부담하여야 한다. 또한 수입관세와 수입에 관련하여 부과되는 제세 및 세관수속절차를 이행함에 있어 소요되는 일체의 비용, 필요한 경우 제 3 국 통과운송에 소요되는 비용, 매수인이 물품발송의 시기와 목적지를 매도인에게 통지하지 않음으로써 매수인의 물품인도장해요인을 야기시킨 경우 인수자의 발생된 추가비용, 수출국의 정부당국에 의하여 행하여지는 것이 아닌 선적전물품검사비용, 매도인의 임의 제공서류에 대한 매도인과의 협조비용 등을 부담하여야 한다.

4) 매도인의 제공서류

CPT조건에서 매도인은 매매계약과 일치하는 상업송장 또는 이에 상응하는 전자통신문 그리고 계약에서 요구되는 모든 일치증명서류를 제공하여야 한다.

매도인은 자신의 비용으로 유통선화증권(Negotiable Bill of Lading), 비유통해상화물운송장(Non-negotiable Sea Waybill), 내수로운송서류(Inland Waterway Document), 항공화물운송장(Air Waybill), 철도화물수탁서(Railway Consignment Note), 도로화물수탁서(Road Consignment Note), 또는 복합운송서류(Multimodal Transport Document) 등의 운송서류나 또는 이에 상응하는 "EDI Message"를 매수인에게 제공하여야 하며, 매수인의 요청에 따른 임의 서류도 제공하여야 한다.

5) 기타 당사자의 의무

매도인은 수출승인이나 기타 물품의 수출에 필요한 공적 승인(official authorization)을 얻고, 수출통관 등 세관수속절차(customs formalities)를 이행하여야 하며, 통상적인 항로에 의하여 관습적인 방법으로 지정된 목적지까지 운송하기 위한 운송계약을 체결해야 한다. 만일 목적지가 약정되어 있지 아니한 경우에는 매도인이 당해 운송목적에 비추어 가장 적합한 목적지의 지점을 선택할 수 있다. 또한 물품이 최초의 운송인의 보관하에 인도완료되었음을 매수인에게 충분히 통지하여야 한다. 뿐만 아니라 매수인이 목적지에서 정상적으로 물품을 인수할 수 있도록 필요한 조치를 취할 수 있게 하기 위하여 요구되는 통지를 매수인에게 하여야 하며, 임의 제공서류에 해당하는 서류 또는 그에 대체되는 "EDI Message"를 매수인이 취득함에 있어 협조할 의무가 있고, 물품의 품질 및 수량 등의 점검(checking) 및 살물(bulk cargo)이 아닌 한 물품 포장의무와 포장에다 적절한 화인을 표시할 의무를 부담한다.

한편 매수인은 수입승인이나 기타 공적 승인을 얻고, 수입통관 등 수입을 위한 수입국 세관수속절차와 필요하다면 제 3 국 통과운송을 위한 세관수속절차도 이행하여야 하며, 지정목적지에서 물품을 인수하고, 매매계약서에서 약정된 바에 따라 대금을 지급하여야 한다. 또한 송화시기와 목적지를 결정할 권리를 유보한 때에는 이를 결정하고 그에 관하여 매도인에게 충분히 통지하여야 하며 이러한 통지의무를 이행하지 않음으로써 매도인의 물품인도장해요인을 야기시킨 경우에는, 매도인의 물품을 정당하게 계약에 충당(appropriation)을 전제로 약정된 물품인도기간의 만료일 이후 물품에 대하여 발생되는 모든 추가위험과 추가비용을 부담하여야 하며, 계약과 일치하는 운송서류를 수리하여야 한다.

CPT조건은 해상이나 내수로운송만을 전용으로 하는 CFR과 비슷한 특성을 지니고 있지만 운송형태, 위험이전의 구체적 시점, 매도인이 부담하는 운송비의 포괄범위, 매수인이 부보하는 보험의 유형, 매도인이 제공하는 운송증권의 유형 등 여러 가지 면에서 상이하다고 할 수 있다.

6) 거래조건 표기의 예

무역계약을 체결할 때 가격조건(price terms)을 CPT조건으로 약정하고자 할 경우에는 다음의 예와 같이 표기한다.[112)]

항공운송의 경우 "CPT New York Airport"
해상운송의 경우 "CPT Abc Container Terminal, New York"
철도운송의 경우 "CPT Chicago Station"
도로운송의 경우 "CPT Def Cargo Terminal, Chicago"
복합운송의 경우 "CPT Xyz Warehouse(or Customs Warehouse), Chicago"

---

112) CPT조건의 경우 CPT 뒤에는 운송방식에 따라 반드시 도착지(항구, 공항, 철도역, 부두, 터미널, 창고 등) 이름을 기재하여야 한다.

(4) 운송비 · 보험료지급인도 [Carriage and Insurance Paid to... (named place of destination) : CIP]

1) 운송비 · 보험료지급인도의 개념

운송비 · 보험료지급인도(Carriage and Insurance Paid to)라 함은 매도인이 스스로 지정한 운송인에게 물품을 인도하되, 다만 지정된 목적지까지 물품을 운반하는 데 필요한 운송비를 추가로 지급하여야 한다는 것을 의미한다. 이는 물품이 그렇게 인도된 이후에 발생하는 모든 위험과 모든 추가적인 비용을 매수인이 부담한다는 것을 의미한다. 그러나 운송비 · 보험료포함인도 조건에서는 매도인은 또한 운송중 매수인이 부담할 물품의 멸실 또는 손상의 위험에 대한 보험도 주선하여야 한다.

결과적으로, 매도인은 보험계약을 체결하고 보험료를 지급한다. 매수인은 운임 · 보험료지급인도 조건하에서 매도인이 오직 최소담보조건으로 부보할 것을 요구하고 있다는 사실에 유의하여야 한다. 매수인이 보다 큰 담보조건으로 보호를 받고자 원하는 경우에는, 매수인은 매도인과 이에 상당하는 명시적인 합의를 하거나 또는 스스로 별도의 보험약정을 체결하여야 할 필요가 있다.

운송인(carrier)이라 함은 운송계약에 있어서 철도, 도로, 항공, 해상, 내수로 또는 이들의 복합방식에 의한 운송을 이행하거나 또는 그 이행을 주선할 것을 약정하는 모든 자를 의미한다.

합의된 목적지까지의 운송을 위하여 후속되는 운송인이 사용되는 경우에는, 위험은 물품이 최초의 운송인에게 인도되었을 때에 이전된다. 운송비 · 보험료지급인도 조건은 매도인이 물품의 수출통관을 이행할 것을 요구하고 있다. 이 조건은 복합운송을 포함하여 운송방식에 관계없이 사용될 수 있다.[113)]

2) 위험의 이전시점

CIP조건에서의 물품의 멸실이나 손상에 대한 위험이전의 시점은 CPT와 같이 적출지에서 최초의 운송인(first carrier)에게 인도되었을 때이다.

---

113) INCOTERMS 2000, CIP.

3) 비용의 분기점

매도인은 목적지점까지 물품운송에서 발생될 수 있는 위험을 담보받을 수 있는 적화보험을 부보하고, 그에 따른 보험료를 지급하여야 하며, EXW조건에서 매도인이 부담해야 하는 일체의 기본적 비용, 물품생산현장에서부터 운송인에게 물품을 인도할 장소까지의 내륙운송비 또는 내수로운임, 수출을 위한 일체의 공적인 수속과 절차의 이행비용을 부담하여야 한다.

한편 매수인이 부담하여야 하는 비용은 적화 보험료만 제외될 뿐 기타의 부담 내용은 CPT의 경우와 동일하다.

4) 매도인의 제공서류

CIP조건에서 매도인이 매수인에게 제공해야 할 기본적 서류는 CPT조건에서의 그것과, 보험증권 또는 보험증명서 및 통지서 같은 부보를 증명할 수 있는 보험서류이다. 또한 매수인의 요청에 따른 임의 서류를 제공하여야 한다.

5) 기타 당사자의 의무

목적지까지의 물품운송에 따른 위험을 담보하기 위한 적화보험부보의무가 매도인에게 귀속된다는 점을 제외하고는 당사자의 의무는 CPT의 경우와 동일하다.

특히 매도인의 적화보험부보는 매수인 또는 기타 피보험이익을 갖는 자가 보험자에게 직접적으로 보험금지급의 청구를 할 수 있는 적화보험(cargo insurance)이어야 하며, 보험계약은 공신력 있는 보험업자(underwriters) 또는 보험회사(insurance company)와 체결하여야 한다. 따라서 무역계약시에 유의해야 할 사항은 CIF나 CIP계약에서 매도인이 적화보험을 부보한다 하더라도 '최소담보범위' (minimum coverage)만을 부보하는 것이기 때문에 매수인은 물품의 성질이나 종류를 고려하여 추가담보할 것을 합의하여야 한다.

또한 보험기간은 물품이 최초의 운송인의 보관하에 인도된 시점부터 지정된 목적지에서 매수인이 물품을 수령하는 시점까지이다. 보험금액(insured amount)은 CIP금액에서 10%를 가산한 금액, 즉 CIP가격을 기준으로 110%를 부보하여야 하며, 보험계약에서의 통화는 매매계약에서 정한 통화와 같아야 한다.

한편 매수인은 매도인의 요청이 있을 경우 보험계약을 체결하는 데 추가부보를 위한 필요한 정보를 매도인에게 제공하여 주어야 한다.

6) 거래조건 표기의 예

무역계약을 체결할 때 가격조건(price terms)을 CIP조건으로 약정하고자 할 경우에는 다음의 예와 같이 표기한다.[114)]

항공운송의 경우 "CIP New York Airport"
해상운송의 경우 "CIP Abc Container Terminal, New York"
철도운송의 경우 "CIP Chicago Station"
도로운송의 경우 "CIP Def Cargo Terminal, Chicago"
복합운송의 경우 "CIP Xyz Warehouse(or Customs Warehouse), Chicago"

5.4 도착지인도조건군

(1) 국경인도 [Delivered at Frontier...(named place): DAF]

1) 국경인도의 개념

국경인도(Delivered at Frontier)라 함은 물품이 수출통관되지만, 수입통관되지 아니하고 양화되지 아니한 상태로 인접국가의 관세선을 넘기 전에 국경의 지정된 지점에 도착하는 운송수단상에서 매수인의 임의처분상태에 두었을 때에 매도인이 인도하는 것을 의미한다. 국경(frontier)이라는 용어는 수출국가의 국경을 포함하여 모든 국경에 사용될 수 있다. 그러므로 이 조건에서는 항상 그 지점 또는 장소를 지정함으로써 국경을 정확히 정의하는 것이 매우 중요하다.

그러나 당사자가 매도인이 도착하는 운송수단으로부터 물품을 양화하는 책임을 지고 양화의 위험과 부담할 것을 원하는 경우에는, 매매계약상에 이러한 취지의 명시적인 문언을 추가함으로써 이를 명확히 하여야 한다.

이 조건은 물품이 육상의 국경에서 인도되어야 할 때에는 운송방식에 관

---

114) CIP조건의 경우 CIP 뒤에는 운송방식에 따라 반드시 도착지(항구, 공항, 철도역, 부두, 터미널, 창고 등) 이름을 기재하여야 한다.

계없이 사용될 수 있다. 그러나 인도가 목적항의 선박의 갑판상이나 또는 부두상에서 이루어져야 할 때에는, 착선인도(DES) 또는 부두인도(DEQ) 조건을 사용하여야 한다.[115]

2) 위험의 이전시점

DAF조건에서 매도인은 약정된 일자 또는 기간 내에 국경의 지정된 인도장소에 도착하는 운송수단상에서 물품을 양화하지 아니하고 매수인의 임의처분하에 둘 때에 물품의 멸실이나 손상에 대한 위험은 매도인으로부터 매수인에게 이전된다.

3) 비용의 분기점

DAF조건은 물품에 대한 위험의 이전시점과 비용의 분기점이 일치한다.

따라서 매도인은 국경의 지정장소에 도착한 운송수단상까지의 제비용, 즉 수출승인 등 공적 승인과 수출통관, 기타 세관수속절차에 소요되는 비용 및 수출에 대하여 부과되는 일체의 수출관세와 조세 및 부과금, 제 3 국 통과운송비용을 포함하여 물품을 지정된 국경의 인도장소까지 운송함에 소요되는 운송비 및 보험료를 부담하여야 한다.

한편 매수인은 수입국 또는 제 3 국의 관세선을 통과하기 직전에 그의 임의처분하에 물품이 인도된 이후의 모든 비용을 부담하여야 한다. 따라서 매수인은 양화비를 포함하여 수입관세와 조세, 부과금, 수입승인과 세관수속절차의 이행비용 등 공적 비용, 후속운송을 포함하여 물품을 자신의 최종목적지까지 운송함에 소요되는 운송비, 수출국 이외의 국가가 행하거나 요구하는 선적전검사비용, 물품이 매수인의 임의처분하에 둘 때 이를 인수하지 못함으로써, 또는 물품인수일자와 장소에 대한 통지의무위반으로 인한 매도인의 물품인도장해요인을 야기시킴으로써 발생되는 추가비용, 매도인의 임의 제공서류에 대한 협조비용 등을 부담하여야 한다.

4) 매도인의 제공서류

매도인은 기본적으로 매매계약과 일치하는 상업송장 또는 이에 상응하는

115) INCOTERMS 2000, DAF.

전자통신문 그리고 계약에서 요구되는 모든 일치증명서류를 제공하여야 한다.

이 밖에 매도인은 매수인에게 국경의 지정지점에서 물품인도에 따른 통상적인 서류 또는 증거를 제공하여야 한다. 그러한 서류로는 운송서류, 창고증권(Warehouse Warrant) 또는 화물인도지시서(Delivery Order: D/O) 등이 있다.

또한 당사자가 물품이 국경을 넘어 연계운송(on-going carriage)에 합의한 경우 매도인은 매수인의 위험과 비용부담으로 통운송증권(Through Document of Transport)을 제공하여야 한다. 이러한 통운송증권은 매도인과 매수인 사이에 전자통신수단으로 교신하도록 합의한 경우에는 "EDI Message"로 대체될 수 있다.

5) 기타 당사자의 의무

매도인은 계약과 일치되는 물품을 제공하되, 살물이 아닌 경우에는 포장을 하고, 포장면에 적절한 화인을 표시하여야 하고, 물품의 품질 및 수량점검을 하여야 한다. 또한 수출승인이나 기타 수출을 위한 공적 승인을 얻고, 지정된 국경의 운송수단상에서 물품을 매수인의 임의처분하에 둘 때까지 필요한 서류를 취득하여야 하며, 필요한 경우의 제 3 국 통과운송을 포함하여, 지정된 국경의 물품인도지점까지 통상적인 운송경로에 의하여 관례적인 방법으로 물품을 운송하기 위한 운송계약을 체결하여야 한다. 물품인도지점이 약정되어 있지 않거나 관습에 따라 결정되지 않는 경우에는 매도인은 당해 거래의 목적에 비추어 가장 적합한 지점을 지정한 인도장소 가운데에서 선택할 수 있다. 임의 제공서류를 취득하기 위하여 매수인의 요구에 협조하여야 하고, 국경의 지정장소까지 물품발송에 관하여 충분한 통지를 하여야 한다.

한편 매수인은 물품을 인수하고, 합의된 바에 따라 대금을 지급해야 하며, 수입승인이나 기타 수입에 필요한 공적 승인을 얻어야 하며, 국경 또는 기타의 지정된 인도지점에서 수입을 위한 통관이나 그 밖의 세관수속절차를 이행하여야 하고, 필요한 경우 후속운송(subsequent transport)에 필요한 절차도 이행하여야 한다. 또한 약정된 기간 내에 구체적인 물품인도일자와 장소를 결정할 권리를 유보한 때에는 매도인에게 충분한 통지를 하여야 하며, 이러한 통지의무를 위반함으로써 매도인의 물품인도 장해요인을 야기시킨 때에는 정해진 물품인도기간의 만료일 이후의 물품에 대한 모든 위험을 부담하여야 한다. 그리고 매도인이 제공하는 운송증권이나 기타 물품인도 증거를 인수하여야 하며, 수출국의 정부당국이 행하는 것이 아닌 선적전검사를 이행해야 하고, 필요하다면 외환거래승인서, 허가증, 혹은 기타의 서류 또는 인증된 이들의 사본을 제공하거나, 또한 매도인이 통운송증권이나 기타의 서류를 입수하기 위하여 필요한 수입국 내의 최종목적지의 주소를 매도인에게 제공하여야 한다.

6) 거래조건 표기의 예

무역계약을 체결할 때 가격조건(price terms)을 DAF조건으로 약정하고자 할 경우에는 다음의 예와 같이 표기한다.[116)]

"DAF Modane, France-Italian Frontier"

(2) 착선인도 [Delivered Ex Ship...(named port of destination): DES]

1) 착선인도의 개념

착선인도(Delivered Ex Ship)라 함은 물품이 수입통관되지 아니하고 지정된 목적항의 본선의 갑판상에서 매수인의 임의처분상태로 둘 때 매도인이 인도하는 것을 의미한다. 매도인은 지정된 목적항까지 물품을 운반하여 양륙하기 전까지의 수반되는 모든 비용과 위험을 부담하여야 한다. 당사자들이 매도인이 물품을 양륙하는 비용과 위험을 부담할 것을 원하는 경우에는 부두인도(DEQ) 조건을 사용하여야 한다. 이 조건은 물품이 해상운송 또는 내수로운송 또는 목적항의 선박상에서 복합운송으로 인도되어야 할 때에만 사용될 수 있다.[117)]

DES조건에서는 매도인이 물품이 목적항에 도착할 때까지의 모든 비용, 즉 해상운임과 보험료를 부담하여야 하므로 당사자간의 비용부담의 귀속은 전술한 CIF조건과 유사하고, 또한 운송형태도 해상운송에 의한다는 점에서 이 두 조건은 공통성을 지닌다.

그러나 다음과 같은 점에서는 DES조건과 CIF조건은 상이하다고 할 수 있다.

① 위험의 이전시점에서의 상이

---

116) DAF조건의 경우 DAF 뒤에는 매도인과 매수인의 국경(접경지) 이름을 기재한다.

117) INCOTERMS 2000, DES.

CIF는 물품에 대한 위험의 이전시점은 선적항에서의 본선의 난간을 통과할 때로서 적출지인도조건(shipment term)임에 비하여, DES조건은 목적항의 선박 갑판상에서 매수인의 임의처분 상태로 둘 때를 위험의 이전시점으로 하는 양륙지인도조건(arrival term)이다. 따라서 소유권 이전은 CIF조건은 서류인도시가 되고 DES조건은 물품인도시가 된다고 할 수 있다.

② 보험부보의 목적과 피보험이익 귀속의 상이

CIF조건의 경우 매도인은 매수인의 손실보상을 위하여 부보하는 것이기 때문에 피보험이익은 최종적으로 매수인에게 귀속되지만, DES조건의 경우에는 매도인이 자신의 이익을 위하여 부보하게 되어 피보험이익은 매도인 자신에게 귀속된다. 다시 말하면 CIF조건에서는 일차적으로 매도인이 보험계약자(policy holder)가 되고 피보험자(insured)가 되는 것이 일반적이지만 최종적으로는 보험서류의 양도로 피보험이익은 매수인에게 귀속되므로 피보험이익 귀속관계에서 보면 상이하다. DES조건에서는 이 양자는 동일인이 되는 것이 일반적이다.

③ 보험조건의 채택에 있어서의 상이

CIF조건에서의 매도인의 부보는 ICC(C)와 같이 최소담보범위에 의하는 것을 원칙으로 하지만, DES조건의 경우에는 보험약관을 매도인이 임의로 선택할 수 있다.

④ 물품인도와 인도방법상의 상이

매도인의 물품인도는 CIF조건에서는 선적항의 본선상이지만 DES조건에서는 목적항의 본선상이 된다. 한편 인도방법은 CIF조건에서는 서류에 의한 상징적 인도방법(symbolic delivery)을 취하지만, DES조건은 현실적 인도방법(actual delivery)에 의한다.

2) 위험의 이전시점

DES조건에 물품의 멸실이나 손상에 대한 위험의 이전시점은 지정된 목적항에 도착해 있는 선박의 갑판상에서(on board the vessel) 매도인의 물품을 매수인의 임의처분하에 둠으로써 인도를 완료한 때이다.

여기서의 인도는 약정된 기간 또는 일자에 일정된 목적항의 통상적인 양화지점(unloading point)에 정박한 본선상에서 이루어진다.

3) 비용의 분기점

DES조건에서의 비용의 분기점은 지정된 목적항의 선박 갑판상 위험의 이전시점과 같다.

따라서 매도인은 FOB조건에서 매도인의 부담으로 귀속되는 비용에 추가하여 적부비(stowage)와 목적항까지의 해상운임 또는 내수로운임, 목적항까지의 적화보험료(cargo insurance premium), 해상운송계약 또는 내수로운송계약의 체결에 소요되는 비용, 기본적 제공서류의 취득비용, 물품의 품질 및 수량 점검비용, 물품포장비용 기타 수출부대비용을 부담하여야 한다.

한편 매수인은 목적항의 선박 갑판상에서 물품이 그의 임의처분하에 둔 이후에 발생되는 모든 비용을 부담하여야 하고 수입승인, 기타 수입에 관련된 여러 가지 공적 승인 및 수입통관 기타 수입국에서의 세관절차를 이행하기 위한 비용, 수입관세와 수입에 관련하여 부과되는 조세, 부과금, 목적항부두에의 물품양화비(unloading charges)와 각종 부두비용, 수출국 정부당국에 의하여 행하여지는 것 이외의 선적전검사비용, 물품인수의 시기와 장소에 관한 통지의무위반으로 매도인의 물품인도장해요인을 야기시킴으로써 발생되는 추가비용과, 물품이 그의 임의처분하에 둔 때에 이를 인수하지 않음으로써 발생되는 인도일 이후의 추가비용, 매도인의 임의 제공서류에 속하는 여러 가지 서류의 취득비용과 협조비용을 부담하여야 한다.

4) 매도인의 제공서류

DES조건에서 매도인은 기본적으로 계약과 일치하는 상업송장 또는 이에 상응하는 전자통신문 그리고 계약에서 요구되는 모든 일치증명서류를 매수인에게 제공하여야 한다. 즉 화물인도지시서(Delivery Order: D/O)나 또는 매수인이 물품을 인수함에 있어 필요한 통상적인 운송서류, 즉 유통선화증권(Negotiable Bill of Lading), 비유통해상화물운송장(Non-negotiable Sea Waybill), 내수로운송서류(Inland Waterway Document) 또는 복합운송서류(Multimodal Transport Document)를 제공하여야 하며 이들 서류는 "EDI Message"로 대체할 수 있다.

이 밖에 매수인의 요청에 따른 임의 서류를 제공하여야 한다.

5) 기타 당사자의 의무

매도인은 매매계약에 일치되는 물품을 제공하여야 하며, 수출승인 등의 공적 승인을 취득하고 수출통관 등의 세관수속절차와 필요한 경우 제3국 통과운송에 필요한 절차를 이행하여야 한다. 또한 통상적인 항로에 의하여 관습적인 방법으로 물품을 지정된 목적항의 특정장소까지 운송하기 위한 운송계약을 체결하여야 하며, 지정된 선박의 목적항 도착예정일(estimated time of arrival: ETA)을 매수인에게 충분히 통지하여야 하며, 아울러 매수인이 정상적으로 물품을 인수할 수 있도록 필요한 조치를 취할 수 있게 하기 위하여 요구되는 통지를 하여야 하고, 살물(bulk cargo)이 아닌 물품의 경우 포장을 하고 적절하게 화인을 표시하여야 한다.

한편, 매수인은 물품이 그의 임의처분상태로 두어질 때 이를 인수하고, 매매계약에서 약정된 바에 따라 대금을 지급하여야 하며, 수입승인이나 기타의 공적 승인을 취득하고, 수입통관 등 물품의 수입에 필요한 세관절차를 이행하여야 하고, 약정된 기간 내에서 물품의 인수일자와 인수장소를 결정할 권리를 유보한 때에는 이를 매도인에게 충분한 통지를 하여야 하며, 매도인이 제공하는 화물인도지시서 또는 운송서류를 수령하여야 한다.

6) 거래조건 표기의 예

무역계약을 체결할 때 가격조건(price terms)을 DES조건으로 약정하고자 할 경우에는 다음의 예와 같이 표기한다.[118]

"DES New York"

(3) 부두인도 [Delivered Ex Quay...(named port of destination): DEQ]

1) 부두인도의 개념

부두인도(Delivered Ex Quay)라 함은 물품이 수입통관되지 아니하고 지정된 목적항의 부두상에서 매수인의 임의처분 상태로 둘 때 매도인이 인도하는 것을 의미한다. 매도인은 지정된 목적항까지 물품을 운반하고 부두상으로 그

118) DES조건의 경우 DES 뒤에는 해상운송의 경우 반드시 목적항인 "sea port"나 내수로 운송의 경우 "harbour" 이름을 기재하여야 한다.

물품을 양륙하는 데 수반되는 비용과 위험을 부담하여야 한다. 부두인도 조건은 매수인이 물품의 수입통관을 이행하고 수입시의 모든 절차, 관세, 조세 및 기타 부과금을 지급할 것을 요구하고 있다. 이는 매도인이 수입통관을 이행할 것을 요구하였던 종래의 인코텀즈 관행과는 반대되는 것이다.

당사자들이 물품의 수입시에 지급되는 비용의 전부 또는 일부를 매도인의 의무사항에 포함시킬 것을 원하는 경우에는, 매매계약상에 이러한 취지의 명시적인 문언을 추가함으로써 이를 명확히 하여야 한다.

이 조건은 물품의 해상운송, 내수로 운송 또는 목적항의 선택에서 부두상으로 양륙하여 복합운송으로 인도되어야 할 때에만 사용될 수 있다. 그러나 당사자들이 부두로부터 항구의 내부 또는 외부의 다른 장소(창고, 터미널, 운송역사 등)로 물품을 운반하는 위험과 비용을 매도인의 의무사항에 포함시킬 것을 원하는 경우에는, 관세미지급인도(DDU) 또는 관세지급인도(DDP) 조건을 사용하여야 한다.[119)]

2) 위험의 이전시점

DEQ조건에서는 매도인이 약정물품을 약정된 목적항의 부두상에서(on the quay or wharf) 매수인의 임의처분 상태로 두어 인도를 완료한 때 위험이 매도인으로부터 매수인에게 이전된다.

3) 비용의 분기점

DEQ조건에서의 비용의 분기점도 위험의 이전시점과 같다. 따라서 매도인은 수출승인, 수출통관 등 수출지에서의 모든 수속절차의 이행에 필요한 비용, 수출로 인하여 부과되는 관세와 조세 · 부과금 및 인도 전의 제 3 국 통과운송비용, 목적항의 부두에서의 양화비(unloading charges)를 포함한 일체의 비용을 부담하여야 한다. 따라서 DEQ조건에서의 매도인의 부담비용은 DES조건에 양륙비가 추가된 것이다.

한편 매수인은 약정품을 인수한 시점으로부터 발생한 일체의 비용을 부담하여야 한다.

---

119) INCOTERMS 2000, DEQ.

4) 매도인의 제공서류

매도인은 기본적으로 매매계약과 일치하는 상업송장 또는 이에 상응하는 전자통신문 그리고 계약에서 요구되는 모든 일치증명서류를 제공하여야 한다.

따라서 매도인은 매수인이 목적항의 부두에서부터 물품을 인수하고 이송할 수 있도록 화물인도지시서(Delivery Order: D/O)나 통상적인 운송서류로 유통선화증권(Negotiable Bill of Lading), 비유통해상화물운송장(Non-negotiable Sea Waybill), 내수로운송서류(Inland Waterway Document), 또는 복합운송서류(Multimodal Transport Document)를 제공하여야 한다. 또한 이러한 서류는 이와 상응하는 "EDI Message"로 대체될 수 있다.

5) 기타 당사자의 의무

매도인은 수출승인 및 물품의 수출을 위한 각종 공적 승인과 함께 수출통관절차를 이행하여야 하며, 수입국의 목적항부두까지 통상적인 항로와 관습적인 방법에 따라 운송계약을 체결하여야 한다. 또한 물품의 멸실이나 손상에 대비하여 적화보험에 부보하여야 하며[120] 계약에 일치하는 물품제공의무, 화인표시의무, 도착예정일(Estimated Time of Arrival: ETA)을 통지하여야 한다.

한편 매수인은 매매계약에 정한 대로 대금을 지급하여야 하며, 수입승인 및 수입통관절차를 이행하여야 하며 수입관세, 조세 및 기타 부과금을 부담하여야 한다. 또한 매수인은 매도인이 제공하는 화물인도지시서 또는 운송증권 등의 서류인수의무, 물품인수의 일자 및 장소에 관한 통지의무, 이러한 통지의무의 위반으로 인한 매도인의 물품인도 장해요인을 야기시키거나 적기에 물품을 인수하지 않음으로써 발생되는 추가위험과 추가비용에 대한 부담의무를 진다.

6) 거래조건 표기의 예

무역계약을 체결할 때 가격조건(price terms)을 DEQ조건으로 약정하고자 할 경우에는 다음의 예와 같이 표기한다.[121]

---

120) 적화보험부보는 매매계약상의 의무는 아니므로 이 경우 보험약관과 보험금액은 매도인 자신을 위한 것이므로 자신의 선택에 따른다.

"DEQ New York"

(4) 관세미지급인도 [Delivered Duty Unpaid...(named place of destination) : DDU]

1) 관세미지급인도의 개념

관세미지급인도(Delivered Duty Unpaid)라 함은 매도인이 물품을 수입통관하지 아니하고, 지정된 목적지에 도착하는 모든 운송수단으로부터 양화하지 아니한 상태로 매수인에게 인도하는 것을 의미한다. 매도인은 적용가능한 경우 목적지의 국가에서의 수입을 위한 모든 관세(이 용어는 통관절차를 이행할 책임과 위험 및 그 절차, 관세, 조세 및 기타 부과금의 지급 등을 포함한다)를 제외하고, 목적지까지 물품을 운반하는 데 수반되는 비용과 위험을 부담하여야 한다. 그러한 관세는 매수인이 적기에 물품을 수입통관하지 아니함으로써 발생되는 모든 비용과 위험까지 포함하여 매수인이 부담하여야 한다.

그러나 당사자들이 매도인이 통관절차를 이행하고 이에 따라 발생하는 비용과 위험을 포함하여 물품의 수입시에 지급되는 비용의 일부를 부담할 것을 원하는 경우에는, 매매계약상에 이러한 취지의 명시적인 문언을 추가함으로써 이를 명확히 하여야 한다.

이 조건은 운송방식에 관계없이 사용될 수 있다. 다만, 인도가 목적항의 선박의 갑판상이나 또는 부두상에서 이루어져야 할 때에는, 착선인도(DES) 또는 부두인도(DEQ) 조건을 사용하여야 한다.[122]

2) 위험의 이전시점

DDU조건에서 매도인은 약정된 일자 또는 기간 내에 지정된 목적지에 도착하는 운송수단상에서 양화하지 아니하고 매수인의 임의처분하에 두어 인도를 완료한 때에 매도인으로부터 매수인에게 위험이 이전된다.

3) 비용의 분기점

매도인은 수출관세와 수출과 관련하여 부과되는 조세 및 부과금을 포함

121) DEQ조건의 경우 DEQ 뒤에는 해상운송의 경우 반드시 목적항인 "sea port"나 내수로운송의 경우 "harbour" 이름을 기재하여야 한다.

122) INCOTERMS 2000, DDU.

하여 수출국에서의 세관수속절차상 소요되는 모든 비용, 적출지에서부터 물품을 목적항에 도착시킬 때까지의 비용, 목적항에서의 양화비를 부담하고, 인도에 앞서 제 3 국으로의 통과를 위하여 지급되는 모든 관세, 조세 및 기타 부과금을 부담하여야 한다.

한편 매수인은 수입승인을 포함하여 공적 승인을 취득함에 소요되는 비용과 수입관세, 수입통관절차 비용, 조세 및 기타 부과금을 부담하여야 한다. 또한 물품인수일자와 장소에 관한 통지 등의 의무를 위반함으로써 매도인의 물품인도장해요인을 야기시킨 경우 또는 물품인수의무를 위반한 경우 그로 인해 발생되는 추가비용, 선적전검사비용을 부담하여야 한다.

4) 매도인의 제공서류

DDU조건에서 매도인은 기본적으로 매매계약과 일치하는 상업송장 또는 이에 상응하는 전자통신문 그리고 계약에서 요구되는 모든 일치증명서류를 제공하여야 한다.

따라서 기본적 제공서류는 매수인이 목적지에서 물품을 인수함에 필요한 화물인도지시서(Delivery Order: D/O)나 통상적인 운송서류, 즉 유통선화증권(Negotiable Bill of Lading), 비유통해상화물운송장(Non-negotiable Sea Waybill), 내수로운송서류(Inland Waterway Document), 항공화물운송장(Air Waybill: AWB), 철도화물수탁서(Railway Consignment Note), 도로화물수탁서(Road Consignment Note) 또는 복합운송서류(Multimodal Transport Document) 등이 있다. 이 조건은 운송형태에 관계없이 모든 운송방식에 사용될 수 있다. 이러한 화물인도지시서나 운송서류는 당사자간 약정할 경우에는 "EDI Message"로 대체될 수 있다.

이 밖에 계약시 정한 서류로서 예컨대 품질증명서(Certificate of Quality), 수량증명서(Certificate of Quantity), 포장명세서(Packing List) 또는 컨테이너적치표(Container Load Plan: CLP) 등을 제공하게 할 수 있다.

5) 기타 당사자의 의무

매도인은 계약에 일치하는 물품 및 증빙을 매수인에게 제공하고, 품질 및 수량을 점검하고, 살물(bulk cargo)의 경우를 제외하고는 물품인도에 필요한 포장을 하여 이에 적절한 화인을 표시하여야 하며, 수출승인 등 수출을 위한 공적 승인을 취득하고 수출통관절차를 이행하여야 하며, 수입국 내 지정목적지까지 운송하기 위한 운송계약을 체결하여야 하고, 목적지까지의 물품에 대한 위험에 대비하여 적화보험에 부보하여야 하며,[123] 매수인에게 선적통지를 하여야 하며, 매수인의 요청이 있을 경우 보험부보에 필요한 정보를 제공하여야 한다.

한편 매수인은 물품이 자기의 임의처분상태로 인도되면 지체 없이 이를 인수하고, 계약서에 정해진 바에 따라 대금을 지급하여야 하며, 운송서류가 적절하게 제공되면 이를 수령하여야 하며, 수입승인이나 기타 수입을 위한 공적 승인을 취득하고 수입통관 등 수입을 위하여 필요한 모든 세관수속절차를 이행하여야 하고, 물품인수기간 내에서의 구체적인 인수일자와 인수장소를 결정하여야 하고, 인수일자와 인수장소를 결정할 권리를 유보한 때에는 이를 매도인에게 충분한 통지를 하여야 한다. 이러한 의무를 위반함으로써 발생되는 약정된 물품인도일 또는 인도기간의 만료일 이후의 모든 추가위험과 추가비용은 매수인이 부담하여야 한다.

6) 거래조건 표기의 예

무역계약을 체결할 때 가격조건(price terms)을 DDU조건으로 약정하고자 할 경우에는 다음의 예와 같이 표기한다.[124]

항공운송의 경우 "DDU New York Airport"
해상운송의 경우 "DDU Abc Container Terminal, New York"
철도운송의 경우 "DDU Chicago Station"
도로운송의 경우 "DDU Def Cargo Terminal, Chicago"
복합운송의 경우 "DDU Xyz Warehouse(or Customs Warehouse), Chicago"

---

123) 보험부보는 엄격히 말해서 매수인에 대한 계약상의 의무는 아니지만, 매도인이 자신의 이익을 위하여 통상적으로 부보하게 된다. DDU조건은, CFR이나 CIF조건처럼 서류인도(symbolic delivery)에 의하지 않고, 현물인도(actual delivery)에 의한 물품인도방식을 택하고 있음을 유의하여야 한다.

124) DDU조건의 경우 DDU 뒤에는 운송방식에 따라 반드시 도착지(항구, 공항, 철도역, 터미널, 세관, 창고 등) 이름을 기재하여야 한다.

(5) 관세지급인도 [Delivered Duty Paid...(named place of destination): DDP]

1) 관세지급인도의 개념

관세지급인도(Delivered Duty Paid)라 함은 매도인이 물품을 수입통관하고, 지정된 목적지에 도착하는 모든 운송수단으로부터 양화하지 아니한 상태로 매수인에게 인도하는 것을 의미한다.

매도인은 적용 가능한 경우 목적지의 국가에서의 수입을 위한 모든 관세(이 용어는 통관절차를 이행할 책임과 위험 및 그 절차, 관세, 조세 및 기타 부과금의 지급 등을 포함한다)를 포함하여 목적지까지 물품을 운반하는 데 수반되는 모든 비용과 위험을 부담하여야 한다. 공장인도(EXW) 조건이 매도인에 대한 최소 의무를 나타내는 반면에, 관세지급인도(DDP) 조건은 최대 의무를 나타낸다.

이 조건은 매도인이 직접 또는 간접적으로 수입허가를 취득할 수 없는 경우에 사용되어서는 아니 된다. 그러나 당사자들은 물품의 수입시에 지급되는 비용의 일부(예컨대, 부가가치세)를 매도인의 의무사항에서 제외할 것을 원하는 경우에는, 매매계약상에 이러한 취지의 명시적인 문언을 추가함으로써 이를 명확히 하여야 한다.

당사자가 매수인이 수입에 따른 모든 위험과 비용을 부담할 것을 원하는 경우에는, 관세미지급 조건을 사용하여야 한다. 이 조건은 운송방식에 관계없이 사용될 수 있다. 다만 인도가 목적항의 선박의 갑판상이나 또는 부두상에서 이루어져야 할 경우에는, 착선인도(DES) 또는 부두인도(DEQ) 조건을 사용하여야 한다.[125)]

2) 위험의 이전시점

DDP조건에서 매도인은 약정된 일자 또는 기간 내에 지정된 목적지에 도착하는 운송수단 상에서 양화하지 아니하고 매수인의 임의 처분상태로 두어 인도를 완료한 때에 매수인에게 위험이 이전된다.

---

125) INCOTERMS 2000, DDP.

3) 비용의 분기점

DDP조건에서 비용의 분기점은 위험의 이전시점과 같다. 즉 매도인은 물품을 수입국 내의 목적지인 운송수단상에서 매수인에게 인도할 때까지의 일체의 비용을 부담하여야 한다. 또한 수출과 수입에 필요한 통관절차 비용 및 필요한 경우 제 3 국 통과운송을 위하여 지급되는 관세, 조세 및 기타 부과금을 부담하여야 한다.

한편 매수인은 물품인도의 일자 또는 장소에 관하여 매도인에게 통지의무 불이행으로 인하여 매도인의 물품인도장해요인을 야기시키거나 또는 물품이 그의 임의처분상태에 두어질 때 이를 인수하지 못함으로써 발생되는 인도일 또는 인도기간의 만료일 이후의 추가비용을 부담하여야 한다.

4) 매도인의 제공서류

DDP조건에서 매도인은 기본적으로 매매계약과 일치하는 상업송장 또는 이에 상응하는 전자통신문 그리고 계약에서 요구되는 모든 일치증명서류를 제공하여야 한다.

따라서 매도인은 자신의 비용으로 매수인에게 화물인도지시서(Delivery Order: D/O) 또는 통상의 운송서류, 예컨대 유통선화증권(Negotiable Bill of Lading), 비유통해상화물운송장(Non-negotiable Sea Waybill), 내수로운송서류(Inland Waterway Transport Document), 항공화물운송장(Air Waybill), 철도화물수탁서(Railway Consignment Note), 도로화물수탁서(Road Consignment Note) 또는 복합운송서류(Multimodal Transport Document)를 제공하여야 한다.

5) 기타 당사자의 의무

매도인은 수출승인과 수입승인, 물품의 수출과 수입을 위한 수출국과 수입국에서의 여러 가지 공적 승인을 취득하고, 나아가 수출통관과 수입통관을 포함한 수출국과 수입국에서의 세관수속절차를 모두 이행하여야 한다. 이 밖에 계약에 일치되는 물품제공의무, 운송계약체결의무, 수출국에서의 물품의 선적통지의무, 물품점검의무, 포장과 화인표시의무, 보험부보 정보제공의무 등의 의무를 부담하여야 한다.

한편 매수인은 매도인의 요청이 있을 경우 매도인의 위험부담과 비용부담으로 수입승인 및 물품의 수입에 필요한 기타의 공적 승인을 취득함에 있어 매도인에게 모든 협조를 제공하여야 하며, 매도인이 물품을 매수인의 임의처분상태로 인도하기 위하여 수입국에서 발행되거나 조달되는 모든 서류 또는 그에 해당하는 전자통신문을 매도인이 송달하는 데 모든 협조를 제공하여야 한다. 또한 매수인은 물품인수의무, 대금지급의무, 인도수령의 결정권을 유보한 경우의 물품인도일과 인도장소의 통지의무, 화물인도지시서 또는 운송서류의 인수의무를 부담하여야 한다.

6) 거래조건 표기의 예

무역계약을 체결할 때 가격조건(price terms)을 DDP조건으로 약정하고자 할 경우에는 다음의 예와 같이 표기한다.[126]

항공운송의 경우 "DDP New York Airport"
해상운송의 경우 "DDP Abc Container terminal, New York"
철도운송의 경우 "DDP Chicago Station"
도로운송의 경우 "DDP Def Cargo Terminal, Chicago"
복합운송의 경우 "DDP Xyz Warehouse(or Customs Warehouse), Chicago"

6. 기타 상관습 및 법제상의 정형거래조건

여기에서는 CIF계약에 관한 '와르소 · 옥스포드 규칙', '개정미국무역정의', '미국 통일상법전' 상에 규정하고 있는 정형거래조건에 대하여 살펴보기로 한다.

6.1 CIF계약에 관한 와르소 · 옥스포드규칙

국제법협회(International Law Association: ILA)[127]가 해상무역에 있어서 매

126) DDP조건의 경우 DDP 뒤에는 운송방식에 따라 반드시 도착지(항구, 공항, 철도역, 터미널, 세관, 창고 등) 이름을 기재하여야 한다.

127) 1873년 런던에서 설립된 민간기관으로, 국제공법과 국제사법의 연구 · 해명 · 진흥 · 법률

매관습의 국제적 통일을 위한 규칙을 제정하기로 결의한 것은 1926년 개최된 동 협회의 비인(Wine)회의였다. 이 회의의 결의에 따라 CIF계약에 관한 통일규칙을 기초할 위원이 선임되었으며 초안이 1928년 와르소(Warsaw)회의에 상정되어 '1928년 와르소 규칙'(Warsaw Rules 1928)으로 채택되었다.

CIF계약에 관한 이 규칙은 전문 22개조로 구성되었으며, 영국의 CIF관습과 이에 관한 판례를 토대로 작성되었다. 국제상업회의소의 무역거래조건위원회는 와르소규칙에 관심을 표시하고, 이에 대한 각국 국내위원회의 의견을 구하였다. 특히 미국과 독일로부터 수정안이 제출되었다. 거기에서 1930년에 개최된 국제법협회의 뉴욕회의에서 이 규칙을 개정하기로 결정하였다. 특히 국제상업회의소의 강력한 지원에 의해 1931년 10월 와르소규칙 개정초안이 작성되었으며, 이것이 1932년 옥스포드에서 개최된 국제법협회의 회의에 상정토의를 거쳐 '1932년 와르소 · 옥스포드 규칙'(Warsaw-Oxford Rules for CIF Contract 1932)을 채택하게 되었다.

이 규칙은 서문과 21개조[128])로 구성되어 있다. 이 와르소 · 옥스포드 규칙은 CIF계약을 체결하고자 하는 당사자에게 임의로 채택할 수 있는 통일적 해석기준을 제공하는 것이다. 따라서 "인코텀즈"나 개정미국무역정의와 마찬가지로 계약당사자의 합의에 의해 그 계약을 본 규칙에 따라 해석한다는 취지의 조항을 명시적으로 규정하는 경우에 한하여 적용될 수 있다.

6.2 개정미국무역정의

본선인도조건인 FOB 거래관습은 섬나라인 영국을 중심으로 해상매매를 위하여 비롯되었으나 미국과 같은 대륙국가에 전해지면서 운송수단이 선박뿐

충돌의 해결에 관한 제안과 법률의 통일화 및 국제이해와 친선촉진사업활동을 하고 있다. 이 협회의 주요한 성과로는 공동해손의 정산에 관한 '1974년 요크 · 앤트워프규칙'(the York-Antwerp Rules 1974) 및 '1924년 선화증권통일조약'(International Convention for the Unification of Certain Rules Relating to Bills of Lading 1924)을 원안기초하였다.

128) ① 규칙의 개요, ② 선적에 관한 매도인의 의무, ③ 선적시기 및 선적일의 증명, ④ 면책, ⑤ 위험, ⑥ 소유권, ⑦ 선화증권에 관한 매도인의 의무, ⑧ 특정선박-선박의 종류, ⑨ 도착지 지급운임, ⑩ 수입세 및 기타의 비용, ⑪ 물품의 상태에 관한 매도인의 의무, ⑫ 보험에 관한 매도인의 의무, ⑬ 선적통지, ⑭ 수입 · 수출허가서, 원산지증명서, 기타, ⑮ 품질증명서, 기타, ⑯ 서류의 제공, ⑰ 선적 후의 멸실 또는 손상, ⑱ 대금지급에 관한 매수인의 의무, ⑲ 물품검사에 관한 매수인의 권리, ⑳ 매매계약에 관한 권리와 구제, ㉑ 통지

만이 아니라 철도화차, 부선, 화물자동차 등 일반운송인에게 화물을 인도하거나 지정운송용구에 적입함으로써 매도인의 인도 · 제공이 이루어지게 되었다. 예컨대, "FOB Chicago," "FOB Mill Pittsburgh"과 같이 내륙의 출발지나 매도인의 공장 적출지를 나타내는 관행이 일반화되었다. 혹은 "FOB Cars New York"과 같이 약정품을 적재할 화차가 지정항구에 도착할 때까지의 위험과 비용을 매도인이 부담하고 그 지정장소에 도착한 화차에 적재된 상태에서 약정품을 매수인에게 인도하는 내용의 화차인도조건도 생겨났다.

이처럼 FOB내용이 다양하게 사용됨으로 인하여 미국상인과의 무역거래에서 용어사용법이나 해석에 관한 분쟁이 종종 발생하였다. 따라서 이들 용어에 대한 통일을 기하기 위하여 1919년 12월에 전미국무역협회(National Foreign Trade Council)가 개최되었고 이 회의에서 '수출가격조건의 정의'(Definitions of Export Quotations)가 채택되었다. 이 정의를 채택한 회의가 New York의 India House에서 개최되었기 때문에 일명 'FOB에 관한 India House 규칙'(India House Rules for FOB)이라고 부른다.

이 정의에서는 ① FOB, ② FAS, ③ CIF, ④ C&F의 4종의 표준정의를 규정하였는데 특히 FOB는 이를 다시 7종[129)]으로 세분하여 표준해석을 하였다.

1919년의 정의는 수출가격의 채산조건에 대하여 수출업자단체에 의해 작성되었던 것으로 그 내용을 보면 매도인에게 유리한 방향의 해석기준이라는 불만이 수입업자측으로부터 야기되었다. 또 그 후 20년간 미국은 실제로 세계무역의 지도적 입장에 서게 되었으며 무역거래관습에도 큰 변화과 생겼다.

이러한 이유로 전미국무역협회(National Foreign Trade Council)[130)] 전미국수입업자협회(National Council of American Importers)[131)] 및 미국상업회의소(Chamber of Commerce of the United)[132)]의 합동위원회에서 개정작업이 이루어졌으며, 그 결과 1941년의 전미국무역회의에서 '1941년 개정미국무역정의'(Revised American Foreign Trade Definitions 1941)가 채택되었다.

129) 1919년 당초의 FOB조건은 다음과 같이 7가지로 세분하였다. ① FOB(named point), ② FOB(named point), Freight Prepaid(named point on the seaboard), ③ FOB(named point) Freight Allowed to(named point on the seaboard), ④ FOB Cars(named point on the seaboard), ⑤ FOB Cars(named port) LCL, ⑥ FOB Cars(named port) Lighterage Free, ⑦ FOB Vessel(named port).

130) 1914년 창립.

131) 1921년 창립.

132) 1912년 창립.

이 정의는 앞의 India House Rule에다 Ex(point of origin) 및 Ex Dock의 2종을 추가하여 ① EX(point of origin), ② FOB, ③ FAS, ④ C&F, ⑤ CIF, ⑥ Ex Dock의 6종으로 늘어났다. 그러나 1941년 개정미국무역정의가 공표된 이후 무역관행의 변화에 부응하고 특히 인코텀즈의 정형거래조건을 참조하여 제 2 차 개정 "1990년 개정무역정의"(Revised American Foreign Trade Definition 1990)가 공표되었다.

이 정의는 ① EXW(Ex Works-named place), ② FOB, ③ FAS, ④ CFR, ⑤ CIF, ⑥ DEQ Delivered의 6개 조건을 규정하고[133] 종전과 같이 FOB는 미국적인 특성을 감안하여 그 적용 유형을 인도장소를 기준하여 6가지로 세분하고 있다.

1990년 개정미국무역정의에서 규정하고 있는 거래조건을 다음과 같다.

(1) EXW(Ex Works-named place)(지정장소 공장 인도)

(2) FOB

① FOB(named inland carrier at named inland point of departure)(지정국 내 적출지에서 지정국 내 운송인에의 인도)[134]

② FOB(named inland carrier at named inland point of departure) Freight Prepaid to(named point of exportation)(지정국 내 적출지에서 지정국 내 운송인에의 인도, 단 지정수출지까지의 운임지급)[135]

③ FOB(named inland carrier at named inland point of departure) Freight Allowed to(named point)(지정국 내 적출지에서 지정국 내 운송인에의 인도, 단 지정지점까지의 운임공제)[136]

④ FOB(named inland carrier at named point of exportation)(지정국 내 수출지에서 지정국 내 운송인에의 인도)[137]

⑤ FOB Vessel(named port of shipment)(지정선적항에서 본선적재 인도)[138]

⑥ FOB(named inland point in the country of importation)(수입국 지정 내륙지

133) 1990년 개정미국무역정의상의 거래조건 표기는 EX(point of origin) → EXW(Ex Works-named place), C&F → CFR, Ex Dock → DEQ Delivered로 각각 바뀌었다. 또한 FAS는 종전의 "Free Alongside Ship"이라는 풀이에서 "Free Along Side"로 하였다.

134) 실제거래에서 표시는 FOB Car Chicago or FOB Air Chicago와 같이 한다.

135) FOB Car Chicago, Freight Prepaid to New York.

136) FOB Car Chicago, Freight Allowed to New York.

137) FOB Car New York.

138) FOB Vessel New York; INCOTERMS 2000의 FOB와 가장 유사한 조건이다.

[표 6-5] FOB매매관습의 다양성

INCOTERMS 2000	Revised American Foreign Trade Definition 1990	Uniform Commercial Code
	A) FOB(named inland carrier at named inland point of departure) B) FOB(named inland carrier at named inland point of departure) Freight Prepaid to(named point of exportation) C) FOB(named inland carrier at named inland point of departure) Freight Allowed to(named point of exportation)	① FOB place of ship-ment
	D) FOB(named inland carrier at named point of exportation)	② FOB place of des-tination
① FOB(named port of shipment)	E) FOB Vessel(named port of ship-ment)	③ FOB Vessel, Car or other vehicle
	F) FOB(named inland point in country of importation)	② FOB place of des-tination
국제적으로 일반화된 관습	미국의 관습	미국의 법제

점까지의 반입인도)[139]

(3) FAS

① FAS Vessel(named port of shipment)(지정선적항 선측 인도)

(4) CFR

① C&F(named point of destination)(지정목적지까지의 운임포함 인도)

(5) CIF

① CIF(named point of destination)(지정목적지까지의 운임, 보험료포함 인도)

(6) DEQ Delivered

① Quay(duty paid)(관세지급 부두인도)

139) FOB Busan or FOB Seoul.

개정미국무역정의도 '인코텀즈'나 와르소 · 옥스포드 규칙'처럼 무역거래관습의 해석기준에 불과하다. 이 개정 정의는 특별법으로 규제를 하거나 또는 법정의 판결로 확인되지 않는 한, 법적지위를 갖지 않는다. 그러므로 매매당사자가 이것을 매매계약의 일부로서 받아들이는 데 동의를 할 경우에 한하여 법적으로 구속을 받게 된다.[140)]

6.3 미국 통일상법전상의 거래조건

미국 통일상법전(Uniform Commercial Code)[141)]은 현제 모두 11편으로 구성되었는데,[142)] 그 중 거래조건에 대해서는 제 2 편에 규정되어 있다. 동 법은 미국법협회(American Law Institute)와 통일주법위원회 전국회의(National Conference of Commissioners on Uniform State Laws)에서 기초한 성문법으로 제 2 편에는 매매(sales)에 관한 규정으로 매매계약의 양식, 성립 및 거절, 거래조건, 계약이행, 예약위반, 지급거절 및 허용, 구제방법 등에 관하여 규정하고 있으며 거래조건으로는 FOB, FAS, CIF, C&F 및 Ex-ship조건에 대하여 규정하고 있다.[143)]

특히 미국 통일상법전상의 FOB는 다음과 같이 3가지 유형의 FOB로 구분하고 있다.

첫째, FOB(place of shipment)는 적출지매매로 개정미국무역정의의 (2)-A), B), C)가 이에 속하며, 둘째, FOB(place of destination)는 양륙지매매로 역시 (2)-D), F)가 속하고 그리고 셋째, FOB(vessel, car or other vehicle)도 적출지 매매로 (2)-F)가 여기에 속한다고 할 수 있다. 따라서 미국의 무역업자와

---

140) Revised American Foreign Trade Definitions, 1990 Foreword 참조.

141) 1952년 Official Text가 간행된 후 1957년, 1962년, 1972년, 1978년, 1988, 1995년에 각각 수정 보완하였다; James J. White and Robert S. Summers, *Uniform Commercial Code*, 3rd ed., West Publishing Co., 1988, pp. 1~6.

142) Article 1: General Provisions, Article 2: Sales, Article 2A: Leases, Article 3: Negotiable Instrument, Article 4: Bank Deposits and Collections, Article 4A: Fund Transfers Article 5: Letters of Credit, Article 6: Bulk Transfers and Bulk Sales, Article 7: Warehouse Receipts, Bills of Lading and other Documents of Title, Article 8: Investment Securities, Article 9: Secured Transactions; Sales of Accounts and Chattel Paper, Article 10: Effective Date and Repealer, Article 11: Effective Date and Transition Provisions.

143) UCC, §§2-319, 320, 321, 322.

매매계약을 체결할 경우에는 이와 같은 미국의 법제를 고려하여 명시적인 거래조건의 합의가 이루어져야 한다.

7. 국내에서의 수출입대행계약[144)]

7.1 수출대행계약의 유형과 주요 약정사항

(1) 수출대행계약의 의의

수출대행계약이라 함은 위탁자의 특정한 물품을 대행자인 수출업자가 자기명의로 수출을 대신 수행하기 위한 합의를 말한다.

수출대행계약의 당사자는 무역업자인 대행자와 보통 무역업을 직접 수행할 수 없는 대행위탁자가 된다. 수출대행자 및 위탁자의 자격에는 일반적으로 제한이 없으나 당해수출물품이 수출입공고 또는 특별법 등으로 제한조치되어 있는 경우에는 그 조치에서 정하는 조건을 충족하는 자라야 한다.

(2) 수출대행계약의 유형

1) 단순수출대행계약

단순수출대행계약이라 함은 대행위탁자가 상담(商談)에 의하여 수출신용장을 자기명의로 받고 그 신용장을 대행자 앞으로도 양도(transfer)하여 대행위탁자가 일체의 책임하에 수출부대비용을 부담하고 수출품을 제조 · 가공하여 신용장 양수자인 대행자명의로 행하는 계약을 말한다.

이 방식의 계약은 대행위탁자가 먼저 양도가능신용장(Transferable L/C)을 수령하여야 하며, 수출대상물품을 제조 · 가공하는 데 따른 비용도 부담하며, 수출 및 선적에 따른 제 절차도 사실상 위탁자가 맡아서 하게 되는 것이 일반적이다. 대행자인 수출자는 단순히 제반서류상에 명의만 빌려주는 일종의 창구역할만 하는 것이다. 즉 대행자는 자기명의로 신용장 양수, 수출추천 및 승인, 수출통관 및 선적, 수출환어음 매입, 그리고 사후관리 대상품목인 경우 수출이행보고 등의 수출행위를 하게 되고 수출대금 회수에 이르기까지 수출자의 명의로 진행되어 그에 따른 책임도 뒤따르게 된다.

144) 강원진, 「수출입대행업무종합실무」, 국제무역연구원, 1990, 1~20면.

일반적으로 이러한 수출유형은 대행수수료도 미화 달러당×원(혹은 수출신용장 금액의××%) 등으로 비교적 저렴하다.

그러나 수출신용장조건에 따른 하자 등으로 해외의 매수인(buyer)측으로부터의 수출환어음 매입 후 부도(unpaid)가 발생했을 때 신용장 양수자로서 대행자인 수출자는 책임을 면치 못한다. 대행위탁자와의 대행계약 체결시에는 제절차 및 수출환어음 매입 후 발생가능한 제반문제에 대해서 당사자간에 명확히 합의하여야 한다.

2) 지원수출대행계약

위탁자가 수출신용장을 수취하였지만, 자기명의로 무역업을 수행할 수 없는 자이거나 무역업자격이 있다 하더라도 무역금융한도부족 혹은 은행 등 관련기관에 수출절차 이행상의 업무미숙이나 기타 사정이 있을 경우가 있다. 지원수출대행계약이란 대행자에게 신용장을 양도하고 수출자인 대행자명의로 수출승인을 받아 수출품을 제조가공하는 데 소요되는 원자재를 내국신용장(Local L/C)이나 수입신용장을 발행하고 무역금융으로 물품대금결제 및 기타 자금을 지원하여 주는 유형의 수출대행계약을 말한다.

이 계약방식에 따르면 수출자가 여러 가지 위험을 부담하게 된다. 특히 무역금융 수혜시에는 대행자의 거래은행 등에 사전에 제공한 담보 등을 근거로 하여 지원되기 때문에 대행자는 위탁자로 하여금 금융, 결제 등 지원되는 금액에 대하여 담보를 제공토록 하는게 일반적이다. 따라서 이 경우에는 대행료도 가장 비싸다. 지원대행시에는 원자재 내국신용장 및 수입신용장발행 등에 따른 수출용원자재 사후관리를 대행자가 맡게 되는 것이 보통이다. 대행자의 입장에서 보면 자사제품이나 임가공하청방식에서와 같이 제 절차는 같지만 수출부대비용 부담구분과 세금계산서 등 제증빙서에 따라 당사자를 대행자로 하느냐 위탁자로 하느냐를 사전에 약정해 두어야 하는 것을 유의하여야 한다.

3) 완제품 내국신용장에 의한 수출대행계약

완제품 내국신용장에 의한 수출대행계약이라 함은 대행위탁자가 수령한 수출신용장을 대행자에게 양도하고 이를 기초로 대행자로부터 완제품 내국신용장을 받고 동 내국신용장에 의하여 수출물품을 제조 가공하여 대행자에게 공급하는 방식의 수출대행계약을 말한다.

이 유형의 수출대행계약서에서는 대행위탁자의 신용상태가 양호하거나 혹은 대행자 앞으로 담보제공이 되어 있을 경우 대행자를 통하여 자금을 지원받을 수도 있다.

또한 대행위탁자가 완제품 내국신용장을 받았으나 원자재를 확보해 두지 못하였을 경우, 이를 근거로 제 2 차 내국신용장의 발행신청인이 되어 국산자재를 확보할 수 있다. 그리고 수출품 제조 가공에 소요되는 자재 중 수입해야 할 부분은 무역업자를 통해 원자재 수입대행을 위탁하여 확보하게 하는데, 이 경우에는 통상 완제품 내국신용장 발행신청인인 대행자(수출자)가 수입을 대행해 주게 된다.

완제품 내국신용장에 의한 수출대행계약방식은 전문무역상사나 타사제품을 대행하여 수출하는 경우에 가장 많이 사용하고 있다.

(3) 수출대행계약시 주요 약정사항

1) 수출제비용부담관계

수출대행의 계약을 체결한 경우에는 그 대행의 유형에 따라 수출이행에 소요되는 비용은 어느 편에서 부담할 것인가를 사전에 약정하여야 한다. 즉 수출신용장 양도수수료, 내국신용장 발행수수료, 수출용원자재 수입시의 수입신용장발행 제수수료, 수입화물의 적화보험료, 해상(항공)운임, 수입화물선취보증서(Letter of Guarantee: L/G) 수수료, 매수인어음지급유예이자(Buyer's Usance Interest: BUI), 수입화물 통관비용, 수입화물 적재 및 양화비, 수입관세, 수입보증금 적립금, 수출품 제조 후 수출검사료, 내륙운송료, 수출통관 제수수료, 수출화물 적재 및 양화비, 적화보험료, 해상 또는 항공운임, 우편료, 환가료, 대차료, 무역금융이자, 수입보증금[145]부담관계 및 커미션지급관계 등을 고려하여 약정해 두어야 한다.

---

145) 수입어음결제금액과 실제 무역금융융자금액과의 차액(실무계에서 말하는 소위 끝전)을 말한다.

2) 내국신용장발행시 발행금액관계

완제품 내국신용장에 의한 대행계약의 경우에는 원수출신용장상의 가격조건이 FOB, CFR 혹은 CIF조건에 따라 내국신용장 발행금액이 달라진다.

완제품 내국신용장을 발행신청할 경우에 대행자인 내국신용장 발행신청인은 환차, 대행료 등을 고려하여 위탁자인 물품공급자로부터 FOB조건으로 완제품 물품도매확약서를 받고 내국신용장을 발행신청하여야 한다. 즉 내국신용장금액은 사실상 FOB가격조건과 동일하게 취급되거나 그 범위 내에 속한다고 할 수 있다.

그런데 유의할 점은 완제품 내국신용장을 발행할 경우에는 원신용장상의 가격조건이 CFR이나 CIF조건일 경우에는 적화보험료(cargo insurance premium), 해상 혹은 항공운임(ocean or air freight)을 공제한 금액, 다시 말하면 FOB금액 및 대행료 등을 공제하여 내국신용장을 발행하여야 한다.

3) 수출실적인정관계

단순수출대행계약의 경우 대행자에게 수출실적이 인정되지만 내국신용장이 발행되는 경우 대행자에게는 직수출실적이, 대행위탁자에게는 내국신용장에 의한 물품공급실적이 각각 인정된다.

4) 무역금융수혜관계

완제품 내국신용장 수혜자가 완제품을 제조 가공하는 데 필요한 원자재 중 수입원자재가 있을 경우 보통 수출대행자가 원자재수입대행도 하게 되므로 대행자 명으로 원자재자금도 수혜할 수 있다.

완제품 내국신용장에 의한 수출대행방식을 제외하고는 생산자금 및 원자재자금을 수혜할 수 있다. 유의할 점은 무역금융을 수혜할 경우에는 실제로 결제할 금액과 미화 달러당 융자단가 사이에 차액이 발생하기 때문에 차액을 대행위탁자가 우선 대납하고 결제토록 할 것인가, 아니면 수출대행자가 부담해 줄 것인가를 사전에 약정해 두어야 한다. 여기서 차액은 당연히 최종적으로 대행자가 부담하게 되는 것이다.

5) 관세환급신청관계

수출물품에 대한 관세환급청구권은 수출한 자, 즉 대행자에게 있다. 다시 말하면 수출신고필증에 표시되어 있는 수출업자에게 있는 것이다.

그러나 단순수출을 위탁시킨 자나 완제품을 수출업자에게 수출을 대행시킨 경우에는 수출자나 수출을 위탁한 자 공히 환급신청권자가 될 수 있다.

6) 클레임에 대한 책임관계

수출대행계약서상의 위탁자는 해외거래상대방과 무역계약을 체결한 계약당사자이므로 해외의 매수인으로부터 클레임이 제기되었을 경우에는 계약위반에 따른 클레임당사자가 됨은 명백한 것이다. 그러나 단순히 대행계약에 의하여 신용장만을 양도받고 단순 대행자가 클레임의 당사자가 되는 것은 억울한 일이기도 하지만 실무에서는 그리 간단한 문제가 아니다.

일반적으로 대행자는 신용장양수자로서 신용장상에 요구된 서류를 제시할 의무와 신용장 조건준수의무를 지게 되므로 그 의무범위에서 클레임의 당사자가 되는 것이다.

대행자가 대행계약상에 해외의 매수인으로부터 대금지급 거절이나 클레임으로 인한 손해를 면하기 위하여 대행위탁자에게 구상할 수 있도록 구상권조항을 두거나 또는 매수인인 해외거래상대방과 클레임의 상대방은 무역계약의 당사자인 위탁자로 한다는 특약을 대행자가 별도로 약정하여 두는 것이 좋다.

7) 부가가치세법상의 영세율적용관계

완제품 내국신용장에 의한 수출대행은, 수출대행 위탁자가 신용장을 받았고, 또한 물품공급 후 내국신용장에 의한 수출대금입금증명서를 위탁자가 받을 수 있기 때문에 위탁자는 물론 대행자도 부가가치세의 영세율이 적용된다. 또한 단순 수출대행의 경우도 신용장 양수도 관계, 대행계약서 등을 고려하여 실제 수출자는 대행위탁자라는 것이 명백하므로 위탁자가 대행자와 마찬가지로 부가가치세 영세율적용을 받게 된다. 그러나 단순 대행자가 대행위탁자로부터 받는 대행수수료에 대하여는 부가가치세가 과세됨을 유의하여야 한다.

7.2 수입대행계약의 유형과 주요 약정사항

(1) 수입대행계약의 의의

수입대행계약이라 함은 수입대행자가 대행위탁자와의 수입대행계약에 의하여 대행위탁자가 수입하려는 물품을 자기명의로 수입하는 것을 말한다.

(2) 수입대행계약의 유형

1) 수출용원자재의 수입대행계약

국내에서 물품을 제조 · 가공하는 것을 주업종으로 하는 기업은 완제품 내국신용장을 받더라도 무역업자가 아닌 경우에는 내국수출품의 제조가공에 필요한 원자재를 자기가 직접 수입할 수가 없으므로 무역업자와 수입대행계약을 체결하여 대행수입을 하여야 한다. 이러한 경우에도 수출용원자재 수입에 따른 관세환급, 무역금융수혜 등을 받을 수 있다.

수입대행수수료는 수출대행수수료와 마찬가지로 수입에 따른 절차를 누가 이행하느냐 또는 수입에 따른 담보의무를 누가 부담하느냐에 따라서 차이가 나는데 수출대행계약의 경우보다 대행수수료가 높은 것이 보통이다.

2) 내수용 물품의 수입대행계약

내수용, 즉 국내소비용 물품의 수입은 위탁자의 용도에 따라 대행자와 수입대행계약을 체결하는 경우와 단순히 수입상의 자가용도 또는 수입상의 내수판매를 목적으로 하는 경우가 있다.

수출용원자재의 경우와는 달리 내수용의 경우에는 수출입공고에 따라 청약서(offer sheet) 또는 구매계약서를 가지고 바로 수입승인(I/L)을 받을 수 있다.

수입대행계약을 체결해야 할 때에는 대행계약서상에 물품의 명세, 수입시기, 수입상대방, 가격, 수입대행수수료 및 기타 거래조건 등을 약정하여야 하며 수입승인신청서상에는 대행위탁자를 실수요자로 하고 수입대행계약서를 첨부하여 수입승인신청을 해야 하며 수입보증금의 적립 등 수입에 따른 담보제공 등에 관하여 대행계약서에 상세히 약정하여야 한다.

(3) 수입대행계약시 주요 약정사항

1) 실수요자 및 납세의무관계

수출용원자재 수입대행계약을 체결하고, 수입대행을 할 경우에는 수입위탁자가 실수요자가 되며, 향후 수입통관시에 관세납부의무자가 된다.

사실상 수입승인서상에 신청인과 실수요자가 동일인일 경우, 즉 자사제품이나 설령 대행수입을 하더라도 완제품 내국신용장을 발행하지 않았을 경우에는 대행자가 관세납부의무자가 된다. 또한 수입승인서상의 신청인은 수입대행자이며, 실수요자는 완제품 내국신용장수혜자이고, 실제 관세납부의무자가 됨을 유의하여야 한다. 그러나 내수용 물품의 수입대행계약에 의하여 수입을 할 경우에는 실수요자는 항상 위탁자가 되며 관세 등 납부의무자도 위탁자가 된다.

2) 무역금융수혜관계

수출원자재 수입에 대한 대출의 채무자는 수입위탁자인 실수요자와 대행자가 모두 될 수 있으나 동 수입분에 대한 융자한도 및 수출의무액은 실수요자인 대행위탁자에게 계상된다. 따라서 수입대행자가 실수요자를 위하여 수입신용장을 발행신청하는 경우 수입신용장 발행은행은 실수요자의 주거래 외국환은행으로부터 융자한도 확인을 받은 후 신용장을 발행하여야 하며, 실수요자의 주거래 외국환은행은 이를 실수요자의 한도에 포함해서 관리하여야 한다.

3) 수출용원자재의 사후관리관계

완제품 내국신용장에 의하여 내국신용장수혜자의 수출용원자재를 수입대행위탁하는 경우의 수출용원자재 사후관리의무자는 수입대행위탁자가 되며, 단순 수출대행 등의 경우 수출대행자가 사실상 실수요자가 되어 사후관리의무자가 된다. 그러나 내수용 물품을 수입하였을 경우에는 원자재의 사후관리의무가 없다. 수출입대행계약을 체결할 경우에 항상 유념해 두어야 할 사항은 뒤에 예시된 계약서처럼 수출과 수입의 기본계약서, 즉 수출대행 혹은 수입대행계약서상에 당사자의 권리의무와 책임관계를 잘 약정하여 후일에 있을지 모르는 상거래분쟁 등에 대비하여야 한다.

서식 6-3 수출대행계약서

수출대행계약서

대행자(갑): 에이엔비무역주식회사 위탁자(을): 강남산업주식회사

(사업자등록번호: 214-12-34567)

상기 당사자는 하기와 같은 조건으로 수출대행계약을 체결한다.

제 1 조(대행방식)

본 계약은 "을"과 직접거래관계가 있는 제 3 자와의 수출계약에 따른 거래이므로 "갑"은 단지 수출대행자로서 수출창구 역할만을 하는 것으로 한다.

제 2 조(대행물품)

"갑"은 "을"의 책임하에 생산 조달된 아래물품을 대행수출한다.

품 명	수 량	금 액	가격조건	비 고
Man' s Split Leather Jackets	4,000pcs	US$100,000	CIF New York	L/C No.78910

제 3 조(대행료)

수출대행료는 미화 1달러당 3원으로 하며 본건 수출환어음 매입 후 대행료, 제비용 등을 정산하여 "을"이 "갑"에게 지급하도록 한다.

제 4 조(수출대금지급)

수출대금지급은 "을"의 책임하에 생산 및 선적 완료 후 결제서류를 작성하여 하자 없이 수출환어음을 매입한 후 "갑"이 "을"에게 지급하기로 한다.

단, 보증부 수출환어음매입시에는 "갑"에게 담보 등 제공이 없을 경우에는 추심방식(collection basis)에 의하되 대금입금이 확인된 후에 지급토록 한다.

제 5 조(손해배상)

"을"은 본 거래와 관련하여 물품의 선적불이행, 지연이행에 따른 손해와 법령위반, 신용장상의 매수인 등으로부터 품질불량, 수량부족, 규격상이, 특허 및 상표권침해 등 제반 클레임에 따른 손해 및 수출환어음매입 후의 부도 등이 발생하여 "갑"에게 손해를 입히게 될 경우에는 즉시 그 손해 상당액을 배상하여야 한다.

제 6 조(담보제공)

"갑"은 제 4 조 및 제 5 조의 실행을 보증하기 위하여 "을"로 하여금 담보 등을 제공하게 할 수 있고 동 담보 등을 "갑"의 손실 변제에 임의로 충당할 수 있다.

제 7 조(비용부담)

"을"은 "갑"의 수출대행에 따른 제비용을 부담한다.

제 8 조(권리의 귀속)

별도 약정이 없는 한 관세 등 환급권을 제외한 본 계약에 의한 수출 완료 후의 일체의 권리는 "갑"에게 귀속한다.

제 9 조(권리의무의 양도)

"을"은 "갑'의 승인 없이는 본 계약상의 권리의무를 제 3 자에게 양도할 수 없다.

제10조(계약의 해제)

1. "갑"은 "을"이 다음 각호 1에 해당하는 경우에는 본 계약의 전부 또는 일부를 해제 또는 해지할 수 있다.
   가. 신용장에 정한 선적기한 내에 수출대행물품의 선적을 거부하거나 완료하지 못한 때
   나. "을"의 귀책사유로 인하여 선적기한 내에 선적할 가능성이 없음이 명백하다고 인정될 때
   다. 기타 계약조건을 위반하고 그 위반으로 인하여 계약의 목적을 달성할 수 없다고 인정될 때
2. "을"은 "갑"이 무역업의 취소 또는 정지 등 수출대행이 불가능하다고 객관적으로 인정될 경우에는 본 계약의 전부 또는 일부를 해제 또는 해지할 수 있다.
3. "갑"과 "을"은 제 1 항 및 2항의 규정에 의거 계약을 해제 또는 해지하는 경우에는 그 사실을 상호 서면으로 통보하여야 하고, 일부 선적을 이행한 부분에 대해서 "을"은 "갑"에게 제 3 조에서 정한 방법으로 대행료를 지급하여야 한다.

제11조(계약내용의 변경)

본 계약의 내용을 변경하고자 할 경우는 "갑"과 "을"의 쌍방의 합의하에 변경할 수 있다.

제12조(분쟁의 해결)

본 계약에 의한 분쟁은 대한상사중재원의 중재로써 최종적으로 해결하기로 한다.

제13조(상관습 준수)

본 계약서에 기재하지 않은 사항은 일반 상관습에 준한다.

제14조(계약서 보관)

위와 같이 계약을 체결하고 계약서 2통을 작성하여 "갑" "을" 쌍방이 날인 후 각각 1통씩 보관한다.

20××년 5월 20일

(갑) 서울시 종로구 명륜동 1번지
에이엔비무역주식회사
대표이사 홍길동 ㊞

(을) 서울시 강남구 대치동 1번지
강남산업주식회사
대표이사 김철수 ㊞

서식 6-4 수출용완제품공급계약서

수출용완제품공급계약서[146)]

수출자(갑): 에이엔비무역주식회사　　　　공급자(을): 강남산업주식회사
(사업자등록번호: 214-12-34567)

상기 당사자는 하기와 같은 조건으로 수출용완제품공급계약을 체결한다.

제 1 조(공급물품)

"을"은 아래물품을 "갑"에게 공급하기로 한다.

품　명	규　격	수　량	단　가	금　액	비　고
Men' s Split Leather Jackets	ST-10	14,000pcs	@U$24	US$96,000	

제 2 조(물품인도기일)

"을"은 20××년 7월 31일까지 상기물품을 "갑"이 지정하는 장소까지 "을"의 책임하에 인도완료하여야 한다.

제 3 조(물품대금지급)

물품대금지급은 "을"의 책임하에 생산 및 인도된 물품에 대하여 "갑"의 수출환어음을 매입한 후 동 대금으로 "을"에게 지급하기로 한다.

제 4 조(작업지시사항 준수)

"을"은 상기물품 생산에 따른 품질, 규격, 수량, 포장 등 제반작업은 반드시 "갑"의 직인이 날인된 작업의뢰서상에 명시된 대로 이행하여야 한다. 또한 "을"은 동 작업의뢰서를 교부받기 전이나 작업의뢰서상에 명시된 사항대로 작업을 이행하지 않음으로 인하여 발생된 모든 손실감수 및 책임을 부담하며, 그로 인하여 "갑"에게 손해를 입힐 경우에는 "을"은 즉시 갑에게 그 손해를 배상하여야 한다.

제 5 조(비용부담)

"을"은 "갑"이 지정하는 장소까지 본건 관련 물품을 인도함에 있어 발생하는 일체의 비용을 부담한다. 단, 해상운임, 적화보험료는 "갑"이 부담하도록 한다.

제 6 조(손해배상)

"을"은 본 건 관련 제 2 조에 정한 기일 내에 선적불이행, 지연이행으로 발생되는 손해와 "갑"의 매수인으로부터 품질불량, 수량부족, 규격상이 등 제반 클레임에 따른 손실이 발생할 경우에는 "갑"에게 즉시 그 손해상당액을 배상하여야 한다.

제 7 조(담보제공)

"갑"은 제 6 조의 실행을 보증하기 위하여 "을"로 하여금 담보 등을 제공하게 할 수 있고 동 담보 등을 "갑"의 손실변제에 임의로 충당할 수 있다.

---

146) 수출자가 수령한 원신용장을 근거로 타사물품을 공급받기 위한 것이다. 완전임가공이나 부분임가공계약의 경우에는 가공임지급관계, 원부자재공급관계, 품질보장에 관한 사항을 추가하여 약정하여야 한다.

제 8 조(권리의 귀속)

본 계약에 의한 수출 완료 후 관세 등 환급권 이외의 일체의 권리는 "갑"에게 귀속한다.

제 9 조(지체상금)

"을"이 제 2 조에 정한 기한 내에 물품의 인도를 이행하지 않은 경우 지체일수당 공급물품의 총가액에 1,000분의 2에 해당하는 지체상금을 징수할 수 있다. 다만, 그 지체사유가 "갑"의 사정 또는 천재지변 등 불가항력적인 사항일 경우에는 그러하지 아니한다.

제10조(권리의무의 양도)

"을"은 "갑"의 승인 없이는 본 계약상의 권리의무를 제 3 자에게 양도할 수 없다.

제11조(계약의 해제)

1. "갑"은 "을"이 다음 각호 1에 해당하는 경우에는 본 계약의 전부 또는 일부를 해제 또는 해지할 수 있다.
   가. 제 2 조에서 정한 물품의 인도기일 내에 수출대행물품의 인도를 거부하거나 완료하지 못한 때
   나. "을"의 귀책사유로 인하여 인도기일 내에 인도할 가능성이 없음이 명백하다고 인정될 때
   다. 기타 계약조건을 위반하고 그 위반으로 인하여 계약의 목적을 달성할 수 없다고 인정될 때
2. "갑"과 "을"은 제 1 항의 규정에 의거 계약을 해제 또는 해지하는 경우에는 그 사실을 상호 서면으로 통보하여야 하고, 일부 선적을 이행한 부분에 대해서는 "을"은 "갑"에게 제 5 조에 정한 대로 "갑"이 부담한 비용을 지급하여야 한다.

제12조(계약내용의 변경)

본 계약의 내용을 변경하고자 할 경우는 "갑"과 "을" 쌍방의 합의하에 변경할 수 있다.

제13조(분쟁의 해결)

본 계약에 의한 분쟁은 대한상사중재원의 중재로써 최종적으로 해결하기로 한다.

제14조(상관습 준수)

본 계약서에 기재하지 않은 사항은 일반 상관습에 준한다.

제15조(계약서 보관)

위와 같이 계약을 체결하고 계약서 2통을 작성하여 "갑" "을" 쌍방이 날인 후 각각 1통씩 보관한다.

20××년 5월 25일

(갑) 서울시 종로구 명륜동 1번지
에이엔비무역주식회사
대표이사 홍길동 ㊞

(을) 서울시 강남구 대치동 1번지
강남산업주식회사
대표이사 김철수 ㊞

서식 6-5 수출용완제품공급거래약정서

수출용완제품공급거래약정서[147)]

수출자/대행자(갑): 에이엔비무역주식회사

공급자/위탁자(을) 강남산업주식회사 (사업자등록번호: 214-12-34567)

상기 당사자는 하기와 같은 조건으로 수출용완제품공급거래약정을 한다.

제 1 조(대행방식)

본 약정서는 "을"과 직접 거래관계가 있는 제 3 자의 수출계약에 따른 거래이므로 "갑"은 단지 내국신용장개설편의 제공 및 수출창구역할만을 하는 것으로 한다.

제 2 조(공급물품)

"을"은 아래물품을 "갑"에게 공급하기로 한다.

품 명	규 격	수 량	단 가	금 액	비 고
Men' s Split Leather Jackets	ST-10	14,000pcs	@U$24	US$96,000	

제 3 조(물품인도기일)

"을"은 20××년 7월 31일까지 상기물품을 "을"의 책임하에 "갑"이 지정한 장소에 인도 완료하여야 한다.

제 4 조(물품대금지급)

물품대금지급은 "을"의 책임하에 생산 및 인도된 물품에 대하여 물품수령증을 발급하고 "갑"의 수출환어음을 하자 없이 매입한 후 "을"에게 지급하기로 한다. 단, 보증부환어음매입시 담보 등 제공이 없을 경우에는 추심방식(collection basis)에 의하되 수출대금 입금확인이 된 후에 지급하도록 하는 것을 원칙으로 한다.

제 5 조(손해배상)

"을"은 본 건 관련 물품을 제 3 조에 정한 기일 내에 인도불이행 및 지연이행에 따른 손해와 법령위반, 신용장상의 매수인 등으로부터 품질불량, 수량부족, 규격상이, 상표권침해 등 제반 클레임에 따른 손해 수출환어음 매입 이후 부도 등이 발생하여 '갑' 에게 손해를 입히게 될 경우에는 즉시 그 손해 상당액을 배상하여야 한다.

제 6 조(담보제공)

"갑"은 제 4 조 및 제 5 조의 실행을 보증하기 위하여 "을"로 하여금 담보 등을 제공하게 할 수 있고 동 담보 등을 "갑" 의 손실 변제에 임의로 충당할 수 있다.

제 7 조(대행료)

"갑"의 대행료는 '을' 의 물품매도확약서상의 금액과 원신용장 등의 금액과의 차액으

---

147) 위탁자가 수령한 원신용장을 대행자에게 양도하고 다시 완제품내국신용장(Local L/C)을 위탁자를 수익자로 발행하는 경우이다. 거래약정서라는 서식을 이용하면 인지세를 절세할 수가 있고 쌍방이 확약하여 서명하게 되면 계약서와 법률적 효력도 같다. 따라서 완제품내국신용장에 의한 수출대행을 할 경우에는 이와 같은 거래약정서를 이용하는 것이 유용할 것이다.

로 한다.

제 8 조(비용부담)

"을"은 원신용장 가격조건에 정하는 지정항 본선상에 적재인도함에 따른 일체의 비용을 부담한다.

제 9 조(권리의 귀속)

별도 약정이 없는 한 본 약정에 의한 수출 완료 후 관세 등 환급권 이외의 일체의 권리는 "갑"에게 귀속한다.

제10조(권리의무의 양도)

"을"은 "갑"의 승인 없이는 본 약정서상의 권리의무를 제 3 자에게 양도할 수 없다.

제11조(약정의 해제)

1. "갑"은 "을"이 다음 각호 1에 해당하는 경우에는 본 약정의 전부 또는 일부를 해제 또는 해지할 수 있다.
   가. 제 3 조에서 정한 인도기일 내에 물품의 인도를 거부하거나 완료하지 못한 때
   나. "을"의 귀책사유로 인하여 인도기일 내에 인도할 가능성이 없음이 명백하다고 인정될 때
   다. 기타 약정조건을 위반하고 그 위반으로 인하여 약정의 목적을 달성할 수 없다고 인정될 때
2. "을"과 "갑"이 무역업의 취소 또는 정지 등으로 인하여 수출대행이 불가능하다고 객관적으로 인정될 경우에는 본 약정의 전부 또는 일부를 해제 또는 해지할 수 있다.
3. "갑"과 "을"은 제 1 항 및 2 항의 규정에 의거 약정을 해제 또는 해지하는 경우에는 그 사실을 상호 서면으로 통보하여야 하고, 일부 선적을 대행한 부분에 대해서는 "을"은 "갑"에게 제 7 조에 정한 방법으로 대행료를 지급하여야 한다.

제12조(약정내용의 변경)

본 약정의 내용을 변경하고자 할 경우는 "갑"과 "을" 쌍방의 합의하에 변경할 수 있다.

제13조(분쟁의 해결)

본 약정에 의한 분쟁은 대한상사중재원의 중재로써 최종적으로 해결하기로 한다.

제14조(상관습 준수)

본 약정서에 기재하지 않은 사항은 일반 상관습에 준한다.

제15조(약정서 보관)

위와 같이 약정하고 거래약정서 2통을 작성 "갑" "을" 쌍방이 날인 후 각각 1통씩 보관한다.

20××년 5월 25일

(갑) 서울시 종로구 명륜동 1번지
에이엔비무역주식회사
대표이사 홍길동 ㊞

(을) 서울시 강남구 대치동 1번지
강남산업주식회사
대표이사 김철수 ㊞

서식 6-6 수입대행계약서

수입대행계약서

대행자(갑): 에이엔비무역주식회사 위탁자(을): 강남산업주식회사

(사업자등록번호: 214-12-34567)

상기 당사자간에 아래와 같은 조건으로 수입대행계약을 체결한다.

제 1 조(대행방식)

본 계약서는 "을"과 직접 거래관계가 있는 제 3 자와의 수입계약에 따른 거래이므로 "갑"은 단지 수입대행자로서 수입창구 역할만을 하는 것으로 한다.

제 2 조

"갑"은 "을"의 요청에 의하여 아래 물품을 수입대행한다.

품 명	규 격	수 량	단 가	금 액	가격조건	원산지
Plastic Zipper	#8	4,100pcs	@U$1.^{00}	US$4,100	CIF Busan	Japan

제 3 조(대행료)

수입대행료는 미화 1달러당 7원을 수입대행료계약체결시에 "을"이 "갑"에게 지급하기로 한다.

만일 "을"이 부득이한 사정으로 대행업무 수행중 수입신용장을 취소하여야 할 경우에도 "을"은 이미 지급한 수수료에 대하여 반환청구를 하지 않기로 한다.

제 4 조(수입대금결제)

"을"은 본 계약과 관련한 수입어음 또는 서류에 대하여 결제기간 이내에 수입대금을 결제하여야 하며, 대지급이 되었을 경우에는 원금 및 대지급 이자 등을 부담하여야 한다.

제 5 조(비용부담)

"을"은 수입거래와 관련한 수입보증금, 관세, 제세공과금 및 부대비용 일체를 부담한다.

제 6 조(담보제공)

"을"은 본 수입과 관련하여 물품공급자 또는 대리인과의 계약이행에 실질적 책임을 지며 "갑"의 명의로 수입업무를 수행하는 데 따른 물품매도확약서나 구매계약서상의 약정내용을 충실히 이행하여야 하며 향후의 클레임 등으로 "갑"에게 손해를 입히게 될 경우에도 즉시 그 손해상당액을 배상하여야 한다.

제 7 조(수입통관)

"을"은 "갑"의 명의로 수입승인을 받은 기간 내에 물품수입 및 대금지급이행을 하여야 하며 물품의 수입통관은 20××년 6월 30일까지 완료하고 수입통관 완료 후 5일 이내에 관련서류를 "갑"에게 인도하여야 한다.

제 8 조(담보제공)

"갑"은 본 계약의 이행을 보증하기 위하여 "을"로 하여금 담보 등을 제공하게 할 수 있고 동 담보 등을 "갑"의 손실변제에 임의로 충당할 수 있다.

제 9 조(비밀보장의무)

"갑"은 본 계약과 관련하여 인지 또는 취득한 자료는 "을"의 서명동의가 없는 한 외부에 제공할 수 없으며, 이로 인하여 "을"에게 손해가 발생한 경우에는 "을"이 제시하는 증빙을 기준으로 즉시 보상하기로 한다.

제10조(계약의 해제)

1. "갑"은 "을"이 다음 각호 1에 해당하는 경우에는 당해 계약의 전부 또는 일부를 해제 또는 해지할 수 있다.
   가. 제 7 조에서 정한 내에 수입대행물품의 통관을 거부하거나 완료하지 못한 때
   나. "을"의 귀책사유로 인하여 통관기한 내에 통관할 가능성이 없음이 명백하다고 인정될 때
   다. "을"이 수입대금을 지급하지 않아 "갑"에게 대지급이 발생한 경우
   라. 기타 계약조건을 위반하고 그 위반으로 인하여 계약의 목적을 달성할 수 없다고 인정될 때
2. "을"과 "갑"이 무역업의 취소 또는 정지 등으로 인하여 수입대행이 불가능하다고 객관적으로 인정될 경우에는 당해 계약의 전부 또는 일부를 해제 또는 해지할 수 있다.
3. "갑"과 "을"은 제 1 항 및 2항의 규정에 의거 계약을 해제 또는 해지하는 경우에는 그 사실을 상호 서면으로 통보하여야 하고, 일부 통관을 이행한 부분에 대해서는 "을"은 "갑"에게 제 3 조에 정한 방법으로 대행료를 지급하여야 한다.
4. 1항의 경우로 인하여 계약을 해제하는 경우 "갑"은 당해 수입물품을 임의로 처분할 수 있다.

제11조(계약내용의 변경)

본 계약의 내용을 변경하고자 할 경우는 "갑"과 "을" 쌍방의 합의하에 변경할 수 있다.

제12조(분쟁의 해결)

본 계약에 의한 분쟁은 대한상사중재원의 중재로써 최종적으로 해결하기로 한다.

제13조(상관습 준수)

본 계약에 정하지 않은 사항은 일반 상관습에 준한다.

제14조(계약서 보관)

위와 같이 계약하고 계약서 2통을 작성 "갑" "을" 쌍방이 날인 후 각각 1통씩 보관한다.

20××년 5월 31일

(갑) 서울시 종로구 명륜동 1번지
에이엔비무역주식회사
대표이사 홍길동 ㊞

(을) 서울시 강남구 대치동 1번지
강남산업주식회사
대표이사 김철수 ㊞

제 **7** 장

신 용 장

1. 신용장의 개념
2. 신용장의 특성과 거래관행
3. 신용장의 당사자와 법률관계
4. 신용장의 종류
5. 신용장통일규칙과 신용장거래의 실제

제 7 장 신 용 장

1. 신용장의 개념

국제상거래에서의 무역대금 결제방식은 크게 3가지 유형으로 구분할 수 있다.

첫째, 은행이 대금지급을 확약한 신용장(Letter of Credit: L/C)방식, 둘째, 은행이 대금지급을 확약하지 않고 계약서에 의해 수입상의 신용만을 전제로 한 추심(collection)방식으로 어음인수서류인도조건(Documents against Acceptance: D/A)과 어음지급서류인도조건(Documents against Payment: D/P), 셋째, 물품의 선적 전 송금 또는 선적 후에 지급되는 송금(remittance)방식으로 사전송금(advance payment)되는 전신송금환(Telegraphic Transfer: T/T), 우편송금환(Mail Transfer: M/T), 송금수표(Demand Draft: D/D) 등의 단순송금방법과, 선적 후에 지급되는 서류상환지급(Cash against Documents: CAD)과 현품인도지급(Cash on Delivery: COD)으로 대별할 수 있다.

이상과 같은 대금결제방식 중에서 주를 이루고 있는 것은 신용장방식에 의한 거래이다.

여기에서는 신용장(Letter of Credit: L/C)을 중심으로 그 기본적 개념과 특성, 당사자와 법률관계, 신용장의 종류 그리고 신용장거래의 실제 등에 관하여 살펴보기로 한다.[1)]

1.1 신용장의 의의

본질적으로 신용장은 매수인의 거래은행인 신용장발행은행(issuing bank)

1) 신용장방식 이외의 대금결제방식에 대해서는 후술하는 제14장에서 다룬다.

이 신용장 제 조건에 일치되고 약정된 기간 내에 신용장상에 요구된 서류가 제시되었을 때 수익자(beneficiary)인 수출상에게 대금지급할 것을 확약한 것이다. 신용장의 구체적 정의에 대해서는 화환신용통일규칙(Uniform Customs and Practice for Documentary Credits: UCP)과 미국 통일상법전(Uniform Commercial Code: UCC)에서 규정하고 있는 내용을 살펴보기로 한다.

(1) 신용장통일규칙상의 정의

신용장의 정의에 대해서 UCP 600 제 2 조에서는 다음과 같이 규정하고 있다.[2)]

"신용장이라 함은 그 명칭이나 기술에 관계없이 일치하는 제시를 인수·지급하기 위한 발행은행의 취소불능적인 그리고 분명한 확약을 구성하는 모든 약정을 말한다."

"Credit means any arrangement, however named or described, that is irrevocable and thereby constitutes a definite undertaking of the issuing bank to honour a complying presentation."

이와 같이 신용장의 정의를 한 마디로 표현하면 '은행의 조건부 지급확약' (Conditional bank undertaking of payment)[3)]이라고 말할 수 있다. 여기에서 조건부 확약이란 신용장조건, 신용장통일규칙의 적용 가능한 규정 및 국제표준은행관행을 종합적으로 고려하여 일치하는 제시에 대한 발행은행의 취소불능적인 확약을 말한다.

(2) 미국 통일상법전상의 정의

한편 신용장의 정의에 대하여 미국 통일상법전에서는 다음과 같이 규정하고 있다.[4)]

2) ICC, Uniform Customs and Practice for Documentary Credits(이하 UCP라 칭함), 2007, Revision, ICC Publication No. 600(이하 UCP 600이라 칭함), Article 2.

3) ICC, *Guide to Documentary Credit Operation*, ICC Publishing S. A., 1985, p.6.

4) UCC, §5-102, Definitions(a)(10).

'신용장'이란 발행의뢰인의 요청이나 계산에 따라, 또는 금융기관인 경우에는 스스로 또는 자신의 계산에 따라 발행인이 수익자에게 금전적 가액의 지급이나 교부로써 서류의 제시를 인수 지급하겠다는 제5-104조의 요건을 충족하는 일정한 확약을 말한다.

"Letter of credit" means a definite undertaking that satisfies the requirements of Section 5-104 by an issuer to a beneficiary at the request or for the account of an applicant or, in the case of a financial institution, to itself or for its own account, to honor a documentary presentation by payment or delivery of an item of value.

여기에서 제5-104조의 요건이란 신용장의 확인, 통지, 양도, 변경 또는 취소는 서명에 의하거나 당사자의 합의 또는 금융기관의 표준관습에 따라 인증되어 있는 어떠한 기록의 모든 형식, 즉 형식적 요건(formal requirements)을 말한다. UCC의 신용장 정의에서도 UCP처럼 "조건부 약속"이라고 보고 있으나 UCC는 UCP와는 달리 은행 이외의 자도 신용장을 발행할 수 있도록 하고 있다.

그런데 신용장은 보증서(Letter of Guarantee)와 구별하여야 한다. 신용장이나 보증서는 매매계약 또는 보증계약에 관련한 보증채무라는 점에서는 동일하다. 보증채무는 주된 채무와 동일한 내용을 가지는 종속된 채무이며, 주된 채무를 담보하는 작용을 한다. 신용장은 매매당사자의 주된 채무와 독립된 채무인 데 반해, 보증서는 주채무에 부종된 채무이다. 따라서 보증서는 주채무자가 그 채무를 이행하지 아니할 때에 비로소 채무를 이행하면 되지만, 신용장은 독립된 보증이기 때문에 신용장조건에 따라 지급의무를 이행하여야 하는 것이다.

1.2 신용장의 기원

신용장의 기원에 대해서는 고대 그리스시대 혹은 로마시대 등 여러 설이 있으나 12세기에 신하의 자금조달을 위해서 법왕이나 왕후 등에 의해 신용장이 사용되었다고 한다.

상인이 신용장의 발행인으로 등장한 것은 13세기경 유태인(Jew)과 롬바르드(Lombard)상인에 의하여 비롯되었다고 하지만 입증할 만한 확실한 기록이 없다.

기록이 명확한 최초의 신용장은 1654년의 것으로 영국의 토마스(Thomas)가 파리(Paris)에 출장가는 존(John)을 위하여 파리의 상인 윌리암(William) 앞으로 발행한 것인데, 그 내용은 존에게 1회 또는 수 회로 분할하여 2,000 Crowns 한도로 그의 요구 및 상황에 따라 영수증 또는 환어음을 인수하여 지급하고 이를 발행인인 토마스 계정으로 산입하여 둘 것이며 지급인인 윌리암이 그러한 행위에 대하여 보증한다는 것이다.

이와 같은 신용장은 오늘날의 여행자신용장(traveller' s letters of credit)과 같은 기능을 가지고 있어서 발행의뢰인이 수익자이고 또한 매수인 자신이기도 하여 그가 신용장을 지참하여 구매지 또는 행선지의 상인에게 제시함으로써 물품구입과 자금조달 등의 목적에 사용할 수 있었다.

그런데 은행이 신용장 발행인으로 등장한 것은 19세기에 들어서면서 어음인수 또는 증서발행을 주업무로 하는 "Merchant Bank"에 의해 시작되었지만 여행자신용장의 기능을 탈피하지 못하였다. 오늘날과 같은 신용장은 20세

서식 7-1 최초의 신용장

Laus Deo, in London this 29 of February 1654

Mr. M. William

Sir, My last unto you was of the 12th of January, wherein I wrote you what needful in answer to yours of the seventh of the same month: this serves chiefly to desire you to furnish and pay unto Mr. C. John English Gentleman, to the value of two thousand Crowns at one or more times according as he shall have occasion, and desire the same of you, taking his Receipt, or Bills of Exchange for the monies which you shall so furnish him with, and put it to my account, and this my letter of credit shall be your sufficient warrant for so doing, Vale.

Yours,

P. Thomas

To Mr. M. William, Merchant of Paris

기 초인 1920년대 환어음에 서류를 요구하는 관행, 이른바 화환신용장(documentary credit)이 상거래에 이용되면서부터 보편화되었다.

1.3 신용장의 효용

신용장은 국제매매당사자간에 공신력이 있는 은행이 개입하여 신용을 바탕으로 한 지급보증기관과 금융기능을 수행함으로써 국제무역을 원활하게 수행할 수 있음은 물론 매매당사자간에도 다음과 같은 여러 가지 이점이 있기 때문에 무역거래에서 그 효용은 매우 크다고 할 수 있다.

(1) 수출상의 이점

첫째, 수입상의 대금지급약속에 대한 신용위험(credit risk)이 발행은행의 신용으로 대체되기 때문에 대금회수의 확실성이 보장된다.

둘째, 신용장을 담보로 수출품을 제조 · 가공하는 데 따른 원자재 조달을 위한 금융을 은행측으로부터 수혜할 수 있다.

셋째, 신용장의 발행은 수출상의 계약이행을 확실하게 보장하여 준다.

넷째, 물품을 선적한 후 신용장조건에 합치되는 서류의 제공 및 환어음의 할인으로 수출대금을 즉시 회수할 수 있다.

(2) 수입상의 이점

첫째, 은행의 신용을 이용하기 때문에 수출상과 매매계약시에 가격 · 결제조건 등 계약을 유리하게 체결할 수 있다.

둘째, 수입물품의 선적시에 대금을 지급하지 않고 수입어음 및 수입관련 서류가 도착한 후에 지급하거나 금융을 이용하여 수입어음을 결제할 수 있는 등 은행측으로부터 금융수혜가 용이하다.[5)]

셋째, 신용장상에 선적기일(shipping date)과 유효기일(expiry date)이 명시되어 있어 계약물품의 인도시기를 예상할 수 있다.

---

5) L/G 와 T/R제도를 이용하여 상품을 적기에 손쉽게 수입통관할 수도 있다.

2. 신용장의 특성과 거래관행

신용장거래에서는 독립 · 추상성의 원칙, 완전성과 정확성의 원칙, 신용장과 서류의 엄밀일치의 원칙과 국제표준은행관행 및 서류거래의 원칙이 존중되고 있다. 이는 은행으로 하여금 보다 적극적인 신용장의 기능, 즉 지급기능과 금융기능을 수행하게 함으로써 원활한 거래를 도모할 수 있도록 하기 위함이다.

그러나 무역대금결제와 관련하여 이러한 신용장의 특성과 거래관행을 악용하여 사기행위를 하는 거래당사자도 있으므로 세심한 주의를 하여야 한다.

2.1 독립 · 추상성의 원칙

(1) 신용장의 독립성

신용장의 독립성(independence)이란 신용장과 매매당사자간의 근거계약(underlying contract)이나 기타 거래와는 별개의 독립된 거래로 간주한다는 원칙을 말한다. 신용장통일규칙에서는 "신용장은 그 성질상 그것이 근거가 되는 매매계약 또는 기타 계약과는 별개의 거래이다. 은행은 그러한 계약에 관한 어떠한 참조사항이 신용장에 포함되어 있다 하더라도 그러한 계약과는 아무런 관계가 없으며 또한 구속되지 아니한다. 따라서 신용장에 의하여 인수 · 지급 · 매입하거나 또는 모든 기타 의무를 이행한다는 은행의 확약은 발행의뢰인이 발행은행 또는 수익자와의 관계로부터 야기되는 클레임 또는 항변에 지배받지 아니하는 조건으로 한다. 수익자는 어떠한 경우에도 은행 상호간 또는 발행의뢰인과 발행은행간에 존재하는 계약관계를 원용할 수 없다"고 규정하고 있다.[6] 또한 미국 통일상법전에서도 "고객에 대한 발행은행의 책임에는 성실하게 할 것과 일반은행 관행을 준수하는 것을 포함하지만 달리 정함이 없는 한 고객과 수익자 사이에 존재하는 매매계약 기타 거래의 이행에 대한 의무나 책임은 부담하지 않는다"고 하여 UCP와 같은 취지의 규정을 두고 있다.[7]

6) UCP 600, Article 4.

이처럼 은행은 어떤 경우에도 매도인(seller)과 매수인(buyer) 사이의 매매계약 또는 기타 신용장발행에 근거가 되는 계약상의 이유에 의한 항변으로 권리침해를 당하거나 책임과 의무를 지지 아니한다. 매매계약으로부터 은행과 고객간의 신용장약정(credit agreement)의 독립은 근거계약문제에 관계없이 서류가 정상적이라면 은행은 고객에 대하여 상환을 요구할 수 있으므로 결국 은행을 보호하게 된다.

신용장의 독립성은 신용장의 본질을 규정하는 가장 중요한 조건으로 간주되고 있으며 신용장거래가 매매계약으로부터 독립성이 있기 때문에 은행은 제시된 서류를 발행한 운송회사, 검사소, 수출상 등에 직접 가서 일일이 확인을 하지 않더라도 지급 · 인수 · 매입에 의하여 거래가 원활하게 이행될 수 있는 것이다.

따라서 신용장문면에 만일 물품의 명세(description)가 "as per Sales Note No.…dated…" 등과 같이 매매계약서의 일자나 번호가 명시되어 있다 하더라도 은행은 실질적인 조사의무는 없으며 제시된 서류의 문면에 이런 문언을 증명하는 내용의 문언이 있다면 족하다고 할 수 있다.

(2) 신용장의 추상성

신용장의 추상성(abstraction)이란 매매계약서에 언급된 물품이야 어떻든 또 실제로 매수인에게 도착된 물품이야 어떻게 되었든 간에 은행은 신용장에서 요구하는 서류만 가지고 대금지급 여부를 판단하는 것이다.

신용장통일규칙에서는 "은행은 서류로 거래하는 것이지, 그 서류와 관련될 수 있는 물품, 서비스 또는 이행으로 거래하는 것이 아니다"라고 규정하고 있다.[8)]

은행은 매매계약물품에 대해 요구되는 전문적인 지식이 사실상 부족하기 때문에 신용장내용과 서류상의 문면(文面)을 기준으로 그 일치성 또는 정당성 여부를 판단하여 지급이행을 행한다는 것은 당연하고 합리적인 관행이라고 할 수 있다.

---

7) UCC, §5-108(f).

8) UCP 600, Article 5.

이와 같은 신용장거래상 독립 · 추상성의 보호를 가장 필요로 하는 자는 지급 · 인수 · 매입은행이다. 그 이유는 이들 수익자로부터 제시된 환어음 및 서류가 신용장조건에 완전히 합치되어 지급 · 인수 · 매입을 행해도 신용장발행의뢰인에 의해 수익자의 매매계약 위반을 항변사유로 발행은행으로 하여금 그 환어음 또는 서류에 대한 지급 · 인수 또는 상환을 거절시킬 우려가 있다고 하면 이들 은행은 신용장에 의한 화환금융을 안심하고 행할 수 없는 것이다. 신용장의 독립 · 추상성에 의하여 발행은행은 매매계약상의 항변으로부터 보호되지만 그 반면 수익자에 대하여는 독립 · 추상성의 의무를 부담하게 된다.

2.2 완전성과 정확성의 원칙

신용장의 완전성과 정확성의 원칙(doctrine of completeness and preciseness)이란 신용장발행을 위한 지시, 신용장 그 자체, 신용장에 대한 여하한 조건변경, 지시 및 그 조건변경 자체는 완전하고 정확하지 않으면 안 된다는 것을 말한다. 따라서 신용장에 너무 지나치게 상세한 명세를 삽입하는 것은 혼란과 오해를 초래할 염려가 있으므로 신용장발행은 발행의뢰인을 설득하여 이를 억제하도록 하고 있다.[9)]

또한 신용장의 완전성을 해칠 우려가 있는 이미 발행된 신용장, 즉 유사신용장(similar credit)[10)]과 관련하여 UCP 600에서는 "발행은행은 신용장의 구성요소 부분으로서, 근거계약의 사본, 견적송장 및 기타 유사한 것을 포함시키고자 하는 모든 시도를 제지하여야 한다"[11)]라고 규정하고 있다. 따라서 실무적으로 신용장발행의뢰서에 기재되는 신용장조건은 거래당사자에게 중요한 영향을 미칠 수 있기 때문에 특히 발행의뢰인과 발행은행간에는 그 표현이 완전하면서도 정확하여야 한다.

---

9) 신용장의 상품명세란을 보면 상세한 규격 등 명세에 대하여는 보통 "…other details as per sales Note No. 15 dated May 15, 20××"과 같이 기재하고 있다.

10) 유사신용장이란 이미 발행된 신용장을 참조로 하여 발행 · 통지되는 새로운 신용장(fresh credit)을 말한다. 예컨대, "…Refer to our previous credit No. 333 except credit amount US$ 150,000 Credit No. 555…"의 경우 새로 발급된 신용장금액 ₩150,000 및 신용장번호 555를 제외하고는 이미 발급되었던 신용장번호 333과 내용이 유사한 신용장을 의미한다. 제 4 장 신용장의 종류에서 구분하고 있는 유사신용장과는 구별하여 이해하여야 한다.

11) UCP 600, Article 4-b.

2.3 엄밀일치의 원칙과 국제표준은행관행

신용장거래시 은행이 서류를 심사하고 수리여부를 결정하는 데 있어 논란 대상이 될 수 있는 것은 제시된 서류에 대하여 은행이 어떤 기준에 의하여 어느 정도의 주의를 기울여 검토해야 될 것인가 하는 점이다. 은행의 서류수리 원칙에 관해서는 전통적으로 법원의 법률적 원칙으로 적용되어 온 실무적 관례로 엄밀일치의 원칙(doctrine of strict compliance)과 상당일치의 원칙(doctrine of substancial compliance)이 성립되어 왔다.

엄밀일치의 원칙이란 은행은 신용장조건에 엄밀히 일치하지 않는 서류에 대해서 거절할 수 있는 권리를 가지고 있다는 법률원칙이다. 다시 말하면, 은행은 제시된 서류가 신용장조건의 문언과 합치되는 것으로 판명되는 제시서류에 한하여 지급이행할 수 있다는 원칙을 말한다. 국제상거래상의 지급도구인 신용장은 엄밀일치성을 생명으로 하기 때문에 서류는 신용장조건에 엄밀하게 일치하여야 하는 것을 기본으로 삼고 있다.

서류수리와 관련된 신용장거래분쟁에서 많은 판례들은 신용장조건과 엄밀일치의 원칙적용 또는 상당일치의 원칙을 적용하여 왔다. 그 대표적인 예로 Equitable Trust Co. of New York v. Dowson Partners Ltd. 사건[12)]에서 "여하튼 서류에 관한 한 거의 같다든가 괜찮을 것이다라는 인식은 전혀 통하지 않는다"(There is no room for documents which are almost the same or which will do just as well)라고 판시한 것처럼, 동 원칙을 적용한 판례는 이 밖에도 많이 있다.[13)] 신용장통일규칙(Uniform Customs and Practice for Documentary Credits: UCP)에서도 "신용장이라 함은 그 명칭이나 기술에 관계없이 일치하는 제시를

---

12) [1927] 27LI.L.Rep.49: H.C. Gutteridge and Maurice Megrah, The Law of Banker's Commercial Credits, Europa Publications Ltd., London, 1984, p.117.

13) Marino Industries, Corp. v. Chase Manhattan Bank, N.A., [2nd Cir 1982] 34 U.C.C. Rep. Serv.(Callaghan) 637: Bank of Italy v. Merchants National Bank, [1923] 236 N.Y. 106: Bank Melli Iran v. Barclays Bank, [1951] 2 T.L.R. 1057: S.H.Rayner & Co. v. Hambros Bank Ltd., [1943] 1.K.B. 37: Soproma S.P.A. v. Marine & Animal By Products Corporation. [1966] Lloyd's Rep. 367: The London and Foreign Trading Cor-poration v. British and North European Bank [1921] 9 LI. Rep. 116: H.C. Gutteridge and Maurice, Megrah, op.cit., p. 150: 한국대법원 85.5.28 선고, 84 디카 696, 697 판결.

인수·지급하기 위한 발행은행의 취소불능적인 모든 약정 및 분명한 확약을 구성하는 모든 약정을 말한다"는 취지 또는 제18조의 "상업송장(commercial invoice)상의 물품, 서비스 또는 이행의 명세는 신용장에 보이는 것과 일치하여야 한다"[14]라는 취지는 본질적으로 엄밀일치의 원칙이 적용됨을 시사하고 있는 것이다.

그러나 엄밀일치의 원칙적용은 서류를 심사하는 자의 태도에 따라 은행이 방어적인 입장에서 행동하기 쉽기 때문에 채무불이행을 원하는 은행의 안전한 피난처가 되기 쉽다. 오히려 이 원칙적용은 신용장발행은행으로 하여금 신용장조건 범위 내에서 주관적 판단을 허용하고, 신의성실에 의한 엄밀일치 서류에 대한 지급을 통하여 발행의뢰인으로부터 상환청구권을 갖게 되면 결국 발행은행 자신을 보호하게 되는 것이다.

한편 국제상거래의 원활화를 기하기 위하여 엄밀일치의 원칙을 완화하는 시도가 이루어져 상당일치를 옹호하는 판결도 많이 나오고 있다.[15] 미국의 판례 중 Talbot v. Bank of Hendersonille 사건[16]에서 신용장조건 중 상업송장의 물품명세는 "101 No. 418 Alam Units consisting of Part 301, 13 Siren and Remote Switch"로 요구하였는데, 제시된 상업송장상의 물품명세에서는 "Dialer ME—310"이라고 부가하면서 "It covers 101 No. 418 Alam Units consistency of Part 301"이라는 약간 다른 표현으로 기술하였다. 이 사건의 판결을 담당한 법원은 그 기재의 일치성을 인정하는 것으로 판시하였다.

상업송장은 매도인이 매수인에게 공급하는 물품에 대한 물품명세서 및 청구서와 같은 것으로 그 물품이 매수인이 제시한 매수조건과 일치하는지의 여부를 가리는 주요한 자료이므로 다른 서류보다 더 엄밀하게 신용장기재와 합치될 것이 요구되지만, 서류가 신용장조건과 문언대로 엄밀하게 합치되어야 한다고 하여 문구 하나도 틀리지 않게 완전히 일치하여야 한다는 뜻은 아니다. 이에 대하여 한국 법원의 판례에서도 문구에 약간의 차이가 있더라도

---

14) UCP 600, Article 18-c.

15) Flagship Cruises Ltd. v. New England Merchant National Bank of Boston, [1978] 1st Cir.: Soproma, S.P.A. v. Marine & Animal By Products Corporation Ltd., [1966] 1 Lloyd's Rep. 367: Laudisi v. American Exchange National Bank, [1924] 239 N.Y. 234, 146N. E. 347: Transamerica Delaval Inc. v. Seymour, [1955] 2 Lloyd's Rep. 147: 한국 대법원 1979.3.8. 신고, 78다2006 편결.

16) [1973] Tenn. App. 496 S.W. 2d, 548: Gutteridge, H.C., and Maurice Megrah, *op. cit.*, p. 171.

은행이 상당한 주의(reasonable care)를 기울이면 그 차이가 경미한 것으로서 문언의 의미에 차이를 가져오는 것이 아니고, 또 신용장조건을 전혀 해하는 것이 아님을 문언상 알아차릴 수 있는 경우에는 신용장조건과 합치하는 것으로 보아야 할 것이라고 하고 있다.[17)]

그러나 상업송장의 기재가 신용장에서 요구하는 사항보다 부가적인 표현으로서 신용장의 기재를 해하는 것이 아니라면 용인될 수 있지만, 신용장에서 요구하는 조건을 결여한 것이거나 신용장의 기재와 어긋나는 것이라면 용인될 수 없으므로 거절하여야 한다. 미국의 법정에서 엄밀일치의 원칙과 상당일치의 원칙적용에 관련된 판례를 보면 상당일치보다는 엄밀일치의 원칙적용쪽으로 비중을 두어 판시되고 있다.[18)]

한편 신용장 서류심사를 위한 국제표준은행관행(International Standard Banking Practice for the Examination of Documents under Documentary Credits: ISBP)은 UCP 500 제13조에서 최초로 반영된 개념이다. 즉 동 조에서는 "규정된 서류의 문면상 신용장의 제 조건과의 일치성은 본 규칙에 반영되어 있는 국제표준은행관행에 따라 결정된다"고 규정하여 모호하고 매우 추상적인 조항이었다. UCP 500상에는 ISBP의 구체적 정의는 없으나 UCP 500을 제정하면서 국제상업회의소 은행위원회의 개정이유에 대한 주석을 보면 신용장표준은행관행이란 "결코 독단적이지 않고, 태만하지 않고 또한 부정직하지 않고, 가장 정직하고, 숙련되고 예견 가능한 관행을 구현하는 규범을 말한다"(Far from being arbitrary, negligent of dishonest, letter of credit standard banking practice contains the rules the embody the most honest, skillful and predicable practices)라고 정의하고 있다. 따라서 은행에서 모든 서류심사를 담당하는 자는 항상 "정직하고 사려 깊은 은행원은 이러한 상황하에서 어떻게 행동할 것인가?"(What would an honest, knowledgeable banker do under the circumstances?)[19)]를 생각하여야 한다는 ICC 은행위원회의 취지를 고려하여 볼 수 있다. 은행원들은 나름대로 그들의 업무처리지침, 연수교재 및 국제상업회의소의 교육 및 무역관련

17) 한국 대법원 제1부, 85.5.28. 판결 84다카 696, 697, 판결문 참조.

18) Robert M. Rosenblith, "Current Development in Letters of Credit Law," *Uniform Commercial Law Journal*, Vol.21, Fall, 1988, p.175; John F. Dolan, *The Law of Letters of Credit*, 2nd ed., Warren, Gorham & Lamont, Inc., 1991, Sec.6-4.

19) ICC Document No.470/-37/4, May 27, 1991.

간행물, 예컨대 국제상업회의소 은행위원회의 의견 및 결정자료 등을 통하여 국제표준은행관행을 검토하여 왔다. 그러나 이와 관련된 은행업무는 다분히 은행의 재량권을 남용할 수 있는 문제의 소지가 있다 할 것이다.

이에 따라 ICC는 은행위원회 특별팀의 작업에 의한 2년 6개월간의 산물로, 2002년 10월 30일 로마 총회에서 승인된 "ISBP, ICC Publication No. 645"라는 UCP 500의 실제적인 추록인 신용장 서류심사를 위한 국제표준은행관행을 200항에 걸쳐 구체적인 표준을 제시하였다.

그 후 ISBP는 2007년 UCP 600이 제정되면서 2007년 4월 은행위원회의 승인을 받아 UCP 600에 반영된 일부 내용을 참조하고 이를 다시 185항으로 축소 및 업데이트하여 UCP 600의 추록으로 함께 적용할 수 있도록 하고 있다.

신용장 서류심사는 지정은행, 확인은행(있는 경우) 및 발행은행은 서류가 문면상 일치하는 제시(complying presentation)를 구성하는지 여부를 결정하기 위하여 서류만을 기초로 하여 제시를 심사하여야 한다.[20] 여기에서 일치하는 제시란 신용장조건, 본 규칙의 적용가능한 규정 및 국제표준은행관행에 따른 제시를 의미한다. 서류심사기간은 제시가 일치하는 경우 제시기일과 관계없이 제시일 다음날로부터 최대 제 5 은행영업일을 갖는다.[21]

신용장 문맥을 읽을 때, 서류의 데이터, 서류의 자체 및 국제표준은행관행은 서류의 데이터 또는 신용장과 동일성을 요하지 않지만 서류의 데이터, 모든 기타 규정된 서류 또는 신용장과 상충되어서는 아니 된다[22]라고 하여 서류상호간 동일성을 요하지 않으나 상충되어서는 아니 됨을 강조하고 있다.

국제표준은행관행은 UCP와 ICC 은행위원회의 의견 및 결정과 서로 일치된다. ISBP는 UCP 중에 반영된 관행들이 어떻게 서류취급자들에게 적용되는가를 설명하고 있다. 물론, 일부 국가의 법은 여기에 언급된 것과 다른 관행을 강요할 수 있음을 인식하여야 한다.

그러나 어떠한 단일의 간행물도 모든 조건 또는 화환신용장과 관련하여 사용되어지는 서류 또는 UCP 해석 및 그것이 반영하는 표준관행을 기대할 수

20) UCP 600, Article 14-a.
21) UCP 600, Article 14-b.
22) UCP 600, Article 14-d.

는 없다. UCP 조항의 적용가능성을 수정하거나 영향을 주는 어떠한 조건은 국제표준은행관행에 영향을 미칠 수 있다는 점에 유의할 필요가 있다.

이와 같이 국제표준은행관행의 도입은 신용장발행은행의 입장에서는 서류상 본질적인 중요한 하자사항이 아님에도 불구하고 자구 하나하나의 엄밀 일치만을 고집하여 서류상의 하자만을 지적하고, 지급거절 또는 지급유보상태임을 먼저 통지하는 바람직하지 못한 관행을 예방할 수 있음은 물론 사소한 시비를 모두 법정의 판결로 해결하려는 시도를 감소시킬 수 있을 것이다.[23)]

2.4 서류거래의 원칙

신용장거래의 대상은 물품이나 서비스 그 자체나 계약의 이행이 아니고 서류이다. 따라서 신용장통일규칙에서도 신용장거래에서 모든 관계 당사자는 서류에 의하여 거래하며, 그러한 서류가 관계될 수도 있는 물품, 서비스, 기타 이의 이행에 의하여 거래하지 아니한다고 규정하고 있다.[24)]

은행이 신용장조건에 일치하는 서류와 상환으로 대금을 지급하여야 할 의무는 해당물품이나 서비스 또는 계약이행이 실제 내용과 일치하지 않는다는 통지에도 아무런 영향을 받지 않는다. 또한 발행은행이 서류접수 후 그것이 문면상 신용장조건에 일치하지 않는 경우에 그러한 서류를 수리할 것인가 아니면 이를 거절하고 문면상 신용장의 조건과 일치하지 않는다는 클레임을 제기할 것인가의 여부는 서류만을 근거로 하여 결정하여야 한다.

서류의 수리 또는 거절여부를 결정하는 데 있어 '서류만을 근거로 하여'(on the basis of documents alone)라는 말은 발행은행이 신용장발행의뢰인에게 그 불일치에 관한 권리포기여부를 교섭할 수 있으나 독자적으로 서류를 근거로 결정하여야 한다는 의미를 가진다.

은행은 서류가 일반적 상태성의 형식을 구비하고 있는지 또는 그 서류가 과연 법률상 완전 유효한 것이라든지 위조 · 변조가 없다는 등에 관해서까지 보장할 수는 없다. 따라서 신용장거래에서 은행은 서류의 이면에 있는 물품을

23) 강원진, "신용장서류심사를 위한 ICC 국제표준은행관행의 일반원칙에 관한 고찰," 「국제상학」 제18권 제3호, 한국국제상학회, pp. 145~146.

24) UCP 600, Article 5.

알 수 없기 때문에 오직 서류의 문면만을 점검하고[25]서류에 의한 거래를 하고 있는 것이다.

3. 신용장의 당사자와 법률관계

3.1 신용장의 당사자

신용장거래에 관계되는 자를 총칭하여 신용장의 당사자(parties) 또는 관계당사자(parties concerned)라고 한다. 관계당사자는 모든 신용장에 일정하게 등장하는 것이 아니고 신용장의 종류별 또는 발행은행의 사정에 따라 다르다. 여기에서는 신용장의 조건변경 또는 취소에 관계되는 기본당사자[26]와 기타 당사자로 구분하여 살펴보기로 한다.

(1) 기본당사자

1) 발행은행(issuing bank)

신용장발행의뢰인의 요구에 응하여 수익자 앞으로 신용장을 발행하는 은행을 발행은행(issuing bank)이라고 한다.

발행은행은 보통 발행의뢰인의 주거래은행이 되며 수익자에 대하여 지급을 확약하는 자로 환어음지급에 있어서 최종적인 책임, 즉 상환의무를 부담하게 된다. 발행은행은 개설은행(opening bank) 또는 신용공여은행(grantor)이라고도 하지만 UCP상에는 "issuing bank"로 사용되고 있다.

2) 확인은행(confirming bank)

발행은행으로부터 수권되었거나 요청받은 제3은행이 신용장에 의하여 발행된 어음의 지급·인수 또는 매입을 추가로 확약하는 경우 그러한 은행을 확인은행(confirming bank)이라고 한다. 신용장의 확인은 발행은행과는 독립적

25) ICC, *Case Studies on Documentary Credits problems, queries, answers*, ICC Publishing S.A. 1989, p. 60.

26) UCP 600, Article 10 a: "Except as otherwise provided by article 38, a credit can neither be amended nor cancelled without the agreement of the issuing bank, the confirming bank, if any, and the beneficiary."

인 확약이며 발행은행에 대한 확인은행의 여신행위라고 할 수 있으므로 발행은행의 확인요구에 대해 반드시 응할 필요는 없다. 수출상은 수입상의 거래은행이 정치 · 경제적으로 결제상의 위험(risk)이 있다고 판단되면 보통 수출상 소재지의 제 3 은행을 확인은행으로 하는 이른바 확인신용장(Confirmed L/C) 발행을 요청하게 할 수 있다.

3) 수익자(beneficiary)

발행은행으로부터 신용장을 수령하여 신용장조건에 따른 권한과 이익을 얻는 수출상을 특히 신용장거래에서는 수익자(beneficiary)라고 한다.[27)]

수익자는 매도인(seller), 수출상(exporter) 이외에도 신용장의 사용자이므로 사용자(user), 환어음을 발행할 수 있으므로 어음발행인(drawer), 신용을 수혜하고 있기 때문에 신용수령인(accreditee), 신용장이 수익자 앞으로 발행된다는 점에서 수신인(addressee), 또는 물품을 선적하는 자라고 하여 송화인(shipper)이라고 할 수 있지만 신용장거래에서는 "beneficiary"로 통용되고 있다.

(2) 기타 당사자

1) 발행의뢰인(applicant)

수입상은 매매계약의 조건에 따라 자기의 거래은행에 대해서 신용장발행을 의뢰하게 된다. 이 경우 수입상을 신용장거래에서는 발행의뢰인(applicant)이라고 한다. 발행의뢰인은 매수인(buyer), 수입상(importer)이란 명칭 외에도 지급의무가 있다는 점에서 채무자(accountee: for account of), 신용장을 개설하여 주는 자라고 하여 개설인(opener) 등으로 불리우기도 한다.[28)]

2) 통지은행(advising bank)

신용장발행은행이 신용장을 발행하게 되면 그 내용을 수출상인 수익자에

---

27) 미국 통일상법전에서는 "수익자란 신용장의 조건에 따라 이와 일치하는 제시를 수리하도록 하는 권리가 있는 자를 말한다. 이 용어는 양도가능신용장에 따라 환어음의 발행권을 양도받은 자를 포함한다"라고 규정하고 있다: UCC, §5-102(a)(3).

28) UCP에는 발행은행, 확인은행(있는 경우), 수익자만을 신용장조건변경 또는 취소할 수 있는 당사자로 규정하고 있어 발행의뢰인이 제외된 것 같지만 발행의뢰인의 요청에 따라 발행은행이 일단 신용장을 발행하게 되면 발행은행은 발행의뢰인의 대리관계로 보아 발행의뢰인의 의사가 포함되어 있는 것으로 보아야 할 것이다.

게 알리기 위하여 수익자 소재지에 있는 발행은행의 본·지점이나 환거래은행(correspondent bank)을 경유하여 통지하게 되는데, 이 때 통지를 행하는 은행을 통지은행(advising bank; notifying bank; transmitting bank)이라고 한다.

발행은행으로부터 통지은행으로의 신용통지는 발행의뢰인의 요청에 따라 전신(cable)이나 우편(mail) 중 어느 한 가지 방법을 이용하게 된다.[29)]

3) 매입은행(negotiating bank)

수익자는 신용장조건에 따라 선적을 완료한 후 결제서류를 준비하고 수출환어음을 발행하여 자기의 거래은행에 환어음의 매입을 의뢰하게 되는데, 이 때 환어음을 매입하는 은행을 매입은행(negotiating bank)이라고 한다.

매입은행은 발행은행 등으로부터 상환받을 수 있는 기간까지의 환가료(exchange commission)를 공제하기 때문에 어음금액을 할인하여 수익자에게 지급한다. 따라서 매입은행은 곧 할인은행이라고도 할 수 있다. 특히 환어음 매입이 수익자거래은행 이외의 특정은행으로 지정되어 있는 매입제한신용장(restricted credit)의 경우에는 수익자의 거래은행은 매입제한은행에 재매입(renegotiation)을 의뢰하게 된다. 이 때의 매입은행을 특히 재매입은행(renegotiating bank)이라고 한다.

4) 지급은행(paying bank)

수익자가 발행한 환어음에 대하여 직접 대금을 지급하여 주는 은행으로서 어음금액을 지급하도록 수권받은 은행을 지급은행(paying bank)이라고 한다.

지급은행은 발행은행의 예치환거래은행(depositary bank)으로서 예치환거래 계약을 체결하고 발행은행의 예금계정(deposit account)을 설정하여 신용장조건과 일치되는 서류에 응하여 제시환어음 지급시마다 발행은행의 예금계정에서 당해금액을 차감하면서 지급을 행하기 때문에 지급과 동시에 상환을 받게 된다.

그러나 어음지급에 대한 최종적 책임은 지급은행이 아니고 발행은행이 지게 된다.

---

29) 발행은행측이 신용장을 수익자에게 직접 통지하는 경우에는 그 진위여부를 확인하는 데 어려움이 있으므로 통지은행을 경유하도록 해야 한다. 한국의 무역금융규정에서도 외국환은행들은 모든 신용장에 신용장통지번호를 부여토록 하여 은행경유를 의무화하고 있다.

5) 인수은행(accepting bank)

수익자가 발행하는 환어음이 기한부어음(usance bill)일 경우에는 은행이 지급에 앞서 인수(acceptance)를 하게 된다. 이 때 은행은 어음의 만기일에 가서 그 어음을 지급하게 되는데, 이처럼 기한부어음을 인수하는 은행을 인수은행(accepting bank)이라고 한다.

일단 은행에서 인수한 어음은 은행의 무조건 지급확약이 추가되므로 국제 금융시장에서 유리하게 유통된다.

6) 상환은행(reimbursing bank)

신용장의 결제통화가 수출입 양국 통화가 아니고 제3국 통화인 경우에는 발행은행의 자금운영 측면에서 제3국에 소재하는 은행 중 발행은행의 예치환거래은행을 이용하여 신용장조건에 따라 대금을 결제하게 되는데, 이 은행을 결제은행(settling bank)이라 하고 수익자가 발행한 어음을 매입한 매입은행과도 환거래계약을 체결하고 있으므로 매입은행에 어음대금을 상환하여 주는 은행이라고 해서 상환은행(reimbursing bank)이라고 한다. 보통 발행은행에 대한 결제은행이 매입은행에 대해서는 상환은행이 된다.

3.2 신용장거래의 과정

신용장거래의 유통과정을 신용당사자를 중심으로 〈그림 7-1〉을 참조하여 설명하면 다음과 같다.

① 거래당사자인 수출상과 수입상간에 매매계약을 체결한다. 이 때 계약내용 중 대금결제조건(payment terms)은 취소불능화환신용장(irrevocable documentary letter of credit) 방식을 채택하는 것으로 한다.

② 수입상(발행의뢰인)은 자기가 거래하는 은행에 신용장발행을 의뢰한다.

③ 발행은행은 발행의뢰인의 요청과 지시에 따라 신용장을 발행하고 우편(mail)이나 전송(teletransmission)으로 통지은행 앞으로 송부하면서 수출상, 즉 수익자에게 통지해 줄 것을 요청한다.

④ 통지은행은 수익자에게 신용장 도착을 통지하고 이를 전달한다.

⑤ 수익자는 계약물품을 제조 · 가공하거나 완제품을 공급받아 수출통관

[그림 7-1] 신용장거래의 과정

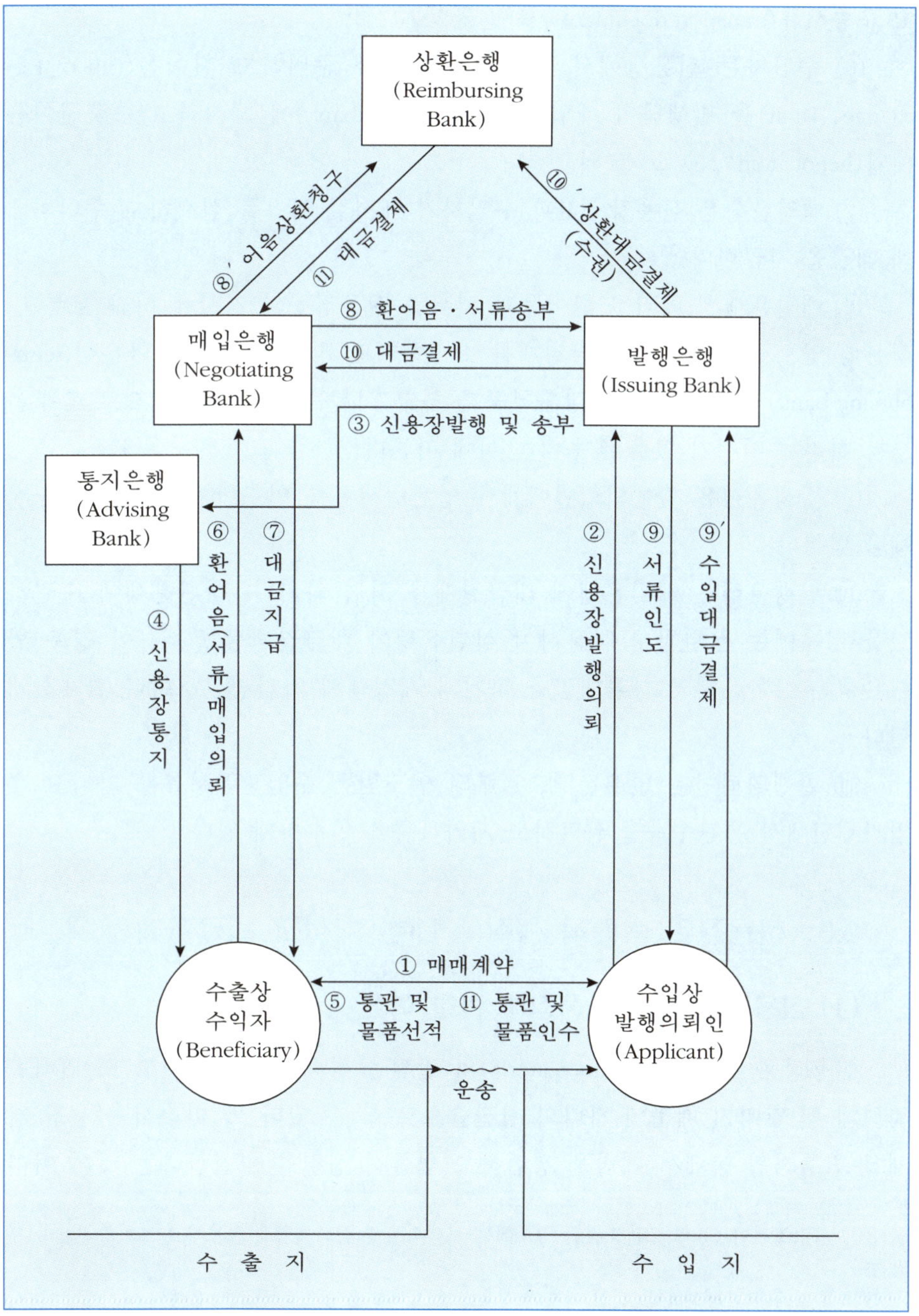

수속을 마치고 지정운송인(carrier)에게 물품을 인도 완료하거나 선적 완료하고 운송서류(transport documents)를 발급받는다.[30)]

⑥ 수익자는 신용장에서 요구하는 서류를 준비하고 환어음(Bill of Exchange; Draft)을 발행하여 매입은행(negotiating bank)에 제시하고 수출환어음 매입(negotiation: NEGO)을 의뢰한다.

⑦ 매입은행은 신용장조건과 수익자가 제시한 서류를 심사하고 수익자에게 대금을 지급한다.[31)]

⑧ 매입은행은 매입한 환어음과 서류를 신용장상의 지시에 따라 보통 발행은행 앞으로 송부하여 대금결제를 요청하지만 경우에 따라 상환은행(reimbursing bank) 앞으로 환어음상환청구를 하고 서류는 발행은행 앞으로 송부하도록 하라는 지시가 있을 경우에는 이에 따른다.

⑨ 발행은행은 발행의뢰인에게 수입관련서류를 인도함과 동시에 대금결제를 받는다.

⑩ 발행은행은 매입은행에 대금결제를 직접 하거나, 상환은행에 수권하였을 경우에는 상환청구에 응하여 상환은행이 대금결제를 한다. 이 경우 발행은행은 상환은행의 상환대금을 자기의 계정에서 차감정산하거나 결제하게 된다.

⑪ 발행의뢰인은 발행은행으로부터 인도받은 수입관련서류를 가지고 수입지세관에서 통관수속을 완료하고 계약물품을 인수하게 된다.

3.3 신용장의 법률적 성질에 대한 학설과 법률관계

(1) 신용장의 법률적 성질에 관한 학설

신용장은 상관습법(lexmercatoria)의 발전을 통해서 통일화되고 또 위력을 넓히게 된 것이기 때문에 하나의 상관습으로 볼 수 있다.[32)] 따라서 신용장 자체를 법률적인 틀에서 개념을 정립하고 법률적 성질을 고찰한다는 것은 어려

30) 가격조건이 CIF나 CIP 조건인 경우에는 보험회사에 적화보험을 부보하고 보험증권을 교부받는다.

31) 수익자가 받는 대금은 선적 이후에 신용장상의 서류를 담보로 한 매입은행의 여신행위이다.

32) Matti Kurkela, *Letter of Credit under International Trade Law*, Ocean Publications, Inc., New York, 1985, p. 27.

운 일이다.

이하에서는 신용장의 법률적 성질에 관한 학설을 영미법을 중심으로 상관습설, 보증설, 청약 · 승낙설, 계약설, 금반언설 등에 대하여 간단히 살펴보기로 한다.

1) 상관습설

상관습설(mercantile usage theory)은 상관습을 토대로 이루어진 학설로 취소불능신용장은 어음, 수표 등의 유통증권(negotiable instrument)에는 약인이 필요없는 것과 마찬가지로 상업상 날인증서(specialty; deed; bond)에 의해 발생된 새로운 유형의 하나로 간주하여 약인(consideration),[33]이 필요없는 요식계약(formal contract)으로 인정되어야 한다는 것이다.[34]

따라서 약인은 신용장계약이 성립되어 필수적 요건이 못 된다는 것이다. 즉 취소불능신용장에서 은행의 약속은 취소불능성을 명확히 하고 있고 상인들도 이를 확신하고 있으므로 이와 같은 상관습의 원칙을 인정하여야 한다는 주장이다.

이 설은 실제 상관습과 부합된다는 점에서 가장 지지를 받고 있지만,[35] 신용장 자체가 어음수표가 갖는 형식상의 통일성을 갖추지 못하고 있는 점과 영미법의 추세가 약인을 완화하는 방향이기는 하지만 약인이 불필요한 것은 아니라는 점에서 비판을 받고 있다.

2) 보 증 설

보증설(guarantee theoey)은 1813년 미국에서 제시된 것으로[36]발행은행은 매수인의 대금지급채무를 매도인에세 보증하는 것에 지나지 않는다는 것이다.

보증(guarantee)은 어떤 채무나 의무이행에 대한 약속(promise)이지만[37] 이

33) 영미법계에서는 요식계약 이외의 단순계약(simple contract)은 약인이 있어야 계약이 유효하게 성립할 수 있는 것으로 보고 있다.

34) E.P. Ellinger, *Documentary Letters of Credit*, University of Singapore Press, 1970, pp. 105~124.

35) *Ibid.*, p. 105.

36) *Ibid.*, p. 47; Walsh & Beekman v. Bailie 10 Johns(N.Y.), 180(1813).

37) *Ibid.*, p. 48.

설에 의하면 발행은행의 이러한 보증은 절대적인 것이 아니고 매수인이 대금지급의무를 이행하지 못했을 때에 한하는 조건부보증이며 발행은행의 보증채무는 1차적 기본적인 것이 아니고 2차적 부차적이 되는 것으로 보고 있다.[38)]

그러나 이 설은 취소불능신용장이 사용되고 있는 현실에 비추어 볼 때 지지를 받지 못하고 있다. 왜냐하면 신용장발행은행의 지급 · 인수 · 매입에 대한 확약은 절대적인 것으로 발행은행의 채무는 독립된 기본적인 채무이지 부차적인 채무가 아니기 때문이다. 보증계약의 경우에 채권 · 채무관계에서의 보증내용변경사항에 대해서는 보증인이 채무면제가 되지만 취소불능신용장거래에서는 신용장조건변경사항에 대하여도 발행은행은 그 채무를 이행하여야 함은 당연한 것이다.

3) 청약 · 승낙설

청약 · 승낙설(offer and acceptance theory)은 수익자에 대한 신용장의 발행은 청약(offer)이며, 수익자는 서류와 환어음을 발행은행에 제시하는 것을 승낙(acceptance)하는 것으로 보는 설이다.[39)]

이 설은 발행은행의 편무계약청약(unilateral contract)과 발행은행의 쌍무계약청약(bilateral contract)으로 나뉜다. 전자는 신용장의 발행은 수익자에 대한 편무계약의 청약으로서 수익자는 그 청약조건을 이행함에 의해 승낙하게 되고, 발행은행은 수익자에 대한 채무가 발생한다는 설이다. 또한 후자는 발행은행은 수익자에 대하여 일정한 조건 아래 수익자가 발행하는 어음을 인수 · 지급하도록 청약하고 수익자는 이 청약에 대하여 서류 등을 발행은행에 양도하는 것을 약인으로 하여 승낙한다는 설이다.

청약 · 승날설은 수익자가 환어음과 서류를 제공할 때까지의 기간 동안에는 은행이 그 청약을 철회하여 신용장을 취소할 수 있어, 취소불능신용장의 경우에는 모순이 더 생긴다. 왜냐하면 취소불능신용장에서는 은행이 일단 신

38) A.G. Davis, *The Law Relating to Commercial Letters of Credit*, Sir Isaac Pitman & Sons Ltd, 1963, pp. 67~68.

39) H.C. Gutteridge and Maurice Megrah, *op. cit.*, pp. 30~31. Philip W. Thayer가 주장하고 A.G. Davis가 명명한 매도인청약설(the seller's offer theory)이 있는데, 이 설은 매도인이 선적서류를 양도하겠다는 청약을 하면 이것이 약인이 되어 발행은행이 승낙함으로써 신용장대금지급을 한다는 계약이 이루어진다는 것으로 무담보신용장(clean credit)의 경우에 적용할 수 없는 점과 매도인측이 모르는 발행은행측에 청약한다는 점 등이 비판대상이 된다.

용장을 발행하면 수익자의 동의 없이 신용장 유효기간 내에는 일방적으로 그 조건을 변경하거나 취소할 수 없기 때문이다.

4) 계 약 설

계약설(contract theory)은 신용장발행은행은 신용장발행과 동시에 계약상의 의무로서 발행의뢰인과는 별개로 수익자에 대하여 어음의 지급 · 인수의 의무를 부담한다는 설이다.

앞에서 고찰한 보증설과 청약 · 승낙설도 넓은 의미에서 계약설의 일종으로 볼 수 있다.[40)]

계약설은 다음과 같이 나눌 수 있다.[41)]

첫째, 쌍무계약설(bilateral contract theory)로 신용장은 수익자를 위하여 발행은행과 발행의뢰인 사이에 약정한 계약상의 권리를 의미하며 그 권리를 수익자에게 전달해 주는 것이라는 견해이다.

그러나 이 설은 수익자의 권리가 제3자를 위한 계약에서 발생한다면 발행은행은 발행의뢰인이 아닌 수익자와 계약해도 된다는 모순이 생긴다.

둘째, 계약이전설(assignment theory)로 계약 자체는 발행은행과 발행의뢰인간에 체결되지만 계약의 이익은 계약체결과 동시에 수익자인 매도인에게 이전된다고 보는 설이다.

그러나 이 설은 당사자의 의도에 위배될 뿐만이 아니라 실무적으로 수출상과 수입상은 은행에 대하여 독립된 채무를 지게 되기 때문에 발행의뢰인의 권리가 수익자에게 이전된다면 발행은행은 발행의뢰인에 의하여 대항할 수 있는 항변권을 수반하게 되어 모순이 발생하게 된다.

5) 금반언설

금반언(禁反言; estoppel)이란 법률적인 용어로 어느 특정인이 자기의 말이나 행위로써 고의로 타인으로 하여금 특정한 사실을 믿게 하고 나중에 종전

---

40) Herman N. Finkelstein, *op. cit.*, pp. 279~280.

41) Finkelstein은 계약설에 William E. McCurdy가 주장한 경개설(更改說; novation theory)도 포함시키고 있다. 즉, 발행의뢰인이 발행은행과 체결한 신용장계약은 신용장발행과 동시에 수익자에게 신용장의 권리가 이전되고 발행의뢰인에 대한 발행은행의 항변을 단절시키기 위하여 미리 약정된 경개가 이루어진다는 것이다.

의 입장(pevious position)을 번복할 수 없다는 원칙으로 이 원칙을 신용장에 적용하는 설을 금반언설(estoppel theory)이라고 한다.

즉 취소불능신용장을 발행한 은행은 발행의뢰인으로부터 수익자가 발행하는 어음을 결제하는 데 상당하는 자금을 수취하고 있다는 사실을 표시하고 있으므로 발행은행은 신용장발행 후 수익자를 위한 자금이 위탁되어 있다는 사실을 부정할 수 없다는 것이다.[42)]

그러나 이 설은 신용장 자체가 조건부 지급약속에 대한 발행은행의 독립적 채무이지 일정한 상태에 있다는 것을 표시한 것이 아닌 것처럼 금반언의 원칙 또한 현재의 사실의 표시에 적용되는 것이지 미래의 약속에 대하여 적용되지 않는다는 이유로 비판을 받고 있다.

(2) 신용장당사자간의 법률관계

신용장거래에서는 앞에서 고찰한 여러 당사자 사이에 이른바 화환신용장통일규칙(UCP)이 정하는 바에 따라 각자의 권리와 의무가 있다. 여기에서는 ① 발행의뢰인과 수익자, ② 발행의뢰인과 발행은행, ③ 발행은행과 수익자, ④ 발행은행과 확인은행, ⑤ 통지은행의 지위, ⑥ 매입은행의 지위 등을 중심으로 살펴보기로 한다.

1) 발행의뢰인과 수익자

신용장발행의뢰인(applicant)인 수입상과 수익자(beneficiary)인 수출상과는 매매계약상의 매매당사자이지 신용당사자로 간주할 수는 없지만, 매매계약시 대금결제수단을 신용장방식으로 하고 계약체결 후 어느 시점까지 신용장발행을 약정하였을 경우에는 당사자간에 신용장거래와 관련된 법률관계가 성립된다.

발행의뢰인은 매매계약의 조건에 따르는 신용장을 합의된 기간 내에 발행하여 수익자에게 송달될 수 있도록 조치해야 할 의무가 있다. 별도 약정이 없는 한 발행의뢰인은 신용장의 종류, 신용장통지시 전송(teletransmission) 또는 우편(mail) 등의 방법의 선택을 발행은행측에 의뢰하여 수익자에게 통지할

---

42) A.G. Davis, *op. cit*, p. 68; H. G. Gutteridge and Maurice, *op. cit.*, p. 32; 이 설은 신탁설(trustee theory)이라고도 한다.

수 있도록 하여야 한다.

수익자는 신용장발행기간이 정해진 경우 그 기간까지 발행되지 않으면 발행의뢰인과의 계약을 해지할 수 있는 권리를 갖는다. 또한 신용장발행은행의 파산 등 지급불능상태에 처할 경우에 수익자는 발행의뢰인에게 직접 대금을 청구할 권리가 있다.

2) 발행의뢰인과 발행은행

발행의뢰인(applicant)은 발행은행에게 신용장발행을 의뢰하는 데 있어 혼란이 발생되지 않도록 신용장 지시내용이 완전하고 명확하여야 하며, 발행은행이 신용장조건에 일치된 서류에 대한 지급 · 인수가 행해졌다면 발행의뢰인도 발행은행에 대해 서류를 인수하고 대금을 상환하여야 하며, 신용장발행에 따르는 수수료를 부담하여야 한다. 또한 발행은행의 요구에 따른 담보를 제공하여야 하며, 타은행 서비스이용 및 외국의 법률과 관습에 따른 채무를 부담하여야 할 의무가 있다.

발행은행(issuing bank)은 발행의뢰인의 지시내용을 준수하여야 하며 신용장 지시내용에 지나치게 상세한 명세 및 조건삽입을 억제토록 해야 하며, 발행된 신용장을 통지은행을 통하여 수익자에게 통지할 의무가 있으며, 제시된 서류에 대해 신용장조건과의 엄격성과 서류상의 형식조사 의무가 있고 제시된 서류가 신용장조건과 불일치하면 서류의 거절권을 갖는다. 또한 발행은행은 제시된 서류의 형식 · 법적 효력, 기재된 물품의 실질상태, 서류의 작성 · 발행자에 대하여 면책이 되고, 서류 · 통신의 송달 및 전문용어번역 등에 따른 면책, 불가항력 사유로 은행업무중단에 따른 면책, 타은행의 지시불이행에 따른 면책이 인정된다.

3) 발행은행과 수익자

발행은행(issuing bank)은 신용장조건일치 서류에 대한 지급 · 인수의 의무가 있고 매매계약상의 이유로 수익자에 대해 항변할 수 없다. 또한 수익자에 대하여 신용장통지가 전달되도록 하여야 하며, 수익자의 동의 없이 일방적으로 신용장을 취소하거나 조건변경을 할 수 없으며, 원신용장을 통지할 때 이용하였던 동일은행을 통해 수익자에게 조건변경통지를 하여야 한다.

수익자(beneficiary)는 발행은행에 대하여 매매계약상의 대금결제에 대한 권리뿐만 아니라 매매계약으로부터 독립·추상화된 일방적 청구권을 보유하며, 신용장조건을 이행하고 조건부 청구권을 가지며, 신용장 및 조건변경에 대한 승낙 또는 거부의 선택권을 갖는다. 또한 수익자는 발행은행에 신용장조건에 일치하는 서류의 제시의무가 있으며, 신용장문언의 준수의무가 있다.

4) 발행은행과 확인은행

발행은행(issuing bank)은 확인은행에 대하여 자기가 발행한 신용장에 대한 확인(confirmation)을 추가하도록 수권하거나 요청할 수 있다. 또한 발행은행은 확인된 신용장의 경우 신용장조건변경은 확인은행의 동의를 받아야 하며, 확인은행이 신용장조건과 일치하여 수익자에게 행한 지급·인수·매입에 대하여 상환의무를 진다.

확인은행(confirmation bank)은 발행은행의 확인요청에 대한 거부권을 가지며 확인을 수락하더라도 확인수수료(confirmation fee)를 지급받을 때까지 확인의 추가를 유보할 수 있다. 그러나 확인을 위한 준비가 되어 있지 않다면 즉시 동 사실을 발행은행에 통보하여야 한다.

5) 통지은행의 지위

통지은행(advising bank)은 신용당사자 중에서 중간은행의 입장에서 가장 가벼운 책임을 지고 있다고 할 수 있으며, 보통은 발행은행과 환거래 약정(correspondent agreement)을 맺고 있다. 발행은행의 요청에 따라 신용장의 통지은행, 확인은행 또는 지급은행 등의 역할도 겸할 수 있다.

통지은행은 발행은행(issuing bank)에 대해서 위임·대리관계가 존재하여 발행은행의 지시에 따라 수익자에게 완전하고 정확하게 통지해야 할 의무가 있다. 그러나 발행은행의 수권 없이 환어음매입을 할 경우에는 발행은행의 대리인이 아니라 통지은행의 위험과 계산으로 행해져야 한다. 또한 발행은행의 지시내용을 임의로 변경하지 못한다.

통지은행은 수익자(beneficiary)에 대해서 통지하는 신용장의 진정성(authenticity)을 확인하기 위한 상당한 주의(reasonable care)를 기울여야 하며, 정확·신속하게 신용장을 통지해야 하고 신용장을 확인하는 경우에는 발행은행과 마찬가지로 수익자에 대하여 채무를 부담하여야 한다.

6) 매입은행의 지위

매입은행(negotiating bank)은 수익자(beneficiary)에 대하여 어음법상 어음소지인(bona-fide holder)의 권리를 취득하며, 어음의 인수나 지급이 거절되면 수익자에게 상환청구권을 갖는다. 발행은행(issuing bank)에 대하여 환어음을 매입한 은행은 수익자가 발행은행에 갖는 신용장상의 권리를 취득하며, 발행은행은 매입은행에 대하여 신용장조건과 일치하면 무조건 상환의무를 지게 된다. 또한 매입제한신용장(restricted credit)의 경우에는 지정된 매입은행만이 발행은행에 대하여 청구권을 갖는다.

4. 신용장의 종류

신용장은 그 분류상 국제적으로 통일된 기준이 없다. 하나의 신용장이라 하더라도 관점에 따라 여러 가지로 불리워질 수 있기 때문에 보편적인 분류방법이라고 단정하기는 어렵다. 가령 한 개의 화환신용장(documentary credit)이라 하더라도 취소불능신용장(irrevocable credit), 미확인신용장(unconfirmed credit), 일람불신용장(sight credit), 자유매입신용장(freely negotiable credit), 양도가능신용장(transferable credit) 등과 같이 얼마든지 거래성격에 따라 다르게 다양한 명칭을 붙일 수 있다.

〈표 7-1〉처럼 신용장의 종류를 일반적인 신용장, 특수목적을 위한 신용장 그리고 유사신용장(類似信用狀)으로 대별하여 그 종류를 살펴보기로 한다.

4.1. 일반신용장

(1) 상업신용장(commercial credit)과 여행자신용장(traveller's credit)

상업신용장(commercial credit)이란 국제물품매매에 따른 무역대금의 직접적인 결제를 목적으로 이용되는 신용장을 총칭하는 것이다. 무역거래는 물품과 용역(service)을 대상으로 이뤄지고 있으며 이와 관련하여 후술하는 화환신

[표 7-1] 신용장의 종류

구 분	관 점	신용장의 종류
Ⅰ. 일반 신용장	1. 신용장의 용도에 따라	· 상업신용장(commercial credit) · 여행자신용장(traveller' s credit)
	2. 요구서류 유무에 따라	· 화환신용장(documentary credit) · 무화한신용장(clean credit)
	3. 취소가능 여부에 따라	· 취소가능신용장(revocable credit) · 취소불능신용장(irrevocable credit)
	4. 제 3 은행의 확인 유무에 따라	· 확인신용장(confirmed credit) · 미확인신용장(unconfirmed credit)
	5. 양도허용 여부에 따라	· 양도가능신용장(transferable credit) · 양도불능신용장(non-transferable credit)
	6. 매입 · 지급 허용 여부에 따라	· 매입신용장(negotiation credit) · 지급신용장(payment credit)
	7. 대금지급 기간에 따라	· 일람불신용장(sight credit) · 기한부신용장(usance credit)
	8. 매입은행지정 유무에 따라	· 자유매입신용장(freely negotiable credit) · 매입제한신용장(restricted credit)
	9. 상환청구권 유무에 따라	· 상환청구가능신용장(with recourse credit) · 상환청구불능신용장(without recourse credit)
	10. 국내외 거래용도에 따라	· 내국신용장(local credit) · 원신용장(master credit)
Ⅱ. 특수 신용장	특수목적과 용도에 따라	· 보증신용장(stand-by credit) · 전대신용장(red clause credit) · 회전신용장(revolving credit) · 구상무역신용장(back to back credit)
Ⅲ. 유사 신용장	어음매입 · 지급 수권 여부에 따라	· 어음매입수권서(authority to purchase) · 어음지급수권서(authority to pay) · 어음매입지시서(letter of instruction)

용장(documentary credit)이나 무화환신용장(clean credit)도 모두 상업신용장 속에 포함된다.

여행자신용장(traveller' s credit)이란 해외여행자의 현금휴대의 위험과 불편을 제거하여 주고 여행자가 여행지에서 필요한 금액을 쓸 수 있도록 하기 위하여 여행자의 의뢰에 의하여 발행은행이 국외의 자기은행의 본·지점 또는 환거래은행에 대하여 그 여행자가 발행하는 일람출급어음의 매입을 의뢰하는 신용장을 말한다.[43]

신용장거래상 상업신용장은 수입상이 발행의뢰인, 수출상이 수익자가 되지만, 여행자신용장의 경우에는 여행자 자신이 발행의뢰인과 수익자가 되는 점에서 상이하다. 발행은행은 여행자에게 신용장 외에도 서명감(letter of indication)을 함께 교부하여 준다. 오늘날 해외여행자는 외국환은행에서 환전을 할 경우 여행자신용장으로서 여행자수표(traveller's check: T/C)를 많이 이용하고 있다.

(2) 화환신용장(documentary credit)과 무화환신용장(clean credit)

화환신용장(documentary crdit)이란 신용장발행은행이 수익자가 발행한 환어음(draft)에 신용장조건과 일치하는 운송서류(transport document), 보험서류(insurance document),[44] 상업송장(commercial invoice). 포장명세서(packing list) 등을 첨부할 것을 조건으로 하여 지급 · 인수 · 매입할 것을 확약하는 신용장을 말하며 국제물품매매와 관련된 대부분의 신용장이 여기에 속한다.

무화환신용장(clean credit)이란 선적서류의 제시 없이도 대금지급을 확약하는 신용장으로[45] 여행자 신용장(traveller's credit), 입찰보증(bid bond), 계약이행보증(performance bond), 은행의 지급보증서(letter of guarantee), 보증신용장(stand-by credit) 등이 여기에 속한다. 또한 운임(commission), 보험료(insurance premium), 수수료(commission) 등 무역외거래에 대한 지급확약시에도 사용된다.

---

43) 여행자신용장은 "clean credit," "sight credit," "irrevocable credit"에 속하며 신용장발행의뢰시 신용장금액을 전액 납입하여야 한다.

44) 보험서류는 무역거래조건이 CIF나 CIP매매조건인 경우에 요구된다.

45) "clean credit"와 구별하여 "documentary clean credit"라는 것이 있는데, 이는 해외본지점간이나 서로 이해하고 신용 있는 거래선과의 거래시에 수출상이 물품을 선적하고 물품인수에 필요한 선적서류를 먼저 직접 송부하고 그 발송증빙과 무화환으로 발행된 어음만을 가지고 결제가 이루어지도록 확약하는 신용장을 말한다.

(3) 취소가능신용장(revocable credit)과 취소불능신용장(irrevocable credit)

취소가능신용장(revocable credit)이란 신용장을 발행한 후 수익자에게 미리 통지하지 않고 언제든지 일방적으로 신용장을 취소하거나 그 조건을 변경할 수 있는 신용장이다. 모든 신용장은 취소불능 또는 취소가능의 어느 것인가를 명백히 표시하여야 하며 명시가 없을 때에는 취소불능으로 간주한다. 이와 관련하여 UCP 600에서는 다음과 같이 규정하고 있다.[46]

> "신용장은 취소불능의 표시가 없는 경우에도 취소불능이다."
> "A credit is irrevocable even if there is no indication to that effect."

그러나 취소 가능신용장이라 하더라도 발행은행은 신용장의 취소 또는 변경의 통지를 접수하기 이전에 신용장의 조건에 일치하는 지급 · 인수 또는 매입을 하였거나, 또는 연지급(延支給; deferred payment)을 목적으로 서류를 인수한 은행에 대하여는 상환할 의무를 진다.[47]

취소불능신용장(irrevocable credit)이란 신용장발행은행이 일단 신용장을 발행하여 수익자에게 통지하게 되면 신용장유효기간 내에는 발행은행이나 확인은행이 개입할 경우에는 확인은행 및 수익자 전원의 합의 없이는 취소하거나 조건변경을 할 수 없는 신용장을 말한다.

(4) 확인신용장(confirmed credit)과 미확인신용장(unconfirmed credit)

확인신용장(confirmed credit)이란 발행은행 이외의 제 3 의 은행이 수익자가 발행하는 어음의 지급 · 인수 · 매입을 확약하고 있는 신용장을 말한다.[48] 확인은행으로는 보통 수익자가 소재하고 있는 지역의 발행은행의 예치환거래은행(depositary correspondent bank)을 정하게 된다. 확인은행의 확인(confirmation)은 발행은행과는 별개의 독립된 것으로 수익자의 입장에서는 발행은행과 확인은행으로부터 이중으로 결제에 대한 확약을 받는 셈이 된다.

---

46) UCP 600, Article 3.

47) UCP 600, Article 3.

48) 1962년 UCP 제 2 차 개정 전에는 영국계 은행은 취소불능신용장을 실질적으로 확인신용장과 같은 것으로 해석한 적이 있다.

확인신용장에서의 확인문언의 예는 다음과 같다.

"We confirm the credit and thereby undertake that all drafts drawn and presented as above specified will be duly honored by us."

"We hereby add our confirmation to this credit."

한편 미확인신용장(unconfirmed credit)은 위와 같은 제3의 은행의 확약문언이 없는 신용장을 말한다.

(5) 양도가능신용장(transferable credit)과 양도불능신용장(non-transferable credit)

양도가능신용장(transferable credit)이란 신용장상에 "transferable"이란 표시가 있어 최초의 수익자(first beneficiary)가 신용장금액의 전부 또는 그 일부를 제3자에게 양도할 수 있도록 허용하고 있는 신용장을 말한다.

신용장통일규칙에서는 다음과 같이 양도가능신용장을 규정하고 있다.[49]

"Transferable credit means a credit that specifically states it is "transferable." A transferable credit may be made available in whole or in part to another beneficiary("second beneficiary") at the request of the beneficiary("first beneficiary"). Transferring bank means a nominated bank that transfers the credit or, in a credit available with any bank, a bank that is specifically authorized by the issuing bank to transfer and that transfers the credit. An issuing bank may be a transferring bank. Transferred credit means a credit that has been made available by the transferring bank to a second beneficiary."

신용장양도의 필요성은 최초의 신용장 수익자가 ① 무역업을 직접적으로 수행할 수 없거나, ② 거래은행에 무역금융수혜를 위한 거래한도가 부족하거나, ③ 쿼터(quota) 보유상사 앞으로 부득이 신용장을 넘겨줄 필요가 있거나, ④ 기타 업무수행상의 번거로움을 덜고자 함에 있다.

---

49) UCP 600, Article 38-b.

양도가능신용장은 단 1회에 한하여 양도가 허용되며 분할선적이 금지되어 있지 않는 한 최초의 수익자는 다수의 제2수익자에게 분할양도(partial transfer)할 수 있다. 단, 제2수익자인 양수인은 제3자에게 재양도가 금지된다. 따라서 양도권은 최초의 수익자만이 갖는다. 또한 신용장의 양도는 원신용장에 명시된 조건에 의해서만 가능하지만 예외적으로 ① 신용장금액, ② 단가의 감액, ③ 유효기일 및 서류제시기간이 정해져 있을 경우에는 서류제시최종일의 단축, ④ 선적기일의 단축, ⑤ 보험금액은 원신용장에서 요구되는 금액을 한도로 증액을 허용하고 있다.[50] 또한 최초의 수익자는 신용장에 표시된 금액을 초과하지 않는 한 자기의 송장으로 제2수익자의 송장을 대체(substitution of invoices)할 권리를 가지며 송장금액의 차액을 최초의 수익자가 향유할 수 있다.[51]

양도불능신용장(non-transferable credit)은 신용장에서 "transferable"이란 표시가 없는 신용장을 말하며 이와 같은 신용장은 양도사유가 발생하여도 신용장양도는 할 수 없다.

(6) 매입신용장(negotiation credit)과 지급신용장(payment credit)

매입신용장(negotiation credit)이란 신용장에 의해 발행된 환어음이 매입(negotiation)되는 것을 예상하여 매입을 허용하고 어음의 발행인(drawer)뿐만이 아니라 어음의 배서인(endorser), 어음의 선의의 소지인(bona-fide holder)에 대해서도 지급을 확약하고 있는 신용장을 말한다.[52]

일반적으로 매입신용장의 지급확약문언과 신용장유효기간에 대한 표시예를 보면 다음과 같다.

"We hereby agree with the drawers, endorsers and bona-fide holders of drafts drawn under and in compliance with the terms this credit, that such drafts will be duly honored on due presention and on delivery of documents

---

50) UCP 600, Article 38-d～g.

51) UCP 600, Article 38-h.

52) 매입신용장에서 특히 매입은행이 지정되면 매입제한신용장(restricted credit)이고, 지정되지 않으면 자유매입신용장(freely negotiable credit; open credit; general credit)이다; 스위프트 메시지에 의한 신용장에서 매입신용장은: 41D란에 "BY NEGOTIATION"이라고 표기된다.

서식 7-2 매입신용장(negotiation credit)

(MT 700) ISSUE OF A DOCUMENTARY CREDIT
From: BANK OF AMERICA, NEW YORK
To : KOREA EXCHANGE BANK
SEOUL, KOREA
:27 sequence of total: 1/1
:40A form of documentary credit: IRREVOCABLE
:20 documentary credit number: 78910
:31C date of issue: 08/05/15
:31D date and place of expiry: 08/08/10 KOREA
:50 applicant: X&Y INC.
310 FIFTH AVE, NEW YORK, NY10118, U.S.A.
:59 beneficiary: A&B CO., LTD.
CPO BOX 777 SEOUL, KOREA
:32B currency code amount: USD100,000
:39A pct credit amount tolerance: 10/10
:41D available with by name, address: ADVISING BANK
BY PAYMENT
:42C drafts at: SIGHT
:42A drawee: BANK OF AMERICA, NEW YORK, NY10015, U.S.A.
:43P partial shipment: ALLOWED
:43T transshipment: NOT ALLOWED
:44A loading on board/dispatch/taking in charge: BUSAN, KOREA
:44B for transportation to: NEW YORK, U.S.A.
:44C latest date of shipment: 08/07/31
:45A description of goods and/or services
4000 PCS OF MEN'S SPLIT LEATHER JACKETS OTHER DETAILS AS PER SALES NOTE NO. E15 DATED MAY 1, 2008 CIF NEW YORK
:46A documents required
+SIGNED COMMERCIAL INVOICE IN TRIPLICATE
+PACKING LIST IN TRIPLICATE
+FULL SET OF CLEAN ON BOARD OCEAN BILL OF LANDING MADE OUT TO THE ORDER OF BANK OF AMERICA MARKED FREIGHT PREPAID AND NOTIFY ACCOUNTEE
+MARINE INSURANCE POLICIES AND CERTIFICATES IN DUPLICATE ENDORSED IN BLANK FOR 110PCT OF INVOICE VALUE. INSURANCE POLICES OR CERTIFICATES MUST EXPRESSLY STIPULATE THAT CLAIMS ARE PAYABLE IN THE CURRENCY OF THE DRAFTS AND MUST ALSO INDICATE A CLAIM SETTLING AGENT IN NEW YORK. INSURANCE MUST INCLUDE INSTITUTE CARGO CLAUSES(B)
+CERTIFICATE OF ORIGIN IN DUPLICATE
:47A additional conditions
ALL DOCUMENTS MUST BEAR OUR CREDIT NUMBER
T/T REIMBURSEMENT NOT ALLOWED
:48 period for negotiation: DOCUMENTS MUST BE PRESENTED WITHIN 3 DAYS AFTER THE DATE OF BILL OF LADING BUT WITHIN THE CREDIT VALIDITY
:53A reinbursement bank: BANK OF BANK OF AMERICA, NEW YORK, NY10015, U.S.A.
:71B charges: ALL BANKING COMMISSIONS AND CHARGES OUTSIDE U.S.A. ARE FOR ACCOUNT OF BENEFICIARY
:49 confirmation instructions: WITHOUT
:78 instructions to the paying/accepting/negotiating bank: DRAFTS MUST BE SENT TO DRAWEE BANK FOR YOUR REIMBURSEMENT AND ALL DOCUMENTS TO US BY COURIER SERVICE IN ONE LOT PAYMENT WILL BE DULY MADE AGAINST DOCUMENTS PRESENTED IN CONFORMITY OF THE TERMS OF CREDIT
:72 sender to receiver information: THIS CREDIT IS SUBJECT TO UCP(2007 REVISION) ICC PUBLICATION NO. 600

서식 7-3 지급신용장(payment credit)

(MT 700) ISSUE OF A DOCUMENTARY CREDIT
From: BANK OF AMERICA, NEW YORK
To : KOREA EXCHANGE BANK
SEOUL, KOREA
:27 sequence of total: 1/1
:40A form of documentary credit: IRREVOCABLE
:20 documentary credit number: 78910
:31C date of issue: 08/05/15
:31D date and place of expiry: 08/08/10 KOREA
:50 applicant: X&Y INC.
310 FIFTH AVE, NEW YORK, NY10118, U.S.A.
:59 beneficiary: A&B CO., LTD.
CPO BOX 777 SEOUL, KOREA
:32B currency code amount: USD100,000
:39A pct credit amount tolerance: 10/10
:41D available with by name, address: ADVISING BANK
BY PAYMENT
:43P partial shipment : ALLOWED
:43T transshipment: NOT ALLOWED
:44A loading on board/dispatch/taking in charge: BUSAN, KOREA
:44B for transportation to: NEW YORK, U.S.A.
:44C latest date of shipment: 08/07/31
:45A description of goods and/or services
4000 PCS OF MEN'S SPLIT LEATHER JACKETS OTHER DETAILS AS PER SALES NOTE NO. E15 DATED MAY 1, 2008 CIF NEW YORK
:46A documents required
+SIGNED COMMERCIAL INVOICE IN TRIPLICATE
+PACKING LIST IN TRIPLICATE
+FULL SET OF CLEAN ON BOARD OCEAN BILL OF LANDING MADE OUT TO THE ORDER OF BANK OF AMERICA MARKED FREIGHT PREPAID AND NOTIFY ACCOUNTEE
+MARINE INSURANCE POLICIES AND CERTIFICATES IN DUPLICATE ENDORSED IN BLANK FOR 110PCT OF INVOICE VALUE. INSURANCE POLICES OR CERTIFICATES MUST EXPRESSLY STIPULATE THAT CLAIMS ARE PAYABLE IN THE CURRENCY OF THE DRAFTS AND MUST ALSO INDICATE A CLAIM SETTLING AGENT IN NEW YORK. INSURANCE MUST INCLUDE INSTITUTE CARGO CLAUSES(B)
+CERTIFICATE OF ORIGIN IN DUPLICATE
:47A additional conditions
ALL DOCUMENTS MUST BEAR OUR CREDIT NUMBER
T/T REIMBURSEMENT NOT ALLOWED
:48 period for negotiation: DOCUMENTS MUST BE PRESENTED WITHIN 3 DAYS AFTER THE DATE OF BILL OF LADING BUT WITHIN THE CREDIT VALIDITY
:71B charges: ALL BANKING COMMISSIONS AND CHARGES OUTSIDE U.S.A. ARE FOR ACCOUNT OF BENEFICIARY
:49 confirmation instructions: WITHOUT
:78 instructions to the paying/accepting/negotiating bank: PAYMENT WILL BE DULY MADE AGAINST DOCUMENTS PRESENTED IN CONFORMITY OF THE TERMS OF CREDIT AND ALL DOCUMENTS TO US BY COURIER SERVICE IN ONE LOT
:72 sender to receiver information: THIS CREDIT IS SUBJECT TO UCP(2007 REVISION) ICC PUBLICATION NO. 600

서식 7-4 인수신용장(acceptance credit)

(MT 700) ISSUE OF A DOCUMENTARY CREDIT
From: BANK OF AMERICA, NEW YORK
To : KOREA EXCHANGE BANK
SEOUL, KOREA
:27 sequence of total: 1/1
:40A form of documentary credit: IRREVOCABLE
:20 documentary credit number: 78910
:31C date of issue: 08/05/15
:31D date and place of expiry: 08/08/10 KOREA
:50 applicant: X&Y INC.
310 FIFTH AVE, NEW YORK, NY10118, U.S.A.
:59 beneficiary: A&B CO., LTD.
CPO BOX 777 SEOUL, KOREA
:32B currency code amount: USD100,000
:39A pct credit amount tolerance: 10/10
:41D available with by name, address: ADVISING BANK
BY ACCEPTANCE
:42C drafts at: 30 DAYS AFTER SIGHT
:42A drawee: BANK OF AMERICA, NEW YORK, NY10015, U.S.A.
:43P partial shipment : ALLOWED
:43T transshipment: NOT ALLOWED
:44A loading on board/dispatch/taking in charge: BUSAN, KOREA
:44B for transportation to: NEW YORK, U.S.A.
:44C latest date of shipment: 08/07/31
:45A description of goods and/or services
4000 PCS OF MEN'S SPLIT LEATHER JACKETS OTHER DETAILS AS PER SALES NOTE NO. E15 DATED MAY 1, 2008 CIF NEW YORK
:46A documents required
+SIGNED COMMERCIAL INVOICE IN TRIPLICATE
+PACKING LIST IN TRIPLICATE
+FULL SET OF CLEAN ON BOARD OCEAN BILL OF LANDING MADE OUT TO THE ORDER OF BANK OF AMERICA MARKED FREIGHT PREPAID AND NOTIFY ACCOUNTEE
+MARINE INSURANCE POLICIES AND CERTIFICATES IN DUPLICATE ENDORSED IN BLANK FOR 110PCT OF INVOICE VALUE. INSURANCE POLICES OR CERTIFICATES MUST EXPRESSLY STIPULATE THAT CLAIMS ARE PAYABLE IN THE CURRENCY OF THE DRAFTS AND MUST ALSO INDICATE A CLAIM SETTLING AGENT IN NEW YORK. INSURANCE MUST INCLUDE INSTITUTE CARGO CLAUSES(B)
+CERTIFICATE OF ORIGIN IN DUPLICATE
:47A additional conditions
ALL DOCUMENTS MUST BEAR OUR CREDIT NUMBER
T/T REIMBURSEMENT NOT ALLOWED
:48 period for negotiation: DOCUMENTS MUST BE PRESENTED WITHIN 3 DAYS AFTER THE DATE OF BILL OF LADING BUT WITHIN THE CREDIT VALIDITY
:71B charges: ALL BANKING COMMISSIONS AND CHARGES INCLUDING REIMBURSEMENT CHARGES OUTSIDE U.S.A. ARE FOR ACCOUNT OF BENEFICIARY
:49 confirmation instructions: WITHOUT
:53A reimbursement bank: BANK OF AMERICA, NEW YORK, NY10015, U.S.A.
:78 instructions to the paying/accepting/negotiating bank: DRAFTS MUST BE SENT TO DRAWEE BANK FOR YOUR REIMBURSEMENT AND ALL DOCUMENTS TO US BY COURIER SERVICE IN ONE LOT
:72 sender to receiver information: THIS CREDIT IS SUBJECT TO UCP(2007 REVISION) ICC PUBLICATION NO. 600

as specified to the drawee bank."

"Draft must be negotiated not later than May 10, 20××."

지급신용장(payment credit)은 신용장에 의한 환어음의 매입여부에 대하여 명시가 없고 신용장조건에 부합되게 발행된 서류가 신용장발행은행 또는 그가 지정하는 은행에 제시되면 지급할 것을 확약한 신용장을 말한다.[53] 지급신용장의 경우에도 신용장에 의해 발생된 환어음의 매입이 불가능한 것이 아니므로 수익자의 거래은행이 매입을 할 수는 있지만 이 경우에는 수익자의 신용도에 따라 매입은행의 계산과 위험부담으로 환어음매입이 이루어진다. 신용장상에 지급신용장의 표시예는 다음과 같다.

"We hereby that payment will be duly made against documents presented in conformity with terms of this credit."

"Documents must be presented to the advising bank not later than May 10, 20××."

(7) 일람불신용장(sight credit)과 기한부신용장(usance credit)

일람불신용장(sight credit)이란 신용장에 의하여 발행되는 어음이 지급인(drawee)에게 제시되면 즉시 지급되어야 하는[54] 일람불어음(sight draft) 또는 요구불어음(demand draft)을 발행할 수 있는 신용장을 말한다.[55]

일람불환어음을 발행할 수 있도록 허용하는 일람불신용장의 환어음문언의 예는 다음과 같다.

"We hereby issue in your favor this documentary credit which is available by negotiation of your *drafts at sight* for 100% invoice cost drawn on the Bank of Tokyo, Ltd., New York Agency."

"We hereby issue in your favor this documentary credit which is available

53) 지급신용장을 "straight credit"이라고도 한다; 스위프트 메시지에 의한 신용장에서 지급신용장은 :41D란에 "BY PAYMENT"라고 표기된다.

54) 한국의 외국환은행들은 일람출급환어음(at sight draft)방식에 의한 결제는 수입어음(import bill) 도착일로부터 5은행영업일 이내에 신용장발행의뢰인이 발행은행에 지급하는 것으로 하고 있다.

55) 어음발행 없이 서류제시(against presentation of documents)만으로 즉시 대금이 지급되는 경우도 있다.

by *sight payment* against presentation of following documents."[56)]

기한부신용장(usance credit)이란 신용장에 의해 발행되는 어음이 지급인에게 제시된 후 일정기간이 경과한 후에 지급받을 수 있도록 어음지급기일이 명시된 기한부어음(usance draft)을 발행할 수 있는 신용장을 말한다.

기한부신용장에서는 어음의 지급기일에 따라 일람후정기출급(at xxx days after sight), 일부후정기출급(at xxx days after date of draft), 확정일후정기출급(at xxx days after date of B/L) 등으로 발행할 수 있도록 하고 있다.

기한부신용장에 의한 거래는 위의 특정기간 동안의 대금결제에 따른 유예는 결과적으로 수입상인 신용장발행의뢰인이 받을 수 있으므로 보통은 수입상이 요청하게 된다.[57)]

기한부신용장은 환어음발행과 지급확약방식에 따라 ① 기한부매입신용장(usance negotiation credit), ② 연지급신용장(deferred payment credit), ③ 인수신용장(acceptance credit) 등으로 구분할 수 있다.

첫째, 기한부매입신용장의 기한부어음의 표시방법(ⓐ)과 매입확약문언(ⓑ)은 다음과 같다.

ⓐ "We hereby issue in your favor irrevocable documentary credit which is available by your *draft at 30 days after sight* drawn on the first National City Bank of New York for 100% of invoice value…"

ⓑ "We hereby engage with drawers and/or bona-fide holders that drafts drawn and negotiated in conformity with the terms of this credit will be duly honored on presentation and surrender of the relative documents and that drafts accepted the terms of this credit will be honored at maturity."

둘째, 연지급신용장(延支給信用狀)은 환어음발행지시가 없는 것이 특징이다. 연지급신용장의 기한부지급에 대한 표시방법(ⓐ)과 지급확약문언(ⓐ)은

56) 일람지급신용장(sight payment credit)의 예로 어음발행은 하지 않지만 제시되는 서류에 의하여 일람지급하게 된다.

57) 무역계약시에 매매당사자는 기한부어음기간 동안의 이자(interest; exchange commission)부담은 누가 할 것인가를 명시해 두어야 한다. 예컨대, "Usance interests(or Discount charges) are to be covered by buyer."와 같이 약정한다. 만약 언급이 없다면 매도인(seller)부담이 됨을 주의하여야 한다.

다음과 같다.

ⓐ "We hereby issue in your favor irrevocable documentary credit which is available by *payment at 30 days after B/L date* against presentation of following documents marketed X."

ⓑ "We hereby engage that payment will be duly undertaken on presentation of documents in conformity with the terms of this credit and duly honored at maturity."

셋째, 인수신용장에서 기한부어음의 표시방법(ⓐ)과 지급확약문언(ⓑ)은 다음과 같다.[58)]

ⓐ "We hereby issue in your favor irrevocable documentary credit which is available by *acceptance of your draft at 30 days after sight* drawn on the First National City Bank of New York for 100% of invoice value…"

ⓑ "We hereby engage that drafts drawn in conformity with the terms of this credit will be duly accepted on presentation and duly honored at maturity."

(8) 자유매입신용장(freely negotiable credit)과 매입제한신용장 (restricted credit)

자유매입신용장(freely negotiable credit)이란 신용장에 의해서 발행되는 어음의 매입을 특정은행에 제한시키지 않고 어느 은행에서나 매입할 수 있는 매입신용장을 말한다.[59)] 이와 같은 신용장은 수익자가 환어음매입시에 거래은행 또는 유리한 은행을 자유로 선택할 수 있기 때문에 편리하다.

매입제한은행의 명시가 없으면 자유매입신용장으로 표시 예는 다음과 같다.

---

58) 매입은행에서 할인매입하는 기한부어음은 그 인수인이 뉴욕이나 런던 등에 있는 신용 있는 은행으로 하는 것이 보통인데, 뉴욕을 지급지로 하여 인수되는 어음을 New York Acceptance라고 하며 이러한 조건의 신용장을 New York Acceptance Credit이라고 한다. 또한 런던을 지급지로 하여 인수되는 어음을 London Acceptance라고 하며 이러한 조건의 신용장을 London Acceptance Credit이라고 한다.

59) 자유매입신용장을 보통신용장(general credit) 또는 개방신용장(open credit)이라고도 한다.

[표 7-2] 지급 · 인수 및 매입신용장의 비교

신용장 종류	수출지 상대은행	매입은행 지정유무	매입인정 여부	어음지급 기간
지급신용장	예치환거래 은 행	지 정	불인정	일람출급, 기 한 부 *
인수신용장	예치환거래 은 행	지 정	불인정	기 한 부
매입신용장	무 예 치 환거래은행	제한 또는 자유매입	인 정	일람출급, 기 한 부

* 연지급신용장의 경우.

"This credit is available with any bank by negotiation against presentation of following documents."

"This credit is freely negotiable by any bank."

매입제한신용장(restricted credit)이란 신용장발행은행이 그 신용장에 의해서 발행된 어음의 매입을 특정은행으로 한정시키는 신용장을 말한다.[60]

매입제한을 두는 이유는 발행은행이 해외의 본 · 지점에 환어음매입수수료의 수익증대를 도모하기 위한 정책적인 배려와 환거래은행간의 편의 때문이다.

매입제한신용장의 매입제한문언의 예는 다음과 같다.

"Negotiations under this credit are restricted to × × × Bank."

"This credit is available though × × × Bank only."

"We hold special instructions regarding the reimbursement."[61]

(9) 상환청구가능신용장(with recourse credit)과 상환청구불능신용장(without recourse credit)

상환청구가능신용장(with recourse credit)이란 수익자의 어음을 발행은행

60) 매입제한신용장을 특정신용장(special credit)이라고도 한다.

61) "We"는 보통 통지은행이면서 매입제한은행을 말하는 것으로 상환방법은 통지은행만이 할 수 있도록 하는 상환제한신용장(reimbursement restricted credit)의 표시방법이다.

이나 확인은행 이외의 타은행에서 매입하였을 경우 그 어음의 지급인이 지급불능이 되었을 때에 매입은행이 수익자, 즉 어음발행인에 대하여 어음금액을 상환청구[62)]할 수 있는 신용장을 말한다.

어음발행인에 대한 상환청구권유무는 그 나라의 어음법에 의해 결정된다.

한국의 경우에는 상환청구가능 · 불능에 관계없이 상환청구권을 인정하고 있으나 영미법에서는 어음상에 "without recourse"의 표시가 있는 것은 원칙적으로 상환청구권을 인정하지 않고 있다. 국제상업회의소(ICC)에서도 "without recourse"의 문언이 기재되어 있는 어음은 매입하지 말 것을 권고하고 있다.[63)]

상환청구불능신용장(without recourse credit)이란 어음소지인의 상환청구에 대하여 어음발행인이 상환의무를 부담하지 않는 신용장을 말한다. 상환청구불능신용장에는 "without recourse"의 표시가 반드시 있어야 한다.[64)]

(10) 내국신용장(local credit)과 원신용장(master credit)

내국신용장(local credit)이란 수익자인 수출상이 받은 수출신용장을 근거로 하여[65)] 국내에서 수출물품 또는 수출용원자재를 조달하기 위하여 물품공급자를 수익자로 하여 수출상의 거래은행이 발급하는 신용장을 말한다.[66)] 내국신용장은 은행의 지급확약기능 외에도 내국신용장 수익자인 물품공급자에게는 이를 근거로 제조 · 가공하는 데 소요되는 무역금융을 수혜받을 수 있어 유용성이 큰 제도라고 할 수 있다.

원신용장(master credit)이란 최초의 신용장수익자가 국외에서 수령한 수출신용장을 말한다. 즉 1차 내국신용장발급의 근거가 되는 신용장을 의미한다.[67)]

---

62) 소구(遡求)라고도 한다.

63) ICC Document 470/371, December 9, 1980.

64) "without recourse"란 표시가 없는 신용장은 상환청구가능신용장으로 간주한다.

65) 한국의 경우에는 수출신용장 외에 어음인수서류인도조건(D/A), 어음지급서류인도조건(D/P)과 같은 선수출계약서를 근거로 하여 내국신용장이 발행되고 있다; 내국신용장에 대한 보다 상세한 내용은 제8장 1.3을 참조바람.

66) 내국신용장은 local credit 외에도 secondary credit, subsidiary credit, domestic credit, back to back credit, baby credit 등으로도 부른다.

67) 원신용장은 master credit 외에도 original credit, prime credit이라고도 한다.

4.2 특수신용장

(1) 보증신용장(stand-by credit)

보증신용장(stand-by credit)이란 신용장발행은행이 지급보증상대은행으로 하여금 특정인에게 금융지원 등 여신행위를 하도록 하고 채무의 상환을 이행하지 않을 경우에 지급을 이행하겠다는 약속증서로서 현지금융조달을 위한 담보 또는 지급보증수단으로 사용되는 채무보증신용장을 의미한다.

보증신용장은 일반적인 물품대금의 직접적 결제를 목적으로 하는 화환신용장이 아니고 일종의 무화환신용장(clean credit)이다. 이에는 보통 해외현지법인이나 지점 또는 거래선의 대본사 물품수입과 관련 현지은행에 현지금융담보나 건설 · 용역 및 플랜트수출과 관련 입찰보증(bid bond), 계약이행보증(performance bond), 하자보증(maintenance bond), 선수금환급보증(advance payment bond) 등에 대한 지급보증서(letter of guarantee)가 있다.

보증신용장은 화환신용장과 유사하다고 할 수 있으나 본질적인 차이점은 화환신용장은 수익자가 기본적인 거래관계를 이행하였다는 선화증권 등의 서류를 기초로 하여 대금지급이 이루어지는 것이 일반적이나 보증신용장은 차입자나 수익자가 거래은행으로부터 채무불이행 또는 상환불이행하였다는 사실을 증명하는 서류제시에 의해 대금지급을 확약하고 있다는 점에서 차이가 있다.

(2) 전대신용장(red clause credit)

전대신용장(red clause credit)이란 수출에 따른 물품의 생산 · 가공 등에 필요한 자금을 수익자에게 미리 융통해 주기 위하여 물품의 선적과 관련된 선적서류 발행 전에 신용장금액을 수익자 앞으로 전대하여 줄 것을 수권하고 있는 신용장을 말한다. 발행의뢰인, 즉 수입상의 입장에서는 전대신용장이라 하고 수익자 입장에서는 선수금신용장(advance payment credit)이라고 할 수 있다.[68]

---

68) 전대신용장을 자금의 선지급수권조항을 적색으로 표시하였다는 기원에서 적색신용장(red clause credit) 또는 전대자금으로 상품을 집화 · 포장한다는 뜻에서 "packing credit," 자금을 선지급받는다 해서 "advance payment credit" 이라고도 한다.

서식 7-5 보증신용장(stand-by credit)

Korea Exchange Bank

To Bank of America, New York May 10, 20××

Stand-by Letter of Credit

Dear Sirs,

We hereby issue our irrevocable stand-by letter of credit No. K123 up to an aggregate amount of US$1,000,000(US DOLLARS ONE MILLION ONLY) in your favor for account of ABC Co., Ltd., Seoul, Korea as security for your loan plus its interest extended to XYZ Inc., 310 Fifth Ave. New York, NY10001, U.S.A. for purchasing of General Items as per Sales Contract No. 345.

The interest rate of the loan extended under this credit shall not exceed the rate of zero point seventy five percent per annum over six month LIBO rate.

This credit is available against your sight draft drawn on us accompanied by your signed statement certifying that the borrower have defaulted in the repayment of your loan plus its interest and that in consequence the amount drawn hereunder represents their unpaid indebtedness due to you. Your loan statement as of end of every month should be presented to us.

We hereby agree with you that drafts drawn by virtue of this credit and in accordance with its stipulated terms will be duly honored provided they are presented to us on or before December 31, 20××.

This credit shall expire on December 31, 20××, after which date shall be null and void.

Except as otherwise expressly stated herein, this credit is subject to the "Uniform Customs and Practice for Documentary Credits(2007 Revision) International Chamber of Commerce, Publication No. 600."

Very truly yours,

Korea Exchange Bank

Authorized Signature

전대신용장은 수입상이 수출상의 신용을 믿지 못하면 발행해 주지 않게 되며, 발행해 주더라도 전대하여 주는 조건으로 발행해 주며 전대기간 중의 이자(interest)는 보통 수익자가 부담한다. 전대신용장을 받은 수출상은 전대금액에 해당하는 무화환어음(clean draft)과 영수증(simple receipt)을 가지고 지정은행에서 매입을 하게 된다

전대신용장의 자금전대 표시문언에 대한 예는 다음과 같다.

"We authorize the negotiating bank to pay US$1,000,000 to the beneficiary against presentation of the following documents :

1. Beneficiary's clean draft drawn at sight on accountee.

2. Beneficiary's receipt stating that the beneficiary have duly received US$1,000,000 for the delivery of color T.V. sets from Busan, Korea to New york, U.S.A."

(3) 회전신용장(revolving credit)

회전신용장(revolving credit)이란 동일한 거래처에 동일종류의 물품으로 매매당사자간에 계속적인 거래관계가 이뤄질 경우에 거래시마다 신용장을 발행한다는 것은 비능률적이고 비경제적이다. 반면 거래예상금액에 대하여 전액 한꺼번에 신용장을 발행한다면 일시에 많은 자금이 필요하여 과중한 자금부담이 된다. 이와 같은 경우에 일정한 기간 동안 일정한 금액의 범위 내에서 신용장금액이 자동적으로 경신될 수 있도록 발행되는 신용장을 회전신용장이라고 한다.[69)]

신용장 회전(revolving)의 방법으로는 ① 환어음에 대한 지급통지가 있으면 회전되는 방법, ② 환어음이 결제되는 일정 일수를 정하여 그 기간 내 지급거절 통지가 없으면 회전되는 방법, ③ 일정한 기간, 즉 1년 후에 다시 그 금액이 회전되는 방법이 있다.

신용장금액을 경신할 경우에는 ① 누적적 방법(cumulative method), ② 비누적적 방법(non-cumulative method)이 있다. 전자는 경신되기 전에 미사용잔액이 있을 경우에 그 잔액이 그대로 누적되는 방법이고, 후자는 그 잔액이 누

69) self-continuing credit이라고도 한다.

적되지 않는 방법이다.

회전신용장에서의 회전문언의 예는 다음과 같다.

"The amount of drawing made under this credit become automatically reinstated on payment by us. Draft drawn under this credit must not be exceeded to US$300,000 in any calendar month."

또한 누적방법(a)과 비누적방법(b)의 표시문언은 각각 다음과 같다.

ⓐ "Any shipment not to exceed invoice value of US＄50,000 per container. After a draft has been paid under this credit, the credit reverts to its original amount of US＄500,000. Any unused portion of monthly availment may be used during any subsequent month."

ⓑ "Upon receipt by the beneficiary of notice from the Tokai Bank that a draft has been paid under this credit, a sum equal to the amount of such draft again becomes available under this credit. Notwithstanding anything contained in the foregoing clause, drawings under this credit are limited to US$50,000 in any calendar month."

(4) 구상무역신용장

구상무역(求償貿易; compensation trade)은 수출입물품의 대금을 그에 상응하는 수입 또는 수출로 상계하는 수출입을 말한다.[70] 구상무역을 위한 신용장은 특수한 신용장으로 ① 동시발행신용장(back to back credit), ② 기탁신용장(escrow credit), ③ 토마스신용장(TOMAS credit)이 사용된다.

1) 동시발행신용장(back to back credit)

동시발행신용장(back to back credit)의 원래의 의미는 원신용장을 근거로 하여 발행된 내국신용장(local credit)을 의미하였으나 무역협정이나 지급협정이 체결되지 않거나, 경화(硬貨)가 부족한 동구권과 무역거래를 할 경우에 수

70) 현행 대외무역법에서는 구상무역을 연계무역으로 그 개념을 확대하여 물물교환(barter trade), 구상무역(compensation trade), 대응구매(counter purchase)에 의해 이루어지는 수출입으로 규정하고 있다.

출과 수입을 연계하는 방식으로 사용됨에 따라 내국신용장으로서의 "back to back credit"과는 달리 새로운 제도의 구상무역신용장으로 변하게 되었다.

동시발행신용장은 한 나라에서 일정액의 수입신용장을 발행할 경우 그 신용장은 수출국에서도 같은 금액의 신용장을 발행하여 오는 경우에만 유효하다는 조건이 부가된 신용장이다.

동시발행신용장의 문언 예를 보면 다음과 같다.

"This Letter of Credit shall not be available unless and until standard prime banker's irrevocable letter of credit in favor of A&B Co., Ltd., Seoul for account of X&Y Inc., Poland for an aggregate amount of US$300,000 have been established pursuant to contracts for the export of color T.V. sets from Busan, Korea to Poland."

2) 기탁신용장(escrow credit)

기탁신용장(寄託信用狀; escrow credit)이란 수출입의 균형을 유지하기 위한 구상무역에서 사용되는 신용장으로 수입상인 발행의뢰인이 신용장발행의뢰시 신용장조건으로 그 신용장에 의하여 발행되는 어음의 매입대금은 수익자에게 지급되지 않고 수익자명의로 상호약정에 따라 매입은행 · 발행은행 또는 제3국의 환거래은행 등의 기탁계정(escrow account)에 기탁하여 두었다가 그 수익자가 원신용장발행국으로부터 수입하는 물품의 대금결제에만 사용하도록 하는 조건의 신용장을 말한다. 동시발행신용장처럼 동액 · 동시발행조건이 아니므로 기탁신용장은 물품의 선택과 기일 등에서 훨씬 자유롭다.

3) 토마스신용장(TOMAS credit)

토마스신용장(TOMAS credit)은 일본과 중국간의 구상무역거래에서 유래된 것으로 "TOMAS"란 명칭은 일본상사의 전신약호(cable address)이다.

토마스신용장이란 수출상과 수입상 양측이 상호 일정액의 신용장을 서로 발행하기로 하되, 일방이 먼저 신용장을 발행할 경우 상대방은 이에 대응하는 신용장을 일정기간 후에 발행하겠다는 보증서를 발행하여야만 상대방측에 도착한 신용장이 유효하게 되는 신용장을 말한다.

이는 수출국의 수출물품은 확정되었지만 그 대가로 수입할 물품이 결정되지 않았을 경우에 이용된다.

4.3 유사신용장

은행이 지급보증을 하지 않아 엄밀한 의미에서 신용장은 아니지만 신용장과 같은 기능을 가지고 신용장과 함께 무역결제의 수단으로 이용되고 있는 이른바 유사신용장이 있다. 이에는 다음과 같이 ① 어음매입수권서, ② 어음지급수권서, ③ 어음매입지시서가 있다.

(1) **어음매입수권서**(authority to purchase: A/P)

어음매입수권서(authority to purchase)는 수입지의 은행이 수입상의 요청에 따라 수출지에 있는 자기의 본지점 또는 환거래은행에 대하여 수출상이 수권서(letter of authority: L/A)에 명시된 일정조건의 서류를 준비하여 수입상 앞으로 발행된 어음을 제시하면 매입할 수 있는 권한을 부여한 통지서를 말한다.

이것은 은행이 어음의 지급에 대하여 보증하는 것이 아니고 어음지급인이 수입상이므로 지급거절되면 어음발행인인 수출상은 상환청구에 응하여야 한다.

어음매입수권서의 성격을 나타내는 문언의 예는 다음과 같다.

"We are requested by mail by ABC Bank to inform you that they have established their irrevocable Authority to Purchase No.1234 in your favor for account of X&Y Inc., for any sum or sums not exceeding in all US$100,000 available by your drafts in duplicate on X&Y Inc., at sight accompanied by following documents."

(2) **어음지급수권서**(authority to pay: A/P)

어음지급수권서(authority to pay)는 수입지의 은행이 수입상의 요청에 따라 수출지에 있는 자기 본지점 또는 환거래은행에 대하여 수출상이 일정한 조건하에 발행하는 어음에 대하여 지급할 것을 지시하는 통지서이다.

어음매입수권서와 다른 점은 어음이 수입상 앞으로 발행되는 것이 아니라 통지은행 앞으로 발행되는 일람출급어음이며 통지은행은 지급확약 약정을 하지 않고 수출상에게 아무런 통지 없이 취소할 수 있다.[71]

어음지급수권서의 성격을 나타내는 문언의 예는 다음과 같다.

"We advise you that ABC Bank have authorized us to pay your drafts for account of X&Y Inc. under their reference No. 123 for a sum or sums not exceeding a total of US$100,000 on us at sight to be accompanied by following documents."

(3) 어음매입지시서(letter of instruction: L/I)

어음매입지시서(letter of instruction)는 수입지의 은행이 수출지에 있는 자기의 본지점 앞으로 '수출상이 이러한 조건으로 이 금액 이내의 환어음을 발행하였을 경우 귀점에서 그 환어음을 매입하여 주기 바람'이라고 지시하는 것으로 기능면에서 어음매입수권서와 같지만 동일은행의 본지점간에만 사용된다는 점이 다르다.

어음매입지시서의 성격을 나타내는 문언의 예는 다음과 같다.

"We beg to inform you that we are instructed by our head office to negotiate as offered, your Documentary Bills drawn at sight on ABC Bank to the extent of US$100,000 for 100% invoice cost of merchandise."

5. 신용장통일규칙과 신용장거래의 실제

5.1 신용장통일규칙

오늘날 무역대금 결제수단으로서의 신용장은 국제매매 당사자간에 은행

71) "The authority given to us is subject to revocation or modification at any time, either before or after presentment of documents, and without notice to you."라는 문언을 기재하여 수출상에게 통지 없이 취소가능하도록 어음지급수권서상에 명시하고 있다.

으로 하여금 지급기능과 금융기능을 수행하게 함으로써 국제무역거래를 원활히 수행하는 데 크게 이바지하고 있다. 신용장은 오랜 역사를 가지고 사용되어 왔으나 국가마다 다른 상관습과 제도로 인하여 상거래상 혼란과 분쟁이 끊임없이 야기되어 왔다. 따라서 각국의 은행들과 무역업자들은 국제적으로 통일성을 갖춘 신용장통일규칙의 출현을 갈망하게 되었고 이에 국제상업회의소(International Chamber of Commerce: ICC)는 1933년 이른바 오늘날의 '화환신용장통일규칙' (Uniform Customs and Practice for Documentary Credits: UCP)을 제정하게 된 것이다.[72]

당초의 신용장통일규칙은 영국과 미국 등 세계경제에 영향력이 있는 국가들이 자국의 관행과 UCP와의 조화에 따른 어려움 등을 이유로 채택을 미루어 오다가 미국은 1938년 10월 1일부터 채택할 것을 발표하였고, 1962년 11월 제 2 차의 개정 때부터 영국을 포함한 런던관행의 국가와 대부분의 사회주의권 국가들도 채택하여 오늘에 와서는 범세계적으로 채택된 통일규칙으로 면모를 갖추게 되었다. 그동안 신용장통일규칙은 무역관습의 변화에 부응하기 위하여 1951년, 1962년, 1974년, 1983년, 1993년, 2007년에 각각 약 10년을 주기로 개정되어 현재 제 6 차 개정 "UCP Publication No. 600(UCP 600)"이 2007년 7월 1일부터 적용되고 있다.[73]

UCP 600에서는 은행업무, 운송 및 보험산업의 발전에 초점을 맞추어 UCP의 적용 및 해석상 일치되지 아니한 용어들을 삭제하고 정의 및 해석의 개념 및 형식 등에 대하여 재검토할 필요성이 제기되어 총 39개 조항으로 구성[74]되고 있다.

---

72) 제정 당시의 정식명칭은 '상업화환신용장에 관한 통일규칙 및 관례' (Uniform Customs and Practice for Documentary Credits)로 표기하여 'ICC Brochure No. 82' 로 발표되었다.

73) UCP제정: 1933(ICC Brochure No. 82), UCP 제 1 차 개정: 1951년(ICC Brochure No. 151), UCP 제 2 차 개정: 1962년(ICC Brochure No. 222), UCP 제 3 차 개정: 1974년(ICC Publication No. 290), UCP 제 4 차 개정: 1983년(ICC Publication No. 400), UCP 제 5 차 개정: 1993년(ICC Publication No. 500), UCP 제 6 차 개정: 2007년(ICC Publication No. 600).

74) UCP 600에 반영된 규정은 종전의 UCP 500의 6장(총칙 및 정의, 신용장의 형식과 통지, 의무와 책임, 서류, 기타조항, 양도가능신용장 및 대금의 양도로 구분) 49개의 조항으로 구성하였던

5.2 신용장의 내용구성

신용장의 형식은 국제상업회의소가 권고한 '화환신용장발행을 위한 표준양식(Standard Forms for Issuing of Documentary Credit)'[75]에 기본을 두어 발행되고 있었다. 그러나 오늘날에는 스위프트(Society for Worldwide Interbank Financial Telecommunication: SWIFT) 시스템의 발전에 따라 현재의 신용장은 스위프트 "MT700"형식에 따라 발행되고 있으므로 이 형식에 따른 신용장의 내용구성과 기재내용을 검토할 필요가 있다.

무역거래에서 일반적으로 많이 사용되고 있는 취소불능화환신용장을 중심으로 그 구성내용을 ① 신용장 자체에 관한 사항, ② 환어음에 관한 사항, ③ 물품명세에 관한 사항, ④ 요구서류에 관한 사항, ⑤ 운송에 관한 사항, ⑥ 특별지시에 관한 사항, ⑦ 기타의 기재사항 등으로 살펴보기로 한다.[76]

(1) 신용장자체에 관한 사항

① 신용장발행은행(issuing bank)

〈서식 7-6〉에 예시된 스위프트 메시지 형식에 의하여 발행 및 통지되는 신용장은 국제적으로 그 형식이 통일되어 있다. 일반적으로 메시지 형식 발신

구조적 관행에서 장을 구분하지 아니하고, 다음과 같이 39개 조항으로 구성하고 있다: 제1조 신용장통일규칙의 적용, 제2조 정의, 제3조 해석, 제4조 신용장과 계약, 제5조 서류와 물품, 서비스 또는 이행, 제6조 사용가능성, 유효기일 및 제시장소, 제7조 발행은행의 확약, 제8조 확인은행의 확약, 제9조 신용장 및 조건변경의 통지, 제10조 조건변경, 제11조 전송과 예비통지신용장 및 조건변경, 제12조 지정, 제13조 은행간 상환약정, 제14조 서류심사의 기준, 제15조 일치하는 제시, 제16조 불일치서류, 권리포기 및 통지, 제17조 원본서류 및 사본, 제18조 상업송장, 제19조 적어도 두 가지 다른 운송방식을 표시하는 운송서류, 제20조 선화증권, 제21조 비유통성 해상화물운송장, 제22조 용선계약 선화증권, 제23조 항공운송서류, 제24조 도로, 철도 또는 내수로 운송서류, 제25조 특사화물수령, 우편수령증 또는 우송증명서, 제26조 "갑판적," "송화인의 적재 및 계수," "송화인의 내용물 선고" 및 운임에 대한 추가비용, 제27조 무사고 운송서류, 제28조 보험서류 및 담보범위, 제29조 유효기일 또는 제시를 위한 최종일의 연장, 제30조 신용장금액, 수량 및 단가의 과부족 허용, 제31조 분할어음발행 또는 선적, 제32조 할부어음발행 또는 선적, 제33조 제시시간, 제34조 서류효력에 관한 면책, 제35조 송달 및 번역에 대한 면책, 제36조 불가항력, 제37조 피지시인의 행위에 대한 면책, 제38조 양도가능신용장, 제39조 대금의 양도: UCP 600의 내용은 이 책의 부록 2를 참조 바람.

75) ICC Brochure No. 268, 1970.

76) 예시된 〈서식 7-6〉상의 신용장상의 번호는 다음에 설명되는 일련번호와 일치한다.

자는 발행은행이 되고 수신자는 통지은행이 된다. 따라서 신용장의 "we"는 발행은행을 가리키고 "you"는 수익자(beneficiary)를 의미한다.

그러나 전신으로 통지되는 신용장상의 "we," "you"는 인용내용 전후를 참조하여 발행은행, 통지은행, 수익자를 구별하여야 한다.

② 신용장의 발행일자(date of issue)

발행일자는 신용장 본문에 표시되며, 통지은행이 전송으로 수신된 메시지를 인용하여 통지하는 경우 신용장 본문의 발행일자 이외의 통지은행에서 기재한 일자는 통지일자(date of advice)가 된다.

③ 신용장의 종류

취소불능화환신용장(irrevocable documentary credit) 또는 최소불능매입신용장(irrevocable negotiation credit)과 같이 신용장의 종류를 표시한 것으로 대부분의 신용장은 "Irrevocable"이란 문언이 기재되어 있다. 이런 명시가 없어도 취소불능(irrevocable)으로 간주된다. 취소불능신용장은 신용장 관계당사자의 합의가 있어야만 신용장취소나 조건변경을 할 수 있다.

④ 신용장번호(credit number)

발행은행이 기준대로 부여한 번호이다. 수출신용장의 경우에는 신용장번호를 관련서류상에 기재할 것을 요구하는 경우가 많다.

한국의 경우 신용장을 발행할 경우에, 즉 수입시에 신용장번호는 한국은행이 정하여 각 외국환은행이 공통으로 시행하고 있는 '수입승인서 및 신용장 등의 번호기재요강'에 따라 다음과 같이 기재하고 있다.

〈표 7-3~5〉에서의 번호기재요령에 따라 수입승입번호 및 수입신용장번호를 부여하여 보자. 예를 들어 2008년 7월 들어 K은행 본점에서 15번째 일람불조건의 수출용 원자재를 수입승인하고 동월 13번째로 신용장을 발행하였다면, 수입승인서번호는 I0601-807-ES-00159, 수입신용장번호는 M0601-807-ES-00139와 같이 부여할 수 있다.

⑤ 신용장유효기일 및 장소(date and place of credit expiry)

신용장의 지급 · 인수 · 매입을 위하여 서류를 제시하는 유효기일(expiry date)을 명시하여야 한다.

유효장소의 표시는 신용장의 확약방식, 즉 일람지급(sight payment), 연지급(deferred payment), 인수(acceptance) 및 매입(negotiation)이 이루어지는 소재지를 기재하는 곳으로 "August 10, 2008 at the counters of ABC Bank, New York"이나 "August 10, 2008 in New York"처럼 표시되었다면 이 경우에는 특히 주의가 요망된다. 신용장유효기일의 의미는 동 기간 이내에서 지급확약의 효력이 있고 서류제시장소가 특정되었을 때는 당해은행에, 그 외에는 수익자의 거래은행에 신용장상 요구하는 서류의 제시(presentation)가 이루어져야 한다.

⑥ 신용장발행의뢰인(applicant)

신용장발행을 발행은행에 의뢰한 자의 상호, 주소를 기재한다. 보통 "for account of X&Y Inc." 또는 "accountee X & Y Inc."처럼 신용장상에 표시되는 경우가 많다.

⑦ 수익자(beneficiary)

신용장을 받게 되는 수신인(addressee)으로 상호, 주소를 명확하게 기재해야 신용장 송달이 신속 · 정확하게 이루어진다. 신용장발행의뢰시에 수익자의 전화번호를 함께 주소란에 기재한다면 통지은행에서 매우 편리하게 수익자에게 직접 신용장통지를 할 수 있다.

⑧ 통지은행(advising bank)

통지은행은 발행은행에서 보내는 신용장을 수익자에게 통지하여 주는 중간은행이다. 보통 발행은행의 수익자 소재지의 환거래은행(correspondent bank)이 되는 경우가 많다.

⑨ 신용장금액(amount of credit)

신용장금액은 신용장사용의 한도금액으로 동 금액 이내에서 수익자가 환어음을 발행할 수 있다. 신용장금액은 숫자(in figures)와 문자(in words)로 표시되는 것이 일반적이다.

표준형식의 신용장은 "US$200,000"(U.S. Dollars Two Hundred Thousand Only)와 같이 표시하지만, 표준형식을 사용하지 않을 때 일반적으로 사용되는 문언은 다음과 같다.

"up to an aggregate amount of …"
"to the extent of not exceeding a total of …"
"for a sum or sums not exceeding a total of …"

[표 7-3] 수입용도기호

구 분	기 호
정 부 용	G
일 반 용	N
수출산업용시설기재	M
수 출 용 원 자 재	E
가 공 무 역 용	B
군 납 용 원 자 재	A
기 타 외 화 획 득 용	S
특 수 거 래	X

[표 7-4] 수입결제방법기호

구 분	기호	비 고
일람출급 L/C	S	
기한부 L/C	U	내국수입 Usance 포함
기타 L/C	D	Non-Documentary L/C Deferred Payment 포함
D/P	P	
D/A	A	
단순송금	R	
무상거래	N	

[표 7-5] 수입신용장번호기재의 예

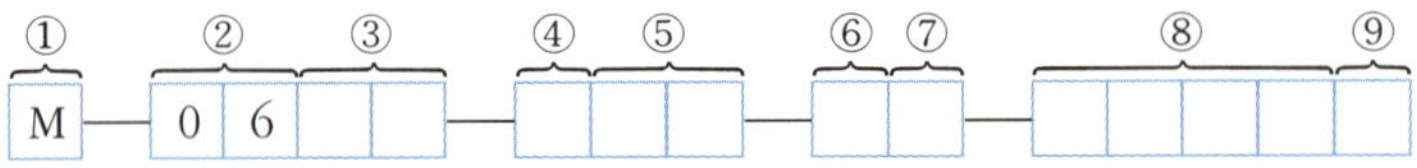

①: 수입신용장의 표시기호(M)
②: 외국환은행 고유번호(06)
③: 취급영업점번호
④: 연도 표시번호(취급연도의 끝자리수)
⑤: 월 표시번호(취급월의 2단위)
⑥: 수입용도기호(위의 〈표 7-3〉 참조)
⑦: 수입결제방법기호(위의 〈표 7-4〉 참조)
⑧: 일련번호(매월별로 새 번호로 바꿈)
⑨: 검색기호(Check Dight)

(2) 환어음에 관한 사항

⑩ 신용장 이용가능 은행

신용장의 지급 · 인수 · 매입은행을 표시한다.

⑪ 신용장대금의 결제방식

신용장대금의 결제방식은 일람지급(sight payment), 연지급(deferred payment), 인수(acceptance) 또는 매입(negotiation) 중에서 허용되는 방식을 기재한다.

⑫ 환어음 발행 및 통수

환어음 발행인(drawer)은 수익자가 되며, 환어음 발행통수는 2장을 1조로 한 조어음(set bill)을 발행한다. 이는 1번권 환어음과 2번권 환어음을 시차를 두어 송달하여 분실신고 등을 예방하기 위한 관행이다.

신용장상의 환어음조항에 "available by your drafts …"의 "your draft"는 수익자(beneficiary)가 발행하는 환어음을 뜻한다.

⑬ 환어음 지급기일(tenor of the draft)과 환어음금액(amount of draft)

환어음의 지급기일은 일람지급신용장(sight payment credit)의 경우 특히 환어음 발행이 요구된다면 "your draft at sight drawn on ABC Bank"와 같이 "at sight"으로 하고, 기한부신용장(usance credit)의 경우에는 at 다음에 결제기간 예컨대, "at 30 days after sight"과 같이 표시한다.

또한 환어음금액은 환어음 지급기일 뒤에 계속하여 "for 100% of invoice value" 또는 "for full invoice value"처럼 표시한다. 환어음금액은 신용장금액을 초과하여 발행할 수 없다.

⑭ 환어음 지급인(drawee)

환어음의 지급인은 "…drafts drawn on" 다음에 표시된다. 보통 발행은행이나 지정은행 등 은행명이 기재된다. UCP 600에서는 은행 앞으로 발행하도록 규정하고 있다.

(3) 물품명세에 관한 사항

⑮ 물품명세(description of commodity)

물품명세는 물품명(name of commodity) 및 수량(quantity), 규격, 단가(unit price), 가격조건(price terms), 원산지(country of origin) 등을 다음과 같은 요령으로 표시한다.

"4,000 pcs of Men's Split Leather Jackers as per Sales Note No, 123 dated May 10, 20×× @US$25 CIF New York U.S.A. Origin."

상업송장상의 물품, 서비스 또는 이행의 명세는 신용장에 보이는 것과 일치하여야 하며[77] 가격조건은 "INCOTERMS 2000"에 정하고 있는 13가지 정형 거래조건 중에서 선택하여 올바르게 기재하여야 한다.

(4) 요구서류에 관한 사항

⑯ 상업송장(commercial invoice)

상업송장은 매도인의 매수인에 대한 청구서, 거래명세서, 출하안내서, 견적서이며 수익자가 작성한다. 물품명세는 신용장의 물품명세와 일치되어야 한다. 상업송장은 대금결제의 필수적 서류로 예외없이 요구하고 있다. 상업송장상에 어떠한 내용을 명시할 것을 요구할 경우에는 반드시 지시사항대로 상업송장상에 기재하여야 하며 상업송장 요구통수를 제공하여야 한다. 보통 "Signed Commercial Invoice in triplicate"처럼 통수표시를 특정하게 하는데 "original(1 fold), duplicate(2 fold), triplicate(3 fold), quadruplicate(4 fold), quintuplicate(5 fold), sextuplicate(6 fold), septuplicate(7 fold), octuplicate(8 fold)" 등과 같이 요구한다.

⑰ 운송서류(transport document)

운송서류는 물품의 선적, 발송, 수탁을 명시하는 인도의 증거서류를 포괄적으로 부르는 것으로 해상선화증권, 항공화물운송장, 복합운송증권 등 운송방식에 따라 요구되는 운송서류의 종류가 다르다. 예시 신용장처럼 해상선화증권을 요구할 경우에는 보통 '무사고 선적해상선화증권'(clean on board ocean bills of lading) 전 통(full set)을 제시하도록 하고 있다.

무사고(clean)란 선적된 물품 및 포장이 깨어지거나 젖거나 하지 않고 외관상 완전한 상태로 선적되었음을 나타내는 것으로 사고문언(remarks)이 없는 것을 말하며, 전 통(full set)이란 선화증권의 원본 3통(orginal, duplicate, triplicate)이 1조로 발행되었다면 3통 모두를 갖춘 것을 말한다. 3통은 각각 정식의 선화증권으로서 독립된 효력을 가지므로 그 중 1통이 사용되면 나머지는 자동 무효가 된다.[78]

또한 선화증권의 발행방식으로 수화인(consignee)을 지정하게 되는데, 예

77) UCP 600, Article 18-c.

78) 선박회사에서 선화증권을 발급하여 줄 경우에는 원본(original)은 보통 full set로 3통을 1조로 발행하고 사본(copy)은 non-negotiable로 10여 통을 함께 발행하여 주어 원본 등은 수출환어음매입(negotiation)을 위하여 사용되지만, 사본은 은행이나 수출상이 보관 및 참조용으로 사용하고 있다.

시의 신용장은 "to the order of Bank of America"와 같이 '뱅크 오브 아메리카의 지시식'으로 발행할 것을 요구하고 있다. 이 방식 이외에도 수화인은 단순 지시식으로 "to order," 송화인의 지시식으로 "to the order of shipper," 수입상의 지시식으로 "to the order of X & Y Inc."와 같이 기재하도록 신용장상에 지시한다. 보통 선화증권 최초의 소지인이며 송화인인 신용장수익자는 '단순지시식'이나 '송화인의 지시식'의 경우에 선화증권원본배면에 무기명배서(blank endorsement)를 하여 운송서류를 양도하고 있다.

운임지급에 관하여 정형거래조건이 CFR, CIF, CPT, CIP라면 운임선지급(freight prepaid)으로, FCA, FAS, FOB라면 운임후지급(freight collect)이라고 운송서류상에 표시하게 된다.[79] 해상운임은 전자는 매도인이, 후자는 매수인이 부담하여야 한다.

화물도착통지처(notify party)는 화물이 목적항에 도착하였을 때 선박회사로부터 화물도착통지서(arrival notice)를 통지하여야 할 곳으로 보통 신용장발행의뢰인인 수입상이나, 그 대리인 명의의 상호와 주소를 기재하게 된다.

한편 항공운송의 경우에는 예시의 신용장처럼 '수화인을 ××은행으로 발행한 항공화물운송장(Air Waybill)'을 요구하게 되는 것이 일반적이다. 이는 비유통 운송서류(non-negotiable transport document)이기 때문에 보통은 신용장발행은행을 수화인(consignee)으로 하여 발행한다. 기타 운임지급표시나 화물도착통지처 등은 해상선화증권의 그것과 같다.

⑱ 보험서류(insurance documents)

보험서류란 보통 보험증권(insurance policy), 보험증명서(insurance certificate), 통지서(declaration)를 총칭하는 것이다.[80] 보험증권은 확정보험(definite insurance)에 대하여 발행되는 증권이며, 보험증명서는 포괄예정보험(open cover)에 대하여 발행되는 부보증명서로 신용장거래에서는 대부분 두 가지 서류 중 어느 한 가지를 제시하도록 하고 있다. 그러나 보험중개업자(brokers)가 발행하는 보험인수증인 "Cover Note"는 신용장에서 특별히 허용하지 않는 한

79) FAS, FOB, CFR, CIF조건이라면 해상선화증권(ocean bills of lading)을 요구하고, FCA, CPT, CIP조건이라면 해상선화증권을 제외한 복합운송증권(combined bills of lading) 등 운송방식에 상응한 운송서류를 요구해야 한다.

80) 보험서류는 무역계약조건이 CIF나 CIP조건인 경우에 한하여 요구되며 매도인은 적화물품에 대한 보험을 부보하고 보험서류를 제공할 의무를 지게 된다.

수리거절된다.[81]

예시의 신용장상의 보험서류는 송장금액에 대하여 110%를 부보하도록 부보범위(coverage)를 정하고 있다. 일반적으로 최소의 부보범위는 송장금액에 10%를 가산하여 부보할 것을 요구하고 있다.[82] 또한 보험금청구시 지급지와 통화를 기재하고 '신협회적화약관'(New Institute Cargo Clauses)을 참조하여 보험부보범위는 물품의 성질과 운송방식 등을 고려하여 적화보험조건을 선택하여야 한다.

⑲ 포장명세서(packing list)

포장명세서는 선적화물의 포장 및 포장단위별 명세와 단위별 순중량(net weight), 총중량(gross weight), 용적(measurement), 화인(shipping marks) 및 포장의 일련번호 등을 기재한 명세서이다. 포장명세서는 상업송장의 기재사항과 부합되어야 한다. 또한 수출서류를 매입하기 위해서는 중량이나 용적 등은 운송서류상의 용적과 중량과도 반드시 일치하도록 하여야 한다

신용장에서 요구하는 서류로 언급된 것을 제외한 그 외의 서류로는 일반적으로 ⑳ 원산지증명서(certificate of origin), ㉑ 검사증명서(inspection certificate), ㉒ 중량 및 용적증명서(certificate of weight and measurement) 등이 요구되고 있다.

(5) 운송에 관한 사항

㉓ 분할선적(partial shipment)

운송물품에 대하여 분할선적의 허용여부는 신용장에 지시하게 되는데 보통 허용(allowed), 금지(not allowed)를 표시하고 있다. 분할선적에 대하여 신용장상에 아무런 표시가 없으면 분할선적이 허용되는 것으로 간주한다.[83]

동일선박(same vessel)과 동일항로(same voyage)에 의한 선적은 본선선적을 증명하는 운송서류가 비록 다른 일자나 항구가 표시되어 있어도 분할선적으로 간주하지 않는다.[84] 또한 5월, 6월, 7월에 각 얼마씩 일정기간의 할부선적(shipment by instalment)이 규정된 신용장의 경우에는 그 선적분이 허용된 기

81) UCP 600, Article 28-c.
82) UCP 600, Article 28-f-ii.
83) UCP 600, Article 31-a;
84) UCP 600, Article 31-b.

간 내에 선적되지 아니하면 당해할부선적은 물론 이 이후의 모든 선적분에 대해서도 신용장은 무효가 됨을 유의하여야 한다.[85]

㉔ 환적(transshipment)

환적은 운송물품을 다른 운송방법으로 이전 및 재적재함을 의미한다. 환적의 표시방법도 분할선적처럼 허용 · 금지로 표시된다. 그러나 신용장상 환적이 금지되더라도 환적유보 인쇄약관이 있는 서류나 전 항로가 단일운송증권으로 커버되는 경우 등 복합운송이 이루어지는 대부분의 경우에는 환적이 발생할 가능성이 있으므로 은행은 그러한 운송서류를 수리하도록 함으로써 환적문제에 대한 시비는 많이 줄어 들고 있다.

㉕ 선적지(place of shipment)

신용장에서 별도 명시가 없으면 선적(shipment)이란 표시는 본선적재(loading on board), 발송(dispatch) 또는 복합운송을 요구 또는 허용할 경우에는 수탁(taking in charage)의 뜻이 포함되어 있는 것으로 해석된다.[86] 따라서 적재지가 부산항이라면 "from Busan, Korea"로, 발송지가 김포공항이라면 "from Gimpo Airport"로 수탁지가 ABC화물운송터미널이라면 "from ABC Cargo Transport Terminal"로 표시하면 될 것이다.

㉖ 선적기일(shipping date)

선적기일은 물품의 최종선적, 즉 적재, 발송, 수탁 등을 위하여 최종적으로 허용되는 일자를 뜻한다.

"not later than July 31, 20××"이라면 인도조건에 따라 7월 31일까지는 적재, 발송 또는 수탁을 완료하여야 한다는 의미이다. 만일 7월 31일이 공휴일이더라도 공휴일을 불문하고 적재, 발송, 수탁이 완료되어야 한다.[87]

㉗ 도착지(place of destination)

선적물품의 최종도착지를 기재하여야 한다. 즉 해상운송의 경우에는 "to New York, U.S.A."로 항공운송의 경우에는 "to New York Airport"로, 복합운송의 경우에는 "to ABC Cargo Transport Terminal"로 표시한다.

---

85) UCP 600, Article 32.

86) UCP 600, Article 19~25.

87) 그러나 신용장유효기일(expiry date)이 공휴일인 경우에는 그 익일로 연장하여 서류제시가 허용된다.

(6) 특별지시에 관한 사항

특별지시사항(special instructions)에 대해서는 신용장에 따라 다르지만, 보통 특별조건(special conditions)을 두어 신용장표준양식에 기재되지 못한 사항에 대하여 요구하게 된다. 즉 예를 들면 ㉘ 특정선박편의 지정(nomination)은 "Shipment must be effected by S.S. Arirang of ABC Line only," ㉙ 신용장양도의 허용은 "This credit is transferable", ㉚ 서류상에 신용장번호 등 기재사항의 지시는 "Each documents of presentation must be indicated the credit number of the issuing bank and the number of the advising bank," ㉛ 전신환(Telegraphic Transfer: T/T)에 의한 상환은 금지된다는 지시는 "T/T reimbursement not allowed"와 같이 요구할 수 있다.

(7) 기타의 기재사항

㉜ 은행수수료의 부담

신용장발행지 이외에서 은행업무와 관련하여 발생하는 수수료와 요금은 누가 부담하는가를 기재한다.

㉝ 서류의 송달방법

서류의 분실 등에 대비하기 위하여 두 번에 나누어 항공등기우편으로(in two lots by registered airmail) 송부할 것인가, 아니면 한 번으로 송부할 것인가를 기재한다.

㉞ 상환지시(reimbursing instructions)

신용장발행은행은 상환(reimbusement)을 위하여 대금결제은행 및 대금결제방법에 대하여 다음 예와 같이 기재한다.

"Please reimburse yourselves for your payment and charges on ABC Bank, New York, under advise to us."

"Please debit our head office A/C with you at maturity."

"We shall remit the proceeds according to your instructions."

㉟ 신용장통일규칙 준거문언

신용장상에는 "This documentary credit is subject to the Uniform

서식 7-6 신용장의 구성내용

(MT 700) ISSUE OF A DOCUMENTARY CREDIT
Advice Number: A0604-807-00123
From: BANK OF AMERICA, NEW YORK ①
To : KOREA EXCHANGE BANK ⑧
SEOUL, KOREA
:27 sequence of total: 1/1
:40A from of documentary credit: IRREVOCABLE ③
:20 documentary credit number: 78910 ④
:31C date of issue: 08/05/15 ②
:31D date and place of expiry: 08/08/10 KOREA ⑤
:50 applicant: X&Y INC. 310 FIFTH AVE, NEW YORK. NY10118, U.S.A. ⑥
:59 beneficiary: A&B CO., LTD.
CPO BOX 777 SEOUL, KOREA ⑦
:32B currency code amount: USD100,000 ⑨
:39A pct credit amount tolerance: 10/10 ⑬
:41D available with by name, address: ANY BANK
BY NEGOTIATION ⑩⑪
:42C drafts at: SIGHT ⑫
:42A drawee: BANK OF AMERICA, NEW YORK, NY10015, U.S.A. ⑭
:43P partial shipment: ALLOWED ㉓
:43T transshipment: NOT ALLOWED ㉔
:44A loading on board/dispatch/taking in charge: BUSAN, KOREA ㉕
:44B for transportation to: NEW YORK, U.S.A. ㉗
:44C latest date of shipment: 08/07/31 ㉖
:45A description of goods and/or services ⑮
4000 PCS OF MEN'S SPLIT LEATHER JACKETS OTHER DETAILS AS PER SALES NOTE NO. E15 DATED MAY 1, 2008 CIF NEW YORK
:46A documents required
+SIGNED COMMERCIAL INVOICE IN TRIPLICATE ⑯
+PACKING LIST IN TRIPLICATE ⑲
+FULL SET OF CLEAN ON BOARD OCEAN BILL OF LANDING MADE OUT TO THE ORDER OF BANK OF AMERICA MARKED FREIGHT PREPAID AND NOTIFY ACCOUNTEE ⑰
+MARINE INSURANCE POLICIES AND CERTIFICATES IN DUPLICATE ENDORSED IN BLANK FOR 110PCT OF INVOICE VALUE. INSURANCE POLICES OR CERTIFICATES MUST EXPRESSLY STIPULATE THAT CLAIMS ARE PAYABLE IN THE CURRENCY OF THE DRAFTS AND MUST ALSO INDICATE A CLAM SETTLING AGENT IN NEW YORK. INSURANCE MUST INCLUDE INSTIYUTE CARGO CLAUSES(B) ⑱
+CERTIFICATE OF ORIGIN IN DUPLICATE ⑳
+INSPECTION CERTIFICATE IN DUPLICATE ㉑
+CERTIFICATE OF WEIGHT AND MEASUREMENT IN DUPLICATE ㉒
:47A additional conditions
SHIPMENT MUST BE EFFECTED BY STAR LINE ONLY ㉘
THIS CREDIT IS TRANSFERABLE ㉙
ALL DOCUMENTS MUST BEAR OUR CREDIT NUMBER ㉚
T/T REIMBURSEMENT NOT ALLOWED ㉛
:48 period for negotiation: DOCUMENTS MUST BE PRESENTED WITHIN 3 DAYS AFTER THE DATE OF LADING BUT WITHIN THE CREDIT VALIDITY
:71B charges: ALL BANKING COMMISSIONS AND CHARGES INCLUDING REIMBURSEMENT CHARGES OUTSIDE U.S.A. ARE FOR ACCOUNT OF BENEFICIARY ㉜
:49 confirmation instructions: WITHOUT ③
:53A reimbursement bank: BANK OF AMERICA, NEW YORK, NY10015, U.S.A. ㉟
:78 instructions to the paying/accepting/negotiating bank .DRAFTS MUST BE SENT TO DRAWEE BANK FOR YOUR REIMBURSEMENT AND ALL DOCUMENTS TO US BY COURIER SERVICE IN ONE LOT ㉝
:72 sender to receiver information: THIS CREDIT IS SUBJECT TO UCP(2007 REVISION) ICC PUBLICATION NO. 600 ㉞

Customs and Practice for Documentary Credits(2007 Revision) International Chamber of Commerce Publication No.600"과 같이 준거문언을 명시함으로써 신용장 관계당사자는 신용장통일규칙에 따른 법적 구속력을 갖게 된다.

이 밖에 종이신용장을 이용할 경우, 이중매입 방지문언, 즉 환어음매입(negotiation)은 수익자가 환어음을 발행하여 신용장조건에 따라 신용장금액 범위 내에서 요구하는 서류를 제시하여 매입하게 되지만, 서류 등을 위조 · 변조하여 같은 신용장을 가지고 이중으로 서류 매입할 가능성에 대비하여 매입은행은 신용장원본 이면에 매입표시를 하도록 지시하고 있는데, 보통 다음과 같은 문언이 기재된다.

"The amount and date each negotiation must be endorsed on the back hereof by the negotiating bank."

5.3 신용장의 통지와 확인

(1) 신용장의 통지

1) 신용장 통지의 의의

신용장의 통지(advice)란 신용장을 발행한 은행이 신용장발행내용을 수익자(beneficiary)에게 알리는 것을 말한다.

신용장을 통지하는 방법은 신용장발행은행이 직접 수익자에게 통지하는 방법과, 신용장발행은행이 수익자 소재지의 자기의 본·지점이나 환거래은행에 신용장발행 사실을 알리고 이들로 하여금 수익자에게 통지토록 하는 방법이 있다. 이 방법 중 전자의 방법은 신용장의 진위를 파악할 수 없기 때문에 실제 거래에서는 대부분 후자의 방법이 이용되고 있다.

2) 신용장의 통지방법

(가) 우편에 의한 신용장의 통지

우편에 의한 신용장이라 함은 신용장발행은행의 소정의 신용장양식을 이용하여 신용장조건을 명시하고 우편을 이용하여 발행은행이 통지은행 앞으로 보내온 신용장을 말한다.

이 경우는 신용장발행은행의 서명은 보통 신용장의 아래부분에 되어 있기 때문에 통지은행과 서명감(specimen signature booklet)이 교환되어 있다면 신용장의 진정성(authenticity)을 파악하는 데 용이하다.

(나) 전송에 의한 신용장의 통지

전송에 의한 신용장 통지는 신용장발행 사실을 전신(cable), 텔렉스(telex) 또는 스위프트(SWIFT) 등 전송(teletransmission)을 이용하는 통지방법으로 신속하고 능률성이 제고되기 때문에 그 이용도가 높다.

발행은행에서 통지은행 앞으로의 전송은 "full teletransmission"[88]에 의한 방법과 "short teletransmission"[89]에 의한 방법이 있다. 전자의 방법에 의한 신용장은 수익자가 사용할 수 있는 신용장으로 보통 신용장통지내용상 "This is an operative credit instrument."라고 표시되어[90] 유효한 신용장으로 간주된다. 그러나 후자의 방법은 신용장의 발행사실 내용의 일부만을 간단하게 기재하여 예비통지(pre-liminary advice)하는 것으로 나중에 우편에 의한 완전한 신용장이 도착되기 전까지는 수익자가 사용할 수 없는 신용장이다.

(2) 신용장의 확인

1) 신용장확인의 의의

신용장의 확인(confirmation)이란 발행은행이 1차적으로 지급이나 인수[91]를 확약하고 있는 취소불능신용장에 대하여 발행은행의 요청을 받은 발행은행의 환거래은행인 제3의 은행이 신용장의 조건과 일치하는 환어음의 발행인 또는 선의의 소지인에 대하여 매입대금을 상환청구함이 없이 환어음의 지급·인수 또는 매입을 확약하는 것을 말한다. 따라서 확인은행은 독립적인 채무를 부담한다.

신용장의 확인을 필요로 하는 이유는 발행은행에 속해 있는 국가가 신용

88) 종전에는 보통 full cable방식에 의한 신용장을 많이 사용하였다.

89) 이 방식의 신용장은 보통 "Full details to follow," "Airmailing details"라는 문언이 명시된다.

90) full teletransmission에 의한 신용장은 "This credit is available"이나 "No mail confirmation will follow"란 문언이 전송된 내용에 명시되어 있다.

91) 인수(acceptance)의 효과는 확인의 경우와 유사하니 이는 기한부 신용장에 의거 발행되는 환어음을 제3은행이 대신 인수함으로써 만기에 있어서 대금지급을 확약하는 것이지만 확인은 신용장에 의해 발행되는 환어음의 지급·인수 또는 매입을 포괄적으로 확약하는 것이다.

위험 또는 전쟁위험성이 있거나 발행은행자체의 신용상태가 불량한 경우에 결제상의 위험을 줄이기 위한 것이다.

2) 신용장확인의 문언

확인신용장(confirmed credit) 발행을 요청할 경우에는 신용장발행지의 위험도, 확인수수료(confirming fee) 부담에 관하여 매매계약을 체결할 때 당사자간에 미리 약정해 두어야 한다.

신용장발행은행이 확인을 요청할 때는 보통 다음과 같은 문언을 신용장상에 명시한다.

"Please advice this credit to the beneficiary adding your confirmation."
"We request you to notify the credit, □ without adding yon confirmation, □ adding your confirmation, □ and authorize you to add confirmation.[92]

확인은행이 발행은행으로부터 신용장확인을 요청받거나 수권을 받았을 경우 그렇게 할 의사가 없을 때에는 확인거절의사를 즉시 발행은행에 통지하여야 한다.[93]

5.4 신용장양도

(1) 신용장양도의 의의

신용장의 양도(transfer)란 양도가능신용장(transferable credit)상의 권리의 전부 또는 일부를 최초의 수익자(first beneficiary), 즉 제 1 수익자가 지시하는 자인 제 2 수익자(second beneficiary)에게 양도하는 것을 말한다.

(2) 신용장양도의 필요성과 요건

1) 양도의 필요성

신용장양도의 사유가 발생되는 경우는 신용장을 받은 최초의 수익자가

---

92) 3가지 방법 중 한 가지를 □ 속에 표시하여 택하도록 하고 있다. 그러나 SWIFT 시스템에 의하여 발행되는 신용장은 ":49 confirmation instruction: WITHOUT"과 같이 표시된다.

93) UCP 600, Article 8-d.

수출대행계약에 의해 대행자 앞으로 신용장을 양도하고자 하거나, 거래은행에 충분한 담보력이나 신용한도가 부족하여 담보력이 있는 상사를 이용하거나, 쿼터품목(quota item)으로 쿼터보유상사 명의로 수출해야 할 경우나, 기타 번거로움을 덜고자 할 경우이다.[94)]

2) 양도의 요건

신용장을 양도하기 위해서는 다음과 같은 요건을 충족하여야 한다.[95)]

① 발행은행에 의해 신용장상에 "transferable"이란 문언이 명확하게 표시되어 있어야 한다.

② 신용장의 양도는 1회에 한한다.

분할선적(partial shipment)이 금지되어 있지 않는 경우에는 분할양도가 가능하다. 1회란 뜻은 제1수익자가 제2수익자를 다수로 하여 양도하는 것은 가능하되 양수자(transferee)가 이를 다시 제3자 앞으로 재양도는 금지됨을 의미한다. 따라서 양도의 권리는 최초의 수익자만이 갖게 되는 것이다.

③ 신용장양도는 원신용장(original L/C)의 조건과 동일하게 이루어져야 한다.

다만 신용장의 금액, 단가, 유효기일, 서류제시를 위한 기간의 단축, 선적기간 및 원신용장에서 요청된 부보금액을 담보하기 위하여 증가될 수도 있는 부보비율[96)]에 대해서는 예외로 변경이 가능하다.

④ 제1수익자는 발행의뢰인의 명의 대신에 자신의 명의를 기재하여 신용장을 양도할 수 있다.

(3) 신용장양도의 방법

신용장의 양도는 신용장의 금액을 한 사람 또는 여러 사람에게 양도하느냐에 따라 전액양도와 분할양도의 방법으로 나눌 수 있다.

---

94) 분할양도가 이루어진 이후 신용장조건변경 내용의 권리와 의무는 제1수익자에게 있다.

95) UCP 600, Article 38.

96) 예컨대 원신용장금액이 CIF가격으로 US$100,000에 대한 부보비율을 110%로 한다면 부보금액은 US$110,000 된다. 그러나 신용장양도시 원신용장금액을 CIF가격으로 US$80,000로 한 경우 부보금액은 US$88,000이 되기 때문에 수입상이 피보험이익금액이 적게 된다. 따라서 원수익자는 신용장양도시 부보금액을 US$110,000까지 하기 위하여 부보비율을 "Invoice value plus 137.5%"까지 증가하도록 요청할 수 있다.

1) 전액양도

전액양도(total transfer)는 원신용장의 제 1 수익자가 받은 신용장금액을 제 2 수익자에게 전액을 양도하여 주는 방법이다.[97] 원신용장 수익자로부터 양도 · 양수 합의에 의거 신용장전액양도의뢰를 받으면 양도은행은 원신용장 뒷면에 다음의 예와 같이 양도사실을 기재하고 서명한다.

"This credit is totally transferred to ABC Co., Ltd.[98] for US$300,000[99] on May 20, 20××[100] by CDE Bank×× Branch."[101]

2) 분할양도

분할양도(partial transfer)란 원신용장 최초의 수익자가 받은 신용장금액을 제 2 수익자인 여러 사람에게 분할로 양도하여 주는 방법이다.

같은 방식으로 분할양도 취급은행은 신용장원본 뒷면에 다음과 같이 기재하고 양도취급은행의 서명을 한다.

"This credit is partially transferred to ABC Co., Ltd. for US$100,000 on May 20, 19×× by CDE Bank ×× Branch."

(4) 신용장양도자의 권리

1) 송장 및 환어음의 대체권

제 1 수익자는 원신용장에 표시된 금액을 초과하지 않은 금액으로, 또한 원래의 단가로 작성한 자기의 송장으로 제 2 수익자가 작성한 송장과 어음을 대체할 수 있는 권리를 갖는데, 이를 송장 및 환어음의 대체(substitution of invoices and drafts)라고 한다.

또한 신용장의 단가나 금액을 낮추어 양도할 경우에는 차액이 생기게 되는데, 이 차액에 대하여 제 1 수익자는 어음을 추가발행할 수 있다.

97) 전액양도가 이루어진 이후 신용장조건변경내용의 권리는 보통 모두 제 2 수익자가 갖지만 제 1 수익자는 양도가능 신용장의 변경에 대하여 제 2 수익자에게 직접통지허용여부에 대한 지시의무가 있다.

98) 제 2 수익자, 즉 양수자이다.

99) 양도금액이다.

100) 양도취급일자이다.

101) 양도취급은행이다.

2) 양도지에서의 지급 또는 매입요구권

제 1 수익자는 제 2 수익자에 대하여 최종일자를 포함한 유효기일 내에 신용장이 양도되어 사용되고 있는 동일국 또는 타국에서 지급(payment) 또는 매입(negotiation) 요구권리를 갖는다.

이 경우에 나중에 제 1 수익자가 작성한 송장과 어음[102)]을 제 2 수익자가 작성한 송장과 어음으로 대체하고 자기가 수령할 수 있는 차액청구권리를 침해받지 아니한다.[103)]

3) 양도지시권

신용장상에 "transferable"이란 표시가 있어도 원수익자에게 신용장을 양도하지 않으면 안 될 의무를 부과하는 것은 아니다. 따라서 원수익자는 양도의 필요성이 없으면 스스로 신용장에 의거하여 지급 · 인수 · 매입을 받을 수 있다. 양도가 성립되는 것은 원수익자가 양도지시권을 행사하여 양도은행을 통하여 양도수속을 완료시켜야 비로소 양도가 성립되는 것이다.

4) 양도방법의 선택권

원신용장의 조건에 따라 1회 또는 분할선적이 허용되는 신용장의 경우에는 수 회에 분할하여 제 2 수익자에게 신용장을 양도할 권리를 갖는다. 이 경우 특히 신용장의 금액 · 단가의 감액, 유효기일, 서류제시기한, 선적기일 등은 단축할 수 있고 각 양도부분의 보험금액은 원신용장의 부보비율만큼 증액할 수 있다.

---

102) UCP 600, Article 38-h.

103) 어음이 제시되는 경우에 해당된다.

서식 7-7 전액양도신청서

APPLICATION FOR ADVICE OF TOTAL TRANSFER

Korea Exchange Bank
Seoul, Korea

Date: May 16, 20××
Your Advice No. A0604-805-12345

Re: L/C No. 78910
for US$100,000
Favor A&B C., Ltd.
Issuing Bank: Bank of America, New York

Gentlemen:

We hereby irrevocably transfer all of our right under the above-mentioned credit to LMN Co., Ltd.

The transferee (hereinafter called the "Second Beneficiary") shall have sole right as beneficiary under the credit, including all right relating to any amendment, whether increases or extensions of other amendments, and whether now existing or hereafter made.

The credit hereafter may be amended, extended or increased, without our consent or notice to us and you will give notice thereof directly to the Second Beneficiary.

The original credit (including amendments to this date, if any) is returned herewith for your endorsement. We request you to notify the Second Beneficiary in such form as you deem advisable of this transfer of the credit and of the terms and conditions of the credit as transferred.

We agree to indemnity and hold you harmless against any and all losses, damages and expenses arising from your actions on this transfer.

Yours very truly,

Accepted by
LMN Co., Ltd.
SooilKim
Soo-il Kim
President

Authorized Signature &
Name of Second Beneficiary

A&B Co., Ltd.
KildongHong
Kil-dong Hong
President

Authorized Signature &
Name of First Beneficiary

서식 7-8 분할양도신청서

APPLICATION FOR ADVICE OF PARTIAL TRANSFFR

Korea Exchange Bank
Seoul, Korea

Date: May 17, 20××
Your Advice No. A0604-005-12345

Re: L/C No. 78910
L/C Amount: US$ 100,000
Shipping Date: July 31, 20××
L/C Expiry Date: August 10, 20××
Favor: A&B Co., Ltd.
Issued by: Bank of America, New York

Gentlemen :

We hereby request you to transfer irrevocably all of our rights of the above-mentional credit to DEF Co., Ltd.

under the same terms and conditions of the credit with the following exceptions:

(1) The amount to be transferred: US$ 30,000
(2) The latest shipping date: July 20, 20××
(3) The eapiry date: July 31, 20××
(4) The quantity to commodities: 1,200pcs of Men's Split Leather Jackets
(5) Special instruction :

Any amendment to the credit hereafter made are to be advised to the First Beneficiary and then we will advice those amendments to the transferee(Second Beneficiary) on our responsibilty. The original credit(including amendments to this date, if any) is attached herewith for your endorsement.

We agree to indemnify and hold you harmless against any and all losses, damages and expenses arising from your actions on this transfer.

Yours very truly,

Accepted by DEF Co., Ltd. *SundalKim* Sun-dal Kim President Authorized Signature & Name of Second Beneficiary	A&B Co., Ltd. *KilDongHong* Kil-dong Hong President Authorized Signature & Name of First Beneficiary

제 8 장

물품의 확보와 무역금융

1. 물품의 확보
2. 무역금융

1. 물품의 확보

1.1 수출물품의 생산 또는 구매

수출물품을 확보하는 방법은 수출상이 자가공장이나 하청공장에서 물품을 제조 · 가공하여 생산하는 경우와 다른 회사에서 생산한 완제품을 국내에서 구매하는 경우가 있다.

수출상이 자가공장이나 하청공장을 두어 물품을 생산하기 위해서는 소요되는 원자재를 국내에서 구매하는 경우와 외국에서 수입하는 경우를 들 수 있다. 수출물품이나 원자재를 국내에서 확보하는 경우에는 내국신용장(Local L/C)에 의한 방법과 구매확인서에 의한 방법이 이용된다. 또한 소요되는 원자재를 외국에서 수입하는 경우에는 수입신용장에 의한 방법이 이용된다.

1.2 내국신용장에 의한 구매

(1) 내국신용장의 의의

내국신용장제도는 수출용원자재의 국내구입을 촉진키 위해 도입 · 운용되고 있는 제도이다. 내국신용장이란 수출용원자재나 수출용완제품의 국내거래와 관련하여 동 물품의 구매자를 발행신청인으로 하고 동 제품의 생산자를 수익자로 하여 국내은행이 발행한 신용장을 말한다.

수출업체의 경우 수출용원자재를 내국신용장에 의하여 조달하면 당해물품의 대금을 자기자금의 부담이 없이 원자재구매자금의 융자를 통하여 결제할 수 있게 되며 아울러 동 물품구매 관련 부가가치세의 영세율도 적용받게 되어 물품구매가격상의 이점을 누리게 된다.

서식 8-1 취소불능내국신용장

외환은행

발행일자: 20××년 5월 20일

<table>
<tr><td>취소불능내국신용장</td><td colspan="2">신용장번호 L0604-805-12345</td></tr>
<tr><td>발행신청인(상호 · 주소 · 대표자 · 전화)
서울 종로구 명륜동 1번지
에이엔비무역주식회사
대표이사 홍길동</td><td colspan="2" rowspan="2">결제통화 및 금액
☒ 원화 ₩48,025,600(외화금액 US$60,032 @US$800)
다만, 환어음 매입시 대고객 전신환 매입률이 발행시와 다를 경우 원화금액을 동 매입률로 환산한 금액으로 함.
☐ 외　　화
다만, 발행신청인명의 거주자계정으로부터 수익자명의 거주자계정에 이체지급할 것을 조건으로 함.</td></tr>
<tr><td rowspan="2">수익자(상호 · 주소 · 대표자 · 전화)
서울 강남구 대치동 1번지
주식회사 한국피혁
대표이사 이수남</td></tr>
<tr><td>물품인도기일
June 20, 20××</td><td>유효기일
June 25, 20××</td></tr>
<tr><td colspan="3">당행은 귀사(사)가 금액의 범위 내에서 다음의 서류를 첨부하여 당행을 지급장소로 하고 신청인을 지급인으로 한 송장금액 100% 해당액의 일람출급환어음을 발행할 수 있는 취소불능내국신용장을 발행합니다. 이 신용장에 의하여 발행된 환어음은 "20××년 5월 20일 외환은행 내국신용장번호 L0604-805-12345에 의함"이라고 표시하여야 합니다.
☒ 물품수령증명서　1통
☒ 공급자발행 세금계산서 사본　1통
☐ 기　　타</td></tr>
</table>

공 급 물 품 명 세				
HS부호	품명 및 규격	단위 및 수량	단가	금액
4102-0201	Cow split leather	85,760 S/F	@US$0.70	US$60,032

<table>
<tr><td>분할인도 ☒ 허용함 ☐ 불허함</td><td>서류제시기간
물품수령증명서발급일부터 3영업일 이내</td></tr>
<tr><td>기　타</td><td>용　도</td></tr>
<tr><td colspan="2">원수출신용장 등의 내용</td></tr>
<tr><td colspan="2">종류 ☒ 수출 L/C, ☐ D/A, ☐ D/P, ☐ 외화표시 물품공급계약서,
☐ 내국신용장, ☐ 외화표시 건설 · 용역공급계약서</td></tr>
<tr><td colspan="2">신용장(계약서)번호 78910</td></tr>
<tr><td>1. 이 신용장에 의하여 발행된 환어음을 매입한 은행은 반드시 매입일자와 동 금액을 이 신용장 뒷면에 기재하여야 합니다.
2. 물품수령증명서상의 수령인의 서명 또는 인감은 이 신용장 뒷면에 표시(첨부)된 물품매도확약서상의 것과 일치하여야 합니다.
3. 이 신용장에 관한 사항은 다른 특별한 규정이 없는 한 국제상업회의소 제정 화환신용장통일규칙 및 관례에 따릅니다.</td><td>당행은 이 신용장에 의하여 발행되고 또한 이 신용장조건에 일치하는 환어음이 당행에 제시된 때에는 이를 이의 없이 지급할 것을 환어음의 발행인 · 배서인 기타 정당한 소지인에게 확약합니다.

책임자 서명날인
외환은행 종로지점장</td></tr>
</table>

[그림 8-1] 수출물품의 확보방법

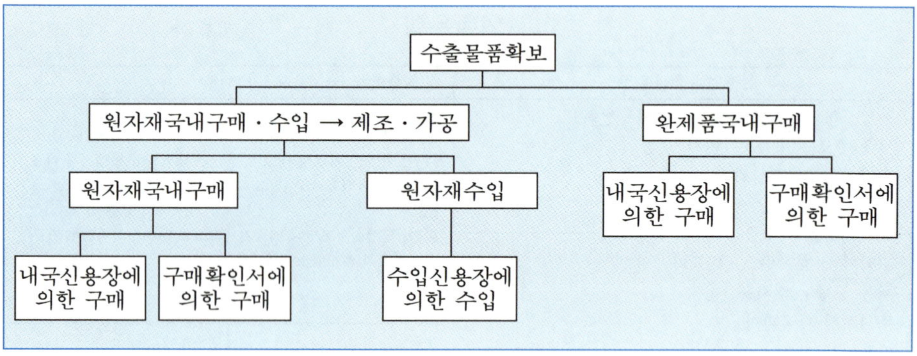

또한 내국신용장의 수익자는 당해내국신용장을 근거로 물품의 제조에 소요되는 자금을 융자받을 수 있으며 내국신용장의 물품공급 실적을 당해업체의 수출실적으로 인정받을 수 있다.

(2) 내국신용장의 발행근거

수출용원자재(임가공 포함)나 수출용완제품을 조달하기 위한 내국신용장의 발행신청은 당해업체가 보유하고 있는 무역금융의 융자대상증빙, 즉 수출신용장, D/P · D/A 계약서, 외화표시물품공급계약서, 외화표시건설 및 용역공급계약서 또는 내국신용장을 근거로 하거나 당해업체의 과거수출실적을 근거로 할 수 있다.

한편 내국신용장 수혜자는 당해 내국신용장을 근거로 수출용 원자재 및 완제품을 구매하기 위하여 또 다른 내국신용장의 발행을 신청할 수 있다.

(3) 내국신용장의 종류

내국신용장은 대상물품, 단계, 표시통화에 따라 다음과 같이 구분된다.

분류기준	내국신용장의 종류
공급대상 물품별	① 원자재 내국신용장 ② 임가공 내국신용장 ③ 완제품 내국신용장

발행단계별	① 제 1 차 내국신용장 ② 제 2 차 내국신용장 ③ 제 3 차 내국신용장
표시통화별	① 원화표시 내국신용장 ② 외화표시 내국신용장

(4) 내국신용장에 의한 환어음의 매입

1) 어음의 매입 및 추심의뢰

내국신용장수익자는 내국신용장조건에 따라 내국신용장발행신청인(물품구매자)에게 물품을 공급한 후 물품수령증명서를 발급받아 내국신용장발행은행에 직접 지급의뢰하거나 거래외국환은행에서 추심의뢰하여 물품대금을 결제받게 된다.

내국신용장에 의한 환어음매입은 내국신용장의 조건을 충족하는 물품수령증명서, 공급자발행 세금계산서(다만, 부가가치세법상 발급대상이 아닌 경우에는 공급자 발행청구서)에 환어음을 발행하는 매입신청을 한다.

내국신용장발행은 지급거절사유가 없는 한, 내국신용장 부기외화액을 매

[그림 8-2] 내국신용장에 의한 구매절차

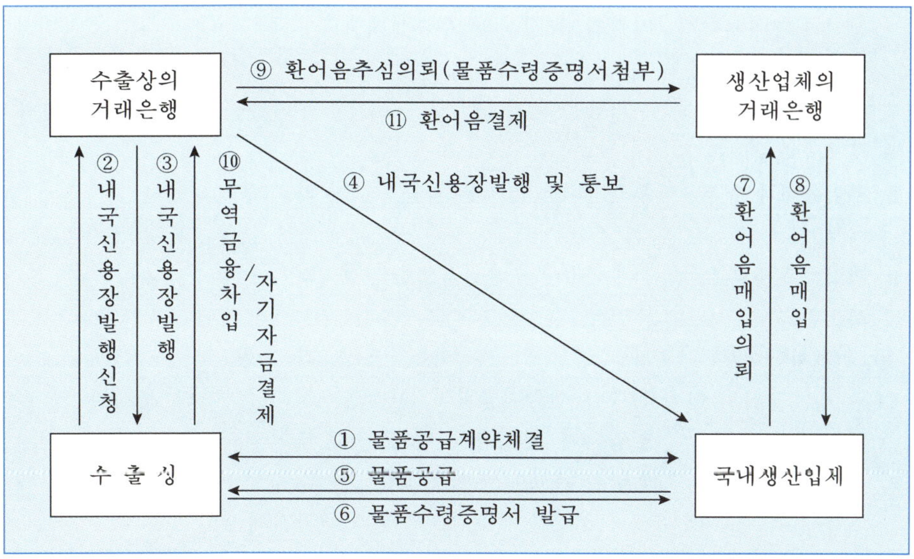

입당일의 전신환매입률로 환산한 금액을 지급제시를 받은 날로부터 3영업일 이내에 결제하여야 한다. 이 때 동 결제자금은 일반적으로 수출용원자재의 경우에는 원자재구매자금으로 무역금융을 융자받아 결제하게 되지만 자기자금으로 융자금수혜 없이 결제하기도 한다.

2) 내국신용장에 의한 환어음의 지급거절사유

내국신용장발행은 발행된 내국신용장에 의하여 제시된 환어음과 첨부된 서류를 점검하여 신용장조건과 부합되지 않을 경우에는 동 어음에 대하여 지급거절할 수 있다. 환어음의 지급거절사유는 다음과 같다.

[표 8-1] 내국신용장제도와 구매확인서제도의 비교

구 분	내국신용장제도	구매확인서제도
1. 관련법규	무역금융규정	대외무역법
2. 발급기관	외국환은행	좌 동
3. 거래대상물품	수출용원자재 및 수출용완제품	좌 동
4. 발급조건	당해업체의 무역금융 융자 한도 내에서만 발급	업체가 거래증빙서류 구비하여 신청하면 제한 없이 발급
5. 발급비용	소정 발급수수료	없 음
6. 공급실적의 수출실적 인정여부	무역금융 취급세칙 및 대외무역관리 규정상의 수출실적으로 인정	좌 동
7. 공급실적에 대한 무역금융 융자여부	무역금융 융자대상	무역금융 융자대상에서 제외
8. 부가가치세 적용여부	부가가치세 영세율 적용	좌 동
9. 외화획득용원료 사후관리	사후관리시 수출실적으로 인정	좌 동
10. 관세환급여부	가 능	좌 동
11. 대금지급확약 및 결제	은행이 대금지급확약, 물품공급업자가 환어음을 발행하여 외국환 은행에서 어음매입	거래당사자의 문제일 뿐 은행이 대금지급확약을 하지 않음. 공급자와 구매자간 대금결제

① 어음의 형식불비 또는 지급지가 상이한 경우

② 제시된 어음이 사고신고서가 접수된 어음이거나 위조, 변조된 경우

③ 어음의 지급제시일(내국신용장수익자의 매입 또는 추심의뢰일)이 내국신용장의 유효일을 경과한 경우

④ 물품수령증명서상의 수령인의 인감 또는 서명이 내국신용장 발행신청시 신고한 인감 또는 서명(물품매도확약서상의 것을 기준으로 함)과 상이한 경우

⑤ 물품수령증명서상의 물품명세가 내국신용장의 물품명세와 불일치한 경우

⑥ 제시된 어음이 내국신용장의 기타 조건과 불일치한 경우

1.3 구매확인서에 의한 구매

(1) 구매확인서의 의의

구매확인서라 함은 국내에서 생산된 물품 등이나 수입된 물품을 외화획득용원료 또는 물품으로 사용하기 위하여 구매하고자 하는 경우 외국환은행의 장이 내국신용장에 준하여 발급하는 증서를 말한다.

구매확인서제도는 실무적으로는 내국신용장 발급규정상 무역업자의 금융

[그림 8-3] 구매확인서에 의한 구매절차

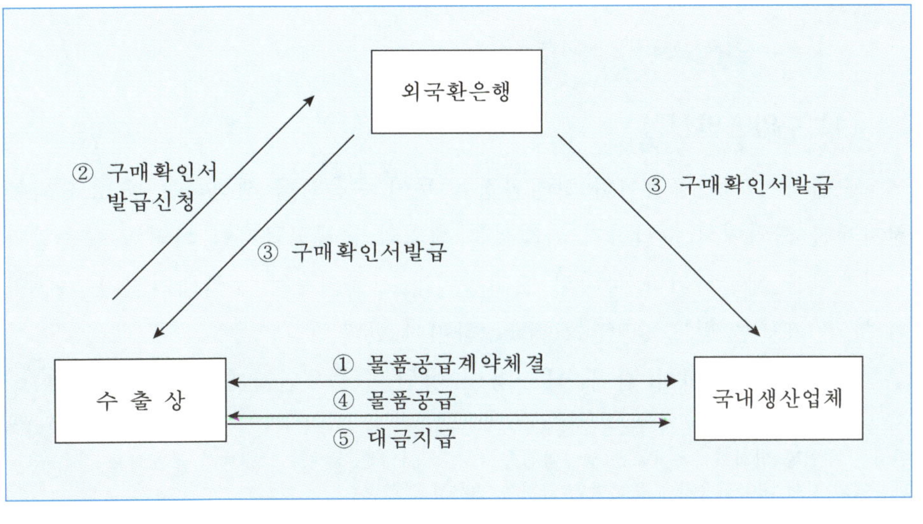

한도 부족, 연체나 대지급금 보유 등의 사유로 인하여 원자재 등의 공급을 받기 어려운 수출자를 지원하기 위하여 마련된 제도이다.

(2) 구매확인서의 발급근거

구매확인서를 발급할 수 있는 근거는 ① 수출신용장, ② 수출계약서, ③ 외화매입(예치)증명서, ④ 내국신용장, ⑤ 구매확인서, ⑥ 대외무역법 시행령의 수출, 군납, 관광, 용역 및 건설의 해외진출(국내에서 물품을 매각하는 거래로서 산업자원부장관이 정하는 거래), 해당규정에 의한 외화획득에 제공하는 물품을 생산하기 위한 경우 중 어느 한 가지가 해당되어야 한다.

(3) 구매확인서 발급과 대금결제

구매확인서는 외화획득용원료 구매자의 거래외국환은행장이 수출업자와 공급업자 앞으로 발급하며,[1] 부구매확인서(2차, 3차)는 구매확인서 소지자의 거래외국환은행장이 구매확인서 소지자와 공급자 앞으로 발급된다. 또한 구매확인서는 내국신용장과는 달리 외화획득용원료 또는 물품의 제조과정이 여러 단계인 경우에는 각 단계별로 순차로 발급할 수 있다. 구매확인서의 대금결제는 은행이 내국신용장에 준하여 발급한 증서이지만 대금지급을 확약한 것이 아니므로 대금지급에 관해서는 계약자유의 원칙에 따라 전적으로 거래당사자간에 이루어지게 된다.

1.4 수입신용장에 의한 수입

(1) 수입승인신청

수출상이 자가공장이나 하청공장을 두어 수출품을 생산하는 데 소요되는 원자재를 해외에서 수입하기 위해서는 해외의 물품공급자인 해외의 수출상과 수입계약을 체결하거나 국내의 오퍼상이라고 불리우는 무역대리업자를 통하여 청약(offer)을 받고 승낙(acceptanc)하여야 한다.

이미 살펴본 바와 같이, 내수용이 아닌 수출용원자재(외화획득용원료)를

1) 구매확인서에는 외화획득용구매승인서와 수입원자재 구매확인서가 있다. 수입원자재구매승인서는 수입된 외화획득용원료를 생산과정을 거치지 아니한 상태로 국내에서 구매하는 경우 외국환은행의 장이 내국신용장에 준하여 발급하는 증서를 말한다.

서식 8-2 구매확인서

외화획득용원료 · 물품등구매(공급)확인(신청)서

처리기간
3 일

발행번호 KEB1234

① 구매확인신청자(상호, 주소, 성명)	③ 공급자(상호, 주소, 성명)
서울특별시 종로구 명륜동 1번지 에이엔비무역주식회사 대표이사 홍 길 동 (서명 또는 인)	서울특별시 강남구 일원동 25번지 주식회사 제일섬유 대표이사 강 영 수
② 구매확인신청자 사업자등록번호 214-23-56789	④ 공급자 사업자등록번호 214-12-45678

1. 구매(공급)원료 · 물품 등의 내용

⑤ HS부호	⑥ 품명 및 규격	⑦ 단위 및 수량	⑧ 구매(공급)일	⑨ 단가	⑩ 금액	⑪ 비고
5104-0201	100% Nylon Taffeta 190 T 44/45″ Width	6,400M	20××, 5. 20.	@USD1 · 5625	USD10,000 (W13,120,000)	

2. 근거서류의 내용

(⑫ 구매확인서를 근거로 다시 구매확인서를 발급하는 경우에는 근거서류 발급은행 기재:_____은행_____지점)

⑬ 근거서류 및 번호	⑭ HS부호	⑮ 품명 및 규격	⑯ 금액	⑰ 선적기일
78910	4203	Men' s Split Leather Jackets	USD100,000	20××. 7. 31.

⑱ 구매(공급)원료 · 물품 등의 용도명세 :
(원자재구매, 원자재 임가공위탁, 완제품 임가공위탁, 완제품구매, 수출대행 등 *해당용도를 표시하되 위탁가공무역에 소요되는 국산원자재를 구입하는 경우는 "(위탁가공)"문구를 추가표시)
* 한국은행 총액한도대출관련 무역금융 취급절차상의 용도표시 준용

위의 신청사항을 대외무역관리규정 제4-2-7조의 규정에 의하여 확인합니다.

20××년 5 월 21 일
외환은행장 (인)

※ 완제품에 대한 구매확인서 발급시 ⑯의 기재사항은 생략할 수 있습니다

210mm×297mm
일반용지60g/m²

수입할 경우에는 보통 수출신용장이나 D/P · D/A 계약서 등을 근거로 하여 소요량증명서를 발급받아 인정되는 범위 내에서 수입하여야 한다. 수출용원자재는 수입시 수출입공고상의 품목제한규정적용이 배제되어 우선 수입할 수 있지만, 수입대체산업의 육성 등이 필요한 일부 품목에 대해서는 수입을 억제하기 위한 제도적 장치로서 지정된 품목은 수입승인을 받아 수입하도록 하고 있다. 또한 산업폐기물이나 소관중앙행정기관의 장이 별도로 정하는 농림수산물 또는 마약류, 대마 등 특별법으로 수입을 제한하고 있는 경우에는 특별법 우선적용의 원칙에 따라 그 제한내용을 충족한 경우에만 수입할 수 있다.

(2) 신용장발행신청과 거래약정

수입신용장을 발행하기 위해서는 이상과 같은 요건을 충족하고 외국환은행의 장으로부터 수입승인(import licence: I/L)을 받아야 한다. 또한 수입신용장은 수입승인서상의 유효기간 내에 발행신청이 이루어져야 한다.

신용장발행의뢰인인 수입상은 자기의 거래은행에 수입거래약정서 및 담보 등을 제공하고, 소정의 신용장발행신청서에 신용장조건을 기재하여 해외의 수출상을 수익자(beneficiary)로 하여 매매계약상 약정된 기간 이내에 신용장을 발행 · 통지하도록 함으로써 수입물품을 조달하게 된다.[2)]

신용장발행은행과 발행의뢰인(수입상) 사이에는 일종의 신용장발행계약을 신용장거래약정서(Agreement Commercial Letter of Credit)라는 소정의 서식에 의하여 체결하고, 당사자간의 법률관계를 구성하고 있다. 신용장발행계약은 매매계약과는 별개의 독립된 것으로 국가에 따라 이에 대한 법률적 해석이 다양하다.

영미법에서는 신용장발행계약을 상사대리계약으로 간주하고 있다. 이는 발행은행은 발행의뢰인의 위임을 받은 지급대리인이라는 것이다. 그 이유는 발행은행은 발행의뢰인으로부터 수수료(banking commission)를 받고 의무를 부담하기 때문에 발행의뢰인을 대리하여 제 3 자와 계약을 체결하는 단순대리인(mere agent) 이상의 지위에 있기 때문이다. 또한 독일법에서는 신용장 발행 의뢰인과 발행은행의 계약관계는 청부계약(Wervertrag)으로 보는 견해

2) 신용장에 관련된 상세한 내용은 제 7 장을 참조 바람.

서식 8-3 외국환거래약정서

은행은 본인에게 이 약정서상의 중요한 내용을 설명하여야 하며, 은행여신거래 기본약관과 이 약정서의 사본을 교부하여야 한다.

담 당	책임자	AM	부점장

외국환거래 약정서

【수출, 수입, 내국신용장발행, 내국신용장환어음매입(추심)거래】

20××년 5 월 16 일

주식회사 외환은행 앞

본 인 : 에이엔비무역주식회사 대표이사 홍길동 (인)
주 소 : 서울특별시 종로구 명륜동 1번지

본인은 외환은행(이하 "은행"이라 합니다.)과 수출, 수입, 내국신용장발행, 내국신용장환어음매입(추심)거래를 함에 있어 "은행여신거래기본약관"이 적용됨을 승인하고 다음 각 조항을 확약합니다.

제 1 장 공통사항

제1조 적용범위

이 약정은 다음 각 항의 현재 및 장래의 모든 거래에 적용하기로 합니다.

① 수출거래

1. 화환어음(환어음이 첨부되지 않은 선적서류를 포함합니다. 이하 이 약정에서 같습니다.)의 매입 및 추심
2. 보증신용장 등에 의한 무화환어음(Clean Bill)의 매입
3. 기타 전 각 호의 준하는 거래

② 수입거래

1. 신용장 발행
2. 회환어음의 인도 및 결제
3. 보증신용장에 의한 무화환어음의 인도 및 결제

4. 기타 전 각 호에 준하는 거래

③ 내국신용장발행거래

④ 내국신용장환어음매입(추심)거래

제 2 조 권리의 행사

① 수출화환어음 및 내국신용장환어음 매입대금(은행의 매입대금을 말합니다. 이하 이 약정에서 같습니다.)의 경우에는 은행은 환매채권에 의하여 청구하거나, 금전소비대차에 의한 대출금으로 보아 어음채권 또는 여신채권 중 어느 것에 의하여도 청구할 수 있습니다.

② 수입화환어음 및 내국신용장환어음 결제를 위한 대지급금의 경우에는 은행은 어음채권 또는 여신채권 중 어느 것에 의하여도 청구할 수 있습니다.

제 3 조 담 보

본인은 제 1 조의 거래에 수반하는 물품 및 관련서류를 당해거래와 관련하여 은행에 부담하는 채무와 이에 부수하는 이자, 할인료, 수수료, 지연배상금, 기타 부대비용 등의 지급을 위한 담보로서 은행에 양도하기로 합니다.

제 4 조 적용환율

적용환율은 신청서 등을 접수한 날과 관계없이 실제로 지급받거나 지급하는 날의 은행이 정한 해당환율로 합니다. 다만, 제10조 제 1 항 제 6 호 및 제15조 단서의 경우 은행의 미수금 계정 처리일 또는 외화지급보증대지급금계정 처리일의 은행이 정한 해당환율로 할 수 있습니다.

제 5 조 수수료, 비용 및 손해의 부담

① 본인은 은행의 책임 있는 사유로 인하여 추가로 발생한 것이 아닌 한 제 1 조의 거래에 따른 이자, 할인료, 수수료, 지연배상금, 손해배상금, 기타 부대비용 및 은행의 권리행사, 권리보전, 담보의 취득 및 처분에 따른 비용, 운임, 보험료, 기타 모든 비용 및 손해를 부담하여, 은행이 계산근거를 명시하여 청구하는 바에 따라 곧 지급하기로 합니다. 다만, 본인이 계산방법 등에 관하여 이의를 제기하는 경우에는 은행은 이를 심사하여 그 결과를 통보합니다.

② 은행은 제 1 항의 이자, 할인료, 수수료 등 제반비용의 요율 및 계산방법을 성질상 고시하기 어려운 것을 제외하고는 고시토록 합니다.

③ 제 1 항의 수수료 등을 본인 이외의 자가 부담하기로 되어 있는 경우에 본인의 비용으로 은행이 본인 이외의 부담자에게 청구하였으나 입금되지 아니하여 본인에게 청구한 때는 본인이 이를 곧 지급합니다. 다만, 은행이 본인 이외의 부담자로부터 이를 지급받는 경우에는 반환합니다.

제 6 조 적용기간

이 약정의 적용기간은 정하지 않기로 합니다. 다만, 부득이한 사유가 있는 경우

은행이나 본인은 이 약정을 해지할 수 있으며 이 경우 해지 전에 이루어진 거래에 대하여는 이 약정을 계속 적용합니다.

제 7 조 준용규정

본인과 은행은 약정되지 아니한 사항에 대하여 따로 정함이 없는 한「신용장통일규칙」,「추심에 관한 통일규칙」,「은행간 신용장대금상환에 관한 통일규칙」기타 국제규약,「무역업무자동화 처리약관」및 은행의 관련규정에 따르기로 합니다.

제 2 장 수출거래에 대한 특약

제 8 조 환거래은행 및 송달방법의 선정

신용장 또는 계약서, 매입신청서 등에 명시되어 있지 않은 경우 환거래은행 및 화환어음의 송달방법은 은행이 선정하기로 합니다.

제 9 조 결제기간의 연장

지급의무자가 결제기간의 연장을 요청한 경우 은행은 본인의 동의를 얻어 승낙할 수 있습니다. 다만, 은행이 부득이하다고 인정하는 때는 본인의 동의 없이 승낙할 수 있습니다. 이 경우 은행은 승낙한 사실을 곧 본인에게 통지합니다.

제10조 매입대금상환

① 다음 각 호에서 정한 사유 중 하나라도 발생한 경우 본인은 은행으로부터의 독촉, 통지 등이 없어도 당연히 다음 각 호에서 정한 화환어음 매입대금 또는 미수금의 상환의무를 지고 곧 갚기로 합니다.

1. 본인에 대하여 은행여신거래기본약관 제 7 조 제 1 항(당연 기한 전 채무변제의무) 각 호에 정한 사유 중 하나라도 발생한 경우에는 모든 화환어음
2. 화환어음의 지급의무자에 대하여 은행여신거래기본약관 제 7 조 제 1 항(당연 기한 전 채무변제의무) 각 호에서 정한 사유 중 하나라도 발생한 경우에는 그 자가 지급의무자로 되어 있는 모든 화환어음
3. 은행의 관련규정이 정하는 기간까지 은행의 매입대금이 입금되지 아니하거나 화환어음의 인수가 이루어지지 아니하는 경우의 그 화환어음
4. 환거래은행 등으로부터 지급 또는 인수거절된 경우의 그 화환어음
5. 본인이 화환어음 만기일 이전에 매입대금을 상환하고자 하는 경우의 그 화환어음
6. 제 3 호 및 제 4 에 해당하는 화환어음이 은행의 관련규정이 정하는 기간까지 상환되지 아니하여 미수금계정으로 대체처리된 경우 및 은행의 관련규정에 따른 자산선선성 분류기준에 의거 회수가 불확실하거나 회수 불능이 확실하여 "회수의문" 또는 "추정손실"로 분류되어 미수금계정으로 대체처

리된 경우의 그 원화금액

② 본인에 대하여 은행여신거래기본약관 제 7 조 제 4 항 및 제 5 항(은행의 서면독촉에 의한 기한 전 채무변제의무) 각 호에서 정한 사유 중 하나라도 발생한 경우 본인은 은행의 서면독촉통지 도달일로부터 10일 이상으로 은행이 정한 기간이 경과하면 모든 화환어음의 매입대금의 상환의무를 지고 곧 갚기로 합니다.

③ 제 1 항 및 제 2 항과 관련하여 본인은 환가료 징수기간 만료일 익일부터 상환일 전일까지 여신연체이율로 계산한 손해배상금을 지급하기로 합니다. 다만, 부도처리가 환가료 징수기간 내에 이루어진 경우에는 부도처리일로부터 손해배상금을 기산합니다.

④ 제 1 항 및 제 2 항과 관련하여 본인은 매입신청시 제출한 화환어음 또는 매입신청서에 근거하여 매입대금을 상환하며, 은행은 본인이 매입대금과 이에 부수하는 손해배상금, 수수료, 비용 등을 변제할 때까지 화환어음 및 수출물품에 대하여 모든 권리를 행사합니다.

제11조 화환어음 등의 반환

① 이 약정에 의하여 은행에 대한 채무의 변제 또는 은행여신거래기본약관 제10조(은행으로부터의 상계 등)에 의한 상계 등의 경우 은행은 본인에게 화환어음 및 수출물품을 채무변제 등의 시점에 반환하지 않아도 됩니다.

② 본인은 은행이 반환하는 화환어음을 은행에서 수령하기로 합니다. 다만, 수출물품은 화환어음을 수령함으로써 되돌려 받은 것으로 합니다.

③ 은행의 책임 없는 사유로 인하여 화환어음 및 수출물품의 반환이 불가능한 경우 은행의 반환의무는 없는 것으로 합니다.

제 3 장 수입거래에 대한 특약

제12조 신용장의 발행, 통지 및 환거래은행 등의 선정

① 은행은 본인이 제출하는 신용장발행신청서(조건변경신청서 포함) 등의 기재사항에 따라 신용장을 발행 · 통지합니다.

② 신용장발행신청서에 명시되어 있지 않은 경우 환거래은행(통지은행, 매입은행, 지급은행, 인수은행, 확인은행, 기타 관련은행을 말합니다. 이하 같습니다.) 및 통지방법은 은행이 선정하기로 합니다.

제13조 대도물품의 처분

① 본인은 대도물품을 입고, 운반, 출고, 가공, 매도 이외의 목적으로 사용하거나 제 3 자에게 담보로 제공할 수 없으며 또한 기타 은행의 권리를 해하는 행

위도 할 수 없습니다.

② 본인은 대도물품을 매도할 경우 금액, 물품의 인도, 대금의 영수방법 등에 관하여 미리 은행의 동의를 받기로 합니다.

③ 본인은 대도물품의 매도대금 영수 후 곧 은행에 지급하며 매도대금을 어음, 기타 유가증권 등으로 받는 경우에는 이를 곧 은행에 양도하기로 합니다.

제14조 신용장 조건과 불일치하는 화환어음

① 은행이 채권보전을 위하여 필요하다고 인정하는 경우 은행은 신용장조건과 불일치하는 화환어음에 대하여 본인의 동의 없이 지급 또는 인수를 거절할 수 있습니다. 이 경우 본인에게 사후통지하기로 합니다.

② 화환어음이 은행에 도착하기 전 신용장 조건과 불일치를 사유로 환거래은행 등으로부터 지급 또는 인수 등의 동의여부에 대한 조회를 받은 경우에도 제1항과 같습니다.

③ 은행이 본인에게 신용장 조건과 불일치에 관한 조회를 하였으나 본인의 회보가 은행의 관련규정이 정한 기간 내에 도착하지 않는 경우 은행은 화환어음이 지급 또는 인수에 대한 동의 또는 거절여부를 결정할 수 있습니다.

제15조 결 제 일

본인은 대금의 결제조건이 일람출급인 경우에는 화환어음(차기통지서가 먼저 도착하는 경우에는 그 차기통지서) 도착 후 은행의 관련규정이 정한 기일 이내에 결제하고, 기한부 출급인 경우에는 만기일에 결제하기로 합니다. 다만, 기일 이내에 결제하지 못한 경우에는 은행의 관련규정에 따라 외화지급보증대지급금계정으로 처리하여 결제하며 본인은 그 원화금액을 상환하기로 합니다.

제16조 수입물품선취보증서에 의한 수입물품 인도

① 본인은 화환어음 도착 전에 운송회사로부터 수입물품을 인도받고자 하는 경우 은행에 수입물품선취보증서(항공화물운송장에 의한 수입물품인도승락서를 포함합니다. 이하 같습니다.) 발급을 신청하여 은행의 사전승낙을 받아야 합니다.

② 본인은 수입물품선취보증서의 발급을 신청하는 경우 은행의 관련 규정이 정하는 바에 따라 수입결제대금을 적립하기로 합니다.

제17조 신용장의 취소 및 조건변경

① 은행은 본인이 신청한 경우에 한하여 신용장을 취소 또는 조건변경할 수 있습니다. 다만, 그 효력은 신용장의 취소 또는 조건변경의 당사자(발행은행, 수익자, 확인신용장의 경우는 확인은행) 전원의 동의가 있어야 비로소 발생합니다.

② 본문에 불구하고 유효기일 경과 등 상당한 사유가 있는 경우 은행은 신용장

을 취소할 수 있습니다. 이때 은행은 본인에게 사후통지합니다.

제18조 제 3 자 명의의 신용장발행

본인이 제 3 자 명의의 신용장발행을 은행에 본인명의로 신청한 경우에는 모든 부분에 있어서 이 약정이 적용됩니다.

제 4 장 내국신용장발행에 대한 특약

제19조 지급금액

본인은 은행의 내국신용장 발행에 따라 은행에 지급할 해당금액은 다음 각 항에서 정하는 바에 따르기로 합니다.

① 원화표시 외화부기 내국신용장발행의 경우에는 발행당시의 내국신용장 원화금액에 불구하고 내국신용장 부기외화금액에 매입(추심)은행이 환어음을 매입(추심)하는 날의 매매기준율을 곱하여 청구한 금액

② 순수외화표시 내국신용장발행의 경우에는 해당 외화금액

③ 순수외화표시 내국신용장발행의 경우에는 해당 원화금액

제20조 구매물품의 처분

구매물품 처분에 관하여는 제13조를 준용합니다.

제21조 신용장의 취소 및 조건변경

은행은 본인이 관계당사자(발행은행, 수익자)의 동의를 얻어 신청한 경우에 한하여 내국신용장을 취소 또는 조건변경할 수 있습니다. 다만, 유효기일 경과 등 상당한 사유가 있는 경우에는 은행이 신용장을 취소할 수 있습니다.

이때 은행은 본인에게 사후통지합니다.

제22조 결 제 일

내국신용장의 결제일에 관하여는 제15조를 준용합니다.

제 5 장 내국신용장환어음매입(추심)에 대한 특약

제23조 매입대금상환

① 다음 각 호에서 정한 사유 중 하나라도 발생한 경우 본인은 은행으로부터의 독촉, 통지 등이 없어도 당연히 다음 각 호에서 정한 환어음 매입대금의 상환의무를 지고 곧 갚기로 합니다.

1. 본인에 대하여 은행여신거래기본약관 제 7 조 제 1 항(당연 기한 전 채무변제의무) 각 호에서 정한 사유 중 하나라도 발생한 경우 모든 환어음
2. 내국신용장 발행은행에 의하여 지급거절되는 경우의 그 환어음

② 본인에 대하여 은행여신거래기본약관 제 7 조 제 4 항 및 제 5 항(은행의 서면 독촉에 의한 기한 전 채무변제의무) 각 호에서 정한 사유 중 하나라도 발생한 경우 상환의무를 지고 곧 갚기로 합니다.

③ 제 1 항 및 제 2 항과 관련하여 본인은 매입이자 징수기간 만료일 익일부터 상환일 전일까지 여신연체이율로 계산한 손해배상금을 지급하기로 합니다.

④ 제 1 항 및 제 2 항과 관련하여 본인이 매입대금과 이에 부수하는 손해배상금, 수수료, 비용 등을 변제할 때까지 은행은 매도물품에 대하여 모든 권리를 행사합니다.

제24조 환어음 등의 반환

① 이 약정에 의하여 은행에 대한 채무의 변제 또는 은행여신거래기본약관 제10조(은행으로부터의 상계 등)에 의한 상계 등의 경우 은행은 환어음 및 이에 첨부된 서류를 채무변제 등의 시점에 반환하지 않아도 됩니다.

② 본인은 은행이 반환하는 환어음 및 이에 첨부된 서류를 은행에서 수령하기로 합니다.

③ 은행의 책임 없는 사유로 인하여 환어음 및 이에 첨부된 서류의 반환이 불가능한 경우 은행의 반환의무는 없는 것으로 합니다.

본인은 은행여신거래기본약관 및 이 약정서 사본을 확실히 수령하고, 주요내용에 대하여 충분한 설명을 듣고 이해하였습니다.

본인	에이엔비무역주식회사 대표이사 홍길동 (인)

서식 8-4 외화획득용원료수입승인(신청)서

외화획득용원료수입승인(신청)서
(Import for Re-Export License(Application))

처리기간 : 1일
Handling Time: 1 Day

① 수입자 (Importer) 무역업고유번호 (Notification No.) 682328 상호, 주소, 성명 (Name of Firm, Address, Name of Rep.) 서울특별시 종로구 명륜동 1번지 에이엔비무역주식회사 대표이사 홍 길 동 (서명 또는 인) (Signature)	⑥ 송화인(Consignor) 상호, 주소, 성명 (Name of Firm, Address, Name of Rep.) Marubeni Corp. C.P.O. Box 822 Tokyo, Japan
② 위탁자 (Requester) 사업자등록번호 (Business NO.) 상호, 주소, 성명 (Name of Firm, Address, Name of Rep.) (서명 또는 인) (Signature)	⑦ 금액(Total Amount) USD6,000 ⑧ 결제기간(Period of Payment) at sight
③ 원산지(Origin) Japan / ④ 선적항(Port of Loading) Tokyo, Japan	⑨ 가격조건(Terms of Payment) CIF Busan
⑤ 사후관리 기관명	

HS부호 (HS Code)	품명 및 규격 (Description / Size)	단위 및 수량 (Unit / Quantity)	단 가 (Unit Price)	금 액 (Amount)
960719-0000	#8 Plastic Zipper open end, 21" long	4,080 pcs	@USD1.4706	USD6,000

승인기관 기재란(Remarks to be filled out by an Approval Agency)

유효기간(Period of Approval) 20×× . 5. 17.

승인번호(Approval No.) I0604-805ES-12345

승인기관 관리번호(No. of an Approval Agency) KEB3456

위의 신청사항을 대외무역법 제14조 제 2 항 및 동법 시행령 제32조 제 1 항의 규정에 의하여 승인합니다.
(The undersigned hereby approves the above-mentioned goods in accordance with Article 14(2) of the Foreign Trade Act and Article 32(1) of the Enforcement Decree of the said Act.)

20××년 5월 18일
승인권자 외환은행장 (인)

※ 이 서식에 의한 승인과는 별도로 대금결제에 관한 사항에 대하여는 외국환거래법령이 정하는 바에 따라야 합니다.

서식 8-5 수입신용장 발행신청서

취소불능화환신용장발행신청서
(Application for Irrevocable Documentary Credit)

1. Transfer: 2 (1: Allowed / 2: Not-Allowed)
2. Credit Number: MO604-807ES-23456
3. Advising Bank: Korea Exchange Bank, Tokyo Branch
4. Expiry Date(YY-MM-DD): 2008-08-31
5. Applicant: A & B Co.,Ltd., CPO Box 789 Seoul, Korea
6. Beneficiary: Marubeni corp. CPO Box 822 Tokyo, Japan
7. Amount: USD6,000 (± %)
8. Drafts at: Sight
   - Usance인 경우: _ (1: Bankers / 2: Shippers / 3: Domestic)
   - Settling Bank( )
9. Partial Shipment: 2 (1: Allowed / 2: Not-Allowed)
10. Transshipment: 2 (1: Allowed / 2: Not-Allowed)
11. Loading Port / Airport: Tokyo, Japan
12. Discharging Port / Airport: Busan, Korea
13. Latest Shipment Date (YY-MM-DD): 2008-08-20
14. Documents Required:
    ① Signed/Original/Commercial Invoice in 3 Fold
    ② Packing List in 2 Fold
    ③ Full set of Clean on board Ocean Bills of Lading made out to marked Freight 2 (1. Collect / 2. Prepaid) and notify 1 (1. Applicant 2. Other:)
    ④ Air Waybill consigned to marked Freight _ (1. Collect / 2. Prepaid) and notify _ (1. Applicant / 2. Other :)
    ⑤ Insurance Policy or Certificate, endorsed in blank for 110 % of the invoice value, expressly stipulating that claims are payable in korea and it must include 2 (1. All Risk 2. Other: ICC(B))
    ⑥ Certificate of Origin in Fold
    ⑦ Certificate of Analysis in Fold
    ⑧ Other Document(s) Required :
15. Additional Conditions :
16. Description of Goods/Services :
    ① Price terms: CIF Busan
    ② Country of Origin: Japanese
    ③ Commodity Description 4,080 pcs of: #8 Plastion Zipper
17. All banking charges outside Korea and reimbursement charges are for account of 2 (1. Beneficiary / 2. Applicant)
18. Documents to be presented within 2 days after the date of shipment but within the validity of the credit.
19. Confirmation: 2 (1. With / 2. Without / 3. May Add) at the expense of (1: Beneficiary / 2: Applicant)
    Reimbursements under this Credit are subject to the Uniform Rules for Bank-to-Bank Reimbursements under Documentary Credits, ICC Publication No, 525. This Coumentary Credit is subjest to the Uniform Customs and Practice for Documentary Credits(2007 Revision, ICC Publication No, 600)
    위와 같이 신용장 발행을 신청함에 있어서 따로 제출한 외국환 거래약정서의 해당조항에 따를 것을 확약하며, 아울러 위 수입물품에 관한 모든 권리를 은행에 양도하겠습니다.

2008년, 7월 2일

외환은행앞

신 청 인 에이엔비무역주식회사
대표이사 홍길동
주 소 서울특별시 종로구 명륜동 1번지

가 통설이며, 프랑스법에서는 민법상의 위임계약(Mandat Contrat)[3]으로 간주하고 있다.

신용장발행을 위한 거래약정서는 1922년 뉴욕은행 상업신용장회의(New York Banker's Commercial Credit Conference)에서 제정된 신용장표준양식 중에 신용장거래약정서가 포함되어 있었다. 미국의 체이스맨하탄은행(The Chase Manhattan Bank)을 필두로 다른 은행들도 이 표준양식을 기준으로 자행의 입장에서 보완한 후 서식을 제정하여 사용하고 있다.

한국의 외국환은행들은 신용장을 발행할 경우에 은행여신거래기본약관을 교부하여 약관내용준수확약과 신용장통일규칙을 준거법으로 설정하는 동시에 고객으로부터 받아 두고 있다.

2. 무역금융

2.1 무역금융제도

(1) 무역금융의 개념

수출상의 경우 수출을 이행한 후에는 금융기관으로부터 해당수출환어음을 매입(negotiation)시켜 당해수출대금을 받거나, 수출이행 전에는 당해수출이행에 소요되는 자금을 무역금융을 통하여 지원받게 된다. 무역금융은 수출상이 수출이행에 소요되는 자금을 필요한 시점에서 지원받는 단기운전자금으로 선적전금융이자 사전금융이다. 무역금융은 수출의 촉진을 위해 지원되고 있는 제도금융으로 일반자금대출금리보다 낮게 운용하고 있는 것은 수출업체에 대하여 금융비용의 부담을 적게 함으로써 수출경쟁력향상에 이바지하기 위해서이다.

무역금융은 자금이용가능성 면에서 우대하고 있는바, 외국환은행의 일반수출입금융이나 건설 · 용역수출금융의 융자취급액에 대하여는 이의 일정비율 해당액을 중앙은행인 한국은행의 재할인율로 자동 지원하고 있다.

이와 같이 무역금융을 양적인 면에서 우대하고 있는 것은 금융기관에 대

3) 프랑스민법 제1984조 및 제1998조.

외 무역금융의 융자취급요인을 제공함으로써 수출상으로 하여금 무역금융을 쉽게 융자받을 수 있도록 하기 위함이다. 즉 수출금융자금에 대한 중앙은행의 지원에 따라 금융기관은 모든 대출금 중 무역금융을 우선적으로 취급하게 되고 나아가 수출업체의 경우 무역금융수혜의 자격만 구비하면 쉽게 무역금융을 지원받을 수 있도록 하고 있는 것이다.

(2) 융자대상 및 증빙의 요건

무역금융은 직접수출입뿐만 아니라 수출용원자재나 수출용완제품을 국내에서 제조 · 공급하는 국내공급업체도 융자받을 수 있다. '무역금융규정' 에서 정하고 있는 융자대상자는 다음과 같다.

① 수출신용장 또는 지급인도(D/P)와 인수인도(D/A) 조건 및 기타 수출관련계약서에 의하여 물품, 건설 및 용역을 수출하거나 국내 공급하고자 하는 자

② 내국신용장 또는 외화획득용원료 · 물품 등 구매확인서에 의하여 수출용 완제품 또는 원자재를 공급(수탁가공 포함)하고자 하는 자

③ 기타 외화획득, 수출증대 등을 위하여 한국은행 정책기획부장이 정하는 자

④ 다만, 중계무역방식에 의한 수출은 융자대상에서 제외된다.

(3) 융자금의 구분

무역금융은 자금용도에 따라 구분하여 취급하는 용도별금융과 자금용도의 구분없이 일괄하여 취급하는 포괄금융으로 대별할 수 있다.

1) 용도별금융

① 생산자금

생산자금이란 국내에서 수출용완제품 또는 원자재를 제조가공하거나 개발하는 데 소요되는 자금으로, 예컨대 노임이나 급료 등을 대상으로 지원되는 자금을 말한다.

② 원자재자금

원자재자금이란 수출용원자재를 해외로부터 수입하거나 내국신용장에 의하여 구매하는 데 소요되는 자금으로, 무역업체가 수출용원자재를 수입하기

위하여 수입신용장을 발행한 후 선화증권 등 결제서류가 도착되었을 때 수입대금의 결제를 위해 지원되는 원자재수입자금과 수출업체나 국내물품 공급업체가 국산수출용원자재를 당해원자재를 생산하는 업체로부터 내국신용장에 의하여 공급받을 경우 지원되는 원자재구매자금을 말한다.

③ 완제품구매자금

완제품구매자금이란 국내에서 생산된 수출용완제품을 내국신용장에 의하여 구매하는 데 소요되는 자금을 말한다.

2) 포괄금융

포괄금융이란 전년도 또는 과거 1년간 수출실적을 고려하여 자금용도의 구분 없이 수출실적의 일정비율 상당액에 대하여 일괄하여 지원되는 자금을 말한다.

(4) 융자방법

무역금융의 융자수혜방법은 신용장기준금융과 실적기준금융의 두 가지가 있다.

신용장기준금융은 용도별자금별(포괄금융인 경우는 업체별)로 수출업체가 보유한 수출신용장, 수출계약서 및 내국신용장 등을 기준으로 융자받는 금융방식을 말한다.

실적기준금융은 수출업체가 과거 수출실적을 기준으로 융자받는 금융방식을 말한다.

(5) 융자한도

외국환은행은 실적기준금융을 이용하는 업체에 대하여 융자한도를 산정하여야 하고, 이러한 융자한도는 당해 업체의 과거 수출실적 등을 감안하여 산정하되, 용도별금융은 각각의 자금별로 산정하고 포괄금융은 업체별로 산정하여야 한다.

(6) 융자금액

1) 신용장기준금액

신용장기준금융을 이용하는 업체에 대하여는 당해 업체가 보유한 수출신용장 등의 외화금액에 "외국환거래규정"에서 정하는 매매기준율의 융자취급일 전월 평균환율(평균매매기준율)을 곱한 금액 범위 내에서 융자한다.

2) 실적기준금융

실적기준금융을 이용하는 업체에 대하여는 다음의 범위 내에서 융자한다.

① 생산자금 및 포괄금융

생산자금 및 포괄금융은 융자한도에 평균매매기준율을 곱한 금액으로 한다.

융자금액＝[융자한도×평균매매기준율]

② 원자재자금 및 완제품구매자금

원자재자금 및 완제품구매자금은 내국신용장에 의하여 발행된 환어음(내국신용장어음), 수입어음 및 수입대금(수입화물운임포함)의 외화금액에 평균매매기준율을 곱한 금액으로 한다. 다만, 내국신용장어음의 금액이 원화로만 표시되어 있는 경우에는 동 금액으로 한다.

융자금액＝[내국신용장어음(또는 수입어음 및 수입대금)×평균매매기준율]

(7) 자금별 융자시기

무역금융은 직수출업체뿐만 아니라 국내물품공급업체에 대하여도 금융수혜의 기회를 제공하고 아울러 무역금융의 유용소지를 없애기 위하여 자금별로 다음과 같이 융자시기를 달리하여 운용하고 있다. 원자재자금과 완제품구매자금의 경우 내국신용장 및 수출용원자재에 대한 일람불 수입신용장과 관련된 지급보증대지급금을 상환하기 위하여 원자재자금 및 완제품구매자금을 융자할 수 있다.

1) 생산자금 및 포괄금융

생산자금 및 포괄금융은 필요시 수시로 융자할 수 있다.

2) 원자재자금

원자재자금은 선적서류나 물품의 인수와 동시에 수입어음을 결제하거나 수입대금을 지급할 때 또는 내국신용장어음을 결제할 때 융자한다. 다만, 수입화물운임을 따로 지급하는 경우 동 운임은 이를 지급할 때 융자한다.

3) 완제품구매자금

완제품구매자금은 내국신용장어음을 결제할 때 융자한다.

제 9 장

국제물품운송

1. 해상운송
2. 컨테이너운송
3. 국제복합운송
4. 항공운송
5. 철도 및 도로운송

1. 해상운송

무역거래에서 매매당사자간의 계약이행을 위해서는 필연적으로 국제물품운송이 수반된다. 국제물품운송은 국제간에 재화의 위치변화를 통한 가치형성에 기여하는 서비스로 그 기본적 기능은 인적 · 물적 자원의 장소적 이동을 통하여 자원의 효율성을 높이려는 데 있다.

본장에서는 국제물품운송과 관련하여 운송형태를 해상운송, 컨테이너운송, 국제복합운송, 항공운송, 철도 및 도로운송으로 대별하여 살펴보기로 한다.[1)]

1.1 해상운송의 의의

전통적으로 국제물품운송을 주도해 오고 있는 운송형태는 해상운송이다.

해상운송(carriage by sea)이란 해상에서 선박을 이용하여 사람 또는 재화를 장소적 · 공간적으로 이전하는 현상을 말한다.

해상운송은 육상운송보다 비교적 많은 위험성이 있고 철도나 자동차에 비해 평균속도가 늦기는 하지만 한꺼번에 대량의 화물을 운반할 수 있는 것이 특징이다. 또한 해상운송은 타운송수단과 비교해서 운송비가 매우 저렴하여 원거리수송에 불철주야 이용할 수 있고, 철도와 자동차처럼 협소한 통로의 제약을 받지 않는 자유로운 운송로를 이용할 수 있으며, 세계를 무대로 하고 있으므로 국제성이 높은 산업이라 할 수 있다.

---

1) 운송서류인 해상선화증권, 복합운송증권, 항공화물운송장, 철도화물수탁서, 도로화물수탁서에 대해서는 제13장을 참조 바람.

해상운송은 국민경제에 기여하는 역할도 크다. 즉 운송서비스를 통하여 무역거래를 촉진시키고, 운임수입을 통하여 국제수지에 기여하며, 철강 · 조선업, 보험업, 창고업 등 연관산업발전을 파급시키고, 전시에 병력 및 군수물자를 수송하는 등 국방목적에도 크게 기여할 수 있다.

1.2 해상운송의 형태

해상운송은 선박의 운항형태에 따라 정기선 운송, 부정기선 운송, 특수전용선 운송으로 대별할 수 있다.

(1) 정기선 운송

정기선(liner)이란 정해진 항로를 따라 규칙적으로 반복운항하는 선박을 말한다. 정기선은 주로 일반화물(general cargo)을 운송하는 데 이용된다. 정기선 운송의 특징은 운항일정(sailing schedule) 및 운임요율표(freight tariffs)가 공시되고 화물의 다소에 관계없이 고정된 항로를 규칙적으로 운항하며 다수 화주의 소량화물 및 컨테이너화물, 여객, 우편물 등을 운송대상으로 한다.

정기선 운송은 선박자체도 부정기선에 비해 고가(高價)이고 화물도 완제품 내지 반제품인 2차 상품이 대종을 이루기 때문에 운임이 높고 운송계약 형태도 개품운송계약(contract of affreightment in a general ship)에 의존하게 되며 해운동맹(shipping conference)이 결성되어 있는 것이 일반적이다. 또한 정기선 운송은 화물이 있든 없든 일정에 따라 규칙적으로 운항해야 하므로 많은 선박이 필요하고 경영조직규모도 커야 하기 때문에 막대한 자본을 요하는 위험도가 높은 사업이라고 할 수 있다.

해상운송 초기에는 부정기선 운송의 형태를 취했으나 국제무역량의 증대와 컨테이너의 출현 및 발달에 따라 정기선 운송은 해상운송의 주류를 형성해 가고 있다.

(2) 부정기선 운송

부정기선(tramper)이란 운송 수요자의 요구에 따라 수시로 어느 곳에나 운항하는 선박을 말한다.[2] 정기적으로 일정한 항로를 운항하는 정기선과 달리

항로나 화물 또는 항해에 관한 아무런 제한을 받지 않고 집화가 가능한 곳을 찾아 회항하기도 한다. 정기선의 경우는 화물이 선박을 찾아오는 데 비하여 부정기선의 경우는 선박이 화물을 찾아 다닌다고 할 수 있다.

부정기선 운송의 특징은 운송수요가 급증하는 화물과 운임부담력이 약한 대량의 살물(撒物; bulk cargo), 즉 광석, 곡물, 원당, 원면, 원목, 비료 등을 주 운송 대상으로 하며, 운임도 정기선이 공정운임률과 개품운송계약에 따라 결정되는 것과는 달리 그 당시의 수요와 공급에 의하여 결정되고 용선계약(charter party)에 의하는 것이 보통이다.

정기선에 비하여 부정기선은 고정된 항로가 없고, 운임도 낮은 요율을 적용하며 운임변동폭이 심하다. 그러나 부정기선 운송은 정기선 운송의 한계성을 보완하는 특징적인 활동분야를 갖고 있기 대문에 해상운송의 형태로 병존할 수밖에 없다.

(3) 특수전용선 운송

특수전용선(specialized carrier)이란 특정한 화물만을 운송할 목적으로 건조된 선박을 말한다. 광의로는 부정기선 운송의 일종이나[3] 화물의 성질에 따라 특수한 시설이 갖추어져 있어 산업운송(industrial shipping)서비스에 적합한 기능을 담당하고 있기 때문에 다른 운송과 특별히 구별될 수 있다.

특수전용선의 종류로는 유류를 운송하는 유조선(oil tanker), 수산물이나 청과물을 운송하는 냉동선(refrigerated carrier), 철광석과 원유를 선택하여 운송할 수 있는 O/o선(ore or oil carrier), 목재전용선(log carrier), 자동차전용선(car carrier), 가스전용선(LPG tanker carrier, LNG tanker carrier) 등이 있다.

특수전용선 운송은 일반화물의 운송이나 단순한 살물의 운송만으로는 담당할 수 없는 특수한 화물에 대한 운송을 담당할 수 있을 뿐만이 아니라 플랜트(plant)수출 등과 관련하여 산업사회의 다양한 운송을 담당할 수 있다.

---

2) 항구에서 항구로 세계의 바다를 방황하듯 돌아다닌다 하여 tramper(방랑자)라는 이름이 붙었다.

3) 탱커운송은 정유회사들이 해운회사를 가지고 화물의 선적항과 양화항 사이를 계속적으로 취항하기 때문에 화물의 성격상으로는 부정기선이나 항로면에서는 정기선 운송이기 때문에 정기선과 부정기선의 중간형태라고 할 수 있다.

1.3 해상운송계약

매매대상 물품을 해상운송하기 위해서는 적당한 선박회사의 선복(船腹: ship's space)을 미리 예약(booking)하여 두어야 한다. 화물의 성질에 알맞은 선복을 확보하기 위하여 선박회사와 운송계약을 미리 체결해 두는 것은 무역계약의 이행에서 중요한 일이다.

선복을 확보하는 데는 화물의 성질, 수량, 포장상태에 따라 개개의 운송화물에 대하여 운송계약을 체결하는 개품운송계약과 선박의 전부 또는 일부를 임대차하는 용선운송계약이 있다.

(1) 개품운송계약

개품운송계약(contract of affreightment in a general ship)이란 개개의 물품을 대상으로 선박회사와 화주간에 물품운송계약을 개별적으로 체결하는 것을 말한다. 선박회사는 다수의 화주로부터 물품을 인수하여 혼재(consolidation)하게 되므로 정기선(liner)에 의한 운송은 보통 개품운송계약방식에 의한다.

개품운송계약은 불요식계약(informal contract)이므로 운송계약체결에 있어서 특정한 방식이 요구되지 않으나 대개 송화인(shipper) 또는 그 대리인이 선박회사나 대리점에 물품운송을 신청하는 '선복요청서'(shipping request: S/R)를 제출하고 선박회사가 이를 승낙함으로써 성립된다.

만약 매매조건을 CFR, CIF 또는 CPT, CIP조건으로 하여 계약을 체결하였다면 매도인이 선박회사와 운송계약을 체결해야 하기 때문에 선박회사의 배선표(shipping schedule)에 의한 출항예정일(expected time of departure: ETD)과 도착예정일(expected time of arrival: ETA) 등을 참조하고 운임(freight) · 서비스 등이 유리한 곳을 선택하여 운송계약을 체결한다. 만일 FCA, FAS, FOB조건이라면 매수인이 특정선박을 지정하게 되는데, 선박이 지정되지 않았다면 매도인이 임의로 선박회사를 선택할 수 있다. 이 경우에도 실무상 선복요청서에 의한 운송계약은 매수인을 대리하여 매도인, 즉 송화인이 체결한다. 이러한 운송계약의 증거로 물품을 선적하게 되면 선화증권(Bill of Lading: B/L)이 발행된다.

서식 9-1 선복요청서

SHIPPING REQUEST

① Shipper
A & B Co., Ltd.
C.P.O. Box 777
Seoul, Korea

② Consignee
To the order of Bank of America,
New York

③ Notify Party
X & Y Co., Ltd.
350 Fifth Avenue
New York, NY10118, U.S.A.

⑩ S/O No.	⑪ B/L No.

④ Vessel Oriental Knight	⑦ Vovage No. 5W	⑫ Shipment expiring date on L/G
⑤ Port of Loading Busan, Korea	⑧ Port of Discharge	⑬ Final destination New York, U.S.A.
⑥ B/L to be issued at	⑨ Bill of lading required original 3 copy 20	

⑭ Marks and Numbers	⑮ No & Kind of Pkgs	⑯ Description of Goods	⑰ Gross weight	⑱ Measurement
XY NEW YORK C/T No.1-200 MADE IN KOREA	200 CTNS	4,000 pcs of Men's Split Leather Jackets	2,560 kgs	48.000CBM

* L/C No. 78910

"FREIGHT COLLECT"

⑲ Freight & charges	⑳ Revenue tons	㉑ Rate	㉒ Per	㉓ Prepaid	㉔ Collect

㉕ Accepted ____________________
KOREA SHIPPING CORPORATION
㉖ By ____________________
Shipping Division
Seoul: 771-16
777-8811~5
Busan: 45-0471~4
CY: 72-1564, 6764

Please arrange to ship cargoes as described above:

㉗ Applicant
Add: C.P.O BOX 777, Seoul, Korea
Name: A & B Co., Ltd.

㉘ Forwarder at the port of loading
Add: (Tel)
Name:

210×297mm

(2) 용선운송계약

용선운송계약(contract of carriage by charter party)이란 화주가 선박회사로부터 선복의 전부 또는 일부를 빌려 물품을 운송할 경우에 체결하는 계약을 말한다. 용선운송계약에 의하여 운송되는 물품은 주로 다량의 석탄, 광석, 원목, 곡물과 같은 살물(bulk cargo)이며 부정기선(tramper)을 이용하는 것이 일반적이다.

용선운송계약은 전부용선과 일부용선으로 구분된다. 전부용선(whole charter)이란 용선계약시에 선복의 전부를 빌리는 것으로 정기용선과 항해용선 및 나용선으로 구별된다. 한편 일부용선(partial charter)이란 용선계약시에 선복의 일부만을 빌리는 경우 체결되는 용선계약을 말한다. 용선운송계약시에는 개품운송계약과는 달리 표준화된 용선계약서(charter party: C/P)에 의하여 정식의 운송계약을 체결하고 있다.

- 용선운송계약
  - 전부용선(whole charter)
    - 정기용선계약(time charter)
    - 항해용선계약 (voyage charter; trip charter)
    - 나용선계약 (bareboat charter; demise charter)
  - 일부용선(partial charter)

1) 정기용선계약

정기용선계약(time charter)이란 일정 기간 동안 용선하는 것으로 기간용선계약이라고도 하는데, 선주는 선박에 부속용구 및 항해에 필요한 장비를 갖추고 선장 및 선원을 승선시킨 상태에서 선박의 내항성(seaworthiness)을 유지하여 용선주에게 선박을 인도하게 된다.

선주는 용선기간 중에 선박의 선원비 · 선용품비 · 수리비 · 검사비 등의 직접비(direct cost)와 선박의 감가상각비 · 금리 · 보험료 등의 간접비(indirect cost)를 부담하여야 하며, 용선주는 정기용선료(time charter hire) 외에 항만사용료 · 연료비 · 적양화비 · 운반비를 부담하여야 한다.

정기용선주는 자기의 화물을 운송하는 경우도 있으나 용선된 선박으로 타인의 화물을 운송하여 얻은 운임에서 용선비와 전술한 제비용을 공제한 자액을 취하는 용선주도 있다.

2) 항해용선계약

항해용선계약(voyage charter; trip charter)이란 한 항구에서 다른 항구까지의 일항차 또는 수개항차에 걸쳐 물품운송을 의뢰하는 화주(용선주: charterer)와 선박회사 사이에 체결하는 용선계약을 말한다.[4)]

항해용선계약에서의 운임은 '화물의 톤당 얼마'로 표시되는 경우가 일반적이다. 그러나 항해용선계약의 변형으로 운임은 '한 항해에 얼마'로 포괄운임을 내는 선복용선계약(lump sum charter)[5)]과 '1일 얼마'로 용선요율을 정하는 일부용선계약(daily charter)이 있다.

(가) 항해용선계약을 위한 표준서식

용선계약에서 대표적인 일반서식은 "GENCON"(uniform general charter)[6)]으로 발틱국제해운동맹(The Baltic and International Maritime Conference: BIMCO)의 전신인 발틱백해동맹(The Baltic and White Sea Conference)이 1922년에 제정하고 영국해운회의소에 의해 채택된 것으로 1976년에 개정되어 현재 널리 사용되고 있다.[7)]

(나) 항해용선계약에서의 주요 조건

① 하역비 부담조건

항해용선계약에서 하역비의 부담조건으로 선내하역인부임(stevedorage)을 선주와 화주 중에 누가 부담할 것인가에 대하여 다음 중 어느 한 가지를 선택하여 명확하게 약정하여야 한다.

ⓐ Berth Terms(Liner Terms): 선적 및 양화시 선내하역인부임은 모두 선주가 부담하는 조건이다. 이 조건은 오늘날 특히 정기선에 의한 운송의 경우

---

4) 일반적으로 해운업계에서 용선이라 하면 선박회사가 다른 선주로부터 용선하는 경우를 말하며 선박회사가 자기소유 선박을 일단 외국에 판매하였다가 그 외국적 선박을 재용선하는 경우를 특히 "Charter Back"이라고 한다.

5) 이 경우에 지급되는 운임을 선복운임(lump sum freight)이라고 한다.

6) "GENCON"은 Code Name임.

7) 석탄수송용으로는 1921년 발틱백해동맹이 제정 영국석탄수송협회 및 스칸디나비아 석탄수입협회가 승인한 "BALCON"(Balcon Charter Party), 목재수송용으로는 1914년 발틱백해동맹이 채택하고 영국해운회의소가 공인한 "BENACON"(Chamber of Shipping British North American-Atlantic Wood C/P, 1914), 곡물수송용으로는 1914년 영국해운회의소 공인서식인 "GENTROCON"(Chamber of Shipping River Plate Charter Party, 1914) 및 1973년 미국의 선박중개대리점협회의 "NORGRAIN"(North American Grain Charter Party, 1973), 원유수송용으로는 1984년 미국 선박중개대리점협회의 "ASBA Ⅱ"(Tanker Voyage Charter Party)가 있다.

에도 많이 이용되고 있다.

ⓑ F.I.O.(Free In and Out): "Berth Terms"와 반대로 선적 및 양화시 선내하역인부임은 모두 화주가 부담하는 조건이다. 이는 용선운송의 경우에 많이 이용된다.

ⓒ F.I.(Free In): 선적시의 선내하역인부임은 화주가 부담하고 양화시는 선주가 부담하는 조건이다.

ⓓ F.O.(Free Out): F.I.와 반대로 선적시의 선내하역인부임은 선주가 부담하고 양화시는 화주가 부담하는 조건이다.

ⓔ F.I.O.S.T.(Free In, Free Out, Stowed, Trimmed): 선적 · 양륙 · 본선 내의 적부 · 선창 내 화물정리비는 모두 화주가 부담하는 조건이다. 즉 F.I.O.조건에 "Stowage" 및 "Trimming Charge"가 추가되는 것이다.

② 정박기간의 표시

정박기간(laydays; laytime)이란 화주가 용선한 선박에 계약물품을 적재 또는 양륙하기 위하여 그 선박을 선적항 또는 양륙항에 정박할 수 있는 기간을 말한다. 그러나 화주가 약정한 기일 내에 하역을 끝내지 못하면 초과된 정박기간에 대하여 체선료(demurrage)를 지급하여야 하며 만일 약정기일 이전에 하역이 완료되면 선주가 화주에게 조출료(dispatch money)를 지급하여야 한다.[8)]

정박기간을 약정하는 방법으로는 다음과 같은 방법이 있다.

ⓐ 관습적 조속하역(Customary Quick Dispatch: C.Q.D.): 이는 관습적 하역방법 및 하역능력에 따라 가능한 한 빨리 적재 또는 양화하는 조건을 말한다. 이 경우 불가항력에 의한 하역불능은 정박기간에서 공제되지만 일요일, 공휴일 및 야간하역을 약정된 하역일에 포함시키느냐 여부는 특약이 없는 한 그 항구의 관습에 따른다.

ⓑ 연속하역일(Running Laydays): 하역개시일로부터 종료시까지의 경과일수를 계산하는 방법이다. 따라서 우천, 파업 및 기타 불가항력 등 어떠한 원인에도 관계없이 하역개시 이후 종료시까지의 일수를 모두 정박기간에 계산하는 방법이다. 일요일이나 공휴일에 대해서도 이것을 제외한다는 특약이 없는 한 정박기간에 포함한다. '1일 몇 톤' 등과 같이 1일에 책임하역수량을 표시하는 것이 일반적이다.

8) 조출료는 일반적으로 체선료의 $\frac{1}{2}$이다.

ⓒ 호천하역일(Weather Working Days: W.W.D.): 하역 가능한 좋은 일기상태의 날만 정박기간에 산입하는 것으로 현재 가장 많이 사용하고 있는 조건이다. 하역 가능한 상태여부는 화물의 종류에 따라 차이가 있으므로 선장과 화주가 그 때마다 협의하여 결정한다. 일요일과 공휴일 처리방법에 대해서는 "Sunday and holidays excepted"(SHEX)라고 부기되면 일요일이나 공휴일에 작업하였더라도 정박기간에 계산하지 않고, "Sunday and holiday excepted unless used"라고 부기되면 일요일·공휴일 하역시에는 정박기간에 산입된다. "unless used"에 있어서도 시간 수만 계산하느냐 1일로 계산할 것인가 하는 문제가 발생하므로 실제 작업시간만 산입하고자 할 때에는 "unless used, but only time actually used to count"라고 약정하여야 한다.

정박기간의 기산시점은 하역준비완료통지서(notice of readiness: N/R)가 통지된 후 일정시간이 경과되면 개시되지만 당해항구의 관습에 따른다. 하역이 완료되면 정박일수를 기재한 정박일계산서(laydays statement)를 작성하여 선장 및 화주가 서명한다. 이 때 약정된 대로 하역이 이행되지 않았다면 체선료나 조출료를 부담하게 된다.

③ 나용선계약

나용선계약(裸傭船契約; bareboat charter; demise charter)이란 선주가 내항성(seaworthiness)이 있는 나선박을 운송업을 영위하는 선사에 용선하는 것으로 용선주가 선박 이외의 선원·장비·소모품 및 운항에 관한 모든 감독·관리에 대한 책임을 진다. 선박을 소유하고 있는 선주는 임대인이 되고 선박으로 해상운송업을 영위하는 선주는 임차인이 되는 것이다. 따라서 나용선은 임대차용선이라고도 한다. 선주는 용선주로부터 매월 또는 상호합의한 시기에 나용선료(bareboat charter hire)를 받는다. 또한 한국의 운송업자가 외국선박을 나용선하여 한국의 선원과 장비 등을 갖추어 다시 외국에 재용선(sub-charter)하여 외화를 벌기도 한다.

1.4 해운동맹과 해상운임

(1) 해운동맹

1) 해운동맹의 의의

해운동맹(shipping conference; shipping ring)이란 특정항로에 정기선을 취항시키는 선박회사 상호간에 독립성을 유지하면서 과당경쟁을 피하고 상호이익을 증진시키기 위하여 운임, 적취량, 배선 등 운송조건에 대하여 협정하고 이행하려는 국제적인 해운카르텔(cartel)을 말한다. 해운동맹이 운임에 비중을 두었을 경우에는 운임동맹(navigation conference)이라고 한다.

해운동맹은 1875년 영국과 캘커타 해운동맹(United Kingdom/Calcutta Shipping Conference)이 세계 최초로 결성되어 영국을 중심으로 발전하게 되었고 현재에 와서는 극동/구주간의 항로, 극동/미태평양간의 항로, 극동/미대서양 및 걸프간의 항로, 극동/호주간의 항로 등 여러 개의 동맹항로가 있다.

2) 해운동맹의 종류와 태도

해운동맹은 내부규칙에 따라 선주는 누구나 신규로 가입할 수 있고 탈퇴도 자유로운 미국식의 개방적 동맹(open conference)이 있다. 미국은 미국을 출입항하는 어느 선사라도 일정수준의 서비스능력만 갖추면 동맹가입의 자유보장, 자유경쟁원칙을 주장하고 있어 동맹에 대한 부정적 태도를 취하고 있다.

한편 동맹규칙준수의 신뢰도, 선주의 능력 등 까다로운 조건과 회원의 이익을 해한다고 판단되는 경우에는 가입을 인정하지 않는 등 가입과 탈퇴가 까다롭고 엄격한 영국식의 폐쇄적 동맹(closed conference)이 있다. 영국과 마찬가지로 일본도 이를 긍정적으로 받아들이고 있다. 대표적인 동맹은 극동/유럽간의 구주운임동맹(Far East Freight Conference: FEFC)이다.

그러나 1984년 6월에 발효된 미국 신해운법(Shipping Act)에 의한 서비스 향상의 노력, 공동운항촉진 등의 영향과 정기선부문에 참여한 아시아 개도국 및 동구권의 맹외선사(outsider)들의 대항, 컨테이너 복합운송의 발전에 따른 시장잠식, 무역환경변화에 따른 대응의 한계성 등으로 해운동맹은 현실적으로 어려움을 안고 있다.

3) 해운동맹의 운영

해운동맹은 동맹선사(member liner) 상호간에는 상호이익도모를 위한 협정과 맹외선사(outsider)에 대항은 물론 화주를 구속 내지 유인시키기 위하여 여러 가지 운영방법을 사용하고 있다.

(가) 동맹선사간의 협정

동맹선사간에는 대내적으로 최저운임수준 및 공표운임표에 대한 운임협정(rate agreement), 항해선박 수의 제한, 배선, 화물의 적취량 등에 대한 할당·제한 등의 항해협정(sailing agreement), 순운임수입에 대한 배분율조정 등의 공동계산(pooling agreement), 동맹선보다 운임이 낮은 맹외선의 축출을 위해 일정기간의 대항선(fighting ship) 투입, 공동운항(joint service), 통합경영 등 동맹선사간 상호이익도모를 위한 협정을 맺고 있다.

(나) 해운동맹의 대화주 구속수단

① 계약운임제(contract rate system)

화주가 동맹선에 선적할 것을 계약하면 운임률이 낮은 계약운임률(contract rate)을 적용하는 특혜를 주어 화주를 유인하는 제도를 계약운임제라고 하며 동맹선주와 화주는 자유계약에 의한다.

이 제도하에서는 동맹의 공표운임(tariff rate)에 계약운임률과 비계약운임률(non-contract rate)의 차를 약 10~15%선으로 설정하게 된다. 따라서 계약운임제는 이중운임제도(dual rate system)[9]라고도 할 수 있다.

② 운임연환급제(deferred rebate system)

일정기간 동맹선에 선적한 화주에 대하여 계속해서 동맹선에만 선적할 것을 조건으로 하여 그로부터 받은 운임의 일부를 환급해 주는 제도이다.[10] 이 제도를 적용받기 위해서는 화주가 일정기간을 동맹선에 선적해야 하는데, 이를 계산기간(account period)이라 하고, 그 후 일정기간도 동맹선에 선적해야 하는 것을 거치기간(deferred period)이라고 한다. 이 거치기간이 경과되어야 일정률의 운임을 환급받을 수 있다. 이 제도는 화주를 구속하는 수단 중 가장 가혹한 수단이라고도 할 수 있다.

9) 또한 삼중운임제(triple rate system)란 동맹의 운임률에 계약률, 비계약률 이외에 특별계약률이 추가되어 3가지 운임률을 동시에 적용요소로 하는 것으로 화주가 동맹선을 이용하면 계약운임률에다 약 2~3%의 추가할인을 해 준다. 일명 "three decker system"이라고도 한다.

10) 운임거치환불제라고도 한다.

③ 성실환급제(fidelity rebate system)

일정기간 동안 자기의 화물 모두를 동맹선에만 선적한 화주에 대하여 동맹선사가 받은 운임의 일정비율을 통상 4개월이 지나면 환급하는 제도이다. 이 제도는 운임연환급제와는 달리 거치기간이 없다.

(2) 해상운임

1) 해상운임의 구성요소

해상운임은 정기선운임과 부정기선운임의 구성내용이 다르지만 부정기선 운임자체도 해운시장의 자유거래에서 결정되는 것이 일반적이고 정기항로운임이나 장기계약운임에 영향을 받아 결정하게 된다. 일반적으로 운임은 항해거리, 항만사정, 화물의 성격, 보험조건, 왕복항로의 적취율, 타선사와의 경쟁요인, 정책적 요인 등이 영향을 미치게 된다.

여기에서는 정기선운임을 중심으로 하여 살펴보기로 한다.

정기선운임은 일반적으로 기본운임, 할증료 및 부가수수료 등으로 구성되고 있다.

첫째, 기본운임(basic freight)은 화물의 중량(weight), 용적(measurement), 가격(price) 등을 기준으로 하여 산정된다. 여기에는 품목에 관계없이 중량 또는 용적을 기준으로 하여 일정하게 부과하는 품목별 무차별운임(freight all kinds: FAK rate)[11] 품목별 운임(commodity freight), 최저운임(minimum freight), 소화물운임(parcel freight) 등으로 나눌 수 있다.

둘째, 할증료(surcharge)는 정기항로의 운임을 일단 공표하게 되면 운임을 긴급히 인상해야 할 사정이 있을 때 수시변경하는 것이 용이하지 않기 때문에 부과하는 것이다. 할증료의 종류로는 통화할증료(currency adjustment factor: CAF), 유가할증료(bunker adjustment factor: BAF), 중량할증료(heavy lift surcharge), 장척할증료(bulky or lengthy cargo surcharge), 체선할증료(congestion surcharge), 운하할증료(canal surcharge) 등이 있다.

셋째, 부가수수료(additional charge)로는 양륙항선택으로 본선출항시까지 화물의 양륙항을 지정하지 못하거나 수 개의 항구를 선택하였을 때 항구 수

11) 컨테이너 화물운송에서는 "20 footer container당 얼마"처럼 운임을 품목구분 없이 부과하는 FAK rate 적용이 보편화되고 있다.

[그림 9-1] 해상운송비의 구성

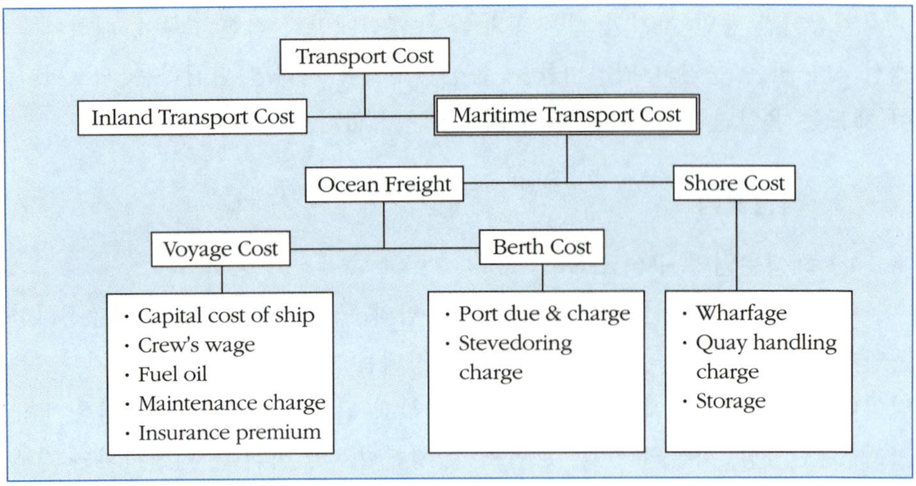

자료: UNCTAD, The Management of Geneera) Cargo Operations, Unit 1, p. 31.

등에 비례하여 추가로 부담하여야 하는 양륙항선택료(optional charge), 양륙지 변경수수료(diversion charge), 선내인부임(stevedorage), 환적비(transshipment charge), 컨테이너화물적입비(container stuffing charge),[12] 부두사용료(wharfage), 반송운임(back freight)이 있고 초과정박일수에 대해 용선주가 선주에게 지급하는 일종의 벌과금(penalty)에 해당되는 체선료(demurrage)가 있다.

2) 해상운임의 산정기준

해상운임의 산정기준은 화물의 성질과 종류에 따라 용적, 중량, 가격 등을 기준으로 하고 있지만, 일반화물의 경우 대부분은 용적기준으로 산정하고 있으며 컨테이너화물은 '컨테이너 1대당 얼마'와 같이 컨테이너 박스 레이트(box rate)를 적용하기도 한다.

(가) 용적기준

의류, 전자제품 등 일반화물은 주로 용적톤(measurement ton)을 운임률로 적용하며 $1M^3$(Cubic Meter: CBM)를 1용적톤으로 한다.[13] 목재의 경우에는 1,000B/M(Board Measure)[14]으로 하고 있다. 용적운임이 적용되는 화물을 용

12) CFS charge라고도 한다.
13) 그러나 영국, 일본 등에서는 "40 cubic feet"를 1용적톤으로 하기도 한다.

적화물(measurement cargo)이라고 한다.

(나) 중량기준

보통 철강 · 금속제품이나 기계류 등은 중량(weight)을 기준으로 하여 운임을 산정한다.[15] 일반적으로는 1,000kg을 1톤으로 하는 중량톤(metric ton: M/T)을 많이 사용하며 영국톤(long ton: L/T), 미국톤(short ton: S/T)은 용선계약에 따른 일부품목을 제외하고는 별로 사용되지 않는다.[16] 중량을 기준으로 할 때의 화물을 중량화물(weight cargo)이라고 한다.

운임산정기준에서 전술한 중량톤과 용적톤의 구별이 모호하거나 경합될 때에는 운임톤(revenue ton: R/T)을 적용하는데, 용적과 중량으로 계산된 운임 중 더 많은 쪽으로 운임을 부과한다.

(다) 가격기준

보석 등 귀금속이나 고가품은 보관 및 취급상 특별한 주의가 요구되고 보상시에도 문제가 되기 때문에 물품의 송장(invoice)가격을 기준으로 종가운임률이 적용된다.

(라) 컨테이너박스 기준

운임은 '컨테이너 1대당 얼마'와 같이 산정하기도 하는데, 이에는 물품 종류에 관계없이 적용하는 '품목별 무차별운임'(freight all kinds: FAK Rate), 물품을 몇 가지 등급으로 분류적용하는 '등급별 박스운임'(class box rate), 품목별로 분류적용하는 '품목별 박스운임'(commodity box rate: CBR) 등으로 분류할 수 있다.

[표 9-1] 운임구조와 분류

Freight Regulations	By Commodities	By Freight Unit
free competition	commodity rate	weight basis
		measurement basis
	class rate	ad valorem
regulated rate	FAK rate	per container basis

14) 1BM=1"=12"×12"=2.36M³, 목재에서는 1용적톤을 480S.F.(super foot)로 한다.

15) 중국연안에서는 15piculs(2,000lbs)을 1중량톤으로 한다.

16) M/T=2,204lbs, L/T=2,240lbs, S/T=2,000lbs.

3) 해상운임의 부담자와 지급시기

해상운임의 부담자는 화주이다. 화주는 수출상이나 수입상의 소재지의 입장에 따라 달라질 수 있다. 무역거래에서 해상운송에 이용되는 FAS, FOB 조건으로 매매계약을 체결하고 운송계약을 체결했다면 '운임후지급'(freight collect)으로 선화증권(bill of lading: B/L)상에 표시되기 때문에 운임부담자는 매수인, 즉 수입상이 되고 CFR, CIF조건에서는 '운임선지급'(freight prepaid)이라고 표시되어 운임부담자는 매도인, 즉 수출상이 된다.

따라서 운임지급시기도 달라진다. '운임후지급'일 경우에는 수입상은 화물양륙지에서 선박회사로부터 화물도착통지서(arrival notice: A/N)를 받고 은행으로부터 인도받은 선화증권을 가지고 수입지 선박회사 또는 대리점으로부터 수입화물인도지시서(delivery order: D/O)를 교부받고 당일의 환율을 적용하여 운임을 지급한다.

반대로 '운임선지급'일 경우에는 수출상은 선적지에서 선박회사 또는 대리점으로부터 선화증권(bill of lading) 발급일자의 환율[17]을 적용하여 운임을 지급하고 선화증권을 교부받는다.

1.5 해상운송관련 국제법규

해상운송관련 국제법규에 대해서는 선화증권약관의 국제적 통일을 기하기 위한 조약이 체결되고 운송인의 책임에 관한 문제들이 제기된 헤이그규칙과 헤이그-비스비규칙 및 함부르그규칙 등을 중심으로 살펴보기로 한다.

(1) 헤이그규칙과 헤이그-비스비규칙

해상운송에 있어서 선주측에 유리한 면책약관에 일대 쐐기를 박은 1893년 2월 미국의 하터법(Harter Act)[18]이 제정 · 발표된 결과 화주국들도 면책약

17) 당일의 전신환매도율(telegraphic transfer selling rate)을 적용한다.

18) 하터법은 미국 Ohio주 출신 Michael Harter의원이 선주의 면책사항을 대폭 규제하는 법안을 대통령이 서명한 것으로 상업상의 과실, 즉 화물의 선적, 적부, 보관, 인도에 관한 선주의 책임을 면제하는 특약과 내항능력 유지를 위하여 적절한 주의(due diligence)를 다할 의무를 경감 · 면제하는 특약을 무효로 하였고 항해 또는 선박자체의 취급에 대한 선장이나 선원의 과실, 즉 항해상의 과실에 대하여는 면책을 인정하는 등 상업상의 과실에 대한 면책약관금지를 강행법적으로 확립하였다는 데 의의가 있다.

관 제한입법을 성립시키게 되었고 선주측의 면책사항들이 공공이익에 위배된다는 법정시비가 선주와 화주간에 빈번히 발생하게 되었다.

이러한 분쟁을 해결하고 해상운송에 관한 국제적 통일규칙을 마련하기 위하여 국제법협회(International Law Association: ILA)와 국제해사위원회(International Maritime Committee: IMC)가 주관이 되어 1921년 네덜란드의 수도 헤이그에서 "Hague Rule 1921"을 창안하였고 선화증권이면약관에 삽입하도록 권장하였다.[19] 그러나 이 규칙은 형식과 용어 등에 결함이 많고 선주측의 심한 반발도 있어 국제해양법협회(International Maritime Law Association)에 의해 수정되어 1924년 8월 25일 벨기에의 수도 브랏셀에서 열린 외교회의에서 '선화증권에 관한 통일규칙을 위한 국제조약'(International Convention for the Unification of Certain Rules of Law Relating to Bills of Lading)이 채택되었다. 이 조약자체가 "Hague Rule"을 모체로 하였기 때문에 헤이그규칙으로 부르게 되었다.

헤이그규칙은 선화증권상의 운송인의 면책약관의 제한을 중심으로 운송인의 기본적 의무로 내항능력(seaworthiness)에 대한 주의와 운송물의 취급·보관에 대한 주의에 대하여 정당한 노력(due diligence)을 다했다는 증거가 있어야 선주측이 면책될 수 있도록 하였다.

하터법에 근거를 둔 헤이그규칙은 운송인의 면책범위를 제한시키는 국제적인 첫 조약이라는 데 그 의의가 있다. 그러나 헤이그규칙은 40여 년이 지나는 동안 해상운송여건의 변화로 국제해사위원회에서 개정문제가 제기되어 1968년 2월 23일 브랏셀에서 '선화증권조약개정의정서'(Protocol to Amend the International Convention for the Unification of Certain Rules of Law Relating to Bills of Lading)인 헤이그-비스비규칙(Hague-Visby Rules)[20]이 채택되었다.

헤이그-비스비규칙에서 개정된 주요내용은 ① 운송인의 책임제한금액의 인상과 중량제의 병용, ② 화물손해배상액 산정기준의 명확화, ③ 컨테이너 조항의 신설, ④ 책임제한 저해사유에 관한 규정신설, ⑤ 운송인의 사용인 또는 대리인도 책임제한이나 항변사유를 원용할 권리를 갖는다는 규정을 신설

19) 채택여부는 당사자의 자치에 맡겨지는 임의규칙이었다.

20) 개정작업소위원회의 회의가 스톡홀름총회에서 개최될 때 스웨덴 수도 스톡홀름에서 가까운 섬에 있는 '비스비항'의 이름을 따서 명명되었다.

하였다.

헤이그-비스비규칙에서는 체약국에서 발행된 선화증권의 적용범위가 확장되어 지상약관(至上約款: paramount clause)[21]이 포함되어 있는 경우 운송인, 송화인, 수화인 등 일체의 이해관계인의 국적을 묻지 않고 조약이 적용된다고 하고 있고, 운송인의 책임도 헤이그규칙의 1짐짝 단위에 100스털링파운드인 것을 10,000포앙카레프랑(Poincaré Franc)[22]과 운송물의 총중량 1kg당 30포앙카레프랑 가운데 많은 금액을 운송인의 책임으로 하였다.

그런데 헤이그-비스비규칙을 체결한 지 십여 년이 지나면서 국제금융체제가 바뀌어 새로운 국제결제수단으로 IMF에 의해 1967년 9월 특별인출권(Special Drawing Rights: SDR)이 창출되어 포앙카레프랑도 SDR로 대체하기 위하여 1979년에 헤이그-비스비규칙 개정의정서[23]가 국제해사위원회의 발의에 의해 브랏셀에서 채택되어 1984년 6월 14일부터 발효되고 있다.[24]

(2) 함부르그규칙

종래의 선화증권통일조약을 포함하여 해상운송인의 책임에 대한 법체계는 선진해운국을 중심으로 만들어져 화주국인 개발도상국의 사정을 무시한 것이라는 의견이 UNCTAD에서 제기되어 국제무역법위원회(United Nations Commission on International Trade Law: UNCITRAL)가 통일조약의 개정작업을 시작하였다. 1978년 함부르그에서 개최된 유엔외교회의에서 '유엔해상물품운송조약' (United Nations Convention on the Carriage on Goods by Sea, 1978)을 채택하고 개최지의 이름을 따서 함부르그규칙(Hamburg Rules)이라고 부르게 되었다.

동 조약의 발효요건은 제30조의 규정에 따라 20개국이 비준하여 가입서를 기탁한 후 1년이 경과되어야 발효되도록 하고 체약국에 관한 한 이 조약의

21) 어떤 사항에 대해 본 규정이 불충분하거나 애매모호할 때 보다 구체적이고 상세한 규정에 준거하게 되는데, 그 준거규정이 본 규정에 우선하며 상위규정임을 명시하는 약관이다. 따라서 헤이그-비스비규칙이 선진국에서 입법화되었으면 동 규칙이 모든 해상운송에 최우선 적용된다.

22) 프랑스 수상이었던 포앙카레의 성을 따서 붙인 명칭으로 당시 프랑스 법적 통화 1포앙카레프랑은 순도 90%의 금 65.5mg을 말한다.

23) Protocol Amending the International Covention for the Unification of Certain Rules of Law Relating to Bills of Lading(August 25, 1924, as Amended by the Protocol of February 23, 1968), Brussels, December 21, 1979.

24) 선적 전에 화물의 가액을 신고하고 선화증권상에 가액이 기록되지 않은 화물에 대해 운송인 포장당 666.67SDR과 총중량에 대해 1kg당 2SDR 가운데 많은 금액을 책임한도액으로 하고 있다.

[표 9-2] 헤이그규칙, 헤이그-비스비규칙, 함부르그규칙의 비교

규칙 항목	헤이그규칙(1924)	헤이그-비스비규칙 (1968, 개정 1979)	함부르그규칙(1978)
적용범위	모든 국제해상물품운송에 적용 선화증권의 발행을 요건으로 함	좌측과 동일	2국간의 항구상호간 국제해상운송계약 전체에 적용되고 선화증권의 발생의 유무를 불문함
책임기간	tackle to tackle 선적에서 양화까지	좌측과 동일	port to port 인수에서 인도까지
책임원칙	과실책임주의 물품의 인수·선적·적부·운송·보관·양화·인도에 대해 상당주의 의무의 이행책임을 부담하고 이 의무를 게을리함으로써 발생한 물품의 멸실·손상에 대해 책임을 부담	과실책임주의 지연에 대해서도 책임을 부담	과실책임주의 물품의 인수시부터 인도시까지의 관리하에 있는 동안에 대해 상당주의의 의무의 이행책임을 부담. 다만, 손해지연의 발생시에 합리적으로 요구되는 모든 조치를 취한 것을 입증하면 면책
면책사유	항해과실, 과실에 의하지 않는 화재, 발항 후의 불내항, 기타의 불가항력적 사유(해상고유의 위험, 동맹파업, 전쟁, 화주의 과실, 고유의 하자 등) 갑판적 화물, 생동물은 물품에서 제외	좌측과 동일	과실책임주의로서 면책사유의 열거를 폐지(당연히 항해과실의 면책도 폐지) 갑판적 화물, 생동물도 물품으로서 새로이 적용의 대상으로 함
책임한도액	1package 또는 1unit당 £100	1package 또는 1unit당 666.67SDR 또는 1kg당 2SDR 총액 중 높은 쪽의 금액	package 또는 unit 방식과 중량방식을 병용. 1package,1unit당 835SDR 또는 1kg당 2.5SDR 중 높은 쪽의 금액
강행법성	강행법	강행법	강행법
소송제기기간	1년	1년	2년

자료: 東京海上火災保險株式會社 編, 「貨物海上保險の理論と實務」, 海文堂, 1978, p.331에서 일부수정.

발효와 동시에 기존의 헤이그규칙은 폐기하도록 되어 있다. 동 규칙은 비준국이 20개국에 달한 1992년 11월부터 발효되고 있다.[25)]

헤이그규칙은 순수한 해상운송구간만 커버하지만 함부르그규칙은 컨테이너운송과 관련하여 해상운송에 인접한 육상운송까지 포함시켰다.[26)] 함부르그규칙은 적용범위가 확대된 것은 물론 운송인의 책임원칙도 헤이그규칙과 마찬가지로 과실책임주의원칙을 채용하고 보상금액의 현실화, 항해과실책임의 폐지, 화재면책, 운송인의 무과실을 입증하지 않으면 책임을 지는 일반원칙으로 면책사유를 나열하던 면책카탈로그의 폐지, 지연손해에 대한 운송인의 책임을 명문화하였다.

운송인의 책임한도로는 중량방식과 포장단위 방식을 병용하여 포장 또는 선적단위당 835SDR 또는 12,500금프랑[27)]과, 중량 1kg당 2.5SDR 또는 37.5금프랑으로 하여 계산한 총액 중 많은 쪽으로 하고 지연손해에 대한 운송인의 책임은 지연화물운임의 2.5배를 한도액으로 하되 운송계약하에서 지급되는 운임총액을 초과할 수 없도록 하고 있다.[28)]

이처럼 함부르그규칙은 운송인의 책임을 크게 강화함으로써 상대적으로는 화주에게 유리한 획기적인 조약이라고 할 수 있다.

2. 컨테이너운송

2.1 컨테이너의 의의

컨테이너(container)가 제일 처음 소개된 것은 1920년 미국의 철도운송에서였다. 컨테이너화(containerization)는 처음 무개화차(flat cars)에 의한 피기백(piggy-back)[29)]의 개발에 박차를 가하여 문전에서 문전까지(door to door) 운송

25) 한국은 헤이그-비스비규칙에 찬성은 하였으나 서명은 하지 않았다. 헤이그규칙의 기본원칙은 상법에도 채용되었고 선화증권의 약관도 동 취지에 많이 따르고 있다. 함부르그규칙 역시 한국은 비준하지 않았다.

26) 헤이그규칙이 운송인의 책임구간이 "from tackle to tackle"이라면, 함부르그규칙은 "from port to port"로 확대된 셈이다.

27) 금프랑은 IMF 회원국이 아닌 경우 SDR을 적용하지 않는 국가에 해당된다.

28) United Nations Convention on the Carriage of Goods by Sea, 1978, Article 6, Limits of Liability.

29) 컨테이너를 철도화차에 올려놓고 운송하는 것을 말한다. 컨테이너를 컨테이너선에 의해 해

하는 수단으로 시작되었다. 해상운송에서는 제2차 세계대전 중 미군(U.S. Army)의 군수물품 운송에 이용되었고 컨테이너가 상업적으로 해상운송에 도입된 것은 1956년 미국의 Sea-Land Service, Inc.가 선박갑판을 개조하여 60개의 컨테이너를 적재한 것이 시초이며 1966년 북대서양에서 Sea-Land사의 Fairland라는 컨테이너선박이 취항한 것이 발판이 되었다.[30)]

컨테이너(container)란 물적유통부문에서의 포장 · 운송 · 하역 · 보관 등 육로 · 해로 · 공로상의 모든 과정에서 경제성 · 신속성 및 안전성을 최대한 충족시키고 화물의 운송 도중 이적 없이 일관운송을 실현시키는 운송용기이다.

1961년 국제표준화기구(International Organization for Standardization: ISO)는 제104기술위원회(Technical Committee 104: TC 104)에서 ISO규격 컨테이너를 제정하고 이를 기준으로 컨테이너제작을 권고하고 있는데 ISO에서 규정하고 있는 컨테이너의 정의를 보면 다음과 같다.

① 일정기간에 재사용이 가능한 충분한 내구력을 가질 것

② 운송 도중 운송경로가 변경되는 경우에 화물의 이적없이 일관운송을 할 수 있도록 설계될 것

③ 운송경로를 변경할 때 조작이 용이할 것

④ 화물의 적재와 양륙이 편리하게 설계될 것

⑤ 내부용적이 1m3(35.3cu.ft) 이상일 것

2.2 컨테이너운송의 필요성과 장단점

(1) 컨테이너운송의 필요성

컨테이너운송은 항만에서의 불필요한 비용을 줄일 수 있고, 선박회항 시간을 단축할 수 있으며, 운송화물의 단위당 비용을 줄일 수 있고, 선복이윤을 증대시킬 수 있다. 따라서 노동집약적 재래선 운송이나 하역방식에 비하여 자본집약적이면서 기계화된 컨테이너 운송방식을 택하게 된 것이다.

상운송하는 것을 fish-back, 항공기에 의해 운송하는 것을 birdy-back이라 한다.

30) 1970년 Sea Land사의 컨테이너선은 한국에서는 최초로 부산항에 입항한 바 있다.

(2) 컨테이너운송의 장단점

1) 컨테이너운송의 장점

컨테이너운송은 일관운송체제를 갖추어 다른 운송방법보다 신속성 · 경제성 및 안정성을 도모할 수 있는데, 그 장점을 선주의 입장과 화주의 입장에서 보면 다음과 같다.

선주의 입장에서는 ① 항만에 체항하는 시간(in port time)을 단축시킬 수 있고, ② 선박의 가동률(working ratio of ship)이 높아 선복생산성을 개선시킬 수 있다.

화주의 입장에서는 ① 포장비(packing cost)를 줄일 수 있고, ② 철도 · 트럭 등 내륙운송비(inland transport cost)를 줄일 수 있으며, ③ 운송시간 단축으로 재고비용(inventory cost)을 줄일 수 있고, ④ 선박운항 일정에 맞추어 재고관리가 용이하고, ⑤ 수출환어음매입을 신속하게 할 수 있어 자금회전이 빠르고, ⑥ 화물의 손상을 방지할 수 있는 장점이 있다.

2) 컨테이너운송의 단점

컨테이너운송은 다음과 같은 단점이나 어려운 문제가 있다. ① 컨테이너화를 위한 막대한 자본과 기술적 지원이 필요하다. ② 화물의 종류나 성질상 컨테이너에 적입하거나 운송하는 데 곤란한 화물들이 있다.[31] ③ 컨테이너화물의 상당한 부분이 갑판상에 적재되는 데 따른 할증보험료율의 적용과 컨테이너취급상의 대인대물배상책임보험은 보험료 증가요인이 된다.[32] ④ 노동집약적인 개도국의 경우에는 항만노무자의 실업문제 및 국제간의 컨테이너 운송관련 법체계나 제도의 수용상 어려움이 있는 나라들도 많다.

---

31) 컨테이너화물 중에 철강제품, 자갈이나 모래, 기타 장척화물(長尺貨物)은 부적합한 화물(unsuitable containerizable cargoes)이고 전자제품이나 의류 등은 적합한 화물(suitable containerizable cargoes)이다.

32) 보험료의 증가 이외에도 수출국과 수입국 사이에 운송화물의 불균형으로 항구간에 왕복정기운송을 할 경우 컨테이너화물을 집화할 수 없을 때에는 '항구간 빈 컨테이너운송비'(Inter-Port Container Positioning Charge)가 추가로 발생될 수 있다.

2.3 컨테이너화물의 유통경로와 운송형태

(1) 컨테이너화물의 유통경로

물품을 컨테이너로 운송하고자 할 경우 우선 수출상인 송화인(shipper)은 컨테이너화물 선복예약서(booking note)를 컨테이너 야적장(container yard: CY)의 운영자(operator) 등 관련부서에 송부한다. 선사의 지시에 따라 CY operator는 약정된 시간과 장소에 공컨테이너(empty conatiner)를 대출하고 화주로부터 기기수령증(equipment receipt: E/R)을 교환한다. 단일 송화인만으로 1대의 컨테이너 속에 송화인의 생산공장 등에서 채워진 컨테이너만재화물(full container load: FCL)에 대해서는 이 시점에 복합운송인에게 인도되었으므로 복합운송선화증권(multimodal transport bill of lading)을 발행할 수 있다. 이 후 FCL화물은 CY로 입고시키고 컨테이너내적치표(container load plan: CLP)도 CY operator에게 전달한다.

한편 컨테이너 1대에 미달되는 소량화물(less than container load: LCL)은 컨테이너화물조작장(container freight station: CFS)[33]으로 반입하여 다른 송화인의 화물들과 함께 혼재(consolidation)하고 CFS operator가 CLP를 작성하여 CY operator에게 인도한다.

수출신고가 수리된 FCL화물에 대해서는 CY에서 부두수령증(dock receipt: D/R)을 화주에게 발행하고 운송회사의 선적지시서(shipping order: S/O)에 의해 본선적재작업을 한다.

내륙컨테이너기지(inland container depot: ICD)[34]가 있는 국가에서는 송화인의 화물을 컨테이너 터미널(container terminal: CT)로 직접 반입하지 않고 ICD로 집결·경유하여 철도[35]나 도로를 통하여 컨테이너 터미널로 입고되는

---

33) CFS란 컨테이너화물을 수출시에 적입(vanning)하거나 수입시에 해체(devanning)하는 컨테이너화물조작장을 말한다.

34) 컨테이너화물을 효율적으로 운송하기 위하여 내륙지점에서 컨테이너의 보관, 수리, 집결지로서의 역할을 수행한다. ICD 내에 CFS가 없는 곳도 있다.

35) 철도·차대 위에 컨테이너만을 적재한 상태를 COFC(Container of Flat Car)라 하고 철도 차대 위에 컨테이너를 적재한 트레일러를 그대로 싣는 방법을 TOFC(Trailer on Flat Car)라 하며 이를 piggy-back이라 한다. ICD에서 컨테이너 터미널로 운송할 경우에는 보통 Unit Train, 즉 선사 또는 기타 운송인이 전세 계약한 열차를 이용하게 된다.

[그림 9-2] 컨테이너화물의 유통경로

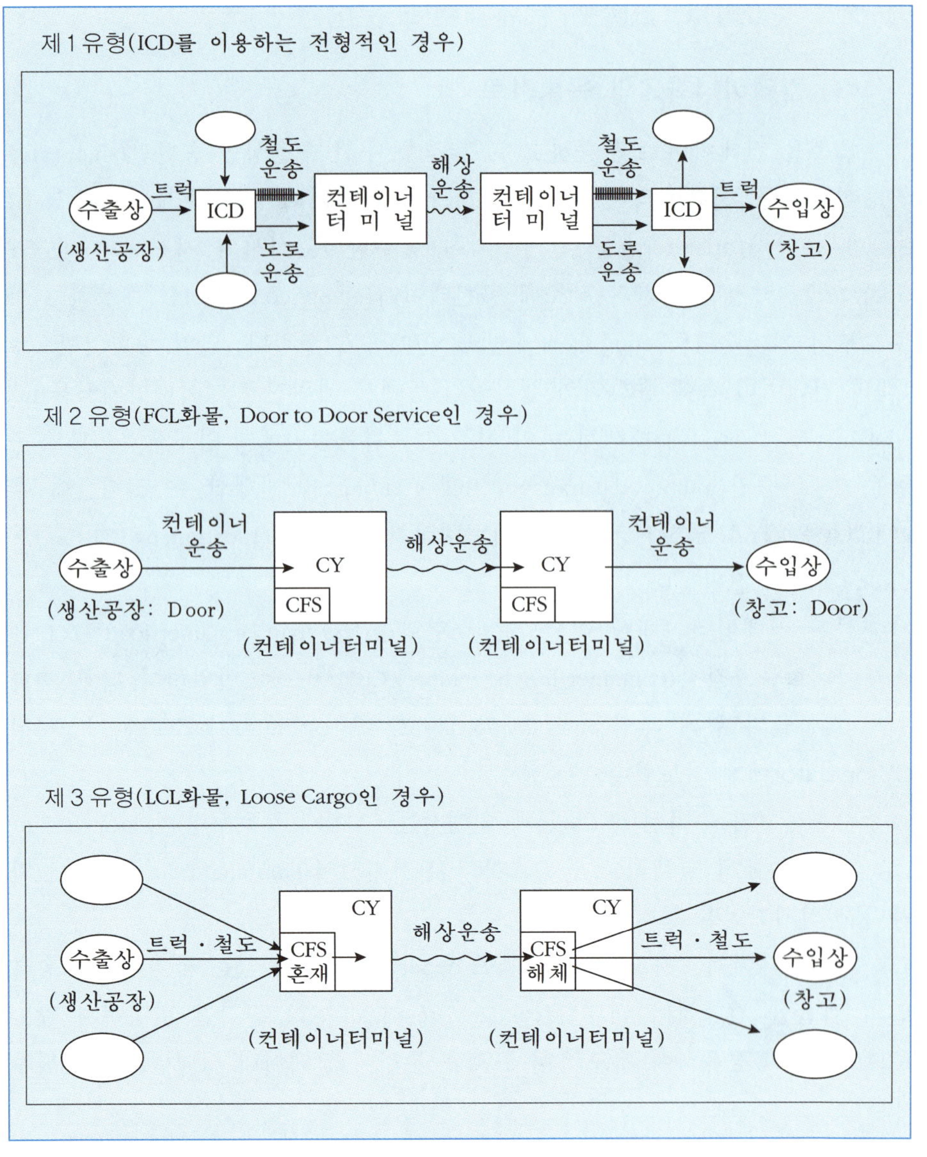

경우가 일반적이다.

CY로 반입된 화물에 대해서는 컨테이너 운항업자가 D/R을 화주에게 발행해 주고 운송회사는 D/R에 근거하여 선화증권(Bill of Lading: B/L)을 발행하여 송화인에게 교부하고 목적항까지 운송을 담당한다.

수입항에 도착한 선박은 적화목록(manifest: M/F)을 도착지 운송회사 또는 대리인에게 인도한다. 또한 선박회사측은 수입상인 수화인에게 화물도착통지(arrival notice: A/N)와 함께 화물인도지시(delivery order: D/O)를 한다.

운송회사는 하역회사와 협조하여 도착화물을 양화(unloading)하고 컨테이너 터미널로 옮긴다. FCL 화물이라면 CY로 가서 수화인의 요구에 따라 수화인 창고까지 내륙운송(inland transportation)을 하고 수입통관(import clearance)이 완료된 후 수화인의 원본선화증권(original bill of lading) 제시에 의하여 운송회사는 화물을 수화인에게 인도하여 준다.

한편 도착물품이 LCL화물이라면 CFS로 가서 화주별로 해체(devanning) 작업을 완료하고 수입통관이 완료되면 마찬가지로 수화인의 원본선화증권 제시에 따라 운송회사는 화물을 수화인에게 인도하여 준다.

(2) 컨테이너화물의 운송형태

컨테이너화물의 운송을 수출지의 송화인과 수입지의 수화인의 관계에서 볼 때 다음과 같이 4가지 운송형태로 구분할 수 있다.

1) CY/CY(FCL/FCL: Door to Door)

수출상, 즉 송화인의 생산공장이나 창고에서 컨테이너에 물품이 적재되어 수입상, 즉 수화인의 창고까지 컨테이너만재화물이 그대로 일관운송되는 형태이다. 이 경우는 단일의 송화인, 단일의 수화인 관계로 이는 컨테이너운송의 3대 요소인 신속성 · 경제성 · 안전성을 충족시키고 문전에서 문전으로(door to door)의 서비스로 컨테이너운송의 장점을 최대로 이용한 운송방법이라 할 수 있다.

2) CY/CFS(FCL/LCL: Door to Pier)

송화인의 생산공장이나 창고에서 1대의 컨테이너에 만재화물(FCL) 상태로 적재되어 목적항에서 여러 명의 수화인에게 전달되기 위하여 CFS에서 해체(devanning)하여 인도하는 운송형태이다. 이 경우는 단일의 송화인, 다수의 수화인 관계의 운송방법이다.

3) CFS/CY(LCL/FCL: Pier to Door)

선적항에 있는 선박회사의 지정 CFS에서 다수의 송화인의 화물을 혼재(consolidation)하여 목적지의 단일의 수화인의 창고, 즉 문전까지 운송하는 형태이다.

이 경우는 다수의 송화인, 단일의 수화인 관계의 운송방법이다.

4) CFS/CFS(LCL/LCL: Pier to Pier)

선적항 CFS에서 다수의 송화인의 화물, 즉 컨테이너 1대에 미달되는 소량화물(LCL)을 혼재하여 목적항에서 다수의 수화인에게 분류하기 위하여 CFS에서 화물을 해체(devanning)하여 인도하는 형태이다.

이 경우는 다수의 송화인, 다수의 수화인의 관계로 컨테이너화물운송의 장점을 제대로 살리지 못하는 운송방법이라고 할 수 있다.

2.4 컨테이너와 컨테이너선의 종류

(1) 컨테이너의 분류

컨테이너는 운송대상화물의 성질이나 종류에 따라 그 기능과 특성을 달리하여 개발되고 있고 재질에 따라서도 다양한 컨테이너가 제작되고 있다. 여기에서는 그 용도와 재질에 따라 구분하면 다음과 같다.

1) 용도에 따른 분류

(가) 건화물 컨테이너(dry container)

전자제품, 의류 등의 일반잡화를 운송할 때 많이 이용되는 컨테이너로 온도조절이 필요하지 않는 다양한 마른 화물운송에 적합하며 가장 일반적인 컨테이너이다.

(나) 냉동 컨테이너(reefer container)

육류, 어류, 과일 등 냉동이 필요한 화물을 운송하는 데 사용되는 컨테이너로 보통 +26℃에서 -28℃까지 온도를 임의로 조절할 수 있다.[36]

---

36) 냉동품, 냉장품 등 온도관리를 요하는 컨테이너를 총칭하여 Thermal Container라고 한다.

(다) 펜 컨테이너(pen container)

소나 말 가축 또는 동물 등을 운송하기 위하여 통풍과 먹이를 주기에 편리하도록 만들어진 컨테이너로 "live stock container"라고도 한다. 한편 과일이나 야채 등의 부패방지를 위하여 통풍구를 설치한 것은 "ventilated container"라고 한다.

(라) 오픈 탑 컨테이너(open top container)

와이어(wire) 등 장척물이나 기계류 등을 적재 · 운송하기에 편리한 천정개방식의 컨테이너로 하역작업시 컨테이너 위쪽에서도 작업이 가능하다. 천정은 폴리에치렌타포린(P.E. Tarpaulin)으로 가릴 수 있다.

(마) 플래트 랙 컨테이너(flat rack container)

기계류, 플랜트, 목재 등 중량 · 장척물을 운송하기 위하여 보통 컨테이너 바닥과 4개의 기둥만의 형태로 사방 및 상방에서 하역작업하기에 편리하도록 만들어진 컨테이너이다. 또한 중량화물을 운송하는 상면(床面)의 구조로 된 플랫폼 컨테이너(platform container)도 있다.

(바) 탱크 컨테이너(tank container)

액체상태의 유류, 주류, 화학제품 등을 운송하기 위하여 특별하게 제작된 컨테이너이다.

(사) 행거 컨테이너(hanger container)

신사복, 숙녀복 등의 정장, 실크, 밍크 등의 고급의류를 다림질하여 구겨지지 않게 옷걸이(hanger)에 걸어 수입지에서 그대로 판매할 수 있도록 만들어진 컨테이너이다.

2) 재질에 따른 분류

(가) 스틸컨테이너(steel container)

강철로 만들어져 견고하고 재료비가 싸지만 무겁고 부식되지 쉽다.

(나) 알루미늄 컨테이너(aluminium container)

알루미늄으로 만들어져 가볍고 외관이 유연하지만 재료비가 비싸고 손상되기 쉽다.

(다) 에르알피(FRP) 컨테이너(fiberglass reinforced plastic container)

스틸 프레임(steel frame)과 합판의 양면에 FRP를 부착하여 만들어 얇고

[표 9-3] 일반적인 컨테이너의 종류별 규격

items	size / type	20′ dry min	20′ dry max	20′ open min	20′ open max	20′ flat min	20′ flat max	20′ reefer -	40′ dry min	40′ dry max	40′ open min	40′ open max	40′ flat -	40′ reefer -
inside measurement	length (mm)	5,892	5,934	5,922	5,930	5,899	5,928	5,349	11,990	12,062	12,056	12,069	12,062	11,470
	width (mm)	2,331	2,360	2,351	2,350	2,238	2,428	2,239	2,290	2,351	2,351	2,358	2,250	2,270
	height (mm)	2,246	2,263	2,180	2,187	2,116	2,178	2,224	2,367	2,590	2,324	2,324	1,964	2,210
door opening	width (mm)	2,310	2,342	2,340	2,350	1,800	1,932	2,239	2,345	2,300	2,340	2,340	-	2,285
	height (mm)	2,130	2,154	2,150	2,154	2,116	2,172	2,141	2,265	2,272	2,286	2,292	-	2,207
load capacity	(m^3)	30.0	31.4	27.9	30.4	27.9	31.2	26.5	66.5	68.1	60.8	66.1	53.3	57.6
container weight	(kg)	1,900	2,320	1,960	2,030	2,700	3,620	3,029	2,900	3,830	3,670	3,800	5,050	4,781
maximum load weight	(kg)	18,000	18,720	18,290	13,360	16,700	17,530	17,288	26,652	27,580	26,680	26,810	25,430	26,698
gross weight	(kg)	19,900	21,040	20,250	20,390	19,490	21,150	20,317	29,552	31,410	30,350	30,610	30,480	31,480

결로(結露: condensation)현상이 없는 장점이 있으나 무겁고 재료가 비싸다.

(2) 컨테이너의 규격

컨테이너의 규격은 ISO에 의하여 표준화된 규격으로 제작할 것을 권고하고 있다. 컨테이너는 20푸터 컨테이너(twenty footer container)와 40푸터 컨테이너(forty footer container) 2개의 종류가 일반적으로 많이 사용되고 있다.[37] 보통 폭은 8′이고 높이는 8′와 8′6″로 두 가지 종류가 있다.[38] 20′ 컨테이너의 규격은 내부의 길이(length)×폭(width)×높이(height)가 '20′×8′×8′' 또는 '20′×8′×8′6″' 이고 40′ 컨테이너의 규격은 각각 '40′×8′×8′' 또는 '40′×8′×8′6″' 가 가장 일반적이다.[39]

(3) 컨테이너선의 종류

컨테이너를 실어 나르는 선박은 그 형태와 하역방식에 따라 다음과 같이 분류할 수 있다.

1) 선형에 따른 분류

(가) 세미컨테이너선(semi-container ship)

컨테이너만을 적재하는 것이 아니라 재래선(conventional ship)의 특정선창을 개조하여 컨테이너를 적재할 수 있도록 혼합형(combination type), 겸용형(convertible type)의 다목적 선박(multipurpose ship)을 말한다.

(나) 컨테이너 전용선(full-container ship)

대량의 컨테이너만을 적재할 수 있도록 전용화한 선박이다. 여기에는 다음에 설명하는 Ro/Ro, Lo/Lo 하역방식에 따른 컨테이너 등이 있다.

---

37) 선사에 따라사는 35 footer container를 사용하기도 한다. 20′(twenty footer)란 의미는 컨테이너와 길이(length)가 20자(尺)란 뜻이다. 보통 20′ 컨테이너 1대를 TEU(Twenty-foot Equivalent Units)라고 하고 40′ 컨테이너 1대를 FEU(Forty-foot Equivalent Units)라 하며 100TEU, 100FEU와 같이 컨테이너 단위별로 수량을 나타낼 때 쓰이고 있다.

38) ISO 규격의 높이 8′6″보다 1′ 더 높은 9′6″짜리 컨테이너를 High Cubic Container라 한다.

39) 컨테이너의 규격에 관하여 최대가능내부용적(inside measurement)과 중량(weight)은 ISO에서 명시하고 있지만 보다 안전한 운송을 위하여 건화물(dry)의 경우 20′ 컨테이너는 용적은 약 25 CBM 전후이면서 중량도 17,000kgs 이내로, 40′ 컨테이너는 용적은 약 55CBM 전후이면서 중량은 23,000kgs 이내로 적재하는 것이 좋다. 왜냐하면 포장규격 및 적입(stuffing)상태에 따라 dead space나 안전중량초과가 발생되기 때문이다.

(다) 랫쉬선(lighter aboard ship: LASH)

컨테이너의 변형으로 규격화된 전용부선(lighter)을 갠트리 크레인(gantry crane)으로 선미로부터 끌어 올려 화물을 적재한 채로 부선을 선박에 적입(aboard)하여 수송하도록 설계된 선박이다.[40)]

2) 하역방법에 의한 분류

(가) Ro/Ro(Roll on/Roll off)방식

Ro/Ro선이란 본선의 선수, 선측 또는 선미에 설치된 개구부를 통하여 선내 경사로(ramp way)를 이용하여 컨테이너 트레일러(trailer)나 자동차가 굴러 들어갈 수 있도록 수평으로 적 · 양화할 수 있도록 제작된 선박을 말하며 이러한 선박의 하역방식을 보통 Ro/Ro방식이라 한다.

(나) Lo/Lo(Lift on/Lift off)방식

선상이나 육상의 크레인(crane; derrick)을 이용하여 컨테이너를 본선에 수직으로 적재 또는 양화할 수 있도록 하는 방식이다.[41)]

(다) Fo/Fo(Float on/Float off)방식

부선(barge)에 화물을 적재하고 컨테이너 대신에 크레인으로 바지선을 적재 또는 양화하는 LASH선과 같은 하역방식을 말한다.

2.5 컨테이너 터미널의 구조

(1) 컨테이너 터미널의 의의

일반적으로 부두(wharf)는 화물의 하역기능에 따라 주로 재래선이 입출항하는 재래부두와 컨테이너선이 입출항하는 컨테이너 전용부두로 나눌 수 있다. 컨테이너 전용부두에는 컨테이너만을 취급할 수 있는 제반 시설과 장비를 갖춘 고도의 전문적인 전용대합실이 있어야 한다.

이처럼 컨테이너시설과 장비 일체를 갖추고 컨테이너 하역기능을 담당하

40) LASH선은 보통 각 선창이 1~3 barge cell로 구성되어 있는데, 안벽(berth) 등 항만시설이 없는 항구에서도 적 · 양화가 가능하다. 1965년 노르웨이에서 건조한 Acadia Forest호(36,862 G/T)가 최초의 LASH선이고, 한국에는 1971년 8월 30일 PFEL소속의 Thomas E. Cuffe호(26,400G/T)가 최초로 부산항에 입항하였다. 그러나 LASH선은 운항경비과다 및 유통상의 난점으로 운항상에 어려움이 많다.

41) Ro/Ro방식을 제외한 대부분의 건화물 컨테이너선은 Lo/Lo 하역방식에 의한다.

는 곳을 컨테이너 터미널(container terminal: CT)이라 한다.

(2) 컨테이너 터미널의 구조

컨테이너 터미널은 컨테이너선이 자유로이 이항할 수 있는 충분한 수심과 안벽시설이 갖추어져 있어야 하고 컨테이너 하역에 관련된 여러 가지 기기 및 시설이 비치되어야만 한다. 또한 양화한 컨테이너와 컨테이너 야드로 출입되는 화차 등이 용이하게 유통할 수 있는 편리한 위치에 설치되어 도로운송, 철도운송에 연결이 쉬워야 한다.

1) 안벽(berth)

컨테이너를 접안시키는 곳으로 컨테이너선이 만적시에도 충분히 안전하게 부상할 수 있을 정도로 간만의 차에 관계없이 수심 유지가 절대 필요하며 안벽의 길이는 약 300m 정도 내외의 길이를 요하며 안벽에는 선박의 동요를 막기 위한 계선주(繫船柱; bollard mooring bitt)가 있어야 한다.

2) 에이프론(apron)

안벽에는 갠트리 크레인(gantry crane)용 철로가 가설되고, 그 철로 위에는 컨테이너화물 하역을 위해서 갠트리 크레인이 2~3대가 이동한다. 이와 같이 갠트리 크레인이 이동되는 지역을 에이프론이라 한다. 에이프론은 주로 컨테이너 화물의 선적·양화 등에 필요한 기기만 출입하는 곳으로 약 30m 또는 40m의 노폭으로 되어 있다.

3) 마샬링 야드(marshalling yard)

선적을 위한 컨테이너를 목적지별 또는 선내의 적치계획에 따라 미리 정렬해 두는 넓은 면적을 말하며 에이프론(apron)과 인접해 있는 것이 일반적이다. 마샬링 야드 지면에는 구획선을 표시해 컨테이너 배열을 편리하게 하고 있다. 이 구획선을 슬러트(slot)라고 한다.

4) 컨테이너 야드(container yard: CY)

컨테이너 야드는 컨테이너를 수령 및 인도하고 보관할 수 있는 곳을 말하며 마샬링 야드(marshalling yard)에 인접해 있다. 냉동 컨테이너는 전기플러그가 있어 보관중에도 냉동을 유지할 수 있는 배전시설이 되어 있다.

5) 컨테이너 화물조작장(container freight station: CFS)

20푸터 또는 40푸터 컨테이너에 만재될 수 없는 소량 화물(Less than Container Load: LCL)을 여러 송화인(shipper)으로부터 인수하여 같은 목적지로 운송되는 화물들을 한 컨테이너에 적입(積込; stuffing)하여 포장하거나 또는 반입된 혼재화물을 해체(devanning)하여 소량 화주에게 분산인도하는 창고형 작업장을 가리키는 말이다. 따라서 긴 창고형 작업장은 혼재완료된 컨테이너를 CY로 운반하거나 해체한 화물을 수화인이 인수할 수 있도록 하기 위하여 트럭 출입구가 여러 개 있다.

6) 통제소(control tower)

컨테이너 야드 내의 중심부에서 여러 작업장을 한 눈에 내려다 보고 컨테이너 야드에서의 본선하역을 신속히 수행하도록 계획, 지시 및 감독하는 곳을 말한다.

7) 정비소(maintenance shop)

컨테이너 야드에 있는 여러 종류의 기기 및 비품을 점검 · 수리 · 정비하는 곳을 말한다.

8) 컨테이너 야드 출입문(CY gate)

컨테이너화물에 대한 운송인과 송화인간의 인수도(引受渡)는 정문이 경계가 되기 때문에 정문의 경비는 보다 엄격하다. 따라서 반입되는 컨테이너는 경비원이 컨테이너의 외관, 봉인(sealing)여부와 관련서류를 검사하고 이상 유무를 확인한다.

9) 컨테이너 야드 사무실(CY administration office)

컨테이너 야드 운영에 필요한 인원이 야드 경영을 위한 행정사무를 수행하는 곳이다.

[그림 9-3] 컨테이너 터미널의 구조

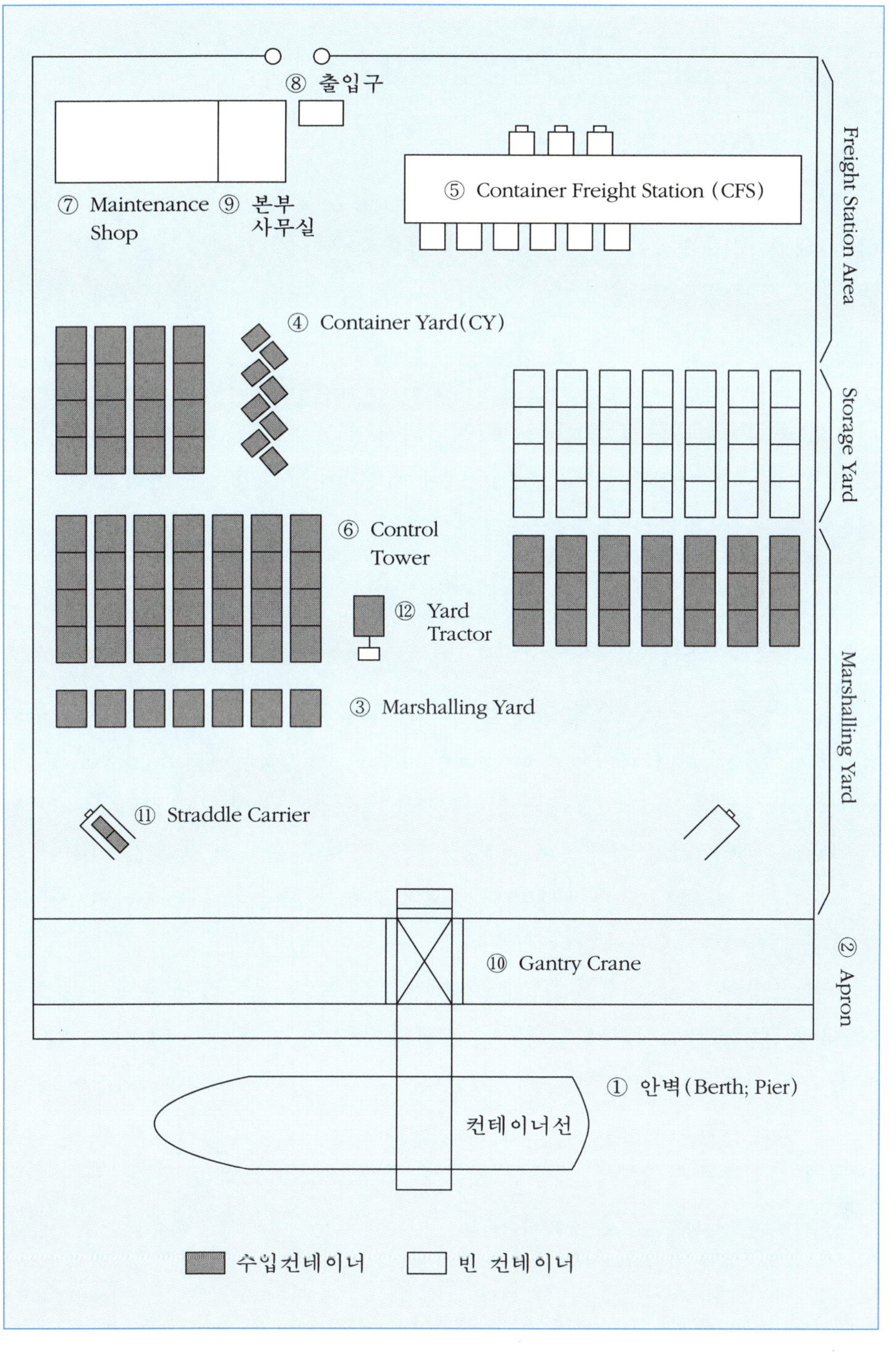

컨테이너 터미널의 구조에 대한 모형도는 〈그림 9-3〉과 같다.

2.6 컨테이너운송에 관련된 국제조약

(1) 컨테이너 통관조약

'컨테이너 통관조약'(Customs Convention on Container: CCC)은 컨테이너 자체가 국경세관을 통과함에 따라 양당사국간의 관세와 통관방법 등을 협약 및 시행해야 할 필요성이 있어 1956년 유럽경제위원회의 채택으로 탄생되었다.

이 조약의 주요 내용은 ① 일시적으로 수입된 컨테이너를 재수출하는 조건으로 면세하고, ② 국내보세운송에 있어서 조약체결국 정부의 세관의 봉인(seal)을 존중하는 것 등을 규정하고 있어 체약당사국간의 컨테이너에 대한 관세면세를 통해 원활한 소통을 도모하게 되었다. 한국은 1981년 10월 국회의 비준 동의를 얻어 정식으로 가입하였다.

(2) 국제도로운송 통관조약

공식명칭은 '국제도로운송수첩에 의한 담보하에 행하는 화물의 국제운송에 관한 통관조약'(Customs Convention on the International Transport of Goods under Cover of TIR Carnets)으로 약칭하여 TIR[42]조약으로 부르고 있다.

앞의 CCC조약이 컨테이너 자체의 수입에 따른 관세의 특례를 설정한 것인 데 비해, TIR조약은 컨테이너에 내장된 화물을 특정국가를 통하여 목적지까지 운송함에 따른 관세법상의 특례를 규정하고 있다.[43]

이 조약의 주요 내용은 ① 컨테이너에 적입되고 봉인되어 운송되는 화물에 대해서는 세관에서의 수입세나 수출세의 납부 또는 공탁을 면제하고 ② 원칙적으로 경유지세관의 검사가 면제된다. 단, 이 경우는 봉인에 이상이 없고 국제운송수첩(TIR Carnets)에 의한 보증이 있을 것이 요구된다. 이 조약 역시 1959년 유럽경제위원회가 채택한 것으로 한국도 CCC조약과 함께 1981년 10

42) Trailer Interchange Receipt의 약어이다.

43) TIR조약이 컨테이너 도로운송에만 적용되는 데 비하여, 관세협력이사회(Customs Cooperation Council: CCC)가 1971년 채택한 '국제운송통관조약'(Customs Convention on the International Transit of Goods: ITI)은 육·해·공의 모든 운송수단을 대상으로 하고 있다.

월 정식으로 가입하였다.

그러나 CCC조약과 TIR조약 이후 컨테이너 운송기술의 혁신적인 발전으로 신CCC조약 및 신TIR조약이 마련되었다. 주요 내용은 ① 면세로 일시 수입되는 컨테이너 수출입에 관계되는 제서류 제출제도를 폐지하고 담보도 요구하지 않으며, ② 컨테이너에는 소유주의 국적, 회사명, 컨테이너의 자체중량, 식별번호가 표기되어야 하며, ③ 면세로 수입된 컨테이너를 1회에 한해 국내사용을 인정하는 것을 골자로 하고 있다. 신CCC조약 및 신TIR조약도 1975년과 1978년에 각각 발효되었다.

(3) 컨테이너 안전조약

컨테이너화물의 안전한 운송을 위한 이른바 '컨테이너 안전조약'(International Convention for Safe Container: CSC)이 1972년 11월 제네바에서 개최된 유엔 국제해사기구(United Nations-International Maritime Organization: UN-IMO)의 합동 국제컨테이너 운송회의에서 채택되었다. 이는 컨테이너의 조작장치 및 운송에 있어 안전확보를 위한 국제적 공통 제 안전요구사항을 규정하고 있다. 한국도 1978년 11월 4일 국회의 동의를 얻어 1978년 12월 18일 IMO에 정식가입되었고 동 조약은 1979년 12월 18일부터 발효되고 있다.

3. 국제복합운송

3.1 복합운송의 개념

(1) 복합운송의 의의

복합운송(multimodal transport)의 정의에 대해서는 1991년 UNCTAD/ICC의 복합운송증권에 관한 규칙(UNCTAD/Rules for Multimodal Transport Documents)에는 '적어도 두 가지 이상의 다른 운송수단에 의하여 물품을 운송하기 위한 단일계약(single contract)에 의해 이루어지는 물품운송을 의미한다'[44]라고 규정하고 있고, 1980년 UNCTAD의 유엔국제물품복합운송조약(United Nations Convention on International Multimodal Transport of Goods)에는 '국제복합운송이

44) UNCTAD/ICC Rules for Multimodal Transport Documents, 1991, Rule 2-1.

란 복합운송계약에 기초하여 적어도 두 가지 이상의 운송방법에 의한 운송으로서 복합운송인이 운송물품의 수령지와 인도지가 다른 두 나라 사이의 운송을 말한다' [45]라고 규정하고 있다.

이처럼 복합운송이란 특정화물을 육상 · 해상 · 내수 · 항공 · 철도 · 도로운송 중에서 적어도 두 가지 이상의 운송형태를 복합적으로 이용하여 출발지에서 목적지까지 운송구간을 일관운송하는 것을 말한다.

복합운송이란 이름이 등장하기까지는[46]통운송(通運送; through transport)이란 개념으로 운송계약이 체결되어 왔다. 통운송에 있어서는 운송방식의 결합형태는 동종 또는 이종운송수단에 관계없이 각 운송구간마다 운송인이 분할해서 책임을 지면서 통선화증권(through bill of lading)이 발행되지만, 복합운송에서는 반드시 이종운송수단의 결합에 의해 이루어져야 하고 복합운송인[47] 1인에게 전 운송구간의 책임을 집중시킬 수 있으며, 복합운송증권(multimodal transport document: MTD)이 발행된다. 1960년대 이후 컨테이너가 해상운송에 본격적으로 도입되면서 육상과 해상을 중심으로 국제복합운송은 괄목하게 발전하고 있으며 이에 따른 국제상거래규칙들도 무역관행의 변화에 적극 부응하고 있다.

(2) 복합운송의 요건

전술한 복합운송의 개념을 종합하여 볼 때 복합운송의 요건은 다음과 같다.

① 운송에 대한 모든 책임이 복합운송인에게 집중되는 단일운송계약과 단일책임(uniform liability)을 진다.

② 전 구간의 운송(through carriage)을 인수한다.

45) UNCTAD, United Nations Convention on International Multimodal Transport of Goods, 1980, Article 1., "International multimodal transport means the carriage of goods by at least two different modes of transport on the basis of mutimodal transport contract from a place in one country at which the goods are taken in charge by the multimodal transport operator to a place designated for delivery situated in a different country."

46) 복합운송인의 표기는 TCM조약안에서는 CTO(combined transport operator), UN조약 및 ICC에서는 MTO(multimodal transport operator), 미국에서는 ITO(intermodal transport operator)라고 하고 있다.

47) 1929년 Warsaw조약(국제항공운송통일규칙에 관한 조약)의 "Provisions Relating to Combined Transport"에서 처음 사용되었다.

③ 다양한 운송수단(different modes of transport)이 이용된다.
④ 단일운임(through rate)의 청구권을 갖는다.
⑤ 복합운송증권(multimodal transport document)을 발행하여야 한다.

3.2 복합운송의 주요 경로

(1) 복합운송경로

한국에서 복합운송이 가능한 운송경로를 목적지별로 보면 다음과 같다.
① 시베리아 랜드 브리지(SLB)에 의한 유럽향 경로
② 아메리카 랜드 브리지(ALB)에 의한 유럽향 경로
③ 미니 랜드 브리지(MLB)에 의한 미국 동부 및 걸프지역향 경로
④ 태평양연안항 경우 미국 중서부향 경로(MCB; IPI)
⑤ 북태평양연안항 경유 캐나다 동부 및 유럽향 경로(CLB)
⑥ 캐나다 동해안 경우 캐나다 동부지역 내 경로와 유럽향 경로
⑦ 유럽제항 경유 유럽 내륙향 경로
⑧ 오스트레일리아 항로에 의한 오스트레일리아 동부향 경로
⑨ 부관(釜關)페리에 의한 한·일 복합운송 경로

[그림 9-4] 구간에 따른 랜드 브리지 형태

구 간	랜드 브리지 형태
2구간	극 동 →(해상) 북미 서해안 →(육상) 북미 동해안 (랜드 브리지: 북미 서해안 → 북미 동해안) 북미 서해안 →(육상) 북미 동해안 →(해상) 유 럽 (랜드 브리지: 북미 서해안 → 북미 동해안)
3구간	극 동 →(해상) 북미 서해안 →(육상) 북미 동해안 →(해상) 유 럽 (랜드 브리지: 북미 서해안 → 북미 동해안)

[그림 9-5] 시베리아 랜드 브리지의 경로별 운송수단

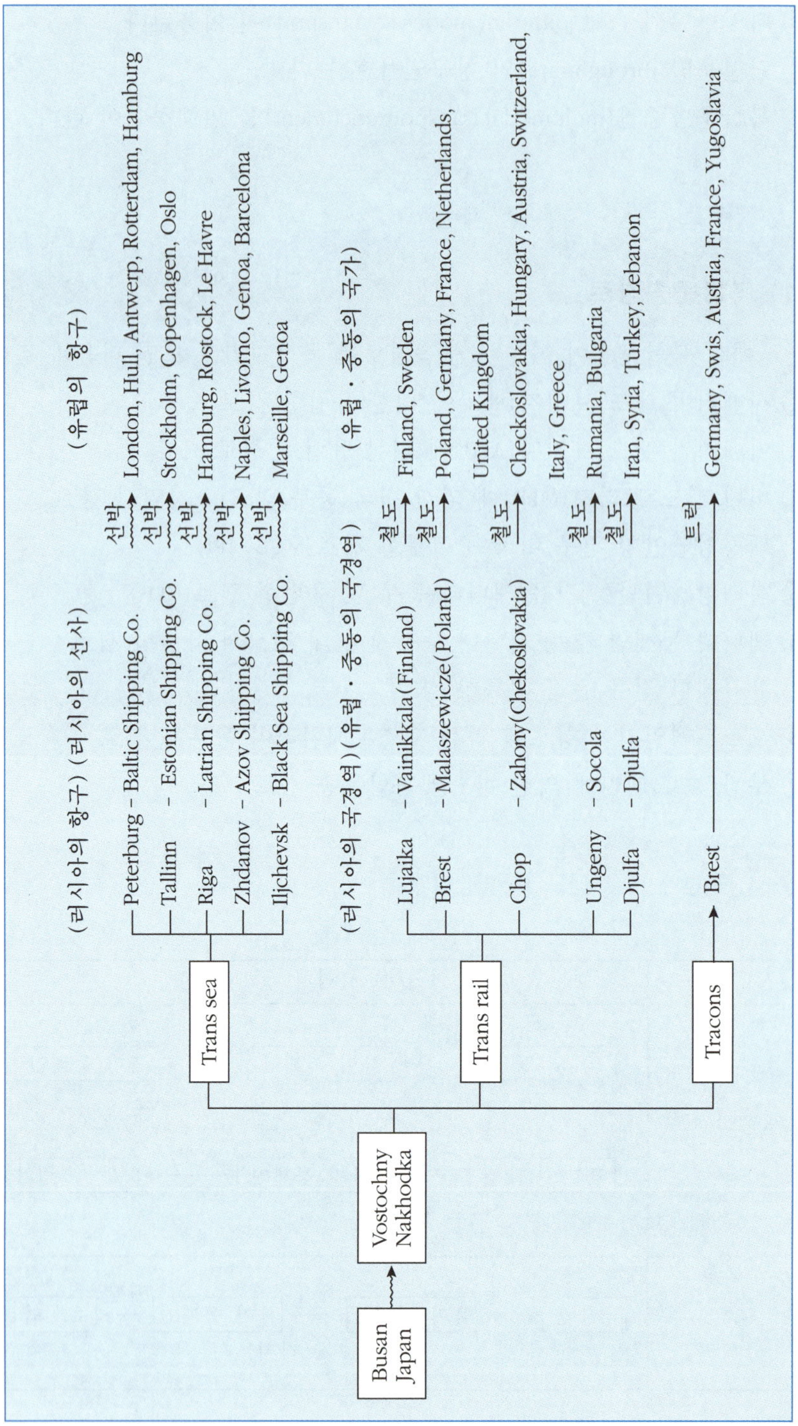

자료: UNCTAD, *op, cit.*, p.100.

[그림 9-6] 아메리카 랜드 브리지의 경로

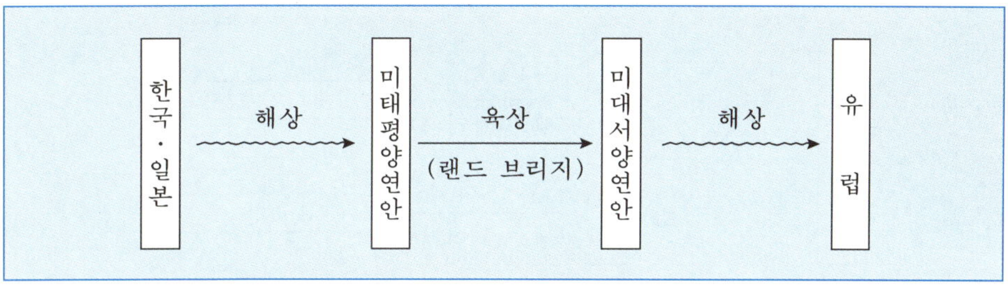

랜드 브리지(land bridge)란 육·해복합일관운송이 실현됨에 따라 해상-육상-해상으로 이어지는 운송구간 중 중간 구간인 육상운송구간을 말하며 해상과 해상을 잇는 해륙운송에의 교량(bridge)역할을 하고 있다.

랜드 브리지는 그 형태에 따라 "2구간 랜드 브리지' (two span land bridge)와 '3구간 랜드 브리지' (three span land bridge)가 있다.

(2) 랜드 브리지에 의한 복합운송

1) 시베리아 랜드 브리지(Siberia Land Bridge: SLB)

시베리아 랜드 브리지는 부산 또는 일본으로부터 대륙운송의 접점인 러시아의 나호트카(Nakhodka)나 보스토치니(Vostochny)까지 컨테이너선으로 해상운송하고 그 곳에서 시베리아 철도[48]에 의해 육상운송하여 유럽과 중동의 운송기관과 연결하여 목적지까지 운송하는 '극동-유럽-중동' 간 '해상-육상-해상' 경로에 의한 국제복합운송의 한 형태이다.

SLB는 운송수단에 따라 다음과 같이 세 가지 경로가 있다.

① Trans sea(해상운송)

② Trans rail(철도운송)

③ Tra cons(트레일러 운송)

위의 경로 중에서 운송량면에서는 ①과 ②가 유리하고, 하역면에서는 ②

48) 1926년 TSR(Trans Siberian Railroad)을 개발하였다가 1931년 만주사변으로 중단된 후 1967년에 재개되어 중국횡단철도(Trans China Railroad: TCR)가 TSR에 연결되고 있다. 따라서 1967년에 당시 이름으로 전(全)소련내외운수공단(V/O SOJUZVNESHTRANS: SVT)이 유럽과 극동 양측에서 집화대리점 역할을 하는 freight forwarder를 설립하여 1971년 3월부터 본격운송을 개시하였다. 또한 구 전소련통과화물공단(Sojuz Transit: SOTRA)은 1980년 2월 SVT로부터 분리독립하였다.

[그림 9-7] 미니 랜드 브리지의 경로

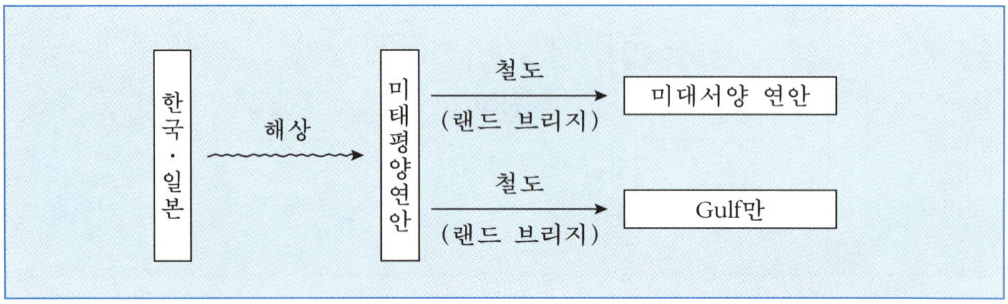

와 ③이, 경제성과 편리성에는 ③이 유리하다. 또한 운송기간면에서 보면 ②가 유리하다.

2) 아메리카 랜드 브리지(America Land Bridge: ALB)

ALB는 1972년 미국의 Sea Train사가 처음 개설한 것으로 극동과 유럽간의 화물운송에서 미국대륙의 횡단철도를 랜드 브리지로 한 극동-구주간의 복합운송을 말한다. 전 구간을 해상운송에 의할 때보다 ALB를 이용할 경우 운송일수는 수일이 단축된다.

3) 미니 랜드 브리지(Mini Land Bridge: MLB)

MLB란 극동에서 선적된 화물이 미국 태평양 서안항구에서 양화되어 육상운송수단인 철도나 트럭에 의해 북미대륙을 횡단, 미국 대서양 연안의 동부 및 걸프지역 항구까지 운송되는 복합운송의 한 형태이다. ALB는 목적지가 유럽이지만, MLB는 목적지가 미국 내의 항구로 랜드 브리지의 축소판이란 뜻에서 MLB라고 부르고 있다.

1972년 3월 미국 Sea Train사가 주제상무위원회(州際商務委員會: Interstate Commerce Commission: ICC)와 연방해사위원회(Federal Maritime Commerce Committee: FMC)의 승인을 받아 개설하였다.

전 해상서비스(all water service)를 이용할 때보다 MLB를 이용할 경우에는 운송일수가 약 10일 정도 단축된다.

4) 마이크로 랜드 브리지(Micro Land Bridge: MCB)

MCB는 "IPI(Interior Point Intermodal) Service"라고도 하는데 현재 도산한 "States Steamship Lines"가 1977년 개발하여 목적지를 미국의 내륙도시로 운송하는 복합운송이다.

MCB는 미국 내륙지역의 도시까지 선사가 일괄서비스하므로 '문전에서 문전까지' (door to door)의 서비스가 이루어지고 있다.

5) 캐나다 랜드 브리지(Canada Land Bridge: CLB)

극동 · 유럽간 컨테이너 일관운송에서 SLB에 대항하기 위하여 1980년에 개시된 캐나다의 복합운송경로이다.

6) 오버랜드 코먼 포인트(Overland Common Point: OCP)운송

OCP란 북미대륙 내에서 공통운임이 부과되는 지역을 말하는 것으로 지리적으로 록키(Rocky)산맥 동쪽의 원격지를 말한다. 태평양서안의 항구에 도착된 화물 중에 화주가 OCP목적지까지의 운송을 의뢰하는 경우, OCP화물은 OCP운송인으로 하여금 철도와 트럭에 일관운송되어 OCP목적지에 도착시키게 되는 것을 OCP운송이라고 한다. 예를 들어, 극동에서 미주대륙으로 운송되는 화물의 선화증권에 "Sanfrancisco OCP" 또는 "OCP via Seattle"이 기재되는 경우에는 OCP지역[49]까지 운송된다.

3.3 복합운송에 관련된 국제법규

국제복합운송은 상이한 운송수단을 결합한 운송방식으로 고려하여야 할 점이 많다. 특히 복합운송인의 책임관계를 중심으로 규제하여야 할 필요성이 대두되었다.

(1) TCM조약안

국제복합운송에 관한 본격적인 규제문제는 1948년 ICC에 의해서 거론되

---

49) OCP지역은 Colorado, New Mexico, North Dakota, South Dakota, Nebraska 주 등이 포함된다.

었다. 이어서 사법통일을 위한 국제협회(International Institute for the Unification of Private Law: UNIDROIT)는 1965년에 국제복합운송조약 초안(Project do Convention Sur le Contrat de Transport International Combine de Marchandises)을 발표하였고, 1969년에 국제해법회(Commité Maritime International: CMI)가 "Tokyo Rules"을 발표하였다.

유엔 산하의 유럽경제위원회(Economic Commission for Europe: ECE)의 내륙운송위원회(Inland Transport Committee)는 두 조약안의 내용을 통일하기 위해 회의를 소집하여 1970년 1월에 복합운송조약 초안(Rome Draft)을 확정하였다. 이 복합운송조약초안을 심의한 정부간 해사협의기구(Inter-Governmental Maritime Consultative Organization: IMCO)는 모든 이해관계자들이 이용할 수 있는 조약안을 작성해야 한다는 결론에 도달하였다. 따라서 정부간 해사협의기구과 유럽경제위원회의 합동위원회는 복합운송조약 초안을 수정하여 1971년 11월 TCM조약안(Project de Convention Sur le Transport International Combine de Marchandises)을 발표하기에 이르렀다. 그러나 TCM조약안은 1972년 11월과 12월에 제네바에서 개최된 유엔과 정부간 해사협의기구가 공동으로 주최하는 국제컨테이너운송회의(United Nations/IMCO Conference on International Container Traffic)에서 채택되지 않았다.

TCM조약안이 채택되지 않은 주요 이유는 다음과 같다.

첫째, 복합운송조약초안은 해상운송업계와 육상운송업계의 의견은 반영되었으나, 항공업계가 그들의 의견이 반영되지 않았다는 이유를 들어 조약의 채택에 반발하였기 때문이다. 항공업계는 TCM조약안이 와르소조약과 근본적으로 상충된다는 의견을 갖고 있었다.

둘째, 미국을 포함한 많은 국가들이 TCM조약안이 장차 복합운송에 미칠 경제적 측면에서 충분한 연구가 이루어져야 한다고 주장하였기 때문이다. 따라서 TCM조약안에서 복합운송에 관한 새로운 법률체계를 도입하였다. 즉 복합운송인이 복합운송증권을 발행하여 전 운송구간에 대해서 책임을 지도록 하였다.

(2) 복합운송증권에 관한 UNCTAD/ICC 규칙

ICC는 당초 복합운송증권에 관한 통일규칙을 준비하기 시작해서 1973년에 복합운송통일규칙(ICC Uniform Rules for a Combined Transport Document, Publication No. 273)을 발표하였다. 그러나 이 규칙은 인도지연에 관하여 운송인의 책임을 규정하고 있어 많은 국가들이 이 규칙의 채택을 거부하여 1975년에 인도지연에 대한 운송인의 책임조항을 삭제한 수정안(ICC Publication No.298)이 발표되었다. 이 규칙에 의하면 복합운송인은 복합운송증권을 발행하고 전 운송구간에 대해서 책임을 지며 또한 이종책임체계(network system)를 채택하여 손해발생구간이 판명된 경우와 판명되지 않은 경우를 구분하여 규제하고 있다.

UNCTAD/ICC는 1991년 11월 파리의 ICC 이사회에서 '복합운송에 관한 UNCTAD/ICC규칙' (UNCTAD/ICC Rules for Multimodal Transport Documents)을 채택하였다. 복합운송증권에 관한 국제상업회의소의 통일규칙은 국제해사위원회(CMI)의 "Tokyo Rules"과 UNIDROIT에 의하여 완성된 TCM을 바탕으로 제정되었으며, 세계적으로 널리 호응을 받아 왔다. 특히, 이는 국제운송주선인협회(FIATA)의 복합운송증권과 발트 · 백해해운동맹/국제선주협회(BIMCO/INSA)의 COMBIDOC 등의 많은 표준운송증권에 채용되고 있다. 1980년의 유엔국제물품복합운송조약의 발효를 앞두고, UNCTAD의 해운위원회는 UNCTAD사무국이 상거래당사자 및 국제기구와 긴밀히 협조하여 헤이그규칙과 헤이그-비스비규칙은 물론 FBL이나 ICC 통일규칙과 같은 기존의 증권을 바탕으로 하여, 복합운송증권에 관한 규정을 다시 마련할 것을 지시한 바 있다. 그 결과 UNCTAD사무국은 UNCTAD/ICC 합동작업반을 조직하고 상거래 당사자들과의 계속적인 접촉을 통하여 새로운 규칙을 마련하였다.

따라서 본 규칙을 토대로 복합운송계약을 체결하고자 하는 복합운송인(MTO)은 필요에 따라 적부의 재량(optional stowage), 운송경로, 운임과 비용, 유치권(liens), 쌍방과실충돌, 공동해손, 재판관할과 중재 및 준거법 등의 문제에 관해 별도의 조항을 추가하여야 한다.

(3) 유엔 국제복합운송조약

1972년엔 TCM조약안이 유엔과 정부간 해사협의기구가 공동주회하는 국제컨테이너운송회의에서 정식 복합운송조약으로 채택되지 못함으로써 UNCTAD에 정부간 준비그룹(Inter-Governmental Preparatory Group: IPG)을 조직하게 하여 새로운 조약안 작성을 요청하게 되었다. 이에 따라 1973년 68개국 정부가 참여하는 정부간 준비그룹이 동 작업에 착수하여 6차례의 회의를 거친 끝에 1976년 3월에 조약초안을 작성하였다. 이어서 이 조약을 채택하기 위한 전권대표자회의가 1976년 11월 12일부터 30일까지 제네바에서 개최되었으나 채택되지 못하고, 1980년 5월 8일부터 24일까지의 제 2 차회의에서 채택되었다. 이 조약이 복합운송에 관한 규제 및 적용을 위해서는 30개국의 비준이 있은 후 12개월 후에 발효될 수 있도록 하고 있다.

ICC는 무역관습이 다른 국제무역 거래당사자간의 분쟁을 예방하고 국제무역을 촉진시키기 위하여 1936년 "INCOTERMS"를 제정하였다. 그러나 1970년에 국제항로에 컨테이너운송이 활발해짐에 따라서 전통적 무역거래조건은 컨테이너화에 의한 복합운송에 적합하지 않았다. 따라서 ICC는 1980년에 FRC(Free Carrier)와 CIP(Freight or Carriage and Insurance Paid to)의 무역조건을 신설하고 종래에 내륙운송에 사용하던 DCP(Freight or Carriage Paid to)조건을 복합운송에 적합하도록 수정하였다. 그 후 1990년에는 운송방식에 관계없이 사용할 수 있도록 위의 세 가지 복합운송관련조건을 FCA(Free Carrier), CPT (Carriage Paid To) 및 CIP(Carriage and Insurance Paid to) 등 세 가지 거래조건으로 수정보완하고 이 조건들은 "INCOTERMS 2000"에서도 계승되고 있다.

3.4 복합운송인의 책임체계

국제복합운송인의 책임의 구분은 선량한 관리자로서 주의의무를 태만히 하여 야기되는 과실책임(liability for negligence)과 운송인이나 사용인의 과실을 요건으로 하지 않는 무과실책임(liability without negligence) 및 과실 유무를 불문하고 운송인은 결과에 대하여 책임을 부담하는 엄격책임(strict liability)이 있다. 복합운송의 특수성에 비추어 복합운송인의 책임을 어떠한 방식으로 정할 것인가가 쟁점이 된다.

복합운송인의 책임체계 중의 하나는 운송인의 각 구간 이종책임체계 (network liability system)이고, 다른 하나는 전 구간 단일책임체계(uniform liability system)이다. 그 외의 이 두 가지를 혼용한 형태로 절충식책임체계 (Flexible liability system)가 있다.

(1) 이종책임체계(network liability system)

이종책임체계는 복합운송인의 책임을 운송물의 멸실 또는 손상이 생긴 운송구간을 아는 경우(known damage)와 알 수 없는 경우(concealed damage)로 나누어 각각 다른 책임체계를 적용하는 방법이다.

손해발생구간이 확인될 경우의 운송인의 책임은 운송물의 멸실 또는 손상이 생긴 운송구간에 적용될 국제조약 또는 강행적인 국내법에 따라서 결정된다. 즉 해상구간에는 헤이그-비스비규칙이, 그리고 항공구간에는 와르소조약이 적용된다. 이 원칙의 기본이념은 기존 운송법상의 책임제도와 최대한의 조화를 이루는 것이다. 즉 해상, 육상, 항공 등의 운송구간 또는 운송방식에 따라서 각각 고유한 법원칙이 성립되어 적용되고 있는데, 이들 법원칙을 존중하는 것이 실무상 무리가 없고, 복합운송의 이용도 원활하게 된다는 것이다.

한편 멸실이나 손상 등의 손해발생구간을 알 수 없는 경우와 또는 아는 경우라 하더라도 그 구간에 적용할 조약이나 강행법규가 없는 경우에는 그 손해가 해상구간에서 발생된 것으로 추정하여 헤이그-비스비 규칙을 적용하거나 별도로 정해진 일반원칙이 적용된다.

이 제도에 의하면 기존의 운송조약과 조화가 잘 되어서 복합운송상의 기준과 기존의 다른 운송방식에 의한 운송기준과의 충돌도 방지할 수 있는 장점이 있다. 일찍이 각종 국제단체에서 마련했던 복합운송조약의 시안 중에도 이 이종책임체계에 따른 안[50]이 대부분이며, 앞에서 본 바와 같이 '복합운송증권에 관한 UNCTAD/ICC규칙'과 그리고 FIATA, BIMCO 등에서 공표한 복합운송증권이나 실제 유력한 운송인들의 운송증권들도 운송인의 책임에 관해서는 대부분 이종책임체계를 채택하고 있다.

(2) 단일책임체계(uniform liability system)

단일책임체계는 복합운송이 물품의 멸실이나 손상 등 손해가 발생한 운송구간이나 운송방식의 여하를 묻지 않고, 즉 발생장소가 밝혀진 경우나 밝혀지지 않은 경우나 항상 동일한 책임원칙이 적용되는 방법을 말한다. 즉 복합

---

50) 예컨대, 1969년의 Tokyo Rules 및 1970년의 TCM 조약안 등이다.

운송인은 책임원칙, 항변의 조건(terms of defence)이나 책임의 한계에 있어서 단일방식운송(unimodal transport)의 운송인의 경우와는 전연 다른 독자적인 책임제도를 따른다.[51] 이 제도는 간명하기 때문에 당사자들 간의 분쟁을 줄일 수 있는 것으로 평가되고 있다. 즉 송화인 등 운송인은 손해발생의 장소나 시기 등을 고려할 필요가 없으므로 불필요한 소송을 제거할 수 있다.

이에 대하여 복합운송인은 여전히 실제운송인에게 구상(求償)은 해야 하는 문제가 남아 있기 때문에, 오히려 절차가 복잡하여 비용이 증가한다는 반론이 있다. 즉 단일책임체계는 복합운송에서 책임수준의 통일을 깨뜨린다는 비난을 면하기 어렵다. 예컨대, 동종동량의 화물이 동일한 선박에 적재되어 같은 구간의 운송이 이루어지는 경우에 복합운송계약에 의한 경우와 해상운송계약에 의한 경우의 책임내용이 달라지기 때문에 합리적인 단일의 책임수준을 정한다는 것도 용이한 일이 아니다.

실무적이고 상업적인 견지에서는 오히려 이종책임체계가 현실적인 것으로 환영을 받고 있으며, 단일책임체계는 다분히 이상주의적인 것으로 경원시되고 있다. 오늘날 사용되고 있는 컨테이너 선화증권 내지 복합운송증권상의 책임제도도 거의 모두 이종책임체계에 따르고 있다. 이종책임체계가 환영을 받는 주된 이유는 이 제도가 복합운송을 구성하는 각 운송방식에 이용되어 왔던 기존의 운송질서에 대한 수정이 최소한에 그치고 급격한 변화를 피하여 복합운송의 원활한 진전을 도모하는 데 있기 때문이다.

(3) 절충식 책임체계(flexible liability system)

이 제도는 "network system"과 "uniform system"을 절충한 것으로, 복합운송인의 책임체계가 일률적인 책임원칙을 따르고 책임의 정도와 한계는 손상이 발생한 구간의 규칙에 따르는 것이다. 이 제도하에서는 책임의 한계가 기본 책임하의 한계를 초과했을 때만 적용될 것인지 여부가 문제시된다. 일반적으로 선진국은 "network system"을 개도국과 일부 선진국은 "uniform system"을 선호하고 있으나 유엔에서는 절충식 책임체계를 선호하고 있다.

51) UNCTAD, *Document*, TD/B/AC.15/29, Sep. 1977, p.4.

[표 9-4] 유엔 국제물품복합운송조약과 복합운송증권에 관한 UNCTAD/ICC규칙

항목 \ 규칙	유엔 국제물품복합운송조약 (1980)	복합운송증권에 관한 UNCTAD/ICC규칙(1991)
적용범위	복합운송인이 화물을 수취하는 지점(적출국) 및 복합운송인에 의하여 화물이 인도되는 지역(목적국) 또는 "or"에 의해서 연결되어 있는 경우 자국이 이 조약의 체약국이 아니더라도 상대국이 체약국이면(물론 그 반대의 경우도 포함됨) 이 조약이 적용됨.	서면이나 구두 또는 기타의 방법으로 "복합운송계약에 관한 UNCTAD/ICC규칙"을 명시적으로 지시함으로써 운송계약에 합치된 경우에 적용. 이 경우 단일의 또는 복수의 운송수단을 사용하는 단일운송계약인가 또는 복합운송계약인가와는 상관없으며, 또한 증권이 발행되었는지의 여부와도 상관 없음.
책임체계	절충식책임체계 (책임원칙은 전 구간 단일로 하지만, 책임제한액은 일정액 및 그 구간에 적용되는 강행법규에 의한 한도액 중 높은 쪽의 금액으로 함)	이종책임체계
책임원칙	과실책임원칙 (다만 운송인의 가중책임이 있음)	좌측과 동일함
면책사유	과실책임주의에 따르고, 면책사유의 열거는 없음. 위험물품에 대해서는 특별규정이 있음.	선장, 해원, 도선사, 운송인의 사용인의 항해, 선박의 관리에 관한 행위, 태만 또는 과실, 운송인의 고의 또는 과실로 인하여 발생한 것이 아닌 화재로 발생한 물품의 멸실, 손상
배상금액 및 책임한도	1package 또는 1unit 당 920SDR 또는 1kg당 2.75SDR 중 높은 쪽을 초과하지 않는 금액. container, pallet로 운송되는 경우의 포장수 등을 세는 방법은 Hague-Visby Rules 및 Hamburg Rules과 동일함.	증권에 기재한 경우를 제외하고 매 포장당 666.67SDR 또는 총중량에 대한 매 kg당 2SDR 중 많은 금액을 초과 않는 범위 금액. 단, 해상 또는 내수로 운송을 포함않을 시는 총중량에 대한 매 kg당 33SDR을 초과 않는 금액

손해통지 기 간	화물의 인도일의 다음 영업일까지 손해가 외부로부터 인정되지 않는 경우에는 인도 후 6일 이내. 연착에 대해서는 인도된 일의 다음 일로부터 60일 이내에 통지하지 않으면 운송인은 책임을 부담하지 않음.	물품이 수화인에게 인도 후 6일 이내
소송제기 기 한	2년의 소송제기 기한을 정하고 동시에 소송제기 기한을 서면에 의한 운송인의 선언 및 당사자의 합의에 의하여 연장될 수 있음.	운송물의 인도 후 9개월 이내에 소송을 제기하여야 함.
책임제한 불 인 정 사 유	멸실 · 손상 또는 인도지연을 발생시키는 의도를 가지고 또는 무모하게 또는 이것이 발생할 우려가 있다는 것을 인식하면서 행한 운송인의 작위 또는 부작위로 이들 손해가 발생한 것이 증명되었을 때 운송인은 이 조약에 규정된 책임제한의 이익을 가지는 권리를 상실함.	운송인의 고의 또는 고의에 준하는 중대한 과실에 의하여 멸실, 손상, 지연이 발생한 경우 운송인은 이 규칙에 규정된 책임제한의 이익을 가지는 권리를 상실함.

자료: 동경해상화재보험주식회사 편, 전게서, p.38을 수정함.

4. 항공운송

4.1 항공운송의 의의

항공운송(carriage by air)이란 항공기의 항복(航腹: plane's space)에 여객 또는 화물을 적재하여 공로를 통하여 운송하는 것을 말한다. 본격적인 항공운송은 1970년부터 점보제트기가 세계 항로에 취항하면서 현대식 운송수단으로 각광을 받기 시작하였다.

국제화물운송은 해상이나 육상운송이 주류를 이루고 있지만 항공산업의 발전과 화물전세기의 등장으로 세계가 일일생활권이 되면서 신속한 운송요구에 따라 항공운송의 비중이 점차 증가되고 있다. 경제의 질적인 발전과 함께 반도체, 전자제품, 시계 등 고부가가치의 소형경량화물에 대해서는 비싼 운임을 지급하여도 채산성이 있는 데다 신속한 운송의 장점 등으로 항공운송을 선호하게 되었다.

항공화물운송은 다른 운송에 비하여 야간에 집중되어 운항하게 되며, 계절적으로 화물운송량에 크게 영향을 받지 않으며 신속성과 안전성 및 정시성 등의 특성이 있다. 그러나 해상운송비보다 운임이 비싸고 항공운송에 적합한 물품이어야 하는 제약이 따른다.

항공화물의 운송은 일반적으로 송화인이 항공회사와 직접 거래하기보다는 항공운송대리업체인 항공화물대리점(air cargo agent)이나 항공화물운송주선업자(air freight forwarder)와 운송계약을 체결하고 있다.

4.2 항공화물의 운송절차

항공화물의 운송은 송화인이 항공운송업자에게 항복예약(航腹豫約: plane' s space booking)을 하고 물품과 상업송장, 포장명세서, 수출승인서(E/L) 등의 서류를 항공운송업자에게 인도한다. 항공운송업자는 통관회사와 협조하여 통관수속을 마친 후 항공화물운송장(Air Waybill: AWB)을 발급하고 화물을 목적지까지 운송한다. 도착지항공운송업자가 수화인에게 화물도착통지를 하면 수입상은 거래은행 또는 송화인을 통하여 수령한 서류를 가지고 수입통관수속을 마치고 항공화물운송장과 교환하여 물품을 수령하게 된다.

4.3 국제항공화물의 운송업자

(1) 항공화물운송대리점

항공화물운송대리점(air cargo agent)이란 항공사 또는 총대리점을 위하여 유상으로 항공기에 의한 화물운송계약체결을 대리하는 사업을 말한다. 항공화물운송대리점은 항공사를 대리하여 항공사의 운송약관규칙, 운임률표와 운항시간표에 의거 항공화물을 모으고 항공화물운송장(Air Waybill: AWB)[52]을 발행하며 이에 부수되는 업무를 수행하여 그 대가로 소정의 수수료(commission)

52) 이 때 발행하는 항공화물운송장은 Master Air Waybill이다.

를 받는다.

(2) 항공화물운송주선업자

항공화물운송주선업자(air freight forwarder)는 혼재업자(consolidator)라고도 부르는데, 타인의 수요에 응해 자기의 명의로 항공사의 항공기를 이용, 화물을 혼재, 운송해 주는 사업자이다.

혼재업자[53]는 자체운송약관과 운임률표(tariff)를 가지고 혼재되는 개개의 화물에 대해 혼재화물운송장(House Air Waybill: HAWB)을 발행한다. 혼재화물이 항공사에 인도될 때 혼재업자는 화물집화자이면서 송화인(shipper)이 되어 항공사로부터 항공화물운송장(Master Air Waybill: MAWB)을 발급받게 된다. 수출상이 은행을 통하여 대금결제를 받는 것과, 수입상이 화물도착지에서 항공화물을 찾게 되는 것은 HAWB이다. MAWB은 항공사와 혼재업자간의 운송계약에 따른 증빙이며 항공화물을 수화인별로 분류하여 인도할 때 HAWB와 연

[표 9-5] 항공화물대리점과 주선업자의 비교

구 분	대 리 점	주 선 업 자
1. 활동영역	FCL 화물을 주로 취급 LCL 화물은 주선업자에게 혼재의뢰	국내외 LCL화물 취급
2. 운 임	항공사의 운임률표 사용	자체의 운임률표 사용
3. 화주에 대한 책임	항공사 책임	주선업자 책임
4. 운송약관	항공사의 약관사용	자체의 약관사용
5. 수 수 료	IATA의 5% Commission 및 취급수수료를 받음.	수취운임과 지급운임과의 차액을 수익으로 하거나 IATA의 5% Commission 을 받음.
6. 항공화물운송장	항공사의 Master Air Waybill 발행	자체의 House Air Waybill 발행

53) 혼재업자범주에 속할 수 있는 신종서비스인 쿠리어 서비스(courier service)업이 있다. 이는 상업서류송달과 중량 45kg 이하의 상품견본, 선물 등 소형경량물품송달을 door to door(desk to desk) 서비스로 웬만한 국가는 2~3일 이내에 긴급배달하고 있다. 대표적인 것으로는 1907년 설립한 미국 최대의 UPS(united parcel service), 1960년 설립한 DHL(Dalsey, Hillbom, Lind 3인 변호사의 머리글자 약칭) 등이 있다.

결시켜 업무를 수행하게 된다.

항공화물운송대리점과 주선업자를 비교하면 〈표 9-5〉와 같다.

4.4 항공화물운임의 종류

항공화물운임은 IATA[54]가 제정한 운임료율표를 국제적으로 사용하고 있는데 한국도 동 운임료율에 의거 정부의 승인을 받아 사용하고 있다. 다음에는 항공화물운임의 종류를 알아보기로 한다.

(1) 일반화물요율(general cargo rate: GCR)

이 요율은 특정품목할인요율(specific commodity rate) 또는 품목분류요율(class rate)이 적용되지 않는 모든 화물에 적용되는 가장 기본적인 요율이다. 일반화물요율에는 최저운임(minimum charge)인 45kg 미만 요율, 45kg 이상 요율, 100kg 이상 요율, 300kg 이상 요율 등으로 설정되어 있으며 대체로 중량이 많으면 많을수록 더 싼 요율이 적용되도록 되어 있다.

(2) 특정품목할인요율(specific commodity rate: SCR)

이 요율은 특정구간에서 동일품목이 계속적으로 반복운송되는 품목에 대하여 일반품목보다 요율을 낮춤으로써 항공운송이용을 촉진 · 확대시키는 데 목적이 있다.

(3) 품목분류요율(commodity classification rate: CCR)

화물의 특성, 가격 등을 고려하여 몇 가지 특정품목, 특정 지역간에만 적용한다. 이 요율이 적용되는 품목은 신문 · 잡지 등 정기간행물, 귀중화물, 생동물 등으로, 예를 들면 신문 · 잡지는 할인하고 귀금속 및 생동물 등은 기본료율에 할증하여 부과된다.

---

54) IATA란 국제항공사협회(International Air Transport Association)로 1945년 4월 설립된 순수 민간단체로 본부는 몬트리올에 있다. IATA는 항공권의 약관, 운임협정, 서비스 내용, 기술분야의 협력, 통신약호의 통일, 출입국절차의 간소화 등을 위해 협력하고 있다.

(4) 종가운임(valuation charge: VC)

신고가격(declared value)이 화물 1kg당 일정금액을 초과하면 종가운임이 부과된다. 무신고(no value declared: NVD)도 하나의 신고로 간주하며 귀금속 · 예술작품 등 고가품은 신고하여 할증된 종가운임을 지급한다.

(5) 팰릿 · 컨테이너운임(bulk unitization charge: BUC)

팰릿 또는 컨테이너에 적입된 상태로 송화인이 항공사에 반입, 그대로 수화인에게 인도되는 화물에 적용하는 운임으로 화물의 종류에 관계없이 일정구간에 한해 팰릿 · 컨테이너 크기와 개수로 운임을 부과한다.

4.5 항공운송에 관한 국제조약

(1) 와르소조약

와르소조약(Warsaw Convention)[55]은 항공운송인의 책임에 대하여 통일된 규칙을 제정하여 항공기사고로 인해 여객과 화물에 미친 손해배상의 범위와 책임한도를 설정하여 운송인과 여객 또는 화주의 이익을 조정하는 공평의 원칙을 견제하기 위한 목적으로 국제항공전문위원회의 조약초안을 중심으로 1929년 10월 12일 Warsaw에서 체결된 것이다. 와르소조약에서 규정하고 있는 항공운송인의 책임관계를 정리하면 〈표 9-6〉과 같다.

(2) 헤이그의정서

헤이그의정서(Hague Protocol)[56]는 와르소조약 체결 후 25년이 지나는 동안 항공기술 등의 발달로 안전도도 많이 향상되어 운송인의 책임한도액을 현실에 적응시킬 수 있도록 1955년 9월 8일 서명하여 사실상 와르소조약을 개정, 1963년 8월 1일부터 발효하게 되었다. 이에 따라 여객에 대한 책임한도액

55) 정식명칭은 '국제항공운송에 관한 규칙통일을 위한 조약'(Convention for the Unification of Certain Rules Relating to International Carriage by Air)이다.

56) 정식 명칭은 '1929년 10월 12일 와르소에서 서명된 국제항공운송에 관한 통일규칙을 위한 조직의 개정을 위한 의정서'(Protocol to Amend the Convention for the Unification of Certain Rules Relating to International Carriage by Air Signed at Warsaw on 12 October 1929)이다.

[표 9-6] 와르소조약 및 헤이그의정서의 비교

규칙 항목	와로소조약 (1929 서명, 1933 발효)	헤이그의정서 (1955 서명, 1963 발효)
적용범위	항공기에 의한 여객, 수하물 또는 화물의 모든 국제운송에 적용함	좌측과 동일
책임원칙	거증책임이 전환된 과실책임주의	좌측과 동일
면책사유	(1) 운송인은 운송인 및 사용인이 손해를 방지하는 데 필요한 모든 조치를 취하였다는 것 또는 그 조치를 취하는 것이 불가능하였다는 것을 증명하였을 때는 책임을 부담하지 않음. (2) 운송인은 손해가 조종(操縱), 항공기의 취급 또는 항행에 관한 과실에서 발생한 것을 증명하였을 때는 책임을 부담하지 않음 (3) 청구자측의 과실	원칙적으로 좌측과 동일함. 다만 손해가 조종, 항공기의 취급 또는 항행에 관한 운송인의 과실에서 발생한 경우의 면책규정은 삭제되었음.
배상금액 및 책임제한	운송인의 책임은 1kg에 대해 250Poincaré Franc을 한도로 한다(IATA에 의해 US$20로 환산). 다만 송화인이 운송인에게 화물을 교부할 때 인도시의 가액을 초과하는 것을 증명하지 않는 한 이 신고된 가액을 한도로 하여 책임을 부담	좌측과 동일
손해통지 기 한	멸실 · 손상이 있는 경우는 화물의 수령일로부터 7일 이내에, 연착의 경우는 14일 이내에 이의를 신청하여야 함. 다만 운송인에게 사기가 있을 경우는 그러하지 아니함	멸실 · 손상이 있는 경우에는 화물의 수령일로부터 14일 이내에, 연착의 경우에는 송화인이 화물을 처분할 수 있었던 날로부터 21일 이내에 운송인에 대하여 이의를 진술하여야 함.
소송제기 기 한	책임에 관한 소송도 도착예정일 또는 운송중지일로부터 기산하여 2년 이내에 제기하여야 함.	좌측과 동일

책임제한 불인정 사유	손해가 운송인 또는 그 사용인의 고의 또는 고의에 상당하다고 인정되는 과실로 발생되었을 때는 운송인의 책임은 제한되지 않음	좌측과 동일함. 다만, 고의적인 악행에 대해서는 '손해를 발생시키려는 의도를 가지고 또는 무모하게 또는 손해가 발생할 우려가 있다는 것을 인식하면서 행한 작위 또는 부작위'로 정의되었음.

자료: 동경해상화재보험(주), 「손해보험실무강좌(4) 화물보험」, 유비각, 1987, p.40.

을 100% 인상하고, 조약과 의정서를 합쳐 하나의 단일문서로 본다고 규정하고, 원조약 제25조의 고의(misconduct)의 개념을 구체화하고, 화물 · 수화물에 대한 항공과실면책조항을 삭제하였다. 동 의정서를 비준하면 원조약의 당사국이 아니더라도 개정조약에 대한 가입효력이 있다.[57] 따라서 한국도 1967년 10월 11일부터 개정조약의 효력이 발생하게 되었다. 헤이그의정서에서 수정 보완된 사항은 〈표 9-6〉과 같다.

5. 철도 및 도로운송

5.1 국제철도운송의 의의

국제철도운송(international carriage by rail)이란 철도차량에 의하여 어느 항만시설국으로부터 다른 내륙지역국, 반대로 내륙지역국으로부터 항만시설국으로 국제무역물품을 운송하거나 또는 대륙구간의 물품의 국제운송을 의미한다.

국제철도운송은 해상과 육상 사이에서 교량적 역할을 주로 피기 백(piggy-back)방식에 의해 담당하고 있으며 운송범위를 철도노선상에 한정시키는 "rail car service"로 이용된다.

57) 미국은 헤이그의정서에서 여객에 대한 책임한도액이 너무 낮다는 이유로 1965년 11월 폴란드정부에 와르소조약 탈퇴를 통보하였다. 이에 대해 IATA가 미국을 출발 · 도착 · 경유하는 주요 항공사들의 회의를 몬트리올에서 소집, 항공사들간에 협정을 맺어 미국의 동의를 얻어 1966년 5월 16일 몬트리올협정(Montreal Agreement)이 발효되었다. 몬트리올협정으로 여객에 대한 책임한도를 소송비용 포함시 1인당 US$75,000, 소송비용불포함시 US$58,000로 되어 인상되었고 화물 및 위탁수화물의 멸실, 손상, 지연시에는 1kg당 250FGF에서 US$20로 되었다.

철도운송의 장점으로는 ton-km당 낮은 연료비, 장거리 운송비 단위당 낮은 비용, 연중무휴의 서비스 기능, 높은 안전도 등으로 저가품의 운송에 편리한 운송방법이다. 반면 단점으로는 투자규모가 크고, 단거리운송시 속도가 늦고, 터미널 설비에 따른 투자비용이 많고, 환적비용이 많이 들며 "door to door" 서비스 가능성이 작은 것 등을 들 수 있다.

5.2 국제철도운송조약

국제철도운송조약(Convention Internationale Concernant le Transport de Marchandise par Chemin de Fer: CIM)[58]은 1970년에 제정 1975년 1월 1일부터 발효되어 유럽제국들은 이들 국제조약에 의해 법제화 단계에 이르렀다. 국제철도화물운송의 준거법으로는 CIM이 적용되고 있다. CIM에서 인정하는 운송서류는 철도화물수탁서(Railway Consignment Note)이다.

본 조약은 철도운송계약의 체결, 속도, 철도구간, 운임지급 등 이행에 관한 사항, 운송인의 책임, 타당사자와의 관계, 재판관할권 등에 대하여 규정하고 있다.

CIM에 의한 철도운송인의 책임한도액은 운송인의 고의적인 악행(wilful misconduct)이나 심한 태만(gross negligence)의 경우를 제외하고는 kg당 50 gold franc의 한도로 손해배상책임을 지는 무과실책임주의에 근거하고[59] 무과실에 대한 거증책임(擧證責任)은 운송인에게 있다. 그러나 심한 태만에 의한 손해발생시는 운송인의 책임한도액이 보통의 경우보다 2배가 된다. 또한 운송인에 대한 소송제기기간도 사기(fraud)나 고의적인 악행의 경우는 2년이지만 보통의 경우는 1년으로 되어 있다. 또한 인도의 지연에 관하여 운송기간이 명시되어 있는데, 운송기간 종료일부터 30일 경과시는 그 물품은 분실된 것으로 간주된다.[60]

---

58) 영어로는 International Convention Concerning the Carriage of Goods by Rail 1970(CIM)으로 표기하고 있다.

59) CIM Convention Article 31.

60) CIM Convention Article 11.

5.3 국제도로운송의 의의

국제도로운송(international carriage by road)이란 한 나라에서 다른 나라의 특정장소로 국제도로운송조약에 따라 물품을 육로로 운송하는 것을 말한다. 국제도로운송은 고속도로나 일반 간선도로 등 각종 공로망의 확충과 운반차량[61]의 대형화 등으로 오늘날의 다양한 운송요구에 부응하고 있다.

도로운송의 장점은 최초 투자액의 규모가 작고, 출발과 도착시간 등 운송능력에 있어서 융통성이 많고, 단거리운송시 속도가 빠르며, 터미널 비용이 비교적 적게 들며, "door to door"서비스가 용이하며, 이용하기에 매우 편리한 점 등을 들 수 있다.

5.4 국제도로운송조약

국제도로운송조약(Convention relative au contrat de transport international de Marchandise par Route: CMR)은 1956년에 제네바에서 서명 제정된 조약으로 국제도로운송을 위하여 양 당사자 중 어느 한 당사자가 이 조약의 당사자인 경우에 본 조약이 적용된다.[62]

CMR은 운송경로의 일부가 해상운송이 포함되어 있는 경우라 할지라도 선상에서 육로차량(road vehicle)으로부터 물품이 적출되지 않을 때에는 전 운송구간은 국제도로운송으로 간주된다.[63]

국제도로운송에 관련된 운송서류는 도로화물수탁서(Road Consignement Note: Road Waybill)가 사용된다.[64]

CMR에서 도로운송인은 운송중의 멸실, 손상과 지연에 대해 책임을 지는데[65] 단, 그 사유가 청구인의 불법행위 또는 태만, 청구인의 지시사항, 물품

61) 도로운송시에는 일반차량에 컨테이너화물을 운송하기 위하여 ① tractor에 견인되는 연결차량인 semi-trailer(일명 컨테이너 chassis), ② 2량(輛)을 견인할 수 있는 double bottom trailer combination, ③ 두 방면향의 화물을 트렉터나 트레일러에 분할 적재하고 도중 분리·연결하기에 편리한 full trailer combination 등이 많이 이용되고 있다.

62) 예외 조항에 따라 영국과 아일랜드 공화국 사이에는 본 조약이 적용되지 않는다.

63) CMR Convention Article 1~2.

64) Road Consignment Note는 운송인이 화물을 수령한 추정적 증거(prima facie evidence)이다.

고유의 성질, 운송인이 피할 수 없는 환경이나 결과에 의해 발생하였을 경우에는 면책으로 규정되고 있다.[66)]

운송인의 전손 및 분손에 대한 배상책임한도는 운송인이 운송물품을 인수한 장소와 시점에서의 물품가격에 따라 산정되나, 현재 총중량 1kg당 8.33SDR로 한정되고 있다.

분실에 대해서는 약정된 운송완료일로부터 30일, 운송완료일에 대한 합의가 없을 경우에는 운송인이 물품을 인수한 날로부터 60일이 경과하였음에도 불구하고 인도되지 않았다면 분실된 것으로 간주된다.[67)]

65) CMR Convention Article 17-1.
66) CMR Convention Article 17-2.
67) CMR Convention Article 20.

제 10 장 적화보험

1. 해상보험의 개념
2. 해상위험과 해상손해
3. 협회적화약관
4. 해상적화보험의 부보
5. 해상적화보험사고시의 보험금 청구

제10장 적 화 보 험

1. 해상보험의 개념

해상보험은 보험의 목적물에 따라 여러 가지로 나눌 수 있지만,[1] 그 중에서도 적화보험(積貨保險; cargo insurance)과 선박보험(hull insurance)이 대종을 이루고 있다. 물품을 대상으로 한 국제무역거래에서는 적화물에 대하여 보험에 부보함으로써 해상위험으로 발생하는 손해를 줄이고 무역거래의 원활을 도모할 수 있다. 무역거래에서의 경쟁력제고는 물론 무역기업의 효율적 경영을 위하여 최근 들어 운송물품의 위험관리(risk management)에 대한 논의가 활발해지고 있다. 무역거래에서의 적화보험은 원거리의 운송과 장시간을 요하는 운송기간, 포장상태, 물품의 종류 · 성질 등 보험에 영향을 미치는 요인이 많기 때문에 해상적화보험에 대한 충분한 이해를 통하여 적절한 보험조건을 선택하여 보험계약을 체결하여야 한다.

본 장에서는 해상보험에 대한 개념을 정리하고, 해상적화보험을 중심으로 한 협회적화약관, 적화보험계약, 보험금의 청구 등에 대하여 살펴보기로 한다.

1.1 해상보험의 의의

해상보험(marine insurance)이란 해상위험에 의해 발생하는 손해를 보상할 것을 목적으로 하는 보험으로 손해보험의 일종이다.

영국의 해상보험법 (Marine Insurance Act 1906: MIA) 제 1 조에서는 "해상

1) 예컨대 적화보험, 선박보험 이외에도 운임보험(freight insurance), 희망이익보험(profit insurance), 배상책임보험(liability insurance) 등 많은 종류가 있다.

보험계약은 보험자가 피보험자에 대하여 그 계약에 의해 합의된 방법과 범위 내에서 해상손해, 즉 해상사업에 수반되는 손해를 보상할 것을 확약하는 계약"[2]이라고 정의하고 있다. 여기서 해상보험과 해상보험계약은 그 제도와 운영적인 측면에서 볼 때 동일한 것으로 보아도 무방할 것이다.

경제적 측면에서의 해상보험이라 함은 해상사업을 영위함에 있어서 우연히 발생할지도 모를 경제적 손실을 회복하기 위하여 재산권을 가지는 다수인이 위험의 정도에 따라 합리적인 갹출을 부담하여 공동준비재산을 형성하고 사고가 발생하여 손해를 입었을 경우 이를 보상함으로써 경제상의 불안을 제거 또는 경감하는 경제제도를 말한다.

해상보험은 보험자(assurer)가 물품의 해상운송중에 발생하는 위험을 인수하고 이들 위험에 기인한 손해가 발생하였을 경우 피보험자(assured)에게 그 손해액을 보상할 것을 계약하고 그 반대급부로서 보험계약자(policy holder)로부터 보험료(insurance premium)를 지급받게 된다.[3]

무역거래에서 해상화물운송은 많은 위험이 수반되어 해상적화보험에 의한 위험관리를 통하여 보호를 받지 않고서는 원활한 국제상거래를 영위할 수 없다. 해상보험은 국제운송 및 무역결제와 더불어 무역거래에서의 중추적 기능을 수행하고 있다고 할 수 있다.

1.2 해상보험의 당사자

해상보험에서의 당사자는 다음과 같이 ① 보험자, ② 보험계약자, ③ 피보험자로 구분된다.

(1) 보 험 자

보험자(insurer; assurer; underwriter)란 보험계약의 당사자로서 보험사고가 발생한 경우에 보험금을 지급할 의무를 지는 자로 보험계약을 인수(under-

2) The Marine Insurance Act, 1906, Marine insurance defined 1. A contract of marine insurance is a contract whereby the insurer undertakes to indemnify the assured, in manner and to the extent thereby agreed, against marine losses, that is to say, the losses incident to marine adventure.

3) 보험계약상의 약인(consideration)이 된다.

writing)하는 주체를 말한다. 즉 보험회사(insurance company)나 보험인수업자(underwriter)가 있다. 한국에서 보험자는 주식회사 또는 상호회사이어야 하며, 미국은 개인보험회사를 불인정하나 영국은 로이즈(Lloyd' s)와 같이 개인도 보험업자가 될 수 있다. 보험자는 보험사업의 사회성 내지 공공성 등의 특성에 따라 그 자격이 제한되는 경우가 많다.

(2) 보험계약자

보험계약자(policy holder)란 보험자와 보험계약을 체결하는 자를 말한다. 보험계약자는 보험자, 즉 보험회사와 보험계약을 체결하고 보험료(insurance premium)를 납입하는 자로 보험자에 대하여 고지의무, 위험의 변경 · 증가의 통지의무를 부담하게 된다.

(3) 피보험자

피보험자(assured; insured)란 피보험이익(insurable interest)을 갖는 자, 즉 손해의 보상을 받을 권리가 있는 자를 말한다.

해상적화보험에서는 보험계약자와 피보험자는 동일인이 될 수도 있고 타인이 될 수도 있다. FOB조건이나 CFR조건에서는 매수인이 보험계약자이면서 자신을 피보험자로 보험에 부보한다. 이 경우는 보험계약자와 피보험자가 동일하다. 따라서 보험료납입자와 보험금수취권자는 동일인이 되는 것이다.

반면 CIF조건이나 CIP조건하에서는 매도인 자신을 우선 피보험자로 하여 보험계약을 체결하고 매도인이 보험료를 납입하지만 교부받은 보험증권에 배서(endorsement)하여 매수인에게 양도하는 형식을 취하여 결국 보험금수취권은 매수인에게 귀속되기 때문에 보험계약자와 피보험자는 동일인이 아니다.

1.3 해상보험의 기본원칙

해상보험에서 그 목적물에 대하여 보호를 받기 위해서는 다음과 같은 기본원칙에 따라 보험계약을 체결하여야 한다. 여기에서는 그 기본적 원칙으로 ① 최대선의의 원칙, ② 손해보상의 원칙, ③ 근인주의, ④ 담보에 대하여 살펴보기로 한다.

(1) 최대선의의 원칙

보험계약자는 보험자에게 보험청약을 할 경우에 자기가 신고하는 모든 사항에 대하여 최대선의(utmost good faith)에 의거하여 고지(disclosure)하여야 한다.

한국의 상법에서도 해상보험계약이 최대선의의 계약이 되기 위하여 보험계약자에게 고지의무를 지우고 있는데, 보험계약체결 당시에 중요한 사실을 고지하지 아니하면 계약이 해지되고(상법 제651조), 통지의무 즉 계약체결 후 보험목적물의 위험이 변경 또는 증가되면 보험자에게 통지하여야 하며 통지하지 아니하면 보험자는 계약을 해지할 수 있다고 규정하고 있다(상법 제652조).

영국해상보험법(Marine Insurance Act, 1906)에서도 "해상보험계약은 최대선의에 의한 계약이며 당사자의 일방이 최대선의를 준수하지 않을 경우에는 타방은 그 계약을 취소할 수 있다"고 규정하고 있다.[4]

따라서 당사자는 상대방이 보험계약에 대하여 올바른 결론을 내릴 수 있도록 도와줄 의무를 부담하고 있다고 할 수 있다.

(2) 손해보상의 원칙

보험계약은 보험자가 우연한 사고의 발생에 따른 손해를 보상한다는 점에서 사행계약(射倖契約; aleatory contract)이지만 보험에 의하여 이득을 얻지 못한다는 원칙이 적용된다.[5] 해상보험계약은 보험자가 피보험자에 대한 해상손해, 즉 항해사업에 부수하는 손해만을 보상하는 것을 약속하는 계약으로 해상손해 이외의 손해는 보상하지 않는다.[6] 이처럼 보상은 해상보험계약에서의 손해발생시 손해금액을 한도로 지급되어야 한다는 원칙을 손해보상의 원칙

---

4) MIA, 1906, Article 17. "Insurance is utmost good faith(uberriame fidei) A contract of marine insurance is a contract based upon the utmost good faith, and if the utmost good faith be not observed by either party, the contract may be avoided by the other party."

5) 피보험자가 그 사고발생 전의 경제상태보다 좋은 상태를 취한다고 하면 보험에 의해 부정청구 등 또 다른 사고가 발생하여 공서양속에 반하게 될 수 있다.

6) 손해보험 중에도 화재보험, 자동차보험 등 재산보험계약은 재해발생시점의 실제현금 가치로 보상되는 미평가보험증권(unvalued policy)으로 발행되지만 해상보험계약은 기평가보험증권(valued policy)으로 발행된다. 기평가증권으로 발행되는 이유는 적화나 선박은 시간적으로 항상 이동하고 있어 장소 · 시간에 따라 보험가액을 측정하기가 곤란한 경우가 많기 때문이다.

(principle of indemnity)이라고 한다.

이러한 원칙하에서 해상보험계약은 기평가보험증권(valued policy)으로 발행되지만 손해보상계약으로 손해금액을 한도로 보상받게 되며, 손해보상계약인 해상보험은 피보험이익(insurable interest)을 회복하는 데 그 목적이 있다. 또한 보험자는 대위(代位)의 원리(doctrine of subrogation)[7]에 의해서 책임 있는 제3자로부터 피보험자에게 지급한 금액 이상을 보상받을 권리가 없다.

(3) 근인주의

근인주의(doctrine of proximate cause)의 본질은 '근인(近因)을 보고 원인(原因)을 보지 말라'(causa proxima non remota spectatur)는 원칙에 의거 손해보상여부를 결정한다는 이론으로 여러 조건 중에서 손해발생에 직접적 효력을 갖는 것이 무엇인가를 판단해야 한다는 것이다.

손해에 대하여 보험자가 보상을 받기 위해서는 그 손해와 담보위험 사이에 인과관계가 성립되어야 하는데 MIA에서도 "보험자는 피보험위험에 근인으로 일어나는 모든 손해에 대하여 보상책임을 진다"고 규정하고 있다.[8]

해상보험의 손해보상여부를 결정함에 있어서 손해의 원인에도 직접원인, 간접원인, 위험결과의 손해 등 그 종류가 많고 연쇄적으로 발생하여 손해가 발생한 경우 보험자는 이 손해가 과연 담보위험에 의하여 발생한 손해인지 여부를 판단한다는 것은 어려운 일이다.

초기의 근인원칙에서는 시간적으로 손해가 발생한 시각에 가까운 원인이 담보위험이면 보상하는 것으로 시간적 측면을 중요시하였지만 오늘날에는 실질적으로 손해를 유발시킨 중요한 원인이 무엇인가를 규명하려 함으로써 지배력과 효과면에서 비중이 큰 효과적 근인(causa proxima in efficiency)을 판단기준으로 하는 것으로 해석하고 있다.[9]

(4) 담　　보

보험에서의 담보(warranty)란 일반적인 담보의 개념과는 다른 의미를 갖

7) '대위한다'(subrogate)라는 말은 제3자가 타인의 법률상의 지위에 대신하여 그가 가진 권리를 취득하거나 행사한다는 뜻이다.

8) MIA, 1906, Article 55(1)

9) 근인주의에는 최후조건설, 최유력조건설, 상당인과관계설 등 여러 학설이 있다.

고 있다. 담보는 특정조건의 준수를 보증하는 보험계약자에 의한 약속이다. 즉 담보는 피보험자가 지켜야 할 약속으로서 피보험자가 담보를 위반할 경우에는 보험계약을 무효화할 권리를 보험자가 갖는다. MIA에서는 담보의 성질(nature of warranty)에 대하여 "담보라 함은 상호 확약적 담보(promissory warranty)를 의미한다. 확약적 담보라 함은 특정한 일이 행하여지거나 또는 행하여지지 않을 것을 피보험자가 약속하는 담보이며 또는 어떤 조건이 충족될 것을 피보험자가 약속하는 담보 또는 피보험자가 특정한 사실상태의 존재를 긍정하거나 부정하는 담보"라고 규정하고 있다.[10)]

해상보험에서 담보란 말은 두 가지로 사용되고 있다. 그 하나의 뜻은 전술한 바와 같이 피보험자의 약속으로서의 담보로 보험자는 이 약속위반에 대하여 면책되는 것이고 다른 하나의 뜻은 보험자의 담보책임내용을 제한하거나 제외한다. 즉, "Warranted free from …"과 같이 적화보험약관에 사용하는 것이다.

담보에는 명시담보(express warranties)와 묵시담보(implied warranties)가 있다. 명시담보란 담보의 내용이 보험증권에 기재되거나 담보내용을 증권에 첨부하는 것으로 이에는 피보험목적물이 특정일 또는 기간 동안 언제라도 안전해야 한다는 안전담보(warranty of good safety), 보험기간 중 본선상에는 선박이나 적화가 중립국의 재산으로 증명할 수 있어야 한다는 중립담보(warranty of neutrality), 선박보험에 추가하여 선비를 부보할 때 선비의 보험금액을 선박보험금액의 일정비율(25%) 이상을 넘지 못하도록 한다는 내용의 선비담보(disbursement warranty), 선박이 운항할 수 없는 지역을 명시하고 있는 항해담보(institute warranty)가 있다. 한편 묵시담보란 보험증권에 명시되어 있지 않으나 피보험자가 묵시적으로 제약을 받아야 하는 담보, 즉 법적으로 계약서에 포함되어 있다고 간주하는 것을 의미한다.

MIA에서 규정하고 있는 묵시담보에는 항해개시시에 있어서 선박의 내항성담보(耐航性擔保; warranty of seaworthiness)[11)]와 항해의 내용에 있어서 적법성담보(warranty of legality)[12)]가 있다.

---

10) MIA, 1906, Article 33(1).
11) MIA, 1906, Article 39.
12) MIA, 1906, Article 40.

내항성담보란 선박이 항해를 개시할 때에 해당항해를 완수할 수 있을 정도로, 즉 항해에 적합하도록 내항성이 있어야 한다는 것이다. 적화보험증권의 경우에는 화주는 선박의 내항성 유무를 알 수 없으므로 화주에게 선박의 내항성을 요구하는 것은 무리이기 때문에 협회적화약관(Institute Cargo Clauses: ICC)에 동 취지를 규정하고 있다.[13)]

적법성담보란 피보험자가 지배할 수 없는 경우를 제외하고는 모든 행상보험은 그 내용이 합법적이어야 한다는 것이다.

1.4 보험가액과 보험금액

(1) 보험가액

보험가액(insurable value)이란 보험사고가 발생한 경우에 피보험자가 입게 되는 손해액의 최고한도액이며 피보험이익(insurable interest)의 평가액을 말한다. 보험가액은 보험기간 중 일정하지 않고 시간 · 장소 · 물가에 따라 변동할 수 있는 것이기 때문에 그 평가가 문제시된다.

일반적으로 손해보험종목은 손해발생시점의 실제 현금가치(actual cash value)로 보상해야 하는 손해보상의 원칙이 적용되어야 하는 데 반해, 해상보험에서는 피보험이익인 선박과 적화는 시간적으로 항상 움직이고 있어 보험가액측정이 어렵기 때문에 보험계약체결시 피보험자와 보험자가 상호협의하에 보험가액을 평가하는 협정보험가액(agreed value)으로 부보하게 된다.

(2) 보험금액

보험금액(insured amount)이란 손해발생시 보험자가 부담하는 보상책임의 최고한도액이며 보험계약의 체결에 있어 보험자와 피보험자간에 약정된 금액을 말한다.

(3) 보험가액과 보험금액의 관계

보험계약에 있어서 보험가액과 보험금액이 동일한 경우를 전부보험(full insurance)이라 하고, 보험가액보다 보험금액이 적은 경우를 일부보험(partial

13) 구협회적화약관 제8조, 신협회적화약관 제5조.

insurance), 보험가액보다 보험금액이 큰 경우를 초과보험(over insurance)이라고 한다.[14)]

또한 보험계약은 보험계약의 수에 따라 여러 가지 형태로 나누어진다.[15)]

동일한 보험의 목적에 대하여 두 개 이상의 보험계약이 존재하고 이 두 개의 계약을 합한 보험금액이 보험가액을 초과하는 경우를 중복보험(double insurance)이라 하고 동일한 보험의 목적에 대하여 2인 이상의 보험자가 담보하는 경우를 공동보험(coinsurance)이라 한다. 또한 어떤 보험자가 인수한 보험계약상의 일부 또는 전부를 다시 다른 보험자에게 부보하는 것을 재보험(reinsurance)이라 하고 이 때 첫 번째 보험자를 원수보험자라고 한다.

보험사고시 보상에 따른 문제에 있어서, 전부보험의 경우는 손해액 전부를 보상하게 되므로 보상에서 어려운 문제는 없다고 볼 수 있지만 일부보험의 경우는 그렇지 않다. 이 경우 손해보상의 산출에 있어서는 비례보상방식과 실손보상방식이 있다.

비례보상방식은 보험금액의 보험가액에 대한 비율에 따라 보상한다는 의미이다. 즉 비례보상방식은 다음과 같다.

$$손해액 \times (보험금액 \div 보험가액) = 보상금액$$

실손보상방식에 있어서는 손해액이 보험금액에 달할 때까지 손해액을 보상하며 실제손해액이 보험금액을 초과할 때는 초과부분은 보상하지 않는다.[16)]

1.5 피보험이익

(1) 피보험이익의 의의

피보험이익(insurable interest)이란 보험의 목적물에 대하여 특정인이 갖게

---

14) 보험가액과 보험금액의 관계
보험가액 = 보험금액……전부보험
보험가액 > 보험금액……일부보험
보험가액 < 보험금액……초과보험

15) 보험계약의 수에 따른 보험형태
1개의 보험목적물: 2개의 보험계약……중복보험
1개의 보험목적물: 2인 이상의 보험자가 담보……공동보험
1개의 보험목적물: 제3의 보험자에게 부보……재보험

16) 한국은 주로 비례보상방식, 미국은 주로 실손보상방식을 택하고 있다.

되는 이해관계(interest)를 말한다. 초기단계에서는 보험의 대상으로 물(物)자체가 보험의 목적물이었으나 경제제도가 복잡해지고 보험제도가 활발해지면서 보험계약의 대상이 화물이나 선박과 같은 물체자체가 아니라 보험목적물에 대하여 특정인이 갖는 이해관계로 이해되고 있다.

MIA에서도 "해상사업에 이해관계가 있는 자는 모두 피보험이익을 가진다"[17]라고 규정하고 있으며, "보험재산의 안전이나 도착으로 인하여 이익을 취득할 수 있고, 피보험재산의 멸실이나 손상 및 지연으로 인하여 불이익을 갖고, 또 피보험재산에 관하여 책임을 부담하는 입장에 서게 되는 사람은 특히 항해사업에 이해관계를 갖는다"[18]고 피보험이익에 관하여 정의하고 있다.

따라서 화물의 소유자나 화물을 보관하고 있는 창고업자, 화물운송업자, 재보험계약을 체결할 경우의 보험자, 포장업자는 모두 피보험이익을 갖는 이해관계자라고 할 수 있다.

(2) 피보험이익의 요건

보험계약이 법적 효력을 발생하기 위하여는 피보험이익은 반드시 ① 적법성, ② 경제성, ③ 확정성의 요건을 갖추어야 한다.

1) 적 법 성

피보험이익은 법적으로 인정된 것이어야 하며 적법한 것이어야 한다. 불법, 공서양속에 위배되는 목적물 이를테면 밀수품, 마약, 절도품, 탈세와 도박 등에 관련되거나 음란도서나 음반 등은 피보험이익이 될 수 없다.

2) 경 제 성

피보험이익이 될 수 있는 것은 경제적 이익이라야 하며 감정적 · 도덕적 이익은 비경제적 이익, 즉 금전으로 평가할 수 없는 것이기 때문에 피보험이익이 될 수 없다.

한국 상법 제668조에서도 "보험계약은 금전으로 산정할 수 있는 이익에 한하여 보험계약의 목적으로 할 수 있다"고 규정하고 있으므로 이는 곧 피보

17) MIA, 1906, Article 5(1).
18) MIA, 1906, Article 5(2).

험이익의 경제성을 의미하고 있다.

3) 확 정 성

피보험이익은 보험사고가 발생할 때까지는 보험계약의 요소로서 확정하거나 확정할 수 있는 것이어야 한다. 그렇게 되기 위해서는 타 이익과 명확하게 식별할 수 있는 것이어야 한다. 이익은 현재 확정되어 있지 않더라도 장래에 있어서 확정될 것이 확실한 것은 보험의 대상이 될 수 있다. 예컨대 CIF가격에 희망이익을 추가하여 부보하는 것도 이러한 의미에서 가능한 것이다.

(3) 피보험이익의 종류

해상보험에서의 피보험이익은 별도규정이 없는 한, 모든 합법적인 항해사업은 피보험이익이 될 수 있는데 주내용은 다음과 같다.

1) 선박(marine hull)

선박이라 함은 상행위 기타 영리를 목적으로 하는 항해에 사용되는 선박을 의미한다. 또한 선박의 구성요소는 선체, 기관, 속구(屬具), 연료, 식료, 기타 소모품 등 피보험자의 소유에 속하고, 선박사용 목적을 위하여 선박 내에 존재하는 모든 물건을 포함한다.

선박보험증권은 일반적으로 기평가증권(valued policy)으로 발행되는데, 만약 계약당사자가 사전에 보험가액을 결정하지 않았을 경우 영국해상보험법(M.I.A.) 제16(1)조에서 '선박의 보험가액은 위험개시시의 선박의 가액'이라고 규정하고 있다.

2) 해상적화(marine cargo)

적화란 상품의 성질을 가지는 화물을 의미하며, 사유물이나 선내에서 소비하기 위한 식료품 및 소모품은 포함되지 않는다.

적화보험의 보험가액은 선적한 때와 곳의 가액과 선적 및 보험에 관련된 비용을 말한다. 또한 영국해상보험법 제16(3)조에서는 원가에 선적비용과 보험비용을 가산하여 선적한 때와 장소에 있어서의 가액이라고 규정하고 있다.

그러나 사실상 원가와 선적 및 보험비용, 희망이익 등의 계산이 번잡하므로 실무상 송장가격(CIF)에 10%의 희망이익을 부보하는 것이 관례로 되고 있다.

3) 운임(freight)

운임이란 화물의 해상운송에 대한 보수이며 그 종류는 선지급운임(prepaid freight)과 후지급운임(collective freight)이 있고 선지급운임은 화주의 피보험이익이고 후지급운임의 경우는 해상사고로 인하여 운송의 의무를 완수하지 못하면 운임을 받을 수 없으므로 선주의 피보험이익이다. 오늘날의 운임제도는 선지급운임이 일반적이고 선화증권(B/L)에는 운송을 하지 못한 경우에도 선지급운임을 반환하지 않는다는 조항이 삽입되어 있으므로 선주가 운임을 상실당하는 경우는 없다. 운임의 보험가액은 운임에 보험비용을 가산한 금액이다.[19]

4) 선비(disbursement)

협의의 선비(船費)는 피보험항해를 위한 의장비용, 즉 연료, 윤활유, 식료 등을 의미하고 광의의 선비는 의장비용은 물론이고 선원에 대한 전 도급료와 보험비용 등이 포함된다. 영법상의 선비는 광의의 뜻이다.

선비의 보험가액은 계약상의 별도의 약정이 없는 한 보험자의 책임이 개시되는 때의 각 항목에 의해 결정된다.[20]

5) 희망이익(expected profit)

희망이익이란 적화의 도착으로 얻을 수 있는 이익을 말한다.[21] 희망이익의 보험가액은 장래에 기대되는 미확정이익이므로 사실상 산출이 어려운 일이다. 그러나 이것은 CIF 송장가액의 10%가 희망이익이 되고 있는 것이 오늘날의 국제상거래의 관습으로서 인정되고 있다.

6) 희망보수(expected commission)

화물의 안전한 도착에 의하여 취득할 수 있는 중개인의 수수료, 수탁자의

19) MIA, 1906, Article 16(4).
20) MIA, 1906, Article 16(4).
21) 한국상법 제698조.

구전, 기타 보수를 총칭하며, 이것의 보험가액은 당사자의 협정에 의해 정하여진다.

7) 모험대차채권(bottomry)

모험대차채권(冒險貸借債權)이란 선장이 선박의 수선비, 구조비, 기타 항해를 계속하는 데 필요한 비용을 지출하기 위해서 선박, 운임 및 적화를 저당 또는 입질로 하여 그 저당물 또는 화물이 목적지에 도착할 것을 조건으로 변제하는 금전소비대차의 일종이며, 선박이 항해를 무사히 끝내면 반환하고 도중에 손실을 당하면 채무가 변제된다는 점에서 일반적인 의미의 소비대차와 다르다. 그러므로 모험대차의 채권자는 담보물인 선박의 안전한 도착에 대하여 피보험이익을 가지며 선박의 멸실에 대하여 손실을 입게 되므로 보험의 목적물이 된다. 이 경우 보험가액은 담보권자가 담보물에 관하여 가지는 채권금액이다.

2. 해상위험과 해상손해

2.1 해상위험

(1) 해상위험의 의의

해상위험(marine perils; marine risks)이란 항해에 기인하고 항해에 부수하여 발생하는 사고를 말한다. 영국해상보험법에서는 해상위험을 다음과 같이 정의하고 있다.[22)]

"해상위험이란 항해에 기인 또는 부수하는 위험, 즉 해상고유의 위험, 화재, 전쟁위험, 해적, 표도(漂盜), 포획(捕獲), 나포(拿捕), 공후(工候) 및 국민의 억지 또는 억압, 투화(投貨), 선원의 악행과 그리고 상기의 여러 위험과 동종의 위험 또는 보험증권에 기재되는 기타의 모든 위험을 말한다."

---

22) MIA, 1906, Article 3(2)(c).
"Maritime perils" means the perils consequent on, or incidental to, the navigation of the sea, that is to say, perils of the seas, fire, war perils, pirates, rovers, thieves, captures, seizures, restraints, and detainments of princes and peoples, jettisons, barratry, and any other perils, either of the like kind or which may be designated by the policy."

그러나 해상위험에 대해서는 위의 MIA의 정의 외에 "Lloyd's S.G. Policy"에서는 보험자가 담보할 위험을 해상고유의 위험 이외에 보다 구체적으로 열거되고 있으며, 협회적화약관에서도 B약관 제1조에,[23] 협회선박기간약관에서는 제6조에 열거되고 있다.

(2) 해상위험의 종류

"S.G. Policy"상에서는 위험약관(perils clause)에서 항해에 있어 보험자가 담보하는 위험을 명시하고 있는데, 해상위험의 종류를 편의상 ① 해상고유의 위험, ② 해상위험, ③ 전쟁위험, ④ 기타 모든 위험으로 분류하면 다음과 같다.

1) 해상고유의 위험(perils of the seas)

① S.S.C. 위험

침몰(sinking)

좌초(stranding)

충돌(collision)

② 악천후(heavy weather)

2) 해상위험(perils on the seas)

① 화재(fire; burning)

② 투화(jettison)

③ 선원의 악행(barratry)

④ 해적, 표도(剽盜), 강도(pirates, rovers, thieves)

3) 전쟁위험(war perils)

① 군함(men of war)

② 외적(enemies)

③ 습격과 포획(surprisals and capture)

④ 해상탈취 및 나포(taking at sea & seizure)

⑤ 관헌의 강유, 억지, 억류(arrests, restraints and detainment of kings,

23) 협회적화약관에서 보험자의 담보위험과 면책위험 등에 대해서는 본장 3-3.3을 참조.

princes and people)

⑥ 포획면허장 및 보복포획면허장(letters of mart and countermart)

4) 기타의 모든 위험(all other perils)

2.2 해상손해

(1) 해상손해의 의의

해상손해(marine loss)란 항해사업(marine adventure)에 관련된 적화 · 선박 기타의 보험목적물이 해상위험으로 인하여 피보험이익의 전부 또는 일부가 멸실 또는 손상되어 야기되는 피보험자의 재산상의 불이익이나 경제상의 부담을 말한다.

해상손해는 보험계약에 약정한 피보험이익에 한정되며 또한 그 보험사고와 인과관계가 있는 손해에 한정된다. 해상보험에 있어서의 손해는 보험목적물의 멸실 또는 손상뿐만이 아니라 책임 또는 비용도 포함되는데 일반적으로 물적 손해(physical loss), 비용손해(expenses) 및 배상책임손해(liability loss)로 크게 나눌 수 있다.

물적 손해는 특정인의 특정물에 대한 이해관계, 즉 소유 · 취득 · 담보 · 사용 · 수익 등을 통한 재산상 · 금전상의 손해를 말하며, 비용손해는 물품의 멸실이나 파손과는 관계가 없고 보험사고의 발생으로 부득이 손해경감이나 방지를 위해 지출된 비용을 뜻한다. 또한 배상책임손해는 피보험이익에 파생되어 발생하는 손해로 주로 선박보험에서 발생하는 손해이다. 물적 손해는 직접손해, 비용손해는 간접손해의 성질을 갖는다고 할 수 있다.

(2) 해상손해의 종류

해상손해는 담보위험과 손해의 인과관계에 따라 직접손해와 간접손해로 구분할 수 있고, 피보험이익에 따라 물적 손해, 비용손해, 배상책임손해 그리고 손해의 정도에 따라 물적 손해를 전손과 분손으로 나눌 수 있는데 이를 그림으로 나타내면 〈그림 10-1〉과 같이 분류할 수 있다.

[그림 10-1] 해상손해의 종류

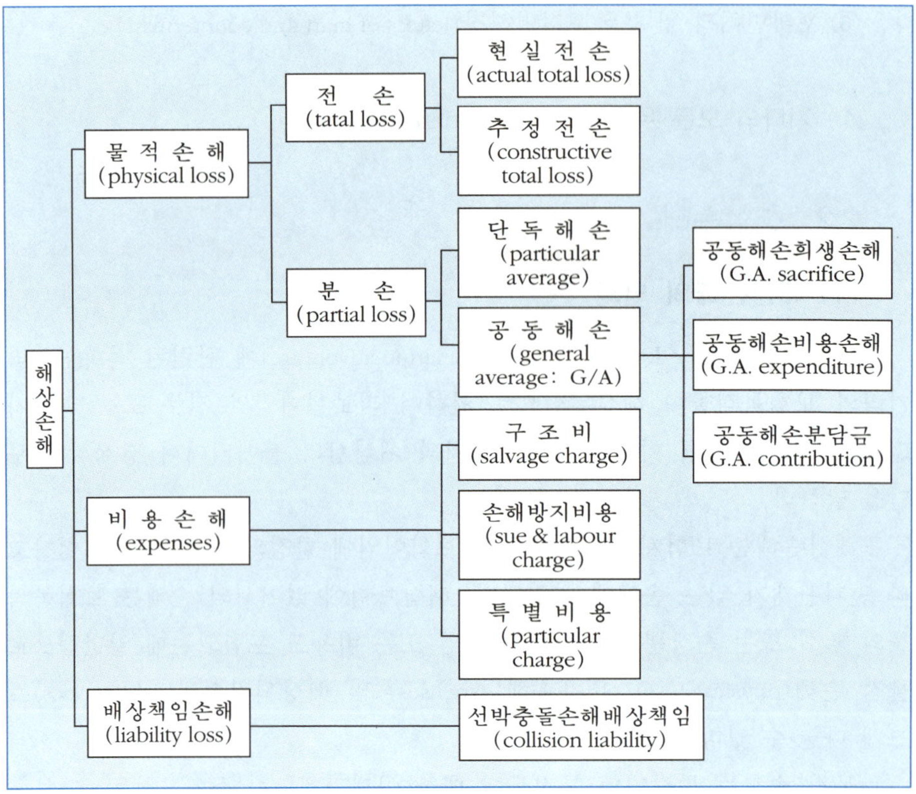

1) 전 손

(가) 현실전손(actual total loss: ATL)

영국해상보험법에 의하면 "보험의 목적물이 파괴되거나 또는 부보된 종류의 물건으로서 존재할 수 없을 정도로 심한 손상을 받을 경우, 또는 피보험자가 보험의 목적물을 박탈당하여 회복할 수 없는 경우에는 현실전손(actual total loss)이 존재한다"고 규정하고 있다.[24]

현실전손은 실질적인 멸실(physical destruction), 성질의 상실(alteration of species), 회복전망이 없는 박탈(irretrievable deprivation) 그리고 선박의 행방불명(missing ship)[25] 등이 그 대표적인 경우이다.[26]

---

24) MIA, 1906, Article 57(1).

25) MIA, 1906, Article 58. 항해중의 선박이 행방불명되고 상당한 기간의 경과 후까지 그 소식

(나) 추정전손(constructive total loss: CTL)

추정전손으로 처리되기 위해서는 위부(委付; abandonment)행위가 따라야 한다. 위부란 추정전손의 사유로 전손에 대한 보험금을 청구하기 위하여 피보험자가 보험목적물에 대하여 갖는 일체의 권리, 즉 잔존화물의 소유권 및 제 3자에 대한 구상권을 보험자에게 양도하는 것을 말한다.[27]

영국해상보험법에서는 "보험증권에 명시의 특약이 있는 경우를 제외하고 보험의 목적물의 현실전손이 불가피한 것으로 보이거나 또는 현실전손을 면하기 위하여 비용이 발생할 경우에는 보험목적물의 가액을 초과하는 비용이 소요되므로 합리적으로 위부하였을 경우에 추정전손(constructive total loss)이 성립된다"고 규정하고 있다.[28]

추정전손은 현실적으로 전멸한 것은 아니지만 현실전손이라고 보는 것이 불가피하다고 인정되거나 손해의 정도가 심하여 그 목적물의 용도에 사용할 수 없거나, 수리비가 수리 후 보험목적물이 갖는 시가보다 클 경우에는 추정전손으로 처리할 수 있다.[29] 영국해상보험법은 추정전손에 대한 효과로 "추정전손이 있는 경우 피보험자는 손해를 ① 분손으로 처리할 수도 있고, ② 보험목적을 보험자에게 위부하여 그 손해를 현실전손에 준하여 처리할 수도 있다"고 규정하고 있다.[30]

을 모를 경우에는 현실전손으로 추정할 수 있다.

26) 현실전손의 경우에는 위부(abandonment)의 통지를 할 필요가 없다.

27) 위부와 관련하여 대위(代位; subrogation)라는 것은 보험자가 피보험자에게 보험금을 지급할 경우 피보험목적물에 대한 일체의 권리와 손해발생에 과실이 있는 제3자에게 대한 구상권 등을 승계하게 되는 것을 말한다. 이에는 잔존물대위와 구상권대위가 있다. 위부도 보험자가 지급한 보험금에 해당되는 이익만큼을 자동으로 수취할 수 있으나 위부는 전적으로 모든 이익과 채무를 보험자가 승계받으며 보험자의 재량에 따라 위부를 인수할 수도 있고 거부할 수도 있다. 보험자가 위부를 수락할 경우는 대위와 위부는 구별할 수 없으나 수락하지 않으면 구분이 확실하다.

28) MIA, 1906, Article 60(1).

29) 한국상법 제710조에서 보험위부의 원인으로는 1. 피보험자가 보험사고로 인하여 자기의 선박 또는 적화의 점유를 상실하여 이를 회복할 가능성이 없거나 회복하기 위한 비용이 회복하였을 때의 가액을 초과하리라고 예상될 경우, 2. 선박이 보험사고로 인하여 심하게 훼손되어 이를 수선하기 위한 비용이 수선하였을 때의 가액을 초과하리라고 예상될 경우, 3. 적화가 보험사고로 인하여 심히게 훼손되어서 이를 수선하기 위한 비용과 그 적화를 목적지까지 운송하기 위한 비용과의 합계액이 도착하는 때의 적화의 가액을 초과하리라고 예상될 경우라고 규정하고 있다.

30) MIA, 1906, Article 61.

2) 분 손

분손(partial loss)은 손해발생원인에 따라 피보험자가 단독으로 부담하여야 하는 단독해손과 이해관계인 모두 공평하게 부담하는 공동해손이 있다.

(가) 단독해손(particular average: P/A)

단독해손이란 피보험이익의 일부가 멸실 또는 손상된 손해 중에서 공동해손(general average)을 제외한 손해를 말한다.[31]

적화의 단독해손은 주로 질적인 훼손상태, 양적인 수량부족 등으로 나타나고 선박의 단독해손은 수선비, 선원의 급료, 연료 및 저장품 등이며, 운임의 단독해손은 화물의 일부가 멸실·손상을 입어 운임의 일부를 받지 못하거나 불필요하게 지급하게 되는 경우를 말한다.

(나) 공동해손(general average: G/A)

공동해손이란 보험목적물이 공동의 안전을 위하여 희생되었을 때 이해관계자(interest concerned)가 공동으로 그 손해액을 분담하는 손해를 말한다.

공동해손이 성립되기 위한 요건에 대하여 영국해상보험법은 "공동항해사업의 수행과정에서 위험에 놓인 재산을 보호할 목적으로 고의로 또한 합리적으로 특별한 희생(extraordinary sacrifice)을 행하거나 또는 특별한 비용을 지출한 경우에는 공동해손행위가 존재한다"고 규정하고 있다.[32] 이는 곧 위험이 현실적으로 증가하고 공동의 안전을 위하여 인위적으로 합리적인 희생 및 비용의 발생에 기인하였을 때 공동해손이 성립되는 것으로 간주할 수 있다.

① 공동해손보상에 관한 원칙

공동해손의 처리에 대하여 상거래분쟁에 대처하기 위하여 1864년 요크(York)회의를 기초로 수차의 수정보완을 거쳐 국제적 통일규칙의 필요성에 부응하도록 '요크-앤트워프규칙'(York Antwerp Rules: YAR), 즉 '공동해손 정산에 관한 국제규칙'을 제정하게 되어 공동해손에 관한 한 YAR을 적용하는 것이 일반화되고 있다.

공동해손의 보상에 관한 원칙으로는 공동안전주의(common safety theory)와 공동이익주의(common benefit theory) 및 절충주의가 있다.

공동안전주의는 공동해손의 목적을 선박 및 적화의 공동안전확보에 두고

---

31) MIA, 1906, Article 64(1).

32) MIA, 1906, Article 66(2).

공동해손의 범위는 현실적으로 공동위험을 회피한 시점으로부터 공동해손행위가 끝난 시점으로 한정하기 때문에 공동해손으로 인정되는 범위가 매우 좁다고 볼 수 있다. 이는 영국법이 채택하고 있다.

공동이익주의는 적화 및 선박의 공동이익을 확보하는 데 있으며 공동위험에 대한 구조행위에 한정시키지 않고 안전한 상태에 있게 되어도 다시 항해를 계속하여 최종목적지까지 도착하는 손해 및 비용도 공동해손에 포함되기 때문에 공동해손의 적용범위가 넓다. 이는 대륙법과 미국법이 채택하고 있다.

절충주의는 공동안전주의와 공동이익주의를 절충하는 것으로 YAR은 절충주의를 채택하고 있다.[33)]

② 공동해손의 구성

ⓐ 공동해손희생손해(general average sacrifice)

적화의 희생손해로는 ⓘ 투화(jettison), ⓘⓘ 투화행위로 인한 해수침수손해, ⓘⓘⓘ 선박화재 소화작업 중 물이나 약품에 의한 손해, ⓘⓥ 임의좌초에 의한 손해, ⓥ 피난항에서의 하역작업 중 발생손해, ⓥⓘ 선박의 중량을 경감하기 위해 발생한 손해 등이 있다. 또한 선박의 공동해손, 희생손해, 운임의 희생손해가 있다.

ⓑ 공동해손비용손해(general average expenditure)

공동해손행위시에 비용을 지출하는 경우로 이에는 ⓘ 구조비, ⓘⓘ 피난항비용, ⓘⓘⓘ 대체비용, ⓘⓥ 자금조달비용, ⓥ 정산비용 등이 있다.

ⓒ 공동해손분담금(general average contribution)

공동해손분담금은 공동해손행위에 의해 구조된 모든 재산의 항해종료시에 공동해손에 의해 이익을 얻는 이해관계자가 그 손해액을 공평하게 분담하는 금액이다. 공동해손이 발생하면 공동해손정산인(general average adjuster)에 의해 공동해손정산서(statement of general average)가 작성되어 분담액이 결정되는데, YAR에서는 공동해손정산의 편의를 위하여 적화의 공동해손 분담가액을 CIF가격으로 하고 있다.

3) 비용손해

(가) 구조비(salvage charges: S/C)

구조비란 구조계약에 의하지 않고 임의로 구조한 자가 해상법(maritime

33) YAR에서는 문자규정은 공동안전주의, 숫자규정은 공동이익주의의 성격을 띠고 있다.

law)상 회수할 수 있는 비용을 말한다.[34] 이 비용은 보험자가 피보험자를 대신하여 구조자에게 지급한다.

구조비는 피보험자, 그 대리인 또는 보수를 받고 이들에 의하여 고용된 자가 피보험위험을 피하기 위하여 행한 구조의 성질을 띤 용역의 비용을 포함하지 않는다. 정당하게 지출된 이런 종류의 비용은 그 지출된 사정에 따라 단독비용(particular charges) 또는 공동해손 손해로서 회수될 수 있다.

(나) 손해방지비용(sue and labour charge)

보험목적물에 해상위험이 발생한 경우 이를 방지 · 경감하여는 목적으로 합리적으로 지출되는 비용을 손해방지비용이라 한다. 손해방지비용은 피보험자, 그 대리인, 사용인 및 양수인에 의해 지출된 비용으로 보험자가 추가담보하는 손해이다.[35] 보험자나 피보험자는 위부에 관계없이 손해방지행위를 할 수 있다.

(다) 특별비용(particular charges)

보험의 목적물의 안전이나 보존을 위하여 피보험자에 의해서 또는 피보험자의 대리인에 의해서 지출된 비용으로서 공동해손비용과 구조료 이외의 것을 특별비용이라고 하며 특별비용은 단독해손에 포함되지 않는다.[36]

특별비용의 내용은 적화의 경우 긴급사태가 발생한 결과 피난항에서 지출하게 된 양륙비, 창고보관료, 재포장비용, 재선적비, 재운송비 등이 있다.

4) 배상책임손해

피보험선박이 타선과 충돌로 인하여 피보험선박자체가 입게 된 물적 손해는 물론 그 충돌로 인한 상대선박의 선주 및 그 화물의 화주에 대하여 피보험자가 책임져야 하는 손해배상금을 보험자가 담보해 주는 손해를 말한다. “Lloyd' s S.G. Policy”에는 제 3 자에 대한 충돌손해배상책임에 대해서는 명시가 없고 현재 사용하고 있는 협회적화약관(Institute Cargo Clause)이나 협회선박약관(Institute Time Clause-Hulls: ITC-Hulls, 1983)에는 쌍방과실충돌약관(both to blame collision clause)과 3/4충돌손해배상책임약관(3/4 collision liability clause)

34) MIA, 1906, Article 65(2)
35) 보험증권상 담보되지 않은 위험에 대한 방지나 경감비용은 보상되지 않는다.
36) MIA, 1906, Article 64(2).

을 규정하고 화주와 선주의 제3자에 대한 배상책임도 보험자가 보상하는 것으로 하고 있다.

3. 협회적화약관

3.1 협회적화약관의 개념

해상보험에서는 1779년 Lloyd's에서 사용하기로 채택된 "Lloyd's S.G. Policy Form"이 200여 년 동안 사용되어 왔으나, 그간 동 증권양식은 중세의

[표 10-1] 신협회약관의 내용구성

구 분	조항	약관내용
담보위험 (Risks Covered)	1	위험약관(Risks Clause)
	2	공동해손약관(General Average Clause)
	3	쌍방과실충돌약관(Both to Blame Clause)
면책조항 (Exclusions)	4	일반면책약관(General Exclusions Clause)
	5	불내항성 및 부적합성면책약관(Unseaworthiness and Unfitness Exclusion Clause)
	6	전쟁면책약관(War Exclusion Clause)
	7	동맹파업면책약관(Strikes Exclusion Clause)
보험기간 (Duration)	8	운송약관(Transit Clause)
	9	운송계약종료약관(Termination of Contract of Carriage Clause)
	10	항해변경약관(Change of Voyage Clause)
보험금청구 (Claims)	11	피보험이익약관(Insurable Interest Clause)
	12	운송주선비용약관(Forwarding Charges Clause)
	13	추정전손약관(Constructive Total Loss Clause)
	14	증액약관(Increased Value Clause)
보험이익 (Benefit of Insurance)	15	보험이익불공여약관(Not to Insure Clause)
손해경감 (Minimising Losses)	16	피보험자의무약관(Duty of Assured Clause)
	17	포기약관(Waiver Clause)

고문으로 되어 있어 이해하기 어렵고 현실에 맞지 않는 점이 많았으므로 1912년 기술 및 약관위원회(Technical & Clauses Committee)에서 "Lloyd's S.G. Policy Form"에 첨부하여 사용하기 위한 통일된 특별약관을 제정하게 되었는바 이것이 곧 협회적화약관(Institute Cargo Clauses: ICC)이다. 이 약관은 ① 단독해손부담보조건(Free from Particular Average: FPA), ② 분손담보조건(With Average: WA), ③ 전 위험담보조건(All Risks: A/R)의 세 가지 종류가 있었다. 그 후 이 약관은 수차의 변경을 거쳐 1963년도에 개정된 약관이 신약관과 함께 사용되어 오고 있었다.

그러나 1978년에 개최된 제 2 회 UNCTAD총회에서 해상보험증권과 약관 및 관습에 대한 일체의 문제를 상설작업위원회에서 검토하기로 결의하면서부터 영국에서도 협회적화약관의 현 증권 및 약관의 개정을 의뢰하였다. 이에 따라 수 개월에 걸친 연구 끝에 제정된 협회적화약관의 전면개정안은 1981년 7월 및 9월의 두 차례에 걸쳐 각국의 의견을 문의한 뒤 반대의견이 없자 1982년 1월 1일자로 시행토록 확정하게 되었다.

신약관의 특징은 첫째로 본문약관, 난외약관, 이탤릭서체약관 등의 고문체 "S.G. Policy Form"을 폐지하고 필요한 규정은 현대문으로 협회약관에 포함시킴으로써 증권을 단순화시켰으며, 둘째로 실무상으로 해석에 논란이 많았던 해상고유의 위험(perils of the seas)의 용어를 삭제하고 위험을 구체적으로 열거하였으며, 셋째로 약관의 명칭을 A/R, WA, FPA에서 A, B, C로 변경함으로써 과거에 약관의 명칭만을 보고 담보위험을 판단하던 문제점을 해소시켰으며, 그 이외에도 ICC(B)와 ICC(C)의 담보 차이의 확대, 소손해 면책비율 조항의 삭제, 육상운송시의 담보조항명시 등이 있다.

한국에서는 1983년 4월 1일부터 새로이 개정된 신약관을 사용하고 있다.

3.2 구협회적화약관에 의한 보상범위

구협회적화약관에서는 분손부담보조건(F.P.A.)과 분손담보조건(W.A.)은 열거책임주의를 채택하고 있고, 전 위험담보(A/R)조건은 일체의 위험을 담보하는 포괄책임주의를 채택하고 있다.[37]

---

37) 그러나 A/R에 의한 보상은 ICC약관상 보상되지 않는 손해와 ICC 제12조의 포획 · 나포부담

- A/R
  - WA
    - FPA
      - (1) 전손(현실전손, 추정전손)
      - (2) 해손
        - ① 선박 또는 부선의 침몰 · 좌초 · 화재(S.S.B.)로 인해 발생된 단독해손(particular average)
        - ② 공동해손(공동해손희생손해, 공동해손분담액)
      - (3) 확장담보
        - ① 선적 · 환적 혹은 하역작업중의 포장당 전손
        - ② 다음 위험과의 상당인과관계의 단독해손
          - ⓐ 화재, 폭발, 충돌
          - ⓑ 운송용구와의 접촉
          - ⓒ 피난항에서의 화물의 하역
        - ③ 특별비용(손해방지비용, 구조비, 피난항에서의 특별비용 및 부대비용)
    - (4) 악천후 위험에 의한 해수손
      - ① WA3%: 손해액이 전체의 3% 초과시만 손해액 전부 보상
      - ② WAIOP: 면책비율에 관계없이 전액 보상
  - (5) 모든 외부적 우발적 원인에 의한 손해

(1) 구협회적화약관의 조건별 보상범위

구협회적화약관상 FPA, WA, A/R에 대한 보상범위를 표로 나타내면 위의 표와 같다.

(2) 구협회적화약관상 보상되지 않는 손해

보험에 부보하더라도 보험자가 보상하지 않는 손해는 다음과 같다.

① 피보험자의 고의적인 불법행위로 인한 일체의 손해

② 화물의 고유의 하자 또는 성질에 의한 손해(inherent vice and nature of the goods)

③ 자연감량, 통상의 손실 등 위험요건을 구비하지 않은 사유에 의한 손해

④ 항해의 지연(delay in voyage)으로 인한 손해

보약관(F.C. & S Clause)과 제13조의 동맹파업소요부담보약관(F.S.R. & C.C.C. Clause)이 삽입되어 있어 War Risks와 Strikes Risk는 제외되기 때문에 추가로 담보받아야 한다.

⑤ 화물의 포장불량으로 인한 손해

(3) FPA, WA조건 부보시의 부가위험담보조건

A/R조건을 제외하고 FPA, WA조건으로 부보하는 경우에는 화물의 종류, 성질, 포장상태 등을 고려하여 발생할 수 있는 위험들은 부가위험(extraneous risks)으로 부보하여 담보받아야 한다.[38)]

3.3 신협회적화약관에 의한 보상범위

신협회적화약관상에서는 ICC(A), ICC(B), ICC(C) 조건으로 구분하고 보험자가 담보하는 위험과 면책위험에 대하여 이해하기 쉽게 규정하고 있다.

(1) 담보위험과 면책위험

1) ICC(C)

"C Clause"에서는 약관에 규정된 면책위험을 제외하고는 다음에 열거된 위험으로 인한 보험의 목적의 멸실 · 손상을 담보한다. 즉,

(가) 다음의 사유에 상당인과관계가 있는 보험의 목적의 멸실 및 손상

① 화재 또는 폭발

② 본선 또는 부선의 좌초, 교사, 침몰, 전복

③ 육상운송용구의 전복 또는 탈선

④ 본선, 부선 또는 운송용구와 물 이외의 다른 물체와의 충돌 또는 접촉

⑤ 피난항에서의 화물의 하역

(나) 다음의 사유로 생긴 보험의 목적의 멸실 및 손상

① 공동해손희생손해

② 투화

한편, "C Clause"하에서의 면책위험은 다음에 열거하는 일반면책위험 외에 선박 또는 부선, 기타 운송용구의 불내항성 또는 부적합성으로 인한 위험의 목적의 멸실 · 손상 그리고 전쟁 및 공동파업위험이 있다.

---

38) 전쟁, 동맹파업, 폭동, 소요위험(War/Strikes, Riot and Civil Commotions: W/SRCC)은 A/R 조건으로 담보되지 않기 때문에 추가담보를 하여야 한다.

일반면책위험은 다음과 같다.

① 피보험자의 고의의 비행에 귀속하는 멸실손상 또는 비용

② 피보험목적의 통상의 누손, 통상의 중량 · 용량의 부족 또는 자연소모

멸실, 손상 또는 비용(여기서의 포장이라 함은 컨테이너 혹은 지게자동차에 적재하는 것을 포함한다. 다만 이러한 적재가 이 보험의 개시 전에 행하여지거나 또는 피보험자 혹은 그 사용인에 의하여 행하여지는 경우에 한한다)

④ 피보험목적의 고유의 하자 또는 성질을 근인으로 하는 멸실, 손상 또는 비용

⑤ 지연이 피보험위험으로 생긴 경우라도 그 지연을 근인하여 생긴 멸실, 손상 또는 비용

⑥ 본선의 소유자, 관리자, 용선자 또는 운항자의 지급능력 또는 금전상의 채무불이행으로 생기는 멸실, 손상 또는 비용

⑦ 피보험목적 또는 그 일부에 또는 어떤 자의 불법행위에 의한 의도적인 손상 또는 파괴

⑧ 원자, 핵분열, 핵융합 또는 이와 비슷한 핵무기 등의 전쟁무기를 사용함으로써 일어나는 멸실, 손상 또는 비용

2) ICC(B)

"B Clause"에서는 "C Clause"에서 담보하는 위험에 추가하여 다음의 위험을 담보한다.

① 지진, 화산의 분화, 낙뢰와 상당인과관계가 있는 보험의 목적의 멸실, 손상

② 갑판유실로 생긴 보험의 목적의 멸실, 손상

③ 본선, 부선, 부창(艀艙), 운송용구, 컨테이너, 지게자동차 또는 보관장소에 해수, 호수, 강물의 침입으로 생긴 보험의 목적의 멸실, 손상

④ 본선, 부선으로의 선적 또는 양화작업 중 바닥에 떨어지거나 갑판에 추락한 포장단위당 전손

"B Clause"에서의 면책위험은 "C Clause"와 동일하다.

3) ICC(A)

“A Clause”는 “B Clasue”와 “C clause”가 담보위험을 구체적으로 열거하고 있는 데 반하여, 포괄책임주의를 채택하고 있다. 따라서 “A Clause”는 약관에 규정한 면책위험을 제외하고 보험의 목적에 발발한 멸실 및 손상의 일체의 위험을 담보한다.

“A Clause”에서의 면책위험도 “B Clause”와 “C Clause”의 면책위험과 동일하나, 다만 일반면책위험 중 ‘피보험목적 또는 그 일부에 대한 어떤 자의 불법행위에 의한 의도적인 손상 또는 파괴’를 “A Clause”에서는 면책으로 하지 않고 있는 점이 다르다.

(2) 각 조건별 담보위험과 면책위험의 비교

1) 담보위험

<table>
<tr><th>약관조항</th><th>담보위험</th><th>A</th><th>B</th><th>C</th><th>비 고</th></tr>
<tr><td rowspan="12">제 1 조</td><td>① 화재 · 폭발</td><td>○</td><td>○</td><td>○</td><td rowspan="6">좌기의 사유에 상당인과 관계가 있는 멸실 · 손상</td></tr>
<tr><td>② 선박 · 부선의 좌초 · 교사 · 침몰 · 전복</td><td>○</td><td>○</td><td>○</td></tr>
<tr><td>③ 육상운송용구의 전복 · 탈선</td><td>○</td><td>○</td><td>○</td></tr>
<tr><td>④ 선박 · 부선 · 운송용구의 타물과의 충돌 · 접촉</td><td>○</td><td>○</td><td>○</td></tr>
<tr><td>⑤ 조난항에서의 화물의 양육하역</td><td>○</td><td>○</td><td>○</td></tr>
<tr><td>⑥ 지진 · 분화 · 낙뢰</td><td>○</td><td>○</td><td>×</td></tr>
<tr><td>⑦ 공동해손희생</td><td>○</td><td>○</td><td>○</td><td rowspan="6">좌기의 사유로' 인한 멸실 · 손상</td></tr>
<tr><td>⑧ 투 화</td><td>○</td><td>○</td><td>○</td></tr>
<tr><td>⑨ 갑판유실</td><td>○</td><td>○</td><td>×</td></tr>
<tr><td>⑩ 해수 · 조수 · 하천수의 운송용구 · 콘테이너 · 지게자동차 · 보관장소에의 침수</td><td>○</td><td>○</td><td>×</td></tr>
<tr><td>⑪ 적재 · 양륙하역 중의 수몰 · 낙화에 의한 짐꾸림 1개당의 전손</td><td>○</td><td>○</td><td>×</td></tr>
<tr><td>⑫ 상기 이외의 일체의 위험</td><td>○</td><td>×</td><td>×</td></tr>
<tr><td>제 2 조</td><td>⑬ 공동해손조항</td><td>○</td><td>○</td><td>○</td><td></td></tr>
<tr><td>제 3 조</td><td>⑭ 쌍방과실충돌조항</td><td>○</td><td>○</td><td>○</td><td></td></tr>
</table>

주: ○표(보험자가 담보), ×표(보험자가 부담보).

2) 면책위험

약관조항	면책위험	A	B	C
제 4 조	① 피보험자의 고의적인 불법행위	×	×	×
	② 통상의 누손 · 중량 또는 용적의 통상의 감소 · 자연소모	×	×	×
	③ 포장 또는 포장준비의 불완전 · 부적합	×	×	×
	④ 물품고유의 하자 · 성질	×	×	×
	⑤ 지 연	×	×	×
	⑥ 선박소유자 · 관리자 · 용선자 또는 운항자의 지급불능 또는 채무불이행	×	×	×
	⑦ 어떤 자의 불법행위에 의한 의도적인 손상 또는 파괴	○	×	×
	⑧ 원자핵무기에 의한 손해	×	×	×
제 5 조	⑨ 피보험자 또는 그 사용인이 인지하는 선박의 내항성 결여, 부적합	×	×	×
제 6 조	⑩ 전쟁위험	×	×	×
제 7 조	⑪ 동맹파업	×	×	×

주: ○표(보험자가 담보), ×표(보험자가 부담보).

(3) 보험기간

1) 운송약관(Transit Clause)

이 약관은 일명 '창고간약관'이라고 하며, 해상적화보험에 있어서의 보험자의 책임의 시기 및 종기, 즉 담보기간을 규정한 약관이다.[39)]

39) 제 8 조에 정한 운송약관(Trnasit Clause)의 내용은 다음과 같다.
DURATION
8.8.1 This insurance attaches from the time the goods leave the warehouse or place of storage at the place named herein for the commencement of the transit, continues during the ordinary course of transit and terminates either

8.1.1. on delivery to the Consignee's or other final warehouse or place of storge at the destination named herein,

8.1.2 on delivery to any other warehouse or place of storage, whether prior to or at the destination named herein, which the Assured elect to use either

8.1.2.1 for storage other than in the ordinary course of transit or

8.1.2.2 for allocation or distribution, or

8.1.3 on the expiry of 60 days after completion of discharge overside of the goods hereby insured from the oversea vessel at the final port of discharge whichever shall first occur.

8.2 If, after discharge overside from the oversea vessel at the final port of discharge but prior to termination of this insurance, the goods are to be forwarded to a destination other than that to which they are insured hereunder, this insurance, whilst remaining subject to termination as provided for above, shall not extend beyond the commencement of transit to such other

현대의 상거래실무상으로는 화물이 선적을 개시하기 위하여 창고를 출발할 때부터 적재작업, 해상운송, 하역작업, 보세창고 입고, 최종창고에 입고될 때까지의 여러 가지의 위험이 담보되어야 할 필요성을 느끼게 되었다.

이러한 필요성을 충족시켜 주고자 하는 것이 운송약관을 제정한 취지이다.

2) 위험의 시기

선박보험의 기간보험계약서에서는 보험증권에 명시한, 혹은 별도로 약정한 일시부터 보험계약의 효력이 발생되는 것이지만, 해상적화보험은 보험증권에 위험시기의 일시가 명시되지 않을 수도 있다.

해상적화보험에 있어서는 운송약관에 따라 화물이 보험증권에 기재된 지역의 창고 또는 보관장소에서 운송개시를 위해 떠날 때에 해상보험의 담보가 개시된다. 그러므로 보험증권에 특별한 명시규정이 없는 한, 창고에서 운송용구에 화물을 적재하는 동안이나 실제로 운송이 개시되기 이전의 기간중에는 위험이 개시되지 않는다. 컨테이너에 화물을 적부하기 위해 컨테이너 터미널로 운송을 개시하는 경우는 해상운송의 일부로 간주된다.

3) 위험의 종기

운송약관에 의하면 위험의 종기는 아래와 같이 세 가지로 구분하여 그 중에서 가장 먼저 도래하는 사유가 발생하면 그 때에 보험자의 담보책임은 종료된다.

첫째, 화물이 보험증권에 기재된 목적지의 수화인창고 또는 기타의 최종창고 혹은 보관장소에 인도될 때에 위험은 종료된다.

여기서의 인도는 수화인 또는 그 대리인에게 현실적으로 인도되는 것을 의미한다.

둘째, 보험증권에 기재된 목적지이든 아니든 불문하고 통상의 운송과정에 있어서의 보관이 아닌 보관을 하거나 할당 또는 분배를 위하여 택한 장소

---

destination.

8.3. This insurance shall remain in force (subject to terminaiton as provied for above and to the provisions of Clause 9 below) during delay beyond the control of the Assured, any deviation, forced discharge, reshipment or transshipment and during any variation of the adventure arising from the exercise of a liberty granted to shipowners or charterer under the contract of affreightment.

에 인도될 때에는 그 장소에 인도됨과 동시에 위험이 종료된다.

이 경우 피보험자가 화물이 양화된 후 목적지에 도착되기 이전에 할당이나 분배를 위하여 택한 장소를 최종목적지로 간주하게 되는 것이다.

셋째, 본선으로부터 양화작업을 완료한 후 60일을 경과하면 위험이 종료된다.

여기에서 60일의 기산은 부보화물전량이 양화완료된 날을 기준으로 한다. 다만, 한국에서는 수입화물의 경우 '30일 약관'에 의해 화물을 통관하기 위하여 창고 기타 보관장소에 인도한 후 30일로 제한하고 있다.

4) 목적지 변경시의 위험의 종기

보험증권상에 기재된 목적항에서 화물이 양화되어 수화인이 최종창고에 입고되기 전이나 기타 보험의 종료사유가 발생되기 이전에 보험증권에 기재된 목적지를 변경시킬 경우에는 그러한 장소로 운송이 개시되는 시점에서 보험자의 책임이 종료되는 것으로 한다.

보험계약을 체결할 당시 항해구간을 부산항으로부터 최종목적지가 뉴욕항이라고 약정할 때 부보화물이 뉴욕항에서 양화된 후 부득이한 사정으로 인하여 Los Angeles로 운반하지 않으면 안 될 경우가 생겼다면 뉴욕항의 중간창고에 보관중 60일이 경과하면 그로부터 보험기간은 종료되지만 60일이 미달할 경우에는 변경된 목적지 Los Angeles로 운송이 개시될 때 보험이 종료된다.

5) 이로 등 종기확장담보

운송약관에서는 피보험자가 지배할 수 없는 사정으로 인하여 이로(離路; deviation), 강제하역(forced discharge), 재선적(reshipment), 환적(transshipment) 또는 해상운송계약상 선주측의 자유재량권의 행사로 인하여 위험변경사유가 발생하였을 때에는 보험자의 위험부담에 관한 책임이 계속된다고 규정하고 있다.

이러한 위험변경은 보험계약을 체결할 당시에 보험료 산출의 기초가 되는 사항이므로 원칙적으로는 이와 같은 위험변경의 경우에는 보험자가 면책되어야 한다는 위험변경의 원칙이 적용되어야 하겠지만, 피보험자가 지배할 수 없는 사정으로 인한 경우에까지 이를 강행하는 것은 불합리하므로 이를 구제하기 위하여 확장담보하려는 취지를 밝힌 것이다.

한편, 위험개시 후에 도착항이 변경되었을 경우에는 이러한 사항을 보험자에게 통지하여 계속담보를 받아야 한다.

(4) ICC(C), ICC(B)약관 부보시의 부가위험 담보조건

구협회적화약관의 FPA, WA조건에서와 마찬가지로 신약관에서도 ICC(C)나 ICC(B)약관으로 적화보험을 부보할 경우 화물의 성질이나 종류에 따라 특수위험이나 면책위험을 담보받으려면 보험자와 합의하여 추가보험료를 납부하고 다음과 같은 부가조건을 부보하여야 한다.[40]

1) 부가위험 담보조건

(가) 도난, 발화, 불착(Theft, Pilferage and Non-Delivery: TPND)

"theft"와 "pilferage"는 물건을 몰래 훔치는 것을 말하는데, "theft"는 포장째로 훔치는 것이며 "pilferage"는 포장내용물의 일부를 빼내는 것을 의미한다. 한편 불착(non-delivery)은 포장단위의 화물이 송두리째 목적지에 도착하지 않은 경우를 말한다.

(나) 빗물 및 담수에 의한 손해(Rain &/or Fresh Water Damage: RFWD)

"rain"이 "fresh water"와 나란히 표기된 경우는 "fresh water"는 "rain"을 제외한 모든 담수이지만 "fresh water"만 있는 경우는 담수에 빗물을 포함한다. 이것은 바닷물 이외의 민물에 젖어 발생한 손해로서, 하역작업중 비나 눈이 와서 젖거나 선박의 음료수가 선창에 침투하여 화물에 손해가 발생한 경우가 그것이다.

섬유제품이나 잡화 등을 운송하는 경우 보통 이 위험을 추가로 담보하게 되는데, 이 위험을 추가담보하지 않더라도 선박 또는 보관장소에 호수나 강물이 유입되어 발생한 손해는 보험자가 보상한다.

(다) 유류 및 타물과의 접촉(Contact with Oil &/or Other Cargo: COOC)

선박의 연료유 등에 의해 화물이 입게 되는 유손(oil damage)이나 적재된 타화물에 직접 접촉함으로써 피보험화물에 흠이 생기거나 파손 또는 오손되는 위험이다.

40) 그러나 ICC(A) 조건으로 부보하더라도 W/SRCC는 담보되지 아니한다.

(라) 갑판유실(Washing Over Board: WOB)

일반적으로 화물은 가장 안전한 적부장소로서 선창(hold)에 적재되지만 목재, 차량 등 특수한 화물은 갑판에 적재되어 운송되는 경우가 많다.[41] 갑판적재화물(on deck cargo; deck-loaded cargo)은 선창 내 적재화물에 비하여 위험의 정도가 훨씬 크기 때문에 적화보험은 ICC(C)조건으로 인수하는 것이 보통이다. 그런데 ICC(C)조건에서는 보험자가 갑판유실을 담보하지 않는 반면, 갑판적재화물에는 대부분 갑판유실위험이 따르므로 이를 담보받기 위하여 특약할 필요가 있다.

한편 화물이 갑판적됨을 알고서 창내적으로 보험을 청약하는 것은 부실고지로서 계약자체가 무효가 되지만, 화주가 선창 내에 적재될 것을 전제로 하여 운송계약을 체결하였으나 운송계약상 운송인에게 부여된 재량권의 행사나 운송인이 계약을 위반하고 갑판적으로 한 경우가 있다. 이러한 경우에는 ICC 제8.3조에 의해 계속 담보되지만, 보험자의 입장에서는 자기의 책임이 증가된다.

(마) 갈고리에 의한 손해(Hook & Hole)

하역작업중 갈고리를 사용함으로써 생기는 손해로서, 직물이나 잡화 등을 마대 등으로 포장한 경우에는 이 위험을 추가담보할 필요가 있다.

(바) 파손(Breakage)

도자기나 유리제품 등 깨어지기 쉬운 화물의 경우 파손을 보상받기 위해서는 파손위험을 추가하며 부보하여야 한다. 이 파손은 통상의 손해나 성질손해와 같은 필연적 손해도 포함되므로 보험자는 "excess"조항에 의해 협정한 면책비율을 초과하는 손해만을 보상하는 것이 보통이다.

(사) 누손, 부족손(Leakage &/or Shortage)

용기의 틈 사이나 파손된 부분에서 화물이 누출하여 누손이나 내용물의 부족을 초래하는 위험으로서 주로 액체화물이나 분말류의 화물, 가스 등의 운송에서 이 위험을 추가하여 부보한다. 그런데 이 위험도 파손의 경우와 마찬가지로 "excess" 조항을 삽입하는 것이 보통이다.

(아) 습기와 가열에 의한 손해(Sweat &/or Heating: SH)

"sweat"는 선창내와 선외의 기온차에 의해 선창의 천정 또는 내벽에 응결

41) 보통, 투화 · 갑판유실(Jettision, Washing Over Board : JWOB)조건으로 추가담보하고 있다.

한 수분이 떨어지거나 또는 그러한 수분에 접촉함으로써 화물이 젖게 되거나 화물자체가 수분을 발산함으로써 젖게 되는 등의 위험이다. 한편 "heating"은 항해중에 기온, 습도 등의 변화에 따라 쪄지는 위험을 말한다. 보통 곡물이나 피혁 등에 이러한 손해가 일어나기 쉽다.

(자) 곡손(Denting &/or Bending)

"denting"은 우그러지는 것이고, "bending"은 구부러지는 것으로서 보통 기계류에 생기기 쉽다. 그런데 기계류는 부분적인 파손 또는 곡선으로 인하여 사용이 불가능하게 되거나 중대한 손해가 될 염려가 있으므로 '협회기계수선약관' (Institute Replacement Clause)을 삽입하여 보험자는 손해부분의 수선비 또는 교체비 및 그 부대비용을 보상한도로 부보하는 것이 보통이다.

(차) 오염(Contamination)

액체화학약품이나 유류 등이 해수 또는 담수 등의 혼입으로 입게 되는 품질저하의 위험이다.

(카) 자연발화(Spontaneous Combustion)

석탄, 성냥, 양모, 화약 등은 항해중 화물자체의 화학적 변화에 의해 자연 발화되는 경우가 있다. 자연발화는 화물 고유의 하자 또는 성질에 의한 것이므로 위험은 원래 보험자가 부담하는 것은 아니다. 그러나 자연발화는 전혀 우연성이 없는 사고가 아니며 또 화재원인의 확인이 곤란한 경우도 있으므로 특약에 의하여 담보된다. 다만 특약을 하지 않은 경우에도 타화물의 자연발화로 인하여 피보험화물이 입은 손해나 선박이 충돌하고 그 결과로서 석탄 등이 발화한 경우에는 보험자가 이를 보상할 책임이 있다.

(타) 곰팡이(Mould & Mildew)

곡물이나 연초, 섬유제품 등이 습도의 증가에 따라 곰팡이가 생김으로써 손해를 입는 경우가 있다. 이 손해도 화물의 고유의 하자 또는 성질에 의한 것으로 보험자는 원칙적으로 면책되지만 특약에 의해 담보받을 수 있다.

(파) 녹(Rust)

금속화물 등에 습기로 인하여 생기는 녹의 위험은 특약에 의하여 담보된다.

(하) 쥐 및 벌레에 의한 손해(Rats & Vermin)

곡물이나 목재 등이 운송중 쥐나 벌레로 인하여 손해를 입는 위험이다. 이러한 위험은 보통 담보되는 것이 아니므로 특약에 의한 추가담보를 필요로 한다.

한편 ICC(A), (B) 및 (C)의 어떠한 조건으로 부보하더라도 전쟁위험과 동맹파업위험은 면책되고 있으므로 이들 위험을 담보받기 위해서는 특약을 필요로 한다.

2) 특수화물에 관한 특별약관

특수화물에 대한 특별약관은 많이 있지만 그 중 주요한 것을 들면 다음과 같다.

① 원산지손해약관(Country Damage Clause)

② 냉동화물약관(Refrigerated Cargo Clause)

③ 라벨약관(Label Clause)

④ 가축약관(Livestock Clause): 동물의 운송중 사망위험이 담보되나 수태에 의한 사망은 제외된다.

⑤ 고무약관(Rubber Clause): 고무무역과 관련하여 사용하고 분손담보약관으로 절도, 발화, 포장물전체의 불착, 폭발위험, 갈구리손상, 타화물에 기인한 손상 등을 담보한다.

⑥ 원당약관(Raw Sugar Clause): 원당무역과 관련하여 사용하고 분손담보약관으로 절도, 발화, 불착위험, 폭발위험과 타물 또는 유류에 기인한 손해도 담보한다.

⑦ 살적유약관(Bulk Oil Clause): 유류에 적용되는 것으로 해상운송중 발생가능한 전 위험을 담보하나 항해의 지연으로 질저하에 의한 시장성 상실, 핵위험, 통상적인 누손에 의한 감량 등의 위험은 보험자가 담보하지 않는다.

4. 해상적화보험의 부보

4.1 적화보험계약의 체결

해상적화보험계약도 일반계약과 마찬가지로 법적으로는 불요식의 낙성계약이기 때문에 청약(offer)과 승낙(acceptance)에 의하여 보험계약이 성립된다. CIF 또는 CIP 조건에서는 매매당사자간에 보험조건을 약정한 대로 수출상인 매도인이 적화보험계약자가 되어 보험자와 보험계약을 체결하지만 FCA, FAS, FOB, CFR, CPT 조건의 경우에는 매수인이 자기 자신을 위하여 적화보험을 부보하여야 하기 때문에 매수인이 보험계약자이면서 피보험자로 하여 보험자와 보험계약을 체결한다.

적화보험의 청약은 외국에서는 보험중개인이나 보험대리점을 통하는 것이 일반적이나 한국에서는 보험계약자가 직접 보험회사와 보험계약을 체결하고 있다. 적화보험은 보험증권상에 기재되는 지역의 창고나 보관장소를 떠나기 전에 부보하여야 한다.[42] 특히 수입과 관련된 적화보험은 국외의 수출상의 출고 또는 선적시기를 모르기 때문에 선적통지를 수입상에게 미리 통지하여 줄 것을 약정하여야 한다.[43]

4.2 적화보험조건의 선택방법

적합한 보험조건을 선택하고자 하면 우선 부보하고자 하는 화물의 성질, 포장상태, 운송용구, 운송방법, 운송지역, 선적항과 양륙항의 화물취급시설 등 화물손해에 영향을 미칠 수 있는 각종 요인들을 검토한 후 가장 이상적인 보험조건을 결정하도록 하여야 한다.

가장 이상적인 보험조건이라 해서 보험자의 보상범위가 가장 큰 "ICC(A) including W/S.R.C.C"만을 의미하는 것이 아니다. 물론 보험료에 관한 문제를 고려하지 않는다면 상기조건이 가장 이상적인 조건이지만 보험료가 전체 매매가격에서 큰 비중을 차지하게 된다면 매매가격을 불가피하게 인상하지 않으면 안 되므로 가장 저렴한 보험료를 부담하고 가장 적절한 보험조건을 선택하는 것이 바람직하다. 따라서 적화보험을 청약하는 무역업자들은 위험관리면에서 적절한 보험조건을 선택할 수 있도록 하여야 한다.

다음은 경제적이면서 효율적인 운송위험관리를 위한 보험조건의 선택방법의 예를 살펴본 것이다.

---

42) 신협회적화약관의 운송약관에서 정하고 있는 보험자의 담보가 개시되는 시기를 항상 염두에 두고 적화보험을 적기에 부보하여야 한다.

43) FOB, CFR조건 등으로 수입신용장을 발행할 경우는 한국의 외국환은행에서 신용장 발행의뢰인(수입상)이 보험부보를 하고 적화보험증권을 배서(endorsement)하여 신용장발행 은행에 제시하도록 하고 있다.

운송화물의 내용: 100 Carton Boxes of Staple Fibre
CFR가격: US$10,000
선적 및 목적항: From New York to Busan

(1) 위험의 발견

본건의 화물 "Staple Fibre"는 인조섬유의 일종이므로 화물자체의 성질로 보아 파손이나 "Leakage & Shortage," "Sweet & Heating Damage" 그리고 "Denting & Bending"의 위험은 거의 우려되지 않는다. 따라서 과거의 손실경험으로 볼 때 손해발생빈도와 손실강도가 큰 위험부터 나열하면 다음과 같다.

① 적재선박의 침몰, 좌초, 대화재, 충돌(S.S.B.C)
② 타화물 및 유류접촉손(Contact with Oil and /or Other Cargoes: COOC)
③ 도난 · 발화 · 불착손(Theft, Pilferage and Non-Delivery: TPND)
④ 우담수손(Rain and /or Fresh Water Damage: RFWD)
⑤ 해수침해손(Sea Water Damage)
⑥ 오염손(Contamination)

(2) 위험의 측정

적재선박의 침몰, 좌초, 대화재, 충돌로 인한 화물의 손해는 ICC(C)조건으로 보상될 수 있으나 상기 ②에서부터 ⑥까지의 위험은 ICC(C)조건만으로는 보상되지 않는다. 따라서 ②에서 ⑥까지의 위험 중 가장 빈번하게 발생하거나 가장 우려되는 위험을 선택하여 이를 추가로 담보할 수 있는 부가조건을 결정하여야 한다. 이 경우 ICC(A)조건을 선택하면 실질적으로 위험을 발견하거나 분석, 평가할 필요가 없지만 과중한 보험료를 피하기 위해서라면 기본조건에 추가해야 할 부가조건의 적용에 대한 검토가 있어야 할 것이다.

(3) 보험조건의 선택

상기의 위험 중에서 두꺼운 종이상자(carton box)에 포장된 화물 "Staple Fibre"는 화물의 성질이나 포장방법으로 보아 유류접촉손이나 도난 · 불착손이 크게 우려되므로 "ICC(C) including COOC"나 "ICC(C) including COOC

[표 10-2] Staple Fibre 수입시의 보험조건별 보험료부담 대비표

보험조건	보험료율(%)	보험료(US$)
ICC(A)	0.38	US$10,000×0.38%=US$38.00
ICC(C) including COOC and TPND	ICC(C): 0.13 COOC: 0.034 TPND: 0.16	US$10,000×0.324%=US$32.40
	합계: 0.324	
ICC(C) including TPND	ICC(C): 0.13 TPND: 0.16	US$10,000×0.29%=US$29.00
	합계: 0.29	
ICC(B) including COOC	ICC(B): 0.18 COOC: 0.034	US$10,000×0.214%=US$21.40
	합계: 0.214	
ICC(C) including COOC	ICC(C): 0.13 COOC: 0.034	US$10,000×0.164%=US$16.40
	합계: 0.164	

and TPND"로 결정할 수 있다. 또한 해수침해손과 유류접촉손을 담보받고자 할 때는 보험조건을 "ICC(B) including COOC"로 결정하는 것이 바람직하다.

ICC(A)조건으로 부보하는 경우와 그 밖의 조건으로 부보하는 경우의 보험료를 대비해 보면 〈표 10-2〉와 같다.

4.3 해상적화보험료의 산출

(1) 적화보험요율의 적용원칙

현재 국내에서 사용하고 있는 해상적화보험요율은 보험개발원에서 산정한 요율을 협정요율로 사용하고 있으며, 그 종류는 다음과 같다.

1) 기본요율

기본요율은 신협회적화약관(New Institute Cargo Clause) 및 기타 특별약관에 적용되는 요율로써 해상운송의 경우에는 항구간(port to port), 항공운송의 경우는 공항간(airport to airport) 요율을 말한다(동일행정구역 내 창고 포함).

2) 통상요율

할인 · 할증을 적용하기 전의 화물별 담보조건요율(부가위험요율, 확장담보조건요율, 적용특칙상요율 등 포함)을 말한다.

3) 확장담보조건요율

기본요율이 항구간 또는 항공간 요율로 산정되어 있어 ICC의 운송약관에 따른 화물의 전 운송구간, 즉 해상운송에 연결되는 선적항 또는 양화항의 행정구역을 벗어나는 육상운송구간에서의 위험을 담보받기 위하여는 확장담보조건에 따른 보험료를 지급하여야 한다. 이러한 확장담보조건요율에는 내륙운송연장담보(Inland Tranist Extension: ITE)요율과 내륙장치연장담보(Inland Storage Extension: ISE)요율이 있다.

4) 부가위험요율

ICC(B)나 ICC(C)를 기본담보조건으로 하는 경우에는 당해 위험약관에 열거되어 있는 위험만을 담보하므로 피보험목적물의 특성, 항해구간 등에 따라 특히 발생가능성이 높은 위험에 대비하여 추가담보가 요구된다. 이러한 위험을 가리켜 부가위험이라 하며 추가보험료를 담보하는 조건으로 부가위험을 담보받을 수 있다.

부가위험 중 특히 중요한 것으로는 앞에서 고찰한 바와 같이 도난 · 발화 · 불착위험(Theft, Pilferage & Non-Delivery: TPND), 우 · 담수손위험(Rain and / or Fresh Water Damage: RFWD), 파손위험(Breakage), 누손 · 부족손위험(Leakage/Shortage), 오염위험(Contamination), 갈고리위험(Hook & Hole), 곡손위험(Denting & Bending), 유류 및 타화물과의 접촉위험(Contact with Oil and / or Other Cargoes: COOC) 등이 있다.

5) 화물별 특수위험에 대한 요율

ICC(A)일지라도 품목의 특성을 고려하여 ICC(B)나 ICC(C)에서 담보하는 위험을 초과하는 부가위험을 제외할 수 있으며, 이를 담보할 경우에는 해당품목별 적용특칙에 따라 별도의 추가보험요율을 부담하여야 하는 점에 유의하여야 한다. 예컨대 유리, 요업제품 및 정밀기계류에서의 파손위험, 고체화공품에서의 포장의 파손으로 인한 부족손위험, 이사화물에서의 파손위험 등이 이에 해당한다.

(2) 해상적화보험료의 산출

해상적화보험에서의 보험요율을 결정하는 기본요소로는 ① 적재선박,[44] ② 항로 및 지역 등 운송구간, ③ 화물의 성질, 상태, 포장형태, ④ 손해율,[45] ⑤ 보험조건과 부가위험조건, 특수보험조건 등이 있다.

해상적화보험의 보험료는 보험금액(CIF가격×110%)에 보험요율(premium rate)을 곱하여 산출한다.

예를 들어 CIF금액이 US$100,000이고 계약상 송장금액(invoice value)에 대하여 110%를 ICC(B)조건(보험요율 0.2%)으로 부보할 경우에 보험료는 (US$100,000×1.1)×0.2%=US$220과 같이 산출할 수 있다.[46]

CIF조건에서 보험료를 산출하는 공식은 다음과 같다.

보험금액: S, 보험요율: R, 보험료: SR, 원가: C, 운임: F라고 하면, 보험금액은 CIF가격×100%이기 때문에

$$S=(C+SR+F)\times 1.1$$
$$S=1.1C+1.1SR+1.1F$$
$$S-1.1SR=1.1C+1.1F$$
$$S(1-1.1R)=1.1(C+F)$$
$$S=\frac{1.1(C+F)}{1-1.1R}$$

---

44) 협회선급약관(Institute Cassification Clause)에 규정되어 있는 표준규격선, 즉 선령 15년 이하의 선박으로 국제공인 주요선급협회로부터 선급부여받는 강철제의 동력선이어야 한다. 적재선박이 표준규격(approved vessel) 이외의 선박은 소정의 할증보험료(additional premium: AP)를 지급하여야 한다.

45) 손해율(loss rate)이란 보험회사가 1회계연도 등 일정기간에 영수한 보험료에 대한 동일기간중의 지급보험금의 비율을 말한다.

46) 한국에서 원화로 보험자에게 보험료를 지급할 경우에는 전신환매도율(T/T selling rate)을 곱하여 산출한다.

$$\therefore\ SR = \frac{(C+F)1.1R}{1-1.1R}$$

이 된다.[47)]

예를 들어 CFR가격이 US$10,000이고, 보험요율 0.1%이라면

위의 식에서 보험료$=\frac{(C+F)1.1R}{1-1.1R}$, 보험금액$=\frac{1.1(C+F)}{1-1.1R}$

따라서 보험료$=\frac{10,000\times0.0011}{1-1.1\times0.001}=\frac{11}{0.9989}=11.01$

CIF 가격은 C+I+F이므로

∴ CIF가격＝US$10,000＋US$11.01＝US$10,011.01

과 같이 된다.

5. 해상적화보험사고시의 보험금 청구

해상적화보험에 부보하는 목적은 보험사고로 인한 피보험목적물의 멸실·손상으로 피보험자가 입게 되는 실손해에 대하여 보험자에게 보험금을 청구(claim)하여 보험금을 수취하는 데에 있다.

따라서 보험증권의 원본을 소지한 피보험자는 손해가 발생한 사실을 알게 된 때에는 지체없이 이를 보험자에게 서면 또는 구두로 통지하고 보험금구상(保險金求償)에 필요한 절차를 밟아야 한다.

다음은 손해의 유형에 따른 보험구상절차를 살펴보기로 한다.

5.1 전손 및 단독해손의 구상

전손 및 단독해손에 따른 보험금청구 관련서류는 다음과 같다.

① 보험금청구서한(Letter of Claim) — 손해의 명세 및 손해액계산서를 첨

---

47) 이를 P. McDonald 산식이라 한다. 여기에서 $\frac{1.1R}{1-1.1R}$를 보험료지수라고 한다.

부한다.

② 보험증권(Insurance Policy) — 원본

③ 상업송장, 포장, 중량명세서(Commercial Invoice, Packing and Weight Lists) — 서명된 사본

④ 선화증권(Bill of Lading) — 서명된 사본(단, 전손인 경우에는 원본)

⑤ 손해검정보고서(Survey Report) — 원본 또는 부본

⑥ 선박회사 또는 기타 수탁자에 대한 Claim 청구서 및 이에 대한 회신(Letter of Claim against Carrier or other Bailee and their reply) — 사본

⑦ 해난보고서(Marine Protest) — 단, 해난이 있을 경우에 한한다.

⑧ 위부장(Letter of Abandonment) — 단, 추정전손의 경우에 한한다.

⑨ 대위권양도서(Receipt and Letter of Subrogation) — 보험자로부터 보험금을 영수함과 이에 따른 대위권을 양도하는 서류로서 보험자가 작성한 소정의 양식에 서명함으로써 이루어진다.

⑩ 기타의 입증서류 — 상기와 같은 서류 이외에도 손해의 형식에 따라 이를 입증하기 위하여 화물인수도협정서(Cargo Boat Note), 검수보고서(Talley Sheet), 입고확인서(Warehouse Receipt), 기타 제 비용을 증빙하는 서류 등이 필요에 따라 보험자의 요구가 있으면 제출되어야 한다.

화물의 전손이 발생한 경우에는 손해검정을 하지 않더라도 전손사실을 증명할 수 있는 적당한 정식서류만 구비하면 된다. 추정전손의 경우에는 피보험목적물을 보험자에게 정당하게 위부하여야만 비로소 전손보험금을 청구할 수 있다.

화물이 보험위험으로 인하여 손상 · 멸실되었음이 명백할 때에는 보험자와 결의한 후에 지체없이 손해검정인을 산정하여 손해의 원인 · 정도 등에 대한 조사가 신속하게 이루어질 수 있도록 하여야 한다. 손해검정보고서는 보험자가 지급보험금을 사정하는 중요한 근거서류가 되므로 손해검정을 실시할 때에는 이해당사자들이 모두 입회하는 것이 바람직하다.

피보험자는 항상 보험에 부보하지 않은 상태의 신중한 무보험자로서의 모든 의무를 다하도록 요구되고 있으므로, 피보험자 또는 그 대리인은 손해가 발생한 경우 이를 방지 또는 경감하도록 노력을 하여야 하며 선박회사 또는 기타 수탁자에 대한 권리보전을 위하여 필요한 조치를 게을리하지 말

아야 한다.

5.2 공동해손의 구상

공동해상사업에 속하여 있는 선박과 적화가 해상운송중 공동위험에 처하게 되는 경우 이를 구제할 목적으로 선주는 공동해손을 선포하고 이에 따라 공동해손행위가 취하여진다. 선주가 이와 같이 공동해손을 선포하는 경우에는 그 사실을 각 관련화주에게 통지하게 된다. 선주의 공동해손선포통지서에는 공동해손의 발생경위, 선임된 공동해손정산인, 공동해손분담의 확보를 위한 보증장 등 화주의 구비서류, 기타 공동해손에 따라 화주가 취하여야 할 절차 등에 대한 사항이 기재되어 있는 것이 보통이다.

따라서 화주가 위와 같은 공동해손선포통지서를 접수하면 이를 즉시 보험자에게 알리고 다음의 서류를 구비하여 보험자로 하여금 화주가 화물을 도착지에서 안전하게 수령할 수 있도록 필요한 조치를 취해야 한다.

① 공동해손구상장(Claim Letter on G.A.)

② 보험증권(Insurance Policy) — 원본

③ 선화증권(Bill of Lading) — 서명된 사본

④ 상업송장(Commercial Invoice) — 서명된 사본

⑤ 공동해손선포통지서(Letter of G/A Declaration)

선주가 공동해손을 선포하게 되면 그에 따라 발생된 공동해손희생 및 비용, 즉 공동해손손해를 추후 정산하는 바에 따라 공동해손행위로 인하여 이익을 받게 된 각 이해당사자들이 그 받은 이익에 비례하여 분담을 하게 된다. 이와 같이 각 이해당사자가 분담하는 금액을 공동해손분담금(G.A. Contribution)이라고 하며 공동해손분담금산출의 기초가 되는 최종도착지에서의 선박, 화물 등의 구조된 가액을 공동해손분담가격(G.A. Contributary Value), 공동해손분담가액과 공동해손분담의 비율을 공동해손분담비율(G.A. Contributary Ratio)이라고 한다.

공동해손의 정산, 즉 공동해손분담금의 산출은 선주측에서 선임한 공동해손정산인(G.A. Adjuster)이 공동해손규칙(York-Antwerp Rule, 1974: YAR) 또는 운송약관에 정하는 바에 따라 공동해손을 정산하여 공동해손정산서

(Statement of General Average)를 작성하게 되며, 이를 모든 이해당사자에게 통지하고 분담금을 회수하게 된다.

공동해손의 정산은 경우에 따라서 수 년이 소요되므로 선주는 추후 공동해손분담금의 안전한 회수를 위하여 화주 등으로부터 다음과 같은 서류를 요구하게 되며, 이 경우 화주인 피보험자는 동 서류의 구비를 위해 보험자와 협의를 하여야 한다.

1) 공동해손보증서(General Average Bond)

화주가 선주의 공동해손 선포를 승인하고 장차 자기 앞으로 할당될 공동해손분담금을 정히 지불할 것과 분담금의 산출기초가 될 자기의 화물의 명세 및 가액을 정당하게 신고할 것을 약속하는 서류이다.

2) 화물가액신고서(Valuation Form)

공동해손에 관련된 화물의 가액을 화주가 선주에게 신고하는 서류이다. 이는 공동해손분담가액의 산출근거가 되며, YAR에서는 화물의 공동해손분담금가액을 CIF가액으로 하고 있으므로 화물가액과 아울러 보험료 및 운임도 포함하여 신고되어야 한다. 이 신고서는 상업송장으로 대신할 수 있다.

3) 공동해손무제한보증장(G.A. Unlimited Guarantee)

공동해손분담금이 할당되는 경우에 그것이 화물이 최종도착지가액을 초과하더라도 부담하겠다는 보증장을 공동해손무제한보증장이라고 한다. 이는 화주를 대신해서 보험자가 발급하게 되는바, 보험자는 보험금액 이상의 공동해손분담금을 부담하게 되는 경우 그 초과부분에 대하여 피보험자가 부담하겠다는 약속으로서 화주의 역보증장(G.A. Counter Guarantee)을 징구하고 있다. 화주가 도착지에서 화물을 인도받기 위하여는 반드시 보험자가 발행한 공동해손보증장을 선주(또는 공동해손정산인)에게 제출하여야 한다.

4) 공동해손현금공탁(G.A. Cash Deposit)

화주가 적화보험자의 공동해손보증장에 대신하여 선주는 화주에게 화물을 인도하기에 앞서 공동해손분담금의 안전한 회수를 위하여 현금공탁을 요구하는 경우가 있다. 이 경우 개략적인 공동해손분담비율에 의거해서 충분하고 여유 있게 산출한 개산분담금을 예치하게 하고 이를 공동해손정산인이 관리하도록 한다. 그리고 공동정산이 완료되면 이 공탁금에서 공동해손분담금을 우선 공제하고 잔액이 있으면 이를 환급하게 된다. 따라서 현금공탁을 하는 경우에는 선주 또는 정산인이 발행한 공동해손공탁금영수증(G.A. Cash Deposit Receipt)을 반드시 보관하고 있어야 한다. 이러한 공탁금은 화물이 무보험인 경우에는 화주가 독자적으로 부담하게 되지만 보험에 부보되어 있으면 이를 보험자가 화주를 대신하여 부담한다.

한편, 공동해손과 더불어 화물의 단독해손이 발생되는 경우도 있게 되는바, 이 경우에는 피보험자와 협의하여 화물의 손해검정절차를 밟을 필요가 있다. 그리하여 화물의 손해가 단순히 화물에만 속하는 단독해손인지 공동해손행위의 결과 야기된 공동해손희생손해인지를 조사하여야 한다.

5.3 제 3 자에 대한 구상

화물이 운송과정중에 멸실 · 손상된 경우 그로 인한 화주의 손해에 대하여는 운송인 및 그 밖의 수탁자의 운송, 보관중에 발생된 것이므로 일차적으로는 이들에게 책임이 귀속되어야 한다. 그러므로 피보험자인 화주는 보험과는 관계없이 신중한 무보험자로서의 의무를 다하여야 하고 귀책사유 있는 제 3 자에 대한 손해배상청구권을 보전시켜 놓아야 한다.

특히 피보험자의 이러한 의무를 해상적화보험약관에 명시하고 있는바, 이는 보험자가 보험금을 지급한 후 피보험자가 갖고 있는 제 3 자에 대한 권리를 대위행사하는 데 지장이 없도록 하기 위한 것이다. 더욱이 한국상법에서는 보험자의 보험금지급채무에 대하여는 2년의 소멸시효기간을 설정하고 있기 때문에 위와 같이 피보험자의 의무는 더욱 중요한 의미를 갖게 된다.

한편, 경우에 따라서는 운송인 등 제 3 자에 대한 구상청구를 화주가 직접하는 편이 효과적인 경우가 있으며, 이러한 경우에는 보험자는 피보험자인 화주에게 보험금지급에 갈음하여 대부금형식지급(Loan Form Payment)을 한다.

이는 한편으로 화주의 제 3 자에 대한 구상절차상의 지연으로 인한 보험금 지급의 지연을 방지하며, 한편으로는 보험자의 대위구상이 부적당한 경우를 피하기 위해서 행하여지는 대부금 명목의 사실상의 보험금 지급이다. 이러한 형태의 지급방법은 화물의 불착(Non-Delivery)이나 도난손해의 경우에 주로 이용되고 있다.

제 11 장 수출보험

1. 수출보험의 개념

2. 수출보험제도의 운영과 수출보험의 인수

1. 수출보험의 개념

1.1 수출보험의 의의

무역거래에서는 계약물품을 목적지까지 운송하는 과정에 발생하는 위험을 담보하기 위하여 해상적화보험을 이용하고 있지만 수입국의 정치 · 경제적 환경변화에 따른 수출불능이나 수출대금회수불능 등 대금결제상 발생하는 위험에 대해서는 수출보험이 이용되고 있다. 따라서 수출보험은 수출국에서 수출진흥을 목적으로 이루어지는 정책적인 보험제도이므로 해상적화보험과는 그 대상과 성격이 다르다.

수출보험이란 수출거래에 수반되는 제 위험 가운데 해상보험 등 통상의 보험으로는 담보할 수 없는 위험, 즉 수입국의 전쟁, 수입제한, 환거래제한 등으로 인한 비상위험(political risk)과 수출계약 상대방의 파산, 대금지급지연 또는 거절 등으로 인한 신용위험(credit risk) 및 수출자, 생산자 또는 수출자금을 융자한 금융기관 등의 경영예측이 어긋남으로 인하여 발생하는 기업위험(management risk) 등을 보상함으로써 수출진흥을 도모하기 위한 비영리정책보험이다.

1.2 수출보험의 기능

(1) 수출거래상의 불안제거기능

수출보험은 수입국에서 발생하는 비상위험 또는 신용위험 등으로 인한 수출불능이나 수출물품에 대한 대금회수불능으로부터 수출자나 생산자가 입는 손실을 보상함으로써 수출거래에 따른 불안을 제거시킨다.

(2) 신용수단의 공여기능

수출보험은 수출대금의 미회수위험을 담보하므로 금융기관으로 하여금 수출환어음을 추심 전 매입할 수 있어 선적 후 여신행위를 용이하게 하고 또한 보험사고가 발생하였을 때 기업이 받는 손실을 보상함으로써 자금의 유동성을 제고시키는 등 신용수단의 공여기능을 갖는다.

(3) 무역관리와 수출정책상의 보조기능

수출보험을 보험의 인수조건, 즉 담보하는 위험의 범위, 보상률, 보험요율 등을 조작하여 수출상의 활동을 촉진시키거나 또는 제한시킴으로써 무역관리상 간접통제방식으로 이용된다. 또한 수출상에게 저렴한 보험료의 적용과 수출상이 귀책사유가 없을 때 유리한 손실보상을 하여 줌으로써 수출경쟁력강화 등 수출진흥정책의 보조기능을 수행한다.

(4) 해외수입상에 대한 신용조사기능

수출보험은 보험인수관리 및 보험사고예방을 위하여 수입국사정 및 수입상에 대한 신용상태를 파악하여야 하므로 신용조사의 기능을 수행하게 된다.

2. 수출보험제도의 운영과 수출보험의 인수

2.1 수출보험의 운영

한국의 수출보험은 정부의 수출지원정책의 일환으로 수출보험법[1]에 의거 도입된 제도이다. 1969년 2월부터 업무를 개시한 이래 그간 대한재보험공사와 한국수출입은행에서 정부를 대행하여 수출보험업무를 수행해 오다가 1992년 7월 7일자로 한국수출보험공사가 공식 발족되면서 전담체제로 운영하고 있다.

한국의 수출보험법은 물품 · 용역 등의 수출 기타 대외거래에서 발생하는 위험을 담보하기 위한 수출보험제도를 효율적으로 운영함으로써 수출을 촉진

1) 1968년 12월 31일 법률 제2063호로 제정되었다.

하여 국민경제의 발전에 이바지함을 목적으로 하고 있다.[2)]

수출보험은 보험사업의 목적을 효율적으로 운영하기 위하여 정부예산이 정하는 바에 따라 수출보험기금을 설치하여 운영하고 있으며 기금의 결산상 손실이 발생한 때에는 우선적으로 적립금에 의해 보전하고 그 적립금이 부족할 경우에는 정부가 보전하도록 하여 궁극적으로 국가의 담보력을 근거로 운영하고 있다. 따라서 수출보험의 보험자는 정부가 되고 보험사고발생시 보험금지급의 궁극적 책임도 정부가 부담하게 된다.

2.2 수출보험의 인수

한국수출보험공사는 수출어음보험과 수출보증보험에 대하여 예정보험계약을 체결할 수 있으며, 수출보험의 효율적인 위험분산 또는 보험료의 평준화를 위하여 필요하다고 인정할 때에는 수출어음보험과 수출보증보험은 물론 단기수출보험, 중장기수출보험에 대해서 포괄보험을 실시할 수 있다.

여기서 예정보험계약이라 함은 보험의 목적, 보험금액 등 보험계약내용의 일부를 확정하지 않고 그 범위를 개괄적으로 정한 보험계약으로서 그 내용이 확정되어 보험계약자가 이를 통지한 때에 보험관계가 성립되는 보험계약을 말한다. 또한 포괄보험은 한국수출보험공사와 보험계약자가 부보대상거래를 정하여 보험계약자는 해당거래 전부를 의무적으로 부보하고 한국수출보험공사는 사전에 정해진 기준에 부합하면 이를 인수하는 운영방식을 말한다.

---

2) 한국수출보험법 제1조.

제 12 장 통관과 관세

1. 통　관

물품을 수출 또는 수입할 경우에는 세관(customs house)이라는 관문을 통과하여야 한다. 통관(customs clearance)이란 이처럼 세관을 통과하는 것을 말하며 관세법상 통관은 관세법에서 규정한 절차를 이행하여 수출 · 수입 · 반송[1] 하는 것을 말한다. 다시 말하면 모든 수출입물품에 대하여 세관으로 하여금 수출승인(export licence: E/L) 또는 수입승인(import licence: I/L) 사항과 현품을 대조 · 확인하여 수출 또는 수입신고수리 여부를 결정하는 세관장의 처분이라고 할 수 있다. 이처럼 세관을 통과할 때 특히 수입물품에 대해서는 국가의 재정수입을 얻기 위하여 또는 국내산업을 보호하기 위하여 관세를 부과하고 있다.

여기에서는 수출통관, 수입통관 및 수출입통관관련 특별지원제도에 대하여 살펴보기로 한다.

1.1 수출통관

(1) 수출통관의 의의

수출통관이란 내국의 물품을 외국으로 반출[2]하는 세관장의 처분이다. 관세법상 수출이라 함은 "내국물품을 외국으로 반출함을 말한다"고 규정하고 있다. 여기에서 수출의 대상이 되는 것은 내국물품이다. 내국물품이라 함은 우리나라에 있는 물품으로서 외국물품이 아닌 것과 우리나라의 선박에 의하여 공해에서 채집 또는 포획된 수산물 등과 입항 전 수입신고가 수리된 물품

1) 반송이란 국내에 도착한 외국물품이 수입통관절차를 거치지 아니하고 다시 외국으로 반출되는 것을 말한다.

2) 반출이란 보세구역에서 물품이 나가는 것을 말한다.

을 말한다. 수출되는 모든 물품은 수출통관절차를 거쳐야 하지만 체신관서가 외국으로 발송한 우편물은 수출 또는 반송이 이루어진 것으로 본다.[3)]

(2) 수출통관절차

수출통관절차라 함은 수출하고자 하는 물품을 보세구역(bonded area)에 반입[4)]하고 세관에 수출신고(export declaration: E/D)를 한 후 서류심사, 필요한 물품검사 · 감정 · 분석을 거쳐 수출신고필증을 받아 물품을 보세구역으로부터 반출하여 외국무역선(기)에 적재하는 일련의 절차를 말한다.

[그림 12-1] 수출통관절차도

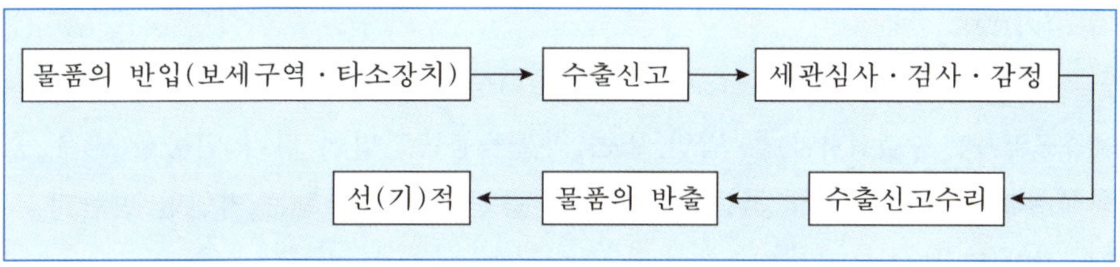

1) 수출물품반입

보세구역이란 외국물품을 장치하거나 물품의 수출입에 따른 통관절차를 이행하기 위하여 수출물품을 일정기간 장치하거나 또는 외국물품의 가공 · 제조 · 전시 등을 하기 위한 장소로서 세관장이 지정하거나 특허한 구역을 말한다.[5)]

물품을 수출하고자 할 때 보세구역에 물품을 반입하여 장치하는 것이 원칙이지만 거대중량, 기타의 사유로 보세구역에 장치하기 곤란하거나 부적당한 물품 및 수출할 물품으로서 화물관리에 어려움이 없는 물품, 재해, 기타 부

---

3) 이것을 관세법상 수출(반송)의 의제(擬制)라 하고 있다.

4) 세관장의 허가를 받아 수출상의 제조공장 등에 수출품을 타소장치하거나 부득이한 경우에 선상신고제로 선박이나 항공기에 적재한 채로 수출신고를 할 수도 있다.

5) 보세구역은 지정보세구역, 특허보세구역 및 종합보세구역으로 구분한다. 지정보세구역은 세관장이 지정한 보세구역으로서 주로 국가 · 공공의 토지 · 시설 등의 일정구역을 지정하여 특정물품의 장치,수입물품의 검사를 하는 곳이며, 특허보세구역은 신청을 받아 세관장이 특허한 보세구역으로 주로 사인의 토지 · 시설 등의 일정구역에 대하여 특허한다. 지정보세구역으로는 지정장치장, 세관검사장이 있고, 특허보세구역으로는 보세창고, 보세공장, 보세전시장, 보세건설장, 보세판매장이 있다.

득이한 사유로 임시 장치할 물품, 검역물품, 압수물품, 우편물품은 타소장치하여 수출신고를 하거나 양곡, 원유, 광산물과 같은 대량의 실물은 보세구역 반입이 화주에게 큰 부담을 줄 수 있기 때문에 공인검정기관의 감정보고서(Surveyor's Report)에 의해 수출물품의 수량을 확인하는 물품은 선박 또는 항공기에 적재한 그대로 이른바 '선상신고제'를 이용할 수도 있다.[6)]

2) 수출신고

수출신고는 물품을 수출하기 위한 세관에 대한 의사표시로 관할 세관장에게 수출신고의 수리를 받기 위한 절차이다. 수출신고는 화주나 관세사 통관취급법인 또는 관세사법인의 명의로 하여야 한다.

(가) 화 주

화주란 수출승인서(export licence: E/L)상의 수출자(완제품공급의 경우에는 물품공급자인 수출위탁자)를 법인 또는 화물유통촉진법에 따라 인증을 받은 종합물류업자로서 관세청장의 허가를 받아 통관업을 영위한는 법인을 말한다.

(나) 관 세 사

관세사란 통관절차를 이행하거나 화주 또는 관세의 납세의무자를 대리하여 세번·세율의 분류, 과세가격의 확인과 세액의 계산, 통관절차의 이행, 이의신청, 심사청구 및 심판청구의 대리, 관세에 관한 상담을 업으로 하는 자를 말한다.

(다) 통관취급법인

통관취급법인이란 운송·보관 또는 하역을 업으로 하는 법인과 그 법인이 자본금의 100분의 50 이상을 출자하여 설립한 법인으로서 관세청장의 허가를 받아 통관업을 영위하는 법인을 말한다.

(라) 관세사법인

통관절차의 조직적 이행과 그 공신력을 높이기 위하여 수 명의 대표이사로 설립된 법인을 말한다.

---

6) 수출물품의 장치는 수출자가 원하는 임의의 장소에 장치한 상태에서 수출신고를 허용하는 추세에 있다.

3) 세관심사 · 검사 · 감정

세관에서의 수출심사는 접수된 서류의 수출승인사항과 수출신고사항의 일치여부, 대외무역법령 및 기타 법령에 의한 존건의 구비여부, 수출물품에 대한 품목분류 번호의 정확성 기타 수출물품 통관을 위해 필요한 사항에 대하여 심사하게 된다. 세관검사 대상물품이 이·화학적으로 감정 · 분석 등에 상당한 시일을 필요할 경우에는 세관검사에 필요한 견본을 채취하고 사후검사 · 분석제도를 활용하고 있다.

세관의 검사방법은 수출자의 신용도, 물품의 성질 · 수량 가격 등을 참고하여 파출검사, 견본검사, 세관검사장 검사로 구분하여 실시된다.

4) 수출신고의 수리

수출물품의 검사 · 걈정 · 심사 등을 마치고 물품과 신고서류상의 요건이 부합되면 수출신고의 수리와 함께 수출신고자에게 수출신고필증을 교부한다. 수출신고수리일자가 관세법상 수출일자가 되며 수출금액은 FOB로 환산한 금액이 된다. 수출물품은 수출신고수리에 의하여 내국물품에서 외국물품이 되고 신고수리된 물품은 외국물품으로서의 특별한 관리를 받게 된다.

실무적으로는 수출신고수리를 한 세관장은 신고수리당일에는 수출상에 수출환어음매입(negotiation)시에 거래은행에 제공하게 되는 대금결제용 수출신고서를 우선 발급하여 주고, 본선이나 항공기에 적재한 후 세관공무원이 선(기)적 확인하여 수출신고필증은 나중에 교부하여 주고 있다.

5) 수출신고의 취하 및 각하

세관에 수출신고가 유효하게 접수되거나 수출신고수리가 된 뒤에는 원칙적으로 수출신고를 취하할 수가 없다. 그러나 수출할 수 없는 정당한 사유가 있을 때에는 세관장에게 수출신고 취하승인신청을 하여 승인을 받아 수출신고수리를 받은 이후라 하더라도 그 수출신고를 취하할 수 있다. 세관장이 수출신고의 취하를 승인할 수 있는 정당한 사유란 신용장의 취소 또는 유효기간의 경과, 수입국에서의 수입금지조치, 천재지변, 부두파업 등으로 수출할 수 없는 경우로 수출자에게 귀책되지 않는 경우를 말한다. 수출신고가 취하되면 수출신고수리의 효력은 상실되고 내국물품이 된다.

수출신고의 각하란 세관장의 직권으로 당해신고를 거절하거나 취소하여 돌려보내는 것이다. 신고를 각하할 수 있는 사유는 첫째, 수출의 요건을 갖추지 못한 경우로서 수출의 승인을 받지 못하거나 수출입의 승인기간이 경과하였을 경우 등과 같이 구비서류를 못 갖추거나 서류의 내용에 중요한 불비가 있는 경우 등이고, 둘째, 사위(詐僞) 기타 부정한 방법으로 신고된 경우로서 위장수출, 구비서류의 위조 · 변조 또는 중대한 허위사실의 신고 등의 경우이다. 서류의 불비가 경미한 경우에는 보완지시를, 완비가 불가능한 경우에는 각하를 하게 되고, 사위 기타 부정한 방법에 의한 신고에 대하여는 각하를 하는 동시에 심리의뢰하여 관세법 위반여부를 조사하게 된다.

6) 물품의 반출과 선적

수출신고가 수리된 물품은 보세구역이나 타소장치장으로부터 물품운송이 가능하다. 이 때는 외국물품상태이므로 세관의 엄격한 감시를 받게 되며 지정선적항으로 운송하게 된다.[7)]

컨테이너 만재화물(FCL)인 경우에는 지정컨테이너 야적장(CY)으로, 컨테이너 1대에 미달되는 화물(LCL)과 같이 컨테이너에 적입(stuffing)할 물품은 우선 컨테이너 화물조작장(CFS)으로 가서 적입작업을 마치고 컨테이너 야적장(CY)으로 옮기게 된다. 이와 같이 컨테이너 터미널(container terminal)에서 컨테이너 터미널 운영자(container terminal operator: CTO)에게 물품을 인도완료하게 되면 수출상인 화주는 부두수령증(Dock Receipt: D/R)을 선박회사로부터 받을 수 있다. 선박회사는 선적지시서(shipping order: S/O)에 의해 컨테이너를 본선에 적재작업을 하게 된다.

한편 살물(bulk cargo)인 경우에는 선박회사의 선적지시서에 의해 본선에 적재작업을 하고 본선수령증(Mate's Receipt: M/R)을 화주가 선박회사로부터 발급받을 수 있다.

이처럼 신고수리된 물품이 실제 선적되었는지 여부를 세관공무원이 선적 또는 기적된 사실을 확인하여 수출신고필증에 선(기)확인필이라고 날인하여 관세환급이나 원자재사후관리를 할 수 있도록 수출상에게 수출신고필증을 교

7) 이것을 보세운송이라 하고 수입물품도 수입항에 도착하여 수입통관이 안 된 상태에서 내륙구간을 운송하는 것이 여기에 해당된다.

부하여 주게 되면 수출통관절차는 끝나게 된다.

1.2 수입통관

(1) 수입통관의 의의

수입통관이란 외국물품을 우리나라에 반입하는 것을 허용하는 세관장의 처분을 말한다. 또한 관세법상 수입이라 함은 외국물품을 우리나라에 반입하거나 우리나라에서 소비 또는 사용하는 것을 말한다. 수입통관은 수입하고자 하는 물품을 보세구역 등 장치장소에 반입하는 것으로부터 수입신고수리를 받아 장치장소로부터 반출하는 일련의 단계에서 종결된다.

(2) 수입통관절차

외국에서 도착된 물품은 하역작업을 마치고 원칙적으로 보세구역에 반입·장치하여 수입신고를 하게 되지만 예외적으로 다량의 단일살물, 정부의 군수품이나 긴급도입물품 등은 선상신고를 할 수 있으며 긴급히 통관할 필요가 있거나 통관심사에 장시간이 소요되는 물품 등은 사전수입신고도 할 수 있고, 부패 및 손상의 우려가 있거나 위험물품, 외교관 이사물품, 정부용품, 지정세관등록업체에서 수입하는 물품 등은 컨테이너에 내장한 상태로 수입신고가 가능하다.

세관장은 수입신고된 물품과 수입신고시 제출한 서류가 부합되는지를 심사한 후 관세를 평가하여 관세 등을 고지하고 납세의무자가 관세를 납부하면 수입신고수리를 하여 수입신고필증을 발급하여 준다. 이 수입신고수리시점은 곧 외국물품에서 내국물품이 되는 것이며 보세구역에서 물품을 반출하여 용도대로 사용할 수 있게 된다.

1) 수입물품반입

수입상은 운송회사로부터 화물도착통지(arrival notice: A/N)를 받고 화물인도지시서(delivery order: D/O)에 따른 수입물품을 통관하기 위하여 수출물품과 마찬가지로 우선 보세구역 또는 타소장치에 반입하여야 한다.

[그림 12-2] 수입통관절차도

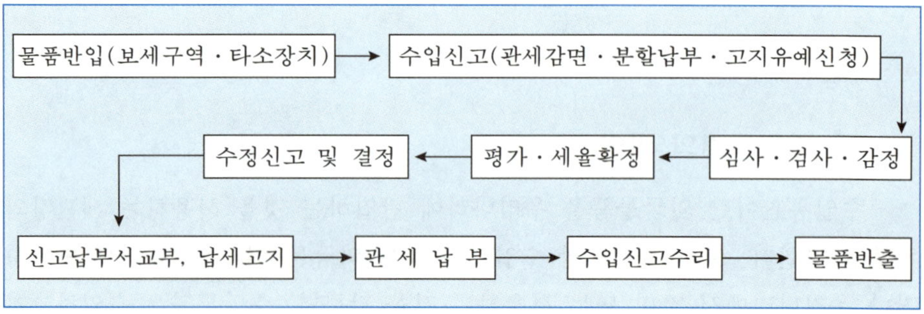

2) 수입신고

수입신고(import declaration: I/D)는 물품을 수입하겠다는 의사표시를 세관장에게 하는 것으로 이는 곧 적용법령, 과세물건 및 납세의무자를 확정시키는 것이다. 수입물품의 적용법령은 수입신고 당시의 법령에 의한다. 또한 관세는 원칙적으로 수입신고를 할 때의 물품의 성질과 수량에 의하여 부과된다. 만일 수입물품이 수입신고된 때로부터 수입신고수리시까지 변질이나 손상이 되었을 경우에는 관세를 경감할 수 있다.

관세의 납세의무자는 그 물품을 수입하는 화주, 즉 수입승인(import licence: I/L)을 받은 자가 일반적이지만 수입을 대행계약에 의하여 대행할 경우에는 수입을 위탁한 자가 화주가 되고[8] 수입신고수리 전에 외국물품을 보세구역에 장치한 채 양도한 경우에는 양수인이 화주가 된다.

수입신고자는 수출신고시와 같이 화주, 관세사, 통관취급법인, 관세사법인 중 어느 하나의 명의로 하여야 한다. 통관을 하고자 하는 자는 물품반입일 또는 장치일로부터 30일 이내에 수입신고를 하여야 하며, 30일을 경과하여 수입신고를 한 때에는 대통령령이 정하는 물품에 한하여 그 물품의 과세가격의 일정비율에 상당하는 금액범위 내에서 가산세를 징수한다.

만일 수입신고된 물품이 위약물품이나 수입금지조치물품, 변질 · 손상 등 정당한 사유가 있는 경우에는 수입신고의 취하 또는 각하를 할 수 있다.

8) 실수요자라고도 한다. 이 경우에는 관세납세의무자=화주=위탁자=실수요자의 관계가 성립된다.

3) 세관의 심사 · 검사 · 감정

수입신고를 접수한 세관은 수입신고서류의 구비여부에 대해 제출된 서류가 수입승인사항과 수입신고사항의 일치여부, 대외무역법령 및 기타 법령에 의한 조건의 구비여부, 세번 · 세율 · 세액의 정확여부, 분석의뢰 필요성 유무, 기타 수입물품 통관을 위하여 필요한 사항 등에 대해서 심사한다.

물품의 검사와 감정의 목적은 수입물품의 규격과 수량을 확인하고, 수입허가 또는 승인사항과 현품을 대조하여 무역관리를 현실적으로 실현하는 동시에 그 물품의 세번(HS)을 확인하여 세율을 결정하고 물품의 손상 · 변질 등을 확인하여 과세가격을 결정함과 동시에 정상무역을 가장하여 밀수품이 수입되는 것을 막는 데 있다.

수입물품의 검사대상은 관세청장이 지정한 필수검사 대상품목과 업체의 성실도 등을 감안하여 불규칙검사 대상물품으로 구분하여 탄력적으로 운영하고 있다. 또한 검사는 긴급을 요하는 것은 사전신청하여 검사를 받을 수 있고 검사방법은 수입자의 신용도, 물품의 성질 · 수량 · 가격 및 장치장소 등을 감안하여 견본검사, 세관검사장검사와 파출검사로 실시한다.

현품검사결과 품목분류 및 과세가격결정, 수출입공고 등의 운영상 물리적 · 화학적 실험에 의하여 그 내용을 확인해야 하는 등 전문지식과 기술을 요하는 경우에는 세관분석실에 분석의뢰하거나 당해물품에 관한 전문가의 의견을 받아 처리할 수 있도록 하고 있다.

4) 과세가격의 결정

(가) 과세가격의 신고

과세가격의 신고란 과세의 납세의무자가 수입신고를 하는 때에 관세청장이 정하는 바에 따라 세관장에게 당해물품의 가격을 신고하는 것을 말한다. 가격신고를 할 때는 상업송장, 운임명세서, 보험료명세서 등을 제출하여야 한다.

과세가격의 평가시기는 일반적으로 수입자가 가격신고한 내용대로 과세가격을 인정하고 수입신고수리를 한 후 일정기간 내에 과세가격에 대한 적정성여부를 심사하도록 하고 있다.

(나) 과세가격의 결정방법

신평가제도에 따라 다음과 같은 제 1 방법에서 제 6 방법까지 여섯 가지

평가방법을 나열하여 이를 순차적으로 사용하고 있다. 이 중세 제 1 방법이 그 적용범위가 가장 크고 중요한 비중을 차지하고 있다.

제 1 방법: 구매자가 실제로 지급하는 거래가격을 기초로 한 과세가격 결정방법

제 2 방법: 동종 · 동질물품의 거래가격을 기초로 한 과세가격 결정방법

제 3 방법: 유사물품의 거래가격을 기초로 한 과세가격 결정방법

제 4 방법: 국내판매가격을 기초로 한 과세가격 결정방법

제 5 방법: 산정가격을 기초로 한 과세가격 결정방법

제 6 방법: 합리적 기준에 의한 과세가격 결정방법

제 1 방법의 내용은 ① 거래의 요건을 갖춘 수입물품에 대해 ② 실제로 지급해야 할 금액에 ③ 몇 가지 조정요소를 가감하고 ④ 그 물품을 우리나라에 도착시키는 데 소요된 운임과 보험료를 가산하여 과세가격을 결정하는 것이다. 거래가격의 요건은 ① 당해수입물품의 사용에 대한 제한이 없어야 하며, ② 당해거래에 영향을 미치는 조건 등이 붙지 않고, ③ 특수관계에 의한 영향이 없을 것이 충족되어야 한다.

5) 관세 및 제세납부

수입물품에 부과되는 세로는 관세 · 임시수입부가세[9] · 개별소비세 · 주세 및 부가가치세가 있다.[10]

관세 등의 납부시기는 납부서를 교부받은 날(직접 수교 또는 배달증명통지받은 날)로부터 15일의 납부기한을 정하여 납부고지를 하고 납부기한을 경과하면 일정한 가산금을 부과하고 있다.

(가) 관세율의 적용순위

관세율은 국내법에 의한 국정세율과 국가간의 협약에 의한 협정세율이 있다. 전자는 다시 기본관세, 잠정관세 및 탄력관세 등으로, 후자는 WTO 양허관세 등으로 대별할 수 있다.

관세율의 적용순위는 다음과 같다.

1순위: 덤핑방지관세, 상계관세, 보복관세, 긴급관세, 특정국물품긴급관

9) 현재까지 적용하지 않아 과세된 사례가 없다.

10) 관세 등이라 표시한다.

세, 농림축산물에 대한 긴급관세

2순위: 국제협력관세, 편익관세(단, 3·4·5·6순위 세율보다 낮은 경우에만 적용)

3순위: 조정관세, 할당관세, 계절관세(단, 할당관세는 4순위 세율보다 낮은 경우에만 적용)

4순위: 일반특혜관세

5순위: 잠정관세

6순위: 기본관세

(나) 관세 및 제세의 산출방식

관세 등의 산출방식은 다음과 같다. 개별소비세, 주세, 농어촌특별세 및 교통·에너지·환경세는 해당되는 품목에만 적용된다.

① 관　세

i) 종가세 적용물품

실제거래가격(일반적으로 CIF가격)×과세환율[11]=과세가격

과세가격×관세율=관세

ii) 종량세 적용물품

수입물품의 수량×관세율표상의 단위 수량당 금액=관세

iii) 선택세 적용물품

종가세와 종량세 중 고액(율)을 선택

② 개별소비세

(과세가격+관세)×세율=특소세

③ 주　세

i) 주정(종량세)

KL당×(일정금액+가산금액)=주세

ii) 주류(종가세)

(과세가격+관세)×세율=주세

④ 교 육 세

개별소비세 또는 주세×세율=교육세

11) 과세환율은 관세청장이 수입신고일에 속하는 주의 전주(월요일부터 토요일까지)의 외국환 매도율을 평균하여 정하고 있다.

⑤ 농어촌특별세

개별소비세×농특세율=농특세

감면세액×세율=농특세

⑥ 교통 · 에너지 · 환경세

(과세가격+관세)×세율=교통 · 에너지 · 환경세

⑦ 부가가치세

(과세가격+관세+개별세 또는 주세+교통 · 에너지 · 환경세+교육세+농특세)×세율(10%)=부가가치세(VAT)

6) 수입신고수리 및 반출

납세의무자가 관세 및 제세를 납부한 후에 수입신고수리됨으로써 외국물품이 내국물품화하고 관세법상의 모든 구속으로부터 벗어나게 되므로 보세구역에서 반출하여 용도에 따라 사용할 수 있다. 수입신고수리가 되면 세관장은 수입신고필증을 교부하게 된다.

이처럼 모든 수입물품은 원칙적으로 관세를 납부한 후 수입신고수리가 되고 있으나 분할납부승인물품, 휴대품통관 등은 예외로 하고 있다. 그리고 긴급한 사유 등으로 수입신고수리 전에 통관물품을 반출하기 위해서는 해당 세관에 담보를 제공하고 신고수리 전에 반출할 수 있는 신고수리 전 일시반출, 신고 수리 전 즉시반출 제도가 있다.

1.3 수출입통관관련 특별지원제도

(1) 간이통관제

일반적인 통관절차는 매우 번잡스러운 절차가 요구되는데, ① 휴대품 · 탁송품 또는 별송품, ② 우편물, ③ 재수출면세 및 정부용품면세의 규정에 의하여 관세가 면제되는 물품 등은 복잡한 절차를 요구할 필요가 없기 때문에 간이통관제도를 인정하고 있다.[12)]

12) 국제적으로도 '물품의 일시수입통관제도' (ATA 까르네)가 있다. ATA란 일시수입의 의미인 불어 "Admission Temporarie"와 같은 뜻의 영어 Temporary Admission의 문자를 결합하여 만든 것으로 "Carnet"란 제도를 의미한다. "ATA Carnet"은 ATA 협약(1961년 12월 6일 CCC가 채택, 1963년 7월 30일 효력 발생) 가입국간에 일시적으로 물품을 수입, 수출 또는 보세운송하는 데 있어 수입

[표 12-1] 정상운임 환산율

구 분 / 지 역	FOB 가격에 가산할 율 (FOB → CFR)		CFR(C&I)가격에서 가산할 율 〔CFR(C&I) → CIF〕	
	선 박	항 공	선 박	항 공
일본지역	0.0340	0.2260	0.0334	0.2251
동남아지역	0.0810	0.2410	0.0804	0.2399
기타 지역	0.0880	0.2564	0.0873	0.2551

[표 12-2] 정상보험료 환산율

구 분 / 지 역	FOB가격에 가산할 율 (FOB → CFR)		CFR가격에서 가산할 율 (CFR → CIF)	
	선 박	항 공	선 박	항 공
일본지역	0.0076	0.0049	0.0070	0.0040
동남아지역	0.0081	0.0056	0.0075	0.0045
기타 지역	0.0087	0.0060	0.0080	0.0048

수입품이 여행자 휴대품 등으로 합리적인 국내도매가격을 산출할 때 실제 지급한 운임, 보험료 등을 알 수 없는 경우에는 다음의 운임 및 보험료 환산율에 의하여 산출한다.

〈FOB가격을 CIF가격으로 산출할 경우의 예〉

어떤 물품을 선박을 이용하여 FOB Kobe조건으로 US$10,000을 수입하였을 때 위의 표를 적용하여 CIF 가격을 산출하여 보면 다음과 같다.

① FOB → CFR

FOB×(1+0.0340)=FOB×1.0340=CFR가격

국 세관에서 요구하던 복잡한 통관서류나 관세납부 및 예치절차를 생략하는 증서로서 재수출을 조건으로 이 증서를 이용하면 통관절차를 대폭간소화 및 신속·편리하게 할 수 있는 제도이다. ATA 까르네증서의 유효기간은 발급일로부터 1년간이며 일시수입될 상품을 세관에서 정한 재수출기간 내에 재수출하여야 하며 예정수입관세율을 적용하며 소정의 담보금과 수수료를 징수한다. 우리나라는 대한상공회의소에서 신청업무를 담당하고 있다. ATA 까르네로 일시 면세수출·수입될 수 있는 상품은 ① 상품 견본, 광고용 재료, ② 전시회, 박람회, 회의, 기타 유사한 행사의 전시에 사용될 상품, ③ 직업용구, 취재 및 촬영장비, 공연장비 등이다.

∴ US$10,000×1.0340=US$10,340

② CFR → CIF

US$10,340×1.0070=US$10,412.38

(2) 임시개청

세관은 공휴일에 관한 규정에 따라 휴일에는 개청하지 않는다. 그러나 세관의 휴일과 개청시간 외에 통관절차를 수행하여야 할 필요성이 있는 물품에 대해서는 사무의 종류 및 시간과 사유를 기재한 통보서를 세관장에게 제출하여 통관수속을 행할 수 있다. 이 경우에는 개청시간의 통관절차에 관한 수수료를 소정의 시간별로 납부하여야 한다. 이 제도는 긴급을 요하는 물품의 수출·수입통관을 비록 공휴일일지라도 신속히 행할 수 있으므로 화주는 선적기일을 놓치지 않고 수출을 이행할 수 있도록 행정편의를 제공받게 되는 셈이다.

2. 관　　세

여기에서는 관세의 개념, 관세의 종류, 관세의 제도적 측면에서의 탄력관세제도, 특혜관세제도, 관세환급제도를 중심으로 살펴보고자 한다.

2.1 관세의 의의와 성격

(1) 관세의 의의

관세(customs duties; tariffs)[13)]란 관세영역(관세선)을 출입하는 물품에 대하여 법률이나 조약에 의거하여 부과하는 조세이다.

관세는 단순히 국경을 관세선(customs line)으로 하고 이를 출입·통과하는 물품에 부과하는 것은 아니다. 정치적으로 자국의 영역일지라도 관세제도상 외국과 동일한 개념으로 취급하는 관세제외지 또는 자유항이 있는가 하면 정치적으로 타국의 영역일지라도 관세제도상 내국과 동일하게 취급하는 관세

---

13) 아담 스미스(Adam Smith)가 그의 저서 「국부론」(*Wealth of Nations*)에서 "…아득한 옛날부터 행하여진 관습적 지급(customary payments)"이라 표현한 데서 customs라고 불리워지게 되었다고 한다.

가입지 또는 관세동맹국가[14]가 있기 때문이다. 그러므로 관세선의 한계는 정치상의 국가영역과 경제상의 관세영역으로 이론상 엄밀히 구분된다.

(2) 관세의 성격

관세는 그 성격상 징수주체는 국가이며 강제적으로 징수하고 반대급부가 없다. 또한 관세는 재정수입과 산업보호를 주목적으로 하며, 법률이나 조약에 의해 부과·징수된다. 관세는 대물세이며 수시세(隨時稅)이다. 또한 관세는 관세영역을 출입하는 물품에 대해 부과되며 전가된다.

한국 관세법은 "관세의 부과징수 및 수출입물품의 통관을 적정하게 하고 관세수입을 확보함으로써 국민경제 발전에 이바지함을 목적으로 한다"고 규정하고 있어 조세법으로의 성격, 통관법으로의 성격, 그리고 단속법으로의 성격을 가지고 있다고 할 수 있다.

자유무역을 제한하는 무역정책수단으로 이와 같은 관세 외에도 수량제한, 수입할당(import quota), 수출보조금, 덤핑규제 등 이른바 비관세장벽(non-tariff barrier: NTB)이 있다.[15]

2.2 관세의 효과

(1) 재정수입효과(revenue effect)

관세를 부과하면 정부는 재정수입을 얻게 된다. 이렇게 재정수입을 목적으로 부과하는 관세를 재정관세라 한다. 관세는 당초에 재정수입을 목적으로 부과하였으나 오늘날에는 국내산업보호를 위한 무역정책수단으로 이용되고 있다. 그렇다고 재정수입면을 무시할 수도 없는 것이다.

(2) 보호효과(protective effect)

수입관세를 부과하면 외국으로부터의 수입물품에 대한 가격은 상승하고 이에 따라 국내수요가 줄어들게 되어 이와 경쟁관계에 있는 국내산업은 보호

14) 벨기에·네덜란드·룩셈부르크 간에 베네룩스(Benelux)관세동맹이 있다.

15) 비관세장벽 중에서 수량제한, 수입할당제, 수출사율규제, 수입과징금제, 수입넘빙규제, 수입담보금예치제, 수입관련 기타 기술적·행정적 규제는 수입제한적 비관세장벽이며 수출보조금, 수출신용보험제도, 수출관련 기타 기술적·행정적 지원은 수출장려적 비관세장벽이다.

된다. 이런 목적으로 부과되는 관세를 보호관세라고 한다.

(3) 소비효과(consumption effect)

수입물품에 관세를 부과하면 그 수입품의 가격이 상승되어[16] 이에 따라 부과된 관세만큼 비싸게 구입해야 하므로 소비가 억제된다고 할 수 있는데 이를 소비효과라고 한다.

(4) 국제수지효과(international balance of payment effect)

수입물품에 관세를 부과하면 국내가격의 상승으로 인하여 수입물품에 대한 수요는 감소하게 되고 자국의 수출물품에는 아무런 변동이 일어나지 않으므로 국제수지는 개선된다. 단, 이 경우에 상대국의 보복관세나 반작용이 없어야 한다.

(5) 재분배효과(redistribution effect)

관세의 부과에 따라 소비자는 전보다 비싼 가격으로 물품을 구입해야 하는데, 이는 곧 생산자가 높은 가격으로 물품을 공급한다는 것을 뜻한다. 따라서 소비자로부터 생산자에게 소득이 재분배되는 효과를 발생시키게 됨을 의미한다.

(6) 교역조건효과(terms of trade effect)

수입물품에 관세가 부과되면 수입물품의 가격은 상승되어 수요가 줄어들게 되므로 수출국에서는 수출증대를 위하여 수출가격을 더욱 인하시키게 된다. 따라서 수입국측에서의 자국물품 수출가격이 불변일 경우 교역조건은 개선된다고 볼 수 있다.

2.3 관세의 종류

관세의 종류는 분류방식에 따라 여러 가지로 나눌 수 있다. 즉, ① 물품의 이동방향에 따라 수입세 · 수출세 · 통과세, ② 과세의 목적에 따라 재정관

16) 이것을 가격효과(price effect)라고도 한다.

세 · 보호관세, ③ 과세의 방법에 따라 종가세 · 종량세 · 혼합세 · 선택세, ④ 과세의 결정근거에 따라 국정관세 · 협정관세, ⑤ 특수관세로 탄력관세와 특혜관세 등을 들 수 있다.

(1) 수입세 · 수출세 · 통과세

수입세(import duties)란 국외에서 국내의 관세영역 안으로 물품이 이동될 때 부과되는 관세를 말한다. 일반적으로 관세라 하면 수입세를 의미한다. 재정수입과 국내산업보호를 주목적으로 한다.

수출세(export duties)는 수출되는 물품에 부과하는 관세로 특수한 경우에 부과된다. 즉 수출국에서 수출세를 부과하더라도 수출에 지장이 없을 정도로 독점적이고 전략적인 물품으로 국가의 재정수입에 기여하게 될 수 있는 것들이다. 수출세를 부과하고 있는 예로는 브라질의 커피, 필리핀의 원목, 말레이시아의 고무, 태국의 쌀, 스리랑카의 차(tea), 스페인의 콜크(cork), 쿠바의 설탕, 인도의 검정후추(black pepper) 등이다.

통과세(transit duties)란 자기나라 또는 일정한 관세영역을 단순히 통과하는 물품에 대하여 부과하는 관세를 말한다. 이는 중상주의 시대에 재정수입을 목적으로 부과된 적이 있었으나 오늘날에는 통과세를 과세하지 않고 있으며 종전의 관세 및 무역에 관한 일반협정(GATT) 제 5 조에서도 통과세부과를 면제하여야 한다는 규정이 있었다.

(2) 재정관세 · 보호관세

재정관세(revenue duties)는 국고수입의 확보, 즉 재정수입을 목적으로 부과하는 관세로 세입관세라고도 한다. 재정관세는 일반적으로 국내생산이 거의 불가능하여 수입에 의존할 수밖에 없거나, 수입을 권장하거나 더 이상 보호할 가치가 없을 때 부과된다.

선진국에서는 커피 · 차 · 담배 · 향료 등 기호품에 적용되나, 후진국에서는 국산가능성이 희박한 중요 산업용기계, 생활필수품, 원자재 등이 적용되는 경우가 많다.

보호관세(protective duties)는 국내의 유치산업(infant industry)을 보호하고 육성할 목적으로 부과되는 관세를 말한다. 이는 일반적으로 고율의 관세를 부과하기 때문에 그 물품의 국내가격이 인상되어 국내산업을 보호하게 된다. 보호관세의 구체적인 목적은 유치산업 외에 기존 산업의 보호를 목적으로 한 육성관세, 공황의 악영향에 대비하기 위한 공황관세, 외국제품 수입을 금지하기 위한 금지관세 등으로 나눌 수 있다.

(3) 종가세 · 종량세 · 혼합세 · 선택세

종가세(ad valorem duties)란 물품의 가격을 과세표준으로 하여 세액을 부과하는 방법이다. 즉 세액을 계산할 때의 방식은 다음과 같이 한다.

실제 거래가격×과세환율×관세율=관세액

예를 들면, US$10,000 상당의 A라는 물품을 수입할 때의 적용과세환율이 900원이고 관세율이 10%라면 US$10,000×₩900×10%=₩900,000. 따라서 900,000원 상당의 관세를 부과하게 된다. 한국의 관세율은 대부분의 품목이 종가세로 되어 있다.

종가세의 장점은 물품의 실제가격에 따라 과세하므로 공평성이 있으며 인플레시에도 세율의 변경 없이 세수입을 올릴 수 있어 세부담의 균형을 유지할 수 있다. 그러나 그 반면에 단점으로는 거래시기나 방법에 따라 수시로 변하는 물품의 과세기준가격을 정확히 산출하기 어렵고, 과세가격의 확정에 복잡한 절차와 비용이 든다는 점이다.

종량세(specific duties)는 물품의 수량, 즉 개수 · 용적 · 중량 · 길이 등을 과세표준으로 하는 조세를 말한다. 세액의 계산방식은 다음과 같이 한다.

단위 수량당 세액×수량=관세액

예를 들면, kg당 세액이 1,000원인 B라는 물품 50kgs에 대한 관세는 1,000×50kgs=50,000원, 즉 50,000원 상당의 관세를 부과하게 된다.

적용되는 품목은 영화용필름 등 일부품목이 종량세 적용대상에 해당된다.

종량세의 장점은 과세방법이 간단하여 행정상 편리하고 물품가격신고에 부정의 여지가 없다. 한편 단점으로는 과세의 공평성이 결여되어 있고 과세표준인 중량선정상의 문제가 있고 인플레하에서 재정수입확보가 어렵다는 점이다.

혼합세(combined duties)란 종가세와 종량세를 결합하여 동시에 부과하는 관세로 복합세(compound duties)라고도 한다. 세액은 '종가세+종량세'로 되는데 이것은 국내산업을 특히 보호할 필요성이 있을 때 적용된다. 현행 한국의 관세율표에는 혼합세를 선택하는 품목은 없다.

선택세(alternative duties)란 한 품목에 종가세율과 종량세액을 동시에 정하여 두고 그 중 세액이 높게 산출되거나 낮게 산출되는 것 중 하나를 선택하여 과세하는 관세를 말한다. 고가물품인 경우에는 종가세가 종량세보다 유리하며 저가물품인 경우에는 종량세가 종가세보다 유리하다고 할 수 있다. 선택세는 종가세 및 종량세의 장점이나 단점도 포함하고 있다.

(4) 국정관세 · 협정관세

국정관세(general duties; national duties)란 어느 국가가 그 국가의 국내법에 따라 정해진 관세율을 국정세율이라 하고 국정세율에 따라서 부과되는 관세를 국정관세라고 하며 자주관세라고도 한다. 한국의 국정관세는 관세법 별표로 되어 있는 기본관세율, 잠정관세율, 탄력관세율이 있다.

협정관세(conventional duties)는 타국과의 조약에 의하여 특정물품에 대하여 일정률 이하의 관세를 부과하도록 협정하는 경우, 이와 같은 관세율을 협정세율이라 하고, 그것에 따라 부과되는 관세를 협정관세라고 한다. 오늘날 각국의 통상조약에는 어떤 나라가 다른 어느 나라에 저율의 관세특혜를 부여하였다면 그 특전을 반드시 다른 나라에도 부여한다는 이른바 최혜국대우(most favored nations treatment)를 약속하는 경우가 있고 이와 같이 약속한 조약의 조항을 최혜국조항(most favored nations clause: MFN)이라고 한다.

협정세율 적용 대상은 WTO협정 일반 양허관세율, WTO협정 개도국간의 양허관세율, 방콕협정 양허관세율, 개발도상국간 무역특혜제도(GSTP) 양허관세율 및 특정국가와의 관세협상에 따른 국제협력관세율이 있다.

2.4 탄력관세제도

(1) 탄력관세제도의 의의

탄력관세제도(flexible tariff system)란 법률에 의하여 일정한 조건과 범위를 정하여 입법부가 행정부에 관세율을 탄력적으로 변경하여 운영하는 제도이다. 원래 조세법률주의 아래서는 관세율은 관세법과 같이 입법사항으로 국회의 심의를 거쳐서 결정하는 것이 원칙이지만, 급변하는 국내외적 경제여건에 능동적으로 신속히 대처하기 위하여 그때마다 국회의 의결을 거칠 필요 없이 행정부에 의하여 관세율조정의 기동성을 발휘하는 것이 국내산업을 보호하고, 국제수지 악화를 방지하고, 국내물가를 안정시켜 오히려 국민경제의 안정에 도움이 된다는 목적에서 사용되는 것이다.

이 제도는 미국 · 영국 · 프랑스 · 일본 등 대부분의 국가에서 채택되고 있으며, 한국도 1967년 관세법개정을 통하여 이 제도를 채택하여 현재 시행되고 있다.

(2) 탄력관세의 종류

1) 덤핑방지관세

덤핑방지관세(anti-dumping duties)란 국내산업에 이해관계가 있는 자로서 대통령령이 정하는 자 또는 주무부장관의 부과요청이 있는 경우로서 국내산업이 실질적인 피해를 받거나 받을 우려가 있는 경우 국내산업의 발전이 실질적으로 지연된 경우, 외국의 물품이 정상가격 이하로 수입, 즉 덤핑되어 실질적 피해 등이 조사를 통하여 확인되고 당해 국내산업을 보호할 필요가 있다고 인정되는 때에는 그 물품과 공급자 또는 공급국을 지정하여 당해 물품에 대하여 정상가격과 덤핑가격과의 차액, 즉 덤핑차액에 상당하는 금액 이하의 관세를 부과하는 것을 말한다.

또한 주무부장관은 덤핑방지관세의 부과여부를 결정하기 위하여 조사가 개시된 경우로서 조사기간 중에 발생하는 피해를 방지하기 위하여 당해 조사가 종결되기 전이라도 대통령령이 정하는 바에 의하여 그 물품과 공급자 또는 공급국 및 기간을 정하여 잠정적으로 추계된 덤핑차액에 상당하는 금액 이하의 잠정덤핑방지관세를 추가하여 부과할 것을 명하거나 담보의 제공을 명하는, 이른바 잠정조치를 할 수 있다. 덤핑방지관세의 부과와 잠정조치는 각각의 조치일 이후 수입되는 물품에 대하여 적용된다.

2) 상계관세

상계관세(compensation duties)란 국내산업에 이해관계가 있는 자로서 대통령령이 정하는 자 또는 주무부장관의 부과요청이 있는 경우로서 외국에서 제조 · 생산 또는 수출에 관하여 직접 또는 간접으로 보조금 또는 장려금을 받은 물품의 수입으로 인하여 국내산업이 실질적인 피해를 받거나 받을 우려가 있는 경우 또는 국내산업의 발전이 실질적으로 지연된 경우 조사를 통하여 확인되고, 당해 국내산업을 보호할 필요가 있다고 인정되는 때에는 주무부령으로 그 물품과 수출자 또는 수출국을 지정하여 당해 보조금 등의 금액 이하의 관세를 추가하여 부과하는 것을 말한다.

또한 주무부장관은 상계관세의 부과여부를 결정하기 위하여 조사가 개시된 물품이 보조금 등을 받아 수입되어 국내산업에 실질적 피해 등이 발생된 사실이 있다고 추정되는 충분한 증거가 있음이 확인되는 경우 또는 약속을 철회하거나 위반한 경우와 당해 약속의 이행에 관한 자료를 제출하지 아니한 경우로서 이용가능한 최선의 정보가 있는 경우에는 대통령령이 정하는 바에 의하여 국내산업의 보호를 위하여 조사가 종결되기 전이라도 그 물품의 수출자 또는 수출국 및 기간을 정하여 보조금 등의 추정액에 상당하는 금액 이하의 잠정상계관세의 부과를 명하거나 담보의 제공을 명하는 조치를 할 수 있다.

상계관세의 부과와 잠정조치는 각각의 조치일 이후 수입되는 물품에 대하여 적용된다.

3) 보복관세

보복관세(retaliatory duties)란 교역상대국이 우리나라의 수출물품 등에 대하여 관세 또는 무역에 관한 국제협정이나 양자간의 협정 등에 규정된 우리나라의 권익을 부인하거나 제한하는 경우 또는 기타 우리나라에 대하여 부당 또는 차별적인 조치를 취하는 경우에 우리나라의 무역이익이 침해되는 때에는 그 나라로부터 수입되는 물품에 대하여 피해상당액의 범위 안에서 관세를 부과하는 것을 말한다. 주무부장관은 보복관세를 부과함에 있어서 필요하다고 인정되는 때에는 관련국제기구 또는 당사국과 미리 협의할 수 있다.

4) 긴급관세

긴급관세(emergency duties)란 특정물품의 수입증가로 인하여 동종 물품 또는 직접적인 경쟁관계에 있는 물품을 생산하는 국내산업이 심각한 피해를 받거나 받을 우려가 있음이 조사를 통하여 확인되고 당해 국내산업을 보호할 필요가 있다고 인정되는 때에는 당해 물품에 대하여 심각한 피해 등을 방지하거나 치유하고 조정을 촉진하기 위하여 필요한 범위 안에서 관세를 추가하여 부과하는 것을 말한다. 긴급관세는 당해 국내산업의 보호 필요성 · 국제통상관계 · 긴급관세 부과에 따른 보상 수준 및 국민경제 전반에 미치는 영향 등을 검토하여 부과여부 및 그 내용을 결정한다.

또한 긴급관세의 부과여부를 결정하기 위한 조사가 개시된 물품 또는 대외무역법의 규정에 의하여 잠정조치가 건의된 물품에 대하여 조사기간 중에 발생하는 심각한 피해 등을 방지하지 아니하는 경우 회복하기 어려운 피해가 초래되거나 초래될 우려가 있다고 판단되는 때에는 조사가 종결되기 전에 피해의 구제 등을 위하여 필요한 범위 안에서 잠정긴급관세를 추가하여 부과할 수 있다. 긴급관세의 부과 또는 수입수량제한 등의 조치여부를 결정하기 위한 조사결과 수입증가가 국내산업에 심각한 피해를 초래하거나 초래할 우려가 있다고 판단되지 아니하는 때에는 납부한 잠정긴급관세를 환급하도록 규정하고 있다.

5) 농림축산물에 대한 특별긴급관세

농림축산물에 대한 특별긴급관세란 국내외가격차에 상당한 율로 양허한 농림축산물의 수입물량이 급증하거나 수입가격이 하락하는 때에는 대통령령이 정하는 바에 의하여 양허한 세율을 초과하여 관세를 부과하는 것을 말한다.

6) 편익관세

편익관세(beneficial duties)란 관세에 관한 조약에 의한 편익을 받지 아니하는 나라의 생산물로서 우리나라에 수입되는 물품에 대하여 이미 체결된 외국과의 조약에 의한 편익의 한도 안에서 관세에 관한 편익을 부여하는 것을 말한다. 주무부장관은 편익관세의 적용으로 국민경제에 중대한 영향이 초래되거나 초래될 우려가 있는 경우 또는 기타 편익관세의 적용을 정지시켜야 할 긴급한 사태가 있는 경우에 국가 · 물품 및 기간을 지정하여 편익관세의 적용을 정지시킬 수 있다.

7) 조정관세

조정관세(adjustment duties)란 산업구조의 변동 등으로 물품간의 세율이 현저히 불균형하여 이를 시정할 필요가 있는 경우 또는 국민보건 · 환경보전 · 소비자보호 등을 위하여 필요한 경우 또는 국내에서 개발된 물품에 대하여 일정기간 보호가 필요한 경우 또는 농림축수산물 등 국제경쟁력이 취약한 물품의 수입증가로 인하여 국내시장이 교란되거나 산업기반을 붕괴시킬 우려가 있어 이를 시정 또는 방지할 필요가 있는 경우에는 100분의 100에서 당해 물품의 기본세율을 뺀 율을 기본세율에 가산한 율의 범위 안에서 관세를 부과하는 것을 말한다.

농림축수산물 또는 이를 원재료로 하여 제조된 물품의 국내외 가격차가 당해 물품의 과세가격을 초과하는 때에는 국내외 가격차에 상당하는 율의 범위 안에서 관세를 부과할 수 있다.

8) 할당관세

할당관세(tariff quota system)란 원활한 물자수급 또는 산업의 경쟁력 강화를 위하여 특정물품의 수입을 촉진시킬 필요가 있는 경우 또는 수입가격이 급등한 물품 또는 이를 원재료로 한 제품의 국내가격의 안정을 위하여 필요한 경우 또는 유사물품간의 세율이 현저히 불균형하여 이를 시정할 필요가 있는 경우에 100분의 40의 범위 안의 율을 기본세율에서 감하여 관세를 부과하는 것을 말한다. 이 경우 필요하다고 인정되는 때에는 그 수량을 제한할 수 있다.

한편 특정물품의 수입을 억제할 필요가 있는 때에는 일정한 수량을 초과하여 수입되는 분에 대하여 100분의 40의 범위 안의 율을 기본세율에 가산하여 관세를 부과할 수 있다. 다만,농림축수산물의 경우에는 기본세율에 동종물품 · 유사물품 또는 대체물품의 국내외 가격차에 상당하는 율을 가산한 율의 범위 안에서 관세를 부과할 수 있다.

9) 계절관세

계절관세란 가격이 계절에 따라 현저하게 차이가 있는 물품으로서 동종물품 · 유사물품 또는 대체물품의 수입으로 국내시장이 교란되거나 생산기반이 붕괴될 우려가 있는 때에는 계절구분에 따라 당해 물품의 국내외가격차에 상당하는 율의 범위 안에서 기본세율보다 높게 관세를 부과하거나 100분의 40의 범위 안의 율을 기본세율에서 감하여 관세를 부과하는 제도를 말한다.[17)]

2.5 특혜관세제도

(1) 특혜관세의 의의

특혜관세(preferential tariff)란 특정국과의 무역관계를 특별히 발전시키기 위하여 일정국의 물품에 대해서는 기본관세율보다 저율의 관세를 부과하는 일종의 할인관세를 말한다.[18)] 바꿔 말하면 특혜관세는 일종의 차별관세(differential duties)라고도 할 수 있다.

대표적으로 영연방특혜관세(commonwealth tariff)와 같이 구식민지 독립국간에 거래되는 물품에 대하여 관세특혜를 부여하는 것은 기타 다른 나라에게 상대적으로 불리한 차별관세를 부과하는 결과가 되어 자유무역을 저해할 수 있으므로 제 2 차 세계대전 이후에는 특혜관세의 신설이나 확대를 금지시키고 있다.

그러나 유엔무역개발회의(United Nations Conference on Trade and Development: UNCTAD)가 주관이 되어 일반특혜관세제도와 개도국간 무역특혜제도를 통하여 무관세나 관세율을 인하하는 특혜제도가 시행되고 있다.

(2) 일반특혜관세제도(GSP)

1) GSP의 의의

일반특혜관세제도(generalized system of preference: GSP)란 개발도상국의 수출증대 및 공업화를 촉진하기 위하여 선진국이 개발도상국으로부터 수입하는 농수산품, 공산품의 제품 및 반제품에 대하여 보상 없이 일반적으로 무관세를 적용하거나 상대적으로 저율의 관세를 부과하는 관세상의 특혜제도를 말한다.

이 제도는 1968년 2월 1일부터 동년 3월 29일까지 인도의 뉴델리에서 개

---

17) 이 밖에 한국 관세법에서 규정하고 있는 탄력관세에 대해서는 관세법 제 3 장을 참조 바람.
18) 무세인 경우도 있다.

최된 제2차 UNCTAD총회에서 개발도상국에 대한 '일반적 · 비상호주의적 · 무차별적 특혜제도' (system of generalized, non-reciprocal and non- discriminatory preference)의 적용을 결의 채택하였고 약어로는 보통 GSP라고 불리워지게 되었다. 여기서 일반적(generalized)이란 영연방특혜, 프랑스연합특혜, 베네룩스 관세동맹 등 기존의 특혜제도와는 달리 지리적으로 수 개 국가에 국한되지 않고 범세계적으료 적용된다는 점을 강조하기 위한 것이다. 또한 무차별 · 비상호주의적(non-discriminatory and non-reciprocal)이란 지역통합, 자유무역지대 및 관세동맹에서 나타나는 역외국가에 대한 차별을 배제하고, 수혜국에게 상호주의를 요구하지 않는다는 것을 의미하는 것이며 더 나아가서는 가트회원국간의 상호주의도 배제함을 의미하는 것이다.

GSP제도는 원칙적으로 가트 제1조에 규정되어 있는 '자유 · 무차별원칙'에 어긋나는 것이지만, 동 가트 불일치 문제는 "GSP제도는 가트 제1조의 포괄적인 웨이버(waiver)로 인정한다"는 UNCTAD결의(Ⅱ)[19]에 의해 해결되었고 "waiver"의 획득 여부에 관계 없이 합법적인 국제무역규범으로 정착하게 되었다. 이들 공여국의 GSP운영사항은 나라에 따라 각양각색으로 무역거래 대상물품의 수혜여부에 대한 사전조사가 필요하다. GSP 혜택을 받기 위해서는 당해수출물품이 수입국(공약국)의 GSP 원산지 규정에 부합한다는 사실을 증빙하여야 하는데, 이것이 일반특혜관세 원산지증명서(generalized system of preferences certificate of origin: GSPCO)이며 "Form A"라고도 한다.

2) GSP의 수혜요건

일반특혜관세제도는 GSP공여국이 수혜국으로부터 수입하는 물품의 GSP 대상품목이라고 하여 무조건 관세상의 특혜를 부여하는 것이 아니고 수혜국을 원산지로 하는 물품에 대해서만 관세상의 특혜를 부여하고 있다. 이와 같은 원칙은 GSP제도의 근본취지인 개도국의 공업화와 수출촉진을 위하여 GSP에 의한 특혜관세대우를 당해수혜개발도상국에서 생산 또는 제조된 물품에 국한시키고 제3국의 물품을 이러한 특혜관세 대우로부터 근본적으로 제외시키고자 하는 데 목적을 두고 있다. GSP공여국으로부터 일반특혜관세의 대우를 받기 위하여는 각 공여국이 설정한 생산과정에서의 충족기준인 원산지기준

19) 1971년 6월 25일 채택하였다.

과 수출품의 운송상의 요건인 운송요건을 충족시켜야 하며 또한 이를 입증하는 증빙서류가 구비되어야 한다.

(가) 원산지기준

GSP수혜국의 수출품은 이를 대별하여 완전생산품과 수입원자재가 포함된 상품으로 구분할 수 있다. 완전생산품이란 당해수출국의 토양으로부터 재배, 추출하였거나 수확된 산품과 이러한 산품으로부터 전적으로 제조된 물품을 말하는데, 일반적으로 수입원자재가 투입되지 않은 1개 수혜국의 완전생산품은 원산지기준을 충족한 것으로 인정하고 있다. 그러나 수입원자재나 부품(원산지가 미상인 원료나 부품 포함)을 사용하여 제조 · 가공한 물품의 경우에는 생산과정에서 사용된 원료나 부품의 특성을 실질적으로 변경시키는 가공을 거쳐야 원산지기준을 충족한 것으로 인정하고 있다. 모든 GSP공여국은 수입원자재의 '실질적 변경'의 원칙으로 가공도기준과 부가가치기준 중 하나를 채택하고 있다.[20]

① 가공도기준

가공도기준이란 수입원자재가 수혜국의 수출품생산과정에서 일정한 가공과정을 거쳤느냐에 따라 수혜국의 원산지제품으로 인정여부를 결정하는 GSP의 원산지기준이다.

가공도기준의 기본원칙은 수입원자재의 HS 4단위 번호(소위 Heading)가 일정한 가공과정을 거친 후 다른 HS 4단위 번호의 수출품이 되는 경우 수입원자재가 실질적 변경이 이루어진 것으로 간주하여 원산지기준을 충족한 것으로 인정하는 것이다. 그러나 HS 4단위의 변경이 모든 경우에 수입원자재의 실질적 변경을 의미하는 것이 아니기 때문에 이러한 기본원칙의 예외로서 List A와 List B가 있다.

List A는 상기한 기본원칙에도 불구하고 GSP수혜를 받을 수 없는 제조과정과 특정조건을 추가로 충족시켜야만 GSP수혜를 받을 수 있는 제조과정을 추가로 명시한 것이며, List B는 수입원자재의 HS 4단위와 수출품의 HS 4단위가 다르지 않더라도(기본원칙의 반대) GSP수혜자격을 인정하는 제조과정을 명

20) 다음과 같은 미소가공의 경우에는 특혜관세대상에서 제외된다. ① 포장 및 재포장(포장재료의 원산지를 불문), ② 물품의 분할작업, ③ 종류별 분류(sorting), 등급별 분류(grading), 세척 · 절단, 병에 채우는 작업 등, ④ 상표부착 및 표시(marking) 작업, ⑤ 수송 및 저장을 위한 물품의 보존작업, ⑥ 단순한 혼합, ⑦ 완전한 산품을 형성하기 위한 산품의 단순한 조립.

시한 것이다. 따라서 List A상의 품목은 기본원칙에 추가하여 각 품목별로 List A상에 명기된 조건을 충족시켜야 하나 List B상의 품목은 수입원자재의 HS 4단위가 수출품의 HS 4단위와 같더라도 List B상에 명시된 품목별 조건을 충족시키면 GSP 원산지기준에 합당한 것으로 인정된다.

② 부가가치기준

부가가치기준은 수혜국이 수출품의 생산과정에서 수입원자재에 수혜국의 원자재와 노동력을 얼마만큼 부가하여 수출품을 제조하였는가에 따라 수혜국의 원산지제품여부를 결정하는 GSP원산지기준이다.

(나) 직접운송

운송요건은 수혜국에서 수출된 물품이 GSP공여국으로 수송시 충족시키도록 요구하고 있는 조건으로 통상 제3국의 경유 없이 수혜국(수출국)에서 공여국(수입국)으로 직접 운송되어야 한다. 그러나 지리적 또는 수송상의 이유로 부득이 제3국을 경유하는 경우에는 경유국 세관당국의 감독하에 있어야 하며, 교역이나 소비에 제공하지 않아야 하고, 환적 또는 상품을 양호한 상태로 유지하기 위한 작업 이외의 어떠한 작업도 인정하지 않는 규정을 적용하고 있다.

이와 같은 운송요건은 GSP수혜국으로부터 수입되는 물품에 제3국을 경유하는 동안 추가적인 가공이나 변형이 이루어지는 것을 방지하기 위하여 요구되고 있는 것이다.

(다) 증빙서류

GSP수혜를 위한 증빙서류로는 수혜국에서 공여국이 요구하는 원산지기준을 충족시켰음을 입증하는 서류와 수출품의 수송시 직접운송요건을 입증하는 서류가 있다. 일반적으로 GSP공여국은 원산지기준 충족을 입증하는 서류로 수혜국의 정부기관에 의해 서명 · 발급되는 "Form A"를 요구하고 있으며 직접운송요건의 충족여부를 확인하는 서류로는 통상의 선화증권(B/L)이 사용되고 있다.

(3) 개발도상국간 무역특혜제도(GSTP)

1) GSTP의 의의

개발도상국간 무역특혜제도(global system of trade preferences among developing countries: GSTP)란 남남협력, 개도국 상호간 무역장벽완화 혹은 철

폐를 통한 무역 · 생산 및 고용증진을 목적으로 한 UNCTAD주관하의 국제무역제도로 GSTP협정국이 정한 관세양허 대상품목의 수출입에 대하여 상호간에 특혜관세를 적용하는 것이다.

GSTP는 제 2 차 세계대전 이후 국제무역 질서를 주도해 온 선진국 위주의 GATT체제(현재 WTO)하에서 논의된 케네디라운드, 동경라운드 등 다자간무역협상의 성과가 개도국의 무역증진보다는 선진제국간의 국제무역질서 재편에 불과하였다는 반성 위에서 개도국간의 실효성 있는 무역체제의 확립을 모색한 무역체제라 할 수 있다.[21)]

동 제도가 최초 거론된 것은 1976변 6월 UNCTAD 제 4 차 총회에서이며, 이어 1982년 10월 77그룹(group of 77)[22)] 각료회의시 GSTP에 대한 각료 선언을 채택하고 1988년 4월 유고의 베오그라드에서 협정에 조인 발효되었다. 주요 협상원칙으로는 개도국 상호간의 호혜주의에 입각한 양허 및 양허의 무차별적 적용 등으로 정하고 협상대상은 개도국의 다양한 무역체제 등을 감안하여 관세 · 유사관세, 중장기계약을 포함한 직접무역조치(direct trade measures), 분야별 협정(sectoral agreement) 등을 포괄하고 있다.

GSTP협정문에 의거 서명한 48개국에 의하여 1,550개 품목에 대한 관세양허협상이 타결되고 서명국 중 15국이 비준서를 기탁함으로써 1989년 4월 19일자로 GSTP가 정식발효되었다. 한국도 비준서를 기탁함으로써 1989년 6월 11일자로 GSTP가 발효되고 있다.

2) GSTP 원산지기준과 수혜요건

GSTP의 대상품목은 공산품, 반가공 및 완전가공품 등 1차 산품 및 모든 품목을 포함한 포괄적인 양허품목을 규정하고 있다.

GSTP협정국으로 수출하는 물품을 관세양허받기 위해서는 협정가입국의

---

21) GSTP 이외에도 개도국간의 무역특혜협정이 없는 것은 아니다. 1973년 2월 발효되어 시행중인 GATT/개발도상국간 무역협상에 관한 의정서(protocol relating to trade negotiations among developing countries: TNDC)가 그 예로, 동 협정에는 한국을 포함, 브라질 · 칠레 · 인도 등 15개국으로 구성 운영되고 있으며 참여국간 총 470여 개 품목을 양허 시행하고 있다. 그러나 TNDC는 GATT 내에서도 극히 소수의 개도국만이 참여하고 있고 양허품목도 적을 뿐더러 각국의 관심도 상대적으로 낮아 협정자체가 유명무실화된 상태에 있다.

22) 1964년에 개최된 제 1 회 UNCTAD에서 개도국의 경제 · 사회발전을 목적으로 77개 개발도상국이 그룹의 공동선언에 기초하여 출범하였다.

특혜대상품목이어야 하고, 동 협정에서 적용하고 있는 원산지기준요건을 충족시켜야 하는데, 이 기준에 의하여 특혜를 받을 수 있는 수출물품은 다음 두 가지 중 하나에 해당하여야 한다.

첫째, 완전생산품, 즉 당해수출국 토양으로부터 재배, 추출하였거나 수확된 산품, 또는 이러한 산품으로부터 전적으로 가공 또는 제조된 생산품이어야 한다.

둘째, 수출품이 원료로 투입된 생산품은 다음 부가가치기준을 충족해야 한다.

① 협정가입국 이외 수입물품이 원료로 사용된 경우 그 비율이 FOB가격의 50% 이상을 초과하지 않아야 한다.

② 협정국의 특혜대우를 받을 수 있는 수입물품이 투입된 수출품인 경우 수출국에서 부가가치를 FOB가격의 40% 이상 부과하여야 한다.

또한 수입물품의 가격산정은 당해물품이 수입되는 시점의 확인가능한 CIF가격이나 국내에서 당해물품을 취득할 경우에는 취득시 지급하는 가격을 기준으로 한다. 물품의 원산지를 결정함에 있어서 포장은 그 산품과 함께 전체를 구성하는 것으로 보나 만일 참가국의 법률이 달리 정하고 있는 경우 포장은 별도로 취급될 수 있다.

최빈국 특별대우원칙에 따라서 부가가치기준에 있어서 규정된 비율보다 10% 포인트 특혜조치를 취할 수 있다.

GSTP양허관세 품목의 원산지증명서(Global System of Trade Preferences Certificate of Origin: GSTPCO)는 GSPCO와 마찬가지 상공회의소, 세관, 자유무역지역관리원에서 발급하고 있다.

2.6 관세환급제도

(1) 관세환급의 의의

관세환급이란 수출용원재료를 수입하는 때에 납부한 관세 등[23)]을 일정한 기간 내에 수출 등에 제공한 때에 수출자 등에게 되돌려주는 것을 말한다. 이

23) 여기서 관세 등이라 함은 관세법에 의거 수입통관시에 이미 납부한 관세, 부가세, 개별소비세, 주세 등 세법에서 정한 세종을 포괄적으로 일컫는 말이다.

는 '수출용원재료에 대한 관세 등 환급에 관한 특례법'[24)]에 의한 정의인데, 납세의무의 형평과 징수행정의 공정을 기하기 위한 '관세법' 상의 과오납금의 환급과 위약물품(違約物品)의 환급도 관세환급이라고 할 수 있다. 그러나 일반적으로 관세환급이라고 할 때는 환급특례법에 의한 환급을 말한다.

관세환급제도를 실시하는 이유는 부존자원이 부족하고 기술수준이 만족하지 못한 수준에서는 수출품을 제조 · 가공하는 데 소용되는 원재료를 수입에 의존할 수밖에 없고 거기에다 원재료비용이 높기 때문에 수출물품의 총원가에 관세 등을 포함시킬 때 수출가격은 자연적으로 상승하게 되고, 경쟁력은 떨어지게 된다. 따라서 수출용원재료에 대한 관세부담을 면제시켜 국내산업을 보호하고 점차적으로 국산원자재의 사용 · 개발을 촉진시키고 국제경쟁력을 제고시킴으로써 수출증대에 기여하고 국제수지를 개선하고자 하는 데 그 목적이 있다.

한국의 관세환급제도는 원자재수입의존적인 수출구조 아래서 원자재수입시에는 수출에 사용할 것을 조건으로 면세하는 사전면세제도를 사용하여 오다가 절차간소화와 국산원자재 사용을 촉진시키기 위하여 1974년 12월 12일 법률 제2675호로 관세환급특례법을 공포하고 시행시기를 미뤄오다가 1975년 7월 1일부터 시행하기에 이르렀다.

(2) 관세환급의 대상

1) 관세환급대상수출

관세환급대상이 되기 위해서는 우선 제품을 수출 등에 제공하여야 하는데 이를 환급대상수출이라 한다. 현행 법령상 환급대상수출의 범위는 다음과 같다.

① 관세법의 규정에 의하여 수출신고가 수리된 수출

② 우리나라 안에서 대가를 외화로 받는 판매 또는 공사 중 주무부령이 정하는 것

③ 관세법에 의한 보세구역 중 주무부령이 정하는 구역 또는 자유무역지역의 지정 및 운영에 관한 법률에 따른 자유무역지역의 입주업체에 대한 공급

④ 기타 수출로 인정되어 주무부령이 정하는 것

24) 보통 환급특례법이라고 한다.

2) 관세환급대상수입

(가) 관세환급대상수입의 요건

환급자체가 수출용원재료를 수입하는 때에 납부한 관세를 돌려 주는 것이기 때문에 관세환급대상이 될 수 있는 원재료는 다음의 세 가지 요건을 모두 갖추어야 한다.

첫째, 수출용원재료에 해당하여야 하고, 둘째, 외국에서 수입하는 때에 관세 등을 징수한 물품이어야 하며,[25] 셋째, 수입신고수리일로부터 일정한 기간 내에 수출 등에 제공하여야 한다.

(나) 수출용원재료의 범위

수출용원재료의 범위는 ① 수출물품을 생산한 경우에는 생산시의 물리적 · 화학적 변화과정에서 당해 수출물품에 물리적으로 결합되거나 화학적 반응으로 수출물품을 형성하는 데 소요되는 원재료, ② 수입한 상태 그대로 수출한 경우에는 수출품, ③ 국내에서 생산된 원재료와 수입된 원재료가 동일한 질과 특성을 가지고 상호 대체사용이 가능하여 수출품의 생산과정에서 이를 구분하지 아니하고 사용된 경우에는 수출용원재료가 사용된 것으로 본다.

(다) 거래단계별 수출이행기간

물품이 수출 등에 제공된 때에는 수출 등에 제공한 날이 속하는 달의 말일이나 수입신고수리일 기준으로 소급하여 2년 이내에 수입된 당해 물품의 수출용원재료에 대한 관세 등을 환급한다. 수출용원재료가 내국신용장 등에 의하여 거래된 경우 수출이행기간에 이를 산입하지 아니한다. 다만, 수출용원재료가 수입된 상태 그대로 거래된 경우에는 세관장이 관세 등의 납부세액을 증명하는 서류(수입분할증명서)를 발급받아 수출이행기간은 수입분할증명서상의 수입일자로부터 수출신고필증의 수출신고수리일이 속하는 달의 말일까지 2년이 된다.

(3) 관세환급의 방법

관세 등의 환급방법은 크게 정액환급과 개별환급으로 구분할 수 있다.

25) 수입하는 때에 관세 등을 징수한 수입물품은 유환 · 무환수입을 불문하고 환급대상이 된다.

1) 정액환급

정액환급이란 물품을 수출하였을 때 수출물품별로 미리 정해진 금액을 환급하는 것이다. 즉, 수출물품별로 환급하여야 할 금액을 사전에 정하여 정액환급률표에 기재하여 놓고 그러한 물품이 수출되었을 때 수출신고필증만 제시받아 소요원료, 재료별 납부세액 등을 일일이 계산하지 않고 정액환급률표에 기재된 환급액을 그대로 환급하여 주는 방법이다.

정액환급은 수출용원재료의 전체적인 평균개념에 의해 산출된 금액으로 환급방법이 매우 간단하고 수출신고필증만을 제시받아 환급하여 주기 때문에 간소한 환급절차 등 장점이 있으나 평균개념에 의거 산출된 금액이므로 부문별로는 과다 · 과소환급이 발생할 소지가 많다.

2) 개별환급

(가) 개별환급의 의의

개별환급이란 수출품을 제조하는 데에 소요된 원재료의 수입시 납부한 관세 등의 세액을 소요원재료별로 확인 · 합계하여 환급금을 산출하는 방법을 말한다.

개별환급방법은 정액환급에 비하여 납부세액을 정확하게 환급할 수 있는 장점은 있으나 구비서류가 복잡하고 환급금산출에 많은 시일이 소요됨이 결점으로 지적되고 있다.

(나) 개별환급관련제도

개별환급을 신청할 경우에 관련되는 여러 가지 제도가 있다.

① 소요량계산제도

이는 수출신고필증을 근거로 실제 수출된 물품에 대한 소요원재료의 양, 구체적으로는 원재료의 실량에 제조과정에 소비되는 손모량을 더한 기준소요량이 얼마인지를 소요량계산서에 의하여 환급금산출근거로 삼게 된다.

② 개별환급금지급제한제도

이는 국산원자재의 사용 및 개발을 촉진하기 위하여 국내생산이 가능한 원재료에 대하여는 환급을 제한하는 것이다.[26)]

---

26) 모든 원재료에 대하여 수입시 납부한 관세를 수출만 하면 100% 환급되는 것은 아니다. 따라서 개별환급금지급제한 대상품목인지 여부를 검토하여야 한다.

③ 부산물공제제도

이는 수입시 납부한 관세 등의 금액에서 부산물의 가치에 해당하는 금액을 공제한 후 잔액을 환급하는 것을 말한다.

부산물공제제도를 운영하는 이유는 수출물품 제조과정에서 경제적 가치가 있는 부산물이 발생하는 경우 손모율로 인정된 부분에서 부산물이 발생함에도 소요된 수입원재료의 납부세액 전부를 환급함은 형평의 원칙에 맞지 않을 뿐만 아니라 사실상 수출되지 아니한 부산물제조용 원재료에 대하여도 관세 등을 환급한다는 것은 부당하기 때문이다. 수출물품의 제조과정에서 발생된 부산물 중 환급금에서 공제대상이 되는 부산물은 경제적인 가치가 있어서 판매되거나 자가 사용된 것을 말한다.

부산물이 발생한 원재료에 대한 환급액 및 부산물공제비용은 다음 공식에 의하여 산출한다.

환급액＝부산물공제 전 환급액×(1-부산물 공제비율)

부산물 공제비율＝D/(A×C÷B＋D)

A: 부산물이 발생하는 공정에서 생산된 제품이 가격

B: 환급을 받고자 하는 원재료 중 부산물이 발생하는 공정에 소요된 원재료의 가격

C: 부산물을 발생시킨 원재료의 가격

D: 부산물의 가격

④ 평균세액증명제도

이는 당해수출상이 그 달에 외국으로부터 수입하거나 국내에서 구매한 수출용원자재를 HS 10단위별로 통합함으로써 규격확인을 생략하고 전체 물량의 평균세액을 산출하여 환급하는 것으로 환급절차를 간소화하기 위한 제도이다.

(4) 관세환급의 신청

1) 관세환급의 신청권자

대외무역법의 규정에 의하여 정상수출한 물품에 대해서는 수출신고필증상의 수출자가 환급신청을 하여야 하지만 완제품내국신용장이나 구매확인서

에 의하여 완제품을 수출자에게 공급한 경우에는 수출자의 인감증명이 첨부된 위임장에 의하여 물품공급자도 관세환급신청권자가 될 수 있다.[27] 기타 승인면제 수출이나, 외화판매 · 외화공사 및 수출 등에 제공하기 위한 물품공급의 경우에는 동 물품을 공급 · 출품한 자가 환급금신청권자가 된다.

2) 관세환급신청기관

관세환급은 관세청장이 지정한 세관에 신청하도록 관세환급특례법에서 규정하고 있다. 환급대상이 되는 수출물품의 환급신청세관은 수출신고서 등에 표시하여야 하며 이러한 환급신청기관을 변경하고자 하는 경우에는 환급신청기관변경신청서를 변경 전의 관할지세관장을 경유하여 관세청장에게 제출하여 승인을 받아야 한다.

3) 환급신청권의 소멸시효

수출물품에 대한 관세 등의 환급신청은 물품이 수출 등에 제공된 날로부터 2년 이내에 하여야 한다. 이 때 수출 등에 제공된 날이란 수출신고수리되는 물품은 수출신고필증상의 수출신고수리일, 외화판매 또는 외화공급이 되는 경우에는 공급한 날이 된다.

4) 일괄환급신청

환급신청시에는 수출신고필증상의 수출물품(HS 10단위별) 전량에 대하여, 제조 · 가공에 소요된 원재료 전부를 일괄하여 신청하여야 한다. 그렇지 아니한 경우에는 관세환급 사항을 환급기관뿐만 아니라 수출업체에서도 관리할 수 없기 때문이다. 다만, 부득이한 경우에는 분할환급과 추가환급을 허용하고 있다.

(5) 환급액 산출방법

관세환급액은 수출신고필증상의 FOB원화가격, 기초원재료 납세증명서 발급신청의 경우는 내국신용장, 구매확인서 또는 특수신용장상의 물품금액

27) 수출신고필증상 수출유형 중 제조자수출, 수출위탁, 완제품공급란을 봐서 제조자수출이라고 표시되어 있으면 수출자가 신청권자이고, 그 외는 물품공급자가 신청권자가 된다.

10,000원당 책정한 간이정액환급률을 곱하여 산출한다.

$$\text{환급액} = \frac{\text{수출신고필증상의 FOB원화가격}}{10{,}000} \times \text{간이정액환급률}$$

다만, 기초원재료납세증명서를 발급신청할 때 물품대금과 양도세액이 구분표시되지 아니한 경우는 다음의 공식에 의거 물품대금을 산출한 뒤 간이정액환급금 산출공식에 의거 산출한다.

$$\text{물품대금} = \frac{\text{원화로 표시된 내국신용장 등의 거래금액}}{[1+(\text{적용할 간이정액})/10{,}000]}$$

제 13 장

무역결제서류와 전자무역거래

1. 무역결제서류의 개념
2. 상업송장
3. 운송서류
4. 보험서류
5. 부속서류
6. 전자무역거래

1. 무역결제서류의 개념

1.1 무역결제서류의 의의

무역결제서류라 함은 물품에 대한 대금청구서인 상업송장(commercial invoice)과 물품인도의 증거서류인 운송서류(transport documents) 등 무역대금결제와 관련하여 사용되는 모든 문서를 총칭하는 말이다.[1)]

특히 신용장에 의한 무역대금결제는 물품거래가 아닌 서류거래에 의해 이루어지고 있으며, 대부분의 무역거래는 물품이 아닌 서류(document)라는 상징(symbol)에 의하여 대금결제가 이루어지고 있다.

신용장방식과 추심방식인 D/P · D/A거래에서는 무역결제서류에 수출상이 환어음(draft; bill of exchange)을 발행하고 매입은행을 통하여 발행은행이나 추심은행 앞으로 서류를 송부하게 된다. 송금환방식이라 하더라도 대금은 물품선적 전에 선지급(payment in advance)받지만 수출상은 수입상에게 물품선적 후 수입통관에 필요한 서류를 송부하는 것은 마찬가지이다.

---

1) 선적서류(shipping documents)라고도 하고 있으나, 신용장상에서는 "Documents" 또는 "Documents Required" 등으로 표기하고 있고 무역대금결제와 관련된 포괄적인 서류개념으로 보아서 결제에 관련된 무역결제서류라고 표시하고자 한다. 그렇다고 운송서류(transport documents)가 모든 결제서류를 뜻하는 것은 아니라고 본다. 왜냐하면 신용장통일규칙에서도 운송서류의 개념은 선화증권 · 항공화물운송장 등 실제 적재, 발송, 수탁 등 운송의 증거서류만을 의미하고 있기 때문에, 보험서류(insurance documents)와 같은 서류가 운송서류로 부른다는 것은 모순이 될 수 있다.

- 무역결제서류
  - 기본서류
    - 상업송장(Commercial Invoice)
    - 운송서류
      - 해상운송서류
        - 해상/해양선화증권 (Marine/Ocean B/L)
        - 해상화물운송장(Sea Waybill)
      - 항공운송서류
        - 항공화물운송장(Air Waybill)
        - 항공화물수탁서 (Air Consignment Note)
      - 육상운송서류
        - 철도화물수탁서 (Railway Consignment Note)
        - 도로화물수탁서 (Road Consignment Note)
      - 내수로운송서류(Inland Waterway Transport Document)
      - 복합운송서류
        - 복합운송선화증권 (Multimodal Transport B/L)
        - 운송주선인협회국제연맹복합운송선화증권(FIATA Combined Transport B/L)
      - 기타운송서류
        - 우편수령증(Post Receipt)
        - 특사수령증(Courier Receipt)
    - 보험서류
      - 해상보험증권(Marine Insurance Policy)
      - 보험증명서(Certificate of Insurance)
  - 임의서류
    - 송장부속서류
      - 포장명세서(Packing List)
      - 중량 및 용적증명서(Certificate of Weight and Measurement)
    - 수입국 공적 필요서류
      - 원산지증명서(Certificate of Origin)
      - 일반특혜관세원산지증명서(Generalized Systems of Preferences Certificate of Origin)
      - 영사송장(Consular Invoice)
      - 세관송장(Customs Invoice)
    - 품질증명서류
      - 검사증명서(Inspection Certificate)
      - 위생증명서(Health Certificate)
      - 검역증명서(Quarantine Certificate)
    - 기타 부속서류
      - 차변표(Dcbit Notc)
      - 대변표(Credit Note)

1.2 무역결제서류의 분류

무역결제서류는 기본서류로 상업송장, 운송서류,[2] 보험서류가 있고 임의서류로 포장명세서 등 매수인측의 필요에 따라 추가적으로 요구되는 여러 가지 서류가 있다.

2. 상업송장

2.1 상업송장의 의의

상업송장(commercial invoice)이란 매도인, 즉 수출상이 매수인인 수입상 앞으로 발행하여 물품에 대한 대금청구서, 물품의 명세서, 견적서로 사용되는 상용문서(商用文書)이다. 상업송장은 매도인측의 입장에서는 무역대금결제에 필수적인 서류일 뿐만 아니라 출화안내 및 과세자료, 수출수속절차상 세관 등에 제공하게 되는 서류가 되며, 매수인측에서도 수입통관수속에 필수적인 서류가 되기 때문에 정확하게 작성되어야 한다.

상업송장은 대금청구서의 기능[3] 외에도 매매계약상 매도인의 의무이행 사실을 입증하는 중요한 역할을 한다. "INCOTERMS 2000"은 각 거래조건별 매도인의 의무조항(A.1)으로 매도인은 매매계약조건에 일치하는 물품과 상업송장을 제공하여야 함을 규정하고 있다. 이는 상업송장이 일치증명(evidence of conformity)으로서의 주요한 기능을 수행하는 것으로 이해될 수 있다.

신용장통일규칙에서도 "상업송장의 물품명세는 신용장의 물품명세와 일치해야 한다"[4]고 규정하고 있다. 상업송장은 신용장상의 수익자(beneficiary)명의[5]로 하여 신용장발행의뢰인(applicant) 앞으로 작성되어야 한다.[6]

---

2) 운송서류(transport documents)란 본선적재(loading on board), 발송(dispatch) 또는 복합운송의 경우 수탁(taking in charge) 등 물품인도의 증거를 나타내는 서류를 의미한다.

3) 상업송장의 기능에 대하여 Henning 교수는 다음과 같이 정의하고 있다.

"The functions of the commercial invoice are to describe the merchandise and to indicate price or prices and other details of the transaction,"; Henning, Charles N., *International Finance*, Harper & Brothers, Publishers, New York, 1958, p. 64.

4) UCP 600, Article 18-c.

2.2 상업송장의 종류

송장(invoice)은 그 용도에 따라 상거래용으로 작성되는 상업송장(commercial invoice)과 영사관용이나 세관용으로 작성되는 공용송장(official invoice)으로 대별할 수 있다.

상업송장에는 무역계약을 이행하고 거래조건에 따라 작성되는 선적송장(shipping invoice), 가격계산의 기초로 사용되는 견적송장(pro-forma invoice), 견본을 송부할 때 작성되는 견본송장(sample invoice), 위탁매매시에 사용되는 위탁매매송장(consignment/indent invoice)이 있다.

공용송장[7]에는 수입지세관에서 수입물품에 대한 과세가격의 기준이나 덤핑유무의 확인 등을 목적으로 요구하는 세관송장(customs invoice)과 수입물품가격을 높게 책정하여 외화를 도피하거나 낮게 책정하여 관세를 포탈하는 것을 방지하기 위하여 수출국주재 수입국 영사의 확인을 받도록 하는 영사송장(consular invoice)이 있다.

- 송 장 (Invoice)
  - 상업송장 (Commercial Invoice)
    - 선적송장(Shipping Invoice)
      - FOB Invoice
      - CFR Invoice
      - CIF Invoice
    - 견적송장(Pro-forma Invoice)
    - 견본송장(Sample Invoice)
    - 위탁매매송장
      - 위탁판매송장 (Consignment Invoice)
      - 위탁매입송장 (Indent Invoice)
  - 공용송장 (Official Invoice)
    - 영사송장(Consular Invoice)
    - 세관송장(Customs Invoice)

---

5) 양도가능 신용장에서 신용장 양도가 이루어졌다면, 양수인(taransferee)인 제 2 수익자(second beneficiary)명의로 작성되어야 한다.

6) UCP 600, Article 18-a.

7) 공용송장인 세관송장과 영사송장은 발행의뢰인의 특별한 요청이 있을 경우에 제공되며 신용장통일규칙에서는 기본서류 이외에 기타 서류의 범주에 포함시키고 있다.

3. 운송서류

운송서류(transport documents)란 운송물품의 적재(loading on board), 발송(dispatch) 또는 복합운송의 경우 수탁(taking in charge)을 표시하는 서류를 말한다. 운송서류는 해상선화증권과 같은 해상운송서류, 항공화물운송장과 같은 항공운송서류, 철도화물 또는 도로화물수탁서와 같은 육상운송서류, 내수로 운송서류, 복합운송서류 등으로 구분된다.

3.1 해상선화증권

해상물품운송은 일반적으로 운송기간이 장기간이기 때문에 운송물품의 수령이나 권리의 양도를 위하여 주로 선화증권이 이용되고 있다.

(1) 선화증권의 의의

선화증권(bill of lading: B/L)은 해상물품운송계약에 따른 운송물의 수령 또는 선적을 증명하고 해상운송인에 대한 운송물의 인도청구권을 나타내는 유가증권[8]이다.

계약물품을 운송하기 위해서 송화인(shipper)은 선박회사나 그 대리점과 운송계약을 체결하여[9] 물품을 해상운송인에게 인도하고 선화증권을 운송인으로부터 발급받아 수입상에게 전달하는 수속을 한다.

선화증권은 증권의 소유자나 피배서인이 물품의 인도를 주장할 수 있는 권리증권(document of title)이며, 물품이 선박에 인도되었음을 증명하는 수령증(receipt)의 역할을 한다.

---

8) 유가증권이란 사법상의 재산권(채권 · 물권)을 표창한 증권으로서 권리의 발행 · 행사 · 이전의 전부(어음 · 수표) 또는 그 중 일부(주권, 운송증권, 창고증권)를 위하여 사용되는 것이다. 선화증권은 그 종류에 따라 유가증권에 해당되지 않는 것도 많이 있다.

9) CFR, CIF, CPT, CIP조건에서도 매도인(송화인)이 선박지정 및 운임지급 등에 관하여 운송계약을 체결하지만 FCA, FOB조건 등은 매수인이 선박지정 및 운임지급 등에 관하여 운송계약을 체결한다. 대부분의 경우 선복예약은 물품선적시기에 맞추어 매수인과 협의하여 수출지에서 매도인이 수행하게 된다.

(2) 선화증권의 법적 성질

선화증권은 환어음을 매입(negotiation)하는 데 있어서 상업송장, 보험증권과 더불어 기본이 되는 서류로 법률적 관점에서 다음과 같은 성질을 가지고 있다.

1) 요인증권

선화증권은 화주와 선박회사간의 운송계약에 의하여 화물의 선적 또는 수탁 사실을 전제로 하여 발행되는 것이므로 법률상 요인증권이 된다. 따라서 화물의 선적 또는 선적을 위한 수탁 이전에 발행되는 선화증권은 당연히 무효가 된다.

2) 요식증권

선화증권은 상법에 규정된 법정기재사항의 기재를 필요로 하는 요식증권이다.

3) 대표증권

선화증권에는 선적된 물품에 대한 권리가 화체(化體)되어 있으므로 선화증권의 인도는 물품의 인도와 동일하다고 할 수 있으며, 이러한 의미에서 선화증권은 물권적 효력을 갖는 물권증권이라고도 할 수 있다. 따라서 선화증권은 물품의 소유권을 대표하는 유가증권인 동시에 선화증권의 소지인은 선화증권과 상환으로 선박회사에 물품의 인도를 청구할 수 있기 때문에 채권적 효력을 갖는 채권증권이며, 운송화물의 처분에는 반드시 선화증권을 사용하여야 하기 때문에 처분증권의 성질도 갖게 된다.

4) 문언증권

해상운송에 관한 선주 또는 화주의 권리와 의무이행은 선화증권에 기재된 문언에 따르게 되는 것이므로 기재문언 이외의 사항에 대해서 어느 일방이 상대방에게 요구할 수는 없다. 따라서 여하한 사유에 대해서도 증권기재사항과 상이한 사항을 가지고 증권소지자에게 대항할 수 없다.

5) 유통증권

선화증권은 물품의 소유권을 대표하는 유가증권으로서 배서 또는 인도에 의하여 소유권이 이전되는 유통증권이다.

6) 지시증권

선화증권은 기명식, 지시식 또는 선택무기명식 등 어느 방식으로도 발행할 수 있으며, 기명식의 경우라 할지라도 선화증권의 발행인이 배서금지의 뜻을 기재하지 않는 한 배서에 의하여 양도할 수 있으므로 법률상 지시증권의 성질도 갖는다.

(3) 선화증권의 종류

선화증권은 1924년의 '선화증권에 관한 통일규칙을 위한 국제조약' (International Convention for the Unification Rules Relating to Bill of Lading), 이른바 '헤이그 규칙'에 의하여 통일성을 갖추게 되었다.[10] 선화증권은 무역거래조건이나 운송계약조건에 따라 여러 유형의 선화증권으로 구분할 수 있다.

1) 선적선화증권과 수취선화증권

선적선화증권(shipped B/L)은 운송화물을 본선에 적재한 후에 발행한 선화증권이다. 선적선화증권은 선화증권상에 "Shipped in apparent good order and condition"의 문언이 기재되어 있다. 이 경우 선적선화증권상의 증권의 발행일자(date of issue)는 곧 본선적재일자가 된다. 선적선화증권은 선화증권의 법적 성질이나 법적 요건이 모두 갖추어진 운송서류이다.

본선적재선화증권(on board B/L)은 수취선화증권(received B/L) 양식, 즉 "Received the goods, or packages said to contain goods herein mentioned, in apparent good order and condition…"과 같은 문언이 기재된 증권상에 본선적재 또는 선적완료 문구, 즉 "Loaded on board dated August 5, 19××"과 같이 기재·서명 형식을 갖춘 선화증권이다. 이 선화증권은 결과적으로 선적선화증권과 실질적 효력이 동일하다. 본선적재부기(on board notation)의 요건은 본선적재일자의 표시가 있어야 한다.

---

10) 제 9 장 국제물품운송편을 참조 바람.

한편 수취선화증권(received B/L; received for shipment B/L)은 송화인의 물품을 단지 수취한 상태에서 발행한 선화증권을 말한다. 이는 물품을 선적할 선박이 항내에 정박중이거나 아직 입항되지 않았으나 선박이 지정된 경우에 운송인이 물품을 수령하고 선적 전에 발행한 선화증권이다. 미국에서 면화선적을 위하여 발행되는 "Port B/L"[11]과 "Custody B/L"[12]은 모두 수취선화증권의 일종이다.

FOB나 CIF조건의 경우에는 해상운송에 의해 운송이 이루어지므로 보통 선적선화증권(shipped B/L) 또는 본선적재선화증권(on board B/L)을 요구하게 되므로, 신용장거래에서 신용장상에 특별히 허용하지 않는 한 수취선화증권은 거절된다.

2) 무사고선화증권과 사고부선화증권

무사고선화증권(clean B/L)이란 물품이 본선에 양호한 상태로 또는 선복예약 수량대로 적재되어 선화증권 여백의 비고(remarks)란에 "three cartons broken," "two cases short in dispute"처럼 사고문언의 표시가 없이 증권면에 "Shipped on board in apparent good order and condition"이라고 표시된 완전한 선화증권을 말한다. 무역거래에서는 당연히 무사고 선화증권을 요구하게 된다.

사고부선화증권(foul or dirty B/L)이란 적재물품의 포장이나 수량 등에 대하여 언급한 사고부 문언의 표시가 비고(remarks)란에 기재되어 있는 선화증권을 말하며 "Claused B/L"이라고도 한다.

해상운송인은 선적물품에 사고가 발생되어 있는 상태에서는 귀책문제가 따르므로 사고부선화증권을 발행하여 주기 때문에 이와 같은 운송서류는 신용정상에서 특별히 허용하지 않는 한 은행은 수리를 거절하게 된다. 이 경우 송화인인 수출상은 사고물품에 대한 대체품이 있다면 모르되 선박출항 일정과 제조·가공하는 시간, 원재료의 부족 등으로 사고물품을 그냥 선적시켜야 할 경우에는 선박회사에 파손화물보상장(Letter of Indemnity: L/I)을 제공하고

11) Port B/L은 물품이 운송인에게 인도되고 선박도 입항하였지만 아직 물품이 본선에 적재되지 않는 경우에 발행되는 수취선화증권이다.

12) Custody B/L은 물품이 운송인에게 인도되었지만 아직 본선이 입항하지 않았을 때 발행되는 수취선화증권이다.

무사고선화증권을 발급받게 될 경우 매입은행에 수출환어음 보증부매입(under reserve negotiation)을 면할 수 있다.[13] 도착지에서의 사고내용에 대한 보상과 모든 책임은 당연히 수출상이 지게 된다.

3) 지시식선화증권과 기명식선화증권

지시식선화증권(order B/L)이란 신용장상의 운송서류 요구조항에 선화증권의 수화인(consignee)으로 ① "to order," ② "to the order of A" 또는 ③ "to the order of ABC Bank"로 표시하여 발행되도록 요구되는 선화증권을 말한다. ①과 ②의 경우에는 대부분 무기명배서(blank endorsement; endorsed in blank)를 요구하고 있는데, 선화증권원본 뒷면에 송화인인 수출상이 배서를 하고 권리를 양도한다. 이 경우 선화증권소지자가 화물에 대한 담보권을 취득하게 된다.

기명식선화증권(straight B/L)이란 수화인(consignee)란에 특정은행 또는 특정 수입상을 기재한 선화증권으로 물품의 소유권은 특정인에게 귀속된다. 따라서 송금환방식(remittance basis)이나 선수금을 받는 선대신용장(先貸信用狀; red clause L/C)에 의한 거래가 아니면 수화인을 수입상으로 기재한 기명식 선화증권을 발행하지 않는 것이 안전하다.[14]

4) 집단선화증권

화주의 물품을 운송주선업자(freight forwarder)에게 인도하여 발급받게 되는 운송서류를 "House B/L" 또는 "Forwarder' s B/L"이라고 하고 여러 화주의 물품을 혼재(consolidation)하여 운송주선업자가 해상운송을 직접 수행하는 선박회사에 선복(船腹)을 예약(booking)하여 다수의 화주물품을 동일 행선지별로 FCL화한 물품을 인도받은 후 선박회사가 운송주선업자에게 발급해 주는 운송서류를 집단선화증권(groupage B/L) 또는 "Master B/L"이라고 한다. 이 경우 수출상이 자기거래은행인 매입은행에 제시하게 되는 서류는 "House

13)이 경우 보험회사는 파손화물에 대하여 보상책임이 없기 때문에 수출상은 보험회사에 동 사실을 고지하여야 한다. 그렇지 않으면 사기로 간주될 수 있다.

14) 항공운송의 경우 항공화물운송장(Air Waybill: AWB)상에는 보통 수화인(consignee)으로 신용장발행은행을 기재하도록 요구하고 있는데, 이는 항공화물은 해상운송보다 신속히 운송되어 운송중 화물의 전매나 유통상에 시간적 여유가 없을 뿐더러 그 특성상 실효가 없기 때문이다.

B/L"이 되어 수입상은 동 서류를 인도받아 도착지에서 화물을 수령하게 된다. "Master B/L"은 운송주선업자와 선박회사 간에 화물인도 · 운임정산 등 정리용으로 사용된다.

5) 해상화물운송장

해상화물운송장(sea waybill: SWB)은 화물수령증과 같으며 수화인의 성명, 주소를 명기하여 유통금지문언이 부기되어 있다. 단순한 화물수령을 표시한 증거증권이며 유가증권이 아니다. 본·지사간 거래, 이사화물 등에 이용되는 운송서류이다.

6) 용선계약선화증권

용선계약선화증권(charter party B/L)이란 화주가 살물(撒物; bulk cargo) 형태로 대량화물을 운송하기 위하여 특정한 항로(voyage) 또는 기간(time) 동안 용선하는 경우 화주와 선박회사 사이에 체결된 용선계약(charter party: C/P)에 의하여 발행되는 선화증권을 말한다.

신용장에 의한 거래에서는 용선계약선화증권은 신용장상에 요구가 있거나 허용될 때 사용될 수 있다.[15)]

7) 약식선화증권

약식선화증권(short form B/L)이란 선화증권의 전면에 법적 기재사항이 기재되고 이면의 선택약관인쇄가 생략된 선화증권을 말하며, "blank back B/L"이라고도 한다.[16)] 운송약관이 모두 기재된 것을 표준형식 선화증권(standard long form B/L; regular long form B/L)이라고 한다.

8) 예정표시선화증권

예정표시선화증권(intended clause B/L)이란 선화증권발행시에 선박(vessel), 선적항(port of loading) 또는 양륙항(port of discharge)이 확정되지 못하여 '예정된'(intended) 것으로 증권상에 표시되어 발행되는 선화증권을 말

15) UCP 600, Article 22.
16) UCP 600, Article 20-a-v.

한다. 선박이나 선적항 앞에 "intened"가 표시되어 있더라도 본선적재부기(on board notation)와 실제 선적항이 표시되어 있는 경우와 양륙항에 관련하여 최종 목적지가 양륙항과 다른 지점인 경우에도 별도명시가 없는 한 은행이 수리할 수 있도록 하고 있다.

9) 제시기간경과선화증권

제시기간경과선화증권(stale B/L)이란 은행[17]에 제시된 일자를 기준으로 소급하여 상당한 기간, 즉 특정기간의 명시가 없다면 선적을 증명하는 서류의 발행일자로부터 21일이 경과되어 은행에 제시된 선화증권을 말한다.[18] 이 경우에는 별도 허용하지 않는 한 은행은 수리 거절한다.[19]

이런 문언은 신용장상에 다음과 같이 보통 표시하고 있다.

"All documents must be presented within five days after the date of issurance of bill of lading or other transport documents but prior to expiration date of this credit."

이처럼 서류제시기간을 선화증권 혹은 운송서류발급일자 후 5일로 구속하더라도 수출상인 수익자는 이러한 서류제시기간 준수는 물론 당해신용장 유효기일 이내에 매입은행에 제시하여야 한다.

무역거래에서 항공편을 이용하거나 근거리무역을 할 경우에는 이처럼 서류제시기간을 짧게 구속한다면, 수출상은 보다 신속하게 서류를 제시하게 될 것이며 수입상의 입장에서는 도착된 물품을 보다 신속히 통관수속할 수 있는 장점이 있다.

10) 제 3 자선화증권

일반적인 선화증권상의 송화인(shipper)은 신용장상의 수익자(beneficiary)[20]로 작성되나 중계무역(intermediary trade)의 경우에는 제 3 자가 송화

17) 지정은행이나 특정지역의 표시가 있을 경우에는 그 곳에 제시되어야 한다.

18) 그와 같은 서류도 stale document라고 한다.

19) ISBP 21.

20) 양도가능 신용장으로 신용장 양도가 이루어졌다면 제 2 수익자(second beneficiary)인 양수인(transferee) 명의가 된다.

인으로 선화증권이 작성되는 경우가 있는데, 이와 같은 선화증권을 제3자선화증권(third party B/L)이라 한다.

신용장거래에서는 은행은 신용장에 별도의 언급이 없는 한 신용장수익자 이외의 당사자가 물품의 송화인으로 명시된 서류에 대해서도 수리되는 것으로 규정하고 있다.[21)]

11) 적색선화증권

적색선화증권(red B/L)[22)]이란 선화증권과 보험증권을 결합시킨 것으로 이 증권에 기재된 화물이 운송중 사고가 발생하면 동 사고에 대하여 선박회사가 보상해 주는 선화증권이다. 이 경우 선박회사는 보험회사와 적색선화증권발행분에 대하여 별도 부보하게 되므로 최종 손해보상은 보험회사가 하게 된다. 따라서 송화인은 운임에 보험료를 합한 금액을 선박회사에 지급하게 된다.

12) 부서부선화증권

부서부선화증권(副署附船貨證券; countersign B/L)이란 선화증권상의 운임이 후지급(collect)이거나 운임 또는 채무가 미결상태에 있는 경우 수화인은 화물인도시에 선박회사에 대하여 운임을 지급하고 물품을 인수하게 된다. 이 때 선박회사는 지급이 완료된 것을 증명하기 위하여 선화증권에 부서(countersign)하게 되는데 이와 같은 선화증권을 말한다.

13) 통선화증권

통선화증권(通船貨證券; through B/L)이란 다수의 운송인이 관여한 선화증권으로 한 사람의 운송인이 둘 이상의 운송수단을 이용하는 경우와 둘 이상의 운송인이 공동으로 운송할 경우 운송업자간에는 연결운송계약이 체결되게 되는데, 이 때 최초의 운송인이 전 구간의 운송에 대하여 통운송계약에 의해 발행하는 선화증권이다. 이에 대해 어느 특정항구에서 다른 특정항구까지의 한 구간에 대해 발행되는 선화증권을 단일선화증권(single B/L) 또는 직행한다 하

21) UCP 600, Article 14-k.

22) 보험증권을 겸한 선화증권에 그 부보문언내용이 적색으로 인쇄되어 있다는 이유에서 이런 이름을 사용하게 되었다. 보험에 관한 지식이 부족한 무역업자가 선박회사에 위임하여 사용되었던 적이 있으나 오늘날에는 거의 사용하지 않고 있다.

여 직행선화증권(direct B/L)이라고도 한다.

이 밖의 선화증권으로는 특정국내의 거래에 사용되는 내국선화증권(local B/L), 환적이 이루어질 때 발행되는 환적선화증권(transshipment B/L), 컨테이너를 이용하여 운송되는 경우에 발행되는 컨테이너선화증권(container B/L) 등이 있다.

(4) 선화증권의 발행

1) 선화증권의 법정기재사항

선화증권에는 법정기재사항과 임의기재사항이 있다.

법정기재사항으로는 ① 물품의 명세(description of commodity), ② 중량, 용적 및 포장개수(weight, measurement, number of packages), ③ 화물의 화인 및 번호(marks & numbers), ④ 선적항(port of shipment), ⑤ 양륙항(port of destination), ⑥ 선박명과 국적(name of the ship & nationality), ⑦ 선장명(name of master of vessel), ⑧ 송화인(name of shipper), ⑨ 수화인(name of the consignee), ⑩ 운임(freight), ⑪ 발행부수(number of B/L issued), ⑫ 작성지 및 작성연월일(place & date of B/L issued) 등이다.

한편 임의기재사항은 운송인과 송화인 사이의 특약사항으로 대부분 운송인의 면책사항이 기재되고 있다. 임의기재사항을 보면 ① 항로번호(voyage No.), ② 화물도착통지처(notify party), ③ 운임지급지 및 환율, ④ 선화증권의 번호(B/L number), ⑤ 스탬프조항(stamp clause), 사고부문언란(remarks)과 면책조항이 있다.

면책조항(exemption clause)을 보면 ① 천재지변(Act of God) 및 해난(Perils of the sea), ② 전쟁위험, ③ 제3자의 행위에 기인하는 위험, ④ 과실조항(negligence clause), ⑤ 내항능력(seaworthiness)에 따른 잠재하자 조항(latent defect clause), ⑥ 이로조항(deviation clause),[23] ⑦ 부지조항(unknown clause),[24] ⑧ 파손 · 누손조항(breakage · leakage clause),[25] ⑨ 고가품조항

23) 이로 조항은 인명, 재산 혹은 선박구조, 피난, 연료, 식량 등 필수품을 적재하기 위하여 예정항로 이외의 기항은 면책된다는 조항이다.

24) Unknown Clause는 B/L면에 '화물의 외관상 양호한 상태'로 선적하고 '외관상 이것과 유사한 상태로' 화물을 인도한다고 기재하여 화물의 내용, 중량, 용적, 내용물의 수량, 품질, 종류 및 가격에 대해서는 운송인이 면책된다는 조항이다.

(valuable goods clause),[26] ⑩ 위험품조항(dangerous goods clause),[27] ⑪ 손해배상조항(claim clause), ⑫ 뉴제이슨 조항(New Jason clause),[28] ⑬ 공동해손조항(general average clause) 등이 있다.

2) 선화증권의 발행방식과 배서

(가) 선화증권의 발행방식

선화증권의 발행은 보통 신용장거래시에는 운송서류요구조항에 지시되기 때문에 그에 따르면 되지만 발행방식은 요구내용에 따라 여러 가지가 있으며 선화증권발행시 수화인(consignee)란에 특정방식대로 기재하여야 한다.[29]

① 기명식 발행

이는 수화인기재란에 특정인의 상호, 주소를 기재하는 방식이다. 예를 들면, "Consignee: X & Y Inc., New York"과 같이 한다.

② 지시식 발행

이 방식은 단순지시식, 기명지시식 및 선택지시식이 있다.

ⓐ 단순지시식은 그냥 "to order"라고 기재하는 방식이다. 예를 들면, "Consignee: to order"와 같이 한다.

ⓑ 기명지시식은 "to the order of XXX"로 기재하는 방법이다. 예를 들면, "Consignee: to the order of A & B Co., Ltd."와 같이 한다.

ⓒ 선택지시식은 "XXX or order"로 기재하는 방법이다. 예를 들면,

---

25) Breakage-Leakage Clause는 갑판적재하는 물고기와 조개, 동물, 육류, 과물류, 부패하기 쉬운 모든 물품, 유리, 도자기 또는 주물, 파손되기 쉬운 물품 또는 비포장물의 파손, 누손, 습기, 부패, 사망 등에 관해서는 운송인이 면책된다는 조항이다.

26) Valuable Goods Clause는 송화인이 고가품 선적시 화물종류, 품질, 가격을 명시하지 않으면 일정한 금액 이상의 배상책임이 없다는 조항이다.

27) Dangerous Goods Clause는 위험품에 대해서 적부, 보관, 취급 등에 특별한 조치가 필요하고 선적 전 화물의 내용과 성질을 신고하지 않으면 선장은 발견하는 대로 양륙 또는 선외에 투기할 수 있다는 조항이다.

28) New Jason Clause란 본선이 자사선에 의해 구조되었더라도 타사선에 의해 구조된 것과 같이 선주는 구조비를 자사의 화주에게 청구할 수 있다는 내용이 추가된 것으로 선주가 내항성을 위해 적절한 노력을 했다면 항해의 전후를 막론하고 선주의 과실이 있든 없든 사고가 생기면 계약상 그 사고에 대해 책임을 지지 않고 화주는 공동으로 발생한 비용과 희생분담을 내야 하고 화물과 관련하여 발생하는 구조비 등 제 비용을 부담해야 한다는 조항 이다. Jason은 1921년 사건 당시의 선박이름이다.

29) 대부분의 거래에서는 지시식발행방식이 이용되고 있다.

"Consignee: X & Y Inc., New York or order"와 같이 한다.

③ 소지인식발행

이에는 단순소지인식과 선택소지인식이 있다.

ⓐ 단순소지인식은 수화인란에 소지인, 즉 "Bearer"로 기재하는 방식이다. 예를 들면, "Consignee: Bearer"와 같이 한다.

ⓑ 선택소지인식은 수화인란에 "XXX or Bearer"로 기재하는 방식이다. 예를 들면, "Consignee: X & Y Inc., New York or Bearer"와 같이 한다.

④ 무기명식발행

이는 일명 백지식이라고도 하며 수화인란은 공란(blank)으로 두는 것으로 예를 들면, "Consgnee: "와 같이 한다. 이 경우 선화증권의 취급은 소지인식과 같은 요령으로 한다.

(나) 선화증권의 배서

선화증권의 배서(endorsement)는 증권을 타인에게 양도할 때 행하게 되는데 배서방식에는 ① 기명식배서, ② 지시식배서, ③ 무기명식배서방식이 있다. 배서는 신용장상의 선화증권 조항의 발행방식에 따라 결정되게 된다.[30] 배서는 선화증권 원본(original) 전통(full set)의 이면에 다음과 같이 행한다.

① 기명식 배서(full endorsement)

기명식배서는 피배서인(endorsee)의 성명 또는 상호를 명기하여 배서인(endorser)이 서명하는 방식이다. 기명된 수화인에게 선화증권을 전달하기 위해서는 배서가 연속되어야 한다.

예를 들어 "X & Y Inc."에게 기명배서를 하고자 할 경우는 다음과 같이 한다.

Deliver to X & Y Inc.

A & B Co., Ltd.
(*KildongHong*)
Kil-dong Hong
President

---

30) "Full set of clean on board marine bill of lading made out to the order of Shipper and endorsed in blank marked notify X & Y Inc., New York and freight collect."라고 명시되었다면 선화증권상 수화인은 "to the order of shipper"로 기재하고 송화인인 수출상이 B/L 원본이면에 '무기명식배서'를 하여야 한다.

② 지시식배서(order endorsement)

지시식배서는 피배서인으로서 "order of X" 또는 "X or order"와 같이 기재하는 방식이다.

예를 들어 "X & Y Inc."에게 지시식배서를 하고자 할 경우에는 다음과 같이 한다.

Deliver to the order of X & Y Inc.

A & B Co., Ltd.
(*KildongHong*)
Kil-dong Hong
President

Deliver to X & Y Inc. or order

A & B Co., Ltd.
(*KildongHong*)
Kil-dong Hong
President

③ 무기명식배서(blank endorsement)

무기명식배서는 피배서인은 기재하지 않고 배서인이 단순히 자기자신만 서명하는 방식으로 이를 백지식배서라고도 한다.

A & B Co., Ltd.
(*KildongHong*)
Kil-dong Hong
President

3.2 항공화물운송장

(1) 항공화물운송장의 의의

항공운송서류(air transport documents)에는 항공화물운송장(air waybill: AWB)과 항공화물수탁서(air consignment note)가 있다. 보통 미국에서는 전자로, 유럽에서는 후자로 부르고 있다. 이는 모두 화물을 공로로 운송하는 경우에 항공운송인(air carrier)이 발행하는 운송장으로 선화증권과 같이 운송계약

상의 권리를 유가증권화한 권리증권이 아니고 단순한 수취증에 불과하다.[31)]

항공화물운송장은 국제항공운송협회(International Air Transport Association: IATA)의 표준양식과 발행방식에 따라 전 세계 항공사가 동일한 운송장을 사용하도록 의무화하고 있다. 항공화물운송장은 유통이 금지된 비유통식으로만 발행되는데, 원본 ①은 항공사용으로 운송계약의 증거로 사용되고 원본 ②는 수화인용으로 화물도착지에 보내져서 항공사가 수화인에게 교부하는 것으로 유통목적은 아니다. 원본 ③은 송화인용으로 송화인의 화물처분권에만 효력이 미친다. 따라서 수출상이 수출서류매입시에 매입은행에 제시하는 것은 송화인용이다. 항공화물운송장의 발행부수는 원본 3장과 부본 6장을 원칙으로 하고 항공사에 따라 5장까지 추가할 수 있다.

(2) 항공화물운송장과 해상선화증권의 비교

항공화물운송장과 해상선화증권의 공통점은 ① 화물수취증권이며, ② 요인증권이며, ③ 요식증권이다.

항공화물운송장과 해상선화증권의 차이점은 다음과 같다.

① 항공화물운송장은 항공운송사실을 증명하는 단순한 증거증권인 데 반하여, 해상선화증권은 물권적 권리를 표시하는 물권증권이다.

② 항공화물운송장은 비유통성 증권인 데 반하여, 해상선화증권은 유통성 증권이다.

③ 항공화물운송장은 화물수령증에 불과하므로 해상선화증권에 있어서 수취선화증권(received B/L)과 같다.

④ 항공화물운송장은 신속을 요하기 때문에 원칙적으로 환적(transshipment)을 전제로 하고 있다.

3.3 철도화물수탁서와 도로화물수탁서

육상운송의 경우에는 철도운송과 도로운송을 이용하게 된다.

---

31) 신용장상에 항공화물운송장(Air Waybill)이 요구될 경우의 조건은 "Clean Air Waybill consigned to ABC Bank, marked freight collect and notify accountee."와 같이 기재된다. 따라서 수화인(consignee)은 ABC Bank로 기명식이 된다.

철도화물수탁서(railway consignment note)나 도로화물수탁서(road consignment note)는 운송인이 화물을 수취한 것을 확인하고 탁송한 화물의 청구권을 표시한 유가증권을 말한다.

이들은 운송인이 송화인과의 운송계약에 따라 탁송화물수령을 증명하고 목적지에서 이것과 상환으로 화물인도의무를 진다는 취지가 표시되어 있으며, 매매나 금융에 이용될 뿐만이 아니라 운송의 중지 · 운송화물의 반환 및 기타의 처분을 청구할 수 있으며, 법률적 성질이나 경제적 기능도 선화증권과 동일하다.

3.4 복합운송증권

(1) 복합운송증권의 의의

복합운송증권(multimodal transport documents: MTD)[32]이란 선박 · 철도 · 항공기 · 자동차에 의한 운송방식 중 적어도 두 가지 이상의 다른 운송방식에 의하여 운송물품의 수탁지와 목적지가 상이한 국가의 영역간에 이루어지는 복합운송계약을 증명하기 위해서 복합운송인이 발행한 증권을 말한다.

'유엔국제물품복합운송조약' 에서는 '복합운송증권' (multimodal transport document)이란 "복합운송계약에 따라 복합운송인(mutimodal transport operator: MTO)이 자기의 관리 아래 물품을 인수하였다는 것과 그 계약의 조건에 따라 운송인이 물품을 인도할 의무를 부담하는 것을 증명하는 증권"[33]이라고 규정하고 있다.

또한 UNCTAD/ICC의 '복합운송증권에 관한 UNCTAD/ICC 규칙' (ICC Rules for Multimodal Transport Documents)에서는 "복합운송증권이란 다음의 형식으로 발행된 복합운송계약을 증명하는 증권을 의미하며, 이는 관련법규가 허용하는 경우 전자문서교환 통신문(electronic data interchange messages)으로써 갈음할 수 있다.

---

32) 복합운송증권이란 명칭의 영문표기는 '1980년 유엔국제물품복합운송조약' 1991년 UNCTAD/ICC 복합운송증권 규칙' 및 '1993년 화환신용장통일규칙' 상에 모두 "multimodal transport document" 로 하고 있다.

33) United Nations Convention on International Multimodal Transport of Goods, 1980, Article 1-4.

① 유통가능한 형식(negotiable form)으로 발행되는 것, ② 또는 특정 수화인이 지정된 유통불가능한 형식(non-negotiable form)으로 발행되는 것"[34)]이라고 규정하고 있다.

(2) 복합운송증권의 발행형식과 유통성

복합운송서류는 양도가능 형식, 즉 유통증권[35)]과 양도불능 형식인 비유통증권으로 발행할 수 있으며, 복합운송인은 다음과 같이 물품인도를 보장하기 위하여 필요한 조치를 이행하거나 그 이행을 주선할 의무가 있다.

1) 유통증권(negotiable document)

복합운송이 유통형식으로 발행되는 경우의 수화인에 대한 물품인도는 다음과 같이 한다.[36)]

① 복합운송증권이 유통가능한 형식으로 '소지인식으로'(to bearer) 발행된 경우에는 1통의 증권원본을 제시하는 자에 대한 인도, 또는

② 복합운송증권이 유통가능한 형식으로 '지시인식으로'(to order) 발행된 경우에는 1통의 증권원본을 제시하는 자에 대한 인도, 또는

③ 복합운송증권이 유통가능한 형식으로 '특정인 앞으로' 발행된 경우에는, 자신의 동일성을 증명하고 1통의 증권원본을 제시하는 특정인에 대한 인도(증권이 지시식으로 또는 백지배서로 양도된 때에는 위 ②의 규정이 적용된다)

---

34) UNCTAD/ICC, Rules for Multimodal Transport Documents, 1991 Rule 2-6.

35) 유통성 복합운송증권은 배서(endorsement) 또는 인도(delivery)에 의하여 물품의 처분권이 주어지는 권리증권(document of title)으로서 유가증권의 성격을 띠고 있다.

36) UNCTAD/ICC, Rules for Multimodal Transport Documents, 1991, Rule 4-3(a)~(c). Rule 4-3. Delivery of the goods to the consignee.

The MTO undertakes to perform or to procure the performance of all acts necessary to ensure delivery of the goods;

(a) when the *MT document* has been issued in a negotiable form "to bearer," to the person surrendering one original of the document; or

(b) when the *MT document* has been issued in a negotiable form "to order," to the person surrendering one original of the document duly endorsed; or

(c) when the *MT document* has been issued in a negotiable form to a named person, to that person upon proof of his identity and surrender of one original document; if such document has been transferred "to order" or in blank the provisions of (b) above apply; or

2) 비유통증권(non-negotiable document)

복합운송증권이 비유통형식으로 발행될 경우와 수화인에 대한 물품인도는 다음과 같이 한다.[37)]

① 복합운송증권이 유통불가능한 형식으로 발행된 경우에는, 자신의 동일성을 증명하는 증권에 수화인으로 지정되어 있는 특정인에 대한 인도 또는

② 아무런 증권도 발행되지 아니한 경우에는, 송화인이 지시하는 자 또는 복합운송계약상 그 지시할 송화인이나 수화인의 권리를 취득한 자가 지시한 자에 대한 인도

(3) 복합운송증권의 종류

복합운송증권(multimodal transport document)은 운송물품의 수탁(taking in cargo)에 의해 발행되는 서류이다.

현재 복합운송증권으로 인정되어 사용되고 있는 것은 보통 복합운송의 의미를 그 명칭에 포함하여 선화증권형식으로 발행하고 있다.

예를 들면, "'Multimodal Transport Bill of Lading," "Combined Transport Bill of Lading" 또는 "Intermodal Transport Bill of Lading" 등이 그 것이다.[38)]

또한 복합운송증권으로 사용되고 있는 것 중에 운송주선인협회국제연맹 복합운송선화증권(FIATA Combined Transport Bill of Lading: FIATA FBL)[39)]은 복합운송선화증권 양식을 이용하고 있다. 이는 유통성을 지닌 유가증권으로 "UCP 600"의 취지에 의하면 FIATA표시는 아무런 관계가 없고 오직 UCP상의 복합운송서류로서의 적격성을 갖추었을 때 은행이 수리한다. 그러나 FIATA 운송주선인 화물운송증(FIATA Fowarding Agents Certificate of Transport: FIATA

---

37) *Ibid.*, Ru1e 4-3(d) ~ (e).

(d) when the *MT document* has been issued in a non-negotiable form, to the person named as consignee in the document upon proof of his identity; or

(e) when no document has been issued, to a person as instructed by the consignor or by a person who has acquired the consignor' s or the consignee' s rights under the multimodal transport contract to give such instructions.

38) 무역계약시에 매매조건을 FCA, CPT 또는 CIP조약으로 계약할 경우에는 상응한 운송서류로 복합운송증권을 요구하여야 한다.

39) FIATA란 불어의 "Federation Intenationale des Associations de Transitaires et Assimiles"의 약자로 영어로는 "International Federation of Freight Forwarders Association"(운송주선인협회 국제연맹)이라고 표시한다. FIATA는 1926년 오스트리아 비엔나에서 창설된 민간단체로 현재 본부는 스

[표 13-1] 통선화증권과 복합운송증권의 비교

구　분	통선화증권(through B/L)	복합운송증권 (multimodal transport B/L)
① 운송계약의 형태	· 최종목적지까지 전반운송증명만으로 가능(형태 불문)	· 복합운송계약(하청운송 형태)
② 운송수단의 조합	· 동종운송수단과의 조합 · 이종운송수단과의 조합	· 이종운송수단과의 조합만 가능
③ 운송인의 책임 형태	· 각 운송인 분할책임	· 전 구간 단일책임
④ 1차운송인과 2차운송인의 관계	· 2차운송인에 대한 1차운송인의 지위는 화주의 단순한 운송대리인에 불과	· 1차운송인: 원청운송인 · 2차운송인: 하청운송인
⑤ 증권의 발행인	· 선박회사와 그 대리인	· 운송인 또는 복합운송인 또는 이들의 지정대리인, 선장이나 그 지정대리인
⑥ 증권의 형식	· B/L 형식	· B/L 이외의 형식도 존재
⑦ 적재표시	· shipped B/L로서 특정선박에의 적재증명	· taking in charge로서 물품수탁 증명

FCT)과 FIATA 운송주선인화물수령증(FIATA Forwarding Certificate of Receipt: FIATA FCR)은 비유통운송서류로 신용장에 별도의 허용이 있어야만 수리가 가능하다. 이 서류는 운송주선인들이 사용하고 있는데 1981년 표준약관이 제정되어 있다.

그런데 통선화증권(through bill of lading)[40]은 복합운송증권과 유사한 것 같지만 〈표 13-1〉과 같이 구별하여야 한다.

3.5 우편수령증과 특사수령증

우편수령증(post receipt)이란 소화물을 소포우편으로 외국에 발송하는 경우 우체국에서 발행하는 것으로 우송증명서(certificate of posting) 또는 우편 소

위스 취리히에 있다. 한국은 1977년 정회원으로 가입되었다.

40) through B/L은 해상선화증권의 일종으로 반드시 선박회사나 그 대리인에 대하여 발행되어져야 한다.

포수령증(parcel post receipt)이라고도 한다. 이는 항공화물운송장과 같은 성질을 갖는 단순한 수령증이다.

특사수령증(courier receipt)이란 서류 및 소형의 경량물품을 항공기를 이용하여 문전에서 문전까지(door to door) 수령 · 배달하여 주는 송·배달업자의 수령증이다.

우편수령증이나 특수수령증도 신용장상에 요구되거나 허용될 때 은행이 수리하며 수리할 경우의 그 적격성 요건으로는 우편수령증의 경우에는 그 전면에 스탬프나 그 밖에 진위확인 사항 그리고 물품의 발송장소에서의 일자가 수령증상에 나타나야 하며 기타 모든 사항에서 신용장조건을 충족하여야 한다.[41] 또한 특사수령증은 특사의 이름 및 지정특사의 스탬프, 서명 또는 진위확인 사항을 문면에 나타내고 수령일자를 명시해야 하고 기타 모든 사항에서 신용장조건을 충족하여야 한다.[42]

4. 보험서류

4.1 보험서류의 의의

보험서류(insurance documents)란 무역물품의 운송도중 해난이나 기타의 위험으로 인하여 입게 될 손해에 대하여 보험을 부보하고 이에 대하여 보험자로부터 발급받는 증거서류를 말한다.

CIF와 CIP매매계약에서는 매도인이 적화보험을 부보하고 이에 대한 보험서류를 매수인에게 제공할 의무가 있다.

4.2 보험서류의 종류

신용장거래에서는 해상적화보험의 성립을 증명하는 서류를 총칭하여 보험서류라고 하는데, 이에는 보험증권(insurance policy: I/P), 보험증명서(insurance certificate), 통지서(declaration)가 있다.

41) UCP 600, Article 25-c.
42) UCP 600, Article 25-a.

또한 보험증권도 확정보험증권(definite insurance policy: provisional insurance policy)과 예정보험증권(open insurance policy)으로 나눌 수 있다. 보험증권은 담보화물에 대한 보험계약의 존재 및 내용을 표시한 증권으로서 개별적 거래에 대한 보험내용이 확정된 경우에 발행되며 무역거래에서 대부분 통용되고 있는 전형적인 보험서류의 일종이다.

보험증명서는 일정기간에 걸쳐서 특정화물이나 특정항로에 운송되는 화물에 대하여 일괄적으로 보험에 부보되어 있음을 증명하는 보험증권의 대용서류를 의미한다. 포괄예정보험(open cover)이 체결되어 있는 경우는 개개의 적화에 대하여 포괄보험에 부보되어 있음을 증명하는 보험증명서 또는 통지서가 발행된다.

또한 보험승낙서(cover note)는 특정화물에 대해 보험에 부보하고 보험료를 수취하였음을 보험중개업자(broker)가 증명하는 일종의 각서를 의미한다.

보험증권은 보험계약 성립의 증거로 보험자가 보험계약자의 청구에 의해서 교부하며 유가증권이 아닌 증거증권으로서 보통 배서(endorsement) 내지 인도에 의하여 양도된다.

신용장통일규칙에 의하면 보험서류는 보험회사(insurance company)나 보험인수업자(underwriters) 또는 이들의 대리인(agent) 또는 대리업자(proxies)에 의해 발행되어야 하며[43] 중개업자가 발행한 보험승낙서는 신용장에 별로 허용하지 않는 한 은행이 수리하지 않으면[44] 신용장에 별로 정함이 없으면 은행은 포괄예정보험증권에 대한 보험증명서(insurance certificate)나 통지서(declaration)도 수리한다.[45]

4.3 보험부보의 일자와 금액

(1) 보험부보일자

보험부보일자는 곧 보험서류의 발행일자가 된다. 보험서류의 일자는 본선적재(loading on board)를 나타내는 선화증권의 경우에는 적재일, 발송

43) UCP 600, Article 28-a.
44) UCP 600, Article 28-c.
45) UCP 600, Article 28-d.

(dispatch)을 나타내는 항공화물운송장 등의 운송서류일 때는 발송일, 수탁(taking in charge)을 나타내는 복합운송증권의 경우에는 그 수탁일과 최소한 같거나 그 이전이어야 한다. 이와 같은 일자 이후에 보험을 부보하게 되면 보험사고 발생시 원칙적으로는 보상을 받지 못한다.

그러나 본문의 약관 중에 '소급약관'(lost or not lost clause)이 있는 경우에는 부보일자가 선적일자보다 늦더라도 부보효력이 적재일자로부터 발효한다는 조항이므로 관계가 없다. 또한 '창고간 약관'(warehouse to warehouse clause)이 있는 보험증권의 경우에는 화물이 창고에서 적재될 때부터 부보된다는 것을 표시하고 있는 것이므로 부보일자가 적재일자보다 늦어도 무방하다.[46] 보험증명서나 통지서의 경우에는 포괄예정보험증권(open poilcy)에 의해 발급된 것이고 포괄예정보험증권은 선적일자 이전에 발급된 것이기 때문에 보험증명서가 선적일자보다 늦은 일자에 발급되더라도 수리가능하다. 신용장거래에서는 특별히 선적일자보다 부보일자가 늦어도 된다는 명시가 있으면 선적일자보다 늦게 부보된 보험서류에 대하여 수리된다.

(2) 보험금액

1) 표시통화

보험서류상의 표시통화는 신용장에 다른 규정이 없는 한 신용장과 동일한 통화(currency)로 표시되어야 한다. 이는 신용장과 다른 통화로 부보된 경우 보험사고가 발생하였을 때 신용장발행의뢰인 또는 신용장발행은행에 환시세변동에 따른 손해발생가능성이 있으므로 이를 회피하기 위한 것이다.

2) 최저보험금액

인코텀즈에 의하면 CIF계약이나 CIP계약에서는 매도인의 보험계약의무에 관하여 "최소보험은 계약에서 약정된 금액에 10%를 더한 금액(즉, 110%)으로 부보되어야 하며, 계약통화로 부보되어야 한다"[47]고 규정하고 있는데, 이러한 취지는 신용장통일규칙의 규정에도 부합된다.[48]

46) ICC, Documents 470/263, 470/266, October 20, 1975.

47) INCOTERMS, 2000, CIF CIP, A 3(b). "The minimum insurance shall cover the price provided in the contract plus ten percent(i.e. 100%) and shall be provided in the currency of the contract."

4.4 보험부보조건

보험부보조건은 앞에서 살펴본 바와 같이 화물의 종류와 성질을 고려하여 협회적화약관의 ICC(A), ICC(B), ICC(C) 중에서 어느 조건으로 부보할 것이며 과연 동 조건으로 위험이 담보되는지를 검토하여야 한다. 무조건 ICC(A)에 W/SRCC를 부보할 것이 아니라 물품 또는 성질에 따라 ICC(C)에 적절한 부가위험(additional risks)을 선택하고 W/SRCC를 부보하더라도 경제적인 보험료로 위험을 담보받을 수도 있다.[49)]

4.5 보험자의 면책비율

(1) 면책비율의 의의

면책비율(franchise)이란 특별면제를 뜻하는 것으로 보통 소손해면책률이라고 한다.[50)] 면책비율의 종류에는 공제면책비율과 비공제면책비율이 있다. 면책비율의 적용을 받지 않으려면 신용장발행의뢰인은 신용장상에 동 조건을 보험서류에 명시토록 하여야 한다.

(2) 공제면책비율(deductible franchise: excess deductible)

손해가 일정면책비율에 달했을 때 초과하는 부분의 손해액에 대해서만 보상하겠다는 면책비율이다. 예를 들면, 3% 품목인 경우 5%의 손해가 났을 때 5%-3%=2%만 보상하는 면책비율이다.

예를 보면 다음과 같다.

---

48) UCP 600, Article 28-f.

49) 부보범위 등 상세한 것은 제10장을 참조 바람.

신용장상에 보험서류의 조건은 보통 다음과 같다. "Marine Insurance Policy or Certificate in duplicate, endorsed in blank for 110% of invoice value, stipulating that claims are payable in the currency of the draft and also indicating a claim settling agent in U.S.A., covering Institute Cargo Clauses(B) including W/SRCC."

50) 1982년 신협회약관 ICC(A), ICC(B), ICC(C) 조건 어느 것에도 면책비율 또는 공제면책률과 같은 소손해면책규정은 없으나 구협회약관의 FPA, WA조항에는 기본적으로 증권 분문 중에 담보위험에 의해 발행한 손해보상보험범위를 정한 memorandum 조항이 있다.

"To pay the excess of the percentage specified in the policy"

"Average payable in excess of 3%"

"Warranted free from particular average under 5% which is deductible"

(3) 비공제면책비율(non-deductible franchise)

손해가 면책비율에 달하지 않을 때에는 보상하지 않으나 그 이상인 경우에 면책률을 금액에서 공제하지 않고 손해의 전부에 대하여 보상한다. 예를 들면, 3% 품목에서 6%의 손해가 발생한 경우에 원칙적으로는 6%-3%=3%만 보상하면 되는 것이지만, 비공제면책비율 적용에서는 6% 전부를 보상하는 것이다.

예를 보면 다음과 같다.

"Subject to average payable if amounting to 3%"

"To pay average if amounting to 5% on each 250 bags"

"Free from particular average unless amounting to 5% each to bales separately insured.

(4) 면책률 부적용조건

보험서류상에 WA 3%라고 기재되어 있으면 보험금액 3% 미만의 분손은 보험자가 면책된다. 만일 손해가 5%라면 3%를 공제하는 게 아니라 5% 전액을 보상한다. 그러나 "WAIOP"(With Average Irrespective of Percentage) 조건으로 부보하였다면 보험자는 면책비율을 적용하지 않고 적은 분손이라도 보상하게 된다.

5. 부속서류

5.1 포장명세서

포장명세서(packing list)란 선적화물의 포장 및 포장단위별 명세, 순중량(net weight), 총중량(gross weight), 용적(measurement), 화인(shipping marks),

포장개수(number of packages) 등을 기재한 상업송장의 보조서류로 수출상이 수입상 앞으로 작성하는 서류이다.

특히 포장명세서의 총중량과 용적은 선화증권(bill of lading)의 그것과 각각 일치되어야 한다.

5.2 중량 및 용적증명서

중량 및 용적증명서(certificate of weight and measurement)란 수출화물을 선적하기에 앞서 공인검량인(public weigher; sworn measurer)에 의해 화물의 순중량, 총중량, 용적을 계량하여 발급해 주는 서류로 선박회사측은 총중량과 용적을 자료로 하여 선화증권을 발급하게 된다. 이는 운송화물에 대한 해상운임(freight) 등을 산출하는 기초가 되기 때문에 정확히 작성되어야 한다.

5.3 원산지증명서

원산지증명서(certificate of origin: C/O)란 수출물품의 원산지를 증명하는 서류이다. 원산지증명서는 수입상이 물품을 수입할 때 관세협약 등에 의해 협정관세율을 적용받거나 덤핑방지 등 무역정책상 또는 무역통계를 목적으로 요청하게 되며, 한국에서는 상공회의소에서 원산지증명서를 발급하고 있다. 원산지 인정의 기준은 다음과 같이 두 가지 기준이 있다.

첫 번째 기준은 완전생산기준으로 당해물품의 전부를 생산한 국가를 원산지로 보는 기준으로 주로 천연생산품에 적용되며 이는 다시 여섯 가지 기준으로 세분할 수 있다.

① 당해국 영역에서 생산한 광산물, 농산물 및 식물성 생산물

② 당해국 영역에서 번식, 사육한 산동물과 이들로부터 채취한 물품

③ 당해국 영역에서 수렵, 어로로 채포한 물품

④ 당해국 선박에 의하여 채포한 어획물, 기타 물품

⑤ 당해국에서 제조, 가공 공정중에 발생한 설(屑: 가루)

⑥ 당해국 또는 당해국의 선박에서 ① 내지 ⑤의 물품을 원재료로 하여 제조 · 가공된 물품

이상의 여섯 가지 조건 중 한 가지 조건을 충족할 경우에는 원산지로 인정된다.

두 번째 기준은 실질변경기준으로 2개국 이상의 국가에서 생산, 가공, 제조된 경우에는 실질적인 변화를 최종적으로 행한 국가를 원산지로 보는 기준으로 실질적인 변화라 함은 당해국에서의 제조 또는 가공공정을 통하여 원재료의 세번과 상이한 세번(HS 6단위)의 제품을 생산하는 것을 말한다.

한편 UNCTAD의 '일반특혜관세원산지증명서'(generalized systems of preferences certificate of origin: GSPCO)가 있는데, 이를 "Form A"[51]라고도 한다.

일반특혜관세원산지증명서는 개발도상국의 수출확대 및 공업화 촉진을 위해서 선진국[52]이 개발도상국[53]으로부터 수입하는 농수산품 및 공산품의 제품·반제품에 대하여 무관세의 적용 또는 저율의 관세를 부과하는 관세상의 특혜를 주기 위한 원산지증명서를 말한다

모든 GSP공여국은 수입원자재의 '실질적 변경'의 원칙으로 원산지기준으로 가공도기준과 부가가치기준 중 하나를 원산지기준으로 채택하고 있다.

5.4 영사송장

영사송장(consular invoice)이란 수입국에서 수입관세의 탈세, 외화도피, 덤핑 등을 방지하거나 수출국소재 공관의 사증료 수입을 증대시키기 위하여 수출국주재 수입국 영사가 작성하거나 사증(visa)을 하여 주는 서류이다.

특히, 중동지역에서 발행된 신용장의 경우에는 상업송장이나 원산지증명서 및 선화증권상에 "visaed," "legalized" 또는 "verified"를 하도록 요구하는 경우가 많다.

5.5 세관송장

세관송장(customs invoice)이란 영사송장과 같이 과세가격기준 결정, 덤핑

51) "Form A"는 발급기관에서 발급하여 주는 GSPCO 서식이고 'Form B"는 GSPCO 발급신청서이다.

52) GSP공여국이라고 한다.

53) GSP수혜국이라고 한다.

유무판정,수입통계 등을 목적으로 작성되나 영사송장처럼 영사가 작성하거나 사증을 하지 않고 수출상인 신용장 수익자가 직접 작성한다.

수입국에 따라 세관송장 양식이 정해져 있다. 세관송장을 작성할 경우에는 특히 수출가격분석(cost breakdown)을 정확히 하여야 한다.

5.6 검사증명서

검사증명서(inspection certificate)란 물품의 품질에 대하여 매매계약시 품질의 결정방법과 시기 등을 고려하여 수입상의 요청에 의하여 수출상이 제공하는 검사결과에 대한 증명서이다.

신용장거래에서는 특별히 검사기관을 지정하지 않으면 수출상이 약정한 내용대로 자체검사기준에 따라 검사하고 수익자의 검사증(beneficiary' s inspection certificate)을 제공하면 된다. 그러나 정부나 기타 공적인 기관에서 발급된 검사 등을 특별히 요구한다면 당해검사증명서를 제공하여야 한다.[54)]

5.7 위생증명서

위생증명서(health certificate; sanitary certificate; veterinary certificate)란 식료품, 약품, 동물의 가축류 등을 수출하는 경우에 수입국 보건기준에 합치된 것을 수입할 수 있도록 관리하기 위하여 수입상의 요구에 의해 수출국의 위생검사 당국에서 발행하여 제공하는 서류이다.[55)]

5.8 검역증명서

위생증명서의 일종으로 특히 식물이나 동물 또는 동물의 부산물 등을 수출하는 경우 전염병 등 세균의 침입을 예방하기 위하여 수출국에서 소독 등 방

54) 이 경우 "INCOTERMS 2000"에서는 각 조건 B.9 Inspection of Goods상에 이른바 선적전검사(pre-shipment inspection: PSI)라 하여 수출국 당국에 의해 강행된 경우를 제외하고는 선적전검사비용은 매수인(buyer)이 부담하도록 규정하고 있다.

55) 미국으로 수출되는 식품류 등은 FDA(Food and Drug Administration)의 기준에 합치되는 보건 안전기준에 관한 서류를 제공하여야 수출이 가능하다.

서식 13-1 상업송장

COMMERCIAL INVOICE

Seller A & B CO., LTD. C.P.O. Box 777 Seoul, Korea	Invoice No. and date 601 July 15, 20XX L/C No. and date 78910 July 1, 20XX
Consignee To the order of Bank of America New York	Buyer (if other than consignee) X & Y Inc. 350 Fifth Avenue New York, NY10118 U.S.A.
Departure date July 15, 20XX	Other references Other details as per Sales Note No. E15 dated May 1, 20XX
Vessel/flight: Silver Star 5W From: Busan, Korea	
To New York, U.S.A.	Terms of delivery and payment CIF New York, L/C at sight

Shipping marks / No. & kind of pkgs:	Goods description	Quantity	Unit price	Amount
XY	Men's Split Leather Jackets			
NEW YORK C/T NO.1-200 MADE IN KOREA	ST-101	2,000pcs	@U$25	US$50,000.-
	ST-102	2,000pcs	@U$25	US$50,000.-
	Total	4,000pcs		US$100,000.-

P. O. Box :
Cable Address :
Telex Code :
Telephone No. :
Facsimile No. :

Signed by
A & B CO., LTD.
Kil-dong Hong
President

UN Layout Key by UN/ECE (210mm × 297mm)

서식 13-2 선화증권

ACL **ACL**

SHIPPER/EXPORTER
A & B Co., Ltd.
C.P.O. Box 777
Seoul, Korea

DOCUMENT NO.

BOOKING NO.

EXPORT REFERENCES
FORWARDER REF. NO.
SHIPPER'S REF. NO. KA-123

CONSIGNEE
To the order of Bank of America, New York

FORWARDING AGENT. F.M.C. NO.

POINT AND COUNTRY OF ORIGIN R.O.K

PLACE OF RECEIPT * Busan CY

NOTIFY PARTY
X & Y Inc.
350 Fifth Avenue
New York, NY10118
U.S.A.

DOMESTIC ROUTING/EXPORT INSTRUCTIONS

PIER

EXPORTING CARRIER Silver Star 5W

PORT OF LOADING Busan, Korea

PORT OF DISCHARGE New York, U.S.A.

FOR TRANSSHIPMENT TO

PLACE OF DELIVERY * New York CY

PARTICULARS FURNISHED BY SHIPPER

MARKS AND NUMBERS	NO. OF PKGS.	DESCRIPTION OF PACKAGES AND GOODS	GROSS WEIGHT	MEASUREMENT
XY NEW YORK C/T NO.1-200 MADE IN KOREA ACLU0153715/000153 FCL/FCL	200 CTNS	4,000pcs of Men's Split Leather Jackets Loaded On Board July 14, 20XX "FREIGHT PREPAID" *APPLICABLE ONLY WHEN USED AS THROUGH BILL OF LADING AS PER CLAUSE 3 (III) ON REVERSE HEREOF.	2,560KGS	48.000CBM

PREPAID	XXXXXXX (COLLECT)	FREIGHT AND CHARGES PAYABLE AT X X X	ALL CHARGES EX SHIPS TACKLE FOR ACCOUNT OF CARGO

ACL
an affiliate of:
Cie Generale Transatlantique
The Cunard Steam-Ship Company Ltd.
Intercontinental Transport (ICT) BV
Swedish American Line
Swedish Transatlantic Line
Wallenius Line

A940015 — July 15, 20XX
B/L NUMBER **DATE**

RECEIVED by ACL for shipment by ocean vessel, between port of loading and port of discharge, and for arrangement or procurement of precarriage from place of receipt and on-carriage to place of delivery where stated above, the goods as specified above in appraent good order and condition unless otherwise stated. The goods to be delivered at the above mentioned port of discharge or place of delivery, whichever applicable. Subject always to the exceptions, limitations, conditions and liberties set out on the reverse side hereof, to which the Merchant agrees by accepting this B/L.

In Witness whereof three (3) original Bs/L have been signed, if not otherwise stated above, one of which being accomplished the other(s) to be void.

For **ACL**
As Agent
[signature]
Korea Shipping Co., Ltd.

서식 13-3 해상화물운송장

NON-NEGOTIABLE SEA WAYBILL

Shipper
Lamedos Trading Co Ltd
Wheatfield
Bedfordshire
England VAT NO 3498298

UK Customs Assigned No. 12345
SWB No. 133
Shipper's Reference EOR 0571 J 153387/A
F/Agent's Reference

Consignee
T A R Inc
P O 693
Algiers
Algeria

Name of Carrier XYZ Line Limited

Notify Party and Address (leave blank if stated above)

The contract evidenced by this Waybill is subject to the exceptions, limitations, conditions and liberties (including those relating to pre-carriage and on-carriage) set out in the Carrier's Standard Conditions of Carriage applicable to the voyage covered by this Waybill and operative on its date of issue; if the carriage is one where had a Bill of Lading been issued the provisions of the Hague Rules contained in the International Convention for unification of certain rules relating to Bills of Lading dated Brussels, 25th August, 1924, as amended by the Protocol signed at Brussels on the 23rd February, 1968 (the Hague Visby Rules) would have been compulsorily applicable under Article X, the said Standard Conditions contain or shall be deemed to contain a Clause giving effect to the Hague Visby Rules. Otherwise the said Standard Conditions contain or shall be deemed to contain a Clause giving effect to the provisions of the Hague Rules. In neither case shall the proviso to the first sentence of Article V of the Hague Rules or the Hague Visby Rules apply. The Carrier hereby agrees: (i) that to the extent of any inconsistency the said clause shall prevail over the said Standard Conditions in respect of any period to which the Hague Rules or the Hague Visby Rules by their terms apply, and (ii) that for the purpose of the terms of this Contract of Carriage this Waybill falls within the definition of Article 1(b) of the Hague Rules and the Hague Visby Rules.

The Shipper accepts the said Standard Conditions on his own behalf and on behalf of the Consignee and the owner of the goods and warrants that he has authority to do so. The Consignee by presenting this Waybill and/or requesting delivery of the goods further undertakes all liabilities of the Shipper hereunder, such undertaking being additional and without prejudice to the Shipper's own liability. The benefit of the contract, evidenced by this Waybill shall thereby be transferred to the Consignee or other persons presenting this Waybill.

Notwithstanding anything contained in the said Standard Conditions, the term Carrier in this Waybill shall mean the Carrier named on the front thereof.

A copy of the Carrier's said Standard Conditions applicable hereto may be inspected or will be supplied on request at the office of the Carrier or the Carrier's Principal Agents.

Pre-Carriage by*	Place of Receipt by Pre-Carrier*
–	–
Vessel	**Port of Loading**
Rednouf	Felixstowe
Port of Discharge	**Place of Delivery by On-Carrier***
Algiers	–

*Applicable only when document used as a Through Sea Waybill

Particulars declared by Shipper

Marks and Nos; Container No.	Number and kind of packages; Description of Goods	Gross Weight (kg)	Measurement (m^3)
TAR 367/B ALGIERS Nos 1/100	100 x 50kg net polythene lined steel drums ANTIMONY TRICHLORIDE LIQUID CLASS 8. UN No. 1733	5270	6.84
TAR 367/B ALGIERS Nos. 101/300	200 x 25kg net polythene lineu steel drums HYDROFLUORIC ACID SOLUTION SN Class 8 UN No 1790	5105	6.03

Freight Details; Charges etc.
"FREIGHT PREPAID"

RECEIVED FOR CARRIAGE as above in apparent good order and condition, unless otherwise stated hereon, the goods described in the above particulars.

Ocean Freight Payable at
LONDON

Place and Date of Issue
London 29th June, 19xx

Signature for Carrier; Carrier's Principal Place of Business
As Carrier
J. Smith
XYZ LTD

서식 13-4 항공화물운송장

180 | SEL | 2345678 ___ 12

180- SEL2345678 ___ 12

Shipper's Name and Address

A&B Co., Ltd.
C.P.O. Box 777
Seoul, korea

Shipper's Account Number

Not negotiable
Air Waybill
(Air Consignment note)
issued by
KOREAN AIR LINES CO., LTD.

KOREAN AIR

CABLE ADDRESS: "KOREANAIRLINES" C.P.O BOX 864
41-3, SŌSOMUN-DONG, CHUNG-GU, SEOUL, KOREA

Copies 1, 2 and 3 of this Air Waybill are originals and have the same validity

Consignee's Name and Address

Bank of America, New York
466, Church Street Stations
New York, NY10015

Consignee's Account Number

Telephone:

It is agreed that the goods described herein are accepted in apparent good order and condition (except as noted) for carriage SUBJECT TO THE CONDITIONS OF CONTRACT ON THE REVERSE HEREOF. THE SHIPPER'S ATTENTION IS DRAWN TO THE NOTICE CONCERNING CARRIER'S LIMITATION OF LIABILITY. Shipper may increase such limitation of liability by declaring a higher value for carriage and paying a supplemental charge if required.

Issuing Carrier's Agent Name and City

Korea Express Co., Ltd., Seoul

Accounting Information

Agent's IATA Code: 17-34567

Account No.

Airport of Departure (Addr. of First Carrier) and Requested Routing

Incheon Airport

To	By First Carrier / Routing and Destination	to	by	to	by	Currency	CHGS Code	WT/VAL PPD	WT/VAL COLL	Other PPD	Other COLL	Declared Value for Carriage	Declared Value for Customs
NY	KE007					USD		x		x		N.V.D	CIF US$100,000

Airport of Destination	Flight/Date	For Carrier Use Only	Flight/Date	Amount of Insurance	INSURANCE
New York Airport					INSURANCE - If Carrier offers insurance, and such insurance is requested in accordance with conditions on reverse hereof, indicate amount to be insured in figures in box marked 'amount of insurance'

Handling Information

Attached : Commercial Invoice, Packing List, Certificate of Origin

No. of Pieces RCP	Gross Weight	kg / lb	Rate Class / Commodity Item No.	Chargeable Weight	Rate / Charge	Total	Nature and Quantity of Goods (incl. Dimensions or Volume)
	2,560KGS XY NEW YORK C/TNO.1-200 MADE IN KOREA			2,560KGS	@$3.05	US$7,808.-	4,000PCS. of Men's Split Leather Jackets INV.NO.601 L/C NO.78910 "FREIGHT PREPAID"

Prepaid	Weight Charge	Collect	Other Charges
US$7,808			
	Valuation Charge		
	Tax		
	Total Other Charges Due Agent		
US$20.00			
	Total Other Charges Due Carrier		

Shipper certifies that the particulars on the face hereof are correct and that insofar as any part of the consignment contains dangerous goods, such part is properly described by name and is in proper condition for carriage by air according to the applicable Dangerous Goods Regulations.

A & B Co., Ltd.
Signature of Shipper or his Agent

Total Prepaid	Total Collect
Currency Conversion Rates	CC Charges in Dest. Currency

July 30, 20XX Seoul,Korea　　As Agent Korea Express Co.,Ltd.

Executed on (date)　at (place)　Signature of Issuing Carrier or its Agent

For Carrier's Use Only at Destination	Charges at Destination	Total Collect Charges

KAL-CG 012
1983. 7. 1등록

211mm × 306mm 타자지
(90. 7. 1/150,000매)

서식 13-5 운송주선인협회국제연맹복합운송선화증권

Consignor	FBL No. SJ940015 KR 410
A & B Co., Ltd. C.P.O. Box 777 Seoul, Korea	NEGOTIABLE FIATA COMBINED TRANSPORT BILL OF LADING issued subject to ICC Uniform Rules for a Combined Transport Document(ICC publication 298).
Consigned To the order of Bank of America New York	SAM JUNG SHIPPING CO., LTD.
Notify address X & Y Inc. 350 Fifth Avenue New York, NY10118 U.S.A.	**For delivery of goods please apply to:** America Freight Forwarders Inc. 465 Sixth Avenue, New York N.Y. 100118, U.S.A. TEL:2-129315 FAX: 2-12359

	Place of receipt
	Busan CY
Ocean vessel	**Port of loading**
	Busan, korea
Port of discharge	**Place of delivery**
New York, U.S.A.	New York CY

Marks and numbers	Number and kind of packages	Description of goods	Gross weight	Measurement
XY NEW YORK C/T NO.1-200 MADE IN KOREA	200 CTNS SJSU1533504/00234 FCL/FCL	4,000PCS of Men's Split Leather Jackets	2,560KGS	48.000CBM

"FREIGHT PREPAID"

according to the declaration of the consignor

The goods and instructions are accepted and dealt with subject to the Standard Conditions printed overleaf.

Taken in charge in apparent good order and condition, unless otherwise noted herein, at the place of receipt for transport and delivery as mentioned above.
One of these Combined Transport Bills of Lading must be surrendered duly endorsed in exchange for the goods. In Witness whereof the original Combined Transport Bills of Lading all of this tenor and date have been signed in the number stated below, one of which being accomplished the other(s) to be void.

Freight amount	Freight payable at	Place and date of issue
As arranged		Seoul, Korea July 15, 20XX
Cargo Insuance through the undersigned ☐not covered ☐Covered according to attached Policy	**Number of Original FBL's** THREE(3)	**Stamp and signature** As Multimodal Transport Operator SAM JUNG SHIPPING CO., LTD.

서식 13-6 해상적화보험증권

DAEHAN FIRE AND MARINE INSURANCE COMPANY, LIMITED

HEAD OFFICE: 51-1, NAMCHANG-DONG, JUNG-GU, SEOUL, KOREA　CABLE ADDRESS: DAEINS　TELEX: DAEINS K28230　☎754-6234

MARINE CARGO INSURANCE POLICY

Policy No. AD940600123	Assured(s), etc. A & B Co., Ltd. C.P.O. Box 777, Seoul, Korea
Claim, if any, payable at/in T & H Inc. Suite 200, 600 South Catalina ST. New York, NY90005 Claims are Payable in US Dollars	Ref. No. Invoice No.601　L/C No.78910 Amount insured hereunder US$110,000.- (US$100,000 x 110%)
Survey should be approved by Same as above	Conditions and Warranties Institute Carge Clauses(B)
Local Vessel or Conveyance　From (interior port or place of loading)	
Ship or Vessel Silver Star 5W　Sailing on or about June 30, 20XX	
at and from Busan, Korea　transhipped at	
arrived at New York, U.S.A.　thence to	
Subject-matter Insured 4,000PCS of Men's Split Leather Jackets	ORIGINAL DUPLICATE UNPAID

Subject to the following Clauses as per back hereof

Institute Cargo Clauses specified above
On-Deck Clause
Institute Replacement Clause (applying to machinery)
Institute Classification Clause

Marks and Numbers as per Invoice No. specified above

Place and Date signed in　Seoul, Korea June 29, 20XX　Numbers of Policies issued　IN DUPLICATE

IMPORTANT
PROCEDURE IN THE EVENT OF LOSS OR DAMAGE FOR WHICH UNDERWRITERS MAY BE LIABLE
LIABILITY OF CARRIERS, BAILEES OR OTHER THIRD PARTIES

It is the duty of the Assured and their Agents, in all cases, to take such measures as may be reasonable for the purpose of averting or minimising a loss and to ensure that all rights against Carriers, Bailees or other third parties are properly preserved and exercised. In particular, the Assured or their Agents are required:

1. To claim immediately on the Carriers, Port Authorities or other Bailees for any missing packages.
2. In no circumstances, except under written protest, to give clean receipts where goods are in doubtful condition.
3. When delivery is made by Container, to ensure that the Container and its seals are examined immediately by their responsible official.
   If the Container is delivered damaged or with seals broken or missing or with seals other than as stated in the shipping documents, to clause the delivery receipt accordingly and retain all defective or irregular seals for subsequent identification.
4. To apply immediately for survey by Carriers' or other Bailees' Representatives if any loss or damage be apparent and claim on the Carriers or other Bailees for any actual loss or damage found at such survey.
5. To give notice in writing to the Carriers or other Bailees within 3 days of delivery if the loss or damage was not apparent at the time of taking delivery.

NOTE: The Consignees or their Agents are recommended to make themselves familiar with the Regulations of the Port Authorities at the port of discharge.

INSTRUCTIONS FOR SURVEY

In the event of loss or damage which may involve a claim under this insurance, immediate notice of such loss or damage should be given to and a Survey Report obtained from this Company's Office or Agents specified in this Policy or Certificate.

DOCUMENTATION OF CLAIMS

To enable claims to be dealt with promptly, the Assured or their Agents are advised to submit all available supporting documents without delay, including when applicable:

1. Original policy or certificate of insurance.
2. Original or certified copy of shipping invoices, together with shipping specification and/or weight notes.
3. Original or certified copy of Bill of Lading and/or other contract of carriage.
4. Survey report or other documentary evidence to show the extent of the loss or damage.
5. Landing account and weight notes at port of discharge and final destination.
6. Correspondence exchanged with the Carriers and other Parties regarding their liability for the loss or damage.

☞ *In the event of loss or damage arising under this Policy, no claims will be admitted unless a survey has been held with the approval of this Company's office or Agents specified in this policy.*

Notwithstanding anything contained herein or attached hereto to the contrary, this insurance is understood and agreed to be subject to English law and practice only as to liability for and settlement of any and all claims.

This insurance does not cover any loss or damage to the property which at the time of the happening of such loss or damage is insured by or would but for the existence of this Policy be insured by any fire or other insurance policy or policies except in respect of any excess beyond the amount which would have been payable under the fire or other insurance policy or policies had this insurance not been effected.

We, DAEHAN FIRE AND MARINE INSURANCE COMPANY, LIMITED, hereby agree, in consideration of the payment to us by or on behalf of the Assured of the premium as arranged, to insure against loss damage liability or expense to the extent and in the manner herein provided.

In witness whereof, I the *Undersigned* of DAEHAN FIRE AND MARINE INSURANCE COMPANY, LIMITED, on behalf of the said *Company* have subscribed *My* Name in the place specified as above to the policies, the issued numbers thereof being specified as above, of the same tenor and date, one of which being accomplished, the others to be void, as of the date specified as above.

For DAEHAN FIRE AND MARINE INSURANCE COMPANY, LIMITED

Dae-Kil Park
Manager

서식 13-7 보험증명서

Exporter's Reference EOR 0571 J 153387/A

Norwich Union Fire Insurance Society Ltd.
Maritime Insurance Company Ltd.

X

NORWICH UNION HOUSE, 51/54 FENCHURCH STREET, LONDON EC3M 3LA.

INSURANCE CERTIFICATE No. L.A.R./ 3134 **CODE No.** 66/AA/ 603

This is to Certify that Lamedos Trading Co. Limited
have been issued with an Open Policy and this certificate conveys all rights of the policy (for the purpose of collecting any loss or claim) as fully as if the property were covered by a special policy direct to the holder of this certificate but if the destination of the goods is outside of the United Kingdom this certificate may require to be stamped within a given period in order to comply with the Laws of the country of destination. Notwithstanding the description of the voyage stated herein, provided the goods are at the risk of the Assured this insurance shall attach from the time of leaving the warehouse, premises or place of storage in the interior.

Conveyance Rednouf — From Felixstowe

Via/To — To Genoa — Insured Value/Currency Dollars (US) 17040.00 so valued

Marks and Numbers — Interest

ABC
376/B

Nos 1/100 — 100 x 50 kg net polythene lined
GENOA — steel drums
ANTIMONY TRICHLORIDE LIQUID
CLASS 8. UN No. 1733

ABC
376/B

Nos. 10[illegible] — 200 x 25 kg net polythene lined
GENOA — steel drums
HYDROFLUORIC ACID SOLUTION
SN Class 8 UN No 1790

Deck Stowage

CONDITIONS:– ALL RISKS as per current Institute Cargo Clauses. (All Risks)
Subject to Institute Replacement Clause, (as applicable)
Including War, Strikes, Riots and Civil Commotions as per current Institute Clauses.
Refer to Clauses as over.

SURVEY CLAUSE:– In the event of loss or damage which may give rise to a claim under this certificate, notice must be given immediately to to the undernoted agent/s so that he/they may appoint a Surveyor if he/they so desire.

Agents at ...... are Amministrazione Mackenzie P.O. Box 1934 16100 Via XX Settembre 30, 16121 Genoa, Italy

CLAIMS In the event of a claim arising under this Certificate it is agreed that it shall be settled in accordance with English Law and Custom and shall be so settled in London or at Genoa, Italy
by As above.

Marine Underwriter — Dated Wheatfield 2nd July 20XX

The original Certificate must be produced when claim is made and must be surrendered on payment.

서식 13-8 포장명세서

PACKING LIST

Seller	Invoice No. and date
A & B CO., LTD. C.P.O. Box 777 Seoul, Korea	601 July 1, 20XX
Consignee To the order of Bank of America New York	**Buyer (if other than consignee)** X & Y Inc. 350 Fifth Avenue New York, NY10118 U.S.A.
Departure date June 30, 20XX	**Other references**
Vessel/flight Silver Star 5W **From** Busan, Korea	
To New York, U.S.A.	

Shipping marks/No. & kind of pkgs	Goods description	Quantity or net weight	Gross weight	Measurement
XY NEW YORK C/T NO.1-200 MADE IN KOREA	Men's Split Leather Jackets			
	ST-101	2,000pcs	1,280kgs	24.000CBM
	ST-102	2,000pcs	1,280kgs	24.000CBM
	Total	4,000pcs	2,560kgs	48.000CBM

P. O Box :
Cable Address :
Telex Code :
Telephone No. :
Facsimile

Signed by
A & B CO., LTD.
Kil-dong Hong.
President

UN Layout Key by UN/ECE (210mm × 297mm)

서식 13-9 원산지증명서

1. Seller

A & B Co., Ltd.
C.P.O. Box 777
Seoul, Korea

COPY

CERTIFICATE OF ORIGIN

issued by

THE KOREA CHAMBER OF COMMERCE & INDUSTRY
Seoul, Republic of Korea

원 산 지 증 명 서
대한상공회의소

2. Consignee

To the order of Bank of America, New York

4. Buyer (if other than consignee)

X & Y Inc.
350 Fifth Avenue, New York
NY10118, U.S.A.

3. Particulars of Transport (where required)

From Busan, Korea to New York, U.S.A.
By S.S. Silver Star 5W
On June 30, 20XX

5. Country of Origin

Republic of Korea

6. Invoice Number and Date

601, July 1, 20XX

7. Shipping Marks	8. Number and Kind of Packages;	Description of Goods	9. Gross Weight or Other Quantity
XY	200 CTNS	Men's Split Leather Jackets	
NEW YORK C/T NO.1-200 MADE IN KOREA		ST-101	2,000pcs.
		ST-102	2,000pcs.
		Total	4,000pcs.

10. Other Information

The Korea Chamber of Commerce & Industry hereby certifies, on the basis of relevant invoice and other documents, that the above mentioned goods originate in the country shown in column 5.

THE KOREA CHAMBER OF COMMERCE & INDUSTRY

서식 13-10 일반특혜관세원산지증명서

1. Goods consigned from (Exporter's business name, address, country) A & B Co., Ltd. C.P.O. Box 777 Seoul, Korea	Reference No. **GENERALISED SYSTEM OF PREFERENCES** **CERTIFICATE OF ORIGIN** (Combined declaration and certificate) **FORM A**
2. Goods consigned to (Consignee's name, address, country) X & Y Inc. 350 Fifth Avenue, New York NY10118, U.S.A.	Issued in REPUBLIC OF KOREA (country) See Notes overleaf
3. Means of transport and route (as far as known) From Busan, Korea to New York, U.S.A. By S.S. Silver Star 5W	4. For official use

5. Item number	6. Marks and numbers of packages	7. Number and kind of packages; description of goods	8. Origin criterion (see Notes overleaf)	9. Gross weight or other quantity	10. Number and date of invoices
	XY	Men's Split Leather Jackets			
	NEW YORK C/T NO.1-200	ST-101	"Y"	2,000PCS.	601
	MADE IN KOREA	ST-102	35%	2,000PCS.	July 1, 20XX
		Total		4,000pcs.	

11. **Certification** It is hereby certified, on the basis of control carried out, that the declaration by the exporter is correct. Place and date, signature and stamp of certifying authority	12. **Declaration by the exporter** The undersigned hereby declares that the above details and statements are correct; that all the goods were produced in REPUBLIC OF KOREA (country) and that they comply with the origin requirements specified for those goods in the Generalised System of Preferences for goods exported to UNITED STATES OF AMERICA (importing country) Seoul, Korea July 1, 20XX Place and date, signature of authorized signatory

서식 13-11 검사증명서

INSPECTION CERTIFICATE

To whom it may concern; Date: July 28, 20××

Buyer: X & Y Inc.
L/C NO.: 78910
Cmmodity : Men' s Split Leather Jackets
Quantity : 4,000pcs.
Unit Price : @$25.-
Amount : US$100,000.-
Shipment : Silver Star 5W
ACL Line
B/L No.KA-123

We, the undersigned, have duly inspected the above merchandise at the time of shipment and certify the quality and condition of the goods are in accordance with buyer' s requirments.

Very truly yours,

A&B Co., Ltd.
KildongHong
Kil-dong Hong
President

서식 13-12 차변표와 대변표

DEBIT NOTE No. 20

Seoul, June 15, 20 ××

Messrs. X & Y Inc.

To A & B Co., Ltd.

		Dr. to Sample of Stuffed Toys as per Invoice No.212 A & B Co., Ltd. (signed) Kil-dong Hong President		US$2.50

CREDIT NOTE No. 15

Seoul, May 5, 20 ××

Messrs. X & Y Inc.

By A & B Co., Ltd.

		Cr. by Your commission on our shipment by S.S. "Arirang" Left Busan on April 10, 19×× as per Invoice No. 103 3% on US$100,000 Ref: Your Indent No. I-175 Our Sales Note No.124 A & B co., Ltd. (signed) Kil-dong Hong Pesident		US$ 3,000

역·검역을 실시하고 발급하여 주는 서류를 검역증명서(Quarantine Certificate)라고 한다.

5.9 차변표와 대변표

차변표(debit note: D/N)란 미정산대금의 청구 또는 누락금액의 청구 등에 이용하는 것으로 거래상대방의 차변계정에 기재한다 하여 차변표라 부른다. 한편 대변표(credit note: C/N)는 상대방을 기준으로 상대방의 대변계정에 채권이 있음을 표시한 것으로 이는 수출상의 수량부족, 송장금액의 과다 발행시에 이용되는 서식이다.

6. 전자무역거래

6.1 전자상거래와 전자무역거래

전자상거래(electronic commerce)의 의미에 관하여 아직까지 통일된 정의는 없으나 일반적으로 "전자통신과 디지털 정보처리기술을 이용하여 전자적 방식으로 이루어지는 상거래"라고 할 수 있다. 전자상거래는 정보통신인프라, 공공정책, 법제 그리고 네트워크 내의 요소기술을 구성요소로 한다.

전자상거래는 경제주체간의 관계에 따라 기업과 기업간, 기업과 개인(소비자)간, 개인과 정부간 그리고 기업과 정부간에 이루어질 수 있다. 전자상거래는 최근 들어 기업과 소비자간의 거래보다는 기업과 기업간 거래에 관심이 집중되고 있다. 기업간의 전자상거래는 전자문서교환(Electronic Data Interchange: EDI)이나 광속상거래(Commerce At Light Speed: CALS)를 통하여 주문, 조달, 생산, 판매, 송장의 발수신, 물류 등을 기업활동상의 정보 네트워크를 공유하여 교환함으로써 경영의 효율성을 높일 수 있다. 이와 같은 전자상거래의 확산에 따라 무역거래에서도 기존의 거래관행이 경우에 따라 전자적인 방식으로 이행되어야 할 필요성이 대두되고 있다.

"전자무역이라 함은 무역의 전부 또는 일부가 컴퓨터 등 정보처리능력을 가진 장치와 정보통신망을 이용하여 이루어지는 거래로 향후의 무역거래관행에 큰 변화를 가져올 것으로 예상된다.

6.2 무역거래관행의 변화

전자상거래의 확산에 따라 새롭게 등장한 전자무역거래관행은 기존의 관행과 비교할 때 다음과 같은 차이점이 있다.

첫째, 해외시장 및 거래선 정보의 수집 및 확산방법에 대한 변화이다.

전통적인 상거래에서는 해외시장조사가 문헌을 통한 간접적인 방법, 무역 관련 기관을 통한 위탁조사, 해외출장을 통한 직접조사와 같은 방법을 이용하고 거래선 정보의 수집 및 확산도 상공인 명부(directory)의 이용, 국내의 공공기관 이용, 해외출장, 해외광고, 무역전시회 등을 통하여 이루어졌다.

그러나 전자무역거래시에는 인터넷 홈페이지, 전자우편을 이용하여 시장정보 및 거래선 정보를 온라인 실시간으로 지구촌 전체를 판매시장으로 삼을 수 있게 되었다. 따라서 전자무역 마케팅은 저비용과 고효율을 통하여 거래의 기회를 확대시킬 수 있다.

둘째, 청약(offer) 및 승낙(acceptance)에서 의사표시의 방법에 대한 변화이다.

청약은 청약자(offerer)가 피청약자(offeree)에게 계약을 기대하고 행하는 의사표시로 전통적인 상거래에서는 우편(post), 텔렉스(telex), 전보(telegram), 팩시밀리(facsimile)를 주로 이용하였으나 전자무역거래시에는 전자우편(E-mail)을 주로 이용하게 되었다.

셋째, 계약체결의 형식과 방법에 대한 변화이다.

전통적인 계약은 그 성질상 요식성을 요구하지 않는 이른바 계약형식의 자유가 있음에도 불구하고 국제상거래에서는 후일의 상거래 분쟁에 대비하여 서면에 의하여 구체적으로 약정하는 것이 일반화되어 있다.

그러나 전자무역거래시에는 "'B-to-B" 전자거래의 상업적 요구에 부응하기 위하여 전자거래약정(Elctronic Commerce Agreement: E-Agreement) 또는 전자계약(e-Contract)을 이용할 수 있게 되었다.

넷째, 무형재에 대한 물품인도 및 물류관행의 변화이다.

상거래 당사자간의 매매계약이행을 위해서는 필연적으로 물적 유통이나 물품운송이 수반된다. 국제상거래에서의 물품운송은 국제간의 재화의 위치변화를 통하여 가치형성에 기여하는 서비스이다. 전통적인 상거래에서는 유형재를 중심으로 해상운송 및 철도나 도로를 이용한 육상운송이 주류를 이루어 왔고, 항로를 이용한 항공운송도 종종 이용되어 왔다.

그러나 전자무역거래시에는 소프트웨어, 전자서적, 데이터베이스, 아이디어와 같은 새로운 재산권 형태도 사이버 공간상에서 온라인으로 이루어짐으로써 새로운 형태의 거래가 등장하게 되었다.

다섯째, 인도의 증거 등 기타 제공서류가 종이문서에서 전자문서로 대체되는 변화이다.

국제상거래는 전통적으로 물품인도에 대하여 상업송장과 같은 일치증명서류 및 선화증권 같은 인도의 증거서류를 종이문서로 작성하고 교부를 통하여 이루어져 왔다.

그러나 전자무역거래시에는 종이문서 대신 컴퓨터가 읽을 수 있도록 서로 합의하여 표준화된 자료를 데이터 통신망을 통하여 전송 처리하여 컴퓨터

[표 13-2] 무역거래관행의 변화

거래내용	전통적 무역거래		전자무역거래
1. 해외시장 및 거래선 정보	간행물이용, 방문, 매체 광고	⇨	인터넷 활용, 홈페이지 구축
2. 청약 및 승낙(의사표시)	우편, 텔렉스, 전보, 팩스	⇨	전자우편(E-mail)
3. 계약체결	서면계약	⇨	전자상거래약정(E-Agreement) 전자계약(e-Contract)
4. 국제물품운송 및 보험	해상 · 육상 · 항공운송 중심	⇨	온라인전송*, 특사배달 증가 운송물류망, 보험망 활용
5. 제공서류(인도의 증거)	서면에 의한 운송서류 · 보험서류 · 상업송장 등	⇨	전자문서교환(EDI) 전자선화증권
6. 대금결제	신용장, D/P · D/A, 송금환	⇨	트레이드카드(TradeCard) 전자자금이체(EFT) 전자신용장(Electronic Letter of Credit)

* 소프트웨어와 같은 무형재.

간에 교환할 수 있는 전자문서 및 전자선화증권을 통하여 서류 없는 무역거래 시대를 맞이하게 되었다.

여섯째, 대금결제관행이 전자결제시스템으로 전환되는 변화이다.

국제상거래상의 대금결제는 전통적으로 신용장(Letter of Credit)방식, 전신송금환(T/T)·우편송금환(M/T)·송금수표(D/D)와 같은 송금(Remittance)방식, 그리고 어음인수서류인도조건(Documents against Acceptance: D/A)·어음지급서류인도조건(Documents against Payment: D/P)과 같은 추심(Collection) 방식이 중심을 이루어 왔다. 그러나 최근의 정보통신기술의 발달로 결제시스템도 전자결제시스템화되고 있다. 이와 같은 전자결제시스템의 유형으로는 트레이드카드(TradeCard), 전자자금이체(Electronic Fund Transfer) 방식, 스위프트시스템에 의한 전자신용장(Electronic Letter of Credit) 등이 있다.

6.3 거래대상물품의 확대

전자무역거래에는 전통적인 유형재 외에도 소프트웨어, 지적재산권, 데이터베이스, 음악, 게임 등의 전자적 형태의 무형재를 거래대상으로 포함하고 있다.[56] 국제상거래계약의 통일법이라고 할 수 있는 국제물품매매계약에 관한 유엔협약, 즉 비엔나 협약의 적용범위에서는 동 규칙에 적용되지 아니하는 물품(goods)으로 경매(auction), 채권, 주식, 투자증권, 유통증권, 또는 화폐의 매매, 선박, 수상익선, 비행선, 또는 항공기의 매매, 전력의 매매를 규정하고 있다. 따라서 비엔나 협약에서는 물품은 유체동산만을 지칭하고 소프트웨어, 특허권, 저작권, 상표권과 같은 무형재는 적용되지 아니하는 것이 일반적이다. 미국은 통일상법전(Uniform Commercial Code: UCC) 제2B편에 라이센스 거래의 대상에 대하여 법전화하고 소프트웨어의 계약과 정보라이센스에 적용시키고 있다. 이와 같은 정보에는 자료(data), 텍스트(text), 영상(images), 음성(sounds), 컴퓨터프로그램, 데이터베이스, 문학작품, 시청각작품, 영화 내지 정보와 관련된 지적재산권 및 여타 권리들이 포함된다.[57]

---

56) Amelia H. Boss and Jane Kaufman Winn, "The Emerging Law of Electronic Commerce," *Business Lawyer*, Vol. No. 52, August 1997, pp. 1473–1474.

57) *Ibid.*, pp.1485–1486.

6.4 국제전자상거래계약

인터넷을 통한 전자상거래는 국경이 없는 거래로 볼 수 있다. 그러나 같은 국가에서 동일 관습과 법제하에 이루어지고 있는 상거래라면 상거래분쟁이 야기되어도 해결하기가 용이하지만 상관습과 법제가 상이한 국가에 소재하고 있는 거래당사자간에는 국경이 없다는 단순한 논리로 국제전자상거래를 접근하게 되면 커다란 문제가 야기될 수 있다.

특히 계약과 관련하여 청약자의 청약을 피청약자가 승낙하면 계약은 성립되지만, 청약자에 대한 승낙의 의사표시가 피청약자로부터 발송되어 청약자에게 도달될 때까지 어느 시점에서 계약이 성립되는지 문제시된다. 승낙의 효력 발생시기에 관하여 이론적으로는 발신주의(dispatch theory: mail-box rule), 도달주의(receipt theory) 그리고 요지주의가 있다. 영미법은 물론 대륙법계통에서도 승낙의 의사표시에 관한 일반원칙으로는 도달주의를 채택하고 있다. 그러나 승낙의 의사표시에서 대화자간이나 격지자간에는 도달주의 또는 발신주의를 채택하는 국가들도 있다.

한국법에서도 "전자문서는 사업자 또는 지정사업자의 컴퓨터파일에 기록된 후 상대방의 컴퓨터파일에 기록된 때에 그 상대방에게 도달한 것으로 본다"[58]고 규정하여 도달주의 원칙을 규정하고 있으나, 예외적으로 "전자문서의 도달시기에 관하여 다른 법률이나 약정체결 등으로 다르게 정한 경우에는 그 법률이나 약정이 정한 바에 의한다"[59]고 규정함으로써 도달주의 원칙을 배제시킬 수 있는 장치를 마련하고 있다. 1999년 7월 1일부터 적용되고 있는 한국의 전자거래기본법에 의하면 계약성립에 관한 규정은 없다. EDI에 관련된 법규의 대부분도 수신자의 컴퓨터 파일에 기록된 때를 전자문서의 도달시기로 보고 있으나[60] 계약성립시기에 대한 명확한 규정은 없다. 그러나 일반적으로 전자메시지는 그것이 수신되어졌을 때 효력이 있는 것으로 볼 수 있을

---

58) 무역업무자동화촉진에 관한 법률 제15조 ①항: 전산망 보급확장과 이용촉진에 관한 법률 제17조 3.

59) 무역업무자동화촉진에 관한 법률 제15조 ③항.

60) David Castell, "Electronic Contract Formation," http://www.jurisdiction.com/ecom3.htm.

것이다.

EDI 교환약정(Interchange Agreement)에 대한 국제적인 표준을 마련하기 위하여 1986년 ICC는 전송에 의한 무역자료교환에 관한 통일규칙(Uniform Rules of Conduct for Interchange of Trade Data by Tele Transmission)을 제정하였다.

또한 유엔 행정 · 상영 · 운송에 관한 절차 및 관례 간소화 센터(UN/CEFACT)[61]는 지난 2000년 3월 27일부터 30일까지 스위스 제네바에서 개최된 UN/CEFACT 총회에서 전자상거래약정(Electronic Commerce Agreement : E-Agreement) 권고안을 상정하여 새로운 계약표준양식을 채택하였다.[62] UN/CEFACT는 전자상거래 수행상 계약부문의 모델로 이 권고안을 채택하고 기업간(B-to-B) 전자상거래의 상업적 요구에 부응하기 위하여 만들어졌다. 이는 전자상거래 당사자들 사이에 해결되어야 하는 기본적 규정을 제공하게 될 것이다.

"E-Agreement"는 전자거래에 관한 계약을 하는 데 있어 필요한 모든 전자적 통신형태를 설명할 것을 목적으로 하며 배타적으로 EDI에 기초를 두고 있는 계약당사자는 EDI 교환약정(Interchange Agreement)을 계속 이용할 것을 권고하고 있으나 EDI를 포함한 전자상거래 기술사용에 근거한 계약당사자들은 EDI 교환약정 대신에 "E-Agreement"를 이용하도록 하고 있다.[63]

한편, 유엔국제무역법위원회(United Nations Commission on International Trade Law: UNCITRAL)는 국제상거래에서 전자적 통신수단의 사용을 통한 계약체결 관행을 고려하여 2005년 11월 23일 제60차 유엔총회에서 '국제계약에

61) UN/CEFACT(United Nations/Centre for the Facilitation of Procedures and Practices for Administration, Commerce and Transport)은 유엔 행정 · 상업 · 운송에 관한 절차 및 관례 간소화센터로 범세계적인 상거래의 확대, 거래비용의 축소 등을 통한 절차와 정보흐름의 간소화 및 규범의 일치를 도모하여 전자상거래 표준을 제정하여 전 세계적인 거래촉진 향상을 목적으로 활동하는 유엔산하기구이다.

62) UN/ESC, Electronic Commerce Agreement, Draft Recommendation No. 31, Trade/CEFACT/2000/25, February 4, 2000; UN/ECE News, First Legal Framework for Internet, ECE/TRADE/00/2, March 31, 2000.

63) UN/ESC, Electronic Commerce Agreement, Draft Recommendation No. 31, Trade/CEFACT/2000/25, February 4, 2000, Objectives; "E-Agreement"에는 청약문서와 승낙문서로 구분하여 청약문서에 대한 전자상거래 약정 속에는 거래당사자, 통신(방법, 통신표준, 소프트웨어, 제 3 자 프로바이더, 수신과 수신의 확인, 통신오류), 전자거래의 효력과 계약체결(효력, 전자거래의 계약체결, 기타 조항, 즉 준거법, 가분성, 계약종료, 완전합의, 법정지 선택)을, 승낙문서에 대한 전자상거래 약정 속에는 승낙자의 신분, 통신(통신 형식)에 관한 사항이 포함되도록 하고 있다.

서 전자통신의 사용에 관한 유엔협약'(United Nations Convention on the Use of Electronic Communications in International Contracts: CUEC)을 채택하였다.

이 협약의 근본적 목적은, 다른 법규하에서 발생 가능한 문제를 포함한 전자상거래의 법적 장애를 제거하고, 전자통신의 사용에 대한 자신감 향상 및 사기의 억제 그리고 모든 지역과 국가에서 사용 가능한 전자적인 개발에 초점을 두는 것을 목적으로 기술적 중립성, 기능적 균형성의 원칙에 따라 기술 또는 매체에 적용할 수 있는 조항을 설정하는 것이 주요과제였다.

협약의 적용범위[64]는 영업장소가 상이한 국가에 있는 당사자간 계약의 성립 또는 이행과 관련한 전자통신의 사용, 당사자의 국적과 계약상의 민사적·상사적 성격은 고려되지 아니하는 것이며, 배제요건[65]으로 개인용, 가족용 또는 기사용 목적으로 체결된 계약, 외환, 금융거래, 환어음, 약속어음, 운송장, 선화증권, 창고증권 등 모든 양도가능 서류 또는 증권거래에 적용되지 아니하는 것으로 규정하고 있다.

이 협약은 2006년 1월 16일부터 2008년 1월 16일까지 서명을 위하여 개방되었고 서명국의 비준, 수락 또는 승인을 받아야 하는데, 세 번째의 비준서, 수락서, 승인서 또는 가입서가 기탁된 날의 6개월이 경과한 달의 다음 달 1일에 효력이 발생하는 것으로 되어 있다.

따라서 종이기반하에서의 CISG에서의 구체적인 협약내용에 비하여 전자통신하에서의 CUEC는 국제무역거래에서 전자통신의 사용을 수반하는 기초적이고, 통일된 협약을 제공하고 있다는 데 의의를 둘 수 있다.

6.5 운송서류의 전자화와 권리이전

국제상거래 당사자간에 주고받는 각종 서류의 표준화와 전자화를 통한 신속한 업무처리 및 비용을 절감하고자 하는 노력은 1968년 미국의 운송업계를 중심으로 시작되었다. 무역업무자동화는 1970년 스웨덴에서 논의된 이래 1980년대에 들어와 미국을 비롯하여 유럽연합, 일본, 싱가포르 등에서 전 산업에 걸쳐 폭넓게 이용되기에 이르렀다. 유엔은 1987년 3월 EDI 국제표준인

64) CUEC 2005, Article 1.
65) CUEC 2005, Article 2.

'유엔 행정 · 상업 · 운송에 관한 전자문서교환방식'(United Nations Electronic Data Interchange for Administration, Commerce and Transport: UN/EDIFACT)을 제정하였다. 이는 국제표준화기구(ISO)가 승인한 범세계적인 표준이다.

종래의 EDI와 같은 폐쇄적인 네트워크 시스템과는 달리 개방적 시스템인 인터넷은 새로운 참여자에게 시장접근방법을 다양화할 수 있는 가능성을 제시하고, 잠재적인 거래당사자에게 기존의 거래관계가 없더라도 정보교환을 통하여 사업을 수행할 수 있는 수단을 제공하고 있다.[66] 상거래에 있어 전자화는 무역계약의 체결과 대금결제의 전자화뿐만 아니라 무역서류의 전자화에 이르기까지 다양한 가능성이 요구된다. 종이서류를 전자서류로 전환함에 있어 고려되어야 하는 것은 그 기능과 역할을 전자서류에 얼마나 반영시킬 수 있는가라는 점이다.

전통적으로 보통 신용장에 의해서 요구되는 서류는 정보나 권리이전 기능(title-transferring functions)을 가진다. 서류에 대한 정보형태의 자료는 물품의 명세, 보험부보조건 명시, 중량증명서, 건강증명서, 품질증명서를 포함할 수 있다. 고려할 만한 발전은 세관송장과 기타 정보서류의 통일된 배열과 표준화가 이미 이루어졌다는 점이다.[67] 종이서류 가운데 전자서류로 전환함에 있어 특히 문제가 되고 있는 것은 선화증권이다.

오늘날 무역거래에서는 전자통신문(electronic message)에 의해 서류를 대체하고자 하는 경향이 증대되고 있다. 무역거래조건의 해석에 관한 국제규칙(INCOTERMS)의 매도인과 매수인의 의무에 관한 조항[68]에서는 "매도인과 매수인이 전자식으로 통신하기로 합의한 경우에는 운송서류가 이와 상응하는 전자통신문으로 대체될 수 있다"고 규정하고 있다.

전통적인 서류는 정보전달의 기능(informative function), 문서에 의한 입증의 기능(evidential function), 권리에 대한 상징적 기능(symbolic function)을 가지고 있다.[69] 그러나 전자문서교환방식은 신속성 · 정확성 · 편리성 · 경제성

---

66) ICC, General Usage for International Digitally Ensured Commerce: GUIDEC, 1997, Ⅱ-5.

67) UNECE/Trade/137, G.E. 81-32329(Nov. 1981) and International Organization for Standardization(ISO), EDIFACT Application Level Syntax Rules, ISO 9735: 1988 (E).

68) ICC, INCOTERMS 2000, A. 8 and B. 8.

69) Ian Walden and Nigel Savage, "The Legal Problems of paperless Transactions," *The Journal of Business Law*, Stevens&Sons Ltd., March 1989, p. 103.

면에서 우월하지만, 입증과 권리에 대한 상징적 기능에 대한 법률적 문제가 야기될 수도 있음을 고려하여야 한다.

무역거래에서 선적해상선화증권(on board marine bill of lading)은 CFR 조건이나 CIF 조건하에서 매도인이 제공하여야 하는 가장 중요한 서류가 되어 왔다. 선화증권은 ① 본선에 물품을 인도한 증거, ② 운송계약의 증거, ③ 타인에게 동 서류를 이전함으로써 운송중인 물품에 대한 권리를 이전시키는 수단 등 세 가지 중요한 기능을 충족시키고 있다. 선화증권 이외의 운송서류는 첫 번째와 두 번째 기능만 수행할 수 있기 때문에 동 서류를 구매자에게 양도하여 운송중인 물품을 전매할 수는 없다.

1990년 국제해사위원회(Commité Maritime International: CMI)는 해상화물운송장에 관한 통일규칙(Uniform Rules for Sea Waybills) 및 전자선화증권에 관한 CMI 규칙(CMI Rules for Electronic Bills of Lading)을 채택하였다.[70] CMI의 해상화물운송장에 관한 통일규칙은 선화증권이나 유사한 권리증권에 의하지 아니하는 운송계약에 적용된다.[71] 선화증권이 전자통신문에 의하여 대체되기 위해서는 전자적 통신에 대한 합의가 선행되어야 하며, 그 합의는 선화증권대체에 관한 특별한 형식을 갖추어야 하며, 운송인은 운송물의 인도지시권을 갖는 당사자에 의하여 지시된 대로 오직 물품을 인도한다는 동의를 하여야 한다. 해상화물운송장은 권리증권(document of title)이 아니기 때문에 수출서류를 매입하는 매입은행(negotiating bank)의 입장에서는 물적 담보를 취득할 수 없다. 따라서 신용장거래에서는 발행은행의 지급확약이라는 인적 담보만을 믿고 거래할 따름이기 때문에 은행의 입장에서는 상응한 담보의 제공 요구나 권리상의 대응이 필요한 것이다.

무역서류의 전자적 처리와 범세계적인 연결정보를 제공하기 위한 시도로 그 대표적인 것이 볼레로(Bolero)[72] 프로젝트이다. 그 목적은 선화증권 및 기

---

70) Jan Ramberg, *Guide to Incoterms*, ICC Publication S.A., 1990, p. 9.

71) CMI Uniform Rules for Sea Waybills 1990, 1(ii).

72) Bolero란 "Bill of Lading Electronic Registry Organization"의 약칭으로 선화증권전자 등록기구를 말한다: UNCTAD, *op.cit*, p.45. 또한 Bolero 프로젝트는 유럽연합(EU)이 스폰서가 되어 유통성서류 및 상거래의 전자적 관리에 관한 프로젝트(Managing Negotiable Documents and Administrating Trade Electronically· MANDATE)이 연구성과에 근거하여 전자선화증권을 해운실무환경에 도입하고자 하는 실험적 프로젝트이다. 멘테이트 프로젝트는 종이의 유통성서류의 기능을 전자적 환경에 이행시키기 위한 방법에 대해서 고찰할 것을 목적으로 하였다. 볼레로 프로젝트에

타 무역서류를 취급하는 범세계적인 전자적 네트워크를 설립하는 것이다. 이 프로젝트에서는 종이 선화증권을 대체시키기 위하여 중앙전자식 등록 및 암호화된 디지털 서명을 시험적으로 운영하였다.

선화증권의 전자화는 정보전달기능과 권리이전기능이 우선적으로 고려되어야 한다. 특히 선화증권에 화체된 권리를 이전시키는 기능의 전자화는 선화증권의 전자화에 지장을 초래하고 있는 주원인이라 할 수 있다. 즉 선화증권에 구현되어 있는 권리가 선화증권의 양도에 의하여 양수인에게 정확하게 이전하는 것이 유통성의 가장 중요한 본질이라 할 수 있다. 이 기능을 전자화하기 위해서는 데이터의 원본성, 보안 그리고 데이터메시지의 증거능력이 시스템에서 확보되어야 한다.[73] 선화증권의 전자화를 위하여 1990년 전자식 선화증권에 관한 CMI 통일규칙에서는 전자식 선화증권의 소지인과 그 이후 소지인간에서 행해지는 운송품상의 권리이전은 중앙등록기관으로서의 기능을 운송인에게 담당시켜[74] 운송인이 개인비밀키(private key)를 이용하여 전자선화증권의 정보관리를 행함으로써 이루어지도록 한 바 있다. 그러나 CMI 통일규칙하에서는 새로운 개인비밀키를 발급받은 양수인이 전자적으로 수리한 전자메시지의 진정성은 보장되지 않는다. 유효한 개인비밀키를 보유하고 전자메시지를 수신하였을 때 그 정보가 정당한 것이고, 물품에 대한 권리를 화체한 것이어야 한다.

이러한 점을 개선하기 위해서 볼레로 프로젝트에서는 CMI 통일규칙을 토대로 선화증권의 등록, 보관, 이전의 관리를 담당하는 것이 운송인이 아니라 이해관계를 가지고 있지 않는 신뢰성 있는 제 3 자(Trusted Third Party: TTP), 즉 중립기관인 중앙등록기관(Central Registry)에게 위탁한다. 그리고 등록기관(Registration Authority: R/A), 인증기관(Certification Authority: C/A)도 개입된다. 이와 같은 볼레로 예비실험의 결과 전자선화증권의 활용이 기술적으로 가능할 것이며 이를 기반으로 전자결제를 통한 전자무역거래는 발전될 수 있을 것이다.

의해 Bolero International Ltd.는 현재 세계은행간 금융데이터통신협회(SWIFT)와 화물배상책임보험조합(Through Transport Club: TT Club)의 합작투자로 설립되었다.

73) 森岡峰子, "船荷證券のEDI化,"「國際商務論の諸問題」, 同文館, 1998, 155-159面.

74) 볼레로 예비실험에서는 인증기관이 등록기관의 역할도 함께 가지는 것으로 추진되었다.

6.6 국제전자결제

전자결제란 물품이나 서비스의 대가를 전자적 수단을 통하여 지급 및 결제하는 것을 말한다. 일반적으로 지급(payment)은 경제주체간 채권 및 채무관계에서 지급을 행하는 행위를 의미하고 결제(settlement)는 대금지급의 과정(process of making payment)을 의미한다.[75] 예를 들면 결제는 비현금 지급수단의 이용에 따른 지급인과 수취인간의 자금이체와 같은 행위라고 할 수 있다. 그러나 최근 지급수단 및 결제가 전자화됨으로 인하여 지급과 결제를 엄격히 구분하기가 어렵기 때문에 이를 포괄하여 결제시스템이라는 용어를 사용하고 있다.

전자결제시스템(Electronic Payment Systems)은 전자결제수단, 운영네트워크, 그리고 이와 관련된 모든 제도적 장치를 총칭하는 개념이라고 할 수 있다. 따라서 일반적인 결제과정에는 지급수단(payment instruments), 참가기관(participants), 그리고 은행간 결제시스템(interbank settlement systems)이 관련되게 된다.

전자결제시스템은 결제방식이나 시스템구성, 기능 등 관점에 따라 다음과 같이 다양하게 분류될 수 있다.[76]

첫째,신용카드(Credit Card)에 의한 결제시스템이다.

이는 인터넷을 통하여 신용카드정보를 판매자에게 전달하여 거래상의 결제가 이루어지는 시스템으로 전통적인 신용카드를 사용하는 것과 유사하지만 인터넷상에서 많이 이루어지고 있다. 그 대표적 예는 CyberCash이다.

둘째, 전자화폐(Electronic Money)에 의한 결제시스템이다.

이는 가치저장(store value)형으로 화폐가치를 전자화하여 집적회로(Integrated Circuit: IC) 카드에 저장하고 지급수단으로 사용하는 IC카드형과 화폐가치를 전자화하여 컴퓨터에 저장하고 인터넷 등의 네트워크를 통하여 지급수단으로 사용하는 네트워크형이 있다. 그 대표적인 예는 IC카드형으로

---

75) Ronald A. Anderson & Walter A. Kumpf, *Business Law*, 6th ed., South-Western Publishing Co., 1961, pp. 628~629.

76) 강원진, 「전자결제시스템」, 삼영사, 2000, pp. 39~40.

Visa Cash, Mondex 등이 있고, 네트워크형으로 E-Cash, E-Coin, CyberCash, CyberCoin 등이 있다.

셋째, 전자수표(Electronic Check)에 의한 결제시스템이다.

이는 수표에 관한 정보를 네트워크를 통하여 결제하는 시스템으로 기존의 종이수표 거래를 인터넷상에서 구현하는 것과 유사하다. 그 대표적인 예는 FSTC, NetBill, eCheck, NetCheque 등이 있다.

넷째, 전자자금이체(Electronic Fund Transfers)에 의한 결제시스템이다.

자금이체(Fund Transfer)란 원지시인의 지급지시(originator's payment order)로부터 시작하여 지시된 수익자에게 지급이행을 목적으로 행하여지는 일련의 거래를 의미한다. 이에는 원지시인의 지급지시를 이행하기 위하여 원지시인의 거래은행 또는 중개은행(intermediary bank)이 발행한 어떠한 지급지시도 포함된다. 자금이체는 원지시인의 지급지시에 따라 수익자의 은행이 승낙(acceptance)함으로써 완료된다. 따라서 전자자금이체(Electronic Fund Transfer: EFT)란 이와 같은 자금이체가 전자적으로 이루어지는 것을 말한다. 전자자금이체시스템은 고객과 판매자 계좌간 자금이체를 통하여 거래대금을 결제하는 시스템으로서 ATM, 홈뱅킹, 인터넷뱅킹 등 이용가능 채널이 다양하다. 특히 인터넷뱅킹은 보다 폭넓은 서비스를 시간 · 공간적 제약 없이 저렴한 수수료로 제공하는 장점이 있다. 그 대표적 예는 세계 최초의 인터넷은행인 SFNB(Security First Network Bank)이다.

다섯째, 트레이드카드(TradeCard)에 의한 결제시스템이다.

트레이드카드란 전자상거래에서 기업간 무역대금결제를 인터넷상에서 서류의 일치성을 자동으로 점검하고 대금지급을 이행할 수 있는 기반으로 세계무역협회(World Trade Center Association: WTCA)가 개발한 무역결제카드시스템이다.

기업간 글로벌 전자상거래를 위하여 새롭게 등장한 결제시스템이 바로 트레이드카드로 주요한 특징은 무역거래의 이행과정이 모두 전자적으로 이행되고 거래단계별로 필요한 자료를 알 수 있으며 거래비용을 절감시킬 수 있다는 점이다.

여섯째, 스위프트(SWIFT) 시스템에 의한 전자신용장이다.

스위프트 시스템에 의한 전자신용장이란 세계은행간 금융데이터통신협회

(Society for Worldwide Interbank Financial Telecommunication: SWIFT)의 데이터통신의 연결망을 통하여 전송된 시스템에 의하여 신용장거래를 행하는 것을 말한다. 현재 대부분의 신용장발행과 통지 등 신용장거래는 은행간에 이와 같은 스위프트 시스템에 의하여 전송되고 었다.

스위프트는 중앙통제소(System Control Processor: SCP)와 부통제소(Slice Processor: SP), 지역통제소(Regional Processor: RP) 그리고 SWIFT 접속점 또는 중계소(SWIFT Access Point: SAP)로 나뉘어 운영되고 있다. 스위프트는 네덜란드와 미국에 중앙통제소 4곳을 설치하고 있으며, 이 가운데 네덜란드의 중앙통제소만을 가동하고 나머지 3개소는 예비용으로 두고 있다. 중앙통제소는 스위프트 시스템에의 접속 및 사용, 시스템의 활동상황에 대한 감시와 조정역할을 담당하고 있다.

부통제소는 중앙통제소와 연결되어 있으며, 전송된 메시지의 흐름이 원활하게 이루어지도록 조정한다. 또한 메시지 내용과 일정을 지역처리센터에 통고하며 메시지를 저장한 다음 추후에 사용자측이 정정을 원할 경우 이에 응할 수 있도록 하는 기능을 갖는다. 주요국에 설치된 지역통제소는 사용자와 부통제소간의 메시지 전달을 제어하고 조정하며 표준메시지 양식의 사용여부 등을 점검하고 메시지 확인을 행하며 사용자가 전송한 메시지를 단기간 저장한다.

스위프트 접속점 또는 중계소는 개별 사용자가 스위프트와 최초로 연결되는 접속점으로 송수신되는 메시지를 집중시켜 중계하는 역할을 담당한다. 우리나라의 경우 1986년 금융결제원에 스위프트 사무국이 설치되어 중계소로 운용되고 있으며 지역통제소와의 연결은 데이콤의 전용회선을 이용하고 있다.

위에서 살펴본 전자결제시스템의 유형에서 신용카드, 전자화폐, 전자수표, 전자자금이체 시스템은 특정국 내에서 기업과 소비자간 또는 기업간 전자상거래의 결제시스템으로 사용될 수 있고 전자자금이체, 트레이드카드 및 스위프트 시스템에 의한 eUCP 전자신용장은 국제전자무역거래를 위한 국제전자결제시스템으로 사용될 수 있을 것이다. 국제전자결제시스템은 현재까지 정착된 것은 없으므로 향후 정보보안, 신뢰성 및 활용상의 이점 등의 발전속도와 방향에 따라 사용상의 변화가 예상된다.

[표 13-3] 전자결제시스템의 유형

결제방식	사용(시험) 예	
신용카드	CyberCash(http://www.cybercash.com) SET(Secure Electronic Transaction)	
전자화폐	IC 카드형	Visa Cash(http://www.visa.com) Mondex(http://www.mondex.com)
	네트워크형	E-Cash(http://www.ecash.com) E-Coin(http://www.digicash.com) CyberCoin (http://www.cybercoin.com)
전자수표	FSTC(http://www.fstc.org/projects/echeck/) eCheck(http://www.echeck.org/) NetBi11(http://www.netbill.com) NetCheque(http://nii.isi.edu/info/netcheque/)	
전자자금이체	SFNB(http://www.sfnb.com)	
트레이드카드	TradeCard(http://www.tradecard.com)	
전자신용장	SWIFT(http://www..swift.com/)	

6.7 전자무역거래의 과제

전자상거래는 기업과 소비자간, 기업과 기업간의 국내거래를 중심으로 이루어지고 있으나 국제전자무역거래는 기술적 · 제도적 환경과 신뢰기반의 미비로 인하여 활성화되지 못하고 있다. 전자무역거래가 활성화되기 위한 가장 중요한 과제 중의 하나는 정보보안(information security) 문제를 해결하는 것이다. 즉 기술면에서 진정성의 보장, 무결성의 확보, 부인방지 기능의 요구, 기밀성 확보가 선결되어야 한다. 이를 위해서는 암호화 기술이 첨단화되어야 한다. 인터넷은 개방된 네트워크이기 때문에 중간에서 데이터가 도용 및 위조, 변조되거나 불법 이용될 가능성이 크다. 특히 해커나 크래커와 같은 컴퓨터 범죄자들의 표적이 되기 쉽다. 물론 암호화나 인증방법 등과 같은 새로운 보안기술과 보안장치가 계속 개발되고 있으나 이를 파괴하는 범죄기술도 뒤따라 발전하기 때문에 보안문제의 해결에는 끝이 없다고 할 수 있다.

또한 전자무역거래를 위한 전자결제시스템을 개발하여야 한다. 전자화폐,

신용카드 및 직불카드, 전자자금이체와 같은 전자결제의 수단은 다양한 기업 및 컨소시움의 형태로 특정국이나 은행간에는 이용이 되고 있으나 상관습을 달리하는 지구촌 전체의 국제상거래 당사자간 안정성과 신뢰성을 가진 보편적인 국제전자결제시스템은 아직까지 없다. 기업간 무역결제를 위하여 개발된 트레이드카드(TradeCard)시스템은, 유통성이 보장되는 전자선화증권의 활용이 보편화되고 지급확약 및 보장기능이 보강되어야 한다. 또한 SWIFT 시스템은 은행간에 국한되지 않고 고객간에도 확대하여 전송되는 시스템으로 구축할 필요가 있다. SWIFT 시스템에 의하여 전송되는 신용장은 명실상부한 eUCP를 준거로 하는 전자신용장으로 발전시켜 서류는 전자문서를 제시하고 대금은 전자자금이체 형식을 원용하여 결제하는 방법도 고려될 수 있을 것이다.

그리고 전자무역거래에 대한 관련된 법제 및 통일규칙도 무역거래의 특수한 관습을 고려하여 마련되어야 한다.

제 14 장

무역대금결제

1. 신용장방식에 의한 수출환어음의 매입
2. 신용장방식에 의한 수입환어음의 결제
3. D/P · D/A 거래와 대금결제
4. 국제팩토링방식에 의한 대금결제

1. 신용장방식에 의한 수출환어음의 매입

1.1 수출환어음매입의 의의

수출환어음의 매입(negotiation: NEGO)이란 수출상이 신용장 조건에 따라 선적을 완료하고 발행한 환어음(drafts) 및 서류(documents)를 수출상 거래은행이 할인(discount)하는 것을 말한다. 다시 말하면, 취소불능신용장발행은행의 공신력을 바탕으로 서류를 담보로 매입은행이 수익자에게 수는 일종의 여신행위라고 할 수 있다.

수출상은 계약물품을 선적함과 동시에 신용장에서 요구하는 서류를 준비하여야 하는데, 신용장자체가 무조건 대금지급을 확약하는 것이 아니고 '은행의 조건부 지급확약' (conditional bank undertaking of payment)이므로 신용장조건에 충족하도록 서류를 제시하여야 한다.

또한 환어음매입은행의 입장에서도 선적 후의 여신행위는 서류를 담보로 매입하기 때문에 서류점검에 세심한 주의를 기울여야 한다.

1.2 환 어 음

(1) 환어음의 의의

환어음(drafts; bill of exchange)이란 어음의 발행인(drawer)이 지급인(drawee)인 제3자로 하여금 일정액을 수취인(payee) 또는 그 지시인(order) 또는 소지인(bearer)에게 그 청구에 따라 지급일에 일정장소에서 무조건 지급할 것을 위탁하는 요식유가증권(formal instrument)이며 유통증권(negotiable instrument)이다.

선화증권 등 서류를 첨부하여 환어음을 발행하면 화환어음(documentary bill of exchange)[1]이며, 서류가 수반되지 않은 어음은 무화환어음(clean bill of exchange)[2]이라고 한다.

환어음은 1882년 영국에서 제정된 '환어음법'(Bill of Exchange Act, 1882), 1988년 유엔국제무역법위원회에서 제정된 '국제환어음 및 약속어음에 관한 유엔협약'(United Nations Convention on International Bills of Exchange and International Promissory Notes, 1988), 1995년 국제상업회의소에서 개정된 '추심에 관한 통일규칙'(Uniform Rules for Collection, 1995 Revision)의 관행에 의하여 처리되고 있다.

환어음의 효력에 대한 준거법은 원칙적으로 행위지의 법에 따른다. 예를 들면, 한국에서 발행되고 영국에서 지급되는 경우 어음발행행위는 한국의 어음법에 의하게 되고 지급행위는 영국법에 의하게 된다.

환어음의 발행목적은 지급의 위탁에 있으며 부수적으로 담보책임을 진다는 점[3]에서 약속어음과 다르다. 환어음은 수출상(채권자)이 환어음지급인(채무자) 앞으로 조어음(set bill)을 발행하지만, 약속어음은 채무자가 채권자 앞으로 단일어음(sola bill)을 발행한다. 또한 환어음은 일람출급이나 기한부로 결제기간을 정할 수 있으나, 약속어음은 기한부로 발행하여 이용되고 있다.

(2) 환어음의 당사자

1) 발행인(drawer)

환어음을 발행하고 서명하는 자로 수출상이나 채권자를 말한다. 환어음이 유효하게 발행되기 위해서는 발행인의 기명날인(signature)이 있어야 한다.

2) 지급인(drawee)

환어음금액을 일정한 시기에 지급하여 줄 것을 위탁받은 채무자로 보통 신용장발행은행, 발행은행이 지정한 은행 또는 신용장발행의뢰인, 즉 수입상이 된다.

---

1) 이하에서는 환어음으로 통일하여 사용한다.
2) 무담보어음이라고도 한다.
3) 한국어음법 제9조 제1항.

3) 수취인(payee)

환어음금액을 지급받은 자로 보통은 환어음을 매입(negotiation)한 은행이 된다. 그러나 경우에 따라서는 발행은행이나 발행은행이 지정한 은행이 될 수도 있다.

(3) 환어음의 발행

환어음은 요식증권성이 있다. 그 이유는 불특정 다수인 사이에 유통되므로 정형적 외관이 필요하고 권리관계가 증권자체에서 완전하게 확정될 것이 요청되기 때문이다. 따라서 어음의 형식적 요건이 구비되지 않으면 효력이 없게 된다.

환어음을 발행하는 데 있어서는 다음과 같이 필수기재사항과 임의기재사항이 있다.

1) 필수기재사항과 임의기재사항

환어음의 필수기재사항으로는 다음의 사항을 기재하여야 한다.[4)]

① 환어음을 표시하는 문자

② 무조건의 지급위탁문헌

③ 지급인의 명칭

④ 만기의 표시

⑤ 지 급 지

⑥ 지급을 받을 자(수취인)

⑦ 발행일과 발행지

⑧ 발행인의 기명날인

환어음의 임의기재사항은 환어음의 법적 효력에는 영향을 미치지 않으나 발행근거 서류간 또는 발행상 그 내용을 명확하게 하기 위한 것을 환어음상에 기재한다.

① 환어음의 번호

② 신용장의 번호

③ 환어음의 발행매수의 표시

4) 어음법 제 1 조.

2) 환어음발행시의 기재사항

① 환어음 번호

발행자의 참고사항으로 기재하지 않을 경우도 많다.

② 발 행 지

환어음의 효력은 행위지 법률에 의해 처리되므로 발행지를 반드시 기재하여야 한다. 발행지는 도시명까지만 표시해도 되므로 예를 들면, "Seoul Korea"와 같이 기재하면 된다.

③ 발 행 일

어음의 발행일은 수출상이 발행한 환어음을 매입은행이 매입한 날이다.

④ 금 액

환어음금액은 상업송장금액과 서로 일치해야 한다. 그러나 상업송장 금액의 100% 이하로 어음을 발행하도록 신용장에 요구하는 경우에는 그 조건을 충족시켜야 한다. 환어음금액은 별도지시가 없는 한 신용장금액을 초과하여 발행할 수 없다.

⑤ 지급기일의 표시

어음상의 문언 중 at~sight of의 at~ 다음에 기재되는 것이 지급기일(tenor)의 표시가 된다.

어음지급기일의 표시방법에는 다음의 4가지가 있으며, 어음상 "at~of"의 at 다음에 기재된다.

ⓐ 일람출급(at sight): 어음의 지급인에게 지급하는 날이 어음의 지급기일이 된다.

ⓑ 일람후정기출급(at~days after sight): 어음의 지급인에게 지시된 날로부터 일정기일이 지난 후 어음의 만기일이 된다.

ⓒ 발행일자후정기출급(at~days after date): 어음이 발행되고 난 후 일정기일이 지난 후 어음의 만기일이 된다.

ⓓ 확정일출급(on a fixed date): 어음상에 만기일을 기재하고 있는 어음을 말한다.

⑥ 수 취 인

지급을 받을 자(payee)를 말하며 기재하는 방법에는 다음과 같이 4가지가 있다.

ⓐ 기명식: "Pay to ABC Bank"

ⓑ 지시식: "Pay to ABC Bank or order," "Pay to the order of ABC Bank"

ⓒ 소지인식: "Pay to bearer"

ⓓ 선택소지인식: "Pay to ABC Bank or bearer"

⑦ 문자금액

어음금액을 아라비아숫자가 아닌 문자로 표시하는 곳으로 예를 들어 미화 100달러 10센트일 경우 "U.S. DOLLARS ONE HUNDRED CENTS TEN ONLY"라고 기재한다. 이것은 앞서 설명한 ④번 항의 금액과 같이 병기하게 되는데, 이 경우 양자간에 차이가 나면 문자로 표시된 금액을 어음금액으로 간주한다. 막연히 Dollar($)로 표시되어서는 안 되며 반드시 US Dollar(US$)로 표시되어야 한다. 왜냐하면 Hong Kong Dollar, Canada Dollar, Australia Dollar 등 달러화를 사용하는 국가가 많기 때문이다.

⑧ 금액청구문구

발행인이 지급인에게 지시하는 내용으로서 당해환어음이 지급인에 의하여 결제되면 그 자금은 "account of~" 이하에 기재되는 자로부터 청구하라는 의미이다. 따라서 "account of~" 이하는 신용장상의 "accountee"가 기재된다. 이 문구는 법적인 필수문구는 아니나 오랜 상관습상 계속 사용되고 있다.

⑨ 신용장발행은행

"drawn under~" 이하에는 신용장발행은행(issuing bank)을 기재하며 D/P · D/A 등 무신용장방식의 경우에는 실제 환어음의 지급인이 되는 수입상(buyer)을 기재한다.

⑩ 신용장번호

신용장 번호를 기재하는 곳이다. 또한 D/P · D/A 방식인 경우에는 계약서 번호를 기재한다.

⑪ 신용장발행일자

환어음 발급근거가 되는 신용장의 발행일자(date of issue)를 기재한다. 통지은행 양식으로 통지된 신용장의 경우에는 통지일자와 발행일자를 구분하여야 한다.

⑫ 지급인과 지급지

지급인(drawee)과 지급지를 기재하는 곳으로 지급지는 신용장에 별도명시가 없는 한, 도시명의 표시만으로도 충분하다. 만약 지급지기재가 없으면 지급인의 표시지로 보완하여 어음효력을 구제할 수 있다. 신용장통일규칙에서는 자유매입신용장을 제외하고 매입을 위한 서류의 제시장소를 명시하도록 하고 있다. 지급인은 신용장의 발행은행과 확인은행이 될 수도 있고 또 다른 지정은행이 될 수도 있다. 통상적으로 신용장이 지급인을 지시하는 문구는 "your draft at sight drawn on～"이며 이 문구 중에서 "on" 이하에 표시되는 것이 바로 지급인이다.

⑬ 발행인의 기명날인

환어음을 발행하는 자는 신용장상의 수익자 또는 양도받은 경우에는 양수인이 되며 반드시 기명날인까지 하여야 한다.

발행인의 서명날인은 화환어음 약정시 은행에 제출된 서명감과 일치하여야 한다.

⑭ D/P · D/A의 표시

D/P · D/A방식 거래에서는 D/P · D/A가 명확하게 구분이 되어 있지 않으면 D/P로 간주된다.[5] D/A의 경우에는 경우에는 "D/A at ×× day after sight"와 같이 기재하면 되고, D/P인 경우 어음상에 "D/P"라는 문구를 기재한다.

⑮ 기타 사항

신용장에 따라 특히 인도나 파키스탄 지역에서 발행되는 신용장의 경우 어음상의 일정한 이자(interest) 문언을 표기하도록 요구하는 경우가 있다.[6]

이 경우에는 요구하는 문구전부를 어음 표면상에 기재하여야 한다. 예를 들면 다음과 같다.

"Payable at the Collecting Bank' s selling rate for sight on New York with interest at～% per annum from date hereon to arrival of proceeds in New York."

5) ICC., Uniform Rules for Collections, 1995 Revision, Article 7.

6) 이와 같은 어음을 "Interest Bill"이라 하고, 영국에서는 이 문언을 "Eastern Clause"라고 한다.

1.3 신용장에 의한 환어음매입과 서류점검

(1) 신용장의 점검

신용장의 점검은 신용장조건에 따라 작성 및 발행된 모든 결제서류와 환어음을 정확히 심사하기 위한 기초가 된다. 따라서 매입은행은 다음과 같은 내용을 특히 유의하여 신용장을 점검하여야 한다.

① 신용장은 정당한가?

신용장 자체의 진위성을 확인한다. 신용장상의 발행은행과 통지은행 사이에는 환거래약정이 되었으며 신용장발행은 사기에 의하지 아니하였는지를 점검한다.

② 취소불능신용장인가?

신용장면에 "revocable," 즉 취소가능이라는 문언의 표시가 있는가를 점검한다.

취소가능신용장인 경우에는 발행은행이 언제든지 일방적으로 신용장자체를 취소할 수 있기 때문에 매입은행은 대금회수에 확신을 가질 수가 없으므로 매입에 신중을 기하여야 한다. 만일 신용장에 취소불능(irrevocable)이란 표시가 있거나 또는 취소여부에 대해 아무런 명시가 없더라도 취소불능신용장으로 간주된다.

③ 통지은행과 환거래규정이 된 은행이 발행 또는 확인한 신용장인가?

신용장면에 취소불능이라는 표시문언이 있다고 하더라도 발행은행이 대금지급을 이행할 능력이 없는 경우에는 신용장의 가치가 없다고 볼 수 있다.

따라서 "Non-Corres" 은행인 경우에는 그 은행이 채무이행능력 등 신용상태를 파악하기가 곤란하므로 매입에 특히 신중을 기하여야 한다.

④ 신용장이 단순한 예고로서 통지된 "preliminary advice"가 아닌 유효한 신용장인가?

⑤ 신용장유효기간이 경과하지 않았는가?

특히 유효기일에 서류제시장소가 기재되었을 경우, 유효기일 이내에 서류제시장소에 서류를 제시하여야 한다.

⑥ 특정은행으로 매입제한이 되지 않았는가?

서식 14-1 환 어 음

BILL OF EXCHANGE

NO 1234　　　　　　　　Date July 1, 20××

For US$100,000　　　　　Place Seoul, KOREA

At * * * * * sight of this FIRST Bill of Exchange(Second of the same tenor and date being unpaid)pay to the order of BANK OF SEOUL the sum of U.S. DOLLARS ONE HUNDRED THOUSAND ONLY

value received and charge the same to account of X & Y Inc., 350 Fifth Avenue New York, NY10118, U.S.A.

Drawn under Bank of America, New York

L/C No 78910 dated May 15, 19××

To Bank of America
P.O.Box 466, Church Street Stations
New York, NY10015, U.S.A.

A & B Co, Ltd.
KildongHong
Kil-dong-Hong
President

(외출 2-2)(187×92)(모조 100g/m)

BILL OF EXCHANGE

NO 1234　　　　　　　　Date July 1, 20××

For US$100,000　　　　　Place Seoul, KOREA

At * * * * * sight of this SECOND Bill of Exchange(First of the same tenor and date being unpaid)pay to the order of BANK OF SEOUL the sum of U.S. DOLLARS ONE HUNDRED THOUSAND ONLY

value received and charge the same to account of X & Y Inc., 350 Fifth Avenue New York, NY10118, U.S.A.

Drawn under Bank of America, New York

L/C No 78910 dated May 15, 19××

To Bank of America
P.O.Box 466, Church Street Stations
New York, NY10015, U.S.A.

A & B Co, Ltd.
KildongHong
Kil-dong-Hong
President

(외출 2-2)(187×92)(모조 100g/m)

어음매입을 특정은행으로 지정한 "Restricted L/C"인 경우 매입어음은 유효기일 이전에 신용장상에 특정된 은행에 제시되어야 한다.

⑦ 발행은행의 지급확약문언(engagement clause)이 있는가?

취소불능신용장은 곧 확약을 의미하지만 확약을 명확히 하는 의미에서 확약문언을 구체적으로 신용장에 명시하여야 할 필요가 있다.

⑧ 신용장의 조건변경서는 모두 제시되어 있는가?

악의의 수출상들은 자기들에게 불리한 조건변경서를 제시하지 않는 예가 있으므로 주의를 요한다. 조건변경서에 번호를 붙이고 있는 때에도 일련번호가 상응하는가를 확인하여야 한다.

⑨ 양도가능신용장에서 양도은행은 지정되지 않았는가?

⑩ 신용장 뒷면에 매입, 양도, 또는 당해신용장을 담보로 융자취급한 사실이 있는가?

⑪ 수출신용장의 결제통화 등 정상적인 결제방식에 의하여 결제되는 것인가?

⑫ 기타 특수지시사항(special instruction)은 서류매입시에 준수되었는가?

⑬ 신용장의 해석과 적용에 대한 준거문언(applicable provision)은 있는가?

신용장의 해석기준에 대하여는 화환신용장통일규칙(UCP 600)에 따른다는 명시가 있어야 신용장분쟁이 발생할 때 해결기준이 명확해진다.

(2) 제시서류의 심사

신용장에 의한 서류를 심사하는 데 있어서 중요한 것은 형식상 신용장조건과 운송서류가 일치되는가의 여부이다. 그러므로 매입은행은 제시된 운송서류가 형식상 · 문면상으로 신용장조건과 완전히 일치하는가의 여부에 중점을 두고 서류심사를 하여야 한다.

특히 서류의 점검에 있어서는 신용장거래가 물품매매계약과는 전혀 별개로서 서류와 신용장조건을 외관상 또는 형식상으로 심사하여 완전히 일치하면 족하고 실질적으로 선적된 물품내용이 신용장조건과 합치하느냐의 여부는 매입은행의 심사사항도 아닐 뿐더러 실질적인 내용에 대해서는 하등의 책임이 없다.

화환신용장거래의 경우 제시되는 서류는 신용장조건에 따라 각기 상이하므로 일률적으로 말할 수는 없으나 선화증권(bill of lading), 보험증권(insurance policy), 상업송장(commercial invoice)의 기본서류 이외에 거래의 관습, 물품의 종류, 수입국의 규제에 따른 여러 가지 임의서류가 요구되는데, 이와 같은 서류를 점검하는 데 기본적이고 공통되는 사항은 다음과 같다.

① 신용장에서 요구하는 서류의 필요통수가 제시되었는가?

신용장에서 요구하는 서류 외에 1~2부를 추가 제시한다. 이는 매입은행의 보관용이 된다.

② 모든 서류가 제시기일 이내에 제시되었는가?

서류는 유효기일 이내에 제시되어야 하며 유효기일의 최종일이 공휴일인 경우에는 그 다음의 최초영업일까지 유효기일은 자동적으로 연장된다.

이와 같은 기일의 자동적인 연장은 신용장상에 제시된 최종선적일의 경우에는 적용되지 않는다. 그러나 은행의 동맹파업, 직장폐쇄, 내란, 반란, 전쟁, 천재, 기타 불가항력으로 인한 업무중단은 신용장유효기일의 자동연장에 적용되지 않는다.

③ 제시된 개개의 서류는 발행자의 서명 및 소정의 형식은 구비되었는가?

④ 어음 및 관계서류 상호간의 연관성과 그 기재에 있어 상호 모순 또는 불일치는 없는가?

⑤ 선화증권, 보험증권 등은 그 권리가 적법하게 매입은행에 양도되었는가?

특히 선화증권과 보험증권의 배서가 바르게 되었는가를 확인하여야 한다.

⑥ 신용장에 특별지시문언이 있을 때 이에 부합되도록 서류가 제시되었는가?

(3) 환어음의 검토

환어음의 필수기재사항은 그 중 어느 하나라도 누락되면 어음법상 효력이나 구속력을 갖지 못하게 되므로 유의하여야 한다.

① 어음의 문언 중에 환어음(bill of exchange)을 표시하는 문언이 있는가?

② 일정한 금액을 무조건 지급할 뜻의 위탁문언(pay to the order of …)이 있는가?

③ 지급인, 지급지, 수취인 및 만기일의 표시가 신용장의 내용과 부합하는가?

④ 어음의 발행일이 신용장의 지급기일 이내이며 선적일자 이후인가?

⑤ 발행인의 식별부호가 거래은행에 제출된 것과 일치되는가?

⑥ 신용장에서 이자문언의 기재를 요구하였을 경우 그 문언이 기재되어 있는가?

⑦ 신용장상에 인수의 표시가 요구된 경우 이 문언이 표시되어 있는가?

⑧ 어음금액이 신용장금액이나 신용장잔액을 초과하지 않으며 송장금액과 일치하는가?

⑨ 어음금액은 정확히 표시되어 있으며 숫자와 문자표시금액 및 통화가 신용장내용과 일치하는가?

⑩ 어음에 신용장발행은행, 신용장 번호가 표시되어 있는가?

⑪ 환어음이 부당하게 정정된 곳은 없는가?

⑫ 복수로 어음이 발행된 경우 "First Bill Exchange"와 "Second Bill of Exchange"의 표시가 있으며, 2장 모두 제시되었는가?

1.4 환율의 적용

(1) 환율의 의의

환율(exchange rate)이란 한 나라 돈과 다른 나라 돈의 교환비율이다. 국제간의 대금결제는 외국환을 수단으로 하여 이루어지며, 환율은 외국물품 및 서비스에 대한 구매력을 표시하며 대외가치의 척도가 된다.

환율은 외환이 거래되는 이른바 외환시장에서 외환에 대한 수요와 공급에 의해 결정되는데, 이와 같은 결정을 방임하는 제도를 자유변동환율제(freely floating exchange rate system)라 하고, 정부나 중앙은행이 개입하여 환율을 고정시키는 제도를 고정환율제(fixed exchange rate system)라 하며, 이 두 가지를 겸용하는 제도를 관리변동환율제(managed floating exchange rate system)라 한다. 오늘날 대부분의 국가는 관리변동환율제를 택하고 있다.

(2) 환율의 종류

1) 매매기준율

시장평균환율, 즉 매매기준율은 은행간의 '원/미국달러' 거래환율에 의하여 산출되므로, 시장평균환율의 급격한 변동을 방지하기 위하여 은행간 거래환율의 일일변동범위를 설정할 필요가 있다. 원화와 기타 통화의 매매기준율의 결정방법은 원화의 대미달러환율(시장평균환율)을 국제금융시장에서 형성된 미달러화와 당해통화간의 환율로 재정(裁定)하여 결정한다. 원화와 기타 통화매매기준율도 외화자금중개실에서 09:00에 AP, Reuter 화면을 통하여 외국환율은행에 통보된다.

2) 외국환은행간 매매율

외국환은행간 매매율이란 외환시장에서 외국환은행 상호간의 외환매매거래에 적용되는 환율을 말한다. 외국환은행은 본질적으로 대고객거래에서는 수동적 입장에 있으므로 이에 따라 발생하는 환리스크회피와 외화자금의 과부족을 조정할 필요가 있어 각 외국은행 상호간 외국환거래가 발생되는데, 이때 결정되는 환율이 외국환은행간 매매율이다. 따라서 이 환율은 각 외국환은행이 외국환수급에 따라 결정되는 시장가격, 즉 시장률인 셈이다.

3) 외국환은행 대고객매매율

외국환은행 대고객매매율이란 외국환은행이 고객과의 외국환거래를 하는데 적용되는 환율로서 전신환매매율 · 일람출급환어음매입률 · 수입어음결제율 · 기한부어음매입률, 그리고 현찰매매율 등이 있다. 외국환은행은 지정영수통화 중 대고객거래에 필요하다고 인정되는 통화의 대고객매매율을 매일 영업장소에 고시하고 있다.

(가) 전신환매매율

전신환매매율이란 환어음의 결제를 전신으로 행하는 경우에 적용되는 환율로서 환어음의 송달이 1일 이내에 완료되므로 우송기간에 대한 금리의 요인이 개재되지 않는 순수한 의미의 환율이다. 예를 들면, 전신송금의 경우 송금인으로부터 원화송금대전을 받고 외환을 매도함과 동시에 지급은행 앞으로 송금환의 지급지시를 전신으로 하게 되므로 외화송금대전이 송금은행의 해외외화타점예치계정에서 즉시 지급된다. 즉 송금은행의 입장에서 볼 때 송금환의 매도와 관련하여 자금부담의 문제가 발생하지 않는다. 이와 같은 경우 송금은행이 송금인에게 매도할 때 적용되는 환율이 대고객전신환매도율(T/T selling rate)이다.

이와는 반대로 외국으로부터 전신으로 취결되어 온 타발송금환을 지급하는 국내외국환은행은 이 타발송금을 매입하고 원화를 지급하게 되는데, 이를 매입하고 지급하는 시점에 외화송금대전은 이미 지급은행의 해외외화타점예치계정에 입금되는 것이므로 이와 같은 타발전신송금환을 매입할 때 적용하는 환율이 대고객전신환매입률(T/T buying rate)이다.

마찬가지로 비록 전신환이 아니더라도 자행계정(our A/C)에의 대금입금시점이 자행에서 자국화대전을 지급하는 시점과 비교하여 당일 또는 선일인 경우 전신환과 같은 효과가 발생하므로 전신환매입률이 적용된다.

전신환매매율은 다른 대고객매매율의 기준이 되어 이를 중심으로 일람출급환매입률 · 기한부어음매입률 및 수입어음결제율이 정해진다. 이들 환율은 환어음의 자금화 또는 결제에 소요되는 기간에 해당하는 금리만큼을 차감하거나 가산하여 산정하므로 엄격한 의미의 환율은 바로 전신환매매율이라고 할 수 있다.

(나) 일람출급환어음매입률

일람출급환어음매입률(at sight rate)이란 환어음이 지급은행에 제시되어야 지급되는 일람출급환어음(at sight or demand draft)의 매입에 적용되는 환율로 환어음의 우송기간이 경과하여야만 자금화가 되므로 해당기간에 대한 금리를 전신환매입률에서 차감한 율이다. 예컨데 수출상이 선적을 완료하고 환어음을 외국환은행에 매입신청하는 경우에 외국환은행은 수출상에게 환어음매입대금을 먼저 원화로 지급하고 이를 해외의 환거래은행을 통하여 추심하게 되는데, 추심이 완료되려면 매입한 환어음을 신용장발행은행 앞으로 우송하여 수입상에게 제시해야 되므로 추심대금은 우송기간경과 후에야 비로소 매입은행계정에 입금된다. 다시 말하면 매입은행은 동 기간만큼 수출상에게 자금을 선대(先貸)한 셈이 된다. 따라서 일람출급환매입률은 동 기간에 해당하는 금리를 전신환매입률에서 공제한 율이 된다.

일람출급환매입률을 산식으로 표시하면 다음과 같다.

일람출급환매입률 = 전신환매입률 - (장부가격 × 해당통화의 표준우편일/360 × 연환가료율)

(다) 기한부환어음매입률

기한부환어음매입률이란 외국환은행이 수출상으로부터 일람한 후 또는 확정일자로부터 기산하여 일정기간 후에 지급되는 조건의 기한부어음을 매입할 때에 적용하는 환율이다. 따라서 외국환은행은 지급이 유예되는 어음기간(usance) 동안의 금리를 당연히 차감하고 매입하여야 한다.

기한부어음매입률의 산출방식은 해당어음의 만기일확정방식의 차이에 따라 달라진다. 즉 어음기간의 기산일이 일람후부터인 경우에는 해당어음기간에 대한 금리를 일람출급환매입률에서 차감하며, 어음기간의 기산일이 선적일자 등으로 확정되어 있는 경우에는 확정일부터 만기일까지의 금리를 전신환매입률에서 차감한다.

이를 산식으로 표시하면 다음과 같다.

① 일람후정기출급인 경우

일람출급환매입률－(장부가격×어음기간/360×연환가료율)

② 확정일자후정기출급인 경우

전신환매입률－(장부가격×확정일부터 만기일까지의 기간/360×연환가료율)

(라) 수입환어음결제율

수입의 경우 수출지에서 수출상이 선적을 하고 환어음을 발행하여 현지거래은행에 매입신청하면 해외환거래은행에 개설되어 있는 당방은행계정(our A/C)에서 동 어음매입금대금이 차기되고, 매입된 어음은 국내의 신용장발행은행으로 송부되어 온다. 따라서 수입환어음을 수입업자에게 제시하여 수입대금을 받을 시점에서 이미 해외환거래은행의 당방은행계정에서 대금이 차기되어 상당한 기간이 경과한 때이므로 그에 상당한 금리를 더 받아야 한다. 통상 이 기간을 표준우편일수로 하고, 이율은 일람출급환매입의 경우와 같다. 즉 수입환어음결제율이란 수입환어음을 결제할 때 적용하는 환율로서 전신환매도율에 어음의 우송기간에 해당하는 금리를 가산한 환율이다.

이를 산식으로 표시하면 다음과 같다.

수입환어음결제율＝전신환매도율＋(장부가격×해당통화의 표준우편 일수/360×연환가료율)

(마) 현찰매매율

외화현찰을 매매하는 경우에는 매매의 대상이 되는 외화현찰의 보관비용·운송비용이 소요될 뿐만 아니라 외화자산 운용면에서도 외화현금시재액은 비수익적이기 때문에 환율면에서도 이와 같은 위험부담과 손실보전을 고려하여 다른 외국환매매율보다 고객에게 불리하게 책정되고 있다. 현행 현찰매입률은 통화별로 전신환매매중간율에서 일정률을 감한 율로 하고, 현찰매도율은 일정률을 가산한 율이 적용된다.

그런데 주화(鑄貨)의 경우 매입률은 통화별로 전신환매매중간율에서 지폐매매율보다 높은 일정률을 감한 율이 적용된다. 주화의 매도율은 지폐매도율과 같다.

4) 기타 환율

(가) 크로스율

크로스율(cross rate)이란 기준환율이 대상이 되는 통화의 제3국 통화와의 환율을 말한다. 한국원화는 미 '달러' 화에 연결되어 있으므로 이를 기준율로 하고, 제3국 통화는 동률을 기준으로 하여 간접적으로 산출하게 된다. 가령 한국의 입장에서 볼 때 미 '달러' 와 영 '파운드' 간의 환율을 말한다.

(나) 재 정 률

재정률(arbitrated rate)이란 기준환율과 "크로스율"에서 산출된 자국화와 제3국 통화간의 환율을 말한다. 따라서 한국의 경우 미 '달러' 이외의 기타 통화표시환율은 모두 재정률에 해당한다.

(다) 장부가격

장부가격(book rate)이란 동종외화간의 대체거래에 따른 외화금액의 원화환산시 적용되는 율이다. 예를 들면, 수출환어음매입대금을 원화로 환산하지 않고 수입대금결제에 충당하기 위하여 외화예금계정에 대체하는 경우, 이러한 대체거래의 계정별 대차총액을 원화대차대조표에 계상하기 위하여 이를 원화로 평가하여야 하는데, 이 때 적용되는 원화환산율을 말한다. 또한 장부가격은 외국환은행이 외국환거래에 따른 수수료를 원화로 징수하는 경우, 외화 대 원화의 환산율로도 적용된다.

(3) 수출환어음매입시의 적용환율

수출환어음은 신용장조건에 따라 일람출급환어음(sight draft)과 기한부어음(usance draft)의 두 가지 방식 중 어느 한 가지로 발행하게 된다.

1) 일람출급수출환어음매입

일람불신용장(at sight L/C) 또는 어음지급서류인도조건(D/P) 방식에 의하여 발행되는 환어음은 일람출급환어음매입률(at sight rate)을 적용한다.[7]

제시된 서류가 하자 없는 이른바 '무하자매입'(clean negotiation)시에는 '매입원금×표준추심일수에 해당하는 환가료[8]×장부가격'으로 매입하고 '보증부매입'(under indemnity negotiation)시에는 '매입원금×(연환가료율+1.5%)×표준추심일수/360×장부가격'과 같은 산식으로 매입한다.

2) 기한부수출환어음매입

기한부신용장(usance L/C) 또는 어음인수서류인도조건(D/A) 방식에 의하여 발행되는 환어음은 기한부환어음매입률(usance rate)을 적용한다.

그러나 기한부환어음이라 하더라도 동 기간에 따른 이자는 수입상이 부담하는 "Usance interest(or Discount charge) to be covered by acountee"와 같은 조건이라면, 유예하여 주는 기간 동안의 이자는 공제하지 않고 순수한 표준추심일수에 상당하는 환가료만 공제한다.[9]

(가) at 30 days after sight의 경우

일람 후 30일 동안의 이자를 매수인이 부담할 경우에는 '일람출급환어음매입률-(어음기간(30일)/360×연환가료율×장부가격)'으로 매입한다.[10]

---

7) 수출환어음매입시 적용환율은 원칙적으로 전신환매입률(telegraphic transfer buying rate: TT/B)을 적용한다. 그러나 추심일수에 상당하는 이자는 별도로 징수하게 된다. 일람출급환어음 매입률은 전신환매입률에서 표준추심일수에 상당하는 환가료를 공제한 환율이다.

8) 환가료(exchange commission)란 환어음매입은행이 서류를 매입하고 매입대금이 수취되는, 즉 추심기간의 우편일수에 상당하는 금리를 말한다.

9) 따라서 L/C at 30 days after sight이라 하더라도 30일 동안의 이자는 공제하지 않기 때문에 그 효과는 "at sight draft"와 같은 환율이 적용된다.

(나) at 30 days afer B/L date의 경우

선화증권(B/L) 일자 후[11] 30일 지급과 같이 확정일부어음으로 이자부담을 매수인이 할 경우에는 다음과 같은 산식을 적용하여 매입한다.

전신환매입률[12]－(특정일(선화증권일자)로부터 30일기간)/360×연환가료율×장부가격)

(4) 수입환어음결제시의 적용환율

1) 일람출급수입환어음의 결제

은행에서 수입환어음결제시 적용환율은 ① 수입환어음결제율을 적용하는 경우와, ② 전신환매도율을 적용하는 경우가 있다. 전자는 발행은행의 입장에

[표 14-1] 일람출급환어음과 기한부환어음매입시 이자공제 및 환율적용관계

환어음	결제기간표시	결제시기	Usance기간 이자부담과 적용환율	
			매도인부담조건시 (환가료공제일수)	매수인부담조건시(적용환율)
일람출급 환어음	at sight	일람 후	표준우편일수[13]	일람출급환어음 매입률
기한부 환어음	at 90 days after sight	일람 후 90일	90일＋표준우편 일수	일람출급환어음 매입률
	at 90 days after B/L date	선화증권상 선적일자 익일＋90일	90[14]일	전신환매입률
	at 90 days after sight	환어음일자 익일＋90일	90일	전신환매입률

10) 보증부매입시와 D/A어음 180일 초과되는 경우에는 연환가료율에 1.5%를 가산하여 적용되고 있다.

11) "at 30 days after B/L date"라고 표시할 경우이다.

12) 전신환매입률(telegraphci transfer buying rate: T/T buying rate)은 일람출급환매입률에 표준추심일수에 상당하는 환가료를 가산한 환율이다.

13) at sight의 경우에는 usance 상당이자와는 무관하다.

14) 만일 환어음매입일보다 운송서류상의 선적일자가 빠르면 그 기간을 90일에서 공제하여 매입하게 된다.

서 볼 때 외국환의 매각으로 당해신용장에 의한 환어음을 매입은행 또는 지급은행이 매입 또는 지급하면 발행은행의 예치계정에서 선차기하게 된다. 따라서 수입환어음금액을 원화로 징수할 경우에는 외국환매각이익과 발행은행의 자금부담요인을 고려하여 우편기간에 대한 금리, 즉 환가료(exchange commission)가 포함된 '수입환어음결제율'을 적용한다.

그러나 후자는 수입환어음과 서류가 추심조건(collection basis)으로 도착되어 결제시에는 수입상으로부터 결제받아 추심의뢰서에 지시된 대로 송금하게 되므로 환가료가 포함되지 않은 '대고객전신환매도율'[15]을 적용한다.

2) 기한부수입환어음의 결제

기한부수입환어음은 인수 후 만기일에 가서 결제하는 것이므로 신용장발행의뢰인이 원화로 결제하고자 할 때는 '대고객전신환매도율'에 의거 환산하여 수입환어음을 결제한다.[16] 만일 신용장방식거래라면 만기일에 결제하지 못하는 경우에는 그 익일에 은행은 대지급처리하여 수입환어음을 결제하게 된다.

1.5 하자 있는 수출환어음매입

(1) 제시서류의 하자

서류의 하자(瑕疵; discrepancy)라 함은 신용장조건과 일치하지 않거나 또는 모순되는 것을 말하며 이러한 하자는 환어음의 부도 또는 서류 수리거절의 결과를 초래하여 매입대금을 상환받지 못하는 원인이 되므로 특히 신중하게 취급하여야 한다.

환어음 및 서류의 매입이 신용장조건에 일치하고 그 상환도 순조롭게 이루어진다면 매우 바람직한 일이지만 매입어음의 발행은행에 의하여 부도 또는 인수거절되는 경우가 적지 않다. 부도 또는 인수거절이 발생하는 사유는 주로 다음에 열거하는 하자의 종류에 해당하는 것으로서 수입지의 여건이 좋으면 지급 또는 인수가 될 경우가 있으나 만일에 수입지의 여건이 악화된 경

15) D/P어음의 적용환율도 대고객전신환매도율이다.
16) D/P어음의 만기결제시 적용환율도 대고객전신환매도율이다.

우라면 사소한 서류상의 하자라도 이를 이유로 신용장조건의 불일치를 주장하여 부도 또는 인수거절을 하는 경우가 허다하다.

또한 환어음이 일단 부도 또는 인수거절이 되면 상대가 외국인이므로 국내어음과는 달리 법률이나 관습의 상위 또는 의사소통의 불편 등으로 인하여 어려움을 겪게 된다. 매입은행으로서는 이를 미리 방지하는 데 적극 노력하여야 한다.

원래 신용장거래는 발행은행의 독립된 지급확약에 의하여 이루어지는 거래이므로 매매당사자간의 계약과는 별개의 거래이다. 따라서 서류가 신용장조건과 일치하는 한 매매계약을 위반하여 서류가 작성되었다 하더라도 발행은행은 마땅히 지급의무가 있는 것이며 반대로 아무리 서류의 내용이 계약조건을 충족하였다 하더라도 신용장조건을 충족하지 못할 때에는 신용장상의 혜택을 받을 수 없는 것이다.

(2) 지급거절사유

지급거절(unpaid) 사유가 되는 유형을 살펴보면 다음과 같이 매우 다양하다고 할 수 있다.

① Claused(Unclean) bills of lading.

② Charter party bill of lading.

③ No evidence of goods actually "shipped on board."

④ Shipment made between ports other than those stated in the credit.

⑤ Goods shipped on deck.

⑥ Bill of Lading does not evidence whether freight is paid or not.

⑦ Presentation of an insurance document of a type other than that required by the credit.

⑧ Insurance risks cover not as specified in the credit.

⑨ Insurance cover expressed in a currency other than that of the credit.

⑩ Under-insured.

⑪ Insurance not effected from the date on the transport document.

⑫ Documents inconsistent with each other.

⑬ description of goods on invoice differs from that in the credit.

⑭ Weight differs between documents.

⑮ Amounts shown on the invoice and bill of exchange differ.

⑯ Marks and numbers differ between documents.

⑰ Absence of documents called for in the credit.

⑱ Bill of Exchange drawn on a wrong party.

⑲ Bill of Exchange payable on an indeterminable date.

⑳ Bill of Lading, Insurance Document and Bill of Exchange not endorsed correctly.

㉑ Absence of signature, where required, on documents presented.

㉒ Credit amount exceeded.

㉓ Credit expired.

㉔ Documents not presented in time.

㉕ Late shipment.

㉖ Short shipment.

(3) 하자서류매입시의 조치

하자의 내용에 따라서 수출상이 작성하는 환어음, 상업송장, 포장명세서 등은 수출지에서 재작성 및 정정이 가능하지만 선적기일이 경과되어 지연선적이 되었음이 선화증권(B/L)상에 표시되었거나 신용장 유효기일이 경과되어 매입은행에 제시될 경우 등에는 수출상의 일방적인 정정은 불가능하다. 따라서 이 경우에는 ① 보증부매입, ② 전신 또는 전자우편 조회 후 매입, ③ 추심처리, ④ 신용장 조건변경 후 매입 등의 방법을 택하여 처리한다.

첫째, 보증부매입(under indemnity negotiation)이란 서류의 하자로 인하여 매입어음이 부도되는 경우에는 매입은행에 무조건 대전을 지급하겠다는 보증서를 징구하고 매입에 응하는 방법이다. 이 경우에는 수출상의 담보제공이 요구되고 환가료징수시에 수출상에게 추가수수료를 부담하게 된다.[17)]

둘째, 전신 또는 전자우편 조회 후 매입(cable or E-mail negotiation)이란 발

17) 서류의 하자 등으로 인하여 보증부매입이 이루어진 경우에는 지급거절되거나 지급거절이 되지 않지만 하자의 사유로 상당한 기간 대금입금이 지연되는 경우가 많다. 이 경우 매입은행은 당초에 매입한 수출환어음이 입금예정일을 경과하여 입금하게 되면 동 기간상당의 자금부담을 이유로 지연이자(delay interest; delay charge)를 수익이자로부터 징수한다.

행은행에 전신 또는 전자우편으로 먼저 서류의 불일치를 지적하고 하자서류 상태로의 매입 가부를 발행은행에 조회하여 승인통지서를 접수 후 매입하는 것이다. 이 경우에는 물품에 대한 채권서류를 가지고 있는 상황이기 때문에 전신 또는 전자우편 조회 후 매입은 하자서류매입시 안전한 대응방법이라 할 수 있다.

셋째, 추심(collection)에 의한 처리란 수출상의 서류를 우선 매입하지 아니하고 추심수수료만 받고 서류를 발송하여 발행은행 또는 결제은행으로부터 대금이 입금된 후 대금을 지급하는 것이다.

이 경우는 신용장조건상에 하자 있는 서류는 추심처리하라는 지시가 있거나 수익자의 서류가 부도가능성이 많거나, 신용상태가 좋지 않을 때에 행하게 되는데 수출상으로서는 내국신용장발급건에 대한 대금결제문제 등 자금회전에 큰 어려움을 안게 된다.

넷째, 신용장조건변경 후 매입이란 보증부매입하게 되는 사유가 신용장조건을 변경하면 하자 없이 매입가능할 경우에 취하는 방법이다. 이는 시간적 여유가 충분히 있거나 수입상이 조건변경을 신속히 할 수 있다면 가장 바람직하다.

그러나 수입상이 조건변경수수료 부담과 번거로움을 이유로 보증부매입을 하도록 통지해 오는 경우가 많으므로 수출상은 동의한 증빙서류를 서류매입시에 신용장상의 요구서류 외에 추가하여 발송하는 것도 좋은 방법이다.

2. 신용장방식에 의한 수입환어음의 결제

2.1 수입환어음결제의 의의

신용장이나 D/P · D/A 거래는 주로 환어음에 의하여 대금결제가 이루어지기 때문에 수출상은 계약물품을 선적한 후 신용장 등에서 요구하는 서류와 환어음을 준비하여 매입은행에 매각하게 된다.

매입은행은 매입한 서류를 환어음과 함께 신용장발행은행 앞으로 송부하여 신용장조건에 따라 대급지급을 요청하게 된다. 신용장거래는 발행은행이 대금지급을 확약하였으므로 제시된 환어음과 서류가 신용장조건에 일치된다면 신용장발행은행은 대금을 지급하거나 인수를 하여야 한다.

만일 신용장조건과 불일치된 하자 있는 서류의 경우에는 서류만을 기준으로 수리 또는 거절 여부를 결정하여야 한다. 서류의 수리를 거절하는 경우 신속한 통신수단으로 부도사실을 서류송부은행의 수익자에게 통보하되 불일치내용을 명시하고 수익자의 지시를 기다려 유보하고 있다든지, 불일치서류를 반송하고 있다는 등의 조치를 취하여야 한다. 만일 이와 같은 발행은행의 의무를 이행하지 못한 경우나 이미 수입화물선취보증서(letter of guarantee: L/G)를 발급한 경우에는 발행은행의 부도반환권리를 상실하게 된다.

수입환어음의 결제는 신용장조건에 따라 일람출급수입환어음 및 기한부수입환어음에 의한 결제가 있다. 이와 같은 수입환어음은 지급 또는 인수를 통하여 신용장발행의뢰인인 수입상에게 서류를 인도하게 된다.

2.2 수입환어음의 결제와 서류의 인도

(1) 수입환어음의 결제 및 인수

일람출급수입환어음의 결제는 수입서류도착일로부터 일정기일 이내에 결제하여야 한다. 그러나 기한부수입환어음은 인수(acceptance)에 의하여 서류를 인도한 후 만기일에 수입환어음을 결제한다. 기한부어음의 인수형태는

[그림 14-1] Shipper's Usance

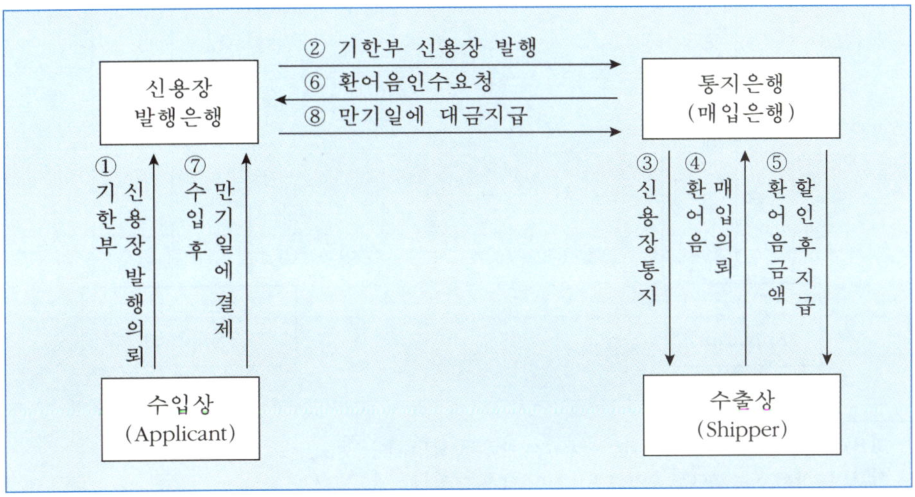

"shipper's usance"와 "banker's usance"가 있다.

"shipper's usance"는 "usance"기간의 여신을 "shipper"가 공여하는 것으로[18] 수입신용장발행은행을 지급인(drawee)으로 하고 발행은행에 수입환어음과 서류가 도착하면 수입상으로 하여금 인수여부를 결정토록 하여 동 인수사실 및 만기일(maturity)을 매입은행 앞으로 통지하고 만기일에 수입대금을 지급을 행하는 방식이다.

또한 "banker's usance"는 "usance"기간의 여신을 환어음인수은행이 공여하는 것으로[19] 신용장발행은행의 예치환거래은행(depositary bank) 또는 신용장발행은행의 지점을 어음지급은행으로 하여 환어음의 인수 및 만기일에 지급을 행하는 방식이다. 보통은 해외의 매입은행이 인수은행(acceptance bank)이 되어 신용장발행은행 앞으로 서류송부시 만기일, 인수수수료 또는 할인이자(discount charge) 등이 명시된 인수통지서(acceptance advice)를 보내 온다.

"banker's usance"의 어음인수은행은 해외은행인수(overseas banker's acceptance)와 국내은행인수(domestic banker's acceptance)로 구분할 수 있다.

[그림 14-2] Banker's Usance

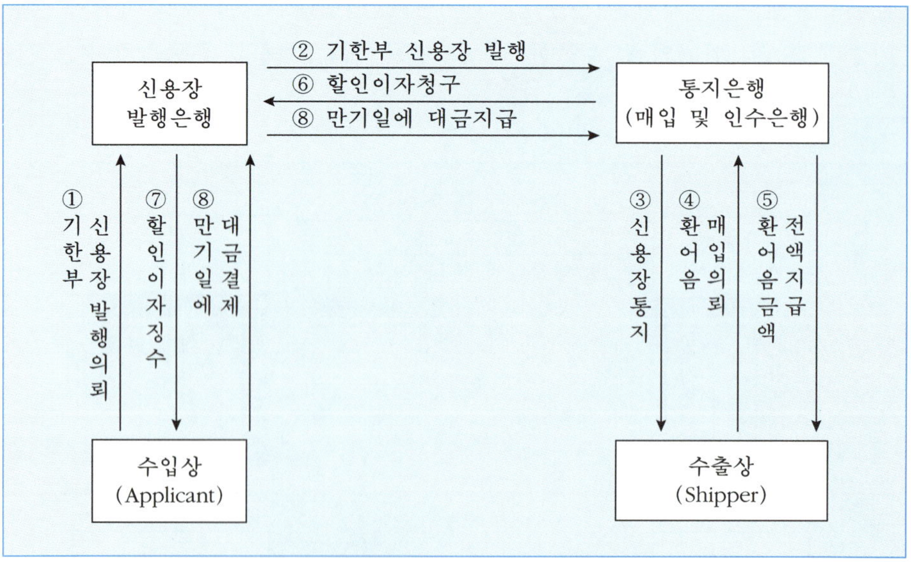

18) shipper's usance를 seller's usance라고도 한다.
19) banker's usance를 buyer's usance라고도 한다.

(2) 수입화물선취보증서

1) 수입화물선취보증서의 의의

수입상이 선박회사로부터 수입화물을 인도받기 위해서는 선화증권의 원본을 제시하여야 한다. 그러나 수입화물이 국내양륙지에 도착되었는 데도 불구하고 관련서류가 도착되지 않아 화물인도가 불가능한 경우가 종종 발생된다. 이러한 경우는 우송의 지연이나 수익자의 서류제시의 지연 또는 지급 · 인수 또는 매입은행의 업무지연으로 발생되며 특히 수출지에서 수입지까지의 항해 일수가 비교적 짧거나 항공운송의 경우에 빈번히 발생하게 된다. 따라서 수입상은 수입화물이 통관될 수 없어 인도가 늦어질 뿐만 아니라 창고료 등의 추가비용이 발생할 수도 있고 도착화물에 손상을 가져오거나 심지어 판매의 적기를 상실할 수도 있다.

이와 같은 사정은 은행의 입장에서도 마찬가지이다. 왜냐하면 은행의 담보로 되어 있는 화물이 인도되지 않음으로써 은행도 수입상과 동일한 입장에 서게 되기 때문이다. 또한 선박회사도 화물의 양륙이 순조롭지 못하여 불편한 점이 있을 수 있다.

따라서 수입상, 발행은행 그리고 선박회사는 이러한 불리한 점을 해결하기 위하여 서류의 도착 이전에 수입화물을 인도받을 수 있는 방법을 강구하게 되었다. 즉 수입상과 신용장발행은행이 연대보증한 증서를 선박회사 앞으로 선화증권의 원본 대신에 제출하여 수입화물을 인도받을 수 있는 보증서를 특히 수입화물선취보증서(Letter of Guarantee: L/G)라고 한다. 선취보증은 발행은행을 보증인으로 하고 선화증권 도착 즉시 선박회사에 인도하겠다는 것과 이 보증인도에 의하여 발생한 일체의 사고는 보증은행 및 수입상이 단독 또는 연대로 책임을 부담하겠다고 서약한 것이다.[20]

2) L/G발행과 회수

수입화물선취보증서를 발행한 은행은 신청서류와 신용장조건과의 일치여

---

20) 항공편에 의한 수입화물의 선취는 해상운송의 경우와 다르다. 은행은 항공회사에 보증은 하지 않고 수입상이 수령한 항공화물운송장(Air Waybill) 사본을 은행에 제시하여 수입상이 받을 수 있도록 항공화물운송장사본에 확인하여 화물을 인도받을 수 있는 편의를 제공하여 주고 있다. 이 경우 신용장발행은행은 수입상의 채권확보여부를 확인하게 된다.

서식 14-2 수입화물선취보증서(letter of guarantee)

LETTER OF GUARANTEE

Revenue Stamp

Date: June 10, 20××

<table>
<tr><td colspan="2" rowspan="2">SHIPPING CO

Cho Yang Shipping Co., Ltd.</td><td>NUMBER OF CREDIT
M0604-005E6-23456</td><td>L/G NUMBER
K-1234</td></tr>
<tr><td colspan="2">NUMBER OF B/L
C-23456</td></tr>
<tr><td colspan="2" rowspan="3">SHIPPER

Marubeni Corp.,
Tokyo, Japan.</td><td colspan="2">VESSEL NAME
Korean Master</td></tr>
<tr><td colspan="2">ARRIVAL DATE
June 8, 20××</td></tr>
<tr><td colspan="2">VOYAGE NUMBER
V-33</td></tr>
<tr><td colspan="2" rowspan="2">INVOICE VALUE

US$6,000(U.S. Dollars Six Thousand Only)</td><td colspan="2">PORT OF LOADING
Tokyo, Japan.</td></tr>
<tr><td colspan="2">PORT OF DISCHAGE
Busan, Korea.</td></tr>
<tr><td>NOS & MARKS
AB BUSAN
C/T No.1-10
MADE IN JAPAN</td><td>PACKAGES

10 CTNS</td><td colspan="2">DESCRIPTION OF GOODS
4,080pcs of #8 Plastic Zipper open end, 21″long</td></tr>
</table>

In consideration of your granting us delivery of the above-mentioned cargo which we declare has been shipped to our consignment, but Bills of Lading of which have not been received, we hereby engage to deliver you the said Bills of lading as soon as we receive them and we further guarantee to indemnify yourselves and/or he owners of the said vessel against any claims that may be made by other parties on account of the aforesaid cargo, and to pay to you on demand any freight or other charges that may be due here or that may have remained unpaid at the port of shipment in respect to the above-mentioned goods.

In the event of the Bills of Lading for the cargo herein mentioned being hypothecated to any other bank, company, firm or person, we further guaranee to hold you harmless from all consequences what soever arising therefrom and furthermore undertake to inform you immediately in the event of the bills of Lading being so hypothecated.

Yours faithfully,

A & B Co., Ltd.
Party claiming right of delivery

We hereby guarantee to surrender to you the corresponding Bills of Lading. Kindly be advised that this guarantee shall be automatically null and void, upon your acknowledging receipt of the corresponding Bills of Lading which are to be endorsed and pressented to you by us for the only purpose of the redemption of this letter of guarantee.

Authorized Signature
KOREA EXCHANGE BNAK

EP-C-FM-003 (1987. 7월 210×297)

부를 검토한 후 외국환거래담보금의 적립여부를 확인하여 L/G발행수수료를 받고 책임자가 서명하여 수입업자에게 L/G를 인도하게 된다.

L/G발행 후 서류원본이 해외은행으로부터 도착하면 L/G의 회수를 위하여 L/G발행은행은 선화증권의 원본에 다음과 같이 배서하고 L/G회수요청서(redemption of letter of guarantee)와 함께 선박회사에 배달증명으로 송달하여 L/G를 회수받는다.

For Redemption of L/G
(signed)
Authorized Signature
ABC Bank

3) L/G발행의 효과

수입화물선취보증서의 발행내용은 선화증권원본이 신용장발행은행[21]에 도착하면 즉시 선박회사에 원본전통을 제출하겠다는 것과 운송비의 지급 기타 선화증권을 담보로 제공됨에 따른 모든 손실을 보상하겠다는 것이다.

수입화물선취보증서는 원본서류가 이미 도착되어 있으면 발행할 수 없으며 일단 발행이 되면 나중에 원본서류가 발행은행에 도착되어 만일 서류상의 하자가 있다 하더라도 지급거절할 수 없다.

(3) 수입화물대도(輸入貨物貸渡)

1) 수입화물대도의 의의

수입화물대도란 일람출급결제에서 서류가 도착하면 신용장발행의뢰인은 결제대금을 지급하여야만 서류를 수령할 수 있는 것이나, 발행은행이 발행의뢰인 앞으로 금융을 제공하는 경우에는 결제대금을 동 금융으로 지급하고, 수입대금의 결제에 충당한 대금은 발행의뢰인에 의하여 일정한 기간 후에 상환받게 된다. 이와 같은 제도 아래에서는 소위 자동결제기능이 있으므로 수입화물을 담보로 취득하게 된다. 또 여기서 수입화물을 통상의 담보와 같이 취득하게 되면 발행의뢰인이 수입하는 본래의 목적을 달성할 수 없으므로 특별한

---

21) D/P · D/A 거래에서도 L/G가 이루어지고 있다.

조치가 필요하다. 또 은행 입장에서도 동 수입화물을 창고 등에 저장해 보았자 창고료, 보험료 등의 비용부담만 발생하고 아무런 이득이 없다.

따라서 은행은 소유권만 보유하고 의뢰인이 본래의 목적을 달성할 수 있도록 수입물품을 통관하여 제조 · 가공 · 판매 등을 할 수 있도록 하는 제도가 '수입화물대도' (Trust Receipt: T/R)이다. 그러므로 T/R제도하에서는 은행을 신탁공여자(entrustor)로 하고 발행의뢰인을 신탁수혜자(trustee)로 하는 신탁계약(trust contract)을 하게 된다.

이러한 신탁은 신용편의(credit facility)를 위한 담보취득의 방법을 뜻하는 한편 일람출급결제에서 일정기간 동안 지급을 유예하여 주는 T/R 편의를 의미하기도 한다.[22)]

2) 금융의 내용에 따른 T/R의 유형

금융의 내용에 따라 T/R은 여러 가지의 유형으로 구분할 수 있다. 즉 ① 원자재수입금융에 따른 T/R로 수출용원자재를 수입하는 때에 금융의 혜택을 주는 것,[23)] ② 인수금융에 따른 T/R로 해외은행인수(overseas bank's acceptance) 또는 내국수입유잔스(domestic bank's usance)에 따른 것, ③ 할부지급방법의 수입에 따른 T/R로 기한부거래나 착수금을 먼저 지급하고 잔액은 일정기간에 균등분할 상환하여야 하는 신용공여에 따른 것, ④ 수입화물대도금융(T/R loan) 또는 "T/T facility"에 따른 T/R로 일반수입에 있어서 소정의 기간 동안 T/R약정에 따라 신용을 공여하는 것, ⑤ 외화대출에 따른 T/R로 신용장발행은행이 조성한 외화자금 또는 국내의 외국은행의 국내지점이 외화자금으로 대출하는 것, ⑥ 차관자금 또는 "bank loan"에 따른 T/R로 외국에 있는 금융기관 또는 회사 등이 공여하는 차관과 외국은행이 제공하는 "bank

22) 따라서 T/R제공은 수탁자(trustee), 즉 수입상의 신용이 좋아야 하고, 수탁자가 담보물건을 타 대출의 담보로 제공하지 말아야 하며, 담보화물의 판매 또는 사용대금을 대금의 지급에 충당할 수 있어야 한다.

23) 한국은 수출용원자재수입시 T/R제도를 활용하고 있다. T/R은 수입여신의 담보로 되어 있는 수입화물이 은행의 손에서 수입상에게 넘어가 사용되어 담보에서 제외되는 것을 허용하는 것으로 볼 수 있어 그 사후관리에 문제가 있다. T/R을 행한 후 담보화물이 매각되어 제3자에게 넘어가면 은행으로서는 그 화물에 대하여 담보권을 주장할 수 없게 되므로, 은행은 수입상의 화물매각대금이나 대금청구권을 확보하게 된다. 대금회수가 어음인 경우에는 이것을 양도담보로서 은행 앞으로 배서양도를 받고 있다.

서식 14-3 수입화물대도(trust receipt)

수 입 인 지

수입화물대도(T/R)신청서

담 당	대 리	차 장	부점장

외환은행 앞

본인은 아래 신용장 등에 의하여 도착된 수입화물을 대도신청함에 있어서 은행여신거래기본약관, 따로 제출한 수입거래약정서 및 양도담보계약서의 모든 조항에 따를 것을 확약합니다.

<table>
<tr><td>선화증권
기 타</td><td colspan="9">번호: C-23456 발행일: June 10, 20××
발행인: Cho Yang Shipping Co., Ltd.</td></tr>
<tr><td>대도(T/R)금액</td><td colspan="9">금액: US$6,000 (원화: ₩5,100,000)</td></tr>
<tr><td>신용장 등</td><td colspan="9">번호: M0604-805ES-23456 발행일: May 21, 20××
금액: US$6,000</td></tr>
<tr><td rowspan="2">물품명세</td><td colspan="9">물품명: #8 Plastic Zipper 화물표시 및 번호: 10 CTNS
수량: 4,080pcs
단가: @US$1.4706
금액: US$6,000</td></tr>
<tr><td colspan="9">선적항: Tokyo, Japan 선명: Korean Master V-33
도착항: Busan, Korea
도착(예정)일: June, 9, 20××</td></tr>
<tr><td>선적서류</td><td>선하증권</td><td>항공화물운송장 등</td><td>상업송장</td><td>보험서류</td><td>포장명세서</td><td>원산지증명서</td><td>중량용적증명서</td><td>검사증명서</td><td>기타</td></tr>
<tr><td>통수</td><td>one copy</td><td></td><td>one copy</td><td></td><td>one copy</td><td></td><td></td><td></td><td></td></tr>
</table>

20××년 6월 10일

신청인 에이엔비주식회사 ㉵
대표이사 홍길동
주 소 서울특별시 종로구 명륜동 1번지

인감대조

대-I-서-14.87.8개정(188×257)

loan"에 따른 T/R이 있다.

3) T/R의 법률적 성질

T/R의 법률적 성질에 대하여는 다음과 같은 여러 가지 설이 있다.

(가) 대리관계설

수탁자, 즉 발행의뢰인은 은행의 대리인으로서 화물을 맥각 또는 화물을 처분하나 그 법적 효과는 소유자인 은행에 귀속된다는 설이다.

(나) 기 탁 설

수탁자는 은행으로부터 화물을 매각할 목적으로 기탁을 받아 화물을 보관할 의무가 있으며 판매권한 이외에는 화물에 대하여 아무런 권리가 없다는 설이다.

(다) 질권존속설

수탁자는 은행이 질권자로서 점유하고 있을 수입화물을 이전받는 것이며 화물인도 후에도 질권관계가 존속된다는 설이다.

(라) 조건부매매설

은행이 자기 소유에 속하는 화물을 일정기간 후에 대금을 지급하는 것을 조건으로 하여 수탁자에게 매각하는 것으로 대금지급 전에는 은행이 화물의 소유권을 가지고 수탁자는 화물의 점유를 취득하게 된다는 설이다.

(마) 양도담보, 기탁, 대리의 3자결합설

이상의 여러 설 중 가장 유력한 설이다. T/R은 다음과 같은 양도담보의 법률적 구성요건을 구비하고 있다.

① 피담보채권이 존재한다.

② 담보의 목적인 재산이 신탁공여자(entrustor), 즉 은행에 이전된다.

③ 수탁자는 목적물을 사용할 수 있다.

④ 양도담보는 제 3 자를 배척하는 우선적 권리를 가지고 있다.

양도담보에 있어서 수탁자가 담보물을 이용하도록 하는 형태는 T/R에 의하여 수입화물을 수입자에게 대도하는 기탁의 형식을 취하고 있다. 또한 T/R을 행함에 있어서 수입상은 은행의 대리인으로서 화물의 양륙, 통관, 입고 및 매각에 관한 법률행위를 하므로 은행과 수입상간에는 대리관계가 발생한다.

3. D/P · D/A 거래와 대금결제

국제무역거래는 결제방법에 따라 신용장에 의한 거래방식과 신용장이 수반되지 않는 무신용장거래방식으로 크게 구분할 수 있다. 이 무신용장거래방식 중 가장 대표적인 것이 D/P · D/A 거래방식이다. 앞서 언급한 바와 같이 신용장에 의한 거래가 '화환신용장통일규칙' (Uniform Customs and Practice for Documentary Credits)의 적용을 받음에 비하여 D/P · D/A 거래는 별도로 명백한 합의가 없거나 국가, 주 또는 지방의 법률 또는 규정에 위배되지 않는 한 국제상업회의소가 제정한 '추심에 관한 통일규칙' (Uniform Rules for Collections, ICC Publication No. 522: URC 522)[24]의 적용을 받는다. 따라서 D/P · D/A 거래는 이 추심에 관한 통일규칙을 이해하여야 한다.

3.1 D/P · D/A 거래의 의의

D/P란 어음지급서류인도조건, 약칭하면 지급인도조건(Documents against Payment: D/P)으로 수출상이 수입상과의 매매계약에 따라 물품을 선적하고 구비된 서류에 일람출급환어음(sight bill of exchange)을 발행하여 자기거래은행(추심의뢰은행)을 통하여 수입상거래은행인 수입국의 은행 앞으로 그 어음대금을 추심의뢰하면 추심의뢰를 받은 수입국측 은행(추심은행)은 수입상에게 어음을 제시하여 그 어음금액의 일람지급을 받고 서류를 인도하는 거래방식을 말한다.

한편 D/A란 어음인수서류인도조건, 약칭하면 인수인도조건(Documents against Acceptance: D/A)으로 D/P거래와 대금을 추심하는 경로는 같으나 D/P와 다른 점은 수출상이 일람후정기 또는 확정일출급 환어음을 발행하고 수입상거래은행인 추심은행은 수입상에게 제시하여 그 제시된 어음을 일람지급함

24) 국제상업회의소가 1956년 제정 및 1967년 개정할 때까지는 '상업어음추심에 관한 통일규칙' (Uniform Rules for the Collection of commercial Paper, ICC Publication No. 254)이라고 호칭하였으나 1978년 2차 개정시에 그 명칭을 '추심에 관한 통일규칙' 으로 개칭하였다. 한국은 1979년 7월 2일부터 이 규칙을 채택하고 있다. 그 후 URC는 1995년 3차 개정하여 1996년 1월 1일부터 적용되고 있다.

이 없이 인수만 함으로써 서류를 인도 한 후 만기일에 대금을 지급하는 거래방식이다.

D/P · D/A 거래는 주로 추심결제방식[25] 또는 선수출계약서에 의한 거래라고 부르고 있다. D/P · D/A 거래방식은 수출상에게는 대금결제에 대한 보장이 없으므로 위험한 거래이지만 수입상에게는 자기의 담보력 등이 부족한 경우 편리하게 이용할 수 있는 제도이다. 이 거래는 수입상의 신용을 바탕으로 이루어져야 하는데, 한국의 경우에는 한국수출보험공사의 수출어음보험에 의하여 수출환어음을 매입 이후 결제상의 위험을 감소시킬 수 있는 제도가 마련되어 있다.

3.2 D/P · D/A 거래당사자의 의무와 책임

(1) D/P · D/A 거래당사자

추심거래(D/P · D/A)의 당사자에는 추심의뢰인(principal), 추심의뢰은행(remitting bank), 추심은행(collecting bank) 및 제시은행(presenting bank)이 있다.[26]

첫째, 추심의뢰인(principal)은 수출상, 즉 "seller," "exporter," "drawer," "consignor" 및 "customer"가 된다.

둘째, 추심의뢰은행(remitting bank)은 의뢰인으로부터 추심을 의뢰받은 수출국의 은행을 말한다.

셋째, 추심은행(collecting bank)은 추심의뢰은행 이외의 추심과정에 참여하는 은행을 말한다.

넷째, 제시은행(presenting bank)은 지급인에게 제시를 하는 수입국의 추심은행을 말한다.

다섯째, 지급인(drawee)이 있는바, 이는 수입상, 즉 "buyer," "importer," "consignee"를 말한다.

---

25) 추심이라 함은 환어음, 약속어음, 수표 등 금융서류 또는 송장, 운송서류 등의 상업서류를 지급 또는 인도받기 위하여, 지급인도 또는 인수인도로 상업서류를 취급함을 의미한다; ICC., Uniform Rules for the Collections, 1995 Revision(이하 URC 522라 약칭함), Article 2.

26) URC 522, Article 3.

(2) 추심거래당사자의 의무와 책임

1) 추심에 관여하는 은행의 책임

(가) 성실 및 상당한 주의의 의무

추심에 관하여 은행은 모든 조치를 성실하게(in good faith) 하여야 하며 또 상당한 주의(reasonable care)를 하여야 한다.[27]

(나) 서류확인의 의무

은행은 접수된 서류가 추심지시서(collection instruction)상의 기재와 일치하는가를 확인하여야 하며 누락사항이 있을 때에는 추심의뢰를 할 상대방에게 즉시 통지하여야 한다. 그러나 서류를 심사할 의무를 부담하지는 않는다.[28]

(다) 서류 등의 송달에 대한 면책

은행은 다음 사항에 대하여 책임이나 의무를 부담하지 않는다.[29]

① 통보, 서신 또는 서류송달의 지연 또는 멸실로 발생하는 결과

② 전신의 송달중에 일어나는 지연, 훼손 또는 기타 오류

③ 전문용어의 번역 또는 해석상의 오류

(라) 불가항력사유에 대한 면책

은행은 천재, 폭동, 소요, 반란, 전쟁 또는 기타 불가항력적인 사유 및 동맹파업, 직장폐쇄로 인한 업무중단으로 발생하는 결과에 대하여 책임이나 의무를 부담하지 않는다.[30]

2) 지시받은 당사자의 행위에 대한 책임

(가) 비용 및 위험부담의 의무

추심의뢰인의 지시사항을 이행하기 위하여 타은행의 서비스를 이용할 때 비용이나 위험이 발생하는 경우 추심의뢰인이 이를 부담하여야 한다.[31]

(나) 외국법률 및 관습준수의 의무

추심의뢰인은 외국법률 및 관습에서 오는 모든 의무와 책임을 부담하며

---

27) *Ibid.*, Article 9.

28) *Ibid.*, Article 12.

29) *Ibid.*, Article 14.

30) *Ibid.*, Article 15.

31) *Ibid.*, Article 11-a.

이로 인하여 은행이 손실을 당했을 때에는 이를 보상하여야 한다.[32)]

3.3 D/P · D/A 거래의 과정

(1) 매매계약의 체결

물품매매 당사자간에 D/P 또는 D/A계약을 체결한다.

(2) 물품선적

수출상은 수입상과 약정한 대로 물품을 선적한다.

(3) 추심서류의 제시 및 추심의뢰

수출상은 계약서에 약정한 서류, 예컨대 상업송장, 선화증권, 보험증권, 포장명세서, 원산지증명서에 환어음을 발행하여 거래은행인 추심의뢰은행(remitting bank)을 통하여 추심은행(collecting bank) 앞으로 수출대금에 대한 추심요청을 하여 줄 것을 의뢰한다.

(4) 추심서류 도착통지

추심은행측에 추심서류가 도착되면 지급인인 수입상에게 서류도착통지를 한다.

(5) 어음지급 또는 인수와 서류인도

D/P 거래인 경우에는 어음지급,[33)] D/A 거래인 경우에는 어음인수[34)]를 행한다. 이와 동시에 추심은행은 서류를 수입상에게 인도한다.

---

32) *Ibid.*, Article 11-c.

33) D/P · D/A에 대한 지시는 지시에 따라야 하는데 명백한 지시가 없을 때는 D/P로 간주한다: URC, Article. 10. D/P로 보아야 할 경우로는 ① deliver documents against payment, ② D/P at sight, ③ sight, ④ XX days D/P, ⑤ at sight on arrival of vessel 등이며, D/A로 보아야 할 경우로는 ① deliver document againt acceptance, ② D/A 90 d/s, ③ 90 days after arrival of the cargo, ④ D/A 90 d/s B/L, ⑤ at 90 days sight, ⑥ at 90 days after sight, ⑦ 90 days after date 등이 있다.

34) 어음인수(acceptance)의 방법은 인수 또는 이와 동일한 의미가 있는 문자를 환어음에 표시하고 지급인이 기명날인(signature)한다. 예를 들면 "Accepted on by X & Y Inc., Payable at ABC Bank, New York"과 같이 인수한다.

[그림 14-3] D/P · D/A 거래과정

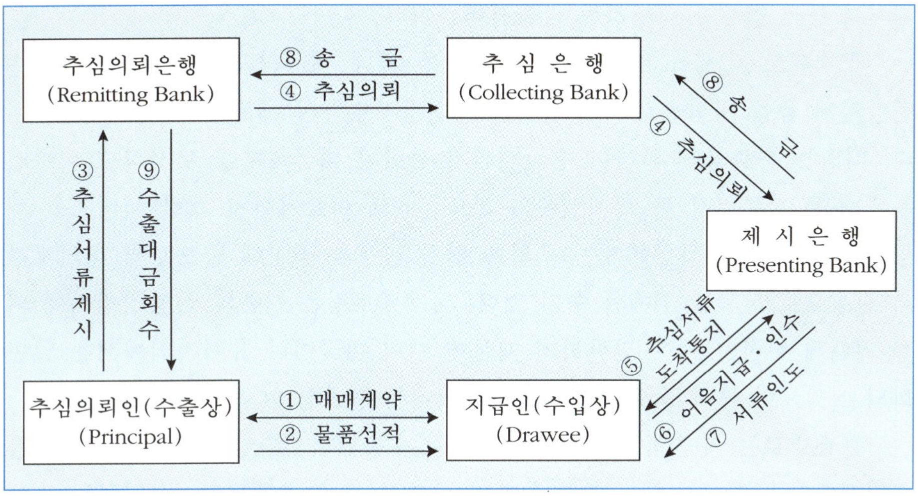

(6) 대금의 송금

제시은행 및 추심은행은 수입상으로부터 지급받은 추심대금을 추심지시서상의 지시에 따라 상대은행에게 송금한다.

(7) 수출대금 회수

추심의뢰은행은 추심은행으로부터 송금받은 대금을 수출상에게 지급함으로써 수출상은 수출대금을 회수하게 되며 D/P · D/A의 모든 거래과정은 완료된다.

4. 국제팩토링방식에 의한 대금결제

4.1 국제팩토링의 개념

(1) 팩토링과 국제팩토링의 의의

팩토링(factoring)이란 판매자(client)가 구매자(customer)에게 물품이나 서비스를 제공함에 따라 발생하는 외상매출채권(account receivable)과 관련하여 팩토링회사(factor)가 판매자를 대신하여 구매자에 관한 신용조사 및 신용위험의 인수(지급보증), 매출채권의 기일관리 및 대금회수, 금융의 제공, 기타 회계처리 등의 업무를 대행하는 금융서비스이다.

국제팩토링(international factoring)은 전 세계 팩터의 회원망을 통하여 수입상의 신용을 바탕으로 이루어지는 무신용장방식의 새로운 무역결제방법이다. 팩터는 수출상을 위하여 수출채권과 관련된 대금회수를 보장하고 회수업무에 따른 장부기장 등 회계업무와 전도금융에 이르기까지 제반 서비스를 제공한다. 그리고 수입상에게는 수입을 위한 신용을 공여해 줌으로써 해외로부터 신용으로 상품을 구매할 수가 있다. 국제팩토링은 기존의 신용장방식에 의한 거래에 비하여 매우 간편하기 때문에 이미 미국이나 유럽지역에서는 일반화되고 있으며 특히 중소규모의 무역거래에서 활발히 이루어지고 있다.

형태별로는 수출국의 팩토링 회사를 수출팩터, 수입국의 팩토링회사를 수입팩터라고 한다. 이를 수출 측면에서 볼 때는 수출팩토링, 수입하는 측에서는 수입팩토링이라고 하지만 기본적인 메커니즘은 동일하다.

특히 오늘날 세계무역환경의 변화추이에 따라 종전의 "sellers's market"에서 "buyer's market"으로의 이행, 소액 · 소량 주문에 따른 신용장발행절차의 회피, 그리고 구미제국 수입상들의 상거래관행에 따른 신용구매요구 등에 기인하여 외상수출은 증가추세에 있다. 그러나 외상거래, 특히 D/A 거래는 대금회수에 대한 확실한 보장이 없기 때문에 외화채권의 부실화가 우려되고 있고, 중소수출업체의 경우에는 신용이 좋은 수입상에게 수출하면서도 은행의 여신한도에 제한을 받게 되어 자금회전에 어려움을 겪고 있는 경우가 많다. 국제팩토링은 이러한 문제에 대하여 편리하게 대응할 수 있다.

(2) 국제팩토링의 기능

국제팩토링의 주요한 기능 세 가지는 ① 신용위험의 인수, ② 전도금융의 제공, ③ 회계업무의 대행이다.

수입팩터는 수출팩터와의 약정에 따라 수입상에 대한 신용조사 및 신용위험을 인수하고, 수출채권의 양수 및 송금 등 대금회수를 보장한다. 수출팩터는 수출상과의 약정에 따라 수출채권을 관리하고 전도금융을 제공함으로써 효율적인 운전자금을 조달하도록 한다. 또한 수출팩터는 회계업무를 대행함으로써 수출채권과 관련한 회계장부를 정리하여 준다.

4.2 국제팩토링의 유용성

(1) 수출상과 수입상의 이점

수출상의 이점은 다음과 같다.

① 수출대금의 회수를 수출팩터가 보증하기 때문에 신용거래에 따른 위험부담이 없다.

② 수입상에게 유리한 무신용장거래를 할 수 있어 대외 경쟁력강화는 물론 신시장개척이 용이하다.

③ 신용장 및 추심방식에 비해 실무절차가 간편하다.

④ 대금회수 및 수출채권의 기일관리 등 제반 회계업무의 부담에서 벗어나 생산 및 판매에만 전념함으로써 원가절감과 생산성 증대를 실현할 수 있다.

⑤ 전 세계에 걸친 팩토링 기구의 회원사망을 통해 신속 정확한 해외시장정보를 얻을 수 있으며, 팩토링기구의 회원사인 수출팩터와 거래함으로써 국제시장에서의 지명도를 높일 수 있다.

⑥ 필요시 즉각적인 전도금융 수혜를 통하여 효율적인 자금조달이 가능하며 경영상담 및 다양한 서비스를 제공받을 수 있다.

한편, 수입상의 이점은 다음과 같다.

① 수입팩터가 지급보증을 함으로써 세계각국으로부터의 신용구매가 가능하다.

② 수입보증금예치에 따른 자금부담이 없어진다.

③ 신용장발행에 따르는 수수료 등 비용부담이 없다.

④ 수입결제자금의 부족시 금융수혜가 가능하다.

⑤ 수입팩터가 신용한도를 설정하므로 계속구매가 가능하다.

⑥ 수입팩터로부터 만기일 관리 등 화계관리서비스를 제공받는다.

(2) 타결제방식과의 비교

무역대금결제방식으로 사용되는 일반적인 신용장방식과 D/P · D/A방식 및 송금환방식을 국제팩토링방식과 비교하면 〈표 14-2〉와 같다.

[표 14-2] 수출거래의 비교

결제방식 / 내 용	L/C	D/P · D/A	송 금 환	국제팩토링
거래의 근거	신용장	매매계약서	송금환	매매계약서
결제시 제공 서류	환어음, 무역결제서류 제공	환어음, 무역결제서류 제공	무역결제서류만 제공	무역결제서류만 제공
대금지급확약	신용장 발행 은행	없 음	은행, 개인	팩터
대금결제시기	일람불, 기한부	일람불, 기한부	일람불	일람불, 기한부
대금회수위험	안 전	불 안	안 전	안 전
자금회전	용 이	담보력에 따름	용 이	용 이
수출대금회수	수출환어음 매입	수출환어음 매입	선수금	전도금융

[표 14-3] 수입거래의 비교

결제방식 / 내 용	L/C	D/P · D/A	송 금 환	국제팩토링
거래의 근거	신용장	매매계약서	송금환	매매계약서
수입상 자금부담	가 중	없 음	가 중	없 음
수입상 비용부담	가 중	없 음	가 중	없 음
대금지급	은 행	수입상	은행, 수입상	팩 터
결제자금 융통	수출용 원자재에 한해 무역금융(일부)	수출용 원자재에 한해 무역금융(일부)	필요없음	가 능

4.3 국제팩토링방식에 의한 대금결제과정

국제팩토링방식에 의한 매매당사자와 팩터간의 거래과정 및 무역대금 결제과정은 다음과 같다.

① 수입상으로부터 물품주문을 받는다.

② 국제팩토링방식으로 수출하고자 하는 수출상은 먼저 수출팩터에게 수입상에 대한 신용조사를 팩터의 소정양식인 신용승인신청서에 의하여 의

뢰한다.

③ 수출팩터는 수출상으로부터 접수한 수입상에 대한 신용승인신청서에 따라 수입국의 거래팩터에게 수입상에 대한 신용조사 및 수입팩터가 지급보증할 수 있는 신용한도를 요청한다.

④ 수입팩터는 수입상에 대한 신용조사를 실시한다.

⑤ 신용조사의 결과 및 승인을 수출팩터에게 통지한다.

⑥ 수출팩터는 수입팩터로부터 접수된 수입상의 신용승인내용을 검토하고 수출상에게 통지하며 팩토링방식으로 수출할 수 있도록 지원한다.

⑦ 수출상은 신용승인내용을 근거로 수입상과 국제팩토링방식 수출입계약을 체결한다.

⑧ 수출상은 물품을 선적한다.

⑨ 수출상은 송장 등 매출채권을 수출팩터에게 양도한다.

[그림 14-4] 국제팩토링 거래과정

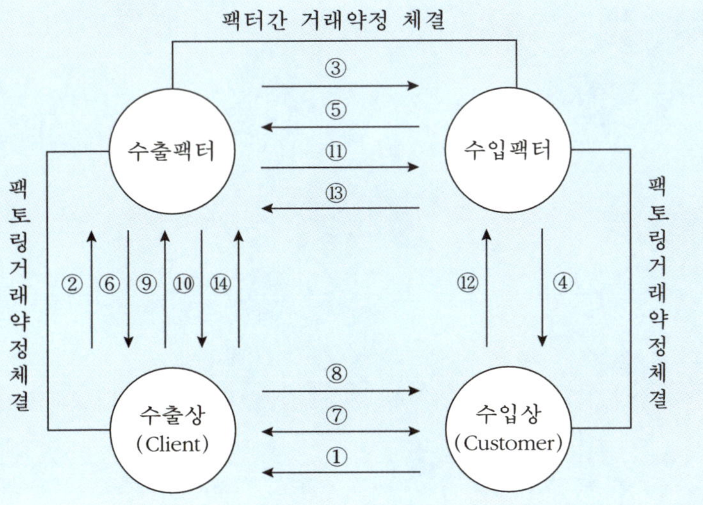

① 물품주문, ② 신용승인의뢰, ③ 신용승인요청, ④ 신용조사, ⑤ 신용조사결과 및 승인통지, ⑥ 신용승인통지 및 지원, ⑦ 수출입계약체결, ⑧ 물품선적, ⑨ 송장 등 매출채권양도, ⑩ 전도금융제공 및 수수료 청구, ⑪ 송장 등 매출채권양도 및 수수료 송금, ⑫ 만기일 대금지급, ⑬ 수출대금 송금, ⑭ 수출대금 지급 및 진도금융 상계

⑩ 수출팩터는 서류를 확인한 후 송장의 금액의 100% 이내에서 수출상에게 전도금을 제공한다.

⑪ 수출팩터는 송장의 원본 및 사본에 수입팩터로부터 우송되어 온 양도문언을 부착하고 원본은 수입상에게 우송하고 사본은 수입팩터에게 양도한다.

⑫ 수입상은 수입대금의 지급기일이 되면 수입대금을 수입팩터에게 지급한다.[35)]

⑬ 수입팩터는 수입상으로부터 대금을 영수하면 즉시 수출팩터에게 송금한다.

⑭ 수출팩터는 수입팩터로부터 송금되어 온 수출대금을 수출상에게 지급하게 된다. 이 때 수출팩터는 수출상에게 전도금융한 금액과 수입팩터로부터 송금되어 온 수출대금을 서로 상계하여 정산한다.

---

35) 수입상의 입장에서는 수입에 따른 일체의 비용이 추가되지 않고 오직 결제일에 송장상의 금액을 지급하면 되므로 평소 신용이 있는 수입상에게는 비용절감이 된다. 그러나 수출거래시의 수출상은 팩토링 수수료와 전도금융에 따른 이자를 부담한다.

제 15 장

무역클레임과 상사중재

1. 무역계약의 종료
2. 무역클레임의 발생
3. 무역클레임의 해결
4. 상사중재

1. 무역계약의 종료

1.1 무역계약종료의 의의

무역거래에서 당사자간의 매매계약은 주계약으로 계약이 성립된 후 계약이행을 위하여 운송회사와 물품운송계약을, 보험회사와 적화보험계약을, 외국환은행과 신용장거래약정[1] 등의 종속계약을 통하여 물품인도 및 대금지급을 함으로써 계약이 이행되는 것이 일반적이다.

계약종료(termination of contract)란 유효하게 성립된 계약의 효력이 소멸되고 계약이 없었던 상태로 만드는 것을 말한다. 이를 계약의 해제[2]라고 하며, 계약의 해제는 곧 계약이 종료되는 것이라고 할 수 있다.

1.2 매매계약의 해제

일반적으로 매매계약의 해제사유로는 이행에 의한 해제(discharge by performance), 합의에 의한 해제(discharge by agreement), 계약위반에 의한 해제(discharge by breach of contract), 프러스트레이션[3]에 의한 해제(discharge by

1) 한국의 외국환은행들은 수출거래약정서와 수입거래약정서를 이용하여 고객과 신용장거래 등 수출입거래와 관련된 약정을 체결하고 있다.

2) 해지와 구별할 점은 해제는 소급효가 있음에 반하여, 해지는 장래에 향하여만 효력이 발생하는 점이 다르다.

3) 프러스트레이션(frustration)은 계약목적의 달성불능, 계약의 좌절 또는 이행불능이라고 할 수 있다. 즉 매매당사자의 고의나 과실 없이 발생한 후발적 사정(supervening circumstances)으로 계약이 해제됨으로써 당사자가 추구했던 계약목적이 좌절되는 법리를 말한다. 따라서 매매당사자의 사망, 목적물의 멸실, 후발적 위법 그리고 사정의 본질적 변화가 있을 경우에는 프러스트레이션으로 인정되어 당해사건의 발생시점으로부터 계약은 자동적으로 소멸된다.

frustration) 및 법률규정에 의한 해제(discharge by operation of law)가 있다.[4)]

당사자의 일방에게 의무불이행 등의 사유가 있는 경우에 타방 당사자로 하여금 계약의 구속으로부터 벗어나게 하는 일반적 계약해제는 대륙법계의 것이며, 영미법계에는 이러한 제도가 발달하지 아니하였으나 계약의 취소사유로 부실표시(misrepresentation), 강박(duress), 부당위압(undue influence), 착오(mistake)[5)] 외에 계약상 의무불이행이 포함되어 있고 그 불이행이 심한 경우 및 조건위반인 경우 등에는 계약의 취소를 인정하고 있다. 영국의 물품매매법(SGA)에서는 조건(condition)과 담보(warranty)를 구별하고 조건위반인 경우에는 그 물품의 수령을 거절할 수 있으나 담보위반인 경우에는 손해배상청구만 할 수 있도록 규정하고 있다.[6)] 미국의 통일상법전(UCC)은 완전이행제공원칙(perfect tender rule)에 따라 매수인의 거절권을 인정하면서 실질적 위반여부의 기준(substantial breach test)을 보충적으로 채택하고 있다.

비엔나협약(CISG)에서는 매수인 또는 매도인이 계약을 해제할 수 있는 사유로 매도인의 의무불이행이 중대한(본질적인) 계약위반(fundamental breach of contract)[7)]으로 되는 경우와 인도의 불이행에 관하여 부가기간 내에 매도인이 목적물을 인도하지 아니한 경우, 또는 매도인이 정한 기간 내에 그 의무를 이행하지 아니함을 명확히 한 경우에 관하여 규정하고 있고,[8)] 계약해제의 의사표시는 상대방에게 통지를 한 경우에 효력이 있다[9)]고 규정하고 있다.

또한 비엔나협약에서 당사자는 계약체결 후 이행기 전 계약위반(anticipatory breach of contract)에 대하여는 상대방에게 의무이행정지권[10)]과 계약해제권[11)]을 부여하고 있고 목적물을 분할하여 인도하는 계약에서는 어느

---

4) 법률규정에 의한 해제의 예는 단순계약에 관하여 날인증서(deed)를 작성하면 단순계약은 날인계약에 혼동(merger)되어 소멸되는 것과, 파산(bankruptcy)에서의 면책명령, 제소기간법(Limitation Act, 1980)에 의한 시간의 경과(laps of time)가 있다.

5) 이와 같은 계약은 처음부터 무효이거나 또는 취소될 수 있는 것으로 하자 있는 계약이다.

6) SGA 1979, §11.

7) 중대한 계약위반의 사유가 되기 위해서는 매도인이 매수인에게 물품을 인도하여야 하며, 인도한 물품의 계약목적에 부적합(non-conformity)하여야 하고, 그 가치를 실질적으로 박탈하는 결과를 초래하여야 하며, 이와 같은 결과를 예견할 수 있는 것이어야 한다.

8) CISG 1980, Article 49(1), Article 64(1).

9) CISG 1980, Article 26.

10) CISG 1980, Article 71(1).

11) CISG 1980, Article 72.

분할부분에 관한 일방 당사자의 의무의 불이행이 그 분할부분에 대하여 중대한 계약위반으로 되는 경우에는 상대방은 계약을 해제할 수 있다[12]고 규정하고 있다.

2. 무역클레임의 발생

2.1 무역클레임의 의의

무역거래에서의 클레임(claim)이란 매매당사자간의 어느 일방이 매매계약 내용을 불이행함으로써 상대방에게 손해를 입힐 때 손해를 입은 당사자가 상대방에 대하여 손해배상을 청구하는 것을 말한다.

무역클레임은 광의로 단순한 불만(complaint)이나 경고(warning) 등을 포함시킬 수 있으나 이는 어느 일방의 주관적인 면이 있기 대문에 객관성과 타당성을 가진 상사분쟁의 청구(claim for trade dispute)라고 할 수 없다.

무역거래에서 클레임은 일어나지 않도록 예방을 하는 것이 최선의 길이겠으나, 경미한 하자나 구실을 잡아 고의적인 이른바 마켓클레임(market claim)을 제기하는 사례도 있다. 슈미토프(Schmittoff) 교수가 지적한 바와 같이 클레임은 '무역에 있어서의 질병'(disease in trade)이라고 할 수 있다.

무역클레임은 매도인의 결제상의 클레임 제기를 제외하고는 대부분이 매수인측에서 제기하는 것이 일반적이다.

2.2 무역클레임의 청구내용

무역클레임의 청구내용은 금전의 청구, 금전 이외의 방법에 의한 손해배상의 청구 또는 양자를 합해서 청구하는 것으로 구별할 수 있다.

첫째, 금전의 청구로는 ① 대금지급의 거절, ② 손해배상금 청구, ③ 해약변상금 청구, ④ 대금감액의 청구 등이 있다.

둘째, 금전 이외의 청구로는 ① 잔여계약의 해제, ② 계약이행의 청구, ③ 물품의 인수거절, ④ 대체품의 청구, ⑤ 부족분의 추가송부 등이 있다.

12) CISG, 1980, Article 73.

셋째, 금전의 청구와 금전 이외의 청구를 합하여 클레임을 청구하는 경우도 있다. 예컨대, 대체품을 송부하되 상기(商機)를 놓치거나, 현지의 수요자에 대한 인도지연에 따른 과징금을 손해배상금으로 함께 청구하는 것 등이다.

2.3 무역클레임의 종류

(1) 클레임의 발생원인에 따른 분류

1) 품질에 관한 클레임

품질에 관련된 클레임으로는 품질불량(inferior quality), 품질상위(different quality), 규격상위(different specification), 등급저하(inferior grade), 손상(damage), 변질(deterioration), 변색(discoloration) 등이 있다.

2) 수량에 관한 클레임

물품의 수량에 관련된 클레임으로는 적화부족(short shipment), 착화부족(short landing), 중량부족(under weight), 감량(diminution) 등이 있다.

3) 가격 · 결제에 관한 클레임

가격이나 대금결제와 관련된 클레임으로는 초과지급(over payment), 대금부지급(non-payment), 수선비(repairing charge), 재포장비(repacking charge), 벌과금(penalty) 등이 있다.

4) 운송 및 인도에 관한 클레임

운송에 관련된 클레임으로는 선적지연(delayed shipment), 선적불이행(non-shipment), 취급불량(bad handling), 적부불량(bad stowage), 환적(transshipment), 분실(missing), 유실(drifting away), 도난(pilferage) 등이 있다.

5) 포장에 관한 클레임

포장에 관련된 클레임으로는 포장불량(inferior packing), 포장불충분(insufficient packing), 불완전포장(incomplete packing) 등이 있다.

6) 서류에 관한 클레임

제공된 서류에 관한 클레임으로는 송장오류(error in invoice), 기재사항상이(misdescription), 서류불비(lack of documents) 등이 있다.

7) 기타의 클레임

그 밖의 클레임으로는 신용장발행지연(delayed issue of L/C), 계약위반(breach of contract), 계약취소(cancellation of contract) 등이 있다.

(2) 클레임의 성격에 따른 분류

무역클레임은 매매당사자간에 어느 일방의 과실이나 태만에 따라 계약을 위반하였을 때 발생되는 일반적인 클레임과 고의적으로 가격을 깎는 구실로 트집을 잡는 마켓클레임(market claim) 그리고 당초부터 계획적인 술책으로 클레임을 제기하는 의도적인 클레임이 있다.

2.4 무역클레임 발생에 따른 문제점과 대책

대한상사중재원이 전국의 무역업자 및 무역대리업자 중 3,500개사를 대상으로 클레임실태조사의 결과 분석된 문제점과 대응책을 참조하면 다음과 같다.[13)]

(1) 무역클레임 발생의 문제점

무역클레임 발생 원인에 관한 문제점으로는 ① 무역클레임의 원인의 중요성에 대한 전반적 이해 부족, ② 무역계약서에 대한 이해 부족, ③ 업계간 정보의 공유 및 교환체계 미흡, ④ 해외시장조사의 미흡, ⑤ 검사제도의 비효율적 운영, ⑥ 과당경쟁으로 인한 계약상 불이익 초래 등을 들 수 있고, 무역클레임 해결상의 문제점으로는 ① 무역클레임을 담당할 전문부서 인력의 부족, ② 국제무역계약 및 실무적 국제무역관행에 대한 이해 부족, ③ 업계와 관련기관과의 협조체제 미흡, ④ 무역클레임 예방에 대한 노력부족 등이 지적되었다.[14)]

13) 대한상사중재원, "클레임 센서스 결과분석," 「중재」 제243호, 1992, 24면.

(2) 무역클레임에 대한 대책

1) 무역클레임의 예방책

무역클레임의 원인에 대한 예방책으로는 ① 철저한 신용조사의 이행, ② 정형무역계약서의 개발 및 활용증대, ③ 업계간 관련정보 공유 및 교환을 위한 체계 구축, ④ 검사제도의 기능강화 및 업체자율검사 기능확대 등을 들 수 있고, 무역클레임 해결에 관한 대책으로는 ① 무역클레임 해결을 담당할 수 있는 전문인력 양성을 위한 교육프로그램 개발과 실시, ② 정보수집에 대한 노력, ③ 품질관리를 위한 지속적 노력 등을 들 수 있다.

2) 무역클레임의 사후처리대책

무역클레임이 제기되면 우선 다음과 같은 사항을 검토하여야 한다.

① 제기원인이 계약조건상에 하자가 있는 것은 아닌가.

② 객관적인 클레임사실 입증자료는 충분한가.

③ 하자의 정도가 납득할 수 있는 정도인가.

④ 청구금액은 합리적인 산출근거를 가지고 있는가.

⑤ 장래 혹은 타거래에 미치는 영향은 어떠한가.

클레임에 대한 회신을 할 때는 성급한 약속은 하지 말고 의사표시를 명확히 밝혀 신속하고 공정한 처리를 통하여 대외신용도를 제고시켜야 한다.

3. 무역클레임의 해결

무역클레임이 발생되면 신속한 대응과 해결을 위하여 노력하여야 한다. 가능한 한 당사자간에 우호적인 협의에 의하여 해결하는 것이 바람직하나 그

---

14) 특히 모든 계약서상에는 클레임발생시의 제기기한과 분쟁의 해결을 중재에 의한다는 합의를 약정해 두는 것이 매우 중요하다. 클레임 제기에 대한 조항은 다음과 같은 요령으로 약정해 둔다.

"Any claim or complaint by buyer of whatever nature arising under this contract, shall be made in E-mail within ten days after arrival of the cargo in the destination port. Full particulars of such claim shall be made in writing and forwarded by air mail to seller within 15 days after E-mailing. Buyer must submit with such particulars as Sworn Public Surveyor's Report, when the quality and or quantity of merchandise is in dispute."

러하지 못할 경우에는 제3자를 통하여 해결을 하게 된다. 클레임의 해결에 관하여 흔히 '중재는 재판보다 낫고, 조정은 중재보다 나으며, 분쟁의 예방은 조정보다 낫다'고 한다.

3.1 매매당사자간 해결

(1) 클레임의 포기(waiver of claim)

클레임의 포기는 웬만한 클레임에 대해서는 단순경고(warning)를 하고 다음부터는 그렇지 않도록 주의를 촉구하는 것이다. 이 경우는 피해자(claimant)가 클레임 청구액이 미미하고 소액인 경우 또는 장기적인 안목에서 일방적으로 가해자(claimee)에게 클레임 제기를 철회(withdrawal)함으로써 일단락되는 것이다.

(2) 타협(compromise)과 화해(amicable settlement)

매매당사자 쌍방간에 합리적인 선에서 타협을 통하여 클레임 청구내용을 합의하는 것을 말한다. 타협은 양보와 화해를 통하여 이루어진다.

클레임의 해결은 가급적 쌍방간에 타협과 화해를 통하여 종결짓는 것이 가장 바람직한 것이라고 할 수 있다.

3.2 제3자를 통한 해결

만일 당사자간에 타협이 되지 못했을 경우에는 제3자를 통하여 알선이나 조정 또는 중재나 소송의 단계로 해결하게 된다.

(1) 알선(mediation)

알선이란 클레임 해결을 위하여 당사자의 일방 또는 쌍방의 의뢰에 의하여 상업회의소 등 제3자적 기관이 개입하여 해결상의 조언을 통하여 원만하게 해결을 하도록 하는 것이다. 알선은 쌍방의 협력이 있어야 하며 강제력은 없으나 알선을 담당하는 공정한 위치에 있는 기관이 당사자에게 영향력을 가할 수 있는 경우에는 성공하는 예가 많다.

(2) 조정(conciliation)

알선에 의하여 클레임이 해결되지 못하면 양 당사자가 공정한 제 3 자를 조정인(conciliator)으로 하여 조정인이 제시하는 해결안에 대하여 합의함으로

[표 15-1] 소송과 중재의 비교

구 분	소 송	중 재
대 상	민사, 형사, 행정, 선거 등 모든 분쟁	당사자가 처분할 수 있는 사법상(私法上)의 모든 분쟁
요 건	당해법원이 관할권을 가질 것, 소제기가 유효할 것, 당사자 능력이 있을 것, 적당한 당사자일 것, 권리보호의 자격과 필요가 있을 것	당사자간의 서면에 의한 중재합의만 있으면 족함. 다만, 분쟁물은 당사자가 자유로이 처분할 수 있어야 함
효 력	구속력, 형식적 확정력, 기판력(旣判力), 집행력, 형성력이 있음	법원의 확정판결과 동일한 효력(강제집행을 할 때는 법원의 집행판결만 구하면 됨)
신속성	복잡한 소송절차와 삼심제도(三審制度) 때문에 오랜 시일이 걸림	절차가 간단하고, 단 한 번의 중재판정으로 분쟁이 종료되므로 매우 신속함
경 비	변호사보수, 인지대 등 많은 비용이 발생하며 심급이 올라갈수록 변호사도 다시 선임해야 하므로 비경제적임	단심제이므로 한 번의 중재비용 지출로 족하며, 변호사를 선임하지 않아도 되어 경비가 소송에 비해 저렴함
심판자	법관이 판결을 하나, 현실적으로 법관은 법이론에는 밝지만 전문적인 상거래의 실무와 관습에 관한 경험도 반드시 그에 비례하는 것은 아님	고도로 전문화되고 사거래에 정통한 중재인이 판정하므로 개개의 분쟁에 따라 실정에 맞는 합리적 해결을 할 수 있음
공개성	소송은 공개주의가 원칙이므로 영업상의 비밀이나 사인(회사)의 비밀이 공개되어 대외신용도가 실추되기 쉬움	엄격한 비공개주의에 따라 사인의 비밀이 절대 보장되므로 대외신용도에 부정적 영향을 받을 우려가 없음

자료: 대한상사중재원, 「중재제도안내」, 1990, 25면.

서 클레임을 해결하는 것이다. 조정은 중재의 전단계로 중재기관을 이용할 수도 있지만 기타의 제3자적 기관에 의할 수도 있다. 조정안을 당사자가 수락하면 일단 구속력을 갖게 된다. 조정안의 수락여부는 당사자의 자유의사에 속한다. 만일 조정을 하는 데 있어 조정인 선정일로부터 일정기간 이내에 조정이 실패하면 조정절차는 자동적으로 폐기되고 중재의 단계로 넘어가게 된다.

(3) 중재(arbitration)

중재에 의한 클레임의 해결은 조정에서와 같이 당사자가 공정한 제3자를 중재인(arbitrator)으로 선정하여 중재인의 판정에 복종함으로써 클레임을 해결하는 방법이다. 조정과 다른 점은 조정안의 수락여부는 당사자의 자유의사에 속하는 데 비하여, 중재의 경우에는 중재인의 판정(awards)에 복종해야 하며 법원의 확정판결과 동일한 효력을 갖는다는 점이다.

(4) 소송(litigation)

중재로 분쟁을 해결하기로 합의되지 아니하였을 경우[15] 소송을 통하여 클레임을 해결할 수밖에 없다.

소송이란 국가기관인 법원의 판결에 의하여 강제적으로 분쟁을 해결하는 방법이다. 소송에 의한 클레임의 해결은 자국의 판결효력이 상대국에 미칠 수 없고 강제집행상에 많은 문제가 있으므로 상대국 법원에 제소를 하여야 하는 문제 등 어려움이 많다. 따라서 소송까지 가는 데 따른 시간, 비용, 인력낭비 등 부정적인 면을 고려하여 당사자간의 원만한 타협에 의해 해결하거나 중재로 신속히 해결할 수 있도록 합의하는 것이 바람직하다.

4. 상사중재

4.1 상사중재의 의의

중재(arbitration)란 사법상(私法上)의 분쟁을 법원의 판결에 의하지 아니하

15) 중재로 해결하기 위해서는 매매당사자간에 중재로 분쟁을 해결한다는 중재합의를 사전 또는 사후에 하지 못하면 중재의 방법을 이용하지 못한다.

고, 당사자간의 합의로 사인(私人)인 제3자, 즉 중재인(arbitrator)에게 부탁(refer)하여 구속력이 있는 판정(award)을 구함으로써 최종적인 해결을 기하는 방법을 말한다.

한국의 중재법은 "이 법은 중재에 의하여 사법상의 분쟁을 적정 · 공평 · 신속하게 해결함을 목적으로 한다"[16]고 규정하고 있다.

상사중재(commercial arbitration)란 상행위로 인하여 발생되는 법률관계에 관한 중재를 말하며[17] 상거래 당사자들이 사법상의 분쟁을 쌍방의 합의에 의하여 법원에 소송을 제기하는 대신에 중재인에게 그 해결을 부탁하는 방법이다.

상사중재는 분쟁을 최종적으로 심판한다는 점에서는 법원의 재판과 맥을 같이 하지만 사적 자치원칙에 입각하여 분쟁의 해결을 제3자, 즉 중재인에게 맡기고 그 결정에 복종한다는 당사자간의 합의가 있어야 한다는 점에서 소송과 큰 차이가 있다.

4.2 상사중재제도의 장점과 단점

중재는 소송에 비하여 다음과 같은 많은 장점이 있으나 반면에 단점도 있다.[18]

(1) 상사중재제도의 장점

1) 중재계약의 자율성

중재는 분쟁의 당사자가 법원의 판결에 의존하지 아니하고, 그들의 자유의사에 의한 중재합의에 따라 자신이 선임하는 사인(私人)인 판정자(중재인)에게 분쟁을 해결할 것을 신청함으로써 양 당사자가 판정의 결과에 복종하기로 하는 자주적인 분쟁해결방법이다.

---

16) 한국중재법 제1조.

17) 그러나 당사자가 자유로이 처분할 수 없는 형사사건, 비송사건(非訟事件), 가사심판사건 및 강제집행사건 등의 법률관계에 관한 사건은 중재계약 대상이 되지 않는다.

18) 한주섭 외, 「국제상사중재론」, 동성사, 1990, 30~32면.

2) 신 속 성

보통 소송은 3심제에다가 패소한 당사자가 상소수단을 남용하여 절차를 지연시킬 위험이 있는 데 반하여, 중재는 단심제이므로 분쟁이 신속히 종결된다.

특히, 중재판정은 중재계약에서 약정된 기간 내에, 또는 중재가 개시된 날로부터 3개월 내에 중재판정을 해야 한다는 것으로 규정됨으로써 분쟁해결의 신속성이 강조된다.

3) 중재인의 전문성

국제상거래는 상관습의 지배를 받는 경우가 많으므로 일반법만을 연구한 일반법관에게 국제상거래에 관한 분쟁해결을 맡기는 것보다는 상거래와 관습에 정통한 중재인에게 판정을 맡김으로써 보다 현실적이고 합리적일 수 있다.

4) 심문절차의 비공개

소송에 있어서는 재판절차나 판결문이 각각 공개되기 때문에 사업의 내용과 경영상의 기밀이 외부에 누설될 위험이 있으나 중재에 있어서의 심문절차는 비공개를 원칙으로 하는 것이므로, 특히 국제상사분쟁의 경우에 있어서 거래의 기밀이 대외적으로 누출되는 폐단을 방지할 수 있으므로 대외신용의 계속적인 유지가 보장된다. 따라서 판정문도 또한 공개되지 아니한다.

5) 저렴한 비용

중재는 분쟁을 신속하게 해결함으로써 중재비용은 매우 저렴하게 된다. 또한 소송의 경우에는 위탁변호사수, 소송기간의 연장에 따라 비용이 많이 소요되나 중재의 경우에는 이러한 비용이 많이 절약된다. 특히 상설중재기관의 경우에는 미리 합리적으로 책정된 중재요금표가 작성 · 공표되어 있어 경제적이다.

6) 중재판정효력의 국제성

재판은 국가공권력의 발동이므로 원칙적으로 국경을 초월하여 그 효력을 미칠 수 없으나, 중재판정은 민간인의 자주적인 분쟁해결방법이기 때문에 국가의 주권문제와는 아무런 관계없이 국제적으로 그 효력을 미칠 수 있다.

7) 평화적 분위기

소송은 제소(complaint)의 소환(summons)의 수단에 의하여 위압적인 분위기 속에서 진행되나 중재는 상호교섭과 평화로운 분위기 속에서 진행된다.

(2) 상사중재제도의 단점

중재제도의 단점은 다음의 다섯 가지로 요약하여 고찰할 수 있다.

1) 법률문제

중재인은 사실문제(matter of facts; question of facts)에 대하여서는 그 전문가로서의 지식을 충분히 발휘하여 분쟁내용을 신속·정확하게 판정할 수 있으나, 중요한 법률문제가 내재되어 있을 경우에는 일반적으로 그 판단능력이 미흡하다.[19]

그러므로 중재인이 그의 전문분야가 아닌 법률문제를 판정한다는 것은 그 판정의 결과에 대한 '불완전성'의 문제를 배제할 수 없으며, 그러한 위험성은 특히 사기(fraud) 또는 출소기한(limitation)과 같이 고도로 전문적인 법적 논쟁이 개재될 수 있는 분쟁사건의 경우에 더욱 높아질 수 있다는 견해이다.

2) 법적 안정성과 예측가능성의 결여

중재인이 분쟁을 판정할 때에 무엇을 기준으로 할 것인가가 반드시 명확한 것은 아니다. 보편적인 인간성에 기초를 두고 있는 객관적인 정의와 형평의 원칙 내지 조리(law of nature)에 의하여 정하여야 할 것이지만, 중재인의 판정기준이 중재인의 자의나 주관에 따라 좌우될 가능성이 있으므로 그 판정의 공정성을 객관적 존재에 의하여 주장하거나 또는 증명한다는 것은 그 성질상 불가능하다.

---

19) 따라서 영미사회의 법률격언에도 "Judges do not answer to questions of fact; the jury do not answer to questions of law."(재판관은 '사실문제'에 대답하지 아니하며, 배심원단은 '법률문제'에 대답하지 아니한다) 또는 "The judges find the law, the jury find the facts."(재판관은 법을 발견하고, 배심원단은 사실을 발견한다)와 같이 법률문제는 법률전문가에 의하여 다루어져야 한다는 것을 암시하고 있다.

따라서 판정기준으로서의 조리 속에 판정주체의 자의와 주관이 개입될 위험이 있다는 의미에서 판결에 비하여 제도적으로 그 공정의 보장이 불충분하다. 결국 중재에 있어서는 동종의 사건도 중재인이 다름에 따라 각각 다른 판정이 내려질 가능성이 있으므로 법적 안정성과 예측가능성이 결여되어 있다고 할 수 있는 것이다.

3) 중재인의 대리인 의식

각 당사자가 각각 1명씩 중재인을 선정하는 경우에 당사자의 일방에 의하여 선정된 중재인은 자기 자신을 선정한 당사자에 대하여 일종의 의리감을 가지게 되고 당사자의 대리인으로 생각하는 경향이 있을 수 있다.

중재인의 권한이 당사자와의 중재계약에 의하여 발생되는 것은 사실이지만, 이 중재계약은 위임계약 또는 도급계약은 아니다. 그러므로 중재인은 당사자의 대리인이 아니라 당사자의 의사와는 별개의 독립된 지위에서 판정을 하여야 하므로 중재계약은 일종의 특수계약이라고 할 수 있다. 그럼에도 불구하고 선정된 중재인이 당사자의 대리인으로서 당사자의 이익을 보호하려는 경향이 있다.

4) 상소제도의 결여

재판의 경우 삼심제도는 패소한 당사자의 정당한 요구에 응하여 재판의 정당성을 보장하고, 나아가 사법제도에 관한 신뢰를 확보하기 위한 제도이다. 그러나 중재에 있어서는 판정을 취소할 만한 중대한 결함이 없는 한, 판정에 대한 불복신청이 인정되지 아니한다. 이것은 남소(濫訴)를 방지함으로써 사건을 신속히 처리하려는 중재제도의 본질적 요구인 동시에 그 장점의 하나이다. 그 반면, 이는 중재를 이용하려고 하는 사람에 대하여는 큰 불안을 안겨다 주는 요인이 되고 있다.

5) 양 당사자 주장의 절충

중재인이 가끔 안일한 절충주의에 의하여 판정을 내리는 경우가 있다. 이것은 중재인에게는 법관과 같이 강제처분권이 없고 판정기한이 짧게 정해져 있는 것이 보통이기 때문이다. 그러나 이러한 절충주의는 서로 대립되는 주장에 대하여 그 옳고 그름에 관한 판정을 회피하는 태도이므로 중재제도의 이용자에게 불안을 안겨주는 요인이 되고 있다.

4.3 중재계약

(1) 중재계약의 의의

중재계약은 중재합의라고 할 수 있다. 중재합의라 함은 계약상의 분쟁인지 여부에 관계없이 일정한 법률관계에 관하여 당사자간에 이미 발생하였거나 장래에 발생할 수 있는 분쟁의 전부 또는 일부를 중재에 의하여 해결하도록 하는 당사자간의 합의를 말한다.[20)]

1985년 유엔국제무역법위원회에서 채택된 표준국제상사중재법에서도 "중재계약(arbitration agreement)이라 함은 계약상에 의한 것이거나 아니거나를 불문하고 일정한 법률관계에 대하여 당사자간에 이미 발생하고 있거나 또는 장래에 발생가능한 모든 분쟁 또는 특정한 분쟁을 중재에 부탁하기로 하는 당사자간의 합의이다"[21)]고 규정하고 있다.

이와 같이 중재계약은 당사자간에 합의가 있어야 하며 법원에 의해 재판받을 권리를 포기하고 제 3 자인 중재인의 판정에 복종하여야 하는 것이 기본이 된다. 중재계약은 민사나 상사분쟁에 한하며 형사, 행정, 가사사건은 제외되며, 비송사건이나 집행사건 및 보전소송사건도 제외된다.

중재계약은 당사자가 서면에 의한 문서에 중재합의가 포함되어 있거나 서신 · 전보 · 전신 및 모사전송 기타 통신수단에 의하여 교환된 문서에 중재합의가 포함되어 있는 경우이어야 한다.[22)] 특히 외국과의 중재계약을 체결할 때는 중재지, 중재기관 및 적용할 준거법 등을 명확히 명시하는 것이 좋다.

중재계약이 있는 경우에는 법원에 소송을 하지 못하는 직소금지의 효력이 있고, 법원의 확정판결과 동일한 효력이 발생되기 때문에 최종해결의 효력이 있게 되고, 후술하는 뉴욕협약 체약국간에는 외국중재판정의 효력이 승인

20) 한국중재법 제 3 조 제 2 항.

21) UNCITRAL Model Law on International Commercial Arbitration, as adapted by the United Nations Commission on International Trade Law on June 21, 1985, Article 7(1).

22) 한국중재법 제 8 조: 미국중재법, 영국중재법, 외국중재판정의 승인과 집행에 관한 유엔협약에서도 '서면에 의한 합의'를 중재계약의 방법으로 정하고 있다.

되고 집행도 보장받게 된다.

(2) 중재계약의 방법

중재계약에서의 중재합의는 사전합의, 즉 매매계약을 체결할 때에 할 수도 있고 매매당사자간 분쟁이 발생된 후, 즉 사후합의도 할 수 있지만 사후합의는 이해관계에 얽매여 어려운 경우가 많다.

중재계약의 방법은 크게 중재조항을 매매계약서에 삽입하는 방법과 독립문서에 의한 계약방법이 있다.

1) 계약서상 중재조항의 삽입방법

중재조항(arbitration clause)의 삽입이란 매매계약서상에 만일 본 계약과 관련하여 분쟁이 발생되면 중재로 해결한다는 취지로 설정하는 것을 말한다. 여기서도 계약서상에 중재조항을 두어 중재는 어느 지역 어느 기관의 중재에 따른다는 등 구체적인 중재조항이 직접 삽입되는 경우와 중재조항이 있는 제3의 서류 및 문서명칭을 간접 인용하여 계약서상에는 간단하게 중재의 취지를 언급하는 방법이 있다.

대한상사중재원이 모든 국제매매계약서상에 중재계약의 취지를 삽입하도록 권고하고 있는 이른바 '표준중재조항'(standard arbitration clause)은 다음과 같이 제시하고 있다.[23)]

"이 계약으로부터 또는 이 계약과 관련하여 또는 이 계약의 불이행으로 말미암아 당사자간에 발생하는 모든 분쟁, 논쟁 또는 의견 차이는 대한민국 서울특별시에서 대한상사중재원의 상사중재규칙 및 대한민국법에 따라 중재에 의하여 최종적으로 해결한다. 중재인(들)에 의하여 내려지는 판정은 최종적인 것으로 당사자 쌍방에 대하여 구속력을 가진다."

"All disputes, controversies, or differences which may arise between the parties, out of or in relation to or in connection with this contract, or for the breach thereof, shall be finally settled by arbitration in Seoul, Korea in

23) 국내계약서상에도 중재조항을 다음과 같이 합의하도록 권고하고 있다. "이 계약으로부터 발생되는 모든 분쟁은 대한상사중재원에서 상사중재규칙에 따라 중재로써 최종 해결한다."

accordance with the Commercial Arbitration Rules of the Korean Commercial Arbitration Board and under the Law of Korea. The award rendered by the arbitrator(s) shall be final and binding upon both parties concerned."

2) 독립문서에 의한 중재계약방법

독립문서(separate document)에 의한 중재계약방법은 매매당사자의 계약서상에는 중재조항을 삽입하지 아니하고 별도의 양식에 의거 독립계약(separate agreement) 또는 중재부탁합의서(submission to arbitration)를 작성하는 것을 말한다.

독립문서나 보통 중재기관의 소정의 양식을 이용하는 중재부탁합의서의 내용에는 어느 기관의 중재규칙에 의하여 중재에 따르기로 한다는 취지가 합의되므로 적법한 중재계약으로 인정된다.

중재부탁합의서의 예는 다음과 같다.

SUBMISSION TO ARBITRATION

We, the undersigned parties, hereby agree to submit the below dispute to the Korean Commercial Arbitration Board for arbitration in accordance with the Commercial Arbitration Board and under the Law of Korea with impeccable understanding that the arbitral award to be rendered on the dispute shall be final and binding upon all the parties concerned.

(1) Points of Dispute:

(2) Further References: Number of Arbitrators desired(one ☐ three ☐)

Party(A) Party(B)

Enclosure: A power of attorney in case where the submission is made by an agent.

(3) 중재협정

중재계약을 체결하는 당사자간에 중재를 할 장소 등에 관하여 원활한 합의가 이루어지지 못하여 계약체결이 지연되거나 계약 자체가 이루어지지 않는 경우가 있다. 즉 외국무역업자는 자국의 중재기관에서 중재할 것을 고집하고 한국의 무역업자는 한국에서 중재하기를 희망하기 때문이다. 따라서 이러한 점을 보완하고 구제하기 위하여 중재원에서는 각국의 중재기관들과 중재협정을 맺어 이 협정의 내용에 따라 중재하도록 권고하고 있다. 대한상사중재원은 여러 국가의 기관들과 중재협정을 맺고 있는데 대부분의 경우 중재장소의 결정은 피신청인의 나라에서 하도록 정하고 있다.

4.4 상사중재의 절차

중재절차는 중재법의 강행규정에 반하지 아니하는 한 당사자들은 중재절차에 관하여 합의할 수 있으나 당사자의 합의가 없는 경우에는 중재판정부가 중재법의 규정에 따라 적절한 방법으로 중재절차를 진행할 수 있다. 이 경우 중재판정부는 증거의 능력, 관련성 및 증명력에 관하여 판단할 권한을 가진다.[24)]

한국의 중재법규를 중심으로 한 중재절차는 다음과 같다.

(1) 중재계약

중재는 중재계약이 있어야만 한다. 앞에서 설명한 바와 같이 당사자의 계약서상에 또는 별도의 문서로 중재합의 문언이 분명하게 약정되어 있어야 한다. 중재계약은 민법상의 계약의 성립[25)] 및 유효조건[26)]의 적용을 받는다.

중재계약이 중재조항을 포함한 문서를 인용하고 있는 경우에는 그 합의가 있는 것으로 본다.[27)]

(2) 중재신청

상사분쟁이 야기되어 중재에 의하여 해결하려고 할 때에는 대한상사중재원에 ① 중재규칙에 의한 중재의 합의를 인정하는 서면의 합의서, ② 중재신청서, ③ 청구의 근거를 입증하는 서증(書證; documentary evidence), ④ 대리인이 신청하는 경우에는 위임장을 제출하고 소정의 중재요금 및 중재인의 보

24) 한국중재법 제20조.
25) 한국민법 제527조 및 제535조.
26) 한국민법 제3조~제17조.
27) 한국중재법 제8조 제4항.

[그림 15-1] 중재진행절차

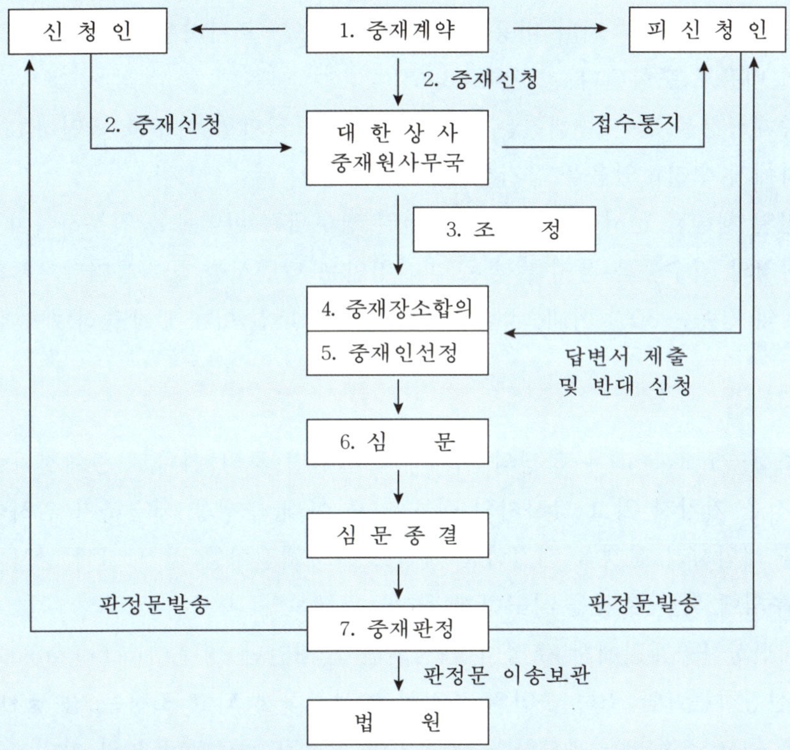

1. (1) 계약시 삽입된 중재조항
   (2) 사후 합의
2. (1) 제출서류(단독중재인의 경우 3부, 3인 중재인의 경우 5부)
   (2) ① 중재합의서
   ② 중재신청서
   ③ 각종 서증
   ④ 위임장(대리인이 신청하는 경우) 1부
   (3) 중재 예납금 불입
3. 당사자들이 신청하는 경우에만 실시(30일 이내에 조정이 안 되면 다시 중재절차 속행)
4. (1) 당사자 합의로 결정(신청접수 후 14일 이내)
   (2) 사무국에서 결정(당사자가 합의 못하는 경우)
5. (1) 당사자 합의로 선정
   (2) 합의가 없는 경우 중재규칙에 따라 선정(3인)
6. 심문개시일(국내중재의 경우 10일, 국제중재의 경우 20일) 이전에 당사자에게 통지(심문순서, 일시, 장소)
   (1) 서면심문(양 당사자가 합의한 경우)
   (2) 구두심문
7. (1) 서면으로 작성하여야 함(구술선고 불가)
   ① 당사자 성명 또는 명칭과 주소
   ② 대리인이 있는 경우 대리인의 성명과 주소
   ③ 판정주문
   ④ 판정이유와 요지
   ⑤ 작성연월일
   ⑥ 중재인 전원의 기명날인
   (2) 중재판정은 법원의 확정판결과 동일한 효력

수를 미리 납부하여야 한다. 중재요금은 신청요금(request fee)과 중재요금(arbitration fee)으로 구분되며, 중재인 보수는 중재절차를 담당하는 중재인에게 지급하는 것이며, 기타 비용, 즉 증인, 감정인, 조사비용, 속기, 번역 등의 일체의 비용도 포함된다.

중재신청을 받은 중재원은 신청접수내용의 적합성 여부를 확인하고 쌍방당사자에게 수리하였음을 통지한다.

만일 제출된 문서가 외국어의 문서일 경우에는 번역문을 첨부하여야 하며 중재신청의 접수등록 통지를 받은 피신청인은 답변서를 등록통지일로부터 국제중재의 경우는 30일 이내, 국내중재일 경우는 15일 이내에 제출하여야 한다.

(3) 조 정

조정(conciliation)은 분쟁의 자치적 해결방법 중의 하나로 중재절차에 의한 판정을 거치지 않고 당사자의 상호 양보 아래 분쟁을 해결하기 위하여 조정인을 개입시켜 분쟁을 해결하는 방식으로 중재절차를 밟기 전에 당사자 쌍방의 우의에 의한 조정을 시도하게 된다.

대한상사중재원에서 조정이 개시되면 중재인단 명부(panel of arbitrators)에서 선정하는 1인 또는 수인의 조정인을 선정하게 되고 조정은 양 당사자의 주장을 듣고 조정안을 제시한다. 조정인이 선정된 날로부터 30일 이내에 조정이 성립되어야 하며 그 이후는 조정절차가 종료되고 중재절차가 개시된다. 만일 조정이 성립하면 그 효력은 중재판정의 효력과 동일하며 법원의 확정판결과 동일한 효력을 갖는다.

(4) 중 재 지

중재지(place of arbitration)란 중재절차 및 중재판정이 행하여지는 국가 또는 지역을 말하며 중재지 내에서 심문절차 및 실제 중재가 행하여지는 특정장소를 중재장소라고 할 수 있다.

중재지의 결정은 분쟁당사자간에 보통 합의하여 결정된다. 그러나 중재지가 정하여지지 않는 경우에 대하여 유엔국제무역법위원회(UNCITRAL)의 중재규칙에 의하면 중재지에 관하여 당사자가 합의하지 아니하였을 경우에는 중재판정부는 중재의 사정을 고려하여 당해중재지를 결정하여야 하는 것으로

규정하고 있다.[28)]

또한 ICC 중재규칙에는 중재지는 당사자간 별도합의가 없는 한 중재재판소가 이를 결정한다고 규정하고 있다.[29)] 따라서 매매계약에서 준거법을 한국법, 대한상사중재원을 중재지로 합의하였을 때에는 대한상사중재원의 중재판결을 받을 수 있음은 물론이다.

(5) 중재인의 선정

중재인(arbitrator)이란 당사자의 합의로 중재판정을 내리는 권한이 부여된 사인(私人)인 제 3 자를 말한다. 중재인은 중재판정에 중요한 역할을 담당하므로 그 선정에 신중을 기하여야 한다. 중재인을 선정하는 방법은 당사자가 직접 선정하는 방법과 중재판정부가 선정하는 방법이 있다.

전자의 방법으로 분쟁당사자가 중재인을 직접 선정하기 위해서는 양 당사자가 직접 선정한다는 합의가 있어야 가능하다. 또한 후자의 방법은 당사자가 중재인을 선정하지 않거나 당사자가 정하기로 하고 소정의 기간[30)]에 선정하지 아니하거나, 선거방법을 정하지 아니한 경우에는 중재판정부에서 선정하도록 하고 있다.

중재인의 수는 당사자가 합의로 정하며 합의가 없는 경우에는 중재인의 수를 3인으로 한다.[31)] 중재인이 수인인 경우 중재판정부의 모든 결정은 과반수의 찬성으로 한다. 다만 절차에 관한 사항에 관하여 다수결이 이루어지지 아니하는 경우에는 의장중재인이 정한다.

중재에서 가장 중요한 의의를 갖는 것은 중재인이므로 중재인의 윤리성과 도덕성이 강조된다. 따라서 중재인은 중재절차가 공정하고 정당하게 진행되도록 노력하여야 하며, 신뢰관계를 유지하고, 성실하게, 자주적으로 신중하게 판정하여야 한다.

---

28) UNCITRAL Arbitration Rules, Article 16-1.

29) ICC Rule of Conciliation and Arbitration, 1988, Article 12 "The place of arbitration shall be fixed by the Court, unless agreed upon by the parties."

30) 중재인을 선정하도록 통지 후 국제중재는 30일 이내, 국내중재는 15일 이내에 중재인을 선정하여야 한다.

31) 한국중재법 제11조; 당사자의 국적이나 거주하는 국가가 다른 경우 대한상사중재원사무국이 중재인을 선정함에 있어서는 단독중재인이나 의장중재인은 당사자의 어느 일방의 요구가 있으면 당사자의 어느 편에도 속하지 아니하는 제 3 국인 중에서 선정하여야 한다.

(6) 심　문

심문(conduct of hearings)은 중재인이 결정하는 것이 원칙이다. 중재판정부는 심문의 일시, 장소 및 방식을 결정하고 심문개시 이전에, 늦어도 국내중재의 경우 10일, 국제중재의 경우 20일 전까지, 동 결정을 통지하도록 하고 있다.

또한 심문에의 출석은 중재에 직접 이해관계가 있는 자는 출석할 권리가 있으며, 중재판정부는 필요하다고 인정할 때에는 증거의 제출이나 증인 또는 감정인에게 임의의 출석을 요구할 수 있다.

상사중재에서는 중재인은 제출된 증거의 신빙성과 유용성을 자유심증으로 판단한다고 규정하는 자유심증주의[32)]가 채택되고 있다. 중재판정부는 당사자가 주장 및 입증을 다 하였다고 인정할 때는 심문의 종결을 선언하게 된다.

(7) 중재판정

1) 중재판정의 의의

중재판정(award)이란 중재계약의 당사자가 부탁한 분쟁의 해결을 위하여 중재인이 내리는 최종적 결정(final decision)을 의미한다. 중재판정은 중재인이 분쟁해결에 있어 내리는 최종결정이며 양 당사자를 구속하기 때문에 공평하고 정당하면서 확정적으로 판정되어야 한다.

중재판정부는 당사자의 합의 또는 법률의 규정 중 다른 정함이 없는 한 심문종결일로부터 30일 이내에 판정하도록 규정하고 있다.[33)]

중재판정은 서면으로 작성하고 중재인 전원의 서명, 판정근거가 되는 이유, 작성일자, 중재지를 기재하고 서명 · 날인하여 중재판정의 정본은 당사자에게 송달하고 그 원본은 송부사실을 증명하는 서면을 첨부하여 관할법원에 이송보관하게 함으로써 중재절차는 종결된다.[34)]

---

32) 자유심증주의는 법관이나 중재인의 양심과 이성을 전적으로 신뢰하여 그 자유로운 심증에 의하여 증거의 취사판단을 하게 하는 것이다. 그러나 자유심증주의로 중재인이나 법관의 임의대로 허용하는 것은 아니다. 그 판단은 논리법칙과 경영법칙에 따라야 하고, 사회정의와 형평의 이념에 입각할 것이 필요한 것이다.

33) 그러나 신속절차에 의한 중재판정은 당사자간에 신속절차에 따르기로 별도 합의가 있는 중재사건 또는 신청금액이 2천만원 이하인 국내중재의 경우는 심문종결일로부터 10일 이내에 판정하도록 하고 있다.

2) 중재판정의 효력

중재판정은 당사자간에 있어서는 법원의 확정판결과 동일한 효력을 가진다.[35] 중재판정에 대한 불복은 법원에 제기하는 중재판정 취소의 소에 의하여만 할 수 있다.[36] 집행판결은 중재판정 취소의 소를 제기할 수 있는 이유가 있는 때에는 하지 못한다. 그러나 다음과 같은 경우에는 중재판정 취소의 소를 제기할 수 있다.[37]

첫째, 중재합의의 당사자가 그 준거법에 의하여 중재합의 당시 무능력자이거나 중재합의가 무효인 사실

둘째, 중재인의 선정 또는 중재절차에 관하여 적절한 통지를 받지 못하였거나, 변론을 할 수 없었던 사실

셋째, 중재판정이 중재합의의 대상이 아닌 분쟁을 다룬 사실

넷째, 중재판정의 구성 또는 중재절차가 당사자 간의 합의에 따르지 아니하거나 중재법에 따르지 아니하였다는 사실의 경우이다.

중재인은 자기가 내린 중재판정을 철회하거나 변경할 수 없다. 다만, 중재판정문에서 숫자계산의 착오나 서기 또는 타자원의 과실 기타 이와 유사한 사유로 인하여 발생한 명백한 오자 또는 오류를 발견하였을 때는 결정으로 이를 정정할 수 있다.

중재판정에 대한 국제적 효력에 관한 문제는 각국의 법과 상관습이 다르기 때문에 중재판정에 대한 집행상 어려운 문제가 야기되어 1958년 이른바 뉴욕협약이라 불리우는 '외국중재판정의 승인 및 집행에 관한 유엔협약'이 채택되어 체약국인 경우에는 이 협약을 적용함으로써 국제상사분쟁의 해결을 용이하게 하고 있다.

---

34) 한국중재법 제32조.

35) 상기법 제35조.

36) 상기법 제36조 제 1 항.

37) 상기법 제36조 제 2 항.

4.5 외국중재판정

(1) 뉴욕협약

1) 뉴욕협약의 의의

뉴욕협약(New York Convention)이란 '외국중재판정의 승인과 집행에 관한 유엔협약' (The United Nations Convention on the Recognition and Enforcement of Foreign Arbitral Awards)을 약칭하는 것으로 1958년 6월 10일 뉴욕에서 채택되었다 해서 이렇게 부르게 되었다.[38)]

각국의 중재법제가 상이하고 외국중재판정에 대해 집행력이 확보되는 중재판정의 범위를 확대시키고 중재판정승인 및 집행에 관한 요건을 간명하게 함으로써 국제무역발전에 이바지하려는 목적으로 ICC는 국제중재판정의 집행에 관한 초안을 작성하여 유엔경제사회이사회(The United Nations Economic and Social Council)에 검토하도록 한 결과 동 이사회에서 여러 의견을 참조하여 1958년 5월 20일부터 6월 10일 사이에 뉴욕의 유엔본부에서 정식으로 채택 성립하게 되었다. 이 결과 각 체약국에서는 외국중재판정의 승인 및 집행을 보장받을 수 있게 되었다.

한국은 1973년 2월 8일 42번째 국가로 이 협약에 가입, 동년 5월 9일부터 그 효력이 발효됨에 따라 대한상사중재원에서 내려진 중재판정도 협약체약국 간에서는 그 승인 및 집행을 보장받게 되었다.

또한 이 협약가입시에 뉴욕협약 제1조 제3항 규정의 유보조항에 따라 한국법상 상사분쟁에 한하여 이 협약을 적용할 것과, 외국중재판정에 대하여서는 외국이 이 협약의 체약국인 경우에 한해서 이 협약을 적용할 것임을 각각 유보선언하였다.

2) 뉴욕협약의 적용범위

뉴욕협약에서는 "이 협약은 중재판정의 승인 및 집행의 요구를 받는 국가

---

38) ICC Brochure No. 174; 이 조약은 '중재조항에 관한 제네바 의정서' (Protocol on Arbitration Clauses, open at Geneva on September 24, 1923)와 '외국중재판정의 집행에 관한 제네바협약' (Convention on the Execution of Foreign Arbitral Awards, Signed at Geneva on September 26, 1927)을 대신하는 것으로 제네바협약의 효력은 상실되고 뉴욕협약을 적용하게 된다.

이외의 국가의 영토 내에서 내려진 판정으로서, 자연인 또는 법인간의 분쟁으로부터 발생하는 중재판정의 승인 및 집행에 적용한다. 이 협약은 또한 그 승인 및 집행의 요구를 받는 국가에서 내국판정이라고 인정되지 아니하는 중재판정에도 적용된다"[39]고 규정하고 있다.

이는 뉴욕협약의 적용을 받는 외국중재판정의 범위를 정함에 있어 '중재판정이 내려진 영역을 기준으로 삼을 것을 원칙'으로 하되, 그 승인 및 집행을 요구받는 국가에서 '내국판정이라고 인정되지 아니하는 중재판정'에 대하여는 뉴욕협약을 적용할 수 있는 여지를 마련함으로써 중재판정이 비록 국내에서 성립되었다고 할지라도 준거법이 외국법인 중재판정을 외국중재판정이라고 보는 국가에서 이와 같은 중재판정에도 뉴욕협약을 적용할 수 있음을 인정하는 것이다.

또한 뉴욕협약 심의 당시 영미법계 국가 및 독립국가연합 등은 판정이 내려진 곳에 따라 외국중재판정을 정할 것을 주장하고 대륙법계 국가대표들은 준거법에 의하여 이를 정할 것을 주장하여 서로 대립되던 중 모두 외국중재판정에 포함시키는 쪽으로 타협이 이루어진 결과로 뉴욕협약은 그 적용되는 범위가 상당히 확대되었다.

(2) 외국중재판정의 승인과 집행

1) 승인과 집행의 의의

승인(recognition)이란 특정한 법률관계 또는 사항에 대하여 공적인 권위 또는 권한(authority)에 의하여 그 존부(存否) 또는 정부(正否)를 확인(confirm)·비준(ratify) 또는 시인(acknowledge)하는 행위를 의미한다.[40] 따라서 뉴욕협약에서 말하는 외국중재판정의 승인 또는 중재합의의 승인이란 '동 협약의 체약국에 의한 승인'을 지칭하고 있는 것이다.

또한 집행(enforcement)이란 사법상(私法上)의 청구권을 국가권력의 행사에 의하여 만족시킬 것을 목적으로 하는 법률상의 절차를 말한다.

일반적으로 일단 중재판정이 내려지면 이행의 의무가 있는 자는 상대방으로부터 최고(催告; demand)가 없더라도 능동적·자발적으로 그 이행의 의

39) 뉴욕협약 제1조 제1항.

40) Black's Law Dictionary, 1979, p.1143.

무를 완수하여야 하는 것이나 만약에 그러한 '자발적인 변제가 이루어질 가망이 없는 경우' 에는 부득이 법원에 의한 어떤 형태의 강제집행의 방법에 의존할 수밖에 없게 된다.

2) 외국중재판정의 승인과 집행의 요건

외국중재판정의 승인과 집행을 받기 위하여 승인 및 집행신청인에게 부과되는 적극적 요인은 중재판정문과 중재합의서만 제출하면 되고 그 순간부터 승인과 집행을 거부할 수 있는 제 규정에 관한 거증책임은 그 상대방에게 있는 것이다.

중재계약이 법원에 의해 집행되기 위한 요건은 다음과 같다.[41]

① 중재계약이 뉴욕협약의 적용범위 내에 들어가야 한다.

② 분쟁이 일정한 법률관계에 관련하여 발생하되 동 분쟁은 중재계약의 범위 내에 있어야 한다.

③ 중재계약의 서면성 요건이 구비되어야 한다.

④ 중재계약이 무효, 실효 또는 이행불능이 되지 않아야 한다.

⑤ 외국판정의 승인이나 집행이 그 국가의 공공의 질서에 반하지 않아야 한다.

3) 외국중재판정의 승인과 집행의 효과

외국중재판정의 승인과 집행의 청구인은 중재합의서와 중재판정문을 집행국의 해당법원에 제출하면 입증책임이 면제된다.[42] 승인과 집행의 절차는 집행판결을 구하는 소의 제기에 의하여 개시되고 집행판결을 받음으로써 그 승인 · 집행이 가능하게 된다. 중재계약에 관한 준거법, 중재절차에 대한 준거법의 선정은 당사자 자치의사를 우선적으로 적용한다.

그러나 중재판정의 승인과 집행은 당사자가 다음과 같은 증거를 제출할 때는 거부될 수도 있다.[43]

① 당사자가 무능력자이거나 중재합의가 무효인 경우, ② 당사자가 중재

41) 뉴욕협약 제2조 및 제5조.

42) 뉴욕협약 제4조.

43) 뉴욕협약 제5조.

인의 선정이나 중재절차에 관하여 적절한 통고를 받지 아니하였거나 기타 사유에 응할 수 없었던 경우, ③ 판정이 중재부탁사항에 규정되어 있지 아니하거나 그 범위를 벗어나는 사항인 경우, ④ 중재기관의 구성이나 중재절차가 당사간의 합의와 일치하지 아니하거나, 합의가 없거나, 중재를 행하는 국가의 법령에 합치하지 않는 경우, ⑤ 분쟁의 대상인 사항이 그 국가의 법률하에서는 중재에 의한 해결을 할 수 없는 경우, ⑥ 판정의 승인이나 집행이 그 국가의 공공질서에 반하는 경우.

한국은 뉴욕협약에 가입하고 있기 때문에 뉴욕협약의 가입국에서 내려진 외국중재판정은 헌법의 정신에 따라 체결 공포된 조약과 일반적으로 승인된 국제법규는 국내법과 같은 효력을 갖게 되므로 조약과 일반적으로 승인된 국제법규는 국내법과 같은 효력을 갖게 되므로 중재판정의 효력 또한 체약국간에는 외국중재판정의 효력이 승인되고, 그 집행도 보장받게 된다. 한편 뉴욕 협약비가입국에서 내려진 외국중재판정의 경우에는 이 협약이 적용되지 않기 때문에, 외국판결의 경우에 준하여, 그 승인 및 집행을 결정하여야 할 것이다.

부 록

1. 무역거래조건의 해석에 관한 국제규칙(2000년 개정)

2. 화환신용장통일규칙 및 관례(2007년 개정)

1. 무역거래조건의 해석에 관한 국제규칙(2000년 개정) INCOTERMS 2000

I. 서 문

1. 인코텀즈의 목적 및 적용범위

인코텀즈의 목적은 외국무역에 가장 보편적으로 사용되는 무역거래조건의 해석에 관한 일련의 국제규칙을 제공하는 데 있다. 그러므로 각 국가간에 그러한 거래조건에 대한 상이한 해석으로 인한 불확실성이 제거될 수 있거나 또는 적어도 상당한 정도로 감소될 수 있다.

흔히 계약당사자들은 각 국가간의 상이한 무역관습을 알지 못하고 있다. 이로 인하여 오해와 분쟁 및 소송이 야기될 수 있고 시간과 금전상의 낭비를 초래한다. 이러한 문제들을 해소하기 위하여 국제상업회의소는 1936년에 처음으로 무역거래조건의 해석에 관한 일련의 국제규칙을 공표하였다. 이 규칙은 "1936년 인코텀즈"라 칭하였다. 그 후 현행의 국제무역관습과 일치시키기 위하여 1953년, 1967년, 1976년, 1980년, 1990년 그리고 현재의 2000년 인코텀즈에 이르기까지 개정과 보완이 이루어졌다.

인코텀즈의 적용범위는(컴퓨터 소프트웨어와 같은 "무형"은 포함하지 아니하고, "유형"의 의미에서) 매각되는 물품의 인도에 관하여 매매계약 당사자들의 권리와 의무에 관련된 것에 한정된다는 것이 강조되어야 한다.

인코텀즈에 관한 두 가지의 특이한 잘못된 인식이 매우 보편화되어 있는 것 같다. 첫째로, 인코텀즈는 흔히 매매계약보다는 운송계약에 적용되는 것으로 잘못 이해되고 있다. 둘째로, 인코텀즈는 가끔 당사자들이 매매계약에 포함시키고자 하는 모든 의무를 규정하고 있는 것으로 잘못 알려져 있다.

국제상업회의소가 강조하여 온 바와 같이, 인코텀즈는 매매계약에 따른 매도인과 매수인간의 관계만을 다루고 있으며, 그것도 단지 일부의 매우 특별한 측면에서 그러한 것이다.

수출상과 수입상이 국제매매거래를 이행하기 위하여 필요로 하는 다양한 계약-매매계약뿐만 아니라 운송, 보험 및 금융계약이 요구되는 경우에는-이들 사이의 매우 실제적인 관계를 고려하는 것이 필수적이지만, 인코텀즈는 단지 이들 계약 중의 하나, 즉 매매계약에만 관계되어 있다.

그럼에도 불구하고 당사자들이 어느 특정의 인코텀을 사용하기로 합의하면 그것은 필연적으로 기타의 계약에 대하여도 함축적인 의미를 지니게 될 것이다. 예를 들면, CFR 또는 CIF 계약에 합의한 매도인은 해상운송 이외의 어떠한 운송방식으로는 그러한 계약을 이행할 수 없다. 왜냐하면 이들 거래조건하에서는 매도인은 해상운송 이외의 운송방식을 사용한다면 선화증권 또는 기타의 해상서류를 매수인에게 제시하는 것이 불가능하기 때문이다. 더구나 화환신용장하에서 요구되는 서류는 필연적으로 사용이 의도된 운송수단에 달려 있을 것이다.

인코텀즈는 매도인이 물품을 매수인의 임의처분상태로 두거나 또는 운송을 위하여 이를 교부하거나 또는 목적지에서 이를 인도할 의무와 같은 당사자들에게 부과되는 다수의 특정된 의무를 다루고 있으며, 또 이러한 경우에 당사자들간의 위험분담을 다루고 있다.

나아가 인코텀즈는 물품의 수출과 수입통관의 의무, 물품의 포장, 매수인의 인도수령의 의무뿐만 아니라 각각의 의무를 정히 완수하였다는 증거제공의 의무 등을 다루고 있다. 인코텀즈가 매매계약의 이행을 위하여 극히 중요한 것임에도 불구하고, 그러한 계약에서 발생할 수 있는 매우 많은 문제들, 예컨대 소유권과 기타 재산권의 이전, 계약의 위반과 그러한 위반으로부터 야기되는 결과뿐만 아니라 일정한 사정에서의 의무면제 등은 전혀 다루어지지 아니하고 있다. 인코텀즈는 표준거래조건의 삽입 또는 개별적으로 협상된 거래조건으로써 어느 완전한 매매계약을 위하여 요구되는 그러한 계약조건에 대체하고자 의도된 것이 아니라는 사실이 강조되어야 한다.

일반적으로 인코텀즈는 계약위반의 결과와 다양한 장애요인으로 인한 어떠한 의무면제를 다루지 아니하고 있다. 이러한 문제들은 매매계약상의 다른 규정과 그 준거법에 의하여 해결되어야 한다.

인코텀즈는 항상 국가의 영역을 넘어서 물품이 인도되도록 매각되는 경우, 즉 국제상거래조건에 사용되는 것을 기본으로 추구하여 왔다. 그러나 인코텀즈는 현실적으로 흔히 순수한 국내시장에서의 물품매매계약에도 삽입되는 경우가 있다. 인코텀즈가 이렇게 사용되는 경우에는, A2와 B2의 규정 및 수출과 수입을 다루는 기타 모든 조항의 규정은 당연히 쓸모없게 된다.

2. 인코텀즈의 개정이유

인코텀즈의 연속적인 개정의 주된 이유는 시대적인 상관습에 이를 적용시킬 필요성이 있었기 때문이다. 그러므로 1980년 개정에서는 해상무역에서 수령지점이 더이상(본선의 난간을 통과하는) 전통적인 FOB 지점이 아니라 오히려 선박의 갑판상에 적재하기 전에 물품이 해상 또는 상이한 운송수단의 복합에 의한 후속되는 운송(소위 복합운송 또는 협동일관운송)을 위하여 컨테이너에 적부되는 육상의 어느 지점이 되는 일반적인 경우를 다루기 위하여 운송인인도(현행 FCA) 조건이 도입되었다.

나아가 인코텀즈의 1990년 개정에서는 인도의 증거를 제공할 매도인의 의무를 다루는 조항들에 있어서 당사자들이 전자방식으로의 통신을 합의한 경우에는 종이서류를 전자문서교환 통신문으로 대체할 수 있도록 허용하였다. 물론 인코텀즈의 현실적인 실행을 촉진시키기 위하여 인코텀즈의 기초와 제안의 개선노력이 지속되고 있다.

3. 2000년 인코텀즈

국제상업회의소는 약 2년간 진행된 개정과정 동안에 그 연속되는 초안에 대해 각 국내위원회를 통하여 여러 부문을 대표하는 세계 무역상인들의 폭넓은 의견과 반응을 이끌어내는 데 최선을 다하였다. 이번 개정과정이 종래의 어느 인코텀즈 개정 때보다 전 세계의 사용자들로부터 훨씬 많은 반응을 종합시켰다는 것은 참으로 기쁜 일이다. 이러한 대화의 결과가 바로 2000년 인코텀즈이고, 이 개정본은 1990년 인코텀즈와 비교할 때 거의 변경이 없었던 것 같이 보일 수 있다. 그러나 분명한 사실은 인코텀즈가 지금 범세계적인 인정을 받고 있으며, 따라서 국제상업회의소는 그러한 인정을 바탕으로 이를 공고히 하고 그 자체의 목적을 위하여 변경을 피하기로 결정하였다. 다른 한편으로는, 2000년 인코텀즈에 사용된 문언이 무역관습을 명료하고 정확하게 반영한다는 것을 확실히 하기 위하여 진지한 노력이 경주되었다. 여기에 실질적인 변경은 다음의 두 영역에서 이루어졌다.

- FAS 및 DEQ하에서 통관 및 관세지급의 의무, 그리고
- FCA하에서 적재 및 양화의 의무.

모든 변경은 그것이 실질적이든 형식적이든 인코텀즈 사용자들 사이의 철저한 조사에 기초하여 이루어졌으며, 또 1990년 이래로 인코텀즈 전문가위원회에 접수된 질의에 대한 특별한 고려가 있었다. 따라서 그러한 변경은 인코텀즈 사용자들에게 추가적인 임무로 확립되었다.

4. 매매계약상에서의 인코텀즈의 삽입

인코텀즈가 종종 변경되어진다는 점을 고려할 때, 당사자들이 매매계약상에 인코텀즈를 삽입하고자 의도하는 경우에는 항상 현행본의 인코텀즈에 대한 명시적인 참고문언을 두어 이를 확실히 하는 것이 중요하다. 이것은 예컨대 표준계약서 양식 또는 상인들이 사용하는 주문서 양식상에 이미 과거본에 대한 참조문언이 있을 때 간과되기 쉬울 수 있다. 현행본을 참조하도록 하지 아니하면, 이로 인하여 당사자들 간에는 현행본 또는 과거본 중의 어느 것을 계약의 한 부분으로 삽입하고자 의도하였는지에 관한 분쟁이 야기될 수 있다. 따라서 2000년 인코텀즈를 사용하고자 하는 상인들은 그 계약이 "2000년 인코텀즈"에 의하여 적용을 받는다는 사실을 명확히 기재하여야 한다.

5. 인코텀즈의 구조

1990년에는 무역거래조건들을 이해하기 쉽도록 네 가지의 기본적으로 상이한 영역으로 분류하였다. 즉, 매도인이 단지 자신의 구내에서 물품을 매수인에게 이용가능하도록 하는 조건("E"조건—Ex works)으로부터 시작하여, 매

2000년 인코텀즈

E조건군(출발지인도)	EXW	지정장소 공장인도
F조건군(주운임미지급인도)	FCA	지정장소 운송인인도
	FAS	지정선적항 선측인도
	FOB	지정선적항 본선인도
C조건군(주운임지급인도)	CFR	지정목적항 운임포함인도
	CIF	지정목적항 운임 · 보험료포함인도
	CPT	지정목적지 운송비지급인도
	CIP	지정목적지 운송비 · 보험료지급인도
D조건군(도착지인도)	DAF	지정장소 국경인도
	DES	지정목적항 착선인도
	DEQ	지정목적항 부두인도
	DDU	지정목적지 관세미지급인도
	DDP	지정목적지 관세지급인도

도인이 매수인에 의하여 지명된 운송인에게 물품을 인도하도록 요구되는 두 번째 조건군("F"조건－FCA, FAS 및 FOB)으로 이어지고, 매도인이 운송계약을 체결하여야 하지만 선적과 발송 후에 발생하는 것에 기인되는 물품의 멸실 또는 손상의 위험 또는 추가적인 비용에 대하여는 책임이 없는 "C"조건(CFR, CIF, CPT 및 CIP)으로 계속되며, 또 마지막으로 매도인이 목적지까지 물품을 운반하는 데 소요되는 모든 비용과 위험을 부담하여야 하는 "D"조건(DAF, DES, DEQ, DDU 및 DDP)으로 분류하였다. 위의 표는 이러한 거래조건들의 분류를 나타내는 것이다.

나아가 모든 거래조건별로 1990년 인코텀즈에서와 같이 당사자들 각자의 의무를 10개의 표제로 분류하였으며, 여기서 매도인측에 있는 각 표제와 동일한 주제에 관하여 매수인의 입장을 "대칭시키고 있다."

6. 용 어

2000년 인코텀즈를 기초하는 동안에, 13개 거래조건의 전체에 걸쳐 사용된 여러 가지의 표현에 관하여 가능한 한, 많은 일관성을 기하고자 상당한 노력이 경주되어 왔다. 그러므로 동일한 의미를 전달하고자 의도된 때에는 상이한 표현의 사용을 피하였다. 또한 가능한 때에는 항상 1980년 국제물품매매계약에 관한 유엔협약(CISG)에 나타난 표현과 동일한 표현을 사용하였다.

화 주

일부의 경우에는 단지 적합한 대안이 없다는 이유로 두 가지의 상이한 의미를 표현하는 데 동일한 용어를 사용할 필요가 있었다. 무역상인들은 매매계약뿐만 아니라 운송계약의 관계에 있어서도 공히 어려움에 봉착하게 될 것이다. 그러므로 예컨대 "화주"라는 용어는 운송을 위하여 물품을 교부하는 자 및 운송인과 계약을 체결하는 자를 공히 의미하고 있다. 그러나 이러한 두 "화주들"은 예컨대 FOB계약하에서 매도인이 운송을 위한 물품을 교부하고 매수인이 운송인과 계약을 체결하는 경우와 같이 상이한 자일 수 있다.

인 도

인코텀즈에서는 "인도"라는 용어가 두 가지의 상이한 의미로 사용되고 있다는 사실을 주의하는 것이 특히 중요하다. 첫째, 그것은 인코텀즈의 전체에 걸쳐 매도인이 A4에 명시된 자신의 인도의무를 완수한 때를 결정하는 데 사용되고 있다. 둘째, "인도"라는 용어는 또한 인코텀즈의 전체에 걸쳐 B4에 나타난 의무로서, 물품의 인도를 수령 또는 승낙할 매수인의 의무에 관련하여 사용되고 있다. 이 두 번째에 관련하여 사용된 경우에는, "인도"라는 문언은 첫째로 "C"조건의 본질인 바로 매도인이 물품의 선적시에 자신의 의무를 완수한다는 사실을 매수인이 "승낙한다"는 것을 의미하고, 둘째로 매수인이 그 물품을 수령할 의무를 가진다는 것을 의미한다. 이 후자의 의무는 물품이 매수인에 의하여 수령되어질 때까지 물품의 보관을 위한 불필요한 부과금을 피하기 위하여 중요한 것이다. 그러므로 예컨대 CFR과 CIF계약하에서 매수인은 물품의 인도를 승낙하고 운송인으로부터 이를 수령하여야 하며, 또 매수인은 이를 행하지 아니한 경우에는 운송인과 운송계약을 체결한 매도인에게 손해배상액을 지급할 의무를 지게 될 수 있으며, 그렇지 아니하면 매수인은 자신에 대한 운송인의 물품인도허가를 취득하기 위하여 물품에 부과하는 지체상금을 지급하여야 할 것이다. 이러한 관계에 있어서 매수인이 "인도를 승낙"하여야 한다고 말할 때, 이것은 물품이 매매계약과 일치하는 것으로 매수인이 승낙한다고 말할 때, 이것은 물품이 매매계약과 일치하는 것으로 매수인이 승낙한다는 사실을 의미하지 아니하고, 그러나 단지 매도인이 "C"조건의 제A3조 a항에 따라 체결하여야 하는 운송계약에 따라 운송을 위하여 물품을 교부할 의무를 이행함을 매수인이 승낙한다는 사실을 의미할 뿐이다. 따라서 매수인이 목적지에서의 물품수령시에 물품이 매매계약상의 규정에 일치하지 아니한 사실을 발견한 경우에는, 매수인은 매매계약과 그 준거법에 따라 매도인에 대하여 주어진 모든 구제방법을 강구할 수 있을 것이며, 이 문제는 전술된 바와 같이 인코텀즈의 적용범위를 전적으로 벗어나는 것이다.

적절한 경우에는 2000년 인코텀즈는 물품이 어느 특정의 장소에서 매수인에게 이용가능하게 된 때에 매수인의 "임의처분상태로 물품을 두는"이라는 표현을 사용하였다. 이러한 표현은 1980년 국제물품매매계약에 관한 유엔협약에서 사용된 "물품을 교부한"이라는 구절의 의미와 동일한 의미를 내포하기 위하여 의도된 것이다.

통 상 적

"통상적"이라는 문언은 일부의 거래조건, 예컨대 인도의 시기에 관하여 EXW(제A4조), 그리고 매도인이 제공의 의무를 지는 서류와 매도인이 조달하여야 할 운송계약에 관하여 "C"조건(A8, A3)에서 나타난다. 물론 "통상적"이라는 문언이 무엇을 의미하는가를 정확히 말하기는 어려울 수 있지만, 많은 경우에 있어서 무역상인들이 통상적으로 무엇을 행하여야 하는가를 확인하는 일이 가능하기 때문에, 이러한 관습은 그 안내지침이 될 것이다. 이러한 의미에서 "통상적"이라는 문언은 실무계에 대하여가 아닌 신의성실과 공정거래라고 하는 보다 어려운 원칙에 대한 평가를 요하는 "합리적"이라는 문언보다 훨씬 더 많은 도움을 준다. 어떠한 사정에서는 오히려 무엇이 "합리적"인가를 결정하는 것이 필요할 수 있다. 그러나 전술된 이유 때문에 인코텀즈에서는 "통상적"이라는 문언이 "합리적"이라는 문언보다 일반적으로 선호되고 있다.

부 과 금

물품의 수입통관의무에 관하여는, 물품의 수입시에 지급되어야 할 "부과금"이 무엇을 의미하는가를 결정하는 것이 중요하다. 1990년 인코텀즈에서는 "물품의 수출 및 수입시에 지급되는 공적인 부과금"이라는 표현이 DDP A6에서 사용되었다. 2000년 인코텀즈의 DDP A6에서는 "공적"이라는 문언이 삭제되었다. 왜냐하면 이 문언은 부과금이 "공적"인지 아닌지를 결정할 때 어떠한 불확실성을 야기시켰기 때문이었다. 결코 이 용어의 삭제를 통하여 실질적인 의미의 변화를 의도한 것은 아니었다. 지급되어야 할 "부과금"은 단지 그러한 수입의 필수적인 결과로 되는 부과금에만 관계되며, 따라서 그러한 부과금은 적용가능한 수입법규에 따라 지급되어야 한다. 수입과 관련하여 사적인 당사자들에 의하여 부과되는 모든 추가적인 부과금, 즉 통관의무에 관련되지 아니한 보관료 등은 이러한 부과금에 포함되지 아니한다. 그러나 의무를 부담하는 당사자가 스스로 직무를 이행하지 아니한 경우에는, 그러한 의무의 이행은 결국 통관중개인이나 운송주선인에게 약간의 비용부담으로 남게 될 수 있다.

"항구," "장소," "지점" 및 "구내"

물품이 인도되어야 할 장소에 관한 한, 인코텀즈에서는 상이한 표현이 사용되고 있다. 물품의 해상운송에만 사용되도록 인도된 거래조건, 즉 FAS, FOB, CFR, CIF, DES 및 DEQ에서는 "선적항" 및 "목적항"이라는 표현이 사용되었다. 기타 모든 경우에는 "장소"라는 문언이 사용되었다. 일부의 경우에는 매도인이 물품을 어느 도시와 같은 특정한 지역에서 인도하여야 한다는 사실뿐만 아니라 그 지역 내의 어느 곳에 물품을 매수인의 임의처분 상태로 두어야 하는지를 아는 것이 중요할 수 있기 때문에, 항구 또는 장소 내의 어느 "지점"을 명시하는 것이 또한 필요한 것 같다. 매매계약은 흔히 이러한 측면에서 정보가 부족할 것이며, 따라서 인코텀즈는 지정된 장소 내에서 구체적인 지점이 합의되지 아니하였거나 또는 이용가능한 지점이 여러 곳에 있는 경우에는, 매도인이 자신의 목적에 가장 적합한 지점을 선택할 수 있도록 규정하고 있다(예컨대 FCA A4 참조). 인도지점이 매도인의 "장소"인 경우에는, "매도인의 구내"라는 표현(FCA A4)이 사용되었다.

"본신" 및 "신박"

물품의 해상운송에만 사용되도록 의도된 거래조건에서는, "본선" 및 "선박"이라는 표현이 동의어로 사용되고 있다. 물론 "본선"이라는 용어는 "선측인도"(FAS) 및 "착선인도(DES)와 같은 무역거래조건 자체의 구성요소를 이룰 때 사용되어야 할 것이다. 또한 FOB에서 "본선의 난간을 통과한"이란 표현의 전통적인 사용이라는 점에서, "본선"이라는 문언이 그와 관련하여 사용되어야 했다.

"점검" 및 "검사"

인코텀즈 A9 및 B9에서 "점검"·"포장"·"화인" 및 "물품의 검사"라는 표제가 각각 사용되었다. "점검" 및 "검사"라는 문언은 동의어임에도 불구하고, A4에 따른 매도인의 인도의무에 관하여는 전자의 문언을 사용하고, "선적전 검사"가 이행되는 특별한 경우를 위하여 후자를 남겨두는 것이 적합하다고 생각되었다. 왜냐하면 선적전검사는 일반적으로 매수인 또는 수출국가나 수입국가의 당국이 물품의 선적 전에 그것이 계약 또는 공적 규정에 일치한다는 사실을 확실히 하고자 할 때에만 요구되기 때문이다.

7. 매도인의 인도의무

인코텀즈는 매도인의 인도의무에 초점을 맞추고 있다. 당사자들이 계속적인 상거래관계를 맺고 있는 경우에는, 매도인의 물품인도와 관련한 역할과 비용에 관한 정확한 분담문제는 일반적으로 야기되지 아니할 것이다. 왜냐하면 당사자들은 후속되는 거래에서도 그들이 이전에 행하였던 것과 동일한 방법에 따르게 될 상호간의 관례("거래의 과정")를 확립할 것이다. 그러나 새로운 상거래관계가 수립되거나 또는 상품매매에 있어서 보편화된 중개인을 통하여 계약이 체결되는 경우에는, 매매계약상의 규정을 적용하여야 하며, 또 2000년 인코텀즈가 당해계약상에 삽입되어 있는 때에는 항상 이에 따른 역할, 비용 및 위험의 분담문제를 적용하여야 할 것이다.

물론 인코텀즈가 물품의 인도와 관련한 당사자들의 의무를 가능한 한 상세한 방법으로 명시하는 것이 바람직하였을 것이다. 이러한 측면에서 1990년 인코텀즈와 비교하면, 일부의 특정한 경우(예컨대 FCA A4 참조)에 있어서는 상당한 노력이 경주되었다. 그러나 FAS와 FOB의 A4에서는 거래의 관습에 참조하도록 하는 것("항구의 관습적인 방법에 따라")을 피할 수가 없었다. 왜냐하면 특히 상품거래에 있어서 FAS와 FOB 계약으로 운송을 위하여 물품을 인도하는 정확한 방법은 각 해상항구에 따라 변하기 때문이다.

8. 물품에 관한 위험 및 비용의 이전

물품의 멸실 또는 손상의 위험뿐만 아니라 물품에 관한 비용부담의 의무는 매도인이 물품인도의 의무를 완수한 때에 매도인으로부터 매수인에게 이전한다. 매수인에게는 위험과 비용의 이전을 지연시킬 가능성이 주어져서는 아니 되기 때문에, 매수인이 합의된 대로 인도를 수령하지 아니하거나 또는 매도인이 자신의 물품인도 의무를 완수하기 위하여 요구할 수 있는(선적시기 및/또는 인도장소에 관한) 그러한 지시를 행하지 아니한 경우에는, 인도하기 전에도 위험과 비용의 이전이 일어날 수 있다는 사실을 모든 거래조건에 규정하고 있다. 위험과 비용의 그러한 조기이전을 위한 전제조건은 물품이 매수인을 위하여 의도된 대로 특정되어 있거나 또는 거래조건에 규정된 대로 매수인을 위하여 구분되어 있어야 한다는 것(충당)이 그 전제가 된다.

이러한 전제조건은 EXW하에서는 특히 중요하다. 왜냐하면 기타 모든 거래조건하에서는 물품의 선적 또는 발송("F" 및 "C"조건) 또는 목적지에서의 인도("D"조건)를 위한 조치가 취하여진 때에 물품은 정상적으로 매수인을 위하여 의도된 대로 특정되어 있을 것이기 때문이다. 그러나 예외적으로 물품은 각각의 매수인을 위한 수량의 특정 없이 살물로 매도인으로부터 송부되어질 수 있으며, 이러한 경우 위험과 비용의 이전은 전술한 바와 같이 물품이 충당되기 전에는 일어나지 아니한다(또한 1980년 국제물품매매계약에 관한 유엔협약 제69조 3항 참조).

9. 거래조건

"E"조건이라 함은 매도인의 의무가 최소한이 되는 거래조건을 말한다. 즉, 매도인은 합의된 장소, 통상적으로 매도인 자신의 구내에서 물품을 매수인의 임의처분상태로 두는 것 이상으로 행할 의무는 없다. 다른 한편으로 실제적인 현실에 있어서는, 매도인은 흔히 매수인 자신의 집화용 차량에 물품을 적재하는 데 협조를 제공할 것이다. EXW조건은 매도인의 의무가 마치 적재하는 것까지 연장되는 것으로 비쳐지긴 할지라도, 매도인이 물품의 적재에 관한 기타 어떠한 의무도 부담하기를 원하지 아니하는 경우에 사용될 수 있도록 하기 위하여, EXW하에서는 매도인의 최소한의 의무에 관한 전통적인 원칙을 유지하는 것이 바람직하다고 생각되었다. 매수인이 매도인으로 하여금 그 이상으로 행하기를 원하는 경우에는, 매매계약상에 이를 명확히 하여야 한다.

"F"조건은 매도인이 매수인에 의하여 지시된 대로 운송을 위하여 물품을 인도할 것을 요구하고 있다. FCA조건에서 당사자들이 인도가 발생하도록 의도하는 지점은 이 조건으로 커버되는 계약을 둘러싼 사정이 매우 다양하기 때문에 어려움을 야기시켜 왔다. 그러므로 물품은 매도인의 구내에서 이를 입수하기 위하여 매수인이 보내온 집화 차량에 적재될 수도 있으며, 그렇지 아니하면 물품은 매수인이 지정한 터미널에서 물품의 인도를 위하여 매도인이 보내온 차량으로부터 양화될 필요가 있을 수도 있다. 2000년 인코텀즈에서는 다음과 같이 규정함으로써 이러한 두 가지 대안을 고려하고 있다. 즉, 계약에서 인도장소로 지정된 장소가 매도인의 구내인 경우에는 물품이 매수인의 집화 차량에 적재된 때에 인도가 완성되며, 또 기타 모든 경우에는 물품이 매도인의 차량으로부터 양화되지 아니하고 매수인의 임의처분상태로 둔 때에 인도가 완성된다. 1990년 인코텀즈 FCA A4에서 각 운송방식별로 언급되었던 변수는 2000년 인코텀즈에서는 반복되지 아니한다.

FOB하에서의 인도지점은 CFR과 CIF하에서와 함께 상당한 논쟁이 있었지만 2000년 인코텀즈에서는 변경되지 아니하고 남겨져 있다. FOB하에서 물품을 "본선의 난간을 교차하여" 인도하도록 하는 개념은 오늘날 다수의 경우에 있어서 부적절하게 보여질 수 있으나, 그럼에도 불구하고 이는 상인들에 의하여 이해되어지고 물품과 이용가능한 적재시설의 고려하에 적용되고 있다. FOB 지점의 변경은 특히 전형적으로 용선계약에 따라 해상운송되는 상품매매에 관하여 불필요한 혼란이 발생할 것으로 느껴졌다.

불행하게도 "FOB"라는 문언은 일부의 상인들에게는 어떠한 인도지점, 예컨대 "공장 FOB," "제조공장 FOB," "매도인 작업장 FOB" 또는 기타 내륙지점을 명시하는 것으로만 사용되고 있으며, 따라서 그 약어가 의미하는 것, 본선인도가 무엇인지는 무시되고 있다. "FOB"의 그러한 사용은 혼란을 발생시키게 되고 또 이를 피하여야 하는 과제가 남아있다.

물품의 수출통관의무에 관련하여 FAS에 중요한 변경이 있다. 왜냐하면 이러한 의무를 매수인보다는 매도인에게 부과시키는 것이 가장 보편적인 관례로 나타나 있기 때문이다. 이러한 변경을 정히 주의를 환기시키기 위하여 FAS의 전문에 대문자로 이를 표시해 두었다.

"C"조건은 매도인이 자신의 비용부담으로 통상적인 조건의 운송계약을 체결할 것을 요구하고 있다. 그러므로 매도인이 운송비용을 지급하여야 할 마지막 지점은 반드시 각 "C"조건의 다음에 명시되어야 한다. CIF와 CIP조건하에서는 매도인은 또한 보험계약을 체결하고 보험비용을 부담하여야 한다. 비용의 분기점이 목적지의 국가에 있는 어느 지점에서 결정되기 때문에, 흔히 "C"조건은 물품이 합의된 지점에 현실적으로 도착될 때까지 매도인이 모든 위험과 비용을 부담하는 도착지계약으로 잘못 인식되고 있다. 그러나 "C"조건은 매도인이 선적지 또는 발송지의 국가에서 계약을 완수한다는 점에서 "F"조건과 본질이 같다는 사실이 강조되어야 한다. 따라서 "C"조건하에서의 매매계약은 "F"조건하에서의 계약과 마찬가지로 선적지계약의 범주에 속한다.

선적지계약의 본질에서는 매도인은 합의된 장소까지 통상적인 경로와 관습적인 방법으로 물품운송을 위한 정상적인 운송비를 지급하여야 하는 반면에, 물품에 멸실 또는 손상의 위험뿐만 아니라 물품이 운송을 위하여 적절하게 인도된 후에 야기되는 것으로부터 발생하는 추가적인 비용은 매수인의 부담에 속하는 것이다. 그러므로 "C"조건은 기타 모든 거래조건들과는 달리 두 가지의 "분기"점을 내포하고 있는데, 그 하나는 매도인의 운송계약을 체결하고 그 비용을 부담하여야 하는 지점을 명시하는 것이고, 또 다른 하나는 위험의 분담을 위한 것이다. 이러한 이유 때문에, "C"조건에 있어서 위험의 분담을 위한 상기의 "분기"점을 넘어서 매도인의 의무를 추가시킬 때에는 아주 특별한 주의를 기울여야 한다. "C" 조건의 본질은 바로 매도인이 운송계약을 체결하고 운송인에게 물품을 교부함으로써, 그리고 CIF와 CIP조건하에서는 보험계약을 체결함으로써 자신의 계약을 정히 완수한 이후에는 어떠한 추가적인 위험과 비용으로부터 면책되는 것이다.

선적지 계약으로서 "C"조건의 특성은 그러한 거래조건에서 선호하여 사용되는 결제방식인 화환신용장의 보편적인 사용에 의하여도 설명되고 있다. 매매계약 당사자들이 화환신용장에 따라 은행에 합의된 선적서류를 제시함으로써 매도인이 대금을 지급받도록 합의한 경우에는, 그 화환신용장에 따라 지급이 이루어졌거나 또는 기타 물품의 선적과 발송이 이루어진 이후에까지 매도인이 추가적인 위험과 비용을 부담하도록 한다면, 그것은 화환신용장의 주된 목적에 전적으로 위배될 것이다. 물론 매도인은 운임이 선적시에 선지급되든 목적지에서 지급되든(운임착불) 이에 관계없이 운송계약의 비용을 부담하여야 할 것이다. 그러나 선적과 발송의 이후에 야기되는 것으로부터 발생할 수 있는 추가적인 비용은 필연적으로 매수인의 부담에 속한다.

매도인이 관세, 조세 및 기타 부과금의 지급을 포함하는 운송계약을 체결하여야 하는 경우에는, 물론 그러한 비용은 당해계약에 따라 매도인의 계산에 속하는 범위 내에서는 매도인의 부담에 속한다. 이것은 지금 모든 "C"조건의 A6에 명시적으로 규정되어 있다.

합의된 목적지에 도착하기 위하여 중간 기착지에서 물품의 환적을 포함하는 여러 운송계약을 체결하는 것이 관습적인 경우에는, 매도인은 물품이 어느 운송수단으로부터 다른 운송수단으로 환적될 때에 발생되는 어떠한 비용을 포함하여 이들 모든 비용을 지급하여야 할 것이다. 그러나 운송인이 예견되지 아니한 장애물(예컨대 결빙, 교통혼잡, 노동쟁의, 정부명령, 전쟁 또는 유사전쟁)을 피하기 위하여 환적조항 또는 이와 유사한 조항에 따라 자신의 권리를 행사하는 경우에는, 이에 기인하여 발생하는 모든 추가적인 비용은 매수인이 부담하여야 할 것이다. 왜냐하면 매도인의 의무는 통상적인 운송계약을 체결하는 것으로 제한되기 때문이다.

매매계약의 당사자들은 매도인이 양륙비를 포함하는 운송계약을 체결하여야 할 범위를 명확히 하기를 원하는 경우가 매우 자주 발생한다. 그러한 비용은 물품이 정기선에 의하여 운송되는 때에는 일반적으로 운임에 포함되기 때문에, 매매계약에는 흔히 물품이 그러한 방법으로 운송되어야 한다거나 또는 적어도 물품이 "정기선조건"으로 운송되어야 한다는 것을 규정하게 될 것이다. 기타의 경우에는 "양륙필"이라는 문언이 CFR 또는 CIF의 다음에 추가된다. 그러나 관련된 거래에 있어서 약어의 의미가 계약당사자들이나 또는 모든 준거법 또는 거래의 관습에 의하여 명확히 이해되고 인정되지 아니하는 한, "C"조건에 약어를 추가하여 사용하지 아니하는 것이 바람직하다.

특히 운송 중의 모든 지연의 위험은 매수인이 부담하기 때문에, 매도인은 "C"조건의 본질에 대한 변화 없이는 목적지에서의 물품의 도착에 관한 어떠한 의무도 부담하여서는 아니 되며, 또 실제로 이를 부담할 수가 없다. 따라서 시기에 관한 모든 의무는 반드시 "선적(발송)은 …일까지"라는 식으로 선적 또는 발송지에 관하여 언급되어야 한다. 예컨대 "함부르크도착운임포함인도 …일까지"라는 식의 약정은 사실상 잘못된 표기이므로 종종 상이하게 해석될 가능성이 있다. 당사자들은 물품이 특정된 일자에 함부르크에 현실적으로 도착하여야 한다는 것으로 해석할 수 있고, 이러한 경우 그 계약은 선적지계약이 아니라 도착지계약이 되며, 그렇지 아니하면 당사자들은 예견되지 아니한 것으로 인하여 운송이 지연되지 아니하는 한, 매도인은 특정된 일자 이전에 물품이 함부르크에 정상적으로 도착할 수 있는 그러한 시기에 물품을 선적하여야 한다는 것으로 해석될 수도 있다.

상품거래에 있어서 운송중에 있는 물품이 매매되는 경우가 있는데, 그러한 경우 "운송중"이라는 문언이 거래조건의 다음에 추가된다. CFR과 CIF조건하에서는 물품의 멸실 또는 손상의 위험이 그러한 때에 매도인으로부터 매수인에게 이전되기 때문에, 해석의 어려움이 발생할 수 있다. 그 하나의 가능성은 매도인과 매수인간에 위험의 분담에 관한 CFR과 CIF조건의 통상적인 의미를 주장하는 것으로서, 이것은 매매계약이 발효된 당시에 이미 발생된 결과를 매수인이 부담하여야 한다는 것을 의미할 것이다. 또 다른 가능성은 위험의 이전을 매매계약이 체결된 시기와 동시로 해석할 수 있다는 것이다. 물품이 운송되고 있는 동안에 물품의 상태를 확인하는 것은 일반적으로 불가능하기 때문에, 전자의 가능성이 더 현실적일 것이다. 이러한 이유로 1980년 국제물품매매계약에 관한 유엔협약 제68조에서는 "사정에 따라 인정될 수 있는 경우에는 위험은 물품이 운송계약을 구현하는 서류를 발행한 운송인에게 교부된 때부터 매수인이 부담한다"라고 규정하고 있다. 그러나 "물품이 멸실 또는 손상된 사실을 매도인이 알았거나 또는 알았어야 하는 경우로서, 이를 매수인에게 고지하지 아니한" 때에는 이 규칙의 예외에 해당된다. 따라서 "운송중"이라는 문언이 추가된 CFR 또는 CIF조건의 해석은 매매계약에 적용되는 법률에 달려 있다. 당사자들은 그 준거법과 이에 따르는 어떠한 해결책을 확정하여 두는 것이 바람직하다. 의혹이 있는 경우에는, 당사자들은 그들의 계약에서 이 문제를 명확히 해 두는 것이 바람직하다.

실제적으로 당사자들은 흔히 전통적인 표현인 C&F(또는 C and F, C+F)를 계속하여 사용하고 있다. 그럼에도 불구하고, 대다수의 경우에는 당사자들은 이러한 표현을 CFR과 동등하게 취급하는 것으로 보인다. 계약해석의 어려움을 피하기 위하여는, 당사자들은 "지정목적항 운임포함인도"조건의 범세계적으로 유일하게 인정된 표준약어인 CFR이라는 정확한 인코텀을 사용하여야 한다.

1990년 인코텀즈 CFR과 CIF의 A8에서는 매도인의 운송서류(통상적으로 선화증권)가 용선계약에 대한 참조문언, 예컨대 흔히 "기타 모든 조건은 용선계약에 따름"이라는 부기를 내포한 때에는 반드시 용선계약서의 사본을 제공하도록 매도인에게 의무를 부과하였었다. 물론 용선계약서가 항상, 오히려 계약체결시에 모든 계약조건을 확정할 수 있다 하더라도, 상기와 같이 용선계약서를 제공하는 관례는 특히 화환신용장거래와 관련하여 문제를 야기시켜 왔다. 따라서 2000년 인코텀즈에서는 CFR과 CIF하에서 기타 운송서류와 함께 용선계약서의 사본을 제공하도록 하는 매도인의 의무가 삭제되었다.

인코텀즈 A8에서는 매도인이 "인도의 증거"를 매수인에게 제공하는 것을 확실히 하고자 함에도 불구하고, 매도인은 "통상적인" 증거를 제공할 때에 그러한 요건을 충족하게 된다는 사실이 강조되어야 한다. CPT와 CIP하에서는 그것은 "통상적인 운송서류"가 될 것이며, 또 CFR과 CIF하에서는 선화증권 또는 해상화물운송장이 될 것이다. 운송서류는 물품 및/또는 포장의 하자 있는 상태를 명시적으로 나타내는 조항 또는 부기를 내포하지 아니하여야 함을 의미하는 "무사고"의 것이어야 한다. 그러한 조항 또는 부기가 서류상에 나타난 경우에는, 그것은 "사고부"로 보여지며, 따라서 화환신용장거래에서는 은행에 의하여 수리되지 아니할 것이다. 그러나 심지어 그러한 조항 또는 부기가 없는 운송서류도 통상적으로 운송인에 대하여는 물품이 매매계약상의 규정과 일치하게 선적되었음을 나타내는 명백한 증거로서 매수인에게 제공되지 아니할 수 있다는 것에 유의하여야 한다. 일반적으로 운송인은 운송서류의 전면에 있는 표준화된 내용을 통하여 물품에 관한 정보에 대한 책임을 지지 아니하려 할 것이다. 즉, 이러한 경우 운송서류에 삽입된 사항들은 화주의 신고내용으로 구성하며, 따라서 그 정보는 단지 서류에 삽입된 대로 "신고된" 것뿐임을 명시할 것이다. 대부분의 준거법과 원칙하에서는, 운송인은 적어도 그 정보의 정확성을 점검하는 데 합리적인 방법을 사용하여야 하고, 이를 행하지 아니한 경우에는 수화인에 대하여 책임을 부담할 수 있다. 그러나 컨테이너무역에서는 운송인 자신이 컨테이너의 적부에 책임이 없는 한, 컨테이너의 내용물을 점검하는 운송인의 방법은 존재하지 아니할 것이다.

보험을 다루는 거래조건에는 단지 두 가지, 즉 CIF와 CIP가 있다. 이들 거래조건하에서는 매도인은 매수인을 위한 보험계약을 체결할 의무를 진다. 기타의 경우에는 그들 스스로를 위한 보험담보를 원하는지의 여부와 그 담보의 범위를 결정하는 것은 당사자들 자신이다. 매도인은 매수인을 위하여 보험을 조달하기 때문에, 매수인의 정확한 요구사항을 알지 못할 것이다. 런던보험업자협회에 의하여 기초된 협회적화약관에 따르면, 보험은 C 약관하에서는 "최소담보조건," B 약관하에서는 "중간담보조건," 그리고 A 약관하에서는 "최대확장담보조건"으로 이용이 가능하다. CIF조건에 따른 상품매매에 있어서는 매수인이 운송중에 물품을 후속되는 매수인에게 매각하고자 하고, 후자도 차례로 물품을 재매각하고자 할 수 있기 때문에, 그러한 후속되는 매수인들에게 적합한 보험담보조건을 안다는 것은 불가능하며, 따라서 CIF하에서의 최소담보조건은 매수인이 매도인에게 추가적인 보험에 부보할 것을 요구하는 가능성과 함께 전통적으로 채택되어 왔다. 그러나 최소담보조건은 물품의 도난, 발화 또는 부당한 취급이나 관리상의 위험이 있는 제조물의 매매에는 부적합하다. 이러한 경우에는 C 약관하에서 이용가능한 것보다 더 큰 담보조건을 요구한다. CIF와 구별되는 CIP는 일반적으로 상품매매에는 사용되지 아니할 것이므로, CIF하에서의 최소담보조건보다 CIP하에서의 최대확장담보조건을 채택하는 것이 타당할 수 있다. 그러나 CIF와 CIP하에서 매도인의 보험의무를 변경하는 것은 혼란을 초래하게 될 것이며, 따라서 두 거래조건은 매도인의 보험의무를 최소담보조건으로 제한하고 있다. CIP 매수인은 이를 준수하는 것이 특히 중요하다. 즉, 추가적인 담보조건이 요구되는 경우에는, 매수인은 매도인과 합의하여 후자가 추가적인 보험에 부보할 수 있도록 하여야 하며, 그렇지 아니하면 매수인 자신이 확장된 담보조건으로 부보하여야 한다.

또한 매수인이 협회 A 약관하에서 이용가능한 것보다 더 큰 보호, 예컨대 전쟁, 소요, 폭동, 동맹파업 또는 기타 노동쟁의에 대한 보험을 주선하고자 하는 특별한 경우도 있다. 매수인은 매도인이 그러한 보험에 부보할 것을 원하는 경우에는 이를 매도인에게 지시하여야 하며, 그러한 경우에 있어서 매도인은 주선가능한 한 그러한 보험을 제공하여야 할 것이다.

"D"조건하에서는 매도인이 국경이나 수입국 내에 있는 목적지의 합의된 장소 또는 지점까지 물품의 도착에 대한 책임을 지기 때문에, "D"조건은 "C"조건과 본질적으로 다르다. 매도인은 그 곳까지 물품을 운반하는 데 따른 모든 위험과 비용을 부담하여야 한다. 그러므로 "C"조건이 출발지(선적지)계약을 나타내는 반면에, "D"조건은 도착지계약을 의미한다.

DDP를 제외한 "D"조건하에서는, 매도인은 목적지국가에서 물품을 수입통관하여 인도하여야 할 필요가 없다.

전통적으로 DEQ하에서는 매도인이 물품의 수입통관의무를 부담하였다. 왜냐하면 물품이 부두상에 양화되어 수입국 내로 운반되어야 하기 때문이었다. 그러나 오늘날 대다수의 국가에 있어서 통관절차가 변경되고 있기 때문에, 관련국가에 거주하는 당사자가 통관을 이행하고 관세와 기타 부과금을 지급하는 것이 보다 적절하다. 그러므로 DEQ에서의 변경은 전술된 FAS에서의 변경과 동일한 이유에서 이루어졌다. FAS에서와 같이, DEQ에서도 전문에 대문자로 그 변경을 표시해 두었다.

아직 다수의 국가에서는, 특히 철도운송에 있어서 인코텀즈에 포함되지 아니한 무역거래조건들이 사용되고 있는 것같다("franco border," "franco-frontiere," "Frei Granze"). 그러나 그러한 거래조건하에서는 일반적으로 매도인이 국경까지의 운송중에 물품의 멸실 또는 손상의 위험을 부담하여야 하는 것으로는 의도되지 아니한다. 그러한 사정에서는 CPT에 국경을 명시하여 사용하는 것이 바람직할 것이다. 다른 한편으로, 당사자들간에 매도인이 운송중의 위험을 부담하도록 의도하는 경우에는, 국경을 명시한 DAF가 적합할 것이다.

DDU조건은 인코텀즈의 1990년 개정본에서 추가된 것이다. 이 거래조건은 매도인이 물품을 수입통관하거나 관세를 지급하지 아니하고 목적지의 국가에서 물품을 인도하고자 할 때에는 항상 중요한 기능을 수행한다. 수입통관이 어렵고 시간이 소모될 수 있는 국가에서는, 매도인이 통관지점을 넘어서 물품을 인도하는 의무를 약정하는 것은 위험할 수 있다. DDU B5 및 B6에 의하면, 매수인은 물품을 수입통관하는 자신의 의무를 완수하지 못하여 발생하는 추가적인 위험과 비용을 부담하여야 하지만, 매도인은 물품의 수입통관에 어려움이 예상되는 국가에서는 DDU조건을 사용하지 아니하는 것이 바람직하다.

10. "의무 없음"이라는 표현

"매도인은 하여야 한다"와 "매수인은 하여야 한다"라는 표현에서 나타나듯이, 인코텀즈는 단지 당사자들이 각 상대방에 대하여 부담하는 의무만에 관심이 있다. 따라서 "의무 없음"이라는 문언은 당사자 일방이 상대방 대하여 의무를 부담하지 아니하는 때에는 항상 삽입되어 있다. 그러므로 예컨대 각 거래조건의 A3에 따라 매도인이 운송계약을 체결하고 이에 지급하여야 하는 경우에는, 매수인의 입장을 제시한 B3 a에는 "운송계약"의 표제 밑에 "의무 없음"이라는 문언을 발견하게 된다. 또 당사자의 어느 누구도 상대방에게 의무를 부담하지 아니하는 경우에는, 당사자 쌍방에 관하여, 예컨대 보험에 관하여 "의무 없음"이라는 문언이 나타날 것이다.

위의 어느 경우에서든지, 당사자 일방이 상대방을 향하여 어떠한 직무를 이행할 "의무 없음"에 있다 하더라도, 이것은 자신의 이익을 위하여도 당해직무를 이행할 필요가 없음을 의미하지 아니한다는 사실을 지적하는 것이 중요하다. 그러므로 예컨대 CFR 매수인은 B3에 따라 매도인에 대하여 전혀 보험계약을 체결할 의무를 부담하지 아니한다 하더라도, 매도인이 A3에 따라 보험부보를 주선할 의무가 없기 때문에, 매수인 자신의 이익을 위하여 분명히 그러한 계약을 체결할 필요가 있다.

11. 인코텀즈의 변형

실제적으로 당사자들은 흔히 스스로 어느 인코텀에 문언을 추가함으로써 그 거래조건이 나타내는 것보다 훨씬 더 정확성을 추구하고자 하는 경우가 있다. 인코텀즈는 그러한 추가사항에 대하여는 어떠한 지침도 제시하지 아니하고 있다는 사실이 강조되어야 한다. 그러므로 당사자들은 그러한 추가사항의 해석에 있어서 거래의 확립된 관습을 찾을 수 없는 경우에는, 추가사항에 대한 일치된 이해가 증명될 수 없을 때 심각한 문제에 직면할 수 있다.

예컨대 "적부필 FOB" 또는 "적재필 EXW"라는 보편적인 표현이 사용되는 경우에는, 매도인의 의무가 물품을 본선 또는 차량에 각각 현실적으로 적재하는 비용에까지 확장될 뿐만 아니라 적부 및 적재과정에서 물품의 우연한 멸실 또는 손상의 위험도 포함한다는 취지로 범세계적인 이해를 확립하는 것은 불가능하다. 이러한 이유 때문에, 당사자들은 매도인이 적부 및 적재업무의 역할 또는 비용을 부담하는 것만을 의미하는지, 또는 그 적부 및 적재가 현실적으로 완성된 때까지의 위험도 매도인의 부담으로 하는 것인지를 명확히 하도록 강력히 권고되고 있다. 이것은 인코텀즈가 해답을 제공하지 못하는 문제이다. 결과적으로 계약이 당사자들의 의도를 분명하게 기술하지 못하는 경우에는, 당사자들은 많은 불필요한 분쟁과 비용에 노출될 수 있다.

2000년 인코텀즈는 보편적으로 사용되는 이들 다수의 변형에 대하여는 규정하지 아니하더라도, 일부 정형거래조건들의 전문에서는 당사자들이 인코텀즈의 규정을 초월하기를 원하는 경우에 다음과 같이 특별한 계약적인 거래조건의 필요성에 대하여 당사자들에게 주의시키고 있다.

EXW 매도인이 매수인의 집화 차량에 물품을 적재할 추가의무,
CIF/CIP 매수인의 추가적인 보험의 필요성,
DEQ 매도인의 양륙 후의 비용을 지급할 추가의무.

일부의 경우에는 매도인과 매수인이 정기선거래와 용선계약거래의 상관습을 참조하고 있다. 이러한 사정에서는, 운송계약에 따른 당사자들의 의무와 매매계약에 따른 각 상대방에 대한 이들의 의무를 명확히 구별하는 것이 필요하다. 불행하게도 "정기선조건"과 "터미널취급료" 등의 표현에 대하여는 권위 있는 정의가 전혀 없다. 그러한 거래조건하에서 비용의 분담은 장소에 따라 달라질 수 있고 시간에 따라 변경될 수 있다. 당사자들은 그러한 비용을 상호간에 어떻게 분담할 것인지를 매매계약상에 명확히 하도록 권고되어진다.

용선계약에서 흔히 사용되는 표현으로서, "적부필FOB," "적부 · 정리필 FOB" 등은 FOB하에서 매도인이 본선의 갑판상에서 물품의 적부와 정리를 이

행하여야 할 범위를 명확히 하기 위하여 매매계약에 가끔 사용된다. 그러한 문언이 추가되는 경우에는, 추가의무가 비용만에 관한 것인지 또는 비용과 위험 모두에 관한 것인지를 매매계약상에 명확히 하는 것이 필요하다.

전술된 바와 같이, 인코텀즈가 가장 보편적인 상관습을 반영한다는 것을 확실히 하기 위하여 모든 노력이 경주되었다. 그러나 일부의 경우, 특히 2000년 인코텀즈가 1990년 인코텀즈와 다른 경우에 있어서는, 당사자들은 정형거래조건이 다르게 적용되기를 원할 수 있다. 당사자들은 거래조건의 전문에서 "그러나"라는 문언으로 표시된 그러한 선택방법에 대하여 기억하여야 한다.

12. 항구 또는 특정거래의 관습

인코텀즈는 상이한 무역거래나 지역에서 사용될 일련의 거래조건들을 제공하기 때문에 당사자들의 의무를 정확히 규정한다는 것은 항상 불가능하다. 그러므로 어느 정도까지는 항구 또는 특정거래에 관습 또는 당사자들 자신이 종래의 거래에서 이미 확립하였을 수 있는 관례는 참조하는 것이 필요하다 (1980년 국제물품매매계약에 관한 유엔협약 제 9 조 참조). 물론 매도인과 매수인은 그들이 계약을 협상할 때에는 스스로 그러한 관습을 정히 알고 있어야 하고, 불확실성이 발생할 때에도 항상 그들의 매매계약상에 적절한 조항을 둠으로써 그들의 법적 지위를 명확히 하는 것이 바람직하다. 개별적인 계약상의 그러한 특별한 조항은 인코텀즈상의 여러 가지 해석 규칙으로서 규정되어 있는 어떠한 것보다 우선하거나 이를 변경할 것이다.

13. 선적장소에 관한 매수인의 선택권

일부의 사정에서는 매매계약이 체결된 당시에 매도인이 운송을 위하여 물품을 인도하여야 할 정확한 지점 또는 심지어 장소에 관하여 정확히 판단하는 것이 불가능할 수도 있다. 예컨대 계약체결의 단계에서는 단지 어느 "구역" 또는 다소 광범한 장소, 예컨대 해상항구로만 명시되어 있을 수 있으며, 따라서 매수인이 그 구역 또는 장소 내에서 보다 정확한 지점을 추후에 지정할 권리 또는 의무를 갖는다는 것이 통상적으로 규정되어 있다. 매수인이 전술한 바와 같이 정확한 지점을 지정할 의무를 가지고 있으면서 그 의무를 이행하지 아니한 경우에는, 그러한 의무를 이행하지 아니함으로써 발생하는 위험과 추가적인 비용을 부담할 책임이 있게 될 것이다(거래조건 전체의 B5/B7). 나아가 매수인이 그 지점을 지정할 자신의 권리를 행사하지 아니하게 되면, 이는 매도인에게 자신의 목적에 가장 적합한 지점을 선택할 권리를 부여할 수 있다(FCA A5).

14. 통 관

"통관"이라는 용어는 오해를 야기시켜 왔다. 그러므로 수입 또는 수출국가의 세관을 거쳐 물품을 통과시키는 것과 관련한 의무를 부담하는 매도인 또는 매수인의 의무에 대하여 언급할 때에는, 항상 이러한 의무는 관세와 기타 부과금의 지급을 포함할 뿐만 아니라 세관을 거치는 물품의 통과와 관련되는 모든 행정적인 의무의 이행과 지급 및 이와 관련된 당국의 정보도 포함한다는 사실이 이제 명확하게 되었다. 더구나 매우 잘못된 것이긴 하지만, 유럽연합의 역내무역 또는 기타 자유무역지역에서와 같이 더이상 관세를 지급할 어떠한 의무가 없고 수입 또는 수출에 관련한 제한이 없는 때에도, 물품의 통관의무를 다루는 거래조건을 사용하는 것이 일부의 지역에서는 부적절하다고 여겨져 왔다. 그러한 입장을 명확히 하기 위하여, 통관절차가 요구되지 아니하는 경우에도 어떠한 애매함이 없이 이를 사용할 수 있도록 "적용가능한 경우"라는 문언을 관련된 인코텀즈의 A2 및 B2, A6 및 B6에 추가하였다.

통관은 그러한 통관이 이행되어야 하는 국가에 거주하는 당사자에 의하거나 또는 적어도 그 곳에서 그를 대리하는 어떠한 자에 의하여 이행되는 것이 일반적으로 바람직하다. 그러므로 수출상이 일반적으로 물품을 수출통관하여야 하고, 반면에 수입상이 물품을 수입통관하여야 한다.

1990년 인코텀즈는 정형거래조건 EXW와 FAS(매수인의 수출통관의무) 및 DEQ(매도인의 수입통관의무)하에서는 이를 이탈하였으나, 2000년 인코텀즈에서는 FAS와 DEQ의 경우 물품의 수출통관의무를 매도인에게, 그리고 물품의 수입통관의무를 매수인에게 각각 부과하고 있다. 반면에 매도인의 최소한의 의무를 대표하는 EXW는 변경 없이(매수인의 수출통관의무) 유지되어 있다.

DDP하에서는 특별히 매도인은 이 거래조건의 정확한 명칭인 관세지급인도로부터 도출되는 내용대로, 즉 물품을 수입통관하고 이에 따른 모든 관세를 지급할 것을 합의한다.

15. 포 장

대부분의 경우에는 당사자들은 목적지까지 물품의 안전한 운송을 위한 포장이 요구된다는 사실을 사전에 알고 있을 것이다. 그러나 매도인의 물품포장의무는 당면하는 운송의 형태와 기간에 따라 변하는 것이 당연하기 때문에, 매도인은 운송을 위하여 요구되는 그러한 방법으로, 그리고 다만 매매계약의 체결 전에 운송에 관한 사정이 매도인에게 알려진 범위 내에서 물품을 포장할 의무를 진다는 사실을 이에 약정할 필요가 있다(1980년 국제물품매매계약에 관한 유엔협약 제35조 제 1 항 및 제 2 항 b호를 참조하면, 물품은 포장을 포함하여 "계약체결시 매도인에게 명시적 또는 묵시적으로 알려진 어떠한 특정의 목적에 적합하여야 한다. 다만 사정에 따라 매수인이 매도인의 숙련도와 판단에 의존하지 아니하였거나 또는 의존하는 것이 불합리하였던 것으로 밝혀진 경우에는 제외한다").

16. 물품의 검사

대부분의 경우에는 매수인은 당연히 매도인에 의하여 물품이 운송을 위하여 교부되기 이전 또는 당시에 물품의 검사(소위 선적전검사 또는 PSI)를 이행하도록 통지받을 것이다. 계약에 별도의 약정이 없는 한, 매수인은 자신의 이익을 위하여 이행되는 그러한 검사의 비용을 스스로 지급하여야 한다. 그러나 검사가 매도인이 자신의 국가에서 물품의 수출에 적용되는 어떠한 강행규칙에 부합할 수 있도록 하기 위하여 행하여진 경우에는, EXW조건이 사용되지 아니하는 한 매도인은 그러한 검사의 비용을 지급하여야 한다. EXW의 경우에는 그러한 검사의 비용은 매수인의 부담에 속한다.

17. 운송방식과 이에 적합한 2000년 인코텀즈

모든 운송방식에 적합한 조건

E조건군	**EXW**	지저장소 공장인도
F조건군	**FCA**	지정장소 운송인인도
C조건군	**CPT**	지정장소 운송비지급인도
	CIP	지정목적지 운송비 · 보험료지급인도
D조건군	**DAF**	지정장소 국경인도
	DDU	지정목적지 관세미지급인도
	DDP	지정목적지 관세지급인도

해상 및 내수로운송만에 적합한 조건

F조건군	**FAS**	지정선적항 선측인도
	FOB	지정선적항 본선인도
C조건군	**CFR**	지정목적항 운임포함인도
	CIF	지정목적항 운임 · 보험료포함인도
D조건군	**DES**	지정목적항 착선인도
	DEQ	지정목적항 부두인도

18. 권고되는 사용방법

일부의 경우에는 전문에서 특정한 거래조건의 사용 또는 사용금지에 대하여 권고하고 있다. 이는 FCA 및 FOB 중에서의 선택에 관하여 특히 중요하다. 유감스럽게도 상인들은 매수인이 지정한 운송인에게 물품을 교부한 이후에도 매도인에게 위험을 야기시킨다는 점 때문에 전적으로 부적당한 때에도 FOB를 계속하여 사용하고 있다. FOB는 단지 물품이 "본선의 난간을 교차하여" 또는 어떠한 경우에도 본선에 인도하기로 의도되어 있는 경우이거나 또는 물품이 본선의 후속적인 진입을 위하여 운송인에게 교부되는, 예컨대 컨테이너에 적부되거나 또는 무개차나 화차상에 적재되는 소위 롤온—롤오프 운송이 아닌 경우에만 사용하기 적합하다. 그러므로 FOB 전문에서는 당사자들이 본선의 난간을 교차하는 인도를 의도하지 아니한 때에는 이 거래조건을 사용하여서는 아니 된다는 것을 강력히 경고하고 있다.

다른 운송방식이 예정되어 있는 때에도 역시 당사자들의 착오로 물품의 해상운송을 위하여 의도된 거래조건들을 사용하는 경우가 있다. 이것은 매도인으로 하여금 매수인에게 정당한 서류(예컨대 선화증권, 해상화물운송장 또는 상응한 전자통신문)를 제공하는 자신의 의무를 완수할 수 없는 불행한 입장에 처하게 할 수 있다. 상기 제17항에 인쇄된 표는 2000년 인코텀즈상의 어떠한 정형거래조건이 어떠한 운송방식에 사용하기 적합한가를 명확히 하고 있다. 그리고 각 거래조건의 전문에서도 그것이 모든 운송방식 또는 물품의 해상운송만에 사용될 수 있는지의 여부가 명시되어 있다.

19. 선화증권과 전자상거래

전통적으로 본선적재 선화증권은 CFR과 CIF조건하에서 매도인에 의하여 제시되는 유일하게 수리가능한 서류이었다. 선화증권은 다음의 세 가지 중요한 기능을 수행한다. 즉,

—선박의 갑판상에 물품을 인도한 증거,

—운송계약의 증명, 그리고

—제 3 자에게 종이서류를 이전함으로써 운송중인 물품에 대한 권리를 이전하는 수단 등.

선화증권 이외의 운송서류들은 상기의 첫 번째와 두 번째 기능을 수행하지만, 목적지에서 물품의 인도를 관리하거나 또는 매수인으로 하여금 그 종이서류를 자신의 매수인에게 제출함으로써 운송중인 물품을 매각하게 할 수는 없다. 대신에 기타의 운송서류들은 목적지에서 물품을 수령할 권리가 있는 당사자를 기명할 것이다. 목적지에서 운송인으로부터 물품을 취득하기 위하여 선화증권의 점유가 요구된다는 사실은 이를 전자통신수단으로 대체하는 것을 특히 어렵게 만든다.

나아가 선화증권은 여러 통의 원본으로 발행되는 것이 관습적이지만, 물론 어느 매수인 또는 그의 지시에 따라 매도인에게 지급하는 은행은 모든 원

본(소위 "전통")이 매도인에 의하여 제출되어야 한다는 점을 확실히 하는 것이 매우 중요하다. 이것은 또한 화환신용장에 관한 국제상업회의소 규칙(소위 국제상업회의소 신용장통일규칙 및 관례, "UCP,": 2000년 인코텀즈 간행일자 현행본: 국제상업회의소 간행물 번호 제500호)하에서의 요건이기도 하다.

운송서류는 운송인에게 물품이 인도되었음을 증명할 뿐만 아니라 운송인에 의하여 확인될 수 있는 한 그 물품이 양호한 상태 및 조건으로 수령되었다는 사실을 증명하여야 한다. 물품이 그러한 양호한 상태가 아님을 명시하는 운송서류상의 어떠한 부기는 그 서류를 "사고부"로 만들 것이며, 따라서 그것은 UCP하에서 수리되지 아니하는 것으로 된다.

선화증권의 특수한 법적 성질에도 불구하고 이것은 가까운 장래에 전자수단에 의하여 대체될 것으로 예상된다. 인코텀즈의 1990년 개정본은 이미 이와 같이 예상되는 진전을 적절히 고려하였었다. 제A8조에 따르면, 당사자들이 전자방식으로의 통신을 합의하는 한 종이서류는 전자통신문으로 대체될 수 있다. 그러한 통신문은 관계당사자에게 직접 또는 부가가치통신서비스를 제공하는 제 3 자를 통하여 송달될 수 있다. 제 3 자에 의하여 유용하게 제공될 수 있는 그러한 서비스의 하나는 선화증권의 연속되는 소지인의 등록업무이다. 소위 전자선화증권등록기구(BOLERO) 서비스와 같은 그러한 통신서비스를 제공하는 시스템은 나아가 국제해사위원회(CMI)의 1990년 전자선화증권에 관한 규칙 및 1996년 유엔국제무역법위원회(UNCITRAL)의 전자상거래에 관한 표준법 제16조 내지 제17조에 의하여 입증된 적절한 법적 규범들과 원칙들에 의한 지원을 요구할 수 있다.

20. 선화증권을 대신하는 비유통 운송서류

최근에는 서류업무의 상당한 간소화가 이루어져 왔다. 선화증권은 흔히 해상운송 이외의 운송방식에 사용되는 것과 유사한 비유통서류로 대체되는 경우가 있다. 이러한 서류들은 "해상화물운송장," "정기선화물운송장," "화물수령증" 또는 이러한 표현의 변형으로 칭하고 있다. 비유통서류는 매수인이 새로운 매수인에게 종이서류를 제출함으로써 운송중인 물품을 매각하고자 하는 경우를 제외하고는 아주 만족스럽게 사용될 수 있다. 이를 가능케 하기 위하여는, CFR과 CIF조건하에서 선화증권을 제공할 매도인의 의무가 필연적으로 지켜져야 한다. 그러나 매수인이 운송중인 물품을 매각할 의사가 없다는 사실을 계약당사자들이 알고 있는 때에는, 그들은 매도인에게 선화증권의 제공의무를 면제시키기로 특별히 합의할 수 있으며, 그렇지 아니하면 그들의 선화증권의 제공에 대한 요구가 없는 경우에는 CPT와 CIP를 사용할 수도 있다.

21. 운송인에 대한 지시권

"C"조건하에서 물품의 대금을 지급하는 매수인은 지급시에 매도인이 운송인에게 새로운 지시를 하여 물품을 처분하지 못하도록 확실히 하여야 한다. 특정의 운송방식(항공, 도로 또는 철도)에 사용되는 일부의 운송서류는 매수인에게 어느 특정의 화물운송장 원본 또는 부본을 제공함으로써, 매도인이 운송인에게 그러한 새로운 지시를 하지 못하게 할 수 있는 가능성을 계약당사자들에게 제공한다. 그러나 해상운송에서 선화증권을 대신하여 사용되는 서류들은 일반적으로 그러한 금지의 기능을 포함하지 아니한다. 국제해사위원회는 1990년 "해상화물운송장에 관한 통일규칙"을 보급함으로써 상술한 서류들의 이러한 단점을 보완하여 왔는데, 이 규칙에서는 매도인이 운송인에게 지시하여 물품을 화물운송장상에 규정된 이외의 어떠한 자에게 또는 제 3 의 장소에서 인도할 수 있게 하는 물품처분을 포기한다는 "처분금지"(no disposal) 조항을 당사자들이 삽입할 수 있도록 하고 있다.

22. 국제상업회의소의 중재

계약상대방과 분쟁이 발생하는 경우에 국제상업회의소의 중재에 회부할 가능성을 갖기를 원하는 계약당사자들은 그들의 계약서상에 또는 단일의 계약서류가 존재하지 아니하는 경우에는 상호간의 합의를 구성하는 통신문의 교환으로 국제상업회의소의 중재에 관한 별도의 명확한 규정을 두어야 한다. 어느 계약서상에 또는 이와 관련된 통신문상에 하나 또는 그 이상의 인코텀즈를 삽입한다는 사실 그 자체가 곧 국제상업회의소의 중재에 회부하기로 하는 합의를 구성하는 것은 아니다.

국제상업회의소는 다음과 같은 표준중재조항을 권고하고 있다.

"이 계약으로 인하여 또는 이와 관련하여 발생하는 모든 분쟁은 국제상업회의소의 중재규칙에 따라 선정된 단독 또는 그 이상의 중재인에 의하여 이 규칙하에서 최종적으로 해결하는 것으로 한다."

Ⅱ. 2000년 인코텀즈의 13가지 정형거래조건

1. E조건군: 출발지인도

1) EXW: Ex Works(…named place)

공장인도(지정 장소)

"공장인도"라 함은 매도인이 물품을 수출통관하지 아니하고, 어떤 집화차량에 적재하지 아니한 상태로 자신의 구내 또는 기타 지정된 장소(예컨대 작업장, 공장, 창고 등)에서 매수인의 임의처분상태로 둘 때에 인도하는 것을 의미한다.

따라서 이 조건은 매도인에 대한 최소한의 의무를 나타내며, 또한 매수인은 매도인의 구내로부터 물품을 수령하는 데 수반되는 모든 비용과 위험을 부담하여야 한다.

그러나 당사자들간에 매도인이 출발시 물품의 적재에 대한 책임을 지고 그러한 적재의 위험과 모든 비용을 부담할 것을 원하는 경우에는, 매매계약상에 이러한 취지의 명시적인 문언을 추가함으로써 이를 명확히 하여야 한다. 이 조건은 매수인이 직접 또는 간접적으로 수출절차를 이행할 수 없을 경우에는 사용되어서는 아니 된다. 그러한 상황에서는, 매도인이 자신의 비용과 위험으로 적재할 것을 합의하는 한, 운송인인도(FCA) 조건이 사용되어야 한다.

A1 계약과 일치하는 물품의 제공

매도인은 매매계약과 일치하는 물품과 상업송장 또는 이와 상응한 전자통신문, 그리고 계약에 의하여 요구되는 기타 모든 일치의 증명서류를 제공하여야 한다.

B1 대금의 지급

매수인은 매매계약에 약정된 대로 대금을 지급하여야 한다.

A2 허가, 승인 및 통관절차

매도인은 매수인의 요청과 위험 및 비용부담으로 적용가능한 경우에는 모든 수출허가 또는 물품의 수출에 필요한 기타 공적인 승인을 취득하는 데 모든 협조를 매수인에게 제공하여야 한다.

B2 허가, 승인 및 통관절차

매수인은 자신의 위험과 비용부담으로 모든 수출 및 수입허가 또는 기타 공적인 승인을 취득하여야 하며, 또 적용가능한 경우에는 물품의 수출을 위한 모든 통관절차를 이행하여야 한다.

A3 운송 및 보험계약

a) 운송계약　　　의무 없음

b) 보험계약　　　의무 없음

B3 운송 및 보험계약

a) 운송계약　　　의무 없음

b) 보험계약　　　의무 없음

A4 인도

매도인은 물품을 어떠한 집화 차량에 적재하지 아니하고, 합의된 일자 또는 기간 내에 또는 그러한 시기가 합의되지 아니한 경우에는 그러한 물품의 인도를 위한 통상적인 시기에 지정된 인도장소에서 이를 매수인의 임의처분 상태로 두어야 한다. 지정된 장소 내에서 특정한 지점이 합의되지 아니하였거나 또는 이용가능한 지점이 여러 곳에 있는 경우에는, 매도인은 그 인도장소에서 자신의 목적에 가장 적합한 지점을 선택할 수 있다.

B4 인도의 수령

매수인은 물품이 A4 및 A7/B7에 따라 인도된 때에 물품의 인도를 수령하여야 한다.

A5 위험의 이전

매도인은 B5에 규정된 경우를 제외하고, 물품이 A4에 따라 인도된 그 때까지 물품의 멸실 또는 손상의 모든 위험을 부담하여야 한다.

B5 위험의 이전

매수인은 다음과 같은 때부터 물품의 멸실 또는 손상의 모든 위험을 부담하여야 한다.

• 물품이 A4에 따라 인도된 때부터, 그리고

• 매수인이 B7에 따른 통지를 하지 아니함으로써 야기되는 경우에는, 인도수령을 위하여 합의된 일자 또는 지정된 모든 기간의 만기일로부터, 그러나 다만 물품은 계약에 정히 충당, 즉 계약물품으로서 명확히 구분되어 있거나 또는 기타의 방법으로 특정되어 있어야 한다.

A6 비용의 분담

매도인은 B6에 규정된 경우를 제외하고, 물품이 A4에 따라 인도된 그 때까지 물품에 관련된 모든 비용을 지급하여야 한다.

B6 비용의 분담

매수인은 다음과 같은 비용을 지급하여야 한다.

• 물품이 A4에 따라 인도된 때부터 물품에 관련된 모든 비용, 그리고

• 물품이 매수인의 임의처분상태로 둔 때에 물품의 인도를 수령하지 아니하거나 또는 B7에 따른 적절한 통지를 하지 아니함으로써 발생된 모든 추가적인 비용. 그러나 다만 물품은 계약에 정히 충당, 즉 계약물품으로서 명확히 구분되어 있거나 또는 기타의 방법으로 특정되어 있어야 한다. 그리고 적용가능한 경우에는, 물품의 수출시에 지급되는 모든 관세, 조세 및 기타 부과금뿐만 아니라 통관절차를 이행하는 비용.

매수인은 A2에 매도인이 협조를 제공함으로써 발생된 모든 비용과 부과금을 보상하여야 한다.

A7 매수인에 대한 통지

매도인은 물품이 매수인의 임의처분상태로 두어야 할 시기 및 장소에 관하여 매수인에게 충분한 통지를 하여야 한다.

B7 매도인에 대한 통지

매수인은 합의된 기간 내에 인도수령의 시기 및/또는 장소를 결정할 권한이 주어진 때에는, 항상 이에 관하여 매도인에게 충분한 통지를 하여야 한다.

A8 인도의 증거, 운송서류 또는 상응한 전자통신문

의무 없음.

B8 인도의 증거, 운송서류 또는 상응한 전자통신문

매수인은 인도를 수령하였다는 적절한 증거를 매도인에게 제공하여야 한다.

A9 점검 · 포장 · 화인

매도인은 물품을 매수인의 임의처분상태로 두기 위하여 필요한 물품점검 업무(품질, 용적, 중량, 수량점검 등)의 비용을 지급하여야 한다.

매도인은(특정거래에서 계약명세의 물품을 무포장으로 이용가능하게 하는 것이 관례가 아닌 한) 자신의 비용부담으로 운송에 관련한 사정(예컨대 운송방식, 목적지)이 매매계약의 체결 전에 매도인에게 알려진 범위 내에서 그 물품의 운송에 필요한 포장을 제공하여야 한다. 포장에는 적절한 화인이 있어야 한다.

B9 물품의 검사

매수인은 수출국가의 당국이 지정한 검사를 포함하여 모든 선적전검사의 비용을 지급하여야 한다.

A10 기타의 의무

매도인은 매수인의 요청과 위험 및 비용부담으로 매수인이 물품의 수출 및/또는 수입, 그리고 필요한 경우 제3국으로의 통과를 위하여 요구할 수 있는 인도국가 및/또는 원산지국가에서 발행되거나 교부되는 모든 서류 또는 이와 동등한 전자통신문을 취득하는 데 모든 협조를 매수인에게 제공하여야 한다.

매도인은 매수인의 요청에 따라 보험계약을 체결하는 데 필요한 정보를 매수인에게 제공하여야 한다.

B10 기타의 의무

매수인은 A10에 명시된 서류 또는 이와 상응한 전자통신문을 취득하는 데 발생된 모든 비용과 부과금을 지급하여야 하며, 또 동조에 따라 매도인이 협조를 제공함으로써 발생된 모든 비용과 부과금을 보상하여야 한다.

2. F. 조건군: 주운임미지급인도

1) FCA: Free Carrier(…named place)

운송인인도(지정 장소)

"운송인인도"라 함은 매도인이 물품을 수출통관하고, 지정된 장소에서 매수인에 의하여 지정된 운송인에게 인도하는 것을 의미한다. 인도장소의 선택은 그 장소에서의 물품의 적재 및 양화의무에 영향을 미친다는 사실에 유의하여야 한다. 인도가 매도인의 구내에서 이루어지는 경우에는, 매도인은 적재의 책임을 부담한다. 인도가 그 밖의 장소에서 이루어지는 경우에는, 매도인은 양화의 책임을 부담하지 아니한다.

이 조건은 복합운송을 포함하여 운송방식에 관계없이 사용될 수 있다.

"운송인"이라 함은 운송계약에 있어서 철도, 도로, 항공, 해상, 내수로 또는 이들의 복합방식에 의하여 운송을 이행하거나 또는 그 이행을 주선할 것을 약정하는 모든 자를 의미한다.

이처럼 매수인이 물품을 수령할 운송인 이외의 자를 지정한 경우에는, 매도인은 물품이 그러한 자에게 인도되는 때에 물품인도의무는 이행된 것으로 간주된다.

A1 계약과 일치하는 물품의 제공

매도인은 매매계약과 일치하는 물품과 상업송장 또는 이와 상응한 전자통신문, 그리고 계약에 의하여 요구되는 기타 모든 일치의 증명서류를 제공하여야 한다.

B1 대금의 지급

매수인은 매매계약에 약정된 대로 대금을 지급하여야 한다.

A2 허가, 승인 및 통관절차

매도인은 자신의 위험과 비용부담으로 모든 수출허가 또는 기타 공적인 승인을 취득하여야 하며, 또 적용가능한 경우에는 물품의 수출에 필요한 모든 통관절차를 이행하여야 한다.

B2 허가, 승인 및 통관절차

매수인은 자신의 위험과 비용부담으로 모든 수입허가 또는 기타 공적인 승인을 취득하여야 하며, 또 적용가능한 경우에는 물품의 수입 및 제3국으로의 통과를 위한 모든 통관절차를 이행하여야 한다.

A3 운송 및 보험계약

a) 운송계약 의무 없음. 그러나 매수인의 요청이 있는 경우 또는 상관습이 있는 경우에는, 매수인이 적기에 그 반대의 지시를 하지 아니하는 한, 매도인은 매수인의 위험과 비용부담으로 통상적인 조건의 운송계약을 체결할

수 있다. 상기의 어느 경우에 있어서도, 매도인은 운송계약의 체결을 거절할 수 있으며, 그러한 경우에는 매수인에게 그 취지를 즉시 통지하여야 한다.

b) 보험계약　　의무 없음.

B3 운송 및 보험계약

a)운송계약　　매수인은 A3 a의 규정에 따라 운송계약을 매도인이 체결하는 때를 제외하고, 자신의 비용부담으로 지정된 장소로부터 물품의 운송계약을 체결하여야 한다.

b) 보험계약　　의무 없음.

A4 인도

매도인은 인도를 위하여 합의된 일자 또는 기간 내에 지정된 장소에서 매수인에 의하여 지정되거나 또는 A3 a에 따라 매도인에 의하여 선택된 운송된 또는 기타의 자에게 물품을 인도하여야 한다.

인도는 다음과 같은 때에 완성된다.

a) 지정된 장소가 매도인의 구내인 경우에는, 물품이 매수인에 의하여 지정된 운송인 또는 운송인을 대리하는 기타의 자에 의하여 제공된 운송수단상에 적재된 때.

b) 지정된 장소가 a 이외의 모든 장소인 경우에는, 물품이 매도인의 운송수단상에서 양화되지 아니하고, 매수인에 의하여 지정되거나 또는 A3 a에 따라 매도인에 의하여 선택된 운송인 또는 기타 자의 임의처분상태로 둔 때.

지정된 장소 내에서 특정한 지점이 합의되지 아니하였거나 또는 이용가능한 지점이 여러 곳에 있는 경우에는, 매도인은 그 인도장소에서 자신의 목적에 가장 적합한 지점을 선택할 수 있다.

매수인으로부터 정확한 지시가 없는 경우에는, 매도인은 운송방식 및/또는 물품의 수량 및/또는 성질에 따라 요구되는 그러한 방법으로 운송하도록 물품을 인도할 수 있다.

B4 인도의 수령

매수인은 물품이 A4에 따라 인도된 때에 물품의 인도를 수령하여야 한다.

A5 위험의 이전

매도인은 B5에 규정된 경우를 제외하고, 물품이 A4에 따라 인도된 그 때까지 물품의 멸실 또는 손상의 모든 위험을 부담하여야 한다.

B5 위험의 이전

매수인은 다음과 같은 때부터 물품의 멸실 또는 손상의 모든 위험을 부담하여야 한다.

• 물품이 A4에 따라 인도된 때부터, 그리고

• 매수인이 A4에 따른 운송인 또는 기타의 자를 지정하지 아니함으로써, 또는 운송인 또는 매수인에 의하여 지정된 당사자가 합의된 시기에 물품을 자신의 관리하에 수령하지 아니함으로써, 또는 매수인이 B7에 따른 적절한 통지를 하지 아니함으로써 야기되는 경우에는, 인도를 위하여 합의된 일자 또는 합의된 모든 기간의 만기일로부터. 그러나 다만 물품은 계약에 정히 충당, 즉 계약물품으로서 명확히 구분되어 있거나 또는 기타의 방법으로 특정되어 있어야 한다.

A6 비용의 분담

매도인은 B6에 규정된 경우를 제외하고, 다음과 같은 비용을 지급하여야 한다.

• 물품이 A4에 따라 인도된 그 때까지 물품에 관련된 모든 비용, 그리고

• 적용가능한 경우에는, 수출시에 지급되는 통관절차의 비용뿐만 아니라 모든 관세, 조세 및 기타 부과금.

B6 비용의 분담

매수인은 다음과 같은 비용을 지급하여야 한다.

• 물품이 A4에 따라 인도된 때부터 물품에 관련된 모든 비용, 그리고

• 매수인이 A4에 따른 운송인 또는 기타의 자를 지정하지 아니함으로써, 또는 매수인에 의하여 지정된 당사자가 합의된 시기에 물품을 자신의 관리하에 수령하지 아니함으로써, 또는 매수인이 B7에 따른 적절한 통지를 하지 아니함으로써 발생된 모든 추가적인 비용. 그러나 다만 물품은 계약에 정히 충당, 즉 계약물품으로서 명확히 구분되어 있거나 또는 기타의 방법으로 특정되어 있어야 한다. 그리고

• 적용가능한 경우에는, 물품의 수입시 및 제 3 국으로의 통과를 위하여 지급되는 모든 관세, 조세 및 기타 부과금뿐만 아니라 통관절차를 이행하는 비용.

A7 매수인에 대한 통지

매도인은 물품이 A4에 따라 인도되었다는 사실에 관하여 매수인에게 충분한 통지를 하여야 한다. 운송인이 합의된 시기에 A4에 따라 인도를 수령하지 아니하는 경우에는, 매도인은 이를 즉시 매수인에게 통지하여야 한다.

B7 매도인에 대한 통지

매수인은 A4에 지정된 당사자의 명의에 관하여 매도인에게 충분한 통지를 하여야 하며, 또 필요한 경우 운송방식뿐만 아니라 그 당사자에게 물품을 인도할 일자 또는 기간, 그리고 경우에 따라 그 당사자에게 물품이 인도되어야 할 장소 내의 지점을 명시하여야 한다.

A8 인도의 증거, 운송서류 또는 상응한 전자통신문

매도인은 자신의 비용부담으로 A4에 따른 물품인도의 통상적인 증거를 매수인에게 제공하여야 한다.

전항에 언급된 서류가 운송서류가 아닌 경우에는, 매도인은 매수인의 요청과 위험 및 비용부담으로 운송계약에 관한 운송서류(예컨대 유통선화증권, 비유통해상화물운송장, 내수로 운송서류, 항공화물운송장, 철도화물수탁서, 도로화물수탁서 또는 복합운송서류)를 취득하는 데 모든 협조를 매수인에게 제공하여야 한다.

매도인과 매수인이 전자방식으로의 통신을 합의한 때에는, 전항에 언급된 서류는 이와 상응한 전자문서교환(DEI)통신문으로 대체될 수 있다.

B8 인도의 증거, 운송서류 또는 상응한 전자통신문

매수인은 A4에 따른 인도의 증거를 수리하여야 한다.

A9 점검 · 포장 · 화인

매도인은 물품을 A4에 따라 인도하기 위하여 필요한 물품점검업무(품질, 용적, 중량, 수량점검 등)의 비용을 지급하여야 한다.

매도인은(특정거래에서 계약명세의 물품을 무포장으로 송부하는 것이 관례가 아닌 한) 자신의 비용부담으로 운송에 관련한 사정(예컨대 운송방식, 목적지)이 매매계약의 체결 전에 매도인에게 알려진 범위 내에서 그 물품의 운송에 필요한 포장을 제공하여야 한다. 포장에는 적절한 화인이 있어야 한다.

B9 물품의 검사

매수인은 수출국가의 당국이 지정한 검사를 제외하고, 모든 선적전검사의 비용을 지급하여야 한다.

A10 기타의 의무

매도인은 매수인의 요청과 위험 및 비용부담으로 매수인이 물품의 수입 및 필요한 경우 제 3 국으로의 통과를 위하여 요구할 수 있는 인도 국가 및/또는 원산지국가에서 발행되거나 교부되는 모든 서류 또는 이와 상응한 전자통신문(A8에 명시된 것 이외)을 취득하는 데 모든 협조를 매수인에게 제공하여야 한다.

매도인은 매수인의 요청에 따라 보험계약을 체결하는 데 필요한 정보를 매수인에게 제공하여야 한다.

B10 기타의 의무

매수인은 A10에 명시된 서류 또는 이와 동등한 전자통신문을 취득하는 데 발생된 모든 비용과 부과금을 지급하여야 하며, 또 A3 a에 따라 매도인이 협조를 제공하고 운송계약을 체결함으로써 발생된 모든 비용과 부과금을 보상하여야 한다.

매수인은 A3 a에 따라 운송계약의 체결에 매도인의 협조가 요구되는 때에는 항상 매도인에게 적절한 지시를 하여야 한다.

2) FAS: Free Alongside Ship(…named port of shipment)

선측인도(지정 선적항)

"선측인도"라 함은 물품이 지정된 선적항에서 본선의 선측에 둘 때 매도인이 인도하는 것을 의미한다. 이는 매수인이 그 지점으로부터 물품에 대한 모든 비용과 멸실 또는 손상의 위험을 부담하여야 한다는 것을 의미한다.

선측인도조건은 매도인이 물품의 수출통관을 이행할 것을 요구하고 있다.

이는 매수인이 수출통관을 이행할 것을 요구하였던 종래의 인코텀즈판과는 반대되는 것이다.

그러나 당사자들간에 매수인이 물품의 수출통관을 이행할 것을 원하는 경우에는, 매매계약상에 이러한 취지의 명시적인 문언을 추가함으로써 이를 명확히 하여야 한다.

이 조건은 해상운송, 내수로운송에만 사용될 수 있다.

A1 계약과 일치하는 물품의 제공

매도인은 매매계약과 일치하는 물품과 상업송장 또는 이와 상응한 전자통신문, 그리고 계약에 의하여 요구되는 기타 모든 일치의 증명서류를 제공하여야 한다.

B1 대금의 지급

매수이는 매매계약에 약정된 대로 대금을 지급하여야 한다.

A2 허가, 승인 및 통관절차

매도인은 자신의 위험과 비용부담으로 모든 수출허가 또는 기타 공적인 승인을 취득하여야 하며, 또 적용가능한 경우에는 물품의 수출에 필요한 모든 통관절차를 이행하여야 한다.

B2 허가, 승인 및 통관절차

매수인은 자신의 위험과 비용부담으로 모든 수입 허가 또는 기타 공적인 승인을 취득하여야 하며, 또 적용가능한 경우에는 물품의 수입 및 제 3 국으로의 통과를 위한 모든 통관절차를 이행하여야 한다.

A3 운송 및 보험계약

a) 운송계약　　의무 없음

b) 보험계약　　의무 없음

B3 운송 및 보험계약

a) 운송계약　　매수인은 자신의 비용부담으로 지정된 선적항으로부터 물품의 운송계약을 체결하여야 한다.

b) 보험계약　　의무 없음

A4 인　　도

매도인은 합의된 일자 또는 기간 내에 지정된 선적항에서 그 항구의 관습적인 방법에 따라 물품을 매수인에 의하여 지정된 적재장소에 있는 매수인에 의하여 지정된 선박의 선측에 두어야 한다.

B4 인도의 수령

매수인은 물품이 A4에 따라 인도된 때에 물품의 인도를 수령하여야 한다.

A5 위험의 이전

매도인은 B5에 규정된 경우를 제외하고, 물품이 A4에 따라 인도된 그 때까지 물품의 멸실 또는 손상의 모든 위험을 부담하여야 한다.

B5 위험의 이전

매수인은 다음과 같은 때부터 물품의 멸실 또는 손상의 모든 위험을 부담하여야 한다.

• 물품이 A4에 따라 인도된 때부터, 그리고

• 매수인이 B7에 따른 통지를 하지 아니함으로써, 또는 매수인에 의하여 지정된 선박이 정시에 도착하지 아니하거나 또는 그 선박이 물품을 수령할 수 없거나 또는 B7에 따라 통지된 시기보다 일찍 화물을 마감함으로써 야기되는 경우에는, 인도를 위하여 합의된 일자 또는 합의된 기간의 만기일로부터, 그러나 다만 물품은 계약에 정히 충당, 즉 계약물품으로서 명확히 구분되어 있거나 또는 기타의 방법으로 특정되어 있어야 한다.

A6 비용의 분담

매도인은 B6에 규정된 경우를 제외하고, 다음과 같은 비용을 지급하여야 한다.

• 물품이 A4에 따라 인도된 그 때까지 물품에 관련된 모든 비용, 그리고

• 적용가능한 경우에는, 수출시에 지급되는 통관절차의 비용뿐만 아니라 모든 관세, 조세 및 기타 부과금

B6 비용의 분담

매수인은 다음과 같은 비용을 지급하여야 한다.

• 물품이 A4에 따라 인도된 때부터 물품에 관련된 모든 비용, 그리고

• 매수인에 의하여 지정된 선박이 정시에 도착하지 아니하거나 또는 그 선박이 물품을 수령할 수 없거나 또는 B7에 따라 통지된 시기보다 일찍 화물을 마감함으로써, 또는 매수인이 B7에 따른 적절한 통지를 하지 아니함으로써 발생된 모든 추가적인 비용, 그러나 다만 물품은 계약에 정히 충당, 즉 계약물품으로서 명확히 구분되어 있거나 또는 기타의 방법으로 특정되어 있어야 한다. 그리고

• 적용가능한 경우에는, 물품의 수입시 및 제3국으로의 통과를 위하여 지급되는 모든 관세, 조세 및 기타 부과금뿐만 아니라 통관절차를 이행하는 비용.

A7 매수인에 대한 통지

매도인은 물품이 지정된 선박의 선측에 인도되었다는 사실에 관하여 매수인에게 충분한 통지를 하여야 한다.

B7 매도인에 대한 통지

매수인은 선박명, 적재지점 및 필요한 인도시기에 관하여 매도인에게 충분한 통지를 하여야 한다.

A8 인도의 증거, 운송서류 또는 상응한 전자통신문

매도인은 자신의 비용부담으로 A4에 따른 물품인도의 통상적인 증거를 매수인에게 제공하여야 한다.

전항에 언급된 서류가 운송서류가 아닌 경우에는, 매도인은 매수인의 요청과 위험 및 비용부담으로 운송서류(예컨대 유통선화증권, 비유통해상화물운송장, 내수로 운송서류)를 취득하는 데 모든 협조를 매수인에게 제공하여야 한다.

매도인과 매수인이 전자방식으로의 통신을 합의한 때에는, 전항에 언급된 서류는 이와 상응한 전자문서교환(FDI) 통신문으로 대체될 수 있다.

B8 인도의 증거, 운송서류 또는 상응한 전자통신문

매수인은 A8에 따른 인도의 증거를 수리하여야 한다.

A9 점검 · 포장 · 확인

매도인은 물품을 A4에 따라 인도하기 위하여 필요한 물품점검업무(품질, 용적, 중량, 수량점검 등)의 비용을 지급하여야 한다.

매도인은(특정거래에서 계약명세의 물품을 무포장으로 선적하는 것이 관례가 아닌 한) 자신의 비용부담으로 운송에 관련한 사정(예컨대 운송방식, 목적지)이 매매계약의 체결 전에 매도인에게 알려진 범위 내에서 그 물품의 운송에 필요한 포장을 제공하여야 한다. 포장에는 적절한 화인이 있어야 한다.

B9 물품의 검사

매수인은 수출국가의 당국이 지정한 검사를 제외하고, 모든 선적전검사의 비용을 지급하여야 한다.

A10 기타의 의무

매도인은 매수인의 요청과 위험 및 비용부담으로 매수인이 물품의 수입 및 필요한 경우 제 3 국으로의 통과를 위하여 요구할 수 있는 선적국가 및/ 또는 원산지국가에서 발행되거나 교부되는 모든 서류 또는 이와 동등한 전자통신문(A8에 명시된 것 이외)을 취득하는 데 모든 협조를 매수인에게 제공하여야 한다.

매도인은 매수인의 요청에 따라 보험계약을 체결하는 데 필요한 정보를 매수인에게 제공하여야 한다.

B10 기타의 의무

매수인은 A10에 명시된 서류 또는 이와 상응한 전자통신문을 취득하는데 발생된 모든 비용과 부과금을 지급하여야 하며, 또 동조에 따라 매도인이 협조를 제공함으로써 발생된 모든 비용과 부과금을 보상하여야 한다.

3) FOB: Free On Board(…named port of shipment)

본선인도(지정 선적항)

"본선인도"라 함은 물품이 지정된 선적항에서 본선의 난간을 통과하는 때에 매도인이 인도하는 것을 의미한다. 이는 매수인이 그 지점으로부터 물품에 대한 모든 비용과 멸실 또는 손상의 위험을 부담하여야 한다는 것을 의미한다. 본선인도 조건은 매도인이 물품의 수출통관을 이행할 것을 요구하고 있다. 이 조건은 단지 해상운송 또는 내수로운송에만 사용될 수 있다. 당사자들이 본선의 난간을 교차하여 물품을 인도할 의도가 없는 경우에는, 운송인인도 조건을 사용하여야 한다.

A1 계약과 일치하는 물품의 제공

매도인은 매매계약과 일치하는 물품과 상업송장 또는 이와 상응한 전자통신문, 그리고 계약에 의하여 요구되는 기타 모든 일치의 증명서류를 제공하여야 한다.

B1 대금의 지급

매수인은 매매계약에 약정된 대로 대금을 지급하여야 한다.

A2 허가, 승인 및 통관절차

매도인은 자신의 위험과 비용부담으로 모든 수출허가 또는 기타 공적인 승인을 취득하여야 하며, 또 적용가능한 경우에는 물품의 수출에 필요한 모든 통관절차를 이행하여야 한다.

B2 허가, 승인 및 통관절차

매수인은 자신의 위험과 비용부담으로 모든 수입 허가 또는 기타 공적인 승인을 취득하여야 하며, 또 적용가능한 경우에는 물품의 수입 및 필요한 경우 제3국으로의 통과를 위한 모든 통관절차를 이행하여야 한다.

A3 운송 및 보험계약

a) 운송계약　　의무 없음.

b) 보험계약　　의무 없음.

B3 운송 및 보험계약

a) 운송계약　　매수인은 자신의 비용부담으로 지정된 선적항으로부터 물품의 운송계약을 체결하여야 한다.

b) 보험계약　　의무 없음.

A4 인도

매도인은 합의된 일자 또는 기간 내에 지정된 선적항에서 그 항구의 관습적인 방법에 따라 매수인에 의하여 지정된 선박의 갑판상에 물품을 인도하여야 한다.

B4 인도의 수령

매수인은 물품이 A4에 따라 인도된 때에 물품의 인도를 수령하여야 한다.

A5 위험의 이전

매도인은 B5에 규정된 경우를 제외하고, 물품이 지정된 선적항에서 본선의 난간을 통과한 그 때까지 물품의 멸실 또는 손상의 모든 위험을 부담하여야 한다.

B5 위험의 이전

매수인은 다음과 같은 때부터 물품의 멸실 또는 손상의 모든 위험을 부담하여야 한다.

• 물품이 지정된 선적항에서 본선의 난간을 통과한 때부터, 그리고

• 매수인이 B7에 따른 통지를 하지 아니함으로써, 또는 매수인에 의하여 지정된 선박이 정시에 도착하지 아니하거나 또는 그 선박이 물품을 수령할 수 없거나 또는 B6에 따라 통지된 시기보다 일찍 화물을 마감함으로써 야기되는 경우에는, 인도를 위하여 합의된 일자 또는 합의된 기간의 만기일로부터, 그러나 다만 물품은 계약에 정히 충당, 즉 계약물품으로서 명확히 구분되어 있거나 또는 기타의 방법으로 특정되어 있어야 한다.

A6 비용의 분담

매도인은 B6에 규정된 경우를 제외하고, 다음과 같은 비용을 지급하여야 한다.

• 물품이 지정된 선적항에서 본선의 난간을 통과한 그 때까지 물품에 관련된 모든 비용, 그리고

• 적용가능한 경우에는, 수출에 필요한 통관절차의 비용뿐만 아니라 수출시에 지급되는 모든 관세, 조세 및 기타 부과금.

B6 비용의 분담

매수인은 다음과 같은 비용을 지급하여야 한다.

• 물품이 지정된 선적항에서 본선의 난간을 통과한 때부터 물품에 관련된 모든 비용, 그리고

• 매수인에 의하여 지정된 선박이 정시에 도착하지 아니하거나 또는 그 선박이 물품을 수령할 수 없거나 또는 B7에 따라 통지된 시기보다 일찍 화물을 마감함으로써, 또는 매수인이 B7에 따른 적절한 통지를 하지 아니함으로써 발생된 모든 추가적인 비용, 그러나 다만 물품은 계약에 정히 충당, 즉 계약물품으로서 명확히 구분되어 있거나 또는 기타의 방법으로 특정되어 있어야 한다. 그리고

• 적용가능한 경우에는, 물품의 수입시 및 제 3 국으로의 통과를 위하여 지급되는 모든 관세, 조세 및 기타 부과금뿐만 아니라 통관절차를 이행하는 비용.

A7 매수인에 대한 통지

매도인은 물품이 A4에 따라 인도되었다는 사실에 관하여 매수인에게 충분한 통지를 하여야 한다.

B7 매도인에 대한 통지

매수인은 선박명, 적재지점 및 필요한 인도시기에 관하여 매도인에게 충분한 통지를 하여야 한다.

A8 인도의 증거, 운송서류 또는 상응한 전자통신문

매도인은 자신의 비용부담으로 A4에 따른 인도의 통상적인 증거를 매수인에 제공하여야 한다.

전항에 언급된 서류가 운송서류가 아닌 경우에는, 매도인은 매수인의 요청과 위험 및 비용부담으로 운송계약에 관한 운송서류(예컨대 유통선화증권, 비유통해상화물운송장, 내수로 운송서류 또는 복합운송서류)를 취득하는 데 모든 협조를 매수인에게 제공하여야 한다.

매도인과 매수인이 전자방식으로의 통신을 합의한 경우에는, 전항에 언급된 서류는 이와 동등한 전자문서교환 통신문을 대체될 수 있다.

B8 인도의 증거, 운송서류 또는 상응한 전자통신문

매수인은 A8에 따른 인도의 증거를 수리하여야 한다.

A9 점검 · 포장 · 화인

매도인은 물품을 A4에 따라 인도하기 위하여 필요한 물품점검업무(품질, 용적, 중량, 수량점검 등)의 비용을 지급하여야 한다.

매도인은(특정거래에서 계약명세의 물품을 무포장으로 선적하는 것이 관례가 아닌 한) 자신의 비용부담으로 운송에 관련한 사정(예컨대 운송방식, 목적지)이 매매계약의 체결 전에 매도인에게 알려진 범위 내에서 그 물품의 운송에 필요한 포장을 제공하여야 한다. 포장에는 적절한 화인이 있어야 한다.

B9 물품의 검사

매수인은 수출국가의 당국이 지정한 검사를 제외하고, 모든 선적전검사의 비용을 지급하여야 한다.

A10 기타의 의무

매도인은 매수인의 요청과 위험 및 비용부담으로 매수인이 물품의 수입 및 필요한 경우 제 3 국으로의 통과를 위하여 요구할 수 있는 선적국가 및/ 또는 원산지국가에서 발행되거나 교부되는 모든 서류 또는 이와 동등한 전자통신문(A8에 명시된 것 이외)을 취득하는 데 모든 협조를 매수인에게 제공하여야 한다.

매도인은 매수인의 요청에 따라 보험계약을 체결하는 데 필요한 정보를 매수인에게 제공하여야 한다.

B10 기타의 의무

매수인은 A10에 명시된 서류 또는 이와 상응한 전자통신문을 취득하는 데 발생된 모든 비용과 부과금을 지급하여야 하며, 또 동조에 따라 매도인이 협조를 제공함으로써 발생된 모든 비용과 부과금을 보상하여야 한다.

3. C조건군: 주운임지급인도

1) CFR: Cost and Freight(…named port of destination)

운임포함인도(지정 목적항)

"운임포함인도"라 함은 물품이 선적항에서 본선의 난간을 통과하는 때에 매도인이 인도하는 것을 의미한다.

매도인은 지정된 목적항까지 물품을 운반하는 데 필요한 비용 및 운임을 지급하여야 하지만 인도된 이후에 발생하는 사건에 기인하는 모든 추가적인 비용뿐만 아니라 물품의 멸실 또는 손상의 위험은 매도인으로부터 매수인에게 이전된다.

운임포함인도 조건은 매도인이 물품의 수출통관을 이행할 것을 요구하고 있다.

이 조건은 해상운송 및 내수로운송에만 사용될 수 있다. 당사자들이 본선의 난간을 교차하여 물품을 인도할 의도가 없는 경우에는, 운송비지급인도 조건을 사용하여야 한다.

A1 계약과 일치하는 물품의 제공

매도인은 매매계약과 일치하는 물품과 상업송장 또는 이와 상응한 전자통신문, 그리고 계약에 의하여 요구되는 기타 모든 일치의 증명서류를 제공하여야 한다.

B1 대금의 지급

매수인은 매매계약에 약정된 대로 대금을 지급하여야 한다.

A2 허가, 승인 및 통관절차

매도인은 자신의 위험과 비용부담으로 모든 수출허가 또는 기타 공적인 승인을 취득하여야 하며, 또 적용가능한 경우에는 물품의 수출에 필요한 모든 통관절차를 이행하여야 한다.

B2 허가, 승인 및 통관절차

매수인은 자신의 위험과 비용부담으로 모든 수입 허가 또는 기타 공적인 승인을 취득하여야 하며, 또 적용가능한 경우에는 물품의 수입 및 제3국으로의 통과를 위한 모든 통관절차를 이행하여야 한다.

A3 운송 및 보험계약

a) 운송계약　　매도인은 자신의 비용부담으로 계약명세의 물품을 운송하는 데 일반적으로 사용되는 형태의 항해선박(또는 경우에 따라 내수로 선박)에 통상적인 항로로 지정된 목적항까지 통상적인 조건으로 물품의 운송계약을 체결하여야 한다.

b) 보험계약　　의무 없음

B3 운송 및 보험계약

a) 운송계약　　의무 없음.

b) 보험계약　　의무 없음.

A4 인도

매도인은 합의된 일자 또는 기간 내에 선적항에서 선박의 갑판상에 물품을 인도하여야 한다.

B4 인도의 수령

매수인은 물품이 A4에 따라 인도된 때에 물품의 인도를 승낙하여야 하며, 또 지정된 목적항에서 운송인으로부터 이를 수령하여야 한다.

A5 위험의 이전

매도인은 B5에 규정된 경우를 제외하고, 물품이 선적상에서 본선의 난간을 통과한 그 때까지 물품의 멸실 또는 손상의 모든 위험을 부담하여야 한다.

B5 위험의 이전

매수인은 물품이 선적항에서 본선의 난간을 통과한 때부터 물품의 멸실 또는 손상의 모든 위험을 부담하여야 한다.

매수인은 B7에 따른 통지를 하지 아니한 경우에는, 선적을 위하여 합의된 일자 또는 지정된 기간의 만기일로부터 물품의 멸실 또는 손상의 모든 위험을 부담하여야 한다. 그러나 다만 물품은 계약에 정히 충당, 즉 계약물품으로서 명확히 구분되어 있거나 또는 기타의 방법으로 특정되어 있어야 한다.

A6 비용의 분담

매도인은 B6에 규정된 경우를 제외하고, 다음과 같은 비용을 지급하여야 한다.

• 물품이 A4에 따라 인도된 그때까지 물품에 관련된 모든 비용, 그리고

• 물품의 본선적재비 및 운송계약에 따라 매도인의 부담에 속하는 합의된 양륙항에서의 모든 양륙비를 포함하여, A3 a의 결과로 발생하는 운임과 기타 모든 비용, 그리고

• 적용가능한 경우에는, 수출에 필요한 통관절차의 비용뿐만 아니라 수출시 및 운송계약에 따라 매도인의 부담에 속하는 경우 제 3 국으로의 통과를 위하여 지급되는 모든 관세, 조세 및 기타 부과금.

B6 비용의 분담

매수인은 A3 a에 규정된 경우를 제외하고, 다음과 같은 비용을 지급하여야 한다.

• 물품이 A4에 따라 인도된 때부터 물품에 관련된 모든 비용, 그리고

• 운송계약에 따라 매도인의 부담에 속하지 아니하는 한, 목적항에 도착할 때까지의 운송 동안에 물품에 관련된 모든 비용과 부과금, 그리고

• 운송계약에 따라 매도인의 부담에 속하지 아니하는 한, 부선료와 부두사용료를 포함한 양륙비, 그리고

• 매수인이 B7에 따른 통지를 하지 아니한 경우에는 선적을 위하여 합의된 일자 또는 지정된 기간의 만기일로부터 물품에 발생된 모든 추가적인 비용, 그러나 다만 물품은 계약에 정히 충당, 즉 계약물품으로서 명확히 구분되어 있거나 또는 기타의 방법으로 특정되어 있어야 한다. 그리고

• 적용가능한 경우에는, 물품의 수입시 및 필요한 경우 운송계약의 비용에 포함되지 아니하는 한 제 3 국으로의 통과를 위하여 지급되는 모든 관세, 조세 및 기타 부과금뿐만 아니라 통관절차를 이행하는 비용.

A7 매수인에 대한 통지

매도인은 매수인에게 물품이 A4에 따라 인도되었다는 사실에 관한 충분한 통지뿐만 아니라, 매수인이 물품을 수령하는 데 정상적으로 필요한 조치를 취할 수 있도록 요구되는 기타 모든 통지를 하여야 한다.

B7 매도인에 대한 통지

매수인은 물품선적의 시기 및/ 또는 목적항을 결정할 권한이 주어진 때에는 항상 이에 대하여 매도인에게 충분한 통지를 하여야 한다.

A8 인도의 증거, 운송서류 또는 상응한 전자통신문

매도인은 자신의 비용부담으로 합의된 목적항까지 통상적인 운송서류를

지체없이 매수인에게 제공하여야 한다.

이 서류(예컨대 유통선화증권, 비유통해상화물운송장 또는 내수로 운송서류)는 계약물품을 커버하여야 하고, 합의된 선적기간 내로 일자가 기재되어 있어야 하고, 매수인이 목적항에서 운송인으로부터 물품을 청구할 수 있는 것이어야 하며, 또 별도의 합의가 없는 한 매수인이 후속되는 매수인에게 서류(유통선화증권)의 양도에 의하거나 또는 운송인에 대한 통지에 의하여 운송중인 물품을 매각할 수 있는 것이어야 한다.

그러나 운송서류가 여러 통의 원본으로 발행되는 때에는, 전통의 원본이 매수인에게 제시되어야 한다.

매도인과 매수인이 전자방식으로의 통신을 합의한 경우에는, 전항에 언급된 서류는 이와 동등한 전자문서교환 통신문으로 대체될 수 있다.

B8 인도의 증거, 운송서류 또는 상응한 전자통신문

매수인은 운송서류가 계약에 일치하는 경우에는 A8에 따른 운송서류를 수리하여야 한다.

A9 점검 · 포장 · 화인

매도인은 물품을 A4에 따라 인도하기 위하여 필요한 물품점검업무(품질, 용적, 중량, 수량점검 등)의 비용을 지급하여야 한다.

매도인은(특정거래에서 계약명세의 물품을 무포장으로 선적하는 것이 관례가 아닌 한) 자신의 비용부담으로 그가 체결한 물품의 운송에 필요한 포장을 제공하여야 한다. 포장에는 적절한 화인이 있어야 한다.

B9 물품의 검사

매수인은 수출국가의 당국이 지정한 검사를 제외하고, 모든 선적전검사의 비용을 지급하여야 한다.

A10 기타의 의무

매도인은 매수인의 요청과 위험 및 비용부담으로 매수인이 물품의 수입 및 필요한 경우 제 3 국으로의 통과를 위하여 요구할 수 있는 선적국가 및/또는 원산지국가에서 발행되거나 교부되는 모든 서류 또는 이와 상응한 전자통신문(A8에 명시된 것 이외)을 취득하는 데 모든 협조를 매수인에게 제공하여야 한다.

매도인은 매수인의 요청에 따라 보험계약을 체결하는 데 필요한 정보를 매수인에게 제공하여야 한다.

B10 기타의 의무

매수인은 A10에 명시된 서류 또는 이와 상응한 전자통신문을 취득하는데 발생된 모든 비용과 부과금을 지급하여야 하며, 또 동조에 따라 매도인이 협조를 제공함으로써 발생된 모든 비용과 부과금을 보상하여야 한다.

2) CIF: Cost, Insurance and Freight(…named port of destination)

운임 · 보험료포함인도(지정 목적항)

"운임 · 보험료포함인도"라 함은 물품이 선적항에서 본선의 난간을 통과하는 때에 매도인이 인도하는 것을 의미한다.

매도인은 지정된 목적항까지 물품을 운반하는 데 필요한 비용 및 운임을 지급하여야 하지만 인도된 이후에 발생하는 사건에 기인하는 모든 추가적인 비용뿐만 아니라 물품의 멸실 또는 손상의 위험은 매도인으로부터 매수인에게 이전된다. 그러나 운임보험료포함인도 조건에서는 매도인은 또한 운송중 매수인이 부담할 물품의 멸실 또는 손상의 위험에 대한 해상보험도 주선하여야 한다.

결과적으로, 매도인은 보험계약을 체결하고 보험료를 지급한다. 매수인은 운임보험료포함인도 조건하에서 매도인이 단지 최소의 담보조건으로 부보할 것을 요구하고 있다는 사실에 유의하여야 한다. 매수인이 보다 더 큰 담보조건으로 보호를 받고자 원하는 경우에는, 매수인은 매도인과 이에 상당하는 명시적인 합의를 하거나 또는 스스로 별도의 보험약정을 체결하여야 할 필요가 있다.

운임보험료포함인도 조건은 매도인이 물품의 수출통관을 이행할 것을 요구하고 있다.

이 조건은 단지 해상운송 및 내수로운송에만 사용될 수 있다. 당사자들이 본선의 난간을 교차하여 물품을 인도할 의도가 없는 경우에는, 운송비보험료지급인도 조건을 사용하여야 한다.

A1 계약과 일치하는 물품의 제공

매도인은 매매계약과 일치하는 물품과 상업송장 또는 이와 상응한 전자통신문, 그리고 계약에 의하여 요구되는 기타 모든 일치의 증명서류를 제공하여야 한다.

B1 대금의 지급

매수인은 매매계약에 약정된 대로 대금을 지급하여야 한다.

A2 허가, 승인 및 통관절차

매도인은 자신의 위험과 비용부담으로 모든 수출허가 또는 기타 공적인 승인을 취득하여야 하며, 또 적용가능한 경우에는 물품의 수출에 필요한 모든 통관절차를 이행하여야 한다.

B2 허가, 승인 및 통관절차

매수인은 자신의 위험과 비용부담으로 모든 수입허가 또는 기타 공적인 승인을 취득하여야 하며, 또 적용가능한 경우에는 물품의 수입 및 제3국으로의 통과를 위한 모든 통관절차를 이행하여야 한다.

A3 운송 및 보험계약

a) 운송계약　　매도인은 자신의 비용부담으로 계약명세의 물품을 운송하는 데 일반적으로 사용되는 형태의 항해선박(또는 경우에 따라 내수로선박)에 통상적인 항로로 지정된 목적항까지 통상적인 조건으로 물품의 운송계약을 체결하여야 한다.

b) 보험계약　　매도인은 자신의 비용부담으로 매수인 또는 물품에 피보험이익을 갖고 있는 기타 모든 자가 보험자로부터 직접 보험금을 청구할 수 있도록 계약에서 합의된 대로 적화보험을 취득하여야 하며, 또 보험증권이나 기타 보험담보의 증거를 매수인에게 제공하여야 한다.

보험계약은 평판이 좋은 보험업자 또는 보험회사와 체결하여야 하며, 또 반대의 명시적인 합의가 없는 한 협회적화약관(런던보험업자협회) 또는 이와 유사한 약관의 최소한의 담보조건에 따라 부보되어야 한다. 보험담보의 기간은 B4 및 B5에 따라야 한다. 매수인의 요청이 있는 때에는, 매도인은 주선할 수 있는 한 매수인의 비용부담으로 전쟁, 동맹파업, 소요 및 폭동위험의 보험을 제공하여야 한다. 최소한의 보험은 계약에서 약정된 대금에 10%를 가산한 금액(즉, 110%)으로 부보되어야 하며, 또 계약상의 통화로 제공되어야 한다.

B3 운송 및 보험계약

a) 운송계약　　의무 없음

b) 보험계약　　의무 없음

A4 인도

매도인은 합의된 일자 또는 기간 내에 선적항에서 선박의 갑판상에 물품을 인도하여야 한다.

B4 인도의 수령

매수인은 물품이 A4에 따라 인도된 때에 물품의 인도를 승낙하여야 하며, 또 지정된 목적항에서 운송인으로부터 이를 수령하여야 한다.

A5 위험의 이전

매도인은 B5에 규정된 경우를 제외하고, 물품이 선적항에서 본선의 난간을 통과한 그 때까지 물품의 멸실 또는 손상의 모든 위험을 부담하여야 한다.

B5 위험의 이전

매수인은 물품이 선적항에서 본선의 난간을 통과한 때부터 물품의 멸실 또는 손상의 모든 위험을 부담하여야 한다.

매수인은 B7에 따른 통지를 하지 아니한 경우에는 선적을 위하여 합의된 일자 또는 지정된 기간의 만기일로부터 물품의 멸실 또는 손상의 모든 위험을 부담하여야 한다. 그러나 다만 물품은 계약에 정히 충당, 즉 계약물품으로서 명확히 구분되어 있거나 또는 기타의 방법으로 특정되어 있어야 한다.

A6 비용의 분담

매도인은 B6에 규정된 경우를 제외하고, 다음과 같은 비용을 지급하여야 한다.

- 물품이 A4에 따라 인도된 그 때까지 물품에 관련된 모든 비용, 그리고
- 물품의 본선적재비를 포함하여, A3 a의 결과로 발생하는 운임과 기타 모든 비용, 그리고
- A3 b의 결과로 발생하는 보험비용, 그리고
- 운송계약에 따라 매도인의 부담에 속하는 합의된 양륙항에서의 모든 양륙비, 그리고
- 적용가능한 경우에는, 수출에 필요한 통관절차의 비용뿐만 아니라 수출시 및 운송계약에 따라 매도인이 부담에 속하는 경우 제 3 국으로의 통과를 위하여 지급되는 모든 관세, 조세 및 기타 부과금

B6 비용의 분담

매수인은 A3에 규정된 경우를 제외하고, 다음과 같은 비용을 지급하여야

한다.

• 물품이 A4에 인도된 때부터 물품에 관련된 모든 비용, 그리고

• 운송계약에 따라 매도인의 부담에 속하지 아니하는 한, 목적상에 도착할 때까지의 운송 동안에 물품에 관련된 모든 비용과 부과금, 그리고

• 운송계약에 따라 매도인의 부담에 속하지 아니하는 한, 부선료와 부두사용료를 포함한 양륙비, 그리고

• 매수인이 B7에 따른 통지를 하지 아니한 경우에는, 선적을 위하여 합의된 일자 또는 지정된 기간의 만기일로부터 물품에 발생된 모든 추가적인 비용. 그러나 다만 물품은 계약에 정히 충당, 즉 계약물품으로서 명확히 구분되어 있거나 또는 기타의 방법으로 특정되어 있어야 한다. 그리고

• 적용가능한 경우에는, 물품의 수입시 및 필요한 경우 운송계약의 비용에 포함되지 아니하는 한 제 3 국으로의 통과를 위하여 지급되는 모든 관세, 조세 및 기타 부과금뿐만 아니라 통관절차를 이행하는 비용.

A7 매수인에 대한 통지

매도인은 매수인에게 물품이 A4에 따라 인도되었다는 사실에 관한 충분한 통지뿐만 아니라, 매수인이 물품을 수령하는 데 정상적으로 필요한 조치를 취할 수 있도록 요구되는 기타 모든 통지를 하여야 한다.

B7 매도인에 대한 통지

매수인은 물품선적의 시기 및/또는 목적항을 결정할 권한이 주어진 때에는, 항상 이에 대하여 매도인에게 충분한 통지를 하여야 한다.

A8 인도의 증거, 운송서류 또는 상응한 전자통신문

매도인은 자신의 비용부담으로 합의된 목적항까지의 통상적인 운송서류를 지체없이 매수인에게 제공하여야 한다.

이 서류(예컨대 유통선화증권, 비유통해상화물운송장 또는 내수로 운송서류)는 계약물품을 커버하여야 하고, 합의된 선적기간 내로 일자가 기재되어 있어야 하고, 매수인이 목적항에서 운송인으로부터 물품을 청구할 수 있는 것이어야 하며, 또 별도의 합의가 없는 한 매수인이 후속되는 매수인에게 서류(유통선화증권)의 양도에 의하거나 또는 운송인에 대한 통지에 의하여 운송중인 물품을 매각할 수 있는 것이어야 한다.

그러한 운송서류가 여러 통의 원본으로 발행되는 때에는, 전통의 원본이

매수인에게 제시되어야 한다.

매도인과 매수인이 전자방식으로의 통신을 합의한 경우에는, 전항에 언급된 서류는 이와 동등한 전자문서교환 통신문으로 대체될 수 있다.

B8 인도의 증거, 운송서류 또는 상응한 전자통신문

매수인은 운송서류가 계약에 일치하는 경우에는 A8에 따른 운송서류를 수리하여야 한다.

A9 점검 · 포장 · 화인

매도인은 물품을 A4에 따라 인도하기 위하여 필요한 물품점검업무(품질, 용적, 중량, 수량점검 등)의 비용을 지급하여야 한다.

매도인은(특정거래에서 계약명세의 물품을 포장으로 선적하는 것이 관례가 아닌 한) 자신의 비용부담으로 그가 체결한 물품의 운송에 필요한 포장을 제공하여야 한다. 포장에는 적절한 화인이 있어야 한다.

B9 물품의 검사

매수인은 수출국가의 당국이 지정한 검사를 제외하고, 모든 선적전검사의 비용을 지급하여야 한다.

A10 기타의 의무

매도인은 매수인의 요청과 위험 및 비용부담으로 매수인이 물품의 수입 및 필요한 경우 제 3 국으로의 통과를 위하여 요구할 수 있는 선적국가 및/또는 원산지국가에서 발행되거나 교부되는 모든 서류 또는 이와 상응한 전자통신문(A8에 명시된 것 이외)을 취득하는 데 모든 협조를 매수인에게 제공하여야 한다.

매도인은 매수인의 요청에 따라 모든 추가적인 보험계약을 체결하는 데 필요한 정보를 매수인에게 제공하여야 한다.

B10 기타의 의무

매수인은 A10에 명시된 서류 또는 이와 상응한 전자통신문을 취득하는 데 발생된 모든 비용과 부과금을 지급하여야 하며, 또 동조에 따라 매도인이 협조를 제공함으로써 발생된 모든 비용과 부과금을 보상하여야 한다.

매수인은 매도인의 요청에 따라 보험계약을 체결하는 데 필요한 정보를 매도인에게 제공하여야 한다.

3) CPT: Carriage Paid to(…named place of destination)

운송비지급인도(지정 목적지)

"운송비지급인도"라 함은 매도인이 스스로 지정한 운송인에게 물품을 인도하되, 다만 지정된 목적지까지 물품을 운반하는 데 필요한 운송비를 추가로 지급하여야 한다는 것을 의미한다. 이는 물품이 그렇게 인도된 이후에 발생하는 모든 위험과 기타 비용을 매수인이 부담한다는 것을 의미한다.

"운송인"이라 함은 운송계약에서 철도, 도로, 항공, 해상, 내수로 또는 이들의 복합방식에 의하여 운송을 이행하거나 또는 그 이행을 주선할 것을 약정하는 모든 자를 의미한다.

합의된 목적지까지의 운송을 위하여 후속되는 운송인이 사용되는 경우에는, 위험은 물품이 최초의 운송인에게 인도되었을 때에 이전된다.

운송비지급인도 조건은 매도인이 물품의 수출통관을 이행할 것을 요구하고 있다.

이 조건은 복합운송을 포함하여 운송방식에 관계없이 사용될 수 있다.

A1 계약과 일치하는 물품의 제공

매도인은 매매계약과 일치하는 물품과 상업송장 또는 이와 상응한 전자통신문, 그리고 계약에 의하여 요구되는 기타 모든 일치의 증명서류를 제공하여야 한다.

B1 대금의 지급

매수인은 매매계약에 약정된 대로 대금을 지급하여야 한다.

A2 허가, 승인 및 통관절차

매도인은 자신의 위험과 비용부담으로 모든 수출허가 또는 기타 공적인 승인을 취득하여야 하며, 또 적용가능한 경우에는 물품의 수출에 필요한 모든 통관절차를 이행하여야 한다.

B2 허가, 승인 및 통관절차

매수인은 자신의 위험과 비용부담으로 모든 수입허가 또는 기타 공적인 승인을 취득하여야 하며, 또 적용가능한 경우에는 물품의 수입 및 제3국으로의 통과를 위한 모든 통관절차를 이행하여야 한다.

A3 운송 및 보험계약

a) 운송계약 매도인은 자신의 비용부담으로 통상적인 경로와 관습적인 방법으로 지정된 목적지의 합의된 지점까지 통상적인 조건으로 물품의 운송계약을 체결하여야 한다. 어느 지점이 합의되지 아니하거나 또는 관례적으로 결정되지 아니한 경우에는, 매도인은 지정된 목적지에서 자신의 목적에 가장 적합한 지점을 선택할 수 있다.

b) 보험계약 의무 없음

B3 운송 및 보험계약

a) 운송계약 의무 없음

b) 보험계약 의무 없음

A4 인도

매도인의 합의된 일자 또는 기간 내에 지정된 장소의 합의된 지점까지 A3에 따라 운송계약이 체결된 운송인에게 또는 후속되는 운송인이 있을 경우에는 최초의 운송인에게 물품을 인도하여야 한다.

B4 인도의 수령

매수인은 물품이 A4에 따라 인도된 때에 물품의 인도를 승낙하여야 하며, 또 지정된 장소에서 운송인으로부터 이를 수령하여야 한다.

A5 위험의 이전

매도인은 B5에 규정된 경우를 제외하고, 물품이 A4에 따라 인도된 그 때까지 물품의 멸실 또는 손상의 모든 위험을 부담하여야 한다.

B5 위험의 이전

매수인은 물품이 A4에 따라 인도된 때부터 물품의 멸실 또는 손상의 모든 위험을 부담하여야 한다.

매수인은 B7에 다른 통지를 하지 아니한 경우에는, 인도를 위하여 합의된 일자 또는 지정된 기간의 만기일부터 물품의 멸실 또는 손상의 모든 위험을 부담하여야 한다. 그러나 다만 물품은 계약에 정히 충당, 즉 계약물품으로서 명확히 구분되어 있거나 또는 기타의 방법으로 특정되어 있어야 한다.

A6 비용의 분담

매도인은 B6에 규정된 경우를 제외하고, 다음과 같은 비용을 지급하여야 한다.

• 물품이 A4에 따라 인도된 그 때까지 물품에 관련된 모든 비용뿐만 아니라, 물품의 적재비 및 운송계약에 따라 매도인의 부담에 속하는 목적지에서의 모든 양화비를 포함하여, A3 a의 결과로 발생하는 운임과 기타 모든 비용, 그리고

• 적용가능한 경우에는, 수출에 필요한 통관절차의 비용뿐만 아니라 수출시 및 운송계약에 따라 매도인의 부담에 속하는 경우 제3국으로의 통과를 위하여 지급되는 모든 관세, 조세 및 기타 부과금.

B6 비용의 분담

매수인은 A3 a에 규정된 경우를 제외하고, 다음과 같은 비용을 지급하여야 한다.

• 물품이 A4에 따라 인도된 때부터 물품에 관련된 모든 비용, 그리고

• 운송계약에 따라 매도인의 부담에 속하지 아니하는 한, 합의된 목적지에 도착할 때까지의 운송 동안에 물품에 관련된 모든 비용과 부과금, 그리고

• 운송계약에 따라 매도인의 부담에 속하지 아니하는 한 양화비, 그리고

• 매수인이 B7에 따른 통지를 하지 아니한 경우에는, 발송을 위하여 합의된 일자 또는 지정된 기간의 만기일로부터 물품에 발생된 모든 추가적인 비용. 그러나 다만 물품은 계약에 정히 충당, 즉 계약물품으로서 명확히 구분되어 있거나 또는 기타의 방법으로 특정되어 있어야 한다. 그리고

• 적용가능한 경우에는, 물품의 수입시 및 운송계약의 비용에 포함되지 아니하는 한 제3국으로의 통과를 위하여 지급되는 모든 관세, 조세 및 기타 부과금뿐만 아니라 통관절차를 이행하는 비용.

A7 매수인에 대한 통지

매도인은 매수인에게 물품이 A4에 따라 인도되었다는 사실에 관한 충분한 통지뿐만 아니라, 매수인이 물품을 수령하는 데 정상적으로 필요한 조치를 취할 수 있도록 요구되는 기타 모든 통지를 하여야 한다.

B7 매도인에 대한 통지

매수인은 물품발송의 시기 및/또는 목적지를 결정할 권한이 주어진 때에는, 항상 이에 대하여 매도인에게 충분한 통지를 하여야 한다.

A8 인도의 증거, 운송서류 또는 상응한 전자통신문

매도인의 관습적인 경우에는, 자신의 비용부담으로 A3에 따라 계약을 체

결한 운송에 관한 통상적인 운송서류 또는 운송서류들(예컨대 유통선화증권, 비유통해상화물운송장, 내수로 운송서류, 항공화물운송장, 철도화물수탁서, 도로화물수탁서, 또는 복합운송서류)을 매수인에게 제공하여야 한다.

매도인과 매수인이 전자방식으로의 통신을 합의한 경우에는, 전항에 언급된 서류는 이와 상응한 전자문서교환 통신문으로 대체될 수 있다.

B8 인도의 증거, 운송서류 또는 상응한 전자통신문

매수인은 운송서류가 계약에 일치하는 경우에는 A8에 따른 운송서류를 수리하여야 한다.

A9 점검 · 포장 · 확인

매도인은 물품을 A4에 따라 인도하기 위하여 필요한 물품점검업무(품질, 용적, 중량, 수량점검 등)의 비용을 지급하여야 한다.

매도인은(특정거래에서 계약명세의 물품을 무포장으로 송부하는 것이 관례가 아닌 한) 자신의 비용부담으로 그가 체결한 물품의 운송에 필요한 포장을 제공하여야 한다. 포장에는 적절한 화인이 있어야 한다.

B9 물품의 검사

매수인은 수출국가의 당국이 지정한 검사를 제외하고, 모든 선적전검사의 비용을 지급하여야 한다.

A10 기타의 의무

매도인은 매수인의 요청과 위험 및 비용부담으로 매수인이 물품의 수입 및 필요한 경우 제 3 국으로의 통과를 위하여 요구할 수 있는 발송국가 및/또는 원산지국가에서 발생되거나 교부되는 모든 서류 또는 이와 상응한 전자통신문(A8에 명시된 것 이외)을 취득하는 데 모든 협조를 매수인에게 제공하여야 한다.

매도인은 매수인의 요청에 따라 보험계약을 체결하는 데 필요한 정보를 매수인에게 제공하여야 한다.

B10 기타의 의무

매수인은 A10에 명시된 서류 또는 이와 상응한 전자통신문을 취득하는 데 발생된 모든 비용과 부과금을 지급하여야 하며, 또 동조에 따라 매도인이 협조를 제공함으로써 발생된 모든 비용과 부과금을 보상하여야 한다.

4) CIP: Carriage, Insurance Paid to(…named place of destination)

운송비 · 보험료지급인도(지정 목적지)

"운송비 · 보험료지급인도"라 함은 매도인이 스스로 지정한 운송인에게 물품을 인도하되, 다만 지정된 목적지까지 물품을 운반하는 데 필요한 운송비를 추가로 지급하여야 한다는 것을 의미한다. 이는 물품이 그렇게 인도된 이후에 발생하는 모든 위험과 모든 추가적인 비용을 매수인이 부담한다는 것을 의미한다. 그러나 운송비 · 보험료포함인도 조건에서는 매도인은 또한 운송 중 매수인이 부담할 물품의 멸실 또는 손상의 위험에 대한 보험도 주선하여야 한다.

결과적으로, 매도인은 보험계약을 체결하고 보험료를 지급한다.

매수인은 운송비 · 보험료포함인도 조건하에서 매도인이 오직 최소의 담보조건으로 부보할 것을 요구하고 있다는 사실에 유의하여야 한다. 매수인이 보다 더 큰 담보조건으로 보호를 받고자 원하는 경우에는, 매수인은 매도인과 이에 상당하는 명시적인 합의를 하거나 또는 스스로 별도의 보험약정을 체결하여야 할 필요가 있다.

"운송인"이라 함은 운송계약에 있어서 철도, 도로, 항공, 해상, 내수로 또는 이들의 복합방식에 의한 운송을 이행하거나 또는 그 이행을 주선할 것을 약정하는 모든 자를 의미한다.

합의된 목적지까지의 운송을 위하여 후속되는 운송인이 사용되는 경우에는, 위험은 물품이 최초의 운송인에게 인도되었을 때에 이전된다.

운송비 · 보험료포함인도 조건은 매도인이 물품의 수출통관을 이행할 것을 요구하고 있다.

이 조건은 복합운송을 포함하여 운송방식에 관계없이 사용될 수 있다.

A1 계약과 일치하는 물품의 제공

매도인은 매매계약과 일치하는 물품과 상업송장 또는 이와 상응한 전자통신문, 그리고 계약에 의하여 요구되는 기타 모든 일치의 증명서류를 제공하여야 한다.

B1 대금의 지급

매수인은 매매계약에 약정된 대로 대금을 지급하여야 한다.

A2 허가, 승인 및 통관절차

매도인은 자신의 위험과 비용부담으로 모든 수출허가 또는 기타 공적인 승인을 취득하여야 하며, 또 적용가능한 경우에는 물품의 수출에 필요한 모든 통관절차를 이행하여야 한다.

B2 허가, 승인 및 통관절차

매수인은 자신의 위험과 비용부담으로 모든 수입허가 또는 기타 공적인 승인을 취득하여야 하며, 또 적용가능한 경우에는 물품의 수입 및 제 3 국으로의 통과를 위한 모든 통관절차를 이행하여야 한다.

A3 운송 및 보험계약

a) 운송계약　　매도인은 자신의 비용부담으로 통상적인 경로와 관습적인 방법으로 지정된 목적지의 합의된 지점까지 통상적인 조건으로 물품의 운송계약을 체결하여야 한다. 어느 지점의 합의되지 아니하거나 또는 관례적으로 결정되지 아니한 경우에는, 매도인은 지정된 목적지에서 자신의 목적에 가장 적합한 지점을 선택할 수 있다.

b) 보험계약　　매도인은 자신의 비용부담으로 매수인 또는 물품에 피보험이익을 갖고 있는 기타 모든 자가 보험자로부터 직접 보험금을 청구할 수 있도록 계약에서 합의된 대로 적화보험을 취득하여야 하며, 또 보험증권이나 기타 보험담보의 증거를 매수인에게 제공하여야 한다.

보험계약은 평판이 좋은 보험업자 또는 보험회사와 체결하여야 하며, 또 반대의 명시적인 합의가 없는 한 협회적약관(런던보험업자협회) 또는 이와 유사한 약관의 최소한의 담보조건에 따라 부보되어야 한다. 보험담보의 기간은 B5 및 B4에 따라야 한다. 매수인의 요청이 있는 때에는, 매도인은 주선할 수 있는 한 매수인의 비용부담으로 전쟁, 동맹파업, 소요 및 폭동위험의 보험을 제공하여야 한다. 최소한의 보험은 계약에서 약정된 대금에 10%를 가산한 금액(즉, 110%)으로 부보하여야 하며, 또 계약상의 통화로 제공되어야 한다.

B3 운송 및 보험계약

a) 운송계약　　의무 없음

b) 보험계약　　의무 없음

A4 인도

매도인은 합의된 일자 또는 기간 내에 지정된 장소의 합의된 지점까지

A3에 따라 운송계약이 체결된 운송인에게 또한 후속되는 운송인이 있을 경우에는 최초의 운송인에게 물품을 인도하여야 한다.

B4 인도의 수령

매수인은 물품이 A4에 따라 인도된 때에 물품의 인도를 승낙하여야 하며, 또 지정된 장소에서 운송인으로부터 이를 수령하여야 한다.

A5 위험의 이전

매도인은 B5에 규정된 경우를 제외하고, 물품이 A4에 따라 인도된 그 때까지 물품의 멸실 또는 손상의 모든 위험을 부담하여야 한다.

B5 위험의 이전

매수인은 물품이 A4에 따라 인도된 때부터 물품의 멸실 또는 손상의 모든 위험을 부담하여야 한다.

매수인은 B7에 따른 통지를 하지 아니한 경우에는, 인도를 위하여 합의된 일자 또는 지정된 기간의 만기일로부터 물품의 멸실 또는 손상의 모든 위험을 부담하여야 한다. 그러나 다만 물품은 계약에 정히 충당, 즉 계약물품으로서 명확히 구분되어 있거나 또는 기타의 방법으로 특정되어 있어야 한다.

A6 비용의 분담

매도인은 B6에 규정된 경우를 제외하고, 다음과 같은 비용을 지급하여야 한다.

• 물품이 A6에 따라 인도된 그 때까지 물품에 관련된 모든 비용뿐만 아니라, 물품의 적재비 및 운송계약에 따라 매도인의 부담에 속하는 목적지에서의 모든 양화비를 포함하여, A3 a의 결과로 발생하는 운임과 기타 모든 비용, 그리고

• A3에 b의 결과로 발생하는 보험비용, 그리고

• 적용가능한 경우에는, 수출에 필요한 통관절차의 비용뿐만 아니라 수출시 및 운송계약에 따라 매도인의 부담에 속하는 경우 제3국으로의 통과를 위하여 지급되는 모든 관세, 조세 및 기타 부과금

B6 비용의 분담

매수인은 A3에 규정된 경우를 제외하고, 다음과 같은 비용을 지급하여야 한다.

• 물품이 A4에 따라 인도된 때부터 물품에 관련된 모든 비용, 그리고

• 운송계약에 따라 매도인의 부담에 속하지 아니하는 한, 합의된 목적지에 도착할 때까지의 운송 동안에 물품에 관련된 모든 비용과 부과금, 그리고

• 운송계약에 따라 매도인의 부담에 속하지 아니하는 한 양화비, 그리고

매수인이 B7에 따른 통지를 하지 아니한 경우에는, 발송을 위하여 합의된 일자 또는 지정된 기간의 만기일로부터 물품에 발생된 모든 추가적인 비용. 그러나 다만 물품의 계약에 정히 충당, 즉 계약물품으로서 명확히 구분되어 있거나 또는 기타의 방법으로 특정되어 있어야 한다. 그리고

• 적용가능한 경우에는, 물품의 수입시 및 운송계약의 비용에 포함되지 아니하는 한 제 3 국으로의 통과를 위하여 지급되는 모든 관세, 조세 및 기타 부과금뿐만 아니라 통관절차를 이행하는 비용

A7 매수인에 대한 통지

매도인은 매수인에게 물품이 A4에 따라 인도되었다는 사실에 관한 충분한 통지뿐만 아니라, 매수인이 물품을 수령하는 데 정상적으로 필요한 조치를 취할 수 있도록 요구되는 기타 모든 통지를 하여야 한다.

B7 매도인에 대한 통지

매수인은 물품발송의 시기 및/또는 목적지를 결정할 권한이 주어진 때에는, 항상 이에 대하여 매도인에게 충분한 통지를 하여야 한다.

A8 인도의 증거, 운송서류 또는 상응한 전자통신문

매도인은 관습적인 경우에는, 자신의 비용부담으로 A3에 따라 계약을 체결한 운송에 관한 통상적인 운송서류 또는 운송서류들(예컨대 유통선화증권, 비유통해상화물운송장, 내수로 운송서류, 항공화물운송장, 철도화물수탁서, 도로화물수탁서 또는 복합운송서류)을 매수인에게 제공하여야 한다.

매도인과 매수인이 전자방식으로의 통신을 합의한 경우에는, 전항에 언급된 서류는 이와 상응한 전자문서교환 통신문으로 대체될 수 있다.

B8 인도의 증거 · 운송서류 또는 상응한 전자통신문

매수인은 운송서류가 계약에 일치하는 경우에는 A8에 따른 운송서류를 수리하여야 한다.

A9 점검 · 포장 · 화인

매도인은 물품을 A4에 따라 인도하기 위하여 필요한 물품점검업무(품질, 용적, 중량, 수량점검 등)의 비용을 지급하여야 한다.

매도인은(특정거래에서 계약명세의 물품을 무포장으로 송부하는 것이 관례가 아닌 한) 자신의 비용부담으로 그가 체결한 물품의 운송에 필요한 포장을 제공하여야 한다. 포장에는 적절한 화인이 있어야 한다.

B9 물품의 검사

매수인은 수출국가의 당국이 지정한 검사를 제외하고, 모든 선적전검사의 비용을 지급하여야 한다.

A10 기타의 의무

매도인은 매수인의 요청과 위험 및 비용부담으로 매수인이 물품의 수입 및 필요한 경우 제 3 국으로의 통과를 위하여 요구할 수 있는 발송국가 및/또는 원산지국가에서 발행되거나 교부되는 모든 서류 또는 이와 동등한 전자통신문(A8에 명시된 것 이외)을 취득하는 데 모든 협조를 매수인에게 제공하여야 한다.

매도인은 매수인의 요청에 따라 모든 추가적인 보험계약을 체결하는 데 필요한 정보를 매수인에게 제공하여야 한다.

B10 기타의 의무

매수인은 A10에 명시된 서류 또는 이와 상응한 전자통신문을 취득하는 데 발생된 모든 비용과 부과금을 지급하여야 하며, 또 동조에 따라 매도인이 협조를 제공함으로써 발생된 모든 비용과 부과금을 보상하여야 한다.

매수인은 매도인의 요청에 따라 모든 추가적인 보험계약을 체결하는 데 필요한 정보를 매도인에게 제공하여야 한다.

4. D조건군: 도착지조건

1) DAF: Delivered At Frontier(…named place)

국경인도(지정 장소)

"국경인도"라 함은 물품이 수출통관되지만, 수입통관되지 아니하고 양화되지 아니한 상태로 인접국가의 관세선을 넘기 전에 국경의 지정된 저점과 장소에 도착하는 운송수단상에서 매수인의 임의처분상태에 두었을 때에 매도인이 인도하는 것을 의미한다. "국경"이라는 용어는 수출국가의 국경을 포함하여 모든 국경에 사용될 수 있다. 그러므로 이 조건에서는 항상 그 지점과 장소를 지정함으로써 문제의 국경을 정확히 정의하는 것이 매우 중요하다.

그러나 당사자들간에 매도인이 도착하는 운송수단으로부터 물품을 양화하는 책임을 지고 양화의 위험과 비용을 부담할 것을 원하는 경우에는, 매매계약상에 이러한 취지의 명시적인 문언을 추가함으로써 이를 명확히 하여야 한다.

이 조건은 물품이 육상의 국경에서 인도되어야 할 때에는 운송방식에 관계없이 사용될 수 있다. 인도가 목적항의 선박의 갑판상이나 또는 부두상에서 이루어져야 할 때에는, 착선인도 조건 또는 부두인도 조건을 사용하여야 한다.

A1 계약과 일치하는 물품의 제공

매도인은 매매계약과 일치하는 물품과 상업송장 또는 이와 상응한 전자통신문, 그리고 계약에 의하여 요구되는 기타 모든 일치의 증명서류를 제공하여야 한다.

B1 대금의 지급

매수인은 매매계약에 약정된 대로 대금을 지급하여야 한다.

A2 허가, 승인 및 통관절차

매도인은 자신의 위험과 비용부담으로 모든 수출허가 또는 기타 공적인 승인 또는 물품을 매수인의 임의처분상태로 두는 데 필요한 기타 서류를 취득하여야 한다.

매도인은 적용가능한 경우에는 국경의 지정된 인도장소까지 물품의 수출 및 제 3 국으로의 통과에 필요한 모든 통관절차를 이행하여야 한다.

B2 허가, 승인 및 통관절차

매수인은 자신의 위험과 비용부담으로 모든 수입허가 또는 기타 공적인 승인 또는 기타 서류를 취득하여야 하며, 또 적용가능한 경우에는 물품의 수입 및 후속되는 운송에 필요한 모든 통관절차를 이행하여야 한다.

A3 운송 및 보험계약

a) 운송계약　(i) 매도인은 자신의 비용부담으로 국경에 있는 인도장소의 지정된 지점(있을 경우)까지 물품의 운송계약을 체결하여야 한다. 국경에 있는 지정된 인도장소의 어느 지점이 합의되지 아니하거나 또는 관례적으로

결정되지 아니하는 경우에는, 매도인은 지정된 인도장소에서 자신의 목적에 가장 적합한 지점을 선택할 수 있다. (ii) 그러나 매수인의 요청이 있을 경우에는, 매도인은 매수인의 위험과 비용부담으로 국경의 지정된 장소를 넘어 매수인이 지정한 수입국가의 최종목적지까지 통상적인 조건으로 물품의 연계운송계약을 합의할 수 있다. 매도인은 그 운송계약의 체결을 거절할 수 있으며, 그러한 경우에는 매수인에게 그 취지를 즉시 통지하여야 한다.

b) 보험계약　　의무 없음

B3 운송 및 보험계약

a) 운송계약　　의무 없음

b) 보험계약　　의무 없음

A4 인도

매도인은 합의된 일자 또는 기간 내에 국경의 지정된 인도장소에 도착하는 운송수단상에서 물품을 양화하지 아니하고 매수인의 임의처분상태로 두어야 한다.

B4 인도의 수령

매수인은 물품이 A4에 따라 인도된 때에 물품의 인도를 수령하여야 한다.

A5 위험의 이전

매도인은 B5에 규정된 경우를 제외하고, 물품이 A4에 따라 인도된 그 때까지 물품의 멸실 또는 손상의 모든 위험을 부담하여야 한다.

B5 위험의 이전

매수인은 물품이 A4에 따라 인도된 때부터 물품의 멸실 또는 손상의 모든 위험을 부담하여야 한다.

매수인은 B7에 따른 통지를 하지 아니한 경우에는, 인도를 위하여 합의된 일자 또는 합의된 기간의 만기일로부터 물품의 멸실 또는 손상의 모든 위험을 부담하여야 한다. 그러나 다만 물품은 계약에 정히 충당, 즉 계약물품으로서 명확히 구분되어 있거나 또는 기타의 방법으로 특정되어 있어야 한다.

A6 비용의 분담

매도인은 B6에 규정된 경우를 제외하고, 다음과 같은 비용을 지급하여야 한다.

- A3 a의 결과로 발생하는 비용에 추가하여, 물품이 A4에 따라 인도된

그때까지 물품에 관련된 모든 비용, 그리고

• 적용가능한 경우에는, 수출에 필요한 통관절차의 비용뿐만 아니라 물품의 수출시 및 A4에 따른 인도에 앞서 제 3 국으로의 통과를 위하여 지급되는 모든 과세, 조세 및 기타 부과금

B6 비용의 분담

매수인은 다음과 같은 비용을 지급하여야 한다.

• 국경의 지정된 인도장소에 도착하는 운송수단으로부터 물품의 인도를 수령하는 데 필요한 양화작업의 비용을 포함하여, 물품이 A4에 따라 인도된 때부터 물품에 관련된 모든 비용, 그리고

• 물품이 A4에 따라 인도된 때에 매수인이 물품의 인도를 수령하지 아니하거나 또는 B7에 다른 통지를 하지 아니하여 발생된 모든 추가적인 비용. 그러나 다만 물품은 계약에 정히 충당, 즉 계약물품으로서 명확히 구분되어 있거나 또는 기타의 방법으로 특정되어 있어야 한다. 그리고

• 적용가능한 경우에는, 물품의 수입시 및 후속되는 운송을 위하여 지급되는 통관절차의 비용뿐만 아니라 모든 관세, 조세 및 기타 부과금.

A7 매수인에 대한 통지

매도인은 매수인에게 국경의 지정된 장소까지 물품의 발송에 관한 충분한 통지뿐만 아니라, 매수인이 물품의 인도를 수령하는 데 정상적으로 필요한 조치를 취할 수 있도록 요구되는 기타 모든 통지를 하여야 한다.

B7 매도인에 대한 통지

매수인은 인도수령의 합의된 기간 내의 시기 및/또는 지정된 장소에서의 지점을 결정할 권한이 주어진 때에는, 항상 이에 대하여 매도인에게 충분한 통지를 하여야 한다.

A8 인도의 증거, 운송서류 또는 상응한 전자통신문

i) 매도인은 자신의 비용부담으로 국경의 지정된 장소에서 A3-a-i에 따른 물품인도의 통상적인 서류 또는 기타 증거를 매수인에게 제공하여야 한다. ii) 당사자들이 국경을 넘어 A3-a-ii에 다른 연계운송에 합의한 경우에는, 매도인은 매수인의 요청과 위험 및 비용부담으로 발송국가의 발송지점으로부터 매수인이 지정한 수입국가의 최종목적지까지 통상적인 조건으로 물품의 운송을 커버하는 발송국가에서 정당하게 취득한 통운송서류를 매수인에게 제공하여

야 한다.

매도인과 매수인이 전자방식으로의 통신을 합의한 경우에는, 전항에 언급된 서류는 이와 상응한 전자문서교환(EDI) 통신문으로 대체될 수 있다.

B8 인도의 증거, 운송서류 또는 상응한 전자통신문

매수인은 A8에 따른 운송서류 및/또는 기타 인도의 증거를 수리하여야 한다.

A9 점검 · 포장 · 화인

매도인은 물품을 A4에 따라 인도하기 위하여 필요한 물품점검업무(품질, 용적, 중량, 수량점검 등)의 비용을 지급하여야 한다.

매도인은(특정거래에서 계약명세의 물품을 무포장으로 인도하는 것이 합의되어 있거나 또는 관례가 아닌 한) 자신의 비용부담으로 사정(예컨대 운송방식, 목적지)이 매매계약의 체결 전에 매도인에게 알려진 범위 내에서 국경에서 그 물품의 인도 및 후속되는 운송에 필요한 포장을 제공하여야 한다. 포장에는 적절한 화인이 있어야 한다.

B9 물품의 검사

매수인은 수출국가의 당국이 지정한 검사를 제외하고, 모든 선적전검사의 비용을 지급하여야 한다.

A10 기타의 의무

매도인은 매수인의 요청과 위험 및 비용부담으로 매수인이 물품의 수입 및 필요한 경우 제 3 국으로의 통과를 위하여 요구할 수 있는 발송국가 및/또는 원산지국가에서 발행되거나 교부되는 모든 서류 또는 이와 상응한 전자통신문(A8에 명시된 것 이외)을 취득하는 데 모든 협조를 매수인에게 제공하여야 한다.

매도인은 매수인의 요청에 따라 보험계약을 체결하는 데 필요한 정보를 매수인에게 제공하여야 한다.

B10 기타의 의무

매수인은 A10에 명시된 서류 또는 이와 상응한 전자통신문을 취득하는 데 발생된 모든 비용과 부과금을 지급하여야 하며, 또 동조에 따라 매도인이 협조를 제공함으로써 발생된 모든 비용과 부과금을 보상하여야 한다.

매수인은 A3-a-ii에 따라 필요한 경우에는, 자신의 요청과 매수인의 위험 및 비용부담으로 매도인에게 외국환관리의 승인서, 허가서, 기타 서류 또는 이들의 인증사본을 제공하거나, 또는 A8 ii에 규정된 통운송서류 또는 기타 모든 서류를 취득하기 위한 수입국가에서의 물품의 최종목적지의 주소를 제공하여야 한다.

2) DES: Delivered Ex Ship(…named port of destination)

착선인도(지정 목적항)

"착선인도"라 함은 물품이 수입통관되지 아니하고 지정된 목적항의 본선의 갑판상에서 매수인의 임의처분상태로 둘 때에 매도인이 인도하는 것을 의미한다. 매도인은 지정된 목적항까지 물품을 운반하여 양륙하기 전까지의 수반되는 모든 비용과 위험을 부담하여야 한다. 당사자들간에 매도인이 물품을 양륙하는 비용과 위험을 부담할 것을 원하는 경우에는, 부두인도 조건을 사용하여야 한다.

이 조건을 물품이 해상운송, 내수로운송 또는 목적항의 선박상에서 복합운송으로 인도되어야 할 때에만 사용될 수 있다.

A1 계약과 일치하는 물품의 제공

매도인은 매매계약과 일치하는 물품과 상업송장 또는 이와 상응한 전자통신문, 그리고 계약에 의하여 요구되는 기타 모든 일치의 증명서류를 제공하여야 한다.

B1 대금의 지급

매수인은 매매계약에 약정된 대로 대금을 지급하여야 한다.

A2 허가, 승인 및 통관절차

매도인은 자신의 위험과 비용부담으로 모든 수출허가 또는 기타 공적인 승인 또는 기타 서류를 취득하여야 하며, 또 적용가능한 경우에는 물품의 수출 및 제3국으로의 통과에 필요한 모든 통관절차를 이행하여야 한다.

B2 허가, 승인 및 통관절차

매수인은 자신의 위험과 비용부담으로 모든 수입허가 또는 기타 공적인 승인을 취득하여야 하며, 또 적용가능한 경우에는 물품의 수입에 필요한 모든 통관절차를 이행하여야 한다.

A3 운송 및 보험계약

a) 운송계약 매도인은 자신의 비용부담으로 지정된 목적항의 지정된 지점(있을 경우)까지 물품의 운송계약을 체결하여야 한다. 어느 지점이 합의되지 아니하거나 또는 관례적으로 결정되지 아니하는 경우에는, 매도인은 지정된 목적항에서 자신의 목적에 가장 적합한 지점을 선택할 수 있다.

b) 보험계약 의무 없음

B3 운송 및 보험계약

a) 운송계약 의무 없음

b) 보험계약 의무 없음

A4 인도

매도인은 물품의 성질에 적합한 양화장비에 의하여 선박으로부터 이를 이동할 수 있도록, 합의된 일자 또는 기간 내에 A3 a에 언급된 지정된 목적항의 양화지점의 선박의 갑판상에서 물품을 매수인의 임의처분상태로 두어야 한다.

B4 인도의 수령

매수인은 물품의 A4에 따라 인도된 때에 물품의 인도를 수령하여야 한다.

A5 위험의 이전

매도인은 B5에 규정된 경우를 제외하고, 물품이 A4에 따라 인도된 그 때까지 물품의 멸실 또는 손상의 모든 위험을 부담하여야 한다.

B5 위험의 이전

매수인은 물품이 A4에 따라 인도된 때부터 물품의 멸실 또는 손상의 모든 위험을 부담하여야 한다.

매수인은 B7에 따른 통지를 하지 아니한 경우에는, 인도를 위하여 합의된 일자 또는 합의된 기간의 만기일로부터 물품의 멸실 또는 손상의 모든 위험을 부담하여야 한다. 그러나 다만 물품의 계약에 정히 충당, 즉 계약물품으로서 명확히 구분되어 있거나 또는 기타의 방법으로 특정되어 있어야 한다.

A6 비용의 분담

매도인은 B6에 규정된 경우를 제외하고, 다음과 같은 비용을 지급하여야 한다.

• A3 a의 결과로 발생하는 비용에 추가하여, 물품이 A4에 따라 인도된 그 때까지 물품에 관련된 모든 비용, 그리고

• 적용가능한 경우에는, 수출에 필요한 통관절차의 비용뿐만 아니라 물품의 수출시 및 A4에 따른 인도에 앞서 제 3 국으로의 통과를 위하여 지급되는 모든 관세, 조세 및 기타 부과금

B6 비용의 분담

매수인은 다음과 같은 비용을 지급하여야 한다.

• 선박으로부터 물품의 인도를 수령하는 데 필요한 양륙작업의 비용을 포함하여, 물품이 A4에 따라 인도된 때부터 물품에 관련된 모든 비용, 그리고

• 물품이 A4에 따라 매수인의 임의처분상태로 둔 때에 매수인이 물품의 인도를 수령하지 아니하거나 또는 B7에 따른 통지를 하지 아니하여 발생된 모든 추가적인 비용. 그러나 다만 물품은 계약에 정히 충당, 즉 계약물품으로서 명확히 구분되어 있거나 또는 기타의 방법으로 특정되어 있어야 한다. 그리고

• 적용가능한 경우에는, 물품의 수입시에 지급되는 통관절차의 비용뿐만 아니라 모든 관세, 조세 및 기타 부과금.

A7 매수인에 대한 통지

매도인은 매수인에게 A4에 따라 지정된 선박의 도착예정시기에 관한 충분한 통지뿐만 아니라, 매수인이 물품의 인도를 수령하는 데 정상적으로 필요한 조치를 취할 수 있도록 요구되는 기타 모든 통지를 하여야 한다.

B7 매도인에 대한 통지

매수인은 인도수령의 합의된 기간 내의 시기 및/또는 지정된 목적항에서의 지점을 결정할 권한이 주어진 때에는, 항상 이에 대하여 매도인에게 충분한 통지를 하여야 한다.

A8 인도의 증거, 운송서류 또는 상응한 전자통신문

매도인은 자신의 비용부담으로 매수인의 목적항에서 운송인으로부터 물품을 청구하는 데 필요한 인도지시서 및/또는 통상적인 운송서류(예컨대 유통선화증권, 비유통해상화물운송장, 내수로 운송서류 또는 복합운송서류)를 매수인에게 제공하여야 한다.

매도인은 매수인이 전자방식으로서의 통신을 합의한 경우에는, 전항에 언급된 서류는 이와 동등한 전자자료교환(EDI) 통신문으로 대체될 수 있다.

B8 인도의 증거, 운송서류 또는 상응한 전자통신문

매수인은 A8에 따른 인도지시서 또는 운송서류를 수리하여야 한다.

A9 점검 · 포장 · 화인

매도인은 물품을 A4에 따라 인도하기 위하여 필요한 물품점검업무(품질, 용적, 중량, 수량점검 등)의 비용을 지급하여야 한다.

매도인은(특정거래에서 계약명세의 물품을 무포장으로 인도하는 것이 관례가 아닌 한) 자신의 비용부담으로 물품의 인도에 필요한 포장을 제공하여야 한다. 포장에는 적절한 화인이 있어야 한다.

B9 물품의 검사

매수인은 수출국가의 당국이 지정한 검사를 제외하고, 모든 선적전검사의 비용을 지급하여야 한다.

A10 기타의 의무

매도인은 매수인의 요청과 위험 및 비용부담으로 매수인의 물품의 수입을 위하여 요구할 수 있는 발송국가 및/또는 원산지국가에서 발행되거나 교부되는 모든 서류 또는 이와 상응한 전자통신문(A8에 명시된 것 이외)을 취득하는데 모든 협조를 매수인에게 제공하여야 한다.

매도인은 매수인의 요청에 따라 보험계약을 체결하는 데 필요한 정보를 매수인에게 제공하여야 한다.

B10 기타의 의무

매수인은 A10에 명시된 서류 또는 이와 상응한 전자통신문을 취득하는데 발생된 모든 비용과 부과금을 지급하여야 하며, 또 동조에 따라 매도인이 협조를 제공함으로써 발생된 모든 비용과 부과금을 보상하여야 한다.

3) DEQ: Deliverd Ex Quay(…named port of destination)

부두인도(지정 목적항)

“부두인도”라 함은 물품이 수입통관되지 아니하고 지정된 목적항의 부두상에서 매수인의 임의처분상태로 둘 때 매도인이 인도하는 것을 의미한다. 매도인은 지정된 목적항까지 물품을 운반하고 부두상으로 그 물품을 양륙하는데 수반되는 비용과 위험을 부담하여야 한다. 부두인도 조건은 매수인의 물품의 수입통관을 이행하고 수입시의 모든 절차, 관세, 조세 및 기타 부과금을 지급할 것을 요구하고 있다.

이는 매도인이 수입통관을 이행할 것을 요구하였던 종래의 인코텀즈판과는 반대되는 것이다.

당사자들이 물품의 수입시에 지급되는 비용의 전부 또는 일부를 매도인의 의무사항에 포함시킬 것을 원하는 경우에는 매매계약상에 이러한 취지의 명시적인 문언을 추가함으로써 이를 명확히 하여야 한다.

이 조건은 물품이 해상운송, 내수로운송 또는 목적항의 선박에서 부두상으로 양륙하여 복합운송으로 인도되어야 할 때에만 사용될 수 있다. 그러나 당사자들이 부두로부터 항구의 내부 또는 외부의 다른 장소(창고, 터미널, 운송역사 등)로 물품을 하역하는 위험과 비용을 매도인의 의무사항에 포함시킬 것을 원하는 경우에는 관세미지급인도 또는 관세지급인도 조건을 사용하여야 한다.

A1 계약과 일치하는 물품의 제공

매도인은 매매계약과 일치하는 물품과 상업송장 또는 이와 상응한 전자통신문, 그리고 계약에 의하여 요구되는 기타 모든 일치의 증명서류를 제공하여야 한다.

B1 대금의 지급

매수인은 매매계약에 약정된 대로 대금을 지급하여야 한다.

A2 허가, 승인 및 통관절차

매도인은 자신의 위험과 비용부담으로 모든 수출허가 또는 기타 공적인 승인 또는 기타 서류를 취득하여야 하며, 또 적용가능한 경우에는 물품의 수출 및 제 3 국으로의 통과에 필요한 모든 통관절차를 이행하여야 한다.

B2 허가, 승인 및 통관절차

매수인은 자신의 위험과 비용부담으로 모든 수입허가 또는 기타 공적인 승인 또는 기타 서류를 취득하여야 하며, 또 적용가능한 경우에는 물품의 수입에 필요한 모든 통관절차를 이행하여야 한다.

A3 운송 및 보험계약

a) 운송계약 매도인은 자신의 비용부담으로 지정된 목적항의 지정된 부두까지 물품의 운송계약을 체결하여야 한다. 어느 구체적인 부두(선창)가 합의되지 아니하거나 또는 관례적으로 결정되지 아니하는 경우에는, 매도인은 지정된 목적항에서 자신의 목적에 가장 적합한 부두를 선택할 수 있다.

b) 보험계약 의무 없음

B3 운송 및 보험계약

a) 운송계약　　의무 없음

b) 보험계약　　의무 없음

A4 인도

매도인은 합의된 일자 또는 기간 내에 A3 a에 언급된 부두상에서 물품을 매수인의 임의처분상태로 두어야 한다.

B4 인도의 수령

매수인은 물품이 A4에 따라 인도된 때에 물품의 인도를 수령하여야 한다.

A5 위험의 이전

매도인은 B5에 규정된 경우를 제외하고, 물품이 A4에 따라 인도된 그 때까지 물품의 멸실 또는 손상의 모든 위험을 부담하여야 한다.

B5 위험의 이전

매수인의 물품이 A4에 따라 인도된 때부터 물품의 멸실 또는 손상의 모든 위험을 부담하여야 한다.

매수인은 B7에 따른 통지를 하지 아니한 경우에는, 인도를 위하여 합의된 일자 또는 합의된 기간의 만기일로부터 물품의 멸실 또는 손상의 모든 위험을 부담하여야 한다. 그러나 다만 물품의 계약에 정히 충당, 즉 계약물품으로서 명확히 구분되어 있거나 또는 기타의 방법으로 특정되어 있어야 한다.

A6 비용의 분담

매도인은 B6에 규정된 경우를 제외하고, 다음과 같은 비용을 지급하여야 한다.

• A3 a의 결과로 발생하는 비용에 추가하여, 물품이 A4에 따라 부두상에서 인도되는 그 때까지 물품에 관련된 모든 비용, 그리고

• 적용가능한 경우에는, 수출에 필요한 통관절차의 비용뿐만 아니라 물품의 수출시 및 인도에 앞서 제 3 국으로서 통과를 위하여 지급되는 모든 관세, 조세 및 기타 부과금.

B6 비용의 분담

매수인은 다음과 같은 비용을 지급하여야 한다.

• 항구에서의 후속되는 운송 또는 창고나 터미널로의 저장을 위한 물품의 모든 하역비를 포함하여, 물품이 A4에 따라 인도된 때부터 물품에 관련된

모든 비용, 그리고

• 물품이 A4에 따라 매수인의 임의처분상태로 둔 때에 매수인이 물품의 인도를 수령하지 아니하거나 또는 B7에 따른 통지를 하지 아니하여 발생된 모든 추가적인 비용. 그러나 다만 물품은 계약에 정히 충당, 즉 계약물품으로서 명확히 구분되어 있거나 또는 기타의 방법으로 특정되어 있어야 한다. 그리고

• 적용가능한 경우에는, 물품의 수입시 및 그 후속되는 운송을 위하여 지급되는 통관절차의 비용뿐만 아니라 모든 관세, 조세 및 기타 부과금.

A7 매수인에 대한 통지

매도인은 매수인에게 A4에 따라 지정된 선박의 도착예정시기에 관한 충분한 통지뿐만 아니라, 매수인의 물품의 인도를 수령하는 데 정상적으로 필요한 조치를 취할 수 있도록 요구되는 기타 모든 통지를 하여야 한다.

B7 매도인에 대한 통지

매수인은 인도수령의 합의된 기간 내의 시기 및/또는 지정된 목적항에서의 지점을 결정할 권한이 주어진 때에는, 항상 이에 대하여 매도인에게 충분한 통지를 하여야 한다.

A8 인도의 증거, 운송서류 또는 상응한 전자통신문

매도인은 자신의 비용부담으로 물품을 수령하여 이를 부두로부터 이동하는 데 필요한 인도지시서 및/또는 통상적인 운송서류(예컨대 유통선화증권, 비유통해상화물운송장, 내수로 운송서류 또는 복합운송서류)를 매수인에게 제공하여야 한다.

매도인과 매수인의 전자방식으로의 통신을 합의한 경우에는, 전항에 언급된 서류는 이와 상응한 전자문서교환 통신문으로 대체될 수 있다.

B8 인도의 증거, 운송서류 또는 상응한 전자통신문

매수인은 A8에 따른 인도지시서 또는 운송서류를 수리하여야 한다.

A9 점검 · 포장 · 화인

매도인은 물품을 A4에 따라 인도하기 위하여 필요한 물품점검업무(품질, 용적, 중량, 수량점검 등)의 비용을 지급하여야 한다.

매도인은(특정거래에서 계약명세의 물품을 무포장으로 인도하는 것이 관례가 아닌 한) 자신의 비용부담으로 물품의 인도에 필요한 포장을 제공하여야 한다.

포장에는 적절한 화인이 있어야 한다.

B9 물품의 검사

매수인은 수출국가의 당국이 저정한 검사를 제외하고, 모든 선적전검사의 비용을 지급하여야 한다.

A10 기타의 의무

매도인은 매수인의 요청과 위험 및 비용부담으로 매수인이 물품의 수입을 위하여 요구할 수 있는 발송국가 및/또는 원산지국가에서 발행되거나 교부되는 모든 서류 또는 이와 상응한 전자통신문(A8에 명시된 것 이외)을 취득하는 데 모든 협조를 매수인에게 제공하여야 한다.

매도인은 매수인의 요청에 따라 보험계약을 체결하는 데 필요한 정보를 매수인에게 제공하여야 한다.

B10 기타의 의무

매수인은 A10에 명시된 서류 또는 이와 상응한 전자통신문을 취득하는 데 발생된 모든 비용과 부과금을 지급하여야 하며, 또 동조에 따라 매도인에 협조를 제공함으로써 발생된 모든 비용과 부과금을 보상하여야 한다.

4) DDU: Delivered Duty Unpaid(…named place of destination)

관세미지급인도(지정 목적지)

"관세미지급인도"라 함은 매도인이 물품을 수입통관하지 아니하고, 지정된 목적지에 도착하는 모든 운송수단으로부터 양화하지 아니한 상태로 매수인에게 인도하는 것을 의미한다. 매도인은 적용가능한 경우 목적지의 국가에서의 수입을 위한 모든 "관세"(이 용어는 통관절차를 이행할 책임과 위험 및 그 절차, 관세, 조세 및 기타 부과금과의 지급 등을 포함한다)를 제외하고, 목적지까지 물품을 운반하는 데 수반되는 비용과 위험을 부담하여야 한다. 그러한 "관세"는 매수인이 적기에 물품을 수입통관하지 아니함으로써 발생되는 모든 비용과 위험까지 포함하여 매수인이 부담하여야 한다.

그러나 당사자들간에 매도인이 통관절차를 이행하고 이에 따라 발생하는 비용과 위험을 포함하여 물품의 수입시에 지급되는 비용의 일부를 부담할 것을 원하는 경우에는, 매매계약상에 이러한 취지의 명시적인 문언을 주가함으로써 이를 명확히 하여야 한다.

이 조건은 운송방식에 관계없이 사용될 수 있다. 다만 인도가 목적항의 선박의 갑판상이나 또는 부두상에서 이루어져야 할 때에는, 착선인도 조건 또는 부두인도 조건을 사용하여야 한다.

A1 계약과 일치하는 물품의 제공

매도인은 매매계약과 일치하는 물품과 상업송장 또는 이와 상응한 전자통신문, 그리고 계약에 의하여 요구되는 기타 모든 일치의 증명서류를 제공하여야 한다.

B1 대금의 지급

매수인은 매매계약에 약정된 대로 대금을 지급하여야 한다.

A2 허가, 승인 및 통관절차

매도인은 자신의 위험과 비용부담으로 모든 수출허가 또는 기타 공적인 승인 또는 기타 서류를 취득하여야 하며, 또 적용가능한 경우에는 물품의 수출 및 제 3 국으로의 통과에 필요한 모든 통관절차를 이행하여야 한다.

B2 허가, 승인 및 통관절차

매수인은 자신의 위험과 비용부담으로 모든 수입허가 또는 기타 공적인 승인 또는 기타 서류를 취득하여야 하며, 또 적용가능한 경우에는 물품의 수입에 필요한 모든 통관절차를 이행하여야 한다.

A3 운송 및 보험계약

a) 운송계약　　매도인은 자신의 비용부담으로 지정된 목적지까지 물품의 운송계약을 체결하여야 한다. 어느 구체적인 지점이 합의되지 아니하거나 또는 관례적으로 결정되지 아니하는 경우에는, 매도인은 지정된 목적지에서 자신의 목적에 가장 적합한 지점을 선택할 수 있다.

b) 보험계약　　의무 없음

B3 운송 및 보험계약

a) 운송계약　　의무 없음

b) 보험계약　　의무 없음

A4 인도

매도인은 인도를 위하여 합의된 일자 또는 기간 내에 지정된 목적지에 도착하는 모든 운송수단상에서 물품을 양화하지 아니하고, 매수인이나 또는 매수인에 의하여 지정된 기타 자의 임의처분상태로 두어야 한다.

B4 인도의 수령

매수인은 물품이 A4에 따라 인도된 때에 물품의 인도를 수령하여야 한다.

A5 위험의 이전

매도인은 B5에 규정된 경우를 제외하고, 물품이 A4에 따라 인도된 그 때까지 물품의 멸실 또는 손상의 모든 위험을 부담하여야 한다.

B5 위험의 이전

매수인은 물품이 A4에 따라 인도된 때부터 물품의 멸실 또는 손상의 모든 위험을 부담하여야 한다.

매수인은 B2에 따른 자신의 의무를 완수하지 아니한 경우에는, 이에 기인하여 발생되는 물품의 멸실 또는 손상의 모든 추가적인 위험을 부담하여야 한다.

매수인은 B7에 따른 통지를 하지 아니한 경우에는, 인도를 위하여 합의된 일자 또는 합의된 기간의 만기일로부터 물품의 멸실 또는 손상의 모든 위험을 부담하여야 한다. 그러나 다만 물품은 계약에 정히 충당, 즉 계약물품으로서 명확히 구분되어 있거나 또는 기타의 방법으로 특정되어 있어야 한다.

A6 비용의 분담

매도인은 B6에 규정된 경우를 제외하고, 다음과 같은 비용을 지급하여야 한다.

- A3 a의 결과로 발생하는 비용에 추가하여, 물품이 A4에 따라 인도된 그 때까지 물품에 관련된 모든 비용, 그리고
- 적용가능한 경우에는, 수출에 필요한 통관절차의 비용뿐만 아니라 수출시 및 A4에 따른 인도에 앞서 제 3 국으로의 통과를 위하여 지급되는 모든 관세, 조세 및 기타 부과금.

B6 비용의 분담

매수인은 다음과 같은 비용을 지급하여야 한다.

- 물품이 A4에 따라 인도된 때부터 물품에 관련된 모든 비용, 그리고
- 매수인이 B2에 따른 자신의 의무를 이행하지 아니하거나 또는 B7에 따른 통지를 하지 아니하여 발생된 모든 추가적인 비용. 그러나 다만 물품은 계약에 정히 충당, 즉 계약물품으로서 명확히 구분되어 있거나 또는 기타의 방법으로 특정되어 있어야 한다. 그러나

• 적용가능한 경우에는, 물품의 수입시에 지급되는 통관절차의 비용뿐만 아니라 모든 관세, 조세 및 기타 부과금.

B7 매도인에 대한 통지

매수인은 인도수령의 합의된 기간 내의 시기 및/또는 지정된 장소에서의 지점을 결정할 권한이 주어진 때에는, 항상 이에 대하여 매도인에게 충분한 통지를 하여야 한다.

A7 매수인에 대한 통지

매도인은 매수인에게 물품의 발송에 관한 충분한 통지뿐만 아니라, 매수인이 물품의 인도를 수령하는 데 정상적으로 필요한 조치를 취할 수 있도록 요구되는 기타 모든 통지를 하여야 한다.

A8 인도의 증거, 운송서류 또는 상응한 전자통신문

매도인은 자신의 비용부담으로 매수인이 A4/B4에 따른 물품의 인도를 수령하는 데 필요한 인도지시서 및/또는 통상적인 운송서류(예컨대 유통선화증권, 비유통해상화물운송장, 내수로 운송서류, 항공화물운송장, 철도화물수탁서, 도로화물수탁서 또는 복합운송서류)를 매수인에게 제공하여야 한다.

매도인과 매수인의 전자방식으로 통신을 합의한 경우에는, 전항에 언급된 서류는 이와 상응한 전자문서교환 통신문으로 대체될 수 있다.

B8 인도의 증거, 운송서류 또는 상응한 전자통신문

매수인은 A8에 따른 적절한 인도지시서 또는 운송서류를 수리하여야 한다.

A9 점검 · 포장 · 화인

매도인은 물품을 A4에 따라 인도하기 위하여 필요한 물품점검업무(품질, 용적, 중량, 수량점검 등)의 비용을 지급하여야 한다.

매도인은 (특정거래에서 계약명세의 물품을 무포장으로 인도하는 것이 관례가 아닌 한)자신의 비용부담으로 물품의 인도에 필요한 포장을 제공하여야 한다. 포장에는 적절한 화인이 있어야 한다.

B9 물품의 검사

매수인은 수출국가의 당국이 지정한 검사를 제외하고, 모든 선적전검사의 비용을 지급하여야 한다.

A10 기타의 의무

매도인은 매수인의 요청과 위험 및 비용부담으로 매수인이 물품의 수입을 위하여 요구할 수 있는 발송국가 및/또는 원산지국가에서 발행되거나 교부되는 모든 서류 또는 이와 상응한 전자통신문(A8에 명시된 것 이외)을 취득하는 데 모든 협조를 매수인에게 제공하여야 한다.

매도인은 매수인의 요청에 따라 보험계약을 체결하는 데 필요한 정보를 매수인에게 제공하여야 한다.

B10 기타의 의무

매수인은 A10에 명시된 서류 또는 이와 상응한 전자통신문을 취득하는 데 발생된 모든 비용과 부과금을 지급하여야 하며, 또 동조에 따라 매도인이 협조를 제공함으로써 발생된 모든 비용과 부과금을 보상하여야 한다.

5) DDP: Delivered Duty Paid(…named place of destination)

관세지급인도(지정 목적지)

"관세지급인도"라 함은 매도인이 물품을 수입통관하고, 지정된 목적지에 도착하는 모든 운송수단으로부터 양화하지 아니한 상태로 매수인에게 인도하는 것을 의미한다. 매도인은 적용가능한 경우 목적지의 국가에서의 수입을 위한 모든 "관세"(이 용어는 통관절차를 이행할 책임과 위험 및 그 절차, 관세, 조세 및 기타 부과금의 지급 등을 포함한다)를 포함하여 목적지까지 물품을 운반하는 데 수반되는 모든 비용과 위험을 부담하여야 한다.

공장인도 조건이 매도인에 대한 최소한의 의무를 나타내는 반면에, 관세지급인도 조건은 그 최대 의무를 나타낸다.

이 조건은 매도인이 직접 또는 간접적으로 수입허가를 취득할 수 없는 경우에 사용되어서는 아니 된다.

그러나 당사자들이 물품의 수입시에 지급되는 비용의 일부(예컨대 부가가치세)를 매도인의 의무사항에서 제외할 것을 원하는 경우에는, 매매계약상에 이러한 취지의 명시적인 문언을 추가함으로써 이를 명확히 하여야 한다.

당사자들간에 매수인이 수입에 따른 모든 위험과 비용을 부담할 것을 원하는 경우에는 관세미지급 조건을 사용하여야 한다.

이 조건은 운송방식에 관계없이 사용될 수 있다. 다만 인도가 목적항의 선박의 갑판상이나 또는 부두상에서 이루어져야 할 경우에는 착선인도 조건 또는 부두인도 조건을 사용하여야 한다.

A1 계약과 일치하는 물품의 제공

매도인은 매매계약과 일치하는 물품과 상업송장 또는 이와 상응하는 전자통신문, 그리고 계약에 의하여 요구되는 기타 모든 일치의 증명서류를 제공하여야 한다.

B1 대금의 지급

매수인은 매매계약에 약정한 대로 대금을 지급하여야 한다.

A2 허가, 승인 및 통관절차

매도인은 자신의 위험과 비용부담으로 모든 수출 및 수입허가 그리고 기타 공적인 승인 또는 기타 서류를 취득하여야 하며, 또 적용가능한 경우에는 물품의 수출, 제 3 국으로의 통과 및 수입에 필요한 모든 통관절차를 이행하여야 한다.

B2 허가, 승인 및 통관절차

매수인은 매도인의 요청과 위험 및 비용부담으로 적용가능한 경우에는 모든 수입허가 또는 물품의 수입에 필요한 기타 공적인 승인을 취득하는 데 모든 협조를 매도인에게 제공하여야 한다.

A3 운송 및 보험계약

a) 운송계약 매도인은 자신의 비용부담으로 지정된 목적지까지 물품의 운송계약을 체결하여야 한다. 어느 구체적인 지점이 합의되지 아니하거나 또는 관례적으로 결정되지 아니하는 경우에는, 매도인은 지정된 목적지에서 자신의 목적에 가장 적합한 지점을 선택할 수 있다.

b) 보험계약 의무 없음

B3 운송 및 보험계약

a) 운송계약 의무 없음

b) 보험계약 의무 없음

A4 인도

매도인은 인도를 위하여 합의된 일자 또는 기간 내에 지정된 목적지에 도착하는 모든 운송수단상에서 물품을 양화하지 아니하고, 매수인이나 또는 매수인에 의하여 지정된 기타 자의 임의처분상태로 두어야 한다.

B4 인도의 수령

매수인은 물품이 A4에 따라 인도된 때에 물품의 인도를 수령하여야 한다.

A5 위험의 이전

매도인은 B5에 규정된 경우를 제외하고, 물품이 A4에 따라 인도된 때까지 물품의 멸실 또는 손상의 모든 위험을 부담하여야 한다.

B5 위험의 이전

매수인은 물품이 A4에 따라 인도된 때부터 물품의 멸실 또는 손상의 모든 위험을 부담하여야 한다.

매수인은 B2에 따른 자신의 의무를 완수하지 아니한 경우에는, 이에 기인하여 발생되는 물품의 멸실 또는 손상의 모든 추가적인 위험을 부담하여야 한다.

매수인은 B7에 따른 통지를 하지 아니한 경우에는, 인도를 위하여 합의된 일자 또는 합의된 기간의 만기일로부터 물품의 멸실 또는 손상의 모든 위험을 부담하여야 한다. 그러나 다만 물품은 계약에 정히 충당, 즉 계약물품으로서 명확히 구분되어 있거나 또는 기타의 방법으로 특정되어 있어야 한다.

A6 비용의 분담

매도인은 B6에 규정된 경우를 제외하고, 다음과 같은 비용을 지급하여야 한다.

• A3 a의 결과로 발생하는 비용에 추가하여, 물품이 A4에 따라 인도된 그 때까지 물품에 관련된 모든 비용, 그리고

• 적용가능한 경우에는 수출과 수입에 필요한 통관절차의 비용뿐만 아니라 물품의 수출과 수입시 및 A4에 따른 인도에 앞서 제 3 국으로서 통과를 위하여 지급되는 모든 관세, 조세 및 기타 부과금

B6 비용의 분담

매수인은 다음과 같은 비용을 지급하여야 한다.

• 물품이 A4에 따라 인도된 때부터 물품에 관련된 모든 비용, 그리고

• 매수인이 B2에 따른 자신의 의무를 완수하지 아니하거나 또는 B7에 따른 통지를 하지 아니하여 발생된 모든 추가적인 비용. 그러나 다만 물품은 계약에 정히 충당, 즉 계약물품으로서 명확히 구분되어 있거나 또는 기타의 방법으로 특정되어 있어야 한다.

A7 매수인에 대한 통지

매도인은 매수인에게 물품의 발송에 관한 충분한 통지뿐만 아니라, 매수

인이 물품의 인도를 수령하는 데 정상적으로 필요한 조치를 취할 수 있도록 요구되는 기타 모든 통지를 하여야 한다.

B7 매도인에 대한 통지

매수인은 인도수령의 합의된 기간 내의 시기 및/또는 지정된 장소에서의 지점을 결정할 권한이 주어진 때에는, 항상 이에 대하여 매도인에게 충분한 통지를 하여야 한다.

A8 인도의 증거, 운송서류 또는 상응한 전자통신문

매도인은 자신의 비용부담으로 매수인이 A4/B4에 따른 물품의 인도를 수령하는 데 필요한 인도지시서 및/또는 통상적인 운송서류(예컨대 유통선화증권, 비유통해상화물운송장, 내수로 운송서류, 항공화물운송장, 철도화물수탁서, 도로화물수탁서 또는 복합운송서류)를 매수인에게 제공하여야 한다.

매도인과 매수인이 전자방식으로 통신을 합의한 경우에는, 전항에 언급된 서류는 이와 상응한 전자문서교환 통신문으로 대체될 수 있다.

B8 인도의 증거, 운송서류 또는 상응한 전자통신문

매수인은 A8에 따른 적절한 인도지시서 또는 운송서류를 수리하여야 한다.

A9 점검 · 포장 · 화인

매도인은 물품을 A4에 따라 인도하기 위하여 필요한 물품점검업무(품질, 용적, 중량, 수량점검 등)의 비용을 지급하여야 한다.

매도인은 (특정거래에서 계약명세의 물품을 무포장으로 인도하는 것이 관례가 아닌 한)자신의 비용부담으로 물품의 인도에 필요한 포장을 제공하여야 한다. 포장에는 적절한 화인이 있어야 한다.

B9 물품의 검사

매수인은 수출국가의 당국이 지정한 검사를 제외하고, 모든 선적전검사의 비용을 지급하여야 한다.

A10 기타의 의무

매도인은 B10에 명시된 서류 또는 이와 상응한 전자통신문을 취득하는 데 발생된 모든 비용과 부과금을 지급하여야 하며, 또 동조에 따라 매수인이 협조를 제공함으로써 발생된 모든 비용과 부과금을 보상하여야 한다.

매도인은 매수인의 요청에 따라 보험계약을 체결하는 데 필요한 정보를 매수인에게 제공하여야 한다.

B10 기타의 의무

매수인은 매도인의 요청과 위험 및 비용부담으로 동조에 따라 매도인이 물품을 매수인에게 이용가능하도록 운반하기 위하여 요구할 수 있는 수입국가에서 발행되거나 교부되는 모든 서류 또는 이와 상응한 전자통신문을 취득하는 데 모든 협조를 매도인에게 제공하여야 한다.

2. 화환신용장통일규칙 및 관례(2007년 개정)
Uniform Customs and Practice for Documentary Credits(2007 Revision)

[제 1 조] 신용장통일규칙(UCP 600)의 적용

2007년 개정 국제상업회의소 간행물 제600호의 화환신용장통일규칙 및 관례(UCP)는 본 규칙이 신용장 문언에 본 규칙에 따른다고 분명히 명시하고 있는 경우 모든 화환신용장("신용장")(적용가능한 범위 내에서 모든 보증신용장을 포함하여)에 적용되는 규칙이다. 본 규칙은 신용장에 분명히 수정되거나 또는 배제되지 아니하는 한 모든 관계당사자를 구속한다.

[제 2 조] 정　　의

본 규칙을 위하여:

통지은행이라 함은 발행은행의 요청으로 신용장을 통지하는 은행을 말한다.

발행의뢰인이라 함은 신용장이 발행되도록 요청하는 당사자를 말한다.

은행영업일이라 함은 본 규칙에 따라 업무가 이행되어지는 장소에서 은행이 정규적으로 영업을 하는 일자를 말한다.

수익자라 함은 신용장이 발행되어 수혜를 받는 당사자를 말한다.

일치하는 제시라 함은 신용장조건, 본 규칙의 적용가능한 규정 및 국제표준은행관행에 따른 제시를 말한다.

확인이라 함은 발행은행의 확약에 추가하여 일치하는 제시를 인수 · 지급 또는 매입하겠다는 확인은행의 분명한 확약을 말한다.

확인은행이라 함은 발행은행의 수권 또는 요청에 따라 신용장에 확인을 추가하는 은행을 말한다.

신용장이라 함은 그 명칭이나 기술에 관계없이 일치하는 제시를 인수 · 지급하기 위한 발행은행의 취소불능적인 그리고 분명한 확약을 구성하는 모든 약정을 말한다.

인수 · 지급이라 함은 다음을 말한다.

a) 신용장이 일람지급에 의하여 사용가능한 경우 일람지급하는 것.

b) 신용장이 연지급에 의하여 사용가능한 경우 연지급을 확약하고 만기일에 지급하는 것.

c) 신용장이 인수에 의하여 사용가능한 경우 수익자가 발행한 환어음("어음")을 인수하고 만기일에 지급하는 것.

발행은행이라 함은 발행의뢰인의 요청에 따라 또는 자기 자신을 위하여 신용장을 발행하는 은행을 말한다.

매입이라 함은 상환이 지정은행에게 행해져야 하는 은행영업일 또는 그 이전 수익자에게 대금을 선지급 또는 선지급하기로 약정함으로써 일치하는 제시에 대한 환어음(지정은행이 아닌 은행을 지급인으로 하여 발행된) 및/또는 서류를 지정은행이 매입하는 것을 말한다.

지정은행이라 함은 신용장이 사용가능한 은행 또는 모든 은행에서 사용가능한 신용장의 경우 모든 은행을 말한다.

제시라 함은 발행은행 또는 지정은행에게 신용장에 의한 서류인도 또는 그와 같이 인도된 서류를 말한다.

제시인이라 함은 제시를 하는 수익자, 은행 또는 기타 당사자를 말한다.

[제 3 조] 해 석

본 규칙을 위하여:

적용가능한 경우, 단수형의 단어는, 복수형을 포함하고, 복수형에는 단수형을 포함한다.

신용장은 비록 취소불능이라는 표시가 없다 하더라도 취소불능이다.

서류는 수기, 모사 서명, 천공 서명, 스탬프, 상징 또는 모든 기타의 기계적 또는 전자적 인증방법에 의하여 서명될 수 있다.

공인, 사증, 증명 또는 유사한 서류의 요건은 그러한 요건을 충족하는 것으로 보이는 서류상의 모든 서명, 표지, 스탬프 또는 부전에 의하여 충족된다.

다른 국가에 있는 어떠한 은행의 지점은 독립된 은행으로 본다.

서류의 발행인을 설명하기 위하여 사용되는 "일류의(first class)," "저명한(well known)," "자격 있는(qualified)," "독립적인(independent)," "공인된

(official)," "유능한(competent)" 또는 "국내의(local)"와 같은 용어는 서류발행을 위한 수익자 이외의 모든 발행인에게 허용한다.

서류에 사용되는 것으로 요구되지 아니하는 한, "신속히(prompt)," "즉시(immediately)" 또는 "가능한 빨리(as soon as possible)"와 같은 단어는 무시된다.

"~에 또는 ~경에" 또는 이와 유사한 표현은 어떠한 일이 명시된 일자 이전 역일(calendar days) 5일부터 명시된 일자 이후 역일 5일까지의 기간 동안에 발행되도록 약정하는 것으로 해석되며 초일 및 종료일이 포함되는 것으로 한다.

선적기간을 결정하기 위하여 사용된 경우 "to," "until," "till," "from," "between"이라는 단어는 언급된 일자 및 일자들을 포함하며, "before" 및 "after"라는 단어는 언급된 일자를 제외한다.

만기일을 결정하기 위하여 사용된 경우 "from" 및 "after"라는 단어는 언급된 일자를 제외한다.

어느 개월의 "전반" 및 "후반"이라는 용어는 모든 일자를 포함하여 당월의 1일부터 15일까지, 그리고 16일부터 말일까지로 각각 해석된다.

어느 개월의 "상순," "중순" 및 "하순"이라는 용어는 양쪽 일자를 포함하여 당월의 1일부터 10일까지, 11일부터 20일까지 그리고 21일부터 말일까지로 각각 해석된다.

[제 4 조] 신용장과 계약

a) 신용장은 그 성질상 그것이 근거가 되는 매매계약 또는 기타 계약과는 별개의 거래이다. 은행은 그러한 계약에 관한 어떠한 참조사항이 신용장에 포함되어 있다 하더라도 그러한 계약과는 아무런 관계가 없으며 또한 구속되지 아니한다. 따라서 신용장에 의하여 인수 · 지급, 매입하거나 또는 모든 기타 의무를 이행한다는 은행의 확약은 발행의뢰인이 발행은행 또는 수익자와의 관계로부터 야기되는 클레임 또는 항변에 지배받지 아니하는 조건으로 한다. 수익자는 어떠한 경우에도 은행 상호간 또는 발행의뢰인과 발행은행간에 존재하는 계약관계를 원용할 수 없다.

b) 발행은행은 신용장의 구성요소 부분으로서, 근거계약의 사본, 견적송장 및 기타 유사한 것을 포함시키고자 하는 모든 시도를 제지하여야 한다.

[제 5 조] 서류와 물품, 서비스 또는 이행

은행은 서류로 거래하는 것이지, 그 서류와 관련될 수 있는 물품, 서비스 또는 이행으로 거래하는 것이 아니다.

[제 6 조] 사용가능성, 유효기일 및 제시장소

a) 신용장은 그 신용장이 사용가능한 은행 또는 그 신용장이 모든 은행에서 사용가능한지 여부를 명기하여야 한다. 지정은행에서 사용가능한 신용장은 발행은행에서도 사용가능하다.

b) 신용장은 그것이 일람지급, 연지급, 인수 또는 매입 중 어느 유형으로 사용가능한지를 명시하여야 한다.

c) 신용장은 발행의뢰인을 지급인으로 발행된 환어음에 의하여 사용가능하도록 발행되어서는 아니 된다.

d) ⅰ. 신용장은 제시를 위한 유효기일을 명기하여야 한다. 인수 · 지급 또는 매입을 위하여 명기된 유효기일은 제시를 위한 유효기일로 본다.

ⅱ. 신용장이 사용가능한 은행의 장소는 제시장소이다. 모든 은행에서 사용가능한 신용장의 제시장소는 모든 은행의 장소이다. 발행은행 이외의 제시장소는 발행은행의 장소에 추가한 것이다.

e) 제29조 a항에서 규정된 경우를 제외하고, 수익자에 의한 제시 또는 수익자를 대리하는 제시는 유효기일 또는 그 이전에 행하여져야 한다.

[제 7 조] 발행은행의 확약

a) 명시된 서류가 지정은행 또는 발행은행에 제시되고, 그 서류가 일치하는 제시를 구성하는 한, 신용장이 다음 중 어느 것에 의하여 사용가능한 경우, 발행은행은 인수 · 지급하여야 한다:

ⅰ. 발행은행에서 일람지급, 연지급 또는 인수하는 경우;

ⅱ. 지정은행에서 일람지급 및 그 지정은행이 지급하지 아니하는 경우;

ⅲ. 지정은행에서 연지급 및 지정은행이 연지급확약을 부담하지 아니하는 경우 또는, 지정은행의 연지급확약을 부담하였지만 만기일에 지급하지 아니하는 경우;

ⅳ. 지정은행에서 인수 및 그 지정은행이 자신을 지급인으로 하여 발행된 환어음을 인수하지 아니하는 경우 또는, 지정은행이 자신을

지급인으로 하여 발행된 환어음을 인수하였지만 만기일에 지급하지 아니하는 경우;

v. 지정은행에서 매입 및 지정은행이 매입을 하지 아니하는 경우.

b) 발행은행은 신용장을 발행하는 시점부터 취소불능적으로 인수 · 지급 의무를 부담한다.

c) 발행은행은 일치하는 제시를 인수 · 지급 또는 매입한 지정은행 및 서류를 발행은행에 발송한 지정은행에게 상환할 것을 확약한다. 인수 또는 연지급 가능한 신용장에서 일치하는 제시금액에 대한 상환은 지정은행이 만기일 전에 선지급 또는 매입하였는지의 여부와 관계없이 만기일에 지급기일이 된다. 지정은행에 상환할 발행은행의 확약은 수익자에 대한 발행은행의 확약과 독립적이다.

[제 8 조] 확인은행의 확약

a) 명시된 서류가 확인은행 또는 모든 기타 지정은행에 제시되고, 그 서류가 일치하는 제시를 구성하는 한, 확인은행은:

i. 신용장이 다음 중의 어느 것에 의하여 사용가능한 경우, 인수 · 지급하여야 한다:

ⓐ 확인은행에서 일람지급, 연지급 또는 인수하는 경우;

ⓑ 다른 지정은행에서 일람지급 및 그 지정은행이 지급하지 아니하는 경우;

ⓒ 다른 지정은행에서 연지급 및 지정은행이 연지급확약을 부담하지 아니하는 경우 또는, 지정은행의 연지급확약을 부담하였지만 만기일에 지급하지 아니하는 경우;

ⓓ 다른 지정은행에서 인수 및 그 지정은행이 자신을 지급인으로 하여 발행된 환어음을 인수하지 아니하는 경우 또는, 지정은행이 자신을 지급인으로 하여 발행된 환어음을 인수하였지만 만기일에 지급하지 아니하는 경우;

ⓔ 다른 지정은행에서 매입 및 지정은행이 매입하지 아니하는 경우.

ii. 신용장이 확인은행에서 매입에 의하여 사용가능한 경우, 상환청구 없이 매입하여야 한다.

b) 확인은행은 신용장에 자신의 확인을 추가하는 시점부터 취소불능적으

로 인수 · 지급 또는 매입 의무를 부담한다.

c) 확인은행은 일치하는 제시를 인수 · 지급 또는 매입한 지정은행 및 서류를 확인은행에 발송한 다른 지정은행에게 상환할 것을 확약한다. 인수 또는 연지급 가능한 신용장에서 일치하는 제시금액에 대한 상환은 다른 지정은행이 만기일 전에 선지급 또는 매입하였는지의 여부와 관계없이 만기일에 지급기일이 된다. 다른 지정은행에 상환할 확인은행의 확약은 수익자에 대한 발행은행의 확약과 독립적이다.

d) 어떤 은행이 발행은행에 의하여 신용장을 확인하도록 수권 또는 요청받았으나 이를 행할 준비가 되어 있지 않을 경우, 그 은행은 지체 없이 발행은행에게 반드시 통고하여야 하며 그리고 확인 없이 신용장을 통지할 수 있다.

[제 9 조] 신용장 및 조건변경의 통지

a) 신용장 및 모든 조건변경은 통지은행을 통하여 수익자에게 통지될 수 있다. 확인은행이 아닌 통지은행은 인수 · 지급 또는 매입하기 위하여 아무런 확약 없이 신용장 및 모든 조건변경을 통지한다.

b) 신용장 또는 조건변경을 통지함으로써, 통지은행은 신용장 또는 조건변경의 외관상 진정성에 관하여 자체적으로 충족하였다는 것과 그 통지가 수령된 신용장 또는 조건변경의 조건을 정확하게 반영하고 있다는 것을 표명하는 것이다.

c) 통지은행은 수익자에게 신용장 및 모든 조건변경을 통지하기 위하여 다른 은행("제 2 통지은행")의 서비스를 이용할 수 있다. 신용장 또는 조건변경을 통지함으로써 제 2 통지은행은 자신이 수령한 그 통지의 외관상 진정성에 관하여 자체적으로 충족하였다는 것과 그 통지가 수령된 신용장 또는 조건변경의 조건을 정확하게 반영하고 있다는 것을 표명하는 것이다.

d) 신용장을 통지하기 위하여 통지은행 또는 제 2 통지은행의 서비스를 이용하는 은행은 이에 대한 모든 조건변경을 통지하기 위하여 동일한 은행을 이용하여야 한다.

e) 은행이 신용장 또는 조건변경 통지를 요구받았으나 그렇게 하지 아니하기로 결정한 경우, 은행은 신용장, 조건변경 또는 통지를 송부하여

온 은행에게 지체 없이 이를 통고하여야 한다.

f) 은행이 신용장 또는 조건변경 통지를 요구받았으나 신용장, 조건변경 또는 통지의 외관상 진정성에 관하여 자체적으로 충족할 수 없는 경우, 그 은행은 그 지시를 송부하여 온 은행에게 이를 지체 없이 통고하여야 한다. 그럼에도 불구하고 통지은행 또는 제 2 통지은행이 그 신용장 또는 조건변경을 통지하기로 결정한 경우, 그 은행은 수익자 또는 제 2 통지은행에게 신용장, 조건변경 또는 통지의 외관상 진정성에 관하여 자체적으로 충족할 수 없다는 것을 통고하여야 한다.

[제10조] 조건변경

a) 제38조에 의하여 별도로 규정된 경우를 제외하고, 신용장은 발행은행, 확인은행(있는 경우) 및 수익자의 합의 없이는 변경 또는 취소될 수 없다.

b) 발행은행은 그 자신이 조건변경서를 발행하는 시점부터 그 조건변경서에 의하여 취소불능적인 의무를 부담한다. 확인은행은 그 자신의 확인을 조건변경에까지 부연할 수 있으며 그 변경을 통지한 시점부터 취소불능적인 의무를 부담한다. 그러나 확인은행은 그 자신의 확인을 부연함이 없이 조건변경 통지를 선택할 수 있으며, 또한 이러한 경우에는 발행은행에게 지체 없이 통고하고 그 자신의 통지서로 수익자에게 통고하여야 한다.

c) 원신용장(또는 이미 승낙된 조건변경을 포함하고 있는 신용장)의 조건은 수익자가 조건변경에 대한 그 자신의 승낙을 그러한 조건변경을 통지해 온 은행에게 통보할 때까지는 수익자를 위하여 계속 효력을 갖는다. 수익자는 조건변경에 대하여 승낙 또는 거절의 통고를 행하여야 한다. 수익자가 그러한 통고를 행하지 아니한 경우, 신용장 및 아직 승낙되지 아니한 조건변경에 일치하는 제시는 수익자가 그러한 조건변경에 대하여 승낙의 통고를 행하는 것으로 본다. 그 순간부터 신용장은 조건변경된다.

d) 조건변경을 통지하는 은행은 조건변경을 송부하여 온 은행에게 승낙 또는 거절의 모든 통고를 통지하여야 한다.

e) 조건변경의 부분승낙은 허용되지 아니하며 조건변경의 거절통고로

본다.

f) 조건변경이 특정기한 내에 수익자에 의하여 거절되지 아니하는 한 유효하게 된다는 취지의 조건변경서상의 규정은 무시된다.

[제11조] 전송과 예비통지신용장 및 조건변경

a) 신용장 또는 조건변경의 인증된 전송은 유효한 신용장 또는 조건변경으로 보며, 이후의 모든 우편확인서는 무시된다.

전송이 "상세한 사항은 추후 통지함"(또는 이와 유사한 효력을 가지는 문언)이라고 명시하고 있거나 또는 우편확인서를 유효한 신용장 또는 조건변경으로 한다는 것을 명시한 경우, 그 전송은 유효한 신용장 또는 조건변경으로 보지 아니한다. 발행은행은 그 때 전송과 모순되지 아니한 조건으로 지체 없이 유효한 신용장 또는 조건변경을 발행하여야 한다.

b) 신용장의 발행 또는 조건변경의 예비통지는 발행은행이 유효한 신용장 또는 조건변경을 발행할 준비가 되어 있는 경우에만 송부되어야 한다. 예비통지를 송부하는 발행은행은 지체 없이 예비통지와 모순되지 아니한 조건으로 유효한 신용장 또는 조건변경을 발행할 것을 취소불능적으로 약속한다.

[제12조] 지　　정

a) 지정은행이 확인은행이 아닌 한, 인수 · 지급 또는 매입하기 위한 수권은 지정은행이 명시적으로 합의하고 이를 수익자에게 통보하는 경우를 제외하고, 지정은행에게 인수 · 지급 또는 매입에 관한 어떠한 의무도 부과되지 아니한다.

b) 환어음을 인수 또는 연지급확약 부담 은행을 지정함으로써, 발행은행은 지정은행이 인수한 환어음 또는 부담한 연지급확약을 선지급 또는 구매하기 위하여 그 지정은행에게 권한을 부여한다.

c) 확인은행이 아닌 지정은행이 서류의 수령 또는 심사 및 발송은 인수 · 지급 또는 매입할 의무를 그 지정은행에게 부담시키는 것은 아니며, 인수 · 지급 또는 매입을 구성하지 아니한다.

[제13조] 은행간 상환약정

a) 신용장이 지정은행("청구은행")이 다른 당사자("상환은행") 앞으로 상환청구받는 것으로 명시하고 있는 경우, 그 신용장은 상환이 신용장의

발행일에 유효한 은행간 대금상환에 관한 국제상업회의소 규칙에 따르는지를 명시하여야 한다.

b) 신용장이 상환이 은행간 대금상환에 관한 국제상업회의소 규칙에 따른다고 명시하고 있지 아니한 경우, 다음의 것이 적용 된다:

i. 발행은행은 신용장에 명시된 사용가능성에 따르는 상환수권을 상환은행에 반드시 제공하여야 한다. 상환수권은 유효기일에 영향을 받지 아니하여야 한다.

ii. 청구은행은 상환은행에게 신용장의 조건과의 일치증명서를 제공하도록 요구되어서는 아니 된다.

iii. 상환이 최초의 청구시에 신용장의 조건에 따라 상환은행에 의하여 상환받지 못한 경우, 발행은행은 발생된 모든 경비와 함께 이자손실의 책임을 부담하여야 한다.

iv. 상환은행의 수수료는 발행은행의 부담으로 한다. 그러나 그 수수료가 수익자의 부담으로 하고자 하는 경우, 발행은행은 이를 신용장 및 상환수권서상에 표시할 책임이 있다.

상환은행의 수수료가 수익자의 부담으로 하는 경우, 그 수수료가 상환이 이루어질 때 청구은행에 주어야 할 금액으로부터 공제되어야 한다. 상환이 이루어지지 아니한 경우, 상환은행의 수수료는 발행은행의 의무로 남는다.

c) 발행은행은 상환이 최초의 청구시에 상환은행에 의하여 이루어지지 아니하는 경우 상환을 행하여야 할 자신의 의무로부터 면제되지 아니한다.

[제14조] 서류심사의 기준

a) 지정에 따라 행동하는 지정은행, 확인은행(있는 경우) 및 발행은행은 서류가 문면상 일치하는 제시를 구성하는지 여부를 결정하기 위하여 서류만을 기초로 하여 제시를 심사하여야 한다.

b) 지정에 따라 행동하는 지정은행, 확인은행(있는 경우) 및 발행은행은 제시가 일치하는지 여부를 결정하기 위하여 제시일의 다음날부터 최대 제5은행영업일을 각각 가진다. 이 기간은 제시를 위한 모든 유효기일 또는 최종일의 제시일 또는 그 이후의 발생에 의하여 단축되거나

또는 별도로 영향을 받지 아니한다.

c) 제19조, 제20조, 제21조, 제22조, 제23조, 제24조 또는 제25조에 따른 하나 또는 그 이상의 운송서류의 원본을 포함하는 제시는 이 규칙에 기술된 대로 선적일 이후 21일보다 늦지 않게 수익자에 의하여 또는 수익자를 대리하여 행하여져야 한다. 그러나 어떠한 경우에도, 신용장의 유효기일보다 늦지 않아야 한다.

d) 신용장 문맥을 읽을 때, 서류의 데이터, 서류의 자체 및 국제표준은행관행은 서류의 데이터 또는 신용장과 동일성을 요하지 않지만 서류의 데이터, 모든 기타 규정된 서류 또는 신용장과 상충되어서는 아니 된다.

e) 상업송장 이외의 서류에서, 물품, 서비스 또는 이행의 명세는(명시된 경우) 신용장상의 명세와 상충되지 아니하는 일반용어로 기재될 수 있다.

f) 신용장이 서류가 누구에 의하여 발행된 것임을 또는 서류의 자료내용을 명시하지 않고, 운송서류, 보험서류 또는 상업송장 이외의 서류제시를 요구하는 경우, 은행은 그 서류의 내용이 요구된 서류의 기능을 충족하는 것으로 보이고 그 밖에 제14조 d항과 일치하는 경우, 제시된 대로 서류를 수리한다.

g) 신용장에 의하여 요구되지는 아니하였으나 제시된 서류는 무시되며 제시인에게 반송될 수 있다.

h) 신용장이 조건과의 일치성을 표시하기 위하여 서류를 명기하지 아니하고 조건만을 포함하고 있는 경우, 은행은 그러한 조건을 명시되지 아니한 것으로 보고 이를 무시한다.

i) 서류는 신용장의 발행일자보다 이전의 일자가 기재될 수 있으나, 그 서류의 제시일보다 늦은 일자가 기재되어서는 아니 된다.

j) 수익자 및 발행의뢰인의 주소가 모든 명기된 서류상에 보이는 경우 이들 주소는, 신용장 또는 명기된 모든 기타 서류에 명시된 것과 동일할 필요는 없으나, 신용장에 언급된 각각의 주소와 동일한 국가 내에 있어야 한다. 수익자 및 발행의뢰인의 주소의 일부로서 명기된 연락처명세(모사전송, 전화, 전자우편 등)는 무시된다. 그러나 발행의뢰인의 주소 및 연락처 명세가 제19조, 제20조, 제21조, 제22조, 제23조, 제24조 또는 제25조에 따라 운송서류상의 수화인 또는 착화통지처 명세의 일부

로서 보이는 경우, 이러한 주소 및 연락처명세는 신용장에 명시된 것과 같아야 한다.

k) 모든 서류상에 표시된 물품의 송화인 또는 탁송인은 신용장의 수익자일 필요는 없다.

l) 운송서류가 본 규칙의 제19조, 제20조, 제21조, 제22조, 제23조 또는 제24조의 요건에 충족되는 경우, 운송서류는 운송인, 선주, 선장 또는 용선자 이외의 모든 당사자에 의하여 발행될 수 있다.

[제15조] 일치하는 제시

a) 발행은행이 제시가 일치한다고 결정하는 경우, 발행은행은 인수 · 지급하여야 한다.

b) 확인은행이 제시가 일치한다고 결정하는 경우, 확인은행은 인수 · 지급 또는 매입하고 발행은행에게 서류를 발송하여야 한다.

c) 지정은행이 제시가 일치한다고 결정하고 인수 · 지급 또는 매입하는 경우, 지정은행은 확인은행 또는 발행은행에게 서류를 발송하여야 한다.

[제16조] 불일치서류, 권리포기 및 통지

a) 지정에 따라 행동하는 지정은행, 확인은행(있는 경우) 또는 발행은행은 제시가 일치하지 아니한 것으로 결정하는 경우, 인수 · 지급 또는 매입을 거절할 수 있다.

b) 발행은행은 제시가 일치하지 아니한 것으로 결정하는 경우, 발행은행은 독자적인 판단으로 발행의뢰인과 불일치에 관한 권리포기의 여부를 교섭할 수 있다. 그러나 이로 인하여 제14조 b항에서 언급된 기간이 연장되지 아니한다.

c) 지정에 따라 행동하는 지정은행, 확인은행(있는 경우) 또는 발행은행은 인수 · 지급 또는 매입을 거절하기로 결정한 경우, 제시인에게 그러한 취지를 단순통지하여야 한다.

그 통지는 다음 내용을 명시하여야 한다:

ⅰ. 은행이 인수 · 지급 또는 매입을 거절하고 있는 중; 및

ⅱ. 은행이 인수 · 지급 또는 매입을 거절한다는 것에 관한 각각의 불일치사항; 및

ⅲ. ⓐ 은행이 제시인으로부터 추가지시를 받을 때까지 서류를 보관하

고 있다는 것; 또는

ⓑ 발행은행이 발행의뢰인으로부터 권리포기를 수령 및 권리포기를 승낙하는 동의 및/또는 권리포기 승낙을 동의하기 이전 제시인으로부터 추가지시를 수령할 때까지 서류를 보관하고 있다는 것; 또는

ⓒ 은행이 서류를 반송중이라는 것; 또는

ⓓ 은행이 제시인으로부터 이전에 수령한 지시에 따라 행동하고 있는 중이라는 것.

d) 제16조 c항에서 요구되는 통지는 전기통신으로 또는 그 이용이 불가능한 경우 기타 신속한 수단으로 제시일의 다음날로부터 제 5 은행영업일의 마감시간을 경과하지 아니하는 범위 내에서 반드시 행하여져야 한다.

e) 지정에 따라 행동하는 지정은행, 확인은행(있는 경우) 또는 발행은행은, 제16조 c항 iii호(a) 또는 (b)에 의하여 요구된 통지를 행한 후에, 언제라도 제시인에게 서류를 반송할 수 있다.

f) 발행은행 또는 확인은행은 본 조항의 규정에 따라 행동하지 아니한 경우, 은행은 서류가 일치하는 제시가 이루어지지 아니하였다는 클레임을 제기할 수 없다.

g) 발행은행이 인수 · 지급을 거절한 경우 또는 확인은행이 인수 · 지급 또는 매입을 거절한 경우 및 은행이 본 조항에 일치하는 취지의 통지를 행하였을 경우, 은행은 이미 지급한 모든 상환금에 이자를 포함하여 반환청구할 권리를 갖는다.

[제17조] 원본서류 및 사본

a) 적어도 신용장에 명기된 각 서류의 1통의 원본은 반드시 제시되어야 한다.

b) 은행은 서류 그 자체가 원본이 아니라고 표시하고 있지 아니하는 한, 명백히 서류발행인의 원본서명, 표기, 스탬프, 또는 부전을 기재하고 있는 서류를 원본으로서 취급한다.

c) 서류가 별도로 표시하지 아니하는 한, 서류가 다음과 같은 경우, 은행은 서류를 원본으로서 수리 한다:

i . 서류발행인에 의하여 수기, 타자, 천공 또는 스탬프된 것으로 보이는 것; 또는

ii . 서류발행인의 원본용지상에 기재된 것으로 보이는 것; 또는

iii. 제시된 서류에 적용되지 아니하는 것으로 보이지 아니하는 한, 원본이라는 명시가 있는 것.

d) 신용장이 서류의 사본의 제시를 요구하는 경우, 원본 또는 사본의 제시는 허용된다.

e) 신용장이 "2통(in duplicate)," "2부(in two fold)" 또는 "2통(in two copies)"과 같은 용어를 사용함으로써 수통의 서류제시를 요구하는 경우, 이것은 서류자체에 별도의 표시가 있는 경우를 제외하고, 적어도 원본 1통 및 사본으로 된 나머지 통수의 제시에 의하여 충족된다.

[제18조] 상업송장

a) 상업송장은:

i . 수익자에 의하여 발행된 것으로 보여야 하며(제38조에 규정된 경우는 제외함);

ii . 발행의뢰인 앞으로 작성되어야 하며(제38조 g항에 규정된 경우는 제외함);

iii. 신용장과 동일한 통화로 작성되어야 하며; 그리고

iv. 서명을 필요로 하지 아니한다.

b) 지정에 따라 행동하는 지정은행, 확인은행(있는 경우) 또는 발행은행은 신용장에 의하여 허용된 금액을 초과한 금액으로 발행된 상업송장을 수리할 수 있으며, 문제의 은행이 신용장에 의하여 허용된 금액을 초과한 금액으로 인수 · 지급 또는 매입하지 아니하는 조건으로 그 은행의 결정은 모든 당사자를 구속한다.

c) 상업송장상의 물품, 서비스 또는 이행의 명세는 신용장에 보이는 것과 일치하여야 한다.

[제19조] 적어도 두 가지 다른 운송방식을 표시하는 운송서류

a) 적어도 두 가지의 다른 운송방식을 표시하는 운송서류(복합운송서류)는 그 명칭에 관계없이 다음과 같이 보여야 한다:

i . 운송인의 명칭을 표시하고 다음의 자에 의하여 서명된 것:

- 운송인 또는 운송인을 위한 또는 운송인을 대리하는 지정대리인, 또는
- 선장 또는 선장을 위한 또는 선장을 대리하는 지정대리인.

운송인, 선장 또는 대리인의 모든 서명은 운송인, 선장 또는 대리인의 서명으로 확인되어야 한다.

대리인의 모든 서명은 대리인이 운송인을 위하여 또는 운송인을 대리하여 또는 선장을 위하여 또는 선장을 대리하여 서명한 것인지를 표시하여야 한다.

ii. 다음에 의하여 물품이 신용장에 명시된 장소에서 발송, 수탁 또는 본선선적되었음을 표시하고 있는 것:

- 미리 인쇄된 문언, 또는
- 물품이 발송, 수탁 또는 본선선적된 일자를 표시하는 스탬프 또는 부기.

운송서류의 발행일은 발송일, 수탁일 또는 본선선적일 및 선적일로 본다. 그러나 운송서류가 스탬프 또는 부기에 의하여 발송일, 수탁일 또는 본선선적일을 표시하는 경우, 이 일자를 선적일로 본다.

iii. 비록 다음의 경우라 할지라도, 신용장에 명시된 발송지, 수탁지 또는 선적지 및 최종목적지를 표시하고 있는 것:

ⓐ 운송서류가 추가적으로 다른 발송지, 수탁지 또는 선적지 또는 최종목적지를 명시하는 경우, 또는

ⓑ 운송서류가 선박, 적재항 또는 양륙항과 관련하여 "예정된" 또는 이와 유사한 제한의 표시를 포함하는 경우.

iv. 단일의 운송서류 원본 또는 2통 이상의 원본으로 발행된 경우에는, 운송서류상에 표시된 대로 전통인 것.

v. 운송조건을 포함하거나 또는 운송조건을 포함하는 다른 자료를 참조하고 있는 것(약식/배면백지식 운송서류). 운송의 조건의 내용은 심사되지 아니한다.

vi. 용선계약에 따른다는 어떠한 표시도 포함하지 아니한 것.

b) 본 조를 위하여, 환적이라 함은 신용장에 명시된 발송지, 수탁지 또는 선적지로부터 최종목적지까지의 운송과정 중에 한 운송수단으로부터

양화 및 다른 운송수단으로 재적재하는 것을 말한다.

c) i. 운송서류는 전 운송이 하나의 동일한 운송서류에 의하여 커버된다면 물품이 환적될 것이라거나 또는 환적될 수 있다고 표시할 수 있다.

ii. 신용장이 환적을 금지하고 있는 경우에도, 환적이 행하여질 것이라거나 또는 행하여질 수 있다고 표시하는 운송서류는 수리될 수 있다.

[제20조] 선화증권

a) 선화증권은 그 명칭에 관계없이 다음과 같이 보여야 한다:

i. 운송인의 명칭을 표시하고 다음의 자에 의하여 서명된 것:

• 운송인 또는 운송인을 위한 또는 운송인을 대리하는 지정대리인, 또는

• 선장 또는 선장을 위한 또는 선장을 대리하는 지정대리인.

운송인, 선장 또는 대리인의 모든 서명은 운송인, 선장 또는 대리인의 서명으로 확인되어야 한다.

대리인의 모든 서명은 대리인이 운송인을 위하여 또는 운송인을 대리하여 또는 선장을 위하여 또는 선장을 대리하여 서명한 것인지를 표시하여야 한다.

ii. 다음에 의하여 물품이 신용장에 명시된 적재항에서 지정선박에 본선선적되었음을 표시하고 있는 것:

• 미리 인쇄된 문언, 또는

• 물품이 본선선적된 일자를 표시하는 본선선적 표기.

선화증권의 발행일은 선화증권이 선적일을 표시하는 본선선적표기를 포함하지 아니하는 경우 선적일로 본다. 이 경우, 본선선적표기상에 명시된 일자는 선적일로 본다.

선화증권이 선박명과 관련하여 "예정된 선박" 또는 이와 유사한 제한의 표시를 포함하고 있는 경우, 선적일 및 실제 선박명을 표시하고 있는 본선선적표기가 요구된다.

iii. 신용장에 명시된 적재항으로부터 양륙항까지의 선적을 표시하고 있는 것.

선화증권이 적재항으로서 신용장에 명시된 적재항을 표시하지 아

니한 경우, 또는 적재항과 관련하여 "예정된" 또는 이와 유사한 제한의 표시를 포함하는 경우에는, 신용장에 명시된 대로 적재항, 선적일 및 선박명을 표시하는 본선선적표기가 요구된다. 이 규정은 비록 지정된 선박에의 본선선적 또는 선적이 선화증권상에 미리 인쇄된 문언에 의하여 표시된 경우일지라도 적용된다.

ⅳ. 단일의 선화증권 원본 또는, 2통 이상의 원본으로 발행된 경우에는, 선화증권상에 표시된 대로 전통인 것.

ⅴ. 운송조건을 포함하거나 또는 운송조건을 포함하는 다른 자료를 참조하고 있는 것(약식/배면백지식 선화증권). 운송의 조건의 내용은 심사되지 아니한다.

ⅵ. 용선계약에 따른다는 어떠한 표시도 포함하지 아니한 것.

b) 본 조를 위하여, 환적이라 함은 신용장에 명시된 적재항으로부터 양륙항까지의 운송과정중에 한 선박으로부터 양화 및 다른 선박으로 재적재하는 것을 말한다.

c) ⅰ. 선화증권은 전 운송이 하나의 동일한 선화증권에 의하여 커버된다면 물품이 환적될 것이라거나 또는 환적될 수 있다고 표시할 수 있다.

ⅱ. 신용장이 환적을 금지하는 경우에도, 물품이 컨테이너, 트레일러 또는 래쉬 바지에 선적되었다는 것이 선화증권에 의하여 증명된 경우, 환적이 행하여질 것이라거나 또는 행하여질 수 있다고 표시하는 선화증권은 수리될 수 있다.

d) 운송인이 환적할 권리를 유보한다고 명시하고 있는 선화증권의 조항은 무시된다.

[제21조] 비유통 해상화물운송장

a) 비유통 해상화물운송장은 그 명칭에 관계없이 다음과 같이 보여야 한다:

ⅰ. 운송인의 명칭을 표시하고 다음의 자에 의하여 서명된 것:

- 운송인 또는 운송인을 위한 또는 운송인을 대리하는 지정대리인, 또는
- 선장 또는 선장을 위한 또는 선장을 대리하는 지정대리인.

운송인, 선장 또는 대리인의 모든 서명은 운송인, 선장 또는 대리

인의 서명으로 확인되어야 한다.

대리인의 모든 서명은 대리인이 운송인을 위하여 또는 운송인을 대리하여 또는 선장을 위하여 또는 선장을 대리하여 서명한 것인지를 표시하여야 한다.

ii. 다음에 의하여, 물품이 신용장에 명시된 적재항에서 지정선박에 본선선적되었음을 표시하고 있는 것:

- 미리 인쇄된 문언, 또는
- 물품이 본선선적된 일자를 표시하는 본선선적표기

비유통 해상화물운송장의 발행일은 선적일로 본다. 비유통성 해상화물운송장이 선적일을 표시하는 본선선적표기를 포함하지 아니하는 경우 선적일로 본다. 이 경우, 본선선적표기상에 명시된 일자는 선적일로 본다.

비유통 해상화물운송장이 선박명과 관련하여 "예정된 선박" 또는 이와 유사한 제한의 표시를 포함하고 있는 경우, 선적일 및 실제 선박명을 표시하고 있는 본선선적표기가 요구된다.

iii. 신용장에 명시된 적재항으로부터 양륙항까지의 선적을 표시하고 있는 것.

비유통 해상화물운송장이 적재항으로서 신용장에 명시된 적재항을 표시하지 아니한 경우, 또는 적재항과 관련하여 "예정된" 또는 이와 유사한 제한의 표시를 포함하는 경우에는, 신용장에 명시된 대로 적재항, 선적일 및 선박명을 표시하는 본선선적표기가 요구된다. 이 규정은 비록 지정된 선박에의 본선선적 또는 선적이 비유통 해상화물운송장에 미리 인쇄된 문언에 의하여 표시된 경우일지라도 적용된다.

iv. 단일의 비유통 해상화물운송장 원본 또는, 2통 이상의 원본으로 발행된 경우에는, 비유통 해상화물운송장상에 표시된 대로 전통인 것.

v. 운송조건을 포함하거나 또는 운송조건을 포함하는 다른 자료를 참조하고 있는 것(약식/배면백지식 비유통 해상화물운송장). 운송의 조건의 내용은 심사되지 아니한다.

vi. 용선계약에 따른다는 어떠한 표시도 포함하지 아니한 것.

b) 본 조를 위하여, 환적이라 함은 신용장에 명시된 적재항으로부터 양륙항까지의 운송과정중에 한 선박으로부터 양화 및 다른 선박으로 재적재하는 것을 말한다.

c) i. 비유통 해상화물운송장은 전 운송이 하나의 동일한 비유통 해상화물운송장에 의하여 커버된다면 물품이 환적될 것이라거나 또는 환적될 수 있다고 표시할 수 있다.

ii. 신용장이 환적을 금지하는 경우에도, 물품이 컨테이너, 트레일러 또는 래쉬 바지에 선적되었다는 것이 비유통 해상화물운송장에 의하여 증명된 경우, 환적이 행하여질 것이라거나 또는 행하여질 수 있다고 표시하는 비유통 해상화물운송장은 수리될 수 있다.

d) 운송인이 환적할 권리를 유보한다고 명시하고 있는 비유통 해상화물운송장의 조항은 무시된다.

[제22조] 용선계약 선화증권

a) 용선계약에 따른다는 표시를 포함하고 있는 선화증권(용선계약선화증권)은 그 명칭에 관계없이 다음과 같이 보여야 한다:

i. 다음의 자에 의하여 서명된 것:

- 선장 또는 선장을 위한 또는 선장을 대리하는 지정대리인, 또는
- 선주 또는 선주를 위한 또는 선주를 대리하는 지정대리인, 또는
- 용선자 또는 용선자를 위한 또는 용선자를 대리하는 지정대리인.

선장, 선주, 용선자 또는 대리인의 모든 서명은 선장, 선주, 용선자 또는 대리인의 서명으로 확인되어야 한다.

대리인의 모든 서명은 대리인이 선장, 선주 또는 용선자를 위하여 또는 대리하여 서명한 것인지를 표시하여야 한다.

선주 또는 용선자를 위한 또는 대리하여 서명하는 대리인은 선주 또는 용선자의 명칭을 표시하여야 한다.

ii. 다음에 의하여, 물품이 신용장에 명시된 적재항에서 지정선박에 본선선적되었음을 표시하고 있는 것:

- 미리 인쇄된 문언, 또는
- 물품이 본선선적된 일자를 표시하는 본선선적표기

용선계약선화증권의 발행일은 선적일로 본다. 용선계약선화증권

이 선적일을 표시하는 본선선적표기를 포함하지 아니하는 경우 선적일로 본다. 이 경우, 본선선적표기상에 명시된 일자는 선적일로 본다.

iii. 신용장에 명시된 적재항으로부터 양륙항까지 선적을 표시하고 있는 것. 양륙항은 신용장에 명시된 대로 항구의 구역 또는 지리적 지역으로도 표시될 수 있다.

iv. 단일의 용선계약선화증권 원본 또는, 2통 이상의 원본으로 발행된 경우에는, 용선계약선화증권상에 표시된 대로 전통인 것.

b) 은행은 비록 신용장의 조건이 용선계약서 제시를 요구하더라도 용선계약서를 심사하지 아니한다.

[제23조] 항공운송서류

a) 항공운송서류는 그 명칭에 관계없이 다음과 같이 보여야 한다:

i. 운송인의 명칭을 표시하고 다음의 자에 의하여 서명된 것:

- 운송인, 또는
- 운송인을 위한 또는 운송인을 대리하는 지정대리인.

운송인 또는 대리인의 모든 서명은 운송인 또는 대리인의 서명으로 확인되어야 한다.

대리인의 모든 서명은 대리인이 운송인을 위하여 또는 운송인을 대리하여 서명한 것인지를 표시하여야 한다.

ii. 물품이 운송을 위하여 인수되었음을 표시하고 있는 것.

iii. 발행일을 표시하고 있는 것. 이 일자는 항공운송서류가 실제 선적일에 관한 특정표기를 포함하지 아니한 경우 표기에 명시된 일자는 선적일로 본다.

운항번호와 일자와 관련하여 항공운송서류상에 보이는 모든 기타 정보는 선적일을 결정하는 데 고려되지 아니한다.

iv. 신용장에 명시된 출발공항과 목적공항을 표시하고 있는 것.

v. 비록 신용장이 원본 전통을 규정하고 있는 경우라도, 탁송인 또는 송화인용 원본인 것.

vi. 운송조건을 포함하거나 또는 운송조건을 포함하는 다른 자료를 참조하고 있는 것. 운송조건의 내용은 심사되지 아니한다.

b) 본 조를 위하여, 환적이라 함은 신용장에 명시된 출발공항으로부터 목적공항까지의 운송과정중에 한 항공기로부터 양화 및 다른 항공기로 재적재하는 것을 말한다.

c) ⅰ. 항공운송서류는 전 운송이 하나의 동일한 선화증권에 의하여 커버된다면 물품이 환적될 것이라거나 또는 환적될 수 있다고 표시할 수 있다.

ⅱ. 신용장이 환적을 금지하고 있는 경우에도, 환적이 행하여질 것이라거나 또는 행하여질 수 있다고 표시하는 운송서류는 수리될 수 있다.

[제24조] 도로, 철도 또는 내수로 운송서류

a) 도로, 철도 또는 내수로 운송서류는 그 명칭에 관계없이 다음과 같이 보여야 한다:

ⅰ. 운송인의 명칭을 표시하고 있는 것 그리고:

- 운송인 또는 운송인을 위한 또는 운송인을 대리하는 지정대리인에 의하여 서명된 것, 또는
- 운송인 또는 운송인을 위한 또는 운송인을 대리하는 지정대리인에 의하여 행하여진 서명, 스탬프 또는 부기에 의하여 물품의 수령을 표시하고 있는 것.

물품수령에 관한 운송인 또는 대리인에 의한 모든 서명, 스탬프 또는 부기는 운송인 또는 대리인의 것이라는 것을 확인하고 있어야 한다.

물품의 수령에 관한 대리인에 의한 모든 서명 스탬프 또는 표기는 그 대리인이, 운송인을 위하여 또는 운송인을 대리하여 서명 또는 행동한 것을 표시하여야 한다.

철도운송서류가 운송인을 확인하지 아니한 경우, 철도회사의 모든 서명 또는 스탬프는 운송인에 의하여 서명되어 있는 서류의 증거로서 수리된다.

ⅱ. 신용장에 명시된 장소에서 선적일 또는 물품이 선적, 발송 또는 운송을 위하여 수령된 일자를 표시한 것. 운송서류가 일자 표시된 수령스탬프, 수령일 또는 선적일의 표시가 포함하고 있지 아니하

는 한, 운송서류의 발행일은 선적일로 본다.

iii. 신용장에 명시된 선적지 및 목적지를 표시하고 있는 것.

b) i. 도로운송서류는 탁송인 또는 송화인용 원본인 것으로 보여야 하거나 또는 그 서류가 누구를 위하여 작성되었는지를 표시하는 표시도 없는 것으로 보여야 한다.

ii. "부본"이라고 표시된 철도운송서류는 원본으로서 수리된다.

iii. 철도 또는 내수로 운송서류는 원본이라는 표시 여부에 관계없이 원본으로서 수리된다.

c) 발행된 원본 통수에 관하여 운송서류상에 표시가 없는 경우, 제시된 통수는 전통을 구성하는 것으로 본다.

d) 본 조를 위하여, 환적이라 함은 신용장에 명시된 선적, 발송 또는 운송지로부터 목적지까지의 동일한 운송방식 내에서 한 운송수단으로부터 양화 및 다른 운송수단으로 재적재하는 것을 말한다.

e) i. 도로, 철도 또는 내수로 운송서류는 전 운송이 하나의 동일한 운송서류에 의하여 커버된다면 물품이 환적될 것이라거나 또는 환적될 수 있다고 표시할 수 있다.

ii. 신용장이 환적을 금지하고 있는 경우에도, 환적이 행하여질 것이라거나 또는 행하여질 수 있다고 표시하는 도로, 철도 또는 내수로 운송서류는 수리될 수 있다.

[제25조] 특사수령증, 우편수령증 또는 우송증명서

a) 운송물품의 수령을 증명하는 특사수령증은 그 명칭에 관계없이 다음과 같이 보여야 한다:

i. 특사업자의 명칭을 표시하고, 신용장에 물품이 선적되어야 한다고 명시하고 있는 장소에서 지정된 특사업자에 의하여 스탬프 또는 서명된 것; 그리고

ii. 접수일 또는 수령일 또는 이러한 취지의 문언을 표시하고 있는 것. 이 일자는 선적일로 본다.

b) 특사배달료가 지급 또는 선지급되어야 한다는 요건은 특사배달료가 수화인 이외의 당사자의 부담임을 증명하는 특사업자에 의하여 발행된 운송서류에 의하여 충족될 수 있다.

c) 운송물품의 수령을 증명하는 우편수령증 또는 우송증명서는 그 명칭에 관계없이 신용장에서 물품이 선적되어야 한다고 명시하고 있는 장소에서 스탬프 또는 서명되고 일자가 기재되는 것으로 보여야 한다. 이 일자는 선적일로 본다.

[제26조] "갑판적," "송화인의 적재 및 계수," "송화인의 내용물 신고" 및 운임에 대한 추가비용

a) 운송서류는 물품이 갑판에 적재되거나 또는 될 것이라고 표시하여서는 아니 된다. 물품이 갑판에 적재될 수도 있음을 명시하고 있는 운송서류상의 조항은 수리될 수 있다.

b) "송화인의 적재 및 계수" 및 "송화인의 내용물 신고에 따름"과 같은 조항이 있는 운송서류는 수리될 수 있다.

c) 운송서류는 스탬프 또는 다른 방법으로 운임에 추가된 비용에 대한 참조사항을 나타낼 수 있다.

[제27조] 무사고 운송서류

은행은 무사고 운송서류만을 수리한다. 무사고 운송서류는 물품 또는 포장의 하자상태를 명시적으로 표시하는 조항 또는 부기가 없는 운송서류를 말한다. 신용장이 운송서류가 "무사고본선선적"이어야 한다는 요건을 포함하는 경우일지라도, "무사고"라는 단어는 운송서류상에 보일 필요가 없다.

[제28조] 보험서류 및 담보범위

a) 보험증권, 포괄예정보험에 의한 보험증명서 또는 통지서와 같은 보험서류는 보험회사, 보험업자 또는 그들의 대리인 또는 그들의 대리업자에 의하여 발행되고 서명된 것으로 보여야 한다. 대리인 또는 대리업자에 의한 모든 서명은 그 대리인 또는 대리업자가 보험회사 또는 보험업자를 위하여 또는 그들을 대리하여 서명하였는지 여부를 표시하여야 한다.

b) 보험서류가 2통 이상의 원본으로 발행되었다고 표시하는 경우, 모든 원본은 제시되어야 한다.

c) 보험인수증은 수리되지 아니한다.

d) 보험증권은 포괄예정보험에 의한 보험증명서 또는 통지서를 대신하여

수리가능하다.

e) 보험서류에서 담보가 선적일보다 늦지 않은 일자로부터 유효하다고 보이지 아니하는 한, 보험서류의 일자는 선적일보다 늦어서는 아니 된다.

f) i. 보험서류는 보험담보의 금액을 표시하여야 하고 신용장과 동일한 통화이어야 한다.

ii. 보험담보가 물품가액 또는 송장가액 등의 비율이어야 한다는 신용장상의 요건은 요구되는 최소담보금액으로 본다.

요구된 보험담보에 관하여 신용장에 아무런 표시가 없는 경우, 보험담보금액은 최소한 물품의 CIF 또는 CIP 가격의 110%이어야 한다.

서류로부터 CIF 또는 CIP 가격이 결정될 수 없는 경우, 보험담보금액은 인수 · 지급 또는 매입이 요청되는 금액 또는 송장에 표시된 물품의 총가액 중 더 큰 금액을 기초로 하여 산정되어야 한다.

iii. 보험서류는 적어도 위험이 신용장에 명시된 바와 같이 수탁지 또는 선적지와 양륙지 또는 최종목적지간에 담보하고 있음을 표시하여야 한다.

g) 신용장은 요구되는 보험의 종류를 명시하여야 하고, 부보되어야 하는 부가위험이 (있는 경우) 명시하여야 한다. 신용장이 "통상적 위험" 또는 "관습적 위험"과 같은 부정확한 용어를 사용하는 경우, 보험서류는 부보되지 아니한 모든 위험과 관계없이 수리된다.

h.) 신용장이 "전 위험"에 대한 보험을 요구하는 경우, "전 위험"이라는 표제를 기재하고 있는지의 여부와 관계없이 "전 위험"의 표기 또는 조항을 포함하고 있는 보험서류가 제시된 경우, 그 보험서류는 제외되어야 한다고 명시된 모든 위험에 관계없이 수리된다.

i) 보험서류는 모든 제외조항의 참조를 포함할 수 있다.

j) 보험서류는 담보가 소손해면책률 또는 초과(공제)면책률을 조건으로 한다는 것을 표시할 수 있다.

[제29조] 유효기일 또는 제시를 위한 최종일의 연장

a) 신용장의 유효기일 또는 제시를 위한 최종일이 제36조에 언급된 사유 외의 이유로 제시를 받아야 하는 은행이 영업을 하지 아니하는 날인 경우, 유효기일 또는 제시를 위한 최종일은 경우에 따라 그 다음 첫 은

행영업일까지 연장된다.

b) 제시가 그 다음 첫 은행영업일에 이루어지는 경우, 지정은행은 발행은행 또는 확인은행에게 제시가 제29조 a항에 따라 연장된 기간 내에 이루어졌음을 표지서류상에 설명과 함께 제공하여야 한다.

c) 선적을 위한 최종일은 제29조 a항의 결과로서 연장되지 아니한다.

[제30조] 신용장금액, 수량 및 단가의 과부족 허용

a) 신용장에 명시된 신용장의 금액 또는 수량 또는 단가와 관련하여 사용된 "약" 또는 "대략"이라는 단어는 이에 언급된 금액, 수량 또는 단가의 10%를 초과하지 아니하는 과부족을 허용하는 것으로 해석된다.

b) 신용장이 수량을 규정된 포장단위 또는 개별 품목의 개수로 명시하지 아니하고 어음발행 총액이 신용장금액을 초과하지 아니하는 경우, 물품수량은 5%를 초과하지 아니하는 범위 내에서 과부족이 허용된다.

c) 물품의 수량이 신용장에 명시된 경우 전량 선적되고 단가는 신용장에 명시된 경우 감액되지 아니한 때, 또는 제30조 b항이 적용될 수 없을 때에는, 분할선적이 허용되지 아니하는 경우에도, 신용장금액의 5%를 초과하지 아니하는 과부족은 허용된다. 이 과부족은 신용장이 특정 과부족을 규정하거나 또는 제30조 a항에 언급된 표현을 사용하는 경우에는 적용되지 아니한다.

[제31조] 분할어음발행 또는 선적

a) 분할어음발행 또는 분할선적은 허용된다.

b) 동일한 운송수단으로 개시되고 동일한 운송구간을 위한 선적을 증명하는 2세트 이상의 운송서류를 구성하는 제시는, 운송서류가 동일한 목적지를 표시하고 있는 한 서류가 상이한 선적일 또는 상이한 적재항, 수탁지 또는 발송지를 표시하더라도 분할선적으로 보지 아니한다. 그 제시가 2세트 이상의 운송서류를 구성하는 경우에는, 운송서류의 어느 한 세트에 증명된 대로 최종선적일은 선적일로 본다. 동일한 운송방식에서 2 이상의 운송수단상의 선적을 증명하는 하나 또는 2세트 이상의 운송서류를 구성하는 제시는 그 운송수단이 동일한 일자에 동일한 목적지를 향하여 출발하는 경우에도 분할선적으로 본다.

c) 2 이상의 특사수령증, 우편수령증 또는 우송증명서로 구성하는 제시는

그 특사수령증, 우편수령증 또는 우송증명서가 동일한 장소 및 일자 그리고 동일한 목적지를 위하여 동일한 특사업자 또는 우편서비스에 의하여 스탬프 또는 서명된 것으로 보이는 경우에는 분할선적으로 보지 아니한다.

[제32조] 할부어음발행 또는 선적

신용장에서 일정기간 내에 할부에 의한 어음발행 또는 선적이 명시되어 있는 경우 어떠한 할부분이 할부분을 위하여 허용된 기간 내에 어음발행 또는 선적되지 아니하였다면, 그 신용장은 해당 할부분과 이후의 모든 할부분에 대하여 효력을 상실한다.

[제33조] 제시시간

은행은 자신의 은행영업시간 외의 제시를 수리할 의무가 없다.

[제34조] 서류효력에 대한 면책

은행은 모든 서류의 형식, 충분성, 정확성, 진정성, 위조 또는 법적 효력에 대하여, 또는 서류상에 규정되거나 또는 이에 부기된 일반조건 또는 특별조건에 대하여 어떠한 의무 또는 책임을 부담하지 아니하며; 또한 은행은 모든 서류에 표시되어 있는 물품의 명세, 서비스 또는 기타 이행의 명세, 수량, 중량, 품질, 상태, 포장, 인도, 가치 또는 존재에 대하여, 또는 물품의 송화인, 운송인, 운송주선인, 수화인 또는 보험자, 또는 기타 당사자의 성실성 또는 작위 또는 부작위, 지급능력, 이행 또는 신용상태에 대하여 아무런 의무 또는 책임을 부담하지 아니한다.

[제35조] 송달 및 번역에 대한 면책

은행은 모든 통신, 서신 또는 서류가 신용장에 명시된 요건에 따라 송달 또는 송부된 경우, 또는 은행이 신용장에 그러한 지시가 없으므로 인도서비스의 선택에 있어서 주도적 역할을 하였다 하더라도, 은행은 그러한 통신의 송달 또는 서신이나 서류의 인도 중 지연, 분실, 훼손 또는 기타 오류로 인하여 발생하는 결과에 대하여 아무런 의무 또는 책임을 부담하지 아니한다. 지정은행이 제시가 일치하는 것으로 결정하고 그 서류를 발행은행 또는 확인은행에 발송하는 경우, 서류가 지정은행과 발행은행 또는 확인은행간, 또는 확인은행과 발행은행간 송달중에 분실된 경우라 하더라도, 지정은행이 인수 · 지급 또는 매입하였는지의 여부에 관계없이, 발행은행 또는 확인은행은 인수 · 지급 또는 매입하거나, 또는 그 지정은행에 상환하여야 한다. 은행은 전문용어의 번역 또는 해석상의 오류에 대하여 아무런 의무 또는 책임을 부담하지 아니하며 신용장의 용어를 번역함이 없이 그를 송달할 수 있다.

[제36조] 불가항력

은행은 천재, 폭동, 소요, 반란, 전쟁, 테러행위에 의하거나 또는 동맹파업 또는 직장폐쇄에 의하거나 또는 기타 은행이 통제할 수 없는 원인에 의한 은행업무가 중단됨으로 인하여 발생하는 결과에 대하여 아무런 의무 또는 책임을 부담하지 아니한다.

은행은 업무가 재개되어도 업무중단 동안에 유효기일이 경과된 신용장에 의한 인수 · 지급 또는 매입을 행하지 아니한다.

[제37조] 피지시인의 행위에 대한 면책

a) 발행의뢰인의 지시를 이행하기 위하여 타은행의 서비스를 이용하는 은행은 발행의뢰인의 비용과 위험으로 이를 이행한다.

b) 발행은행 또는 통지은행이 타은행의 선택에 있어서 주도적 역할을 하였다 하더라도, 그 은행이 타은행에게 전달한 지시가 이행되지 아니하는 경우, 발행은행 또는 통지은행은 아무런 의무 또는 책임을 부담하지 아니한다.

c) 타은행에게 서비스를 이행하도록 지시하는 은행은 그 지시와 관련하여 타은행이 부담한 모든 수수료, 요금, 비용 또는 경비("비용")에 대하여 부담하는 의무를 진다. 신용장에 비용이 수익자의 부담이라고 명시하고 있고 그 비용이 대금으로부터 징수 또는 공제될 수 없는 경우, 발행은행은 비용지급에 대하여 부담하는 의무를 진다. 신용장 또는 조건변경은 수익자에 대한 통지가 통지은행 또는 제 2 통지은행이 자신의 비용을 수령하는 조건으로 한다고 규정하여서는 아니 된다.

d) 발행의뢰인은 외국의 법률 및 관행에 의하여 부과되는 모든 의무와 책임에 구속되며 이에 대하여 은행에게 보상할 책임이 있다.

[제38조] 양도가능신용장

a) 은행은 동 은행이 명시적으로 동의한 범위 및 방법에 의한 경우를 제외하고 신용장을 양도할 의무를 부담하지 아니한다.

b) 본 조항을 위하여:

양도가능신용장이라 함은 "양도가능"이라고 특별히 명시하고 있는 신용장을 말한다. 양도가능신용장은 수익자("제 1 수익자")의 요청에 의하여 전부 또는 일부가 다른 수익자("제 2 수익자")에게 사용가능하게 할 수 있다. 양도은행이라 함은 신용장을 양도하는 지정은행 또는, 모든 은행에서 사용될 수 있는 신용장에서, 발행은행에 의하여 양도하도록 특별히 수권되어 신용장을 양도하는 은행을 말한다. 발행은행은 양도은행이 될 수 있다. 양도된 신용장이라 함은 양도은행이 제 2 수익자가 사용할 수 있도록 한 신용장을 말한다.

c) 양도를 이행할 때에 별도의 합의가 없는 한, 양도와 관련하여 부담한 모든 비용(수수료, 요금, 비용, 경비 등)은 제 1 수익자가 지급하여야 한다.

d) 분할어음발행 또는 분할선적이 허용되는 경우 신용장은 2인 이상의 제 2 수익자에게 분할양도될 수 있다. 양도된 신용장은 제 2 수익자의 요청에 의하여 이후의 어떠한 수익자에게도 양도될 수 없다. 제 1 수익자는 이후의 수익자로 보지 아니한다.

e) 양도를 위한 모든 요청은 조건변경이 제 2 수익자에게 통지될 수 있는지 여부 및 어떤 조건하에 통지될 수 있는지를 표시하여야 한다. 양도된 신용장은 그러한 조건을 명확하게 표시하여야 한다.

f) 신용장이 2인 이상의 제 2 수익자에게 양도된 경우, 1인 또는 2인 이상의 제 2 수익자가 조건변경을 거절한다 하더라도 양도된 신용장이 조건변경되어지는 기타 모든 제 2 수익자에 의한 승낙이 무효화되지는 아니한다. 조건변경을 거절한 제 2 수익자에 대하여는, 양도된 신용장은 조건변경 없이 존속한다.

g) 양도된 신용장은 다음의 경우를 제외하고 확인(있는 경우)을 포함하여 신용장의 조건을 정확히 반영하여야 한다:

－신용장의 금액,

－신용장에 명시된 단가,

－유효기일,

－제시를 위한 기간, 또는

－최종선적일 또는 주어진 선적기간.

이들 중의 일부 또는 전부는 감액되거나 또는 단축될 수 있다.
보험부보가 이행되어야 하는 비율은 신용장 또는 이 규칙에서 규정된 부보금액을 충족시킬 수 있도록 증가될 수 있다.
제 1 수익자의 명의는 신용장의 발행의뢰인의 명의로 대체될 수 있다.
발행의뢰인의 명의가 송장 이외의 모든 서류에 표시되도록 신용장에 의하여 특별히 요구되는 경우, 그러한 요건은 양도된 신용장에 반영되어야 한다.

h) 제 1 수익자는 신용장에 규정된 금액을 초과하지 아니하는 금액에 대하여 제 2 수익자의 송장 및 환어음을 자신의 송장 및 환어음(있는 경우)으로 대체할 권리를 가지고 있으며, 그러한 대체를 하는 경우, 제 1 수익자는 자신의 송장과 제 2 수익자의 송장과의 차액에 대하여 신용장에 따라 어음을 발행할 수 있다.

i) 제 1 수익자가 그 자신의 송장 및 환어음(있는 경우)을 제공하여야 하지만 최초의 요구시에 이를 행하지 못한 경우, 또는 제 1 수익자가 제시한 송장이 제 2 수익자가 제시한 서류에는 없었던 불일치를 발생시키고 제 1 수익자가 최초의 요구시에 이를 정정하지 못한 경우, 양도은행은 제 1 수익자에 대하여 더 이상의 책임 없이 제 2 수익자로부터 수령한 서류를 발행은행에게 제시할 권리를 가진다.

j) 제 1 수익자는 자신의 양도요청으로 신용장이 양도된 장소에서 신용장의 유효기일을 포함한 기일까지 제 2 수익자에게 인수 · 지급 또는 매입이 이루어져야 한다는 것을 표시할 수 있다. 이는 제38조 h항에 따른 제 1 수익자의 권리를 침해하지 아니한다.

k) 제 2 수익자에 의한 또는 대리하는 서류의 제시는 양도은행에 이루어져야 한다.

[제39조] 대금의 양도

신용장이 양도가능한 것으로 명시되어 있지 아니하다는 사실은 적용가능한 법률의 규정에 따라 그러한 신용장에 의하여 수권되거나, 또는 될 수 있는 대금을 양도하는 수익자의 권리에 영향을 미치지 아니한다. 본 조는 단지 대금의 양도에 관련이 있으며 신용장에 따라 이행할 권리의 양도에 관한 것은 아니다.

참 고 문 헌

1. 한국문헌

강원진, 「국제상무론」 제 3 판, 법문사, 2008.

강원진, 「무역결제론」 개정판, 박영사, 2007.

강원진, 「무역계약론」 개정판, 박영사, 2008.

강원진, 「신용장론」 제 5 판, 박영사, 2007.

강원진, 「전자결제시스템」, 삼영사, 2000.

강이수, 「국제거래관습론」, 삼영사, 1986.

강이수, 「대외무역법」, 무역경영사, 1992.

고대무역연구소, 「무역대사전」, 1972.

고범준, 「국제상사중재법해의」, 대한상사중재원, 1991.

고우복, 「관세이론과 실제 그리고 통관실무」, 두남, 1997.

곽윤직, 「채권각론」, 박영사, 1992.

김남진, 「수출마아케팅」, 무역경영사, 1975.

김성욱, 「해상보험」, 박영사, 1986.

김안식 외, 「신무역거래론」, 박영사, 1991.

김용복, 「무역실무」, 박영사, 1988.

김정수, 「해상보험론」, 박영사, 1986.

김종순 외, 「현대무역상무론」, 경세원, 1989.

김주수, 「민법개론」, 삼영사, 1992.

김한수, 「신용장론」, 육법사, 1991.

김한수 · 박세운 공저, 「무역실무용어사전」, 국제금융연구원, 1997.

대한상사중재원, 「중재판정사례집」, I · II · III권, 1991, 1992.

박대위, 「무역실무」, 법문사, 1991.

박대위, 「신용장」, 법문사, 1989.

박종수, 「국제무역실무론」, 삼영사, 1997.

방희석, 「현대해운론」, 박영사, 1989.

범한화재해상보험(주), 「해상보험」, 1982.

손태빈, 「알기쉬운 무역실무」, 두남, 1992.

양영환 · 서정두, 「국제무역법규」 제 4 판, 삼영사, 2003.
양영환 외, 「무역상무론」, 법문사, 1991.
서돈각, 「상법강의 (하)」, 법문사, 1990.
신동수, 「대외무역법」, 법경사, 1991.
신동수, 「무역실무」, 무역경영사, 1992.
오세창, 「무역계약론」, 동성사, 1991.
오세창, 「무역실무론」, 박영사, 1990.
오원석, 「국제운송론」, 박영사, 1989.
오원석, 「해상보험론」, 삼영사, 1992.
옥선종, 「국제운송론」, 법문사, 1986.
옥선종, 「무역계약론」, 법문사, 1992.
이기태, 「해상보험」, 법문사, 1990.
이승영, 「무역결제론」, 법문사, 1990.
이은섭, 「해상보험론」, 신영사, 1992.
이춘삼, 「국제상무론」, 동성사, 1992.
임석민, 「국제운송론」, 류천서원, 1992.
임승택, 「EDI 혁명으로 가는 길」, 컴퓨터엔지니어링, 1992.
임홍근, 「무역신용장」, 삼영사, 1981.
임홍근 외, 「국제물품매매계약에 관한 UN 협약상의 제문제」, 삼지원, 1991.
장병철, 「관세법」, 무역경영사, 1992.
장영준, 「무역계약론」, 학문사, 1992.
전창원, 「무역보험실무」, 일신사, 1991.
전창원, 「무역실무」, 일신사, 1987.
한국무역협회, 「무역실무절차」, 1992.
한국무역협회, 「수출입업무요람」, 1997.
한국무역협회, 「수출입절차해설」 제13판, 1990.
한국외환은행, 「실무교본」, 1988.
한주섭 외, 「국제상사중재론」, 동성사, 1990.
한주섭, 「국제상학」, 동성사, 1990.
한주섭, 「개정 ICC Incoterms 1990 축조해설」, 국제무역연구원, 1990.
한주섭, 「최신신용장론」, 동성사, 1990.

2. 일본문헌

加藤 修,「最新國際貨物海上保險實務」, 成山堂書店, 1984.

及川竹夫,「新しい統一規則による信用狀取引の實務」, ダイヤモンド社, 1989.

東京銀行,「貿易と信用狀」, 實業之日本社, 1987.

桐谷芳和,「貿易取引と信用狀」, 經濟法令研究會, 1987.

木下 毅,「英美契約法の理論」, 東京大學出版會, 1985.

貿易實務講座刊行會,「貿易決濟と貿易金融」, 有斐閣, 1966.

貿易實務講座刊行會,「貿易と保險」, 有斐閣, 1959.

浜谷源藏 外,「貿易實務辭典」, 同文館, 1990.

浜谷源藏,「貿易實務の研究」, 同文館, 1964.

浜谷源藏,「最新貿易實務」, 同文館, 1987.

上坂酉三,「貿易契約」, 東洋經濟新報社, 1960.

上坂酉三,「貿易實務」, 東洋經濟新報社, 1970.

石田貞夫,「貿易商務論」, 白桃書房, 1960.

小峯 登,「1974年 信用狀統一規則(上卷)」, 外國爲替貿易研究會, 1974.

小峯 登 · 舟木 凌,「1974年 信用狀統一規則(下卷)」, 外國爲替貿易研究會, 1979.

小原三佑嘉, "貿易書類パーパーレ ヌ化の動きについて,"「國際金融」, 第783號, 外國爲替貿易研究會, 1984.

小原三佑壽, "クーリエサービヌと書類取引,"「國際金融」, 第803號, 804號, 外國爲替貿易研究會, 1988.

新掘 聰,「貿易取引入門」, 日本經濟新聞社, 1992.

原 猛雄,「貿易契約の研究」, ミネルウア書店, 1970.

伊澤孝平,「商業信用狀」, 有斐閣, 1986.

朝岡良平,「貿易賣買と商慣習」, 布井出版, 1982.

朝岡良平 監修,「實務家のたぬの逐條解說信用狀統一規則」, 金融財政事情研究會, 1985.

中村已喜人,「貿易契約會」, 有朋會, 1975.

中村 弘,「貿易契約の基礎」, 東洋經濟新報社, 1983.

村 敎三 · 村 光二,「輸出入契約書の解說」, 大成出版社, 1980.

土井輝生(編),「國際契約 ハンドブック」, 同文館, 1971.

河崎正信,「D/P, D/A 手形の性質」, 外國爲替貿易研究會, 1978.

興亞火災海上保險(株),「運送保險の理論と實務」, 海文堂, 1983.

3. 구미문헌

American Law Institute, *Restatement of the Law, Second Contract*, 2nd., St. Paul, 1973, 1981.

Anderson, Ronald A. and Kumpf, Walter A., *Business Law*, 9th ed., South-Western Publishing Co., 1972.

Atiyah P. S., *The Law of Contract*, Fourth ed., Clarendon Press, 1989.

Atiyah, *The Sale of Goods*, 7th ed., Pitman Publishing Ltd., 1985.

Baum, Michael S. and Perritt, Henry H., *Electronic Contracting, Publishing, and EDI Law*, John Wiley & Sons, Inc., 1991.

Bes, J., *Chartering and Shipping Terms*, 7th ed., Barke & Howard, 1970.

Brown, Ian, "Acceptance in the Sale of Goods," *The Journal of Business Law*, Stevens & Sons Ltd., January, 1988.

Brown, Robert H., *The Institute Cargo Clauses*, Witherby & Co., Ltd., 1982.

Chorlery & Giles, *Slater's Mercantile Law*, 17th ed., Pitman Publishing Ltd., 1978.

Davis, M. A., *The Documentary Credits Hand Book*, Woodhead-Faulkner, 1989.

Day, D. M., *The Law of International Trade*, Butterworths, 1981.

Debattista, Charles, *Sale of Goods Carried by Sea*, Butterworths, 1990.

Dolan John F., *The Law of Letters of Credit*, 2nd ed., Warren, Gorham & Lamont, Inc., 1996.

Ellinger, E. P., *Documentary Letters of Credit*, University of Singapore Press, 1970.

Ersi, Gyula, "Comment: Apropos the 1980 Vienna Convention on Contracts for the International Sale of Goods," *The American Journal of Comparative Law*, Vol. 31, 1983.

Finkelstein, Herman N., *Legal Aspects of Commercial Letters of Credits*, Columbia University Press, 1930.

Guest, A. G., *Anson's Law of Contract*, Clarendon Press, 1984.

Guest, A. G. and Others, *Benjamin's Sale of Goods*, 3rd ed., Sweet & Maxwell, 1987.

Guest, A.G. and Others, *Chitty on Contracts*, 24th ed., Sweet & Maxwell, 1977.

Gutteridge, H. C. and Megrah Maurice, *The Law of Banker's Commercial Credits*, Europa Publications Ltd., 1984.

Hardy, Ivamy E. R., *Payne and Ivamy's Carriage of Goods by Sea*, Butterworths, 1979.

Henning, Charles N., *International Finance*, Harper & Brothers Publishers, 1958.

Hill, D. J., *Freight Forwarders*, Stevens & Sons, 1972.

Honnold, John, *Uniform Law for International Sales under the 1980 United Nations Convention*, Kluwer Law and Taxation Publishers, 1982.

International Chamber of Commerce, *Case Studies on Documentary Credits, problems, queries, answers*, ICC Publishing S. A., 1989.

International Chamber of Commerce, *Force Majeure and Hardship*, ICC Publication No. 421, ICC Publishing S. A., 1985.

International Chamber of Commerce, *Guide to documentary credit operations*, ICC Publishing S. A., 1985.

International Chamber of Commerce, *Unifrom Customs and Practice for Documentary Credits*, 2007.

International Chamber of Commerce, *International Standard Banking Practice for the Examination of Documents under Documentary Credits(ISBP)*, ICC Publication No. 681, ICC Publishing S. A., 2007.

Jackson, D. C., *Enforcement of Maritime Claims*, Lloyd' s of London Press Ltd., 1985.

Jarper, Ridley, *The Law of the Carriage of Goods by land, sea, air*, Shaw & Sons Ltd., 1982.

Kozolchyk, Boris, *Commercial Letters of Credit in the Americas*, Matthew Bender & Company, 1976.

Kurkelar, Matti, *Letters of Credit under International Trade Law*, Oceana Publications, Inc., 1985.

Lloyd' s Law Reports, 1984-1992.

Lloyd' s List Law Reports(Digest), 1919-1985.

Maurice, Megrah, *Byles on Bills of Exchange*, Sweet & Maxwell, 1983.

Michael, Mark, *Chalmer' s SaIe of Goods Act 1893*, 171h ed., Butterworths, 1975.

Michael, Rowe, *Letters of Credit*, Euromoney Publications Ltd., 1985.

Ramberg, Jan, *Guide to incoterms 1990*, ICC Publishing S. A., 1991.

Redimond, PWD, *Introduction to Business Law*, Sixth ed., Pitman Publishing, 1991.

Richard, C. Crews, *Business Law, Principles and Cases*, Kent Publishing Company, 1984.

Sarcevic, Patar and Volken, Paul, *International Sale of Goods*, Oceana Publications,

Inc., 1986.

Sassoon, David M. and Merren, H. Orren, *CIF and FOB Contract,* 3rd ed., Stevens & Sons, 1980.

Schmitthoff, Clive M., *Export Trade,* 9th ed., Stevens & Sons, 1990.

Shaterian, W.S., *Export-Import Banking,* The Ronald Press, 1956.

Todd, Paul, *Modern Bills of Lading,* Collins, 1986.

Turner, Harold A., *The Principles of Marine Insurance,* Stone & Cox Publications Ltd., 1979.

UNCTAD, *Multimodal transport and containerization,* United Nations, 1984.

UNCTAD/GATT, *Legal Aspects of Foreign Trade,* 1984.

Ventris, F. M., *Banker' s Documentary Credits,* Llody' s of London Press Ltd., 1985.

Walden, Ian, *EDI and the Law,* Blenheim Online Publications, 1989.

Walker, A. G., *Export Practice and Documentation,* Newnes-Butterworth, 1977.

Watson, Alasdair, *Finance of International Trade,* The Institute of Bankers, 1987.

White, James J. and Summers Robert S., *Uniform Commercial Code.* 3rd ed, West Publishing Books, 1988.

Williston S., *A Treatise on the Law of Contracts,* 3rd ed., New York, 1961.

4. 국제무역법규

Bills of Exchange Act, 1882.

CMI Rules for Electronic Bills of Lading, 1990.

CMI Uniform Rules for Sea Waybills, 1990.

ICC Rules of Conciliation and Arbitration, 1988.

Institute Cargo Clauses(A)(B)(C), 1982.

International Convention for the Unification of Certain Rules of Law Relating to Bill of Lading, 1924.

International Rules for the Interpretation of Trade Terms, 2000.

Marine Insurance Act, 1906.

Revised American Foreign Trade Definitions, 1990.

Sale of Goods Act, 1979.

Uniform Commercial Code, 1952, 1988, 1995.

Uniform Customs and Practice for Documentary Credits, 1983, 1993, 2007,

Uniform Rules for Collections, 1978, 1995.

UNCITRAL Arbitration Rules, 1976.

UNCITRAL Model Law on International Commercial Arbitration, 1985.

UNCITRAL United Nations Convention on Contracts for International Sale of Goods, 1980.

UNCITRAL United Nations Convention on the Use of Electronic Communications in International Contracts, 2005.

United Nations Convention on International Multimodal Transport of Goods, 1980.

United Nations Convention on the Carriage of Goods by Sea, 1978.

United Nations Convention on the Recognition and Enforcement of Foreign Arbitral Awards, 1958.

UNCTAD/ICC Rules for Multimodal Transport Document, 1991.

Warsaw-Oxford Rules for CIF Contract, 1932.

York-Antwerp Rules, 1974.

국 문 색 인

[ㅂ]

[ㅇ]

[ㅈ]

영 문 색 인

[A]

[B]

[C]

[D]

[E]

[F]

[G]

[H]

[I]

[J]

[K]

[L]

[Q]

[R]

[S]

[T]

저자 약력

강원진(姜元辰) 교수

부산대학교 상과대학 무역학과 졸업
연세대 석사, 중앙대 경영학 박사(국제상학 전공)
미국 University of Washington, School of Law 객원교수
부산대학교 국제전문대학원 원장
대한상사중재원 중재인
한국국제상학회 회장
한국무역학회 부회장
한국무역상무학회 및 국제 e-비즈니스학회 부회장
한국무역학회 및 한국국제상학회 논문심사위원장
중앙인사위원회 국가공무원고시 출제위원
관세청 관세사자격시험 출제위원
대한상공회의소 무역영어검정시험 출제위원
정부 수출입절차 간소화작업위원
현재 부산대학교 무역국제학부 교수

[주요 저서 및 논문]

국제상무론(법문사)
신용장론(박영사)
국제무역상무론(법문사)
무역계약론(박영사)
무역실무(박영사)
무역영어(박영사)
전자결제시스템(삼영사)
무역결제론(박영사)
무역실무연습(삼영사)
무역영어연습(박영사)
국제상거래론-공저(삼영사)
국제통상과 국제거래론-공저(두남)
"국제상업회의소의 UCP 600 완성초안에서 제시된 주요 내용의 검토,"
「국제상학」 제21권 제 2 호, 한국국제상학회, 2006 등 다수.

저자 홈페이지 http://wonjins.net

제 3 판
무역실무

1995년 8월 15일 初版發行
2000년 3월 20일 改訂版發行
2008년 7월 20일 第 3 版印刷
2008년 7월 30일 第 3 版發行

著 者 姜 元 辰
發行人 安 鍾 萬
發行處 博 英 社
서울特別市 鍾路區 平洞 13-31番地
電話 (733)6771 FAX (736)4818
登錄 1952. 11. 18. 제1-171호(倫)

www.pakyoungsa.co.kr e-mail: pys@pakyoungsa.co.kr

定 價 38,000원 ISBN 978-89-10-20514-2

Incoterms® 2010 반영

무 역 실 무

(제 3 판 추록)

강 원 진

박영사

Incoterms® 2010 반영

무 역 실 무

(제 3 판 추록)

강 원 진

박영사

면	행	기존내용오 ➡ 수정내용
xxviii	하 5	부록 1. 무역거래조건의 해석에 관한 국제규칙(2000년 개정) ➡ 1. 국내 및 국제무역거래조건의 사용에 관한 국제상업회의소 규칙(2010년 개정)
16	상 9	수출제한승인품목 ➡ 수출제한품목
17	각주 8	INCOTERMS 2000을 정형무역거래 조건의 준거로 삼기로 ➡ Incoterms® 2010을 준거로 할 경우
21	하 14	신뢰성 ➡ 신뢰성 있는
22	상 13	국외의 수입상 ➡ 국외의 수출자
26	하 10	무역업자 … 수출업자 ➡ 무역업자 또는 무역거래자 … 수출업자 또는 수출자
26	하 9	수입업자 ➡ 수입업자 또는 수입자
26	하 8	수출입업자 ➡ 수출입업자 또는 수출입자
46	상 9-10	한국무역대리점협회, 한국수출외국기업협회 ➡ 한국수입업협회, 한국외국기업협회
47	상 6-9	제한승인품목 (3군데) ➡ 제한품목
47	상 110	통합공고와 별도공고 ➡ 통합공고
51-55		[표 3-3] 신국제통일상품분류(HS) ➡ 신국제통일상품분류(HS) 아래표로 대체 제1부 산 동물 및 동물성 생산품 제1류 산 동물 제2류 육과 식용설육 제3류 어패류 제4류 낙농품 · 조란 · 천연꿀 제5류 기타 동물성 생산품 제2부 식물성 생산품 제6류 산수목 · 꽃 제7류 채소 제8류 과실 · 견과류 제9류 커피 · 차 · 향신료 제10류 곡물 제11류 곡물의 분과 조분밀가루 · 전분

제12류 채유용 종자 · 인삼
제13류 식물성 엑스
제14류 기타 식물성 생산품
제3부 동식물성 유지 및 이들의 분해 생산물, 조제식용지와 동식물성의 납
제15류 동식물성 유지
제4부 조제식료품과 음료 · 알콜 · 식초 및 담배와 제조한 담배 대용물
제16류 육 · 어류 조제품
제17류 당류 · 설탕과자
제18류 코코아 · 초코렛
제19류 곡물, 곡분의 주제품과 빵류
제20류 채소 · 과실의 조제품
제21류 기타의 조제 식료품
제22류 음료, 주류, 식초
제23류 조제사료
제24류 담배
제5부 광물성 생산품
제25류 토석류 · 소금
제26류 광, 슬랙, 회
제27류 광물성연료, 에너지
제6부 화학공업 또는 연관공업의 생산품
제28류 무기화합물
제29류 유기화합물
제30류 의료용품
제31류 비료
제32류 염료, 안료, 페인트잉크
제33류 향료 · 화장품
제34류 비누, 계면활성제 · 왁스
제35류 카세인 · 알부민 · 변성전분 · 효소
제36류 화약류 · 성냥
제37류 필름인화지, 사진용 재료
제38류 각종 화학공업 생산품
제7부 플라스틱과 그 제품 및 고무와 그 제품
제39류 플라스틱과 그 제품
제40류 고무와 그 제품
제8부 원피 · 가죽 · 모피 이들의 제품 · 마구 · 여행용구 · 핸드백 및 이와 유사한 용기와 동물거트(누에의 거트를 제외한다)의 제품
제41류 원피 · 가죽
제42류 가죽제품
제43류 모피, 모피제품

		제9부 목재와 그 제품, 목탄, 코르크와 그 제품, 짚 · 에스파르토 또는 기타의 조물재료의 제품, 농 세공물 및 지조 세공물 제44류 목재 · 목탄 제45류 코르크 · 짚 제46류 조물재료의 제품 제10부 목재 또는 기타 섬유질 셀룰로스재료의 펄프, 회수한 지 또는 판지(웨이스트와 스크랩), 지와 판지 및 이들의 제품 제47류 펄프 제48류 지와 판지 제49류 서적 · 신문인쇄물 제11부 방직용 섬유와 방직용 섬유의 제품 제50류 견 · 견사견직물 제51류 양모 · 수모 제52류 면 · 면사 면직물 제53류 마류의사와 직물 제54류 인조 필라멘트 섬유 제55류 인조 스테이플 섬유 제56류 워딩 · 부직포 제57류 양탄자 제58류 특수직물 제59류 침투, 도포한 직물 제60류 편물 제61류 의류(편물제) 제62류 의류(편물제 이외) 제63류 기타 섬유제품 · 넝마 제12부 신발류 · 모자류 · 산류 · 지팡이 · 시트스틱 · 채찍 및 이들의 부분품, 조제우모와 그 제품, 조화, 인모제품 제64류 신발류 제65류 모자류 제66류 우산 · 지팡이 제67류 조제우모 · 인조제품 제13부 석 · 플라스터 · 시멘트 · 석면 · 운모 또는 이와 유사한 재료의 제품, 도자제품,유리와 유리제품 제68류 석, 시멘트, 석면제품 제69류 도자제품 제70류 유리 제14부 천연 또는 양식진주 · 귀석 또는 반귀석 · 귀금속 · 귀금속을 입힌 금속 및 이들의 제품, 모조신변 장식용품과 주화 제71류 귀석, 반귀석, 귀금속 제15부 비금속과 그 제품

		제72류 철강 제73류 철강제품 제74류 동과 그 제품 제75류 니켈과 그 제품 제76류 알루미늄과 그 제품 제78류 연과 그 제품 제79류 아연과 그 제품 제80류 주석과 그 제품 제81류 기타의 비금속 제82류 비금속 제공구, 스푼·포크 제83류 각종 비금속제품 제16부 기계류와 전기기기 및 이들의 부분품, 녹음기와 음성재생기·텔레비젼의 영상 및 음향의 기록기와 재생기 및 이들의 부분품과 부속품) 제84류 보일러·기계류 제85류 전기기기·TV·VTR 제17부 차량·항공기·선박과 수송기기 관련품 제86류 철도차량 제87류 일반차량 제88류 항공기 제89류 선박 제18부 광학기기·사전용기기·영화용기기·측정기기·검사기기·정밀기기와 의료용기기, 시계와 악기 및 이들의 부분품과 부속품 제90류 광학·의료·측정·검사·정밀기기 제91류 시계 제92류 악기 제19부 무기·총포탄 및 이들의 부분품과 부속품 제93류 무기 제20부 잡품 제94류 가구류·조명기구 제95류 완구·운동용구 제96류 잡품 제21부 예술품·수집품과 골동품 제97류 예술품·골동품
56	상 3	수출입공고상 품목의 … 표시하지 않고 있다 ➡ 수출입공고에 의거 수출을 할 수 없는 품목이다. 현행의 수출입공고상에는 고래고기, 자연석, 개의 생모피, 개의 모피, 개의 모피제품과 같은 품목에 대하여 수출금지하고 있다.

<table>
<tr><td rowspan="2">56</td><td>상 6</td><td>2) 수출제한승인품목 ➡ 2) 수출제한품목</td></tr>
<tr><td>상 7</td><td>수출제한승인품목 ➡ 수출제한품목</td></tr>
<tr><td></td><td></td><td>[표 3-4] 수출제한승인품목에 대한 수출입공고의 예 다음 표로 대체
➡
[표3-4] 수출제한품목에 대한 수출입공고의 예
<table>
<tr><th>H S</th><th>품 목</th><th>수 출 요 령</th></tr>
<tr><td>0808</td><td>사과, 배 (신선한 것에 한한다)</td><td></td></tr>
<tr><td>10</td><td>사 과</td><td>다음의 것은 한국농림수산식품수출입조합의 승인을 받아 수출할 수 있음.
① 대만지역으로 수출되는 것</td></tr>
<tr><td>20</td><td>배</td><td>다음의 것은 한국농림수산식품수출입조합의 승인을 받아 수출할 수 있음.
① 배(대만지역으로 수출되는 것)</td></tr>
</table></td></tr>
<tr><td rowspan="3">57</td><td>상 8</td><td>수입금지품목도 현행의 수출입공고에는 수출금지품목과 같이 한 품목도 표시하고 있지 않다. ➡ 수입금지품목은 현행의 수출입공고상에는 한 품목도 없다.</td></tr>
<tr><td>상 10-11</td><td>5) 수입제한승인품목
수입제한승인품목 …
➡
5) 수입제한품목
수입제한품목 …</td></tr>
<tr><td></td><td>[표 3-5] 수입제한승인품목에 대한 수출입공고의 예 다음 표로 대체
➡ [표 3-5] 수입제한품목에 대한 수출입공고의 예
<table>
<tr><th>H S</th><th>품 목</th><th>수 입 요 령</th></tr>
<tr><td>3920.99.1000</td><td>플라스틱제의 기타 판, 쉬트, 필름, 박 또는 스트립(셀룰라가 아닌 것으로서 기타 재료로 보강, 적층, 지지 또는 이와 유사하게 결합되지 아니한 것) 중 항공기용의 것</td><td rowspan="4">한국항공우주산업진흥협회의 승인을 받아 수입할 수 있음</td></tr>
<tr><td>4011.30.0000</td><td>고무제의 공기타이어(신품)중 항공기용의 것</td></tr>
<tr><td>4012.13.0000</td><td>고무제의 공기타이어(재생품)중 항공기용의 것</td></tr>
<tr><td>4012.20.1000</td><td>고무제의 공기타이어(중고품)중 항공기용의 것</td></tr>
</table></td></tr>
<tr><td rowspan="2">58</td><td>상 5-11</td><td>그러나 다음의 하나에 … 국내제작을 위한 견본의 수입
➡ 그러나 외화획득용 원료·기재를 수입하는 경우에는 수입제한품목이라 할지라도 별도의 제한 없이 수입을 승인할 수 있다.</td></tr>
<tr><td>상 17-20</td><td>① ② ③ ➡ ① ② ③ 내용 삭제</td></tr>
<tr><td>83</td><td>중간</td><td>채무(債務)를 부담하는 ➡ 채무를 부담하는</td></tr>
</table>

97	서식 중간	CIF New York per pc. ⇨ CIF New York Incoterms® 2010
98	서식 좌중간	CIF Busan ⇨ CIF Busan Incoterms® 2010
103	상 11	DAF, DES, DEQ, DDU, DDP ⇨ DAT, DAP, DDP
104	상 1	양도승인의 이한 인도 ⇨ 양도승인에 의한 인도
105	상 13	INCOTERMS 2000 ⇨ Incoterms® 2010
	하 12	DAF, DES, DEQ, DDU, DDP ⇨ DAT, DAP, DDP
109	상 10	선전시기와 ⇨ 선적시기와
	하 11	(2) 권러증권의 ⇨ (2) 권리증권의
111-112	하 1-상 1	INCOTERMS 2000 ⇨ Incoterms® 2010
112	상 1	CIF매매조건 ⇨ CIF 규칙
	하 7	INCOTERMS 2000 … CIP매매조건 ⇨ Incoterms® 2010 … CIP 규칙
	하 5	INCOTERMS 2000 ⇨ Incoterms® 2010
	하 4	CIF매매조건 … 본선의 난간(ship's rail) ⇨ CIF 규칙 … 본선 상
115	하 5	DES ⇨ DDP
122	상 6	CIP거래조건 ⇨ CIP 규칙
	상 11	DAF, DES, DEQ, DDU, DDP 거래조건 ⇨ DAT, DAP, DDP 규칙
	각주 4	INCOTERMS 2000. ⇨ Incoterms® 2010.
125	상 3	DES조건이나 DEQ조건 ⇨ DAT 규칙이나 DAP 규칙은
127	상 1	INCOTERMS … 6차례의 ⇨ "Incoterms" … 7차례의
	하 2	"INCOTERMS 2000" … 13가지 ⇨ "Incoterms® 2010" … 11가지
	각주 17	… 내용에 추가 ⇨ ; 그러나 2010년 제7차 개정부터는 "ICC rules for the use of domestic and international trade terms"라고 부제를 달고 모든 거래규칙 바로 다음에 "Incoterms® 2010" 이라는 ICC 등록상표를 표기하도록 하고 있다.
	각주 19	INCOTERMS 2000 ⇨ Incoterms® 2010
128		[표 6-1] 다음으로 대체 ⇨

[표 6-1] "Incoterms® 2010"의 정형거래규칙별 원가구성요소

원가구성요소 ＼ 정형거래규칙	기본원가	간접원가	예상이익	부대비용															
				수출지 발생								운송과정 발생		수입지 발생					
	물품제조·구매원가	사업부문별간접원가	이익	포장비	검사비	내륙운송비	최초운송인측인도비용	수출통관제비용	수출제세및부과금	수출항부선사용료	서류제공비용	수출항본선선적비용	해상운임	적화보험료	수입항양륙비	수입관세	수입통관제비용	수입제세및부과금	수입지내륙운송비
1. EXW	○	○	○	○	○														
2. FCA	○	○	○	○	○	○	○	○	○	△	○								
3. FAS	○	○	○	○	○	○	○	○	○	△									
4. FOB	○	○	○	○	○	○	○	○	○	○	○	○							
5. CFR	○	○	○	○	○	○	○	○	○	○	○	○	○		◈				
6. CIF	○	○	○	○	○	○	○	○	○	○	○	○	○	○	◈				
7. CPT	○	○	○	○	○	○	○	○	○	○	○	○	○		○				△
8. CIP	○	○	○	○	○	○	○	○	○	○	○	○	○	○	○				△
9. DAT	○	○	○	○	○	○	○	○	○	○	○	○	○	○	○				○
10. DAP	○	○	○	○	○	○	○	○	○	○	○	○	○	○	○				○
11. DDP	○	○	○	○	○	○	○	○	○	○	○	○	○	○	○	○	○	○	○

주:1) ○표는 매도인 부담비용, 공란은 매수인 부담비용
2) △표는 필요에 따라 매도인 부담비용
3) ◈표는 정기선 운송시 운임에 양륙비를 포함할 경우 매도인 부담비용
4) 모든 운송방식을 위한 규칙 : EXW, FCA, CPT, CIP, DAT, DAP, DDP
5) 해상 및 내수로 운송을 위한 규칙 : FAS, FOB, CFR, CIF

129	상 3	"INCOTERMS 2000" ➡ "Incoterms® 2010"
142-143	하 3-상 2	적용되고 있다.60)~쉽게 되어 있다. 다음으로 대체 ➡ 사용되어 왔으나, 최근의 보험환경 변화에 부응하고 약관 내용의 명확성을 기하기 위하여 런던국제언더라이팅협회(International Underwriting Association of London: IUA)는 로이즈보험시장협회(Lloyd's Market Association: LMA)와 합동적화위원회를 구성하여 1982년 협회적화약관(Institute Cargo Clauses: ICC)을 개정[1]하여 2009년 1월 1일부터 신약관을 사용할 수 있도록 하였다.
143	각주 62	조건 … INCOTERMS 2000 ➡ 규칙 … Incoterms® 2010
152	서식 상	CIF New York per pc. ➡ CIF New York Incoterms® 2010
	서식 중하	CIF New York ➡ CIF New York Incoterms® 2010

쪽	위치	수정 내용
156	상 2	INCOTERMS 2000 ➡ Incoterms® 2010
158	상 9	정형거래조건 ➡ 정형거래규칙
	상 12	INCOTERMS 2000 ➡ Incoterms® 2010
	하 10	4. 국제상관습과 정형거래조건 ➡ 4. 국제상관습과 정형거래규칙
159	하 1	「무역거래조건의 해석에 관한 국제규칙」(INCOTERMS)과 ➡ Incoterms와
160	상 9	정형거래조건과 국제규칙 ➡ 정형거래규칙
	하 8-9	거래조건을 정형거래조건(typical trade terms) ➡ 거래규칙을 정형거래규칙(typical trade rules)
161	상 4	6차 ➡ 7차
	상 7	4.3 무역거래조건의 해석에 관한 국제규칙 ➡ 4. 3 국내 및 국제무역거래조건의 사용에 관한 ICC 규칙
	상 9-10	일반적으로 무역거래조건의 해석에 관한 국제규칙(International …)이라고 한다. ➡ Incoterms® 2010에서는 그 부제를 "국내 및 국제무역거래조건의 사용에 관한 국제상업회의소 규칙"(ICC rules for the use of domestic and international trade terms)이라고 하여 그 의미를 표현하고 있다.
	상 11	무역거래조건 위원회(Trade Terms Committee) ➡ 상거래 법률 및 관습 위원회(Commission on Commercial Law and Practice)
163	상 11	… 1990년 그리고 현행 2000년 개정분을 포함하여 6차례의 ➡ … 1990년, 2000년 그리고 현행 2010년 개정분을 포함하여 모두 7차례의
	각주 74	INCOTERMS 2000, Introduction 1. ➡ Incoterms® 2010, Introduction 1.
173		[그림 6-1] 전체면 ➡ 삭제
174		[표 6-4] ➡ 삭제
175	상 7-10	7) 거래조건별 ~ 있다.92) ➡ 다음으로 대체 **7) Incoterms® 2010** 국제상업회의소(ICC)의 "Incoterms 2000"을 국제상거래에 사용한 이래 지속적인 관세자유지역의 확산, 상거래에서 전자통신문의 사용 증대, 물품이동에서 안전에 대한 관심의 고조와 운송관행의 변화를 고려하여[2] ICC는 2007년 11월 "Incoterms 2000"을 개정하기로 하고 초안그룹(drafting group)을 통하여 총 4차례의 초안을 발표(2009년 2월, 9월 및 2010년 1월 및 3월)하고 2010년 5월 동 개정초안이 ICC의 상거래 법률 및 관습 위원회(ICC's Commission on Commercial Law and Practice)에 제출되어 ICC가 2010년 9월 "Incoterms® 2010"을 공식 채택 ICC Publication No. 715E로 간행됨으로서 2011년 1월 1일부터 발효하게 되었다.

제 7차 개정 Incoterms® 2010에서는 전체 규칙 수를 13개에서 11개로 줄이고, 인도(delivered) 규칙을 3개로 통합하고, 모든 규칙에 대하여 간결하고 명확한 지침을 제공하고 있다. "Incoterms 2000"까지 Incoterms는 "무역거래조건의 해석에 관한 국제규칙"(International Rules for the Interpretation of Trade Terms)이라는 의미로 표현하였으나 "Incoterms® 2010"부터는 미국 통일상법전(UCC) 및 개정무역정의에서와 같이 국제무역거래뿐만이 아닌 국내 상거래를 포함하는, 이른바 "국내 및 국제 무역거래조건의 사용에 관한 국제상업회의소 규칙"(ICC rules for the use of domestic and international trade terms)이라는 표현을 사용하여 Incoterms® 2010에 이를 부제로 병기하여 간행되었다. 특히 "Incoterms® 2010"은 ICC의 등록상표로 향후 ICC의 인코텀즈를 적용할 경우 가격조건(인도조건) 뒤에 반드시 명시하도록 하고 있다.

5. Incoterms® 2010의 사용방법 및 특징

Incoterms® 규칙[3)]은 물품매매계약에서 거래실무를 반영하는 일련의 3개 문자의 무역거래조건을 설명하고 있다. 인코텀즈 규칙은 매도인이 매수인에게 물품인도에 포함되는 주요 의무, 비용 및 위험들을 설명하고 있다.[4)]

5.1 Incoterms® 2010 규칙의 사용 방법

(1) 매매계약에 Incoterms® 2010 rules 적용 명시

당사자가 Incoterms®2010 rules를 계약에 적용시키고자 하는 경우 Incoterms® 2010 (뒤에 지정장소를 포함하는 선택된 인코텀즈)와 같은 표현을 계약서에 명시하여야 한다.

예를 들면 매매계약서의 가격조건 또는 인도조건에서 "Terms of Price: FOB Busan Incoterms® 2010" 또는 "Terms of Delivery : FOB Busan Incoterms® 2010"과 같이 명시하여야 한다.

(2) 적절한 인코텀즈 규칙의 선택

선택된 인코텀즈 규칙은 물품, 운송수단 및 당사자가 예컨대 운송 또는 보험계약을 체결하는 의무와 같은 추가의무를 매도인 또는 매수인에게 부담여부 등을 고려하여 적절하게 선택되어야 한다.

각 인코텀즈 규칙에 대한 안내요지(guidance note)는 인코텀즈 규칙을 선택할 경우 특별히 도움이 되는 정보를 포함한다. 어떠한 인코텀즈 규칙이 선택되더라도 당사자는 사용되어지는 항구 또는 장소의 특정 관습에 의하여 계약에 대한 해석이 영향을 미칠 수 있다는 점을 알아야 한다.

왜냐하면 인코텀즈 규칙은 상이한 지역 또는 다양한 거래에서 사용되기 때문에 당사자의 의무에 대하여 완벽하게 규정할 수가 없다. 따라서 당사자는 어느 정도 항구 또는 장소의 특정관습, 또는 당사자의 합의나 기 확립된 관습에 의하여 의무를 수행할 필요가 있다.

(3) 가능한 한 명확한 장소 또는 항구의 명시

당사자가 장소 또는 항구를 지정하는 경우 선택된 인코텀즈 규칙은 비로소 사용될 수 있으며 당사자가 가능한 한 정확하게 장소 또는 항구를 명시하는 경우 최적으로 사용할 수 있다. 이와 같은 정확성에 대한 훌륭한 예는 다음과 같다 :

"FCA 38 Cours Albert 1er, Paris, France Incoterms® 2010."

인코텀즈 규칙 EXW, FCA, DAT, DAP, DDP, FAS, 및 FOB에서 지정장소는 인도가 이루어지는 장소이며, 위험이 매도인으로부터 매수인에게 이전하는 장소이다. 인코텀즈 규칙 CPT, CIP, CFR, 및 CIF에서 지정장소는 인도장소와 다르다. 이와 같은 4개 규칙에서 지정장소는 운송비가 지급된 목적지이다. 장소 또는 목적지에 관한 표시는 의문 또는 논쟁을 피하기 위하여 그와 같은 장소 또는 목적지에서 정확한 지점을 명시함으로서 훨씬 유익하고 구체화 될 수 있다.

(4) 인코텀즈 규칙은 완전한 매매계약을 제공하지 아니함

인코텀즈 규칙은 운송계약 또는 보험계약 체결 의무가 어느 매매계약당사자에게 있는지, 언제 매도인이 물품을 매수인에게 인도하는지 그리고 각 당사자가 어떠한 비용을 부담할 책임이 있는지에 대하여 설명하고 있다.

그러나 인코텀즈 규칙은 지급되어야 하는 금액 또는 지급방법에 대하여 설명하지 아니한다. 인코텀즈 규칙은 물품의 소유권 이전, 계약 위반의 결과에 대하여 전혀 다루지 아니하고 있다. 이러한 문제들은 보통 매매계약의 명시조건 또는 준거법에 의하여 해결되어야 한다. 당사자는 강행적인 국내법이 선택된 인코텀즈 규칙을 포함하여 매매계약의 모든 측면에 우선할 수 있다는 점을 알아야 한다.

5.2 Incoterms® 2010 규칙의 주요 특징

(1) DAT, DAP 인코텀즈 규칙 신설-2000년 인코텀즈 규칙의 DAF, DES, DEQ 및 DDU의 대체

인코텀즈 규칙의 수는 종전의 13개에서 11개로 감소되었다.

이 결과 합의된 운송방식에 관계없이 사용되어 지는 두 개의 새로운 규칙, 즉 DAT 및 DAP는 2000년 인코텀즈 규칙의 DAF, DES, DEQ 및 DDU를 대체하게 되었다.

인도가 지정목적지에서 이루어지는 두 개의 새로운 규칙하의 DAT에서는 종래의 DEQ 규칙과 같이 도착된 차량으로부터 양화되어 매수인의 임의처분상태에서, DAP에서는 (종래의 DAF, DES 및 DDU 규칙과 마찬가지로) 양화하지 아니하고 매수인의 임의처분상태에서, 인도가 지정목적지에서 이루어진다.

이 새로운 규칙은 2000년 인코텀즈 규칙의 DES와 DEQ를 불필요하게 만든다. DAT 에서 지정터미널은 항구에 있을 수 있다. 그러므로 DAT는 2000년 인코텀즈 규칙의 DEQ가 사용되었던 경우와 같이 아무 문제없이 사용될 수 있다. 마찬가지로 DAP 하에서 도착 "차량"은 선박일 수 있고 또한 지정목적지는 항구일 수 있다. 따라서 DAP는 2000년 인코텀즈의 DES가 사용되었던 경우와 같이 아무 문제없이 사용될 수 있다. 종래의 4개규칙 계승자와 같이, 이와 같은 새로운 규칙은 물품을 지정목적지까지 운송하는데 포함된 모든 비용(적용 가능한 경우, 수입통관과 관련된 비용을 제외하고) 및 위험을 매도인이 부담하는 "도착지인도"이다.

(2) 11가지 Incoterms® 2010 규칙의 분류

11가지 Incoterms® 2010 규칙은 두 가지의 다른 분류로 제시되고 있다.

모든 운송방식을 위한 규칙(Rules for Any Mode or Modes of Transport)

공장인도	EXW	Ex Works
운송인인도	FCA	Free Carrier
운송비지급인도	CPT	Carriage Paid To
운송비·보험료지급인도	CIP	Carriage and Insurance Paid to
터미널인도	DAT	Delivered At Terminal
목적지인도	DAP	Delivered At Place
관세지급인도	DDP	Delivered Duty Paid

해상 및 내수로 운송을 위한 규칙(Rules for Sea and Inland Waterway Transport)

선측인도	FAS	Free Alongside Ship
본선인도	FOB	Free On Board
운임포함인도	CFR	Cost and Freight
운임·보험료포함인도	CIF	Cost, Insurance and Freight

첫 번째 분류는 선택된 운송방식에 관계없이 또한 하나 또는 그 이상의 운송방식이 이용되는가 여부에 관계없이 사용될 수 있는 7 가지 Incoterms® 2010 규칙을 포함한다. EXW, FCA, CPT, CIP, DAT, DAP 및 DDP가 이 분류에 속한다. 이들은 해상운송이 전혀 포함하지 아니한 경우에도 사용될 수 있다. 이들 규칙은 선박이 일부구간 운송에 사용되는 경우에도 사용될 수 있다는 사실을 명심하여야 한다.

Incoterms® 2010 규칙의 두 번째 분류에서 해상 및 내수로 운송 규칙으로 인도지점 및 물품이 매수인에게 운송되는 장소가 모두 항구가 된다. FAS, FOB, CFR 및 CIF가 이 분류에 속한다. 2000년 인코텀즈의 FOB, CFR 및 CIF에서 인도지점으로서의 선박의 난간(ship's rail)이라는 모든 언급은 물품이 선박의 갑판 상(on board the vessel)에 인도될 때가 더 선호되어 삭제되었다. 이것은 현대 상거래의 현실을 더 밀접하게 반영한 것으로 위험이 가상의 수직선을 통과하여 앞뒤로 흔들리는 시대에 뒤떨어진 인상을 피할 수 있다.

(3) 국내 및 국제 무역을 위한 규칙(Rules for domestic and international trade)

인코텀즈 규칙은 전통적으로 물품이 국경을 통과하는 국제매매계약에 사용되어 왔다. 그러나 세계의 다양한 지역에서 유럽연합(European Union)과 같은 무역권(trade blocs)은 상이한 국가 간에 국경에서의 수속절차가 더 이상 중요하지 않게 되고 있다. 따라서 Incoterms® 2010 규칙의 부제에는 이 규칙이 국내 및 국제 매매계약에 모두 적용하기 위하여 사용가능함을 공시적으로 인정하고 있다. 그 결과 Incoterms® 2010 규칙에서는 적용 가능한 경우에만 수출/수입 수속절차에 따를 의무가 있음을 여러 곳에서 분명히 명시하고 있다.

다음과 같은 두 가지의 진전된 사항들이 이러한 개정방향의 움직임이 시의적절하다고 ICC를 설득하여 왔다. 첫째, 무역업자들이 보통 순수한 국내매매계약에 인코텀즈 규칙을 사용하고 있다는 점. 둘째, 미국에서 과거 통일상법전의 선적 및 인도

조건보다도 국내거래에 인코텀즈 규칙을 더 사용하고자 하는 의향이 있다는 점이다.

(4) 안내요지(guidance note)

Incoterms® 2010 규칙의 각 앞부분에서는 안내요지를 볼 수 있다. 안내요지는 언제 사용되어야 하며, 언제 위험이 이전되고, 또한 매매당사자간에 어떻게 비용분담이 되는지 등, 각 인코텀즈 규칙의 기본적인 사항들을 설명하고 있다.

안내요지는 실제 Incoterms® 2010 규칙의 일부가 아니고, 단지 사용자가 특정 거래에서 적절한 인코텀즈 규칙을 정확하게 또한 효율적으로 사용할 수 있도록 도움을 주기 위한 것이다.

(5) 전자통신(electronic communication)

종전 버전(version)의 인코텀즈 규칙에서는 전자문서교환 메시지(EDI message)로 대체될 수 있는 서류들을 명시하고 있었다. 그러나 Incoterms® 2010 규칙의 A1/B1조에 서는 당사자들이 합의하는 한 또는 관습에 따라 전자통신에 대하여 서면통신에서와 같이 동일한 효력을 부여하고 있다. 이러한 규정은 Incoterms® 2010 규칙이 사용되는 기간에 새로운 전자적 절차의 발전을 용이하게 한다.

(6) 보험부보(insurance cover)

Incoterms® 2010 규칙은 협회적화약관(Institute Cargo Clauses: ICC) 개정[5)]이래 인코텀즈 규칙의 최초 버전이므로 이와 같은 개정약관을 고려하였다. Incoterms® 2010 규칙은 운송 및 보험 계약을 다루고 있는 A3/B3조에서 보험 관련 정보제공의무를 설정하고 있다. 이들 규정은 2000년 인코텀즈 규칙의 A10/B10조에 규정된 일반적인 조항에서 옮겨 왔다. 이러한 관점에서 A3/B3조에서 보험과 관련된 표현은 당사자들의 의무를 명확하게 하기 위하여 또한 수정되었다.

(7) 안전 관련 통관(security-related clearances) 및 이와 같은 통관을 위하여 요구되는 정보

물품이 고유의 성질 이외의 이유로 생명 또는 재산에 위협을 가하지 아니한다는 취지의 증명을 요구하면서, 최근 물품의 운반과정에 안전에 대한 관심이 높아지고 있다. 따라서 Incoterms® 2010은 다양한 인코텀즈 규칙의 A2/B2조 및 A10/B10조에서 매매당사자간 물품보관사슬(chain-of-custody)[6)]정보와 같은 안전 관련 통관허가를 받음에 있어 허가를 받거나 협조를 제공할 의무를 분담시키고 있다.

(8) 터미널 취급수수료(terminal handing charges)

인코텀즈 규칙 CPT, CIP, CFR, CIF, DAT, DAP 및 DDP 하에서 매도인은 합의된 목적지까지의 물품운송 주선을 행하여야 한다. 운임은 매도인이 지급하지만 운임은 보통 매도인에 의하여 총 판매가격에 포함되므로, 실제로 매수인에 의하여 지급되는 것이다. 운송비용은 가끔 항구 또는 컨테이너 터미널시설 내에서 물품을 취급하고 운반하는 비용이 포함되며 운송인 또는 터미널 운영자는 물품을 수령하는 매수인에게 이러한 비용을 청구하기도 한다. 이런 사정으로 매수인은 한번은 매도인에게 총 판매가격의 일부로서 그리고 한번은 이와는 별도로 운송인 또는 터미널 운영자에게 동일한 서비스에 대하여 이중으로 지급하는 것을 회피하려고 할 것이다.

Incoterms® 2010 규칙은 관련되는 인코텀즈 규칙의 A6/B6조에서 이와 같은 비용을 명확하게 분담함으로써 이중지급상황의 발생을 회피할 수 있도록 하고 있다.

(9) 연속판매(string sales)

제조물품의 매매와는 대조적으로 상품매매에 있어서 물품은 흔히 운송과정에 연속적으로 여러 번 판매된다. 이러한 경우 최초의 매도인은 이미 물품을 선적하였기 때문에 중간에 판매한 매도인은 물품을 "선적"하지 않는다. 그러므로 연속매매 중간에 있는 매도인은 그 다음의 매수인에게 물품선적 의무를 이행하는 것이 아니라 이미 선적된 물품을 조달함으로써 이행하는 것이다. 이를 명확히 하기 위하여 Incoterms® 2010 규칙은 관련 인코텀즈 규칙에서 "선적된 물품조달" 의무를 물품선적 의무의 대안으로서 포함시키고 있다.

5.3 인코텀즈 규칙의 변형(variants of Incoterms rules)

당사자는 가끔 인코텀즈 규칙을 변경하고 싶어 한다. Incoterms® 2010 규칙은 이와 같은 변경에 대하여 금지하지 않고 있으나 변경하는 것은 위험하다. 불필요한 논란을 방지하기 위하여 당사자는 이러한 변경에 관한 의도된 결과에 대하여 계약에 명시하여야 한다. 예컨대, 당사자는 Incoterms® 2010 규칙에서 비용분담이 계약에서 변경되어지는 경우, 당사자는 위험이 매도인으로부터 매수인에게 이전하는 지점을 달리할 목적이 있는 경우 이를 분명하게 명시하여야 한다.

5.4 서문의 지위(status of this introduction)

이 서문은 Incoterms® 2010 규칙의 사용 및 해석에 대한 일반적인 정보일 뿐 이 규칙의 형식 부분이 아니다.

5.5 Incoterms® 2010 규칙에 사용된 용어의 설명

Incoterms 2000 규칙에서와 같이 매도인과 매수인의 의무는 A란에서는 매도인의 의무를, B란에서는 매수인의 의무를 반영하는 거울에 비친 모습과 같이 제시되었다. 이러한 의무는 매도인 또는 매수인 또는 가끔 특정 목적을 위하여 운송인, 운송주선인, 매도인 또는 매수인이 지정한 제3자를 통하여 계약상의 조건 또는 적용법에 따라 개별적으로 이행되어질 수 있다.

Incoterms® 2010 규칙의 본문은 따로 설명이 필요하지 아니할 것으로 여겨진다. 그러나 사용자에게 도움을 주기 위하여 서류 도처에 사용되어진 선택된 용어의 의미에 관하여 다음과 같은 안내를 제공한다.

운송인(carrier): Incoterms® 2010 규칙의 목적을 위하여, 운송인은 운송계약을 체결하는 당사자를 말한다.

통관수속절차(customs formalities): 모든 적용 가능한 세관 규정에 부응하기 위하여 부합되어야 되는 요건으로 서류, 안전, 정보 또는 물리적 검사 의무가 포함될 수 있다.

인도(delivery): 이 개념은 무역법규와 관행에서 다양한 의미를 가지고 있지만, Incoterms® 2010 규칙에서는 물품에 대한 멸실 또는 손상에 관한 위험이 매도인으로부터 매수인에게 이전되는 경우를 나타내는 데 사용되어진다.

인도서류(delivery document): 이 구절은 현재 A8조의 표제로 사용된다. 이는 인도가 완료된 것을 증명하는데 사용되는 서류를 의미한다. Incoterms® 2010 규칙의 많은 곳에서 인도서류는 운송서류 또는 이와 상응한 전자기록이다. 그러나 EXW, FCA, FAS 및 FOB에서 인도서류는 단순하게 수령증(receipt)일 수도 있다. 인도서류는 예를 들어 결제방법의 일부분과 같이 또한 다른 기능을 가질 수 있다.

진자기록[7] 또는 절차(electronic record or procedure): 일련의 정보는 하나 또는 하나 이상의 전자메시지 및 적용 가능한 경우, 상응한 종이서류와 같은 기능적 동등성이 있는 것으로 구성되어 있다.

포장(packaging): 이 용어는 다음과 같이 다른 목적으로 사용된다.

① 매매계약의 모든 요건과 일치한 물품 포장

② 운송에 적합한 물품 포장

③ 컨테이너 또는 다른 운송수단 내에 포장된 물품의 적부

Incoterms® 2010 규칙에서 포장은 위에 첫 번째와 두 번째 것을 의미한다. Incoterms® 2010 규칙은 컨테이너 내의 적부의무에 대하여 당사자의 의무를 다루지 아니하는 경우 당사자는 이에 대하여 매매계약에 명시하여야 한다.

5.6 거래규칙별 매매당사자의 세부의무

Incoterms® 2010에서는 다음과 같이 매도인과 매수인의 10가지의 세부 의무부담에 대하여 대칭되게 설정하고 있다.

〈표 5-2〉 Incoterms® 2010 규칙에서의 매도인과 매수인의 세부의무

매도인의 의무(seller's obligations)	매수인의 의무(buyer's obligations)
A1. 매도인의 일반적 의무(General obligations of the seller)	B1. 매수인의 일반적 의무(General obligations of the buyer)
A2. 허가, 승인, 안전 통관 및 기타 수속절차 (Licences, authorizations, security clearances and other formalities)	B2. 허가, 승인, 안전 통관 및 기타 수속절차 (Licences, authorizations, security clearances and other formalities)
A3. 운송 및 보험계약(Contract of carriage and insurance)	B3. 운송 및 보험계약(Contract of carriage and insurance)
A4. 인도(Delivery)	B4. 인도의 수령(Taking delivery)
A5. 위험의 이전(Transfer of risk)	B5. 위험의 이전(Transfer of risks)
A6. 비용의 분담(Allocation of costs)	B6. 비용의 분담(Allocation of costs)
A7. 매수인에 대한 통지(Notice to the buyer)	B7. 매도인에 대한 통지(Notice to the seller)
A8. 인도서류(Delivery documents)	B8. 인도의 증거(Proof of delivery)
A9. 점검, 포장, 화인(Checking-packaging-marking)	B9. 물품검사(Inspection of goods)
A10. 정보제공에 대한 협조 및 관련 비용 (Assistance with information and related costs)	B10. 정보제공에 대한 협조 및 관련 비용 (Assistance with information and related costs)

175-213	상 11-하 7	5. 인코텀즈에 규정된 정형거래조건 ➡ 6. 인코텀즈 규칙에 규정된 정형거래규칙 이하 다음의 원고로 대체

6. 인코텀즈 규칙에 규정된 정형거래규칙

6.1 모든 운송방식을 위한 규칙

(1) 공장인도(EXW: Ex works)

EXW (insert named place of delivery) Incoterms® 2010

1) 안내요지

공장인도(Ex works)[8]는 선택된 운송방식에 관계없이 사용될 수 있으며, 또한 하나 이상의 운송방식인 경우에도 사용될 수 있다. 이 규칙은 국내거래에 적합한 반면에 FCA는 보통 국제무역에 더 적합하다.

공장인도라 함은 매도인의 구내(premises) 또는 기타 지정된 장소(예컨대 작업장, 공장, 창고 등)에서 매수인의 임의처분상태로 둘 때 인도하는 것을 의미한다. 매도인은 물품을 어떤 집화차량(collecting vehicle)에 적재할 필요가 없으며, 수출통관이 필요한 경우에도 수출물품에 대하여 통관할 필요가 없다.

당사자는 지정된 인도장소 내의 지점(point)을 가능한 한 분명하게 명시하도록 하여야 한다. 이때 그 지점까지의 비용과 위험은 매도인의 부담으로 한다. 매수인은 지정인도장소가 있는 경우 합의된 지점으로부터 물품을 수령하는데 수반되는 모든 비용과 위험을 부담한다.

EXW는 매도인에 대한 최소의무를 나타내며 다음과 같은 사항을 유의하여 사용되어야 한다.

a) 매도인이 비록 실무적으로 물품을 적재하는데 더 유리한 위치에 있다고 할지라고 매도인이 매수인에게 물품을 적재할 의무가 없다. 매도인이 물품을 적재하는 경우 그것은 매수인의 위험과 비용으로 적재하는 것이다. 매도인이 물품을 적재하는데 더 유리한 위치에 있는 경우 매도인이 자신의 위험과 비용으로 적재를 행하는, 보통 FCA가 더 적절하다.

b) 수출을 위하여 EXW 에 기초하여 매도인으로부터 물품을 구매하는 매수인은 매수인이 수출을 이행하도록 요구되는 것과 같이 매도인은 오직 필요한 협조를 제공할 의무만 있고 수출통관을 행할 의무가 없다는 점을 알아야 될 필요가 있다. 매도인은 오직 매도인은 매수인이 자신에게 수출통관을 요청할 때 그러한 수출을 위한 협조를 제공하는 의무만을 가지고 있다. 즉 매도인이 반드시 수출통관을 수행할 의무가 없는 것을 주의해야 한다. 그러므로 매수인이 직접 또는 간접으로 수출통

관을 행할 수 없을 경우 EXW를 사용하지 않는 것이 바람직하다.

c) 매수인은 매도인에게 물품 수출에 관한 모든 정보를 제공하는 의무는 제한되어 있다. 그러나 매도인은 예를 들어 조세 또는 보고를 목적으로 이러한 정보가 필요할 수 있다.

2) 위험의 이전

위험의 이전(transfer of risks)은 매도인이 계약물품을 합의된 일자나 기간 내에 합의된 지점에서 매수인의 임의처분상태로 둘 때가 분기점이 된다. 따라서 EXW 규칙에서 매수인은 계약내용대로 특정된 물품이 자신의 임의처분에 맡겨진 이후에 발생하는 모든 위험을 부담하여야 한다.

3) 비용의 분담

비용의 분담(allocation of costs)은 위험이전의 분기점을 기준으로 하여 매도인은 합의된 지점에서 매수인의 임의처분 상태로 둘 때까지의 제 비용을 부담한다. 즉 물품을 직접 제조하거나 구매·조달하는 데 따른 기본 원가(basic costs), 사업부문별 간접 원가(indirect costs), 포장비(packing costs), 품질·용적·중량·수량의 물품점검 업무비용(costs of checking operations) 및 기타 잡비를 부담하여야 한다.

한편 매수인은 운송수단에의 적재비용(loading charges), 수출입 승인비용, 선적전 검사비용(costs of pre-shipment inspection : PSI), 적용 가능한 경우(where applicable) 수출시에 지급되는 모든 관세(all duties), 조세(taxes) 및 기타 부과금(other charges)을 포함한 통관비용(customs clearance charges), 내륙운송비, 해상운임, 적하보험료 등 임의처분상태로 인도된 이후의 제비용을 부담하여야 한다.

4) 매도인의 제공서류

EXW 규칙에서 매도인은 일반적인 의무로 매매계약과 일치하는 상업송장(Commercial Invoice) 및 계약에서 요구하는 일치증명(evidence of conformity)을 제공하여야 한다. 이와 같은 모든 서류는 이에 상응한 전자기록 또는 절차(electronic record or procedure)도 인정된다.

그러나 매도인은 매수인에게 인도서류(delivery document)의 제공의무는 없으나,[9]매수인의 요청에 따라 매수인의 비용과 위험으로 포장명세서(Packing List), 원산지증명서(Certificate of Origin), 품질 및 수량증명서(Certificate of Quality and Quantity), 중량 및 용적증명서(Certificate of Weight and Measurement), 영사송장(Consular Invoice) 그리고 보험부보를 위한 정보 등 임의서류를 제공할 수 있다.

5) 기타 의무와 정보제공을 위한 협조 및 관련 비용

매도인은 매수인에게 계약과 일치하는 물품을 제공하고, 적용 가능한 경우 매수인의 요청과 위험 및 비용부담으로 수출허가, 공적인 승인, 물품의 안전통관(security clearance)을 위하여 요구되는 매도인이 갖고 있는 모든 정보를 제공하여야 하며, 필요한 제 서류의 취득을 위한 협조를 제공하여야 한다. 또한 계약물품을 매수인이 인도 가능하도록 필요한 모든 통지를 하여야하고, 포장이 필요한 물품의 경우에는 적절한 화인(marking)을 하여야 한다.

한편 매수인은 계약에 정한 바에 따라 대금지급(payment of price)을 하여야 하며, 수출입승인과 수출입통관수속절차를 이행하여야 하고, 물품을 매수인의 임의처분하는 장소에서 물품 인도의 수령(taking delivery)을 행하여야 한다. 또한 약정기간 내에 물품의 인수시기와 지점을 결정할 권리를 유보할 경우에는 매도인에게 충분한 통지를 하여야 한다.

6) 거래규칙 표기의 예

무역계약을 체결할 때 가격조건(price terms) 또는 인도조건(delivery terms)을 인코텀즈의 공장인도(EXW) 규칙으로 약정하고자 할 경우에는 다음의 예와 같이 표기한다.

*표기 기준: “EXW 지정인도장소 삽입 Incoterms® 2010”
인도장소가 공장일 경우 “EXW Abc Factory Incoterms® 2010”
인도장소가 광산일 경우 ”EXW Abc Mine Incoterms® 2010”
인도장소가 경작지일 경우 “EXW Abc Plantation Incoterms® 2010”

(2) 운송인인도(FCA: Free Carrier)

FCA(insert named place of delivery) Incoterms® 2010

1) 안내요지

운송인인도(Free Carrier)는 선택된 운송방식에 관계없이 사용될 수 있으며, 또한 하나 이상의 운송방식인 경우에도 사용될 수 있다.

운송인인도라 함은 매도인이 물품을 지정된 장소에서 매수인에 의하여 지정된 운송인또는 기타의 자에게 인도하는 것을 의미한다. 당사자는 위험이 그러한 지점(point)에서 매수인에게 이전되는 것과 같이 지정된 인도장소 내의 지점을 가능한 한 분명하게 명시하도록 하여야 한다.

당사자가 매도인의 구내(premises)에서 물품을 인도하고자 하는 경우에는, 당사자는 지정인도장소로서 그 구내의 주소를 특정하여야 하고, 반면에 당사자가 그 밖의 장소에서 물품을 인도하고자 하는 경우에는 다른 구체적인 인도장소를 특정하여야 한다.

FCA는 적용 가능한 경우, 매도인에게 물품에 대한 수출통관을 요구하고 있다. 그러나 매도인은 물품의 수입통관을 할 의무와 모든 수입관세의 지급의무 또는 수입통관수속절차를 이행할 의무가 없다.

2) 위험의 이전

위험의 이전(transfer of risks)은 매도인이 계약물품을 합의된 일자나 기간 내에 합의된 지점 또는 지정된 장소에서 매수인에 의하여 지정된 운송인 또는 기타의 자에게 인도할 때가 분기점이 된다.

FCA 규칙에서 위험의 이전시점은 매도인이 적출지에서 다음과 같이 운송인에게 물품인도가 완료되는 때가 된다.

첫째, 지정된 장소가 매도인 구내인 경우에는, 물품이 매수인에 의하여 제공된 운송수단 상에 적재된 때 인도가 완료되는 것이며 이 때 위험도 매도인으로부터 매수인에게 이전된다.

둘째, 그 밖의 경우로, 물품이 매도인의 운송수단 상에서 양화되지 아니하고 매수인에 의하여 지정된 운송인 또는 기타의 자의 임의처분상태로 둘 때 인도가 완료되는 것이며 이 때 위험도 매도인으로부터 매수인에게 이전된다.

따라서 FCA 규칙에서 매수인은 계약내용대로 특정된 물품에 대하여 지정된 운송인 또는 기타의 자에게 인도된 이후에 발생하는 모든 위험을 부담하여야 한다.

FCA 규칙에서 물품의 인도장소는 매수인이 지정하는 것이 원칙이지만 그렇지 않았다면 매도인이 적합한 장소를 선택할 수 있다. 구체적인 예는 철도터미널(railway terminal), 화물터미널(cargo terminal), 컨테이너터미널(container terminal), 내륙컨테이너기지(Inland Container Depot: ICD), 매도인의 작업장 구내(premises) 등이 될 수 있다.

3) 비용의 분담

비용의 분담(allocation of costs)은 위험이전의 분기점을 기준으로 하여 매도인은 지정된 장소에서 매수인에 의하여 지정된 운송인 또는 기타의 자에게 인도할 때까지의 제 비용을 부담한다. 즉 물품을 직접 제조하거나 구매·조달하는 데 따른 기본 원가(basic costs), 사업부문별 간접 원가(indirect costs), 포장비(packing costs), 품질·용적·중량·수량의 물품점검업무비용(costs of checking operations) 및 기타 잡비를 부담하여야 한다. 또한 인도 지점까지의 내륙운송비(inland freight), 물품인도완료에 따른 통지비용과 물품인도증거서류 취득 비용을 부담하여야 한다. 또한 적용가능한 경우 수출승인이나 기타 정부승인을 얻는 데 소요되는 비용, 수출에 수반되어 부과되는 관세(export duties)와 조세 또는 기타 부과금 및 세관수속절차(customs formalities)에 소요되는 일체의 비용을 부담하여야 한다.

한편 매수인은 매도인이 물품인도의무를 완료한 이후 일체의 비용을 부담하여야 한다. 즉, 운송비, 적화보험료, 적용 가능한 경우(where plicable) 수입시 지급되는 모든 관세(all duties), 조세(taxes) 및 기타 부과금(other charges)을 포함한 통관비용(customs clearance charges) 등 인도된 이후의 제비용이다.

4) 매도인의 제공서류

FCA 규칙에서 매도인은 일반적인 의무로 매매계약과 일치하는 상업송장(Commercial Invoice) 및 계약에서 요구하는 일치증명(evidence of conformity)을 제공하여야 한다. 이와 같은 모든 서류는 이에 상응한 전자기록 또는 절차(electronic record or procedure)도 인정된다.

매도인은 운송인 또는 기타의 자에게 물품인도가 완료되었다는 관례적인 증거(usual proof)를 제공하여야 한다. 이러한 증거가 운송서류가 아닐 경우 매수인의 요청으로 매수인의 위험과 비용부담으로 운송서류를 취득하는 데 따른 협조를 제공하여야 한다.

따라서 매도인은 선택된 운송방식에 따른 운송서류(transport document)를 매수인에게 제공하여야 한다. 즉 복합운송서류(multimodal transport document), 해상선화증권(marine bill of lading), 내수로 운송서류(inland waterway document), 항공화물운송장(air waybill), 철도화물수탁서(rail consignment note), 도로화물수탁서(road consignment note) 등이다.

한편 매수인의 요청에 따라 매수인의 비용과 위험으로 포장명세서(Packing List), 원산지증명서(Certificate of Origin), 품질 및 수량증명서(Certificate of Quality and Quantity), 중량 및 용적증명서(Certificate of Weight and Measurement), 영사송장(Consular Invoice) 그리고 보험부보를 위한 정보 등 임의서류를 제공할 수 있다.

5) 기타 의무와 정보제공을 위한 협조 및 관련 비용

매도인은 매수인에게 계약과 일치하는 물품을 제공하고, 적용 가능한 경우 매도인은 자신의 위험 및 비용부담으로 수출허가 또는 공적인 승인 및 수출통관 수속절차를 이행하여야 한다. 또한 매수인이 요구하는 경우 상관습에 반하지 않는 경우 매수인의 위험 및 비용부담으로 운송계약을 체결하여야 하며, 운송인이 약정된 기간에 물품을 인수하지 않은 때에는 이를 매수인에게 통지하여야 한다. 적용 가능한 경우 매수인의 요청과 위험 및 비용부담으로 모든 서류 및 안전관련 정보(security-related information)를 제공하여야 하며, 필요한 제 서류의 취득을 위한 협조를 제공하여야 한다. 또한 계약물품을 매수인이 인도 가능하도록 필요한 모든 통지를 하여야하고, 포장이 필요한 물품의 경우에는 적절한 화인(marking)을 하여야 한다.

한편 매수인은 계약에 정한 바에 따라 대금지급(payment of price)을 하여야 하며, 수입승인과 수입통관수속절차를 이행하여야 하고, 물품을 지정된 장소에서 매수인에 의하여 지정된 운송인 또는 기타의 자에게 인도하는 장소에서 물품 인도의 수령(taking delivery)을 행하며, 운송계약을 체결하고 운송비를 부담하여야 한다. 또한 매도인에게 운송을 위하여 지정된 운송인 명칭 또는 기타의 자의 명칭, 필요한 경우 인도를 위하여 선택된 시기, 운송방식 그리고 인도의 수령 지점을 통지하여야 한다. 매도인의 요청에 따른 정보 등의 협조를 제공하고 매수인의 요청으로 서류 또는 정보제공에 따라 발생한 모든 비용과 수수료를 매도인에게 지급하여야 한다. 그리고 검사가 수출국 당국에 의하여 강행적으로 이루어지는 경우를 제외하고 선적전검사(pre-shipment inspection: PSI) 비용을 부담하여야 한다.

6) 거래규칙 표기의 예

무역계약을 체결할 때 가격조건(price terms) 또는 인도조건(delivery terms)을 인코텀즈의 운송인인도(FCA) 규칙으로 약정하고자 할 경우에는 다음의 예와 같이 표기한다. 특히 FCA 규칙에서 당사자가 매도인의 구내(premises)에서 물품을 인도하기로 약정 할 경우에는 다음 복합운송의 경우에서와 같이 Incoterms® 2010 규칙에 따라 매도인의 주소를 FCA 다음에 명시하여야 한다.

*표기 기준: “FCA 지정인도장소 삽입 Incoterms® 2010”

복합운송의 경우 : “FCA 30, Yangjae-dong, Seocho-gu, Seoul, Korea Incoterms® 2010”

항공운송의 경우 : “FCA Incheon Airport Incoterms® 2010”

해상운송의 경우 : “FCA Yongdang Container Terminal Incoterms® 2010”

철도운송의 경우 : “FCA Gwangmyung Station Incoterms® 2010”

도로운송의 경우 : “FCA Seocho Cargo Terminal Incoterms® 2010”

(3) 운송비지급인도(CPT: Carriage Paid To)

CPT(insert named place of destination) Incoterms® 2010

1) 안내요지

운송비지급인도(Carriage Paid To)는 선택된 운송방식에 관계없이 사용될 수 있으며, 또한 하나 이상의 운송방식인 경우에도 사용될 수 있다.

운송비지급인도라 함은 합의된 장소(당사자간 이와 같은 장소가 합의된 경우)에서 매도인이 지정한 운송인 또는 기타의 자에게 물품을 인도하고, 지정 목적지까지 물품 운송에 필요한 운송계약을 체결하고 운송비를 지급하여야 하는 것을 의미한다. CPT, CIP, CFR 또는 CIF가 사용되는 경우, 매도인이 인도에 대한 의무는 물품이 목적지에 도착될 때가 아닌 물품이 운송인에게 교부될 때에 완료된다.

이 규칙은 두 가지의 중요한 분기점이 있다, 즉 위험이 이전되고 비용이 이전되는 지점이 상이한 장소에서 이루어지기 때문이다. 당사자는 매도인으로부터 매수인에게 이전되는 인도장소와 매도인이 운송계약을 체결하여야 하는 지정목적지에 관하여 계약에서 가능한 한 분명하게 특정하도록 하여야 한다. 다수의 운송인이 합의된 목적지까지 운송을 위하여 참여된 경우 및 당사자가 특정한 인도지점에 관하여 합의하지 아니한 경우, 위험이전의 기본적인 장소는 매도인이 매수인의 관여 없이 자신이 선택한 지점에서 물품을 최초의 운송인에게 인도하는 시점이다. 만약 당사자가 위험의 이전시점을 그 이후의 단계(예컨대, 항구 또는 공항에서)로 하고자 하는 경우에는 이를 계약서에 명시할 필요가 있다.

당사자는 매도인이 합의된 목적지 내의 지정 지점까지 비용을 부담하므로 가능한 한 지정 지점을 명확하게 특정하도록 통지하여야 한다. 매도인은 그러한 선택에 명확하게 일치하는 운송계약을 체결하도록 하여야 한다. 매도인이 운송계약에 따라 지정목적지에서 양화와 관련된 비용을 지급하는 경우, 매도인은 당사자 간에 별도 합의가 없는 한 매수인으로부터 그러한 비용을 보상받을 수 없다.

CPT는 적용 가능한 경우, 매도인에게 물품에 대한 수출통관을 요구하고 있다. 그러나 매도인은 물품의 수입통관을 할 의무와 모든 수입관세의 지급의무 또는 수입통관수속절차를 이행할 의무가 없다.

2) 위험의 이전

위험의 이전(transfer of risks)은 매도인이 물품을 합의된 일자 또는 기간 내에 계약된 운송인에게 인도할 때까지 물품의 멸실이나 손상에 대한 위험을 부담하는 때가 분기점이 된다. 여기서 물품의 인도는 합의된 일자 또는 기간 내에 지정 목적지까지의 운송을 위하여 운송계약이 체결된 운송인에게 계약물품을 인도함으로써 이루어진다.

보통 “door to door” 서비스가 이루어질 경우에는 매도인의 공장이나 구내에서 최초의 운송인인 컨테이너 복합운송인에게 물품을 컨테이너에 적재·인도함으로써 인도가 이루어지고 위험도 이전된다.

인도장소는 구체적으로 적출지의 매도인의 구내(premise), 컨테이너 터미널의 컨테이너 화물조작장(container freight station: CFS)이나 컨테이너 야적장(container yard: CY), 철도역이나 화물터미널, 공항이나 선적항 또는 내수로 항구, 기타 운송터미널 또는 창고 등이 될 수 있고, 경우에 따라서 철도화차 내 또는 본선 내 또는 부선 내도 될 수 있다.

3) 비용의 분담

CPT 규칙에서 물품인도장소 및 물품에 대한 위험이전 분기점을 보통 적출지인 수출국 내로 하면서도, 운송비(carriage)는 수입국 지정목적지까지 매도인이 부담하도록 함으로써 물품인도장소 및 위험이전과 비용의 분담(allocation of costs)에 대한 분기점을 상이하게 분리하고 있다.

CPT 규칙에서 매도인은 물품을 직접 제조하거나 구매·조달하는 데 따른 기본원가(basic costs), 사업부문별 간접 원가(indirect costs), 포장비(packing costs), 품질·용적·중량·수량의 물품점검업무비용(costs of checking operations) 및 기타 잡비를 부담하여야 한다. 또한 인도 지점까지의 내륙운송비(inland freight), 약정된 목적지까지의 운임(freight), 물품인도완료에 따른 통지비용과 물품인도증거서류 취득비용을 부담하여야 한다. 또한 적용 가능한 경우 수출승인이나 기타 정부승인을 얻는 데 소요되는 비용, 수출에 수반되어 부과되는 관세(export duties)와 조세 또는 기타 부과금 및 세관수속절차(customs formalities)에 소요되는 일체의 비용을 부담하여야 한다.

한편 매수인은 최종목적지까지의 적화보험료, 적용 가능한 경우(where applicable) 수입시 지급되는 모든 관세(all duties), 조세(taxes) 및 기타 부과금(other charges)을 포함한 통관비용(customs clearance charges) 등 인도된 이후의 제비용을 부담하여야 한다. 또한 매수인이 물품발송의 시기와 목적지를 매도인에게 통지하지 않음으로써 매도인의 물품인도 장해요인을 야기 시킨 경우 이로 인하여 발생된 추가비용, 선적전 물품검사비용(PSI) 등을 부담하여야 한다.

4) 매도인의 제공서류

CPT 규칙에서 매도인은 일반적인 의무로 매매계약과 일치하는 상업송장(Commercial Invoice) 및 계약에서 요구하는 일치증명(evidence of conformity)을 제공하여야 한다. 이와 같은 모든 서류는 이에 상응한 전자기록 또는 절차(electronic record or procedure)도 인정된다.

또한 매도인은 운송계약에 따른 운송서류(transport document)를 제공하여야 한다. 운송서류는 유통 가능한 형식(negotiable form)으로 수통의 원본이 발행된 경우 원본 전통(full set)을 매수인에게 제시하여야 한다. 이와 같은 운송서류로는 복합운송서류(multimodal transport document), 해상선화증권(marine bill of lading), 내수로운송서류(inland waterway document), 항공화물운송장(air waybill), 철도화물수탁서(rail consignment note), 도로화물수탁서(road consignment note) 등이다.

한편 매수인의 요청에 따라 매수인의 비용과 위험으로 포장명세서(Packing List), 원산지증명서(Certificate of Origin), 품질 및 수량증명서(Certificate of Quality and Quantity), 중량 및 용적증명서(Certificate of Weight and Measurement), 영사송장(Consular Invoice) 그리고 보험부보를 위한 정보 등 임의서류를 제공할 수 있다.

5) 기타 의무와 정보제공을 위한 협조 및 관련 비용

매도인은 매수인에게 계약과 일치하는 물품을 제공하고, 적용 가능한 경우 매도인은 자신의 위험 및 비용부담으로 수출허가 또는 공적인 승인 및 수출통관 수속절차를 이행하여야 한다. 또한 매도인의 위험 및 비용부담으로 운송계약을 체결하고 목적지까지의 운송비(carriage)를 부담하여야 한다. 적용 가능한 경우 매수인의 요청과 위험 및 비용부담으로 모든 서류 및 안전관련 정보(security-related information)를 제공하여야 하며, 필요한 제 서류의 취득을 위한 협조를 제공하여야 한다. 또한 물품이 인도되었다는 사실 및 매수인이 인도 가능하도록 필요한 모든 통지를 행하여야하고, 포장이 필요한 물품의 경우에는 적절한 화인(marking)을 하여야 한다.

한편 매수인은 계약에 정한 바에 따라 대금지급(payment of price)을 하여야 하며, 수입승인과 수입통관수속절차를 이행하여야 하고, 지정목적지에서 물품 인도의 수령(taking delivery)을 행하여야 한다. 또한 매도인의 요청에 따른 정보 등의 협조를 제공하고 매수인의 요청으로 서류 또는 정보제공에 따라 발생한 모든 비용과 수수료를 매도인에게 지급하여야 한다. 검사가 수출국 당국에 의하여 강행적으로 이루어지는 경우를 제외하고 선적전검사(pre-shipment inspection: PSI) 비용을 부담하여야 한다.

6) 거래규칙 표기의 예

무역계약을 체결할 때 가격조건(price terms) 또는 인도조건(delivery terms)을 인코텀즈의 운송비지급인도(CPT) 규칙으로 약정하고자 할 경우에는 다음의 예와 같이 표기한다.

*표기 기준 : "CPT 지정목적지 삽입 Incoterms® 2010"

복합운송의 경우 : "CPT Abc Warehouse, Chicago Incoterms® 2010"

항공운송의 경우 : "CPT New York Airport Incoterms® 2010"
해상운송의 경우 : "CPT New York Incoterms® 2010"
철도운송의 경우 : "CPT Chicago Station Incoterms® 2010"
도로운송의 경우 : "CPT Abc Cargo Terminal, Chicago Incoterms® 2010"

(4) 운송비·보험료지급인도(CIP: Carriage and Insurance Paid to)

CIP (insert named place of destination) Incoterms® 2010

1) 안내요지

운송비·보험료지급인도(Carriage and Insurance Paid to: CIP)는 선택된 운송방식에 관계없이 사용될 수 있으며, 또한 하나 이상의 운송방식인 경우에도 사용될 수 있다.

운송비·보험료지급인도라 함은 합의된 장소(당사자간 이와 같은 장소가 합의된 경우)에서 매도인이 지정한 운송인 또는 기타의 자에게 물품을 인도하고, 지정목적지까지 물품 운송에 필요한 운송계약을 체결하고 운송비를 지급하여야 하는 것을 의미한다.

매도인은 또한 운송중 물품의 멸실 또는 손상에 대한 매수인의 위험에 대하여 보험부보계약을 체결한다. 매수인은 CIP 하에서 매도인이 최소담보조건으로 보험을 부보하도록 요구되는 점을 주의하여야 한다. 매수인이 더 많은 보험담보를 원할 경우, 매도인과 특별히 합의하거나 자신이 추가보험계약을 체결할 필요가 있다. CPT, CIP, CFR 또는 CIF가 사용되는 경우, 매도인이 인도에 대한 의무는 물품이 목적지에 도착될 때가 아닌 물품이 운송인에게 교부될 때에 완료된다.

이 규칙은 두 가지의 중요한 분기점이 있다, 즉 위험이 이전되고 비용이 이전되는 지점이 상이한 장소에서 이루어지기 때문이다. 당사자는 매도인으로부터 매수인에게 이전되는 인도장소와 매도인이 운송계약을 체결하여야 하는 지정목적지에 관하여 계약에서 가능한 한 분명하게 특정하도록 하여야 한다. 다수의 운송인이 합의된 목적지까지 운송을 위하여 참여된 경우 및 당사자가 특정한 인도지점에 관하여 합의하지 아니한 경우, 위험이전의 기본적인 장소는 매도인이 매수인의 관여 없이 자신이 선택한 지점에서 물품을 최초의 운송인에게 인도하는 시점이다. 만약 당사자가 위험의 이전시점을 그 이후의 단계(예컨대, 항구 또는 공항에서)로 하고자 하는 경우에는 이를 계약서에 명시할 필요가 있다.

당사자는 매도인이 합의된 목적지 내의 지정 지점까지 비용을 부담하므로 가능한 한 지정 지점을 명확하게 특정하도록 하여야 한다. 매도인은 그러한 선택에 명확하게 일치하는 운송계약을 체결하여야 한다. 매도인이 관련된 운송계약에 따라 지정 목적지에서의 양화와 관련된 비용을 지급하는 경우, 매도인은 당사자 간에 별도 합의가 없는 한 매수인으로부터 그러한 비용을 보상받을 수 없다.

CIP는 적용 가능한 경우, 매도인에게 물품에 대한 수출통관을 요구하고 있다. 그러나 매도인은 물품의 수입통관을 할 의무와 모든 수입관세의 지급의무 또는 수입 통관수속절차를 이행할 의무가 없다.

2) 위험의 이전

위험의 이전(transfer of risks)은 매도인이 물품을 합의된 일자 또는 기간 내에 계약된 운송인에게 인도할 때까지 물품의 멸실 또는 손상에 대한 위험을 때가 분기점이 된다. 여기서 물품의 인도는 합의된 일자 또는 기간 내에 지정 목적지까지의 운송을 위하여 운송계약이 체결된 운송인에게 계약물품을 인도함으로써 이루어진다.

보통 “door to door” 서비스가 이루어질 경우에는 매도인의 공장이나 구내에서 최초의 운송인인 컨테이너 복합운송인에게 물품을 컨테이너에 적재 · 인도함으로써 인도가 이루어지고 위험도 이전된다.

인도장소는 구체적으로 적출지의 매도인의 구내(premise), 컨테이너 터미널의 컨테이너 화물조작장(container freight station: CFS)이나 컨테이너 야적장(container yard: CY), 철도역이나 화물터미널, 공항이나 선적항 또는 내수로 항구, 기타 운송터미널 또는 창고 등이 될 수 있고, 경우에 따라서 철도화차 내 또는 본선 내 또는 부선 내도 될 수 있다.

3) 비용의 분담

CIP 규칙에서 물품인도장소 및 물품에 대한 위험이전 분기점을 보통 적출지인 수출국 내로 하면서도, 운송비(carriage) 및 적화보험료(cargo insurance premium)는 수입국 지정목적지까지 매도인이 부담하도록 함으로써 물품인도장소 및 위험이전과 비용의 분담(allocation of costs)에 대한 분기점을 상이하게 분리하고 있다.

CIP 규칙에서 매도인은 물품을 직접 제조하거나 구매·조달하는 데 따른 기본원가(basic costs), 사업부문별 간접 원가(indirect costs), 포장비(packing costs), 품질 · 용적 · 중량 · 수량의 물품점검업무비용(costs of checking operations) 및 기타 잡비를 부담하여야 한다. 또한 인도 지점까지의 내륙운송비(inland freight), 약정된 목적지까지의 운임(freight) 및 적화보험료, 물품인도완료에 따른 통지비용과 물품인도증거서류 취득 비용을 부담하여야 한다. 또한 적용 가능한 경우 수출승인이나 기타 정부승인을 얻는 데 소요되는 비용, 수출에 수반되어 부과되는 관세(export duties)와 조세 또는 기타 부과금 및 세관수속절차(customs formalities)에 소요되는 일체의 비용을 부담하여야 한다.

한편 매수인은 적용 가능한 경우(where applicable), 수입시 지급되는 모든 관세(all duties), 조세(taxes) 및 기타 부과금(other charges)을 포함한 통관비용(customs clearance charges) 등 인도된 이후의 제비용을 부담하여야 한다. 또한 매수인이 물품 발송의 시기와 목적지를 매도인에게 통지하지 않음으로써 매도인의 물품인도 장해요인을 야기 시킨 경우 이로 인하여 발생된 추가비용, 선적전 물품검사비용(PSI) 등을 부담하여야 한다.

4) 매도인의 제공서류

CPT 규칙에서 매도인은 일반적인 의무로 매매계약과 일치하는 상업송장(Commercial Invoice) 및 계약에서 요구하는 일치증명(evidence of conformity)을 제공하여야 한다. 이와 같은 모든 서류는 이에 상응한 전자기록 또는 절차(electronic record or procedure)도 인정된다.

또한 매도인은 운송계약에 따른 운송서류(transport document)를 제공하여야 한다. 운송서류는 유통 가능한 형식(negotiable form)으로 수통의 원본이 발행된 경우 원본 전통(full set)을 매수인에게 제시하여야 한다. 이와 같은 운송서류로는 복합운송서류(multimodal transport document), 해상선화증권(marine bill of lading), 내수로운송서류(inland waterway document), 항공화물운송장(air waybill), 철도화물수탁서(rail consignment note), 도로화물수탁서(road consignment note) 등이다.

그리고 LMA/IUA가 제정한 협회적화약관(Institute Cargo Clauses)의 C조건과 같은 최소 담보조건으로 부보(minimum cover)되고 계약에서 약정된 금액에 10%를 가산한 금액으로 부보된 보험증권(insurance policy) 또는 그 밖의 보험부보 증거(evidence of insurance cover)를 제공하여야 한다.

한편 매수인의 요청에 따라 매수인의 비용과 위험으로 포장명세서(Packing List), 원산지증명서(Certificate of Origin), 품질 및 수량증명서(Certificate of Quality and Quantity), 중량 및 용적증명서(Certificate of Weight and Measurement), 영사송장(Consular Invoice) 그리고 보험부보를 위한 정보 등 임의서류를 제공할 수 있다.

5) 기타 의무와 정보제공을 위한 협조 및 관련 비용

매도인은 매수인에게 계약과 일치하는 물품을 제공하고, 적용 가능한 경우 매도인은 자신의 위험 및 비용부담으로 수출허가 또는 공적인 승인 및 수출통관 수속절차를 이행하여야 한다. 또한 매도인의 위험 및 비용부담으로 운송계약을 체결하고 목적지까지의 운송비(carriage)를 부담하여야 한다. 또한 물품인도지점으로부터 적어도 지정목적지까지 담보될 수 있도록 보험자와 적화보험계약을 체결하고 보험료를 부담하여야 한다. 적용 가능한 경우, 매수인의 요청과 위험 및 비용부담으로 모든 서류 및 안전관련 정보(security-related information)를 제공하여야 하며, 필요한 제 서류의 취득을 위한 협조를 제공하여야 한다. 또한 물품이 인도되었다는 사실 및 매수인이 인도 가능하도록 필요한 모든 통지를 행하여야하고, 포장이 필요한 물품의 경우에는 적절한 화인(marking)을 하여야 한다.

한편 매수인은 계약에 정한 바에 따라 대금지급(payment of price)을 하여야 하며, 수입승인과 수입통관수속절차를 이행하여야 하고, 지정목적지에서 물품 인도의 수령(taking delivery)을 행하여야 한다. 또한 매도인의 요청에 따른 정보 등의 협조를 제공하고 매수인의 요청으로 서류 또는 정보제공에 따라 발생한 모든 비용과 수수료를 매도인에게 지급하여야 한다. 검사가 수출국 당국에 의하여 강행적으로 이루어지는 경우를 제외하고 선적전검사(pre-shipment inspection: PSI) 비용을 부담하여야 한다.

6) 거래규칙 표기의 예

무역계약을 체결할 때 가격조건(price terms) 또는 인도조건(delivery terms)을 인코텀즈의 운송비·보험료지급인도(CIP) 규칙으로 약정하고자 할 경우에는 다음의 예와 같이 표기한다.

*표기 기준: “CIP 지정목적지 삽입 Incoterms® 2010”

복합운송의 경우 : “CIP Abc Warehouse, Chicago Incoterms® 2010”

항공운송의 경우 : “CIP New York Airport Incoterms® 2010”

해상운송의 경우 : “CIP New York Incoterms® 2010”

철도운송의 경우 : “CIP Chicago Station Incoterms® 2010”

도로운송의 경우 : “CIP Abc Cargo Terminal, Chicago Incoterms® 2010”

(5) 터미널인도(DAT: Delivered At Terminal)

DAT(insert named terminal at port or place of destination) Incoterms® 2010

1) 안내요지

터미널인도(Delivered At Terminal)는 선택된 운송방식에 관계없이 사용될 수 있으며, 또한 하나 이상의 운송방식인 경우에도 사용될 수 있다.

터미널인도라 함은 지정 목적항 또는 지정 목적지에 있는 지정터미널에서 도착한 운송수단에서 일단 양화한 물품을 매수인의 임의처분 상태로 둘 때 매도인이 인도하는 것을 의미한다. 터미널은 덮개 유무와 관계없이 부두, 창고, 컨테이너 야드 또는 도로, 철도 또는 항공화물 터미널을 포함한다. 매도인은 지정 목적항 또는 지정 목적지에 있는 지정터미널까지의 물품운송 및 양화에 따른 모든 위험을 부담한다.

당사자는 매도인이 그 지점까지의 위험을 부담하여야 하는 합의된 항구 또는 목적지의 터미널 내의 특정지점을 가능한 한 분명하게 명시하도록 하여야 한다. 매도인은 그러한 선택에 정확하게 일치하는 운송계약을 체결하여야 한다. 또 당사자가 터미널에서 다른 장소로 물품을 운송 및 취급하는데 따른 위험 및 비용을 매도인이 부담하기로 하는 경우에는 DAP나 DDP 규칙이 사용되어야 한다.

DAT는 적용 가능한 경우, 매도인에게 물품에 대한 수출통관을 요구하고 있다. 그러나 매도인은 물품의 수입통관을 할 의무와 모든 수입관세의 지급의무 또는 수입통관수속절차를 이행할 의무가 없다.

2) 위험의 이전

위험의 이전(transfer of risks)은 매도인이 합의된 일자 또는 기간 내에 목적지의 항구 또는 장소의 지정터미널에서 도착한 운송수단으로부터 양화한 물품을 매수인의 임의처분 상태로 두어 인도 완료할 때까지의 멸실 또는 손상에 대한 위험을 부담할 때가 분기점이 된다.

3) 비용의 분담

DAP 규칙에서 비용의 분담(allocation of costs)에 대한 분기점과 위험의 이전시점은 일치된다. 매도인은 물품을 직접 제조하거나 구매·조달하는 데 따른 기본 원가(basic costs), 사업부문별 간접 원가(indirect costs), 포장비(packing costs), 품질·용적·중량·수량의 물품점검업무비용(costs of checking operations) 및 기타 잡비를 부담하여야 한다. 또한 합의된 목적지 항구 또는 장소에 있는 지정터미널까지 양화비(unloading charges)를 포함한 물품운송비를 부담한다. 또한 매도인의 의무는 아닐지라도 자신을 위하여 적화보험을 부보하였다면 당연히 적화보험료도 부담하여야 하는 것이다. 또한 매수인은 적용 가능한 경우(where applicable), 자신의 위험과 비용으로 모든 수출허가 기타 공적인 승인 및 물품수출을 위하여 모든 세관수속절차(customs formalities)를 이행하고, 인도 이전 모든 국가에서 물품수출을 위하여 필요한 세관수속절차(customs formalities) 및 운송을 위하여 소요되는 일체의 비용을 부담하여야 한다.

한편 매수인은 적용 가능한 경우, 자신의 위험과 비용으로 모든 수입허가 기타 공적인 승인 및 물품수입을 위하여 모든 세관수속절차를 이행하여야한다. 따라서 매수인은 물품수입과 관련된 모든 관세(all duties), 조세(taxes) 및 기타 부과금(other charges)을 포함한 통관비용(customs clearance charges)을 포함하여 인도된 이후의 제비용을 부담하여야 한다.

4) 매도인의 제공서류

DAP 규칙에서 매도인은 일반적인 의무로 매매계약과 일치하는 상업송장(Commercial Invoice) 및 계약에서 요구하는 일치증명(evidence of conformity)을 제공하여야 한다. 이와 같은 모든 서류는 이에 상응한 전자기록 또는 절차(electronic record or procedure)도 인정된다.

또한 매도인은 매수인이 목적지의 항구 또는 장소의 지정터미널에서 도착한 운송수단으로부터 양화한 물품을 인도의 수령이 가능한 인도서류(delivery document)를 제공하여야 한다. 이와 같은 서류들은 합의에 따라 예컨대, 화물인도지시서(Delivery Order: D/O)나 통상의 운송서류가 이용될 수 있다.

한편 매수인의 요청에 따라 매수인의 비용과 위험으로 포장명세서(Packing List), 원산지증명서(Certificate of Origin), 품질 및 수량증명서(Certificate of Quality and Quantity), 중량 및 용적증명서(Certificate of Weight and Measurement), 영사송장(Consular Invoice) 그리고 보험부보를 위한 정보 등 임의서류를 제공할 수 있다.

5) 기타 의무와 정보제공을 위한 협조 및 관련 비용

매도인은 매수인에게 계약과 일치하는 물품을 제공하고, 적용 가능한 경우 매도인은 자신의 위험 및 비용부담으로 수출허가 또는 공적인 승인 및 수출통관 수속절차를 이행하여야 한다. 또한 매도인의 위험 및 비용부담으로 운송계약을 체결하고 목적지까지의 운송비(carriage)를 부담하여야 한다. 또한 매도인은 매수인을 위하여 적화보험 부보 의 의무는 없으나 매수인의 요청이 있을 경우 매수인의 위험과 비용으로 매수인이 보험부보를 할 수 있는 정보를 제공하여야 한다. 적용 가능한 경우, 매수인의 요청과 위험 및 비용부담으로 모든 서류 및 안전 관련 정보(security-related information)를 제공하여야 하며, 필요한 제 서류의 취득을 위한 협조를 제공하여야 한다. 또한 물품이 인도되었다는 사실 및 매수인이 인도 가능하도록 필요한 모든 통지를 행하여야 하고, 포장이 필요한 물품의 경우에는 적절한 화인(marking)을 하여야 한다.

한편 매수인은 계약에 정한 바에 따라 대금지급(payment of price)을 하여야 하며, 수입승인과 수입통관수속절차를 이행하여야 하고, 목적지 지정터미널에서 물품 인도의 수령(taking delivery)을 행하여야 한다. 또한 매도인의 요청에 따른 정보 등의 협조를 제공하고 매수인의 요청으로 서류 또는 정보제공에 따라 발생한 모든 비용과 수수료를 매도인에게 지급하여야 한다. 검사가 수출국 당국에 의하여 강행적으로 이루어지는 경우를 제외하고 선적전검사(pre-shipment inspection: PSI) 비용을 부담하여야 한다.

6) 거래규칙 표기의 예

무역계약을 체결할 때 가격조건(price terms) 또는 인도조건(delivery terms)을 인코텀즈의 터미널인도(DAT) 규칙으로 약정하고자 할 경우에는 다음의 예와 같이 표기한다.

*표기 기준 : "DAT 목적지 항구 또는 장소의 지정터미널 삽입 Incoterms® 2010"

복합운송의 경우 : "DAT Abc Terminal, Chicago Incoterms® 2010"

항공운송의 경우 : "DAT Abc Aircargo Terminal, New York Airport Incoterms® 2010"

해상운송의 경우 : "DAT Abc Terminal, New York Incoterms® 2010"

철도운송의 경우 : "DAT Abc Terminal, Chicago Station Incoterms® 2010"

도로운송의 경우 : "DAT Abc Cargo Terminal, Chicago Incoterms® 2010"

(6) 목적지인도(DAP: Delivered At Place)

DAP (insert named place of destination) Incoterms® 2010

1) 안내요지

목적지인도(Delivered At Place)는 선택된 운송방식에 관계없이 사용될 수 있으며, 또한 하나 이상의 운송방식인 경우에도 사용될 수 있다.

목적지인도라 함은 지정 목적지에서 양화를 위하여 준비된 도착 운송수단 상에서 물품을 매수인의 임의처분 상태로 둘 때 매도인이 인도하는 것을 의미한다. 매도인은 지정 장소까지의 물품운송에 포함된 모든 위험을 부담한다.

당사자는 매도인이 그 지점까지의 위험을 부담하여야 하는 합의된 목적지내의 특정지점을 가능한 한 분명하게 명시하도록 하여야 한다. 매도인은 그러한 선택에 정확하게 일치하는 운송계약을 체결하여야 한다. 매도인이 운송계약에 따라 지정목적지에서 양화와 관련된 비용을 지급하는 경우, 매도인은 당사자 간에 별도 합의가 없는 한 매수인으로부터 그러한 비용을 보상받을 수 없다.

DAP는 적용 가능한 경우, 매도인에게 물품에 대한 수출통관을 요구하고 있다. 그러나 매도인은 물품의 수입통관을 할 의무와 모든 수입관세의 지급의무 또는 수입통관수속절차를 이행할 의무가 없다.

당사자가 매도인이 물품에 대한 수입통관을 하고 모든 수입관세의 지급 및 모든 수입통관수속절차를 이행하기를 원할 경우, DDP 규칙이 사용되어야 한다.

2) 위험의 이전

위험의 이전(transfer of risks)은 매도인이 합의된 일자 또는 기간 내에 목적지의 합의된 지점에서 양화를 위하여 준비된 도착 운송수단 상에서 물품을 매수인의 임의처분 상태로 두어 인도 완료할 때까지의 멸실 또는 손상에 대한 위험을 부담할 때가 분기점이 된다.

3) 비용의 분담

DAP 규칙에서 비용의 분담(allocation of costs)에 대한 분기점과 위험의 이전시점은 일치된다. 매도인은 물품을 직접 제조하거나 구매·조달하는 데 따른 기본 원가(basic costs), 사업부문별 간접 원가(indirect costs), 포장비(packing costs), 품질·용적·중량·수량의 물품점검업무비용(costs of checking operations) 및 기타 잡비를 부담하여야 한다. 또한 목적지의 합의된 지점에서 양화하지 아니한 상태로 준비된 도착 운송수단 상에서 물품을 매수인의 임의처분 상태로 두어 인도 완료할 때까지의 물품운송비를 부담한다(그러나 운송계약에서 매도인이 부담하기로 할 경우에는 매도인이 부담한다).[10] 또한 매도인의 의무는 아닐지라도 자신을 위하여 적화보험을 부보 하였다면 당연히 적화보험료도 부담하여야 하는 것이다. 또한 매수인은 적용 가능한 경우(where applicable), 자신의 위험과 비용으로 모든 수출허가 기타 공적인 승인 및 물품수출을 위하여 모든 세관수속절차(customs formalities)를 이행하고, 인도 이전 모든 국가에서 물품수출을 위하여 필요한 세관수속절차(customs formalities) 및 운송을 위하여 소요되는 일체의 비용을 부담하여야 한다.

한편 매수인은 적용 가능한 경우, 자신의 위험과 비용으로 모든 수입허가 기타 공적인 승인 및 물품수입을 위하여 모든 세관수속절차를 이행하여야한다. 따라서 매수인은 물품수입과 관련된 모든 관세(all duties), 조세(taxes) 및 기타 부과금(other charges)을 포함한 통관비용(customs clearance charges)을 포함하여 인도된 이후의 제비용을 부담하여야 한다. 또한 양화비가 운송계약에 따라 매도인이 부담하지 아니하였을 경우, 매수인은 지정 목적지에서 도착 운송수단으로부터 물품인도 수령을 위하여 필요한 모든 양화비를 지급하여야 한다.[11]

4) 매도인의 제공서류

DAP 규칙에서 매도인은 일반적인 의무로 매매계약과 일치하는 상업송장(Commercial Invoice) 및 계약에서 요구하는 일치증명(evidence of conformity)을 제공하여야 한다. 이와 같은 모든 서류는 이에 상응한 전자기록 또는 절차(electronic record or procedure)도 인정된다.

또한 매도인은 매수인이 목적지의 합의된 지점에서 양화를 위하여 준비된 도착 운송수단 상에서 물품을 매수인의 임의처분 상태로 두어 인도의 수령이 가능한 인도서류(delivery document)를 제공하여야 한다. 이와 같은 서류들은 합의에 따라 예컨대, 화물인도지시서(Delivery Order: D/O)나 통상의 운송서류가 이용될 수 있다.

한편 매수인의 요청에 따라 매수인의 비용과 위험으로 포장명세서(Packing List), 원산지증명서(Certificate of Origin), 품질 및 수량증명서(Certificate of Quality and Quantity), 중량 및 용적증명서(Certificate of Weight and Measurement), 영사송장(Consular Invoice) 그리고 보험부보를 위한 정보 등 임의서류를 제공할 수 있다.

5) 기타 의무와 정보제공을 위한 협조 및 관련 비용

매도인은 매수인에게 계약과 일치하는 물품을 제공하고, 적용 가능한 경우 매도인은 자신의 위험 및 비용부담으로 수출허가 또는 공적인 승인 및 수출통관 수속절차를 이행하여야 한다. 또한 매도인의 위험 및 비용부담으로 운송계약을 체결하고 지정 목적지까지의 운송비(carriage)를 부담하여야 한다. 또한 매도인은 매수인을 위하여 적화보험 부보 의 의무는 없으나 매수인의 요청이 있을 경우 매수인의 위험과 비용으로 매수인이 보험부보를 할 수 있는 정보를 제공하여야 한다. 적용 가능한 경우, 매수인의 요청과 위험 및 비용부담으로 모든 서류 및 안전 관련 정보(security-related information)를 제공하여야 하며, 필요한 제 서류의 취득을 위한 협조를 제공하여야 한다. 또한 물품이 인도되었다는 사실 및 매수인이 인도 가능하도록 필요한 모든 통지를 행하여야하고, 포장이 필요한 물품의 경우에는 적절한 화인(marking)을 하여야 한다.

한편 매수인은 계약에 정한 바에 따라 대금지급(payment of price)을 하여야 하며, 수입승인과 수입통관수속절차를 이행하여야 하고, 지정 목적지에서 물품 인도의 수령(taking delivery)을 행하여야 한다. 또한 매도인의 요청에 따른 정보 등의 협조를 제공하고 매수인의 요청으로 서류 또는 정보제공에 따라 발생한 모든 비용과 수수료를 매도인에게 지급하여야 한다. 검사가 수출국 당국에 의하여 강행적으로 이루어지는 경우를 제외하고 선적전검사(pre-shipment inspection: PSI) 비용을 부담하여야 한다.

6) 거래규칙 표기의 예

무역계약을 체결할 때 가격조건(price terms) 또는 인도조건(delivery terms)을 인코텀즈의 목적지인도(DAP) 규칙으로 약정하고자 할 경우에는 다음의 예와 같이 표기한다.

*표기 기준 : “DAP 지정목적지 삽입 Incoterms® 2010”
복합운송의 경우 : “DAP Abc Warehouse, Chicago Incoterms® 2010”
항공운송의 경우 : “DAP New York Airport Incoterms® 2010”
해상운송의 경우 : “DAP New York Incoterms® 2010”
철도운송의 경우 : “DAP Chicago Station Incoterms® 2010”
도로운송의 경우 : “DAP Abc Cargo Terminal, Chicago Incoterms® 2010”

(7) 관세지급인도(DDP: Delivered Duty Paid)

DDP(insert named place of destination) Incoterms® 2010

1) 안내요지

관세지급인도(Delivered Duty Paid: DDP)는 선택된 운송방식에 관계없이 사용될 수 있으며, 또한 하나 이상의 운송방식인 경우에도 사용될 수 있다.

관세지급인도라 함은 지정 목적지에서 양화를 위하여 준비된 도착 운송수단 상에서 수입 통관된 물품을 매수인의 임의처분 상태로 둘 때 매도인이 인도하는 것을 의미한다. 매도인은 목적지까지의 물품운송에 포함된 모든 비용 및 위험을 부담하고 물품의 수출통관 뿐만이 아니라 수입통관 의무를 부담하고 수출 및 수입에 대한 모든 관세를 부담하고 모든 통관수속절차를 이행할 의무가 있다.

DDP는 매도인의 최대의무(maximum obligation)를 나타낸다.

당사자는 매도인이 그 지점까지의 위험을 부담하여야 하는 합의된 목적지내의 특정지점을 가능한 한 분명하게 명시하도록 하여야 한다. 매도인은 그러한 선택에 정확하게 일치하는 운송계약을 체결하여야 한다. 매도인이 운송계약에 따라 지정목적지에서 양화와 관련된 비용을 지급하는 경우, 매도인은 당사자 간에 별도 합의가 없는 한 매수인으로부터 그러한 비용을 보상받을 수 없다.

매도인이 직접적으로 또는 간접적으로 수입통관을 할 수 없는 경우, 당사자는 DDP를 사용하지 아니하는 것이 좋다. 당사자가 매수인이 수입통관에 따른 모든 위험 및 비용 부담하는 것을 원할 경우, DAP 규칙이 사용되어야 한다.

매매계약에서 별도의 명시적 합의가 없는 한 수입시에 지급되는 모든 부가가치세 또는 기타 조세는 매도인이 부담한다.

2) 위험의 이전

위험의 이전(transfer of risks)은 매도인이 합의된 일자 또는 기간 내에 정한 목적지에서 양화를 위하여 준비된 도착 운송수단상에서 수입 통관된 물품을 매수인의 임의처분 상태로 두어 인도를 완료할 때까지의 멸실 또는 손상에 대한 위험을 부담할 때가 분기점이 된다.

3) 비용의 분담

DDP 규칙에서 비용의 분담(allocation of costs)에 대한 분기점과 위험의 이전시점은 일치된다. 매도인은 물품을 직접 제조하거나 구매·조달하는 데 따른 기본 원가(basic costs), 사업부문별 간접 원가(indirect costs), 포장비(packing costs), 품질·용적·중량·수량의 물품점검업무비용(costs of checking operations) 및 기타 잡비를 부담하여야 한다. 또한 목적지의 합의된 지점에서 양화하지 아니한 상태로 준비된 도착 운송수단 상에서 물품을 매수인의 임의처분 상태로 두어 인도 완료할 때까지의 물품운송비를 부담한다(그러나 운송계약에서 매도인이 부담하기로 할 경우에는 매도인이 부담한다).[12] 또한 매도인의 의무는 아닐지라도 자신을 위하여 적화보험을 부보 하였다면 당연히 적화보험료도 부담하여야 하는 것이다. 또한 매수인은 적용 가능한 경우(where applicable), 자신의 위험과 비용으로 모든 수출입허가 기타 공적인 승인 및 물품수출입을 위하여 모든 세관수속절차(customs formalities)를 이행하고, 인도 이전 모든 국가에서 물품수출입을 위하여 필요한 세관수속절차(customs formalities) 및 운송을 위하여 소요되는 일체의 비용을 부담하여야 한다.

한편 매수인은 적용 가능한 경우, 매도인의 위험과 비용으로 모든 수입허가 기타 공적인 승인 및 물품수입을 위하여 모든 세관수속절차에 대하여 매도인에게 협조를 제공하여야한다. 또한 양화비가 운송계약에 따라 매도인이 부담하지 아니하였을 경우, 매수인은 지정 목적지에서 도착 운송수단으로부터 물품인도 수령을 위하여 필요한 모든 양화비를 지급하여야 한다.[13]

4) 매도인의 제공서류

DDP 규칙에서 매도인은 일반적인 의무로 매매계약과 일치하는 상업송장(Commercial Invoice) 및 계약에서 요구하는 일치증명(evidence of conformity)을 제공하여야 한다. 이와 같은 모든 서류는 이에 상응한 전자기록 또는 절차(electronic record or procedure)도 인정된다.

또한 매도인은 매수인이 목적지의 합의된 지점에서 양화를 위하여 준비된 도착 운송수단 상에서 물품을 매수인의 임의처분 상태로 두어 인도의 수령이 가능한 인도서류(delivery document)를 제공하여야 한다. 이와 같은 서류들은 합의에 따라 예컨대, 화물인도지시서(Delivery Order: D/O)나 통상의 운송서류가 이용될 수 있다.

한편 매수인의 요청에 따라 매수인의 비용과 위험으로 포장명세서(Packing

List), 원산지증명서(Certificate of Origin), 품질 및 수량증명서(Certificate of Quality and Quantity), 중량 및 용적증명서(Certificate of Weight and Measurement), 영사송장(Consular Invoice) 그리고 보험부보를 위한 정보 등 임의서류를 제공할 수 있다.

5) 기타 의무와 정보제공을 위한 협조 및 관련 비용

매도인은 매수인에게 계약과 일치하는 물품을 제공하고, 적용 가능한 경우 매도인은 자신의 위험 및 비용부담으로 수출입허가 또는 공적인 승인 및 수출입통관수속절차를 이행하여야 한다. 또한 매도인의 위험 및 비용부담으로 운송계약을 체결하고 지정 목적지까지의 운송비(carriage)를 부담하여야 한다. 또한 매도인은 매수인을 위하여 적화보험 부보의 의무는 없으나 매수인의 요청이 있을 경우 매수인의 위험과 비용으로 매수인이 보험부보를 할 수 있는 정보를 제공하여야 한다. 적용 가능한 경우, 매수인의 요청과 위험 및 비용부담으로 모든 서류 및 안전 관련 정보(security-related information)를 제공하여야 하며, 필요한 제 서류의 취득을 위한 협조를 제공하여야 한다. 또한 물품이 인도되었다는 사실 및 매수인이 인도 가능하도록 필요한 모든 통지를 행하여야하고, 포장이 필요한 물품의 경우에는 적절한 화인(marking)을 하여야 한다.

한편 매수인은 계약에 정한 바에 따라 대금지급(payment of price)을 하여야 하며, 수입승인과 수입통관수속절차를 이행하여야 하고, 지정 목적지에서 물품 인도의 수령(taking delivery)을 행하여야 한다. 적용 가능한 경우, 매도인의 요청에 따른 정보 등의 협조를 제공하고 매수인의 요청으로 서류 또는 정보제공에 따라 발생한 모든 비용과 수수료를 매도인에게 지급하여야 한다. 검사가 수출국 당국에 의하여 강행적으로 이루어지는 경우를 제외하고 선적전검사(pre-shipment inspection: PSI) 비용을 부담하여야 한다.

6) 거래규칙 표기의 예

무역계약을 체결할 때 가격조건(price terms) 또는 인도조건(delivery terms)을 인코텀즈의 관세지급인도(DDP) 규칙으로 약정하고자 할 경우에는 다음의 예와 같이 표기한다.

*표기 기준 : "DDP 지정목적지 삽입 Incoterms® 2010"
복합운송의 경우 : "DDP Abc Warehouse, Chicago Incoterms® 2010"
항공운송의 경우 : "DDP New York Airport Incoterms® 2010"
해상운송의 경우 : "DDP New York Incoterms® 2010"
철도운송의 경우 : "DDP Chicago Station Incoterms® 2010"

도로운송의 경우 : “DDP Abc Cargo Terminal, Chicago Incoterms® 2010”

6.2 해상 및 내수로 운송을 위한 규칙

(1) 선측인도(FAS: Free Alongside Ship)

FAS(insert named port of shipment) Incoterms® 2010

1) 안내요지

선측인도(Free Alongside Ship)는 해상운송 및 내수로 운송에만 사용될 수 있다.

선측인도라 함은 물품이 지정된 선적항에서 매수인이 지정한 본선(예컨대, 부두 또는 부선상)의 선측에 둘 때 매도인이 인도하는 것을 의미한다. 물품이 본선 선측에 있을 때 물품의 멸실 또는 손상의 위험이 이전되며 매수인은 그 시점으로부터 모든 비용을 부담한다.

당사자는 지정 선적항에서 그 지점까지의 비용 및 위험이 매도인이 부담하는 것으로 한다는 것과 같이 가능한 한 적재 지점을 명확하게 명시하여야 한다. 그리고 이러한 비용 및 관련되는 취급수수료는 항구의 관습에 따라 다를 수 있다.

매도인은 본선 선측에서 물품을 인도하거나 또는 선적을 위하여 이미 그와 같이 인도된 물품을 조달(procure)하여야 한다. 참고로 여기에서 “조달”은 상품무역에 있어서 흔히 발생하는 다수의 판매사슬(연속판매)에 부응하기 위한 것이다.

물품이 컨테이너에 적재되는 경우, 매도인이 본선의 선측이 아닌 터미널에서 운송인에게 물품을 교부하는 것이 전형적인 것이다. 이러한 경우 FAS 규칙은 부적절하며, FCA 규칙이 사용되어야 한다.

FAS는 적용 가능한 경우, 매도인에게 물품에 대한 수출통관을 요구하고 있다. 그러나 매도인은 물품의 수입통관을 할 의무와 모든 수입관세의 지급의무 또는 수입통관수속절차를 이행할 의무가 없다.

2) 위험의 이전

위험의 이전(transfer of risks)은 매도인이 계약물품을 합의된 일자나 기간 내에 적재 지점에서 매수인에 의하여 지명된 본선 선측(alongside the ship)에 두어 인도할 때가 분기점이 된다. 매수인이 특정 적재 지점을 지적하지 아니한 경우, 매도인은 지정선적항 내에서 가장 적합한 지점을 선택할 수 있다.

따라서 위험부담의 장소적 분기점은 본선이 부두에 접안되어 있을 경우에는 선적을 위한 적양화 장비, 즉 양화기(winch) 등 선적용구(tackle)가 도달할 수 있는 부두상(on the quay)이 되고, 또한 해상에 정박하여 있을 경우에는 부선 내(in lighter)가 된다.

3) 비용의 분담

FAS 규칙에서 비용의 분담(allocation of costs)에 대한 분기점과 위험의 이전시점은 일치된다. 비용의 분담은 위험이전의 분기점을 기준으로 하여 매도인은 적재지점에서 매수인에 의하여 지명된 본선 선측(alongside the ship)에 인도할 때까지의 제 비용을 부담한다. 즉 물품을 직접 제조하거나 구매·조달하는 데 따른 기본 원가(basic costs), 사업부문별 간접 원가(indirect costs), 포장비(packing costs), 품질·용적·중량·수량의 물품점검업무비용(costs of checking operations) 및 기타 잡비를 부담하여야 한다. 또한 인도 지점까지의 내륙운송비(inland freight), 물품인도완료에 따른 통지비용과 물품인도증거서류 취득 비용을 부담하여야 한다. 또한 적용가능한 경우, 수출승인이나 기타 정부승인을 얻는 데 소요되는 비용, 수출에 수반되어 부과되는 관세(export duties)와 조세 또는 기타 부과금 및 세관수속절차(customs formalities)에 소요되는 일체의 비용을 부담하여야 한다. 또한 항구세(port dues), 부두사용료(wharfage), 창고료(go-down rent), 보관료(storage), 본선이 부두에 접안된 경우의 본선선측까지의 물품운반비용(porterage), 본선이 해상에 정박된 경우 부두인부임(stevedorage) 및 부선비(lighterage)를 부담하여야 한다.

한편 매수인은 매도인이 물품인도의무를 완료한 이후 일체의 비용을 부담하여야 한다. 즉, 적재비(loading charges)와 적부비(stowage; stowing charges) 등 선적작업비용, 최종 목적항까지의 해상운임(ocean freight), 적화보험료(cargo insurance premium), 목적항에서의 양륙비(unloading charges), 수입통관비용 및 제세와 공과금, 적용 가능한 경우(where applicable) 수입시 지급되는 모든 관세(all duties), 조세(taxes) 및 기타 부과금(other charges)을 포함한 통관비용(customs clearance charges) 등 인도된 이후의 제비용이다.

4) 매도인의 제공서류

FAS 규칙에서 매도인은 일반적인 의무로 매매계약과 일치하는 상업송장(Commercial Invoice) 및 계약에서 요구하는 일치증명(evidence of conformity)을 제공하여야 한다. 이와 같은 모든 서류는 이에 상응한 전자기록 또는 절차(electronic record or procedure)도 인정된다.

매도인은 본선 선측에 인도가 완료되었다는 관례적인 증거(usual proof)를 제공하여야 한다. 이러한 증거가 운송서류가 아닐 경우 매수인의 요청으로 매수인의 위험과 비용부담으로 운송서류를 취득하는 데 따른 협조를 제공하여야 한다.

관례적인 증거의 예는 항만당국이 발행하는 부두수령증(Dock's Receipt: D/R), 선박대리인이 발행하는 선박수령증(Ship's Receipt) 또는 수령선화증권(Received for Shipment B/L) 또는 선측수령증(Alongside Receipt) 등을 들 수 있다. 매수인이 요청할 경우 매도인은 해상선화증권(marine bill of lading)과 같은 운송서류를 제공할 수 있다.

한편 매수인의 요청에 따라 매수인의 비용과 위험으로 포장명세서(Packing List), 원산지증명서(Certificate of Origin), 품질 및 수량증명서(Certificate of Quality and Quantity), 중량 및 용적증명서(Certificate of Weight and Measurement), 영사송장(Consular Invoice) 그리고 보험부보를 위한 정보 등 임의서류를 제공할 수 있다.

5) 기타 의무와 정보제공을 위한 협조 및 관련 비용

매도인은 매수인에게 계약과 일치하는 물품을 제공하고, 적용 가능한 경우 매도인은 자신의 위험 및 비용부담으로 수출허가 또는 공적인 승인 및 수출통관 수속절차를 이행하여야 한다. FAS 규칙에서 매도인이 운송계약의무는 없지만, 매수인이 요청하는 경우 상관습에 따라 매수인의 위험 및 비용부담으로 보통의 운송계약을 체결할 수도 있으며, 운송인이 약정된 기간에 물품 인도의 수령을 하지 않은 때에는 이를 매수인에게 통지하여야 한다. 적용 가능한 경우, 매수인의 요청과 위험 및 비용부담으로 모든 서류 및 안전관련 정보(security-related information)를 제공하여야 하며, 필요한 제 서류의 취득을 위한 협조를 제공하여야 한다. 또한 계약물품을 매수인이 인도 가능하도록 필요한 모든 통지를 하여야하고, 포장이 필요한 물품의 경우에는 적절한 화인(marking)을 하여야 한다.

한편 매수인은 계약에 정한 바에 따라 대금지급(payment of price)을 하여야 하며, 수입승인과 수입통관수속절차를 이행하여야 하고, 물품인도 장소에서 인도의 수령(taking delivery)을 행하며, 운송계약을 체결하고 운송비를 부담하여야 한다. 매도인의 요청에 따른 정보 등의 협조를 제공하여야 하며, 매수인의 요청으로 서류 또는 정보제공에 따라 발생한 모든 비용과 수수료를 매도인에게 지급하여야 한다. 그리고 검사가 수출국 당국에 의하여 강행적으로 이루어지는 경우를 제외하고 선적전검사(pre-shipment inspection: PSI) 비용을 부담하여야 한다.

6) 거래규칙 표기의 예

무역계약을 체결할 때 가격조건(price terms) 또는 인도조건(delivery terms)을 인코텀즈의 선측인도(FAS) 규칙으로 약정하고자 할 경우에는 다음의 예와 같이 표기한다.

*표기 기준 : “FAS 지정선적항 삽입 Incoterms® 2010”
해상운송의 경우 : “FAS Busan Incoterms® 2010”

(2) 본선인도(FOB: Free On Board)

FOB (insert named port of shipment) Incoterms® 2010

1) 안내요지

본선인도(Free On Board)는 해상운송 및 내수로 운송에만 사용될 수 있다.

본선인도라 함은 매도인이 지정 선적항에서 매수인이 지명한 본선상에 물품을 인도하거나 또는 이미 인도된 물품을 조달하는 것을 의미한다. 물품이 본선 상에 있을 때 물품의 멸실 또는 손상의 위험이 이전되며 매수인은 그 시점으로부터 모든 비용을 부담한다.

매도인은 본선 상에서 물품을 인도하거나 또는 선적을 위하여 이미 그와 같이 인도된 물품을 조달(procure)하여야 한다. 참고로 여기에서 “조달”은 상품무역에 있어서 흔히 발생하는 다수의 판매사슬(연속판매)에 부응하기 위한 것이다.

FOB는 물품이 본선상에 두기 전 전형적으로 터미널에서 인도되는 컨테이너 물품의 예와 같이 운송인에게 물품이 교부되어지는 경우에는 적절하지 아니하다. 이러한 경우에는 FCA 규칙이 사용되어야 한다.

FOB는 적용 가능한 경우, 매도인이 물품의 수출통관을 할 것을 요구한다. 그러나 매도인은 물품의 수입통관을 할 의무와 모든 수입관세의 지급의무 및 수입통관수속절차를 이행할 의무가 없다.

2) 위험의 이전

위험의 이전(transfer of risks)은 매도인이 계약물품을 합의된 일자나 기간 내에 지정 선적항에서 매수인이 지명한 본선상에 물품을 인도하거나 또는 이미 인도된 물품을 조달할 때가 분기점이 된다. 매수인이 특정 적재 지점을 지적하지 아니한 경우, 매도인은 지정선적항 내에서 가장 적합한 지점을 선택할 수 있다.

2000년 인코텀즈의 FOB 조건에서 위험분기점을 본선의 난간(ship’s rail)으로 하던 관습은 새로운 Incoterms® 2010 FOB 규칙에서 미국 통일상법전[14] 및 개정미국무역정의[15]의 규정과 같은 취지로 본선상(on board the vessel)으로 변경되었다.

3) 비용의 분담

FOB 규칙에서 비용의 분담(allocation of costs)에 대한 분기점과 위험의 이전시점은 일치된다. 비용의 분담은 위험이전의 분기점을 기준으로 하여 매도인은 지정

선적항에서 매수인이 지명한 본선 상에 물품을 인도할 때까지의 제 비용을 부담한다. 즉 매도인은 물품을 직접 제조하거나 구매·조달하는 데 따른 기본 원가(basic costs), 사업부문별 간접 원가(indirect costs), 포장비(packing costs), 품질·용적·중량·수량의 물품점검업무비용(costs of checking operations) 및 기타 잡비를 부담하여야 한다. 또한 인도 지점까지의 내륙운송비(inland freight), 물품인도완료에 따른 통지비용과 물품인도증거서류 취득 비용을 부담하여야 한다. 적용 가능한 경우, 수출승인이나 기타 정부승인을 얻는 데 소요되는 비용, 수출에 수반되어 부과되는 관세(export duties)와 조세 또는 기타 부과금 및 세관수속절차(customs formalities)에 소요되는 일체의 비용을 부담하여야 한다. 또한 적재비(loading charges)와 적부비(stowage; stowing charges) 등 선적 작업비용, 항구세(port dues), 부두사용료(wharfage), 창고료(go-down rent), 보관료(storage), 본선이 해상에 정박된 경우 부두인부임(stevedorage) 및 부선비(lighterage)를 부담하여야 한다.

한편 매수인은 매도인이 물품인도의무를 완료한 이후 일체의 비용을 부담하여야 한다. 즉, 최종 목적항까지의 해상운임(ocean freight), 적화보험료(cargo insurance premium), 목적항에서의 양륙비(unloading charges), 수입통관비용 및 제세와 공과금, 적용 가능한 경우(where plicable) 수입시 지급되는 모든 관세(all duties), 조세(taxes) 및 기타 부과금(other charges)을 포함한 통관비용(customs clearance charges) 등 인도된 이후의 제비용이다.

4) 매도인의 제공서류

FOB 규칙에서 매도인은 일반적인 의무로 매매계약과 일치하는 상업송장(Commercial Invoice) 및 계약에서 요구하는 일치증명(evidence of conformity)을 제공하여야 한다. 이와 같은 모든 서류는 이에 상응한 전자기록 또는 절차(electronic record or procedure)도 인정된다.

매도인은 본선상에 인도가 완료되었다는 관례적인 증거(usual proof)를 제공하여야 한다. 이러한 증거가 운송서류가 아닐 경우 매수인의 요청으로 매수인의 위험과 비용부담으로 운송서류를 취득하는 데 따른 협조를 제공하여야 한다.

보통의 증명서로는 항만당국이 발행하는 부두수령증(Dock's Receipt: D/R), 선박대리인이 발행하는 선박수령증(Ship's Receipt) 또는 수령선화증권(Received for Shipment B/L) 또는 선측수령증(Alongside Receipt) 등을 들 수 있다. 매수인이 요청할 경우 매도인은 해상선화증권(marine bill of lading)과 같은 운송서류를 제공할 수 있다.

한편 매수인의 요청에 따라 매수인의 비용과 위험으로 포장명세서(Packing List), 원산지증명서(Certificate of Origin), 품질 및 수량증명서(Certificate of Quality and Quantity), 중량 및 용적증명서(Certificate of Weight and Measurement), 영사송장(Consular Invoice) 그리고 보험부보를 위한 정보 등 임의서류를 제공할 수 있다.

5) 기타 의무와 정보제공을 위한 협조 및 관련 비용

매도인은 매수인에게 계약과 일치하는 물품을 제공하고, 적용 가능한 경우 매도인은 자신의 위험 및 비용부담으로 수출허가 또는 공적인 승인 및 수출통관 수속절차를 이행하여야 한다. FOB 규칙에서 매도인이 운송계약의무는 없지만, 매수인이 요청하는 경우 상관습에 따라 매수인의 위험 및 비용부담으로 보통의 운송계약을 체결할 수 있다. 또한 운송인이 약정된 기간에 물품 인도의 수령을 하지 않은 때에는 이를 매수인에게 통지하여야 한다. 적용 가능한 경우, 매수인의 요청과 위험 및 비용부담으로 모든 서류 및 안전관련 정보(security-related information)를 제공하여야 하며, 필요한 제 서류의 취득을 위한 협조를 제공하여야 한다. 또한 계약물품을 매수인이 인도 가능하도록 필요한 모든 통지를 하여야하고, 포장이 필요한 물품의 경우에는 적절한 화인(marking)을 하여야 한다.

한편 매수인은 계약에 정한 바에 따라 대금지급(payment of price)을 하여야 하며, 수입승인과 수입통관수속절차를 이행하여야 하고, 물품인도 장소에서 인도의 수령(taking delivery)을 행하며, 운송계약을 체결하고 운송비를 부담하여야 한다. 매도인의 요청에 따른 정보 등의 협조를 제공하여야 하며, 매수인의 요청으로 서류 또는 정보제공에 따라 발생한 모든 비용과 수수료를 매도인에게 지급하여야 한다. 그리고 검사가 수출국 당국에 의하여 강행적으로 이루어지는 경우를 제외하고 선적전검사(pre-shipment inspection: PSI)비용을 부담하여야 한다.

6) 거래규칙 표기의 예

무역계약을 체결할 때 가격조건(price terms) 또는 인도조건(delivery terms)을 인코텀즈의 본선인도(FOB) 규칙으로 약정하고자 할 경우에는 다음의 예와 같이 표기한다.

*표기 기준 : “FOB 지정선적항 삽입 Incoterms® 2010”
해상운송의 경우 : “FOB Busan Incoterms® 2010”

(3) 운임포함인도(CFR: Cost And Freight)

CFR(insert named port of destination) Incoterms® 2010

1) 안내요지

운임포함인도(Cost And Freight)는 해상운송 및 내수로 운송에만 사용될 수 있다.

운임포함인도라 함은 매도인이 본선상에 물품을 인도하거나 또는 이미 인도된 물품을 조달하는 것을 의미한다. 물품이 본선 상에 있을 때 물품의 멸실 또는 손상의 위험이 이전된다. 매도인은 운송계약을 체결하고 지정 목적항까지 물품을 운송하는데 필요한 비용 및 운임을 지급하여야 한다.

CPT, CIP, CFR 또는 CIF가 사용되는 경우, 매도인이 인도에 대한 의무는 물품이 목적지에 도착될 때가 아닌 선택된 규칙에 명시된 방법으로 물품이 운송인에게 교부될 때에 완료된다.

이 규칙은 두 가지의 중요한 분기점이 있다, 즉 위험이 이전되고 비용이 이전되는 지점이 상이한 장소에서 이루어지기 때문이다. 보통 계약서에는 목적항을 명시하고 있으나 위험이 매수인에게 이전되는 선적항을 명시하고 있지 않다. 선적항이 매수인에게 특정의 이해 관계가 있는 경우, 당사자들이 가능한 한 계약서에 이를 명확하게 특정하는 것이 바람직하다.

당사자는 매도인이 합의된 목적항의 지정 지점까지 비용을 부담하므로 가능한 한 그 지점을 명확하게 특정하여야 한다. 매도인은 그러한 선택에 명확하게 일치하는 운송계약을 체결하여야 한다. 매도인이 운송계약에 따라 목적항의 명시된 지점에서 양화와 관련된 비용을 지급하는 경우, 매도인은 당사자 간에 별도 합의가 없는 한 매수인으로부터 그러한 비용을 보상받을 수 없다.

매도인은 본선상에서 물품을 인도하거나 또는 목적항까지 선적을 위하여 이미 그와 같이 인도된 물품을 조달(procure)하여야 한다. 게다가 매도인은 운송계약 체결 또는 이와 같은 계약을 이행하는 것이 요구된다. 참고로 여기에서 “조달”은 상품무역에 있어서 흔히 발생하는 다수의 판매사슬(연속판매)에 부응하기 위한 것이다.

CFR은 물품이 본선상에 두기 전 전형적으로 터미널에서 인도되는 컨테이너 물품의 예와 같이 운송인에게 물품이 교부되어지는 경우에는 적절하지 아니하다. 이러한 경우에는 CPT 규칙이 사용되어야 한다.

CFR은 적용 가능한 경우, 매도인이 물품의 수출통관을 할 것을 요구한다. 그러나 매도인은 물품의 수입통관을 할 의무와 모든 수입관세의 지급의무 및 수입통관수속절차를 이행할 의무가 없다.

2) 위험의 이전

CFR 규칙에서 물품에 대한 위험이전의 분기점은 전술한 FOB 규칙의 경우와 동일하다. 즉 위험의 이전(transfer of risks)은 매도인이 계약물품을 합의된 일자나 기간 내에 지정 선적항에서 매도인이 정한 본선상에 물품을 인도하거나 또는 이미 인도된 물품을 조달할 때가 분기점이 된다.

3) 비용의 분담

CFR 규칙에서 비용의 분담(allocation of costs)에 대한 분기점은 위험이전의 분기점과는 일치하지 않는다. 물품에 대한 위험이전의 분기점은 선적항 본선상이지만, 비용분담의 분기점은 지정 목적항까지 확장된다.

CFR 규칙에서 물품인도장소 및 물품에 대한 위험이전 분기점을 보통 적출지인 수출국 내로 하면서도, 해상운임(ocean freight)은 수입국 지정목적지까지 매도인이 부담하도록 함으로써 물품인도장소 및 위험이전과 비용의 분담(allocation of costs)에 대한 분기점을 상이하게 분리하고 있다.

CFR 규칙에서 매도인은 물품을 직접 제조하거나 구매·조달하는 데 따른 기본원가(basic costs), 사업부문별 간접 원가(indirect costs), 포장비(packing costs), 품질·용적·중량·수량의 물품점검업무비용(costs of checking operations) 및 기타 잡비를 부담하여야 한다. 또한 인도 지점까지의 내륙운송비(inland freight), 약정된 목적지까지의 해상운임(ocean freight), 물품인도완료에 따른 통지비용과 물품인도증거서류 취득 비용을 부담하여야 하며, 운송계약체결시에 정기선(regular shipping line; liner)에 의하여 부과될 수 있는 양화항(port of discharge)에서의 양화비(unloading charge)를 부담하여야 한다. 또한 적용 가능한 경우(where applicable), 수출승인이나 기타 정부승인을 얻는 데 소요되는 비용, 수출에 수반되어 부과되는 관세(export duties)와 조세 또는 기타 부과금 및 세관수속절차(customs formalities)에 소요되는 일체의 비용을 부담하여야 한다.

한편 매수인은 최종목적지까지의 적화보험료, 적용 가능한 경우, 수입시 지급되는 모든 관세(all duties), 조세(taxes) 및 기타 부과금(other charges)을 포함한 통관비용(customs clearance charges) 등 인도된 이후의 제비용을 부담하여야 한다. 또한 매수인이 물품발송의 시기와 목적지를 매도인에게 통지하지 않음으로써 매도인의 물품인도 장해요인을 야기시킨 경우 이로 인하여 발생된 추가비용, 선적전 물품검사(PSI)비용을 부담하여야 한다.

4) 매도인의 제공서류

CFR 규칙에서 매도인은 일반적인 의무로 매매계약과 일치하는 상업송장(Commercial Invoice) 및 계약에서 요구하는 일치증명(evidence of conformity)을 제공하여야 한다. 이와 같은 모든 서류는 이에 상응한 전자기록 또는 절차(electronic record or procedure)도 인정된다.

또한 매도인은 운송계약에 따른 운송서류(transport document)를 제공하여야 한다. 운송서류는 유통 가능한 형식(negotiable form)으로 수통의 원본이 발행된 경우 원본 전통(full set)을 매수인에게 제시하여야 한다. 이와 같은 운송서류로는 해상선화증권(marine bill of lading), 내수로 운송서류(inland waterway document) 등이다.

한편 매수인의 요청에 따라 매수인의 비용과 위험으로 포장명세서(Packing List), 원산지증명서(Certificate of Origin), 품질 및 수량증명서(Certificate of Quality and Quantity), 중량 및 용적증명서(Certificate of Weight and Measurement), 영사송장(Consular Invoice) 그리고 보험부보를 위한 정보 등 임의서류를 제공할 수 있다.

5) 기타 의무와 정보제공을 위한 협조 및 관련 비용

매도인은 매수인에게 계약과 일치하는 물품을 제공하고, 적용 가능한 경우 매도인은 자신의 위험 및 비용부담으로 수출허가 또는 공적인 승인 및 수출통관 수속절차를 이행하여야 한다. 또한 매도인의 위험 및 비용부담으로 운송계약을 체결하고 목적지까지의 운임(freight)을 부담하여야 한다. 적용 가능한 경우 매수인의 요청과 위험 및 비용부담으로 모든 서류 및 안전관련 정보(security-related information)를 제공하여야 하며, 필요한 제 서류의 취득을 위한 협조를 제공하여야 한다. 또한 물품이 인도되었다는 사실 및 매수인이 인도 가능하도록 필요한 모든 통지를 행하여야하고, 포장이 필요한 물품의 경우에는 적절한 화인(marking)을 하여야 한다.

한편 매수인은 계약에 정한 바에 따라 대금지급(payment of price)을 하여야 하며, 수입승인과 수입통관수속절차를 이행하여야 하고, 지정목적지에서 물품 인도의 수령(taking delivery)을 행하여야 한다. 또한 매도인의 요청에 따른 정보 등의 협조를 제공하고 매수인의 요청으로 서류 또는 정보제공에 따라 발생한 모든 비용과 수수료를 매도인에게 지급하여야 한다. 검사가 수출국 당국에 의하여 강행적으로 이루어지는 경우를 제외하고 선적전검사(pre-shipment inspection: PSI) 비용을 부담하여야 한다.

6) 거래규칙 표기의 예

무역계약을 체결할 때 가격조건(price terms) 또는 인도조건(delivery terms)을 인코텀즈의 운송포함인도(CFR) 규칙으로 약정하고자 할 경우에는 다음의 예와 같이 표기한다.

*표기 기준 : "CFR 지정목적항 삽입 Incoterms® 2010"
해상운송의 경우 :"CFR New York Incoterms® 2010"

(4) 운임·보험료포함인도(CIF: Cost, Insurance and Freight)

CIF(insert named port of destination) Incoterms® 2010

1) 안내요지

운임·보험료포함인도(Cost, Insurance and Freight)는 해상운송 및 내수로 운송에만 사용될 수 있다.

운임·보험료포함인도라 함은 매도인이 본선상에 물품을 인도하거나 또는 이미 인도된 물품을 조달하는 것을 의미한다. 물품이 본선상에 있을 때 물품의 멸실 또는 손상의 위험이 이전된다. 매도인은 운송계약을 체결하고 지정 목적항까지 물품을 운송하는데 필요한 비용 및 운임을 지급하여야 한다.

매도인은 또한 운송중 물품의 멸실 또는 손상에 대한 매수인의 위험에 대하여 보험부보계약을 체결한다. 매수인은 CIF 하에서 매도인이 최소담보조건으로 보험을 부보하도록 요구되는 점을 주의하여야 한다. 매수인이 더 많은 보험담보를 원할 경우, 매도인과 특별히 합의하거나 자신이 추가보험계약을 체결할 필요가 있다.

CPT, CIP, CFR 또는 CIF가 사용되는 경우, 매도인이 인도에 대한 의무는 물품이 목적지에 도착될 때가 아닌 선택된 규칙에 명시된 방법으로 물품이 운송인에게 교부될 때에 완료된다.

이 규칙은 두 가지의 중요한 분기점이 있다, 즉 위험이 이전되고 비용이 이전되는 지점이 상이한 장소에서 이루어지기 때문이다. 보통 계약서에는 목적항을 명시하고 있으나 위험이 매수인에게 이전되는 선적항을 명시하고 있지 않다. 선적항이 매수인에게 특정의 이해 관계가 있는 경우, 당사자들이 가능한 한 계약서에 이를 명확하게 특정하여야 한다.

당사자는 매도인이 합의된 목적항의 지정 지점까지 비용을 부담하므로 가능한 한 그 지점을 명확하게 특정하여야 한다. 매도인은 그러한 선택에 명확하게 일치하는 운송계약을 체결하여야 한다. 매도인이 운송계약에 따라 목적항의 명시된 지점에서 양화와 관련된 비용을 지급하는 경우, 매도인은 당사자 간에 별도 합의가 없는 한 매수인으로부터 그러한 비용을 보상받을 수 없다.

매도인은 본선상에서 물품을 인도하거나 또는 목적항까지 선적을 위하여 이미 그와 같이 인도된 물품을 조달(procure)하여야 한다. 게다가 매도인은 운송계약 체결 또는 이와 같은 계약을 이행하는 것이 요구된다. 참고로 여기에서 "조달"은 상품무역에 있어서 흔히 발생하는 다수의 판매사슬(연속판매)에 부응하기 위한 것이다.

CIF는 물품이 본선상에 두기 전 전형적으로 터미널에서 인도되는 컨테이너 물품의 예와 같이 운송인에게 물품이 교부되어지는 경우에는 적절하지 아니하다. 이러한 경우에는 CIP 규칙이 사용되어야 한다.

CIF는 적용 가능한 경우, 매도인이 물품의 수출통관을 할 것을 요구한다. 그러나 매도인은 물품의 수입통관을 할 의무와 모든 수입관세의 지급의무 또는 수입통관 수속절차를 이행할 의무가 없다.

2) 위험의 이전

CIF 규칙에서 물품에 대한 위험의 이전(transfer of risks)에 대한 분기점은 전술한 FOB 규칙의 경우와 동일하다. 즉 위험의 이전은 매도인이 계약물품을 합의된 일자나 기간 내에 지정 선적항에서 매도인이 정한 본선상에 물품을 인도하거나 또는 이미 인도된 물품을 조달할 때가 분기점이 된다.

3) 비용의 분담

CIF 규칙에서 비용의 분담(allocation of costs)에 대한 분기점은 위험이전의 분기점과는 일치하지 않는다. 물품에 대한 위험이전의 분기점은 선적항 본선상이지만, 비용분담의 분기점은 지정 목적항까지 확장된다.

CIF 규칙에서 물품인도장소 및 물품에 대한 위험이전 분기점을 보통 적출지인 수출국 내로 하면서도, 해상운임(ocean freight)은 수입국 지정목적지까지 매도인이 부담하도록 함으로써 물품인도장소 및 위험이전과 비용의 분담(allocation of costs)에 대한 분기점을 상이하게 분리하고 있다.

CIF 규칙에서 매도인은 물품을 직접 제조하거나 구매·조달하는 데 따른 기본원가(basic costs), 사업부문별 간접 원가(indirect costs), 포장비(packing costs), 품질·용적·중량·수량의 물품점검업무비용(costs of checking operations) 및 기타 잡비를 부담하여야 한다. 또한 인도 지점까지의 내륙운송비(inland freight), 약정된 목적지까지의 해상운임(ocean freight), 최종목적지까지의 적화보험료(cargo insurance premium), 물품인도완료에 따른 통지비용과 물품인도증거서류 취득 비용을 부담하여야 하며, 운송계약체결시에 정기선(regular shipping line; liner)에 의하여 부과될 수 있는 양화항(port of discharge)에서의 양화비(unloading charge)를 부담하여야 한다. 또한 적용 가능한 경우(where applicable), 수출승인이나 기타 정부승인을 얻는 데 소요되는 비용, 수출에 수반되어 부과되는 관세(export duties)와 조세 또는 기타 부과금 및 세관수속절차(customs formalities)에 소요되는 일체의 비용을 부담하여야 한다.

한편 매수인은 적용 가능한 경우, 수입시 지급되는 모든 관세(all duties), 조세(taxes) 및 기타 부과금(other charges)을 포함한 통관비용(customs clearance charges) 등 인도된 이후의 제비용을 부담하여야 한다. 또한 매수인이 물품발송의 시기와 목적지를 매도인에게 통지하지 않음으로써 매도인의 물품인도 장해요인을 야기시킨 경우 이로 인하여 발생된 추가비용, 선적전 물품검사(PSI) 비용을 부담하여야 한다.

4) 매도인의 제공서류

CIF 규칙에서 매도인은 일반적인 의무로 매매계약과 일치하는 상업송장(Commercial Invoice) 및 계약에서 요구하는 일치증명(evidence of conformity)을 제공하여야 한다. 이와 같은 모든 서류는 이에 상응한 전자기록 또는 절차(electronic record or procedure)도 인정된다.

또한 매도인은 운송계약에 따른 운송서류(transport document)를 제공하여야 한다. 운송서류는 유통 가능한 형식(negotiable form)으로 수통의 원본이 발행된 경우 원본 전통(full set)을 매수인에게 제시하여야 한다. 이와 같은 운송서류로는 해상선화증권(marine bill of lading), 내수로 운송서류(inland waterway document) 등이다.

한편 매수인의 요청에 따라 매수인의 비용과 위험으로 포장명세서(Packing List), 원산지증명서(Certificate of Origin), 품질 및 수량증명서(Certificate of Quality and Quantity), 중량 및 용적증명서(Certificate of Weight and Measurement), 영사송장(Consular Invoice) 등 임의서류를 제공할 수 있다.

5) 기타 의무와 정보제공을 위한 협조 및 관련 비용

매도인은 매수인에게 계약과 일치하는 물품을 제공하고, 적용 가능한 경우 매도인은 자신의 위험 및 비용부담으로 수출허가 또는 공적인 승인 및 수출통관 수속절차를 이행하여야 한다. 또한 매도인의 위험 및 비용부담으로 운송계약을 체결하고 목적지까지의 운임(freight)을 부담하여야 한다. 그리고 매도인은 LMA/IUA가 제정한 협회적화약관(Institute Cargo Clauses)의 C조건과 같은 최소 담보조건으로 부보(minimum cover)되고 계약에서 약정된 금액에 10%를 가산한 금액으로 부보된 보험증권(insurance policy) 또는 그 밖의 보험부보의 증거(evidence of insurance cover)를 제공하여야 한다. 보험부보의 증거로는 보험증명서(Insurance Certificate)와 통지서(Declaration)이다. 적용 가능한 경우, 매수인의 요청과 위험 및 비용부담으로 모든 서류 및 안전관련 정보(security-related information)를 제공하여야 하며, 필요한 제

<table>
<tr><td></td><td></td><td>서류의 취득을 위한 협조를 제공하여야 한다. 또한 물품이 인도되었다는 사실 및 매수인이 인도 가능하도록 필요한 모든 통지를 행하여야하고, 포장이 필요한 물품의 경우에는 적절한 화인(marking)을 하여야 한다.

한편 매수인은 계약에 정한 바에 따라 대금지급(payment of price)을 하여야 하며, 수입승인과 수입통관수속절차를 이행하여야 하고, 지정목적지에서 물품 인도의 수령(taking delivery)을 행하여야 한다. 또한 매도인의 요청에 따른 정보 등의 협조를 제공하고 매수인의 요청으로 서류 또는 정보제공에 따라 발생한 모든 비용과 수수료를 매도인에게 지급하여야 한다. 검사가 수출국 당국에 의하여 강행적으로 이루어지는 경우를 제외하고 선적전검사(pre-shipment inspection: PSI) 비용을 부담하여야 한다.

6) 거래규칙 표기의 예
무역계약을 체결할 때 가격조건(price terms) 또는 인도조건(delivery terms)을 인코텀즈의 운송포함인도(CIF) 규칙으로 약정하고자 할 경우에는 다음의 예와 같이 표기한다.

*표기 기준 : “CIF 지정목적항 삽입 Incoterms® 2010”
해상운송의 경우 : “CIF New York Incoterms® 2010”</td></tr>
<tr><td rowspan="2">213</td><td>하 6</td><td>6. 기타 상관습 및 법제상의 정형거래조건
➡ 7. 기타 상관습 및 법제상의 정형거래규칙</td></tr>
<tr><td>하 2</td><td>6.1 ~ 7.1 이하 p. 224까지 소제목 번호 하나씩 밀림</td></tr>
<tr><td>216</td><td>각주 138</td><td>INCOTERMS 2000 ➡ Incoterms® 2010</td></tr>
<tr><td>217</td><td></td><td>[표6-5] (좌상) INCOTERMS 2000 ➡ Incoterms® 2010</td></tr>
<tr><td>255</td><td>하 3</td><td>매도인에세 ➡ 매도인에게</td></tr>
<tr><td>288</td><td>상 1</td><td>INCOTERMS 2000 … 13가지 ➡ Incoterms® 2010 … 11가지</td></tr>
<tr><td>333</td><td>중간</td><td>나용선 ➡ 선체용선</td></tr>
<tr><td rowspan="3">336</td><td>하 10</td><td>나용선 ➡ 선체용선</td></tr>
<tr><td>하 9</td><td>나용선 ➡ 선체용선</td></tr>
<tr><td>하 3</td><td>나용선료 ➡ 선체용선료</td></tr>
<tr><td>342</td><td>하 4</td><td>및 함브르그규칙 ➡ , 함브르그규칙 및 로테르담규칙</td></tr>
<tr><td>346</td><td>하 6</td><td>(3) 로테르담 규칙에 대한 다음 원고 추가
➡</td></tr>
</table>

(3) 로테르담규칙

2008년 12월 유엔총회에서 '해상에 의한 국제물품운송계약에 관한 유엔 협약'(United Nations Convention on Contracts for the International Carriage of Goods Wholly or Partly by Sea, 2008)을 채택하였다. 이 협약은 2009년 9월 로테르담에서 서명되어 '로테르담 규칙'이라고 부르고 있다.

이 규칙은 국제해상구간을 포함하는 문전운송(door-to-door carriage)계약 하에서 화주, 운송인 그리고 수화인을 규율하는 통일화 및 현대화된 법제를 마련하는데 의의가 있다. 이 규칙은 국제해상물품운송과 관련한 기존의 협약 특히 헤이그 규칙, 헤이그-비스비 규칙 그리고 함부르크 규칙을 기반으로 새로운 대안을 제공하고 있다.

로테르담 규칙은 컨테이너에 의한 화물운송의 증가, 단일계약(single contract) 하에서의 문전운송의 요청, 전자운송서류의 발전, 해상운송 기술의 변화 및 상업적 발전 등이 반영된 법적 기반을 제공하고 있다.

로테르담 규칙의 특징은 첫째, 컨테이너 복합운송이 보편화에 따라 국제해상운송의 경우에도 당사자간의 운송계약에 따라 해상구간이 포함된 복합운송의 경우에도 적용될 수 있도록 하고 있다. 둘째, 전자상거래환경에 부응하기 위하여 전자운송기록, 즉 전자선화증권의 경우에도 전통적인 종이 선화증권과 기능적 동등성을 인정하고 있다. 셋째, 운송인의 책임부담구간은 물품수령 후 물품인도 시까지 운송인의 관리 하에 있는 기간 동안 확대되어 해륙과 연계되는 연계복합운송의 경우에도 적용가능성을 열어두고 있다. 넷째, 운송인의 과실책임에 대한 입증은 청구인 또는 수화인이 하도록 하고 있다. 다섯째, 대량화물운송계약(volume contract)에서 예외적으로 계약자유의 원칙이 적용될 수 있도록 하고 있다.

345

[표 9-2] 헤이그규칙, 헤이그-비스비규칙, 함브르그규칙의 비교 : 표 모두 삭제 후 아래의 표로 대체

➡

[표 9-2] 해상운송인의 책임에 관한 국제규칙의 비교

구 분		헤이그규칙	헤이그 비스비 규칙	함부르크규칙	로테르담규칙
적용범위	적용 가능한 해상물품운송계약	선화증권발행, 정기선운송계약	좌동	선적항, 양륙항이 다른 운송계약, 정기선운송계약	수령지, 인도지가 다른 운송계약, 정기선운송계약
	적용대상 당사자	운송인, 선박, 선주, 송화인과	좌동(운송인 이	선박, 선주, 운송인, 실제운송인,	선박, 선주, 운송인, 이행당사자, 해상운송 이행

			그 대리인	행보조자 추가)	송화인, 수화인, 기타 이해관계자	자, 송화인, 수화인, 기타 이해관계자
	운송목적물		재산, 화물, 상품(생동물, 갑판적 화물 제외)	좌동	생동물 포함, 관습적 갑판적 화물 포함	화물에 대한 제한규정 없음
운송인 책임기간(구간)			적재부터 양화까지	좌동	선적항에서 수령부터 양륙항에서 인도까지	수령시부터 인도시까지
운송인 책임원칙	책임원칙		과실책임원칙	좌동	과실추정책임원칙	과실책임원칙
	손해유형		멸실, 손상	좌동	멸실, 손상, 지연	좌동
	손해발생원인	항해과실	면책	좌동	운송인의 과실추정	과실책임
		상업과실	과실책임	좌동	운송인의 과실추정	과실책임
		화재위험	사실상 면책	좌동	사실상 면책 (화주가 거증책임)	면책
		원자력위험	규정 없음	일체의 국제협약 적용	운송인면책	운송인면책
		면책리스트위험	면책	좌동	면책리스트 삭제, 운송인의 과실추정	면책
	예외규정		–	–	–	대량계약 특별예외
	책임한도		포장/단위당 100파운드	포장 단위당 10,000프랑(667SDR), Kg당 30프랑(2SDR)	포장 단위당 835SDR, Kg당 2.5SDR	포장 단위당 875SDR, Kg당 3SDR
이행보조자책임	운송인의 책임제한이익 공유 여부		규정 없음 (히말라야약관 추가)	운송인 이익의 공유 및 항변권	좌동	좌동
운송인 및 이행보조자 책임제한이익의 부정			규정 없음	고의	고의, 중과실	고의
손해의 통지			인도시 또는 3일 이내	좌동	인도익일 또는 15일 이내 (지연손해 60일 이내)	인도장소에서 또는 7영업일 이내 (지연손해 21일 이내)
제소기간			1년	좌동	2년	좌동

자료 : 유병욱, "로테르담규칙에서 운송인의 책임에 관한 연구" 「국제상학」, 제24권 제4호, 2009. p.116.

페이지	행	수정 내용
400		[그림 10-1] 안에 tatal loss ➡ total loss
406	상 6-하 5	종류가 있었다. ~ 사용하고 있다. 삭제 후 [표10-1]를 포함하여 다음으로 대체 ➡

종류가 있으며 그 후 이 약관은 수차의 변경을 거쳐 1963년도에 개정된 약관이 신약관과 함께 사용되어 오고 있었다.

그러나 1978년에 개최된 제2회 UNCTAD총회에서 해상보험증권과 약관 및 관습에 대한 일체의 문제를 상설작업위원회에서 검토하기로 결의하면서부터 영국에서도 협회적화약관의 현 증권 및 약관의 개정을 의뢰한 결과 1982년 약관의 명칭을 A/R, WA, FPA에서 A, B, C로 변경함으로써 과거에 약관의 명칭만을 보고 담보위험을 판단하던 문제점을 해소시켰으며, 그 이외에도 ICC(B)와 ICC(C)의 담보차이의 확대, 소손해 면책비율조항의 삭제, 육상운송시의 담보조항을 명시하였다. 1982년부터 도입되었던 신협회적화약관은 20여 년간 사용되어 오면서 그동안 테러행위(terrorism) 등의 새로운 위험이 등장하고 운송 및 보험 환경의 변화 등에 부응하기 위하여 런던국제언더라이팅협회(International Underwriting Association of London: IUA)는 로이즈보험시장협회(Lloyd's Market Association: LMA)와 합동적화위원회를 구성하여 1982년 ICC를 개정 하여 2009년 1월 1일부터 신약관을 사용할 수 있도록 하였다. 2009년 신약관에서는 면책조항의 적용범위의 축소, 담보기간의 운송조항에서 보험기간의 확장, 테러행위의 위험에 대한 정의, 약관의 용어 중 "underwriters" 대신 "insurers," "servants" 대신에 "employees" 로 현대적 의미의 용어로 대체하였다.

[표10-1] 2009 신협회적화약관의 내용구성

구 분	조 항	약관내용
담보위험 (Risk Covered)	1 2 3	위험약관(Risks Clause) 공동해손약관(General Average Clause) 쌍방과실충돌약관(Both to Blame Clause)
면책조항 (Exclusion)	4 5 6 7	약관명칭 삭제
보험기간 (Duration)	8 9 10	운송약관(Transit Clause) 운송계약종료약관(Termination of Contract of Carriage Clause) 항해변경약관(Change of Voyage Clause)
보험금청구 (Claims)	11 12 13 14	피보험이익약관(Insurable Interest Clause) 계반비용약관(Forwarding Charges Clause) 추정전손약관(Constructive Total Clause) 증액약관(Increased Value Clause)
보험이익 (Benefit of Insurance)	15	약관명칭 삭제
손해경감 (Minimising Losses)	16 17	피보험자의무약관(Duty of Assured Clause) 포기약관(Waiver Clause)

411- 413	하 2~ 하 11	이 약관은 … 보험이 종료된다. ☞ 다음으로 대체 ➡ 이 약관은 일명 '창고간 약관'(Warehouse Clause)이라고 하며, 해상적화보험에 있어서의 보험자의 책임의 시기 및 종기, 즉 담보기간을 규정한 약관이다.[16)] 현대의 상거래실무상으로는 화물이 선적을 개시하기 위해 운송개시 시점부터 적재작업, 해상운송, 적양화작업, 보세창고 입고, 최종창고에 입고될 때까지의 여러 가지의 위험이 담보되어야 할 필요성을 느끼게 되었다. **2) 위험의 시기** 해상적화보험에 있어서는 운송약관에 따라 보험자의 담보책임은 "운송개시를 위하여 운송차량 또는 운송용구에 적재할 목적으로 보험계약에 명시된 장소의 창고 또는 보관장소에서 보험목적물이 최초로 이동하게 된 때에 개시된다." 그러므로 창고에서 운송용구까지 화물을 적재하는 동안이나 실제로 운송이 개시되기 이전의 기간 중에는 위험이 개시되지 않는다. 컨테이너에 화물을 적부하기 위해 컨테이너 터미널로 운송을 개시하는 경우는 해상운송의 일부로 간주된다. **3) 위험의 종기** 운송약관에 의하면 위험의 종기는 아래와 같이 세 가지로 구분하여 그 중에서 가장 먼저 도래하는 사유가 발생하면 그 때에 보험자의 담보책임은 종료하는 것으로 하고 있다. 첫째, "화물이 보험증권에 기재된 목적지의 최종창고 또는 보관장소에서 운송차량 또는 기타 용구로부터 양화완료된 때에 종료된다." 둘째, 보험증권에 기재된 목적지를 불문하고 통상의 운송과정에 있어서의 보관이 이외의 보관을 하거나 할당 또는 분배를 위하여 보관할 장소에서 운송차량 또는 기타 용구로부터 양화완료된 때에 종료된다." 이 경우 피보험자가 화물이 양화된 후 목적지에 도착되기 전에 이전에 할당이나 분배를 위하여 돼한 장소를 최종목적지로 간주하게 되는 것이다. 셋째, "본선으로부터 양화작업을 완료한 후 60일을 경과하면 위험이 종료된다." 여기에서 60일의 기산은 부보화물전량이 양화 완료된 날을 기준으로 한다. 다만, 한국에서는 수입화물의 경우에는 30일 약관에 의해 이 기간을 화물을 통관하기 위하여 창고 기타 보관장소에 인도한 후 30일로 제한하여 사용하고 있다. **4) 운송계약의 종료 및 항해 변경시의 위험의 종기** 보험증권상에 기재된 목적지 이외의 항구 또는 지역에서 종료되거나 또는 기타

		의 사정으로 화물의 인도가 이루어지기 이전에 운송이 종료된 경우에는 보험도 종료된다. 단, 보험자에게 지체 없이 통지하고 담보를 계속해줄 것을 요청하는 겨우 추가보험료를 지급하는 조건으로 하는 경우 일정시점까지 보험이 유효하게 계속된다.
422	하 6	100% ➡ 110%
436	상 2	실물은 ➡ 살물은
484	상 10	Consgnee ➡ Consignee
492	하 8	별로 ➡ 별도로
	하 7	않으면 … 별로 ➡ 않으며 … 별도로
498	하 2	위생증명서의 ➡ 검역증명서(quarantine certificate)란 위생증명서의
	각주 54	INCOTERMS 2000 ➡ Incoterms® 2010
560	각주 33	againt ➡ against
595	하 2	부록 1. 무역거래조건의 해석에 관한 국제규칙(2000년 개정) ➡ 국내 및 국제무역거래조건의 사용에 관한 국제상업회의소 규칙(2010년 개정)
596	상 1	1. 무역거래조건의 해석에 관한 국제규칙(2000년 개정) INCOTERMS 2000 ➡ Incoterms® 2010
596-675		내용 삭제 후 다음 원고로 대체 ➡ Incoterms® 2010 ICC rules for the use of domestic and international trade terms

1) 2009년 신 협회적화약관에서는 ICC(A), ICC(B), ICC(C) 의 기본약관과, 협회전쟁약관(적화) 및 협회동맹파업약관과 같은 부대약관으로 구성되고 있다.

2) ICC, Incoterms® 2010 ICC rules for the use of domestic and international trade terms, ICC Publication No. 7715E, ICC Services Publications, 2010, Foreword.

3) Incoterms® 2010에서는 "Incoterms® 2010 rules"이라는 표현을 사용하고 있다. 새로 적용되는 "Incoterms® 2010"에서 "Incoterms®"는 ICC의 고유한 등록상표로 보고 "rules"가 추가되어도 모순되지는 아니할 것으로 보인다. 이러한 취지를 고려하여 Incoterms® 2010에서는 동 규칙 사용시 예를 들어 "FOB 조건"은 "FOB 규칙"이라는 표현으로 하도록 하고 있다. 그러나 이 책에서는 새로운 Incoterms® 2010 적용과 관련된 용어는 "규칙"으로 표현하되, 다만 종전 관행이 반영된 부분과 미국의 법제 등의 용어를 고려하여 "조건"(예를 들면 FOB 조건)으로 표현하였다.

4) ICC, Incoterms® 2010 ICC rules for the use of domestic and international trade terms, ICC Publication No. 7715E, ICC Services Publications, 2010, Introduction.

5) 1982년부터 도입되었던 신협회적화약관은 20여 년간 사용되어 오면서 그동안 테러행위(terrorism) 등의 새로운 위험이 등장하고 운송 및 보험 환경의 변화 등에 부응하기 위하여 런던국제언더라이팅협회(International Underwriting Association of London: IUA)는 로이즈보험시장협회(Lloyd's Market Association: LMA)와 합동적화위원회를 구성하여 1982년 ICC를 개정 하여 2009년 1월 1일부터 신약관을 사용할 수 있도록 하였다.

6) "chain-of-custody"라 함은 물리적 또는 전자적 재료의 취득(acquisition), 이전(transfer), 취급(handling) 및 처분(disposition)의 전체 과정을 보여주는 문서(documentation)로 "물품보관사슬" 또는 "물품보관관리이력"이라고 할 수 있다. 이는 소유자를 포함하여 어떻게 증거가 다루어지고, 유지되고, 전달 및 수정되었는지를 상세하게 나타내는 기록문서를 지칭하는 것으로 증거의 무결성을 다루는 방법으로 이용되고 있다; http://en.

wiktionary.org/wiki/chain_of_custody

7) "전자기록(electronic record)"이라 함은 전자적 수단에 의하여 작성, 생성, 송신, 통신, 수신, 또는 저장된 자료, 송신자의 분명한 신원 및 그 속에 포함된 자료의 분명한 출처, 또한 완전하고 변하지 않은 상태로 남아 있는 지 여부에 관하여 인증될 수 있는 것, 그리고 eUCP 신용장 거래조건과의 일치(성)에 대하여 심사할 수 있는 것을 의미 한다; eUCP Version 1.1, Article e3-b-i.

8) Ex는 라틴어로 영어의 "from" 또는 "out of"의 의미를 갖는다. Ex Works는 라틴어로 "Loco," 영어의 "Spot"의 의미로 계약물품을 현장에서 인도하는 경우에 사용되며 포괄적으로 현장인도라고 한다.

9) Incoterms® 2010, EXW A8.

10) Incoterms® 2010, DAP, A6-b).

11) Incoterms® 2010, DAP, B6-b).

12) Incoterms® 2010, DDP, A6-b).

13) Incoterms® 2010, DDP, B6-b).

14) when under either (a) or (b) the term is also FOB vessel, car or other vehicle, the seller must in addition at his own expense and risk load the goods *on board*; UCC, Article 2 Sales § 2-319. FOB and FAS Terms.

15) Under this quotation : Seller must.... (3) be responsible for any loss or damage, or both, until goods have been placed *on board the vessel* on the date or within the period fixed; Revised American Foreign Trade Definitions, 1990, (II-E) FOB Vessel (named port of shipment), Seller's Liability (3).

16) 제 8조에 정한 운송약관(Transit Clause)의 내용은 다음과 같다.

DURATION

Transit Clause

8. 8.1 Subject to Clause 11 below, this insurance attaches from the time the subject-matter insured is first moved in the warehouse or at the place of storage (at the place named in the contract of insurance) for the purpose of the immediate loading into or onto the carrying vehicle or other conveyance for the commencement of transit, continues during the ordinary course of transit and terminates either

8.1.1 on completion of unloading from the carrying vehicle or other conveyance in or at the final warehouse or place of storage at the destination named in the contract of insurance,

8.1.2 on completion of unloading from the carrying vehicle or other conveyance in or at any other warehouse or place of storage, whether prior to or at the destination named in the contract of insurance, which the Assured or their employees elect to use either for storage other than in the ordinary course of transit or for allocation or distribution, or

8.1.3 when the Assured or their employees elect to use any carrying vehicle or other conveyance or any container for storage other than in the ordinary course of transit or

8.1.4 on the expiry of 60 days after completion of discharge overside of the subject-matter insured from the oversea vessel at the final port of discharge,

whichever shall first occur.

8.2 If, after discharge overside from the oversea vessel at the final port of discharge, but prior to termination of this insurance, the subject-matter insured is to be forwarded to a destination other than that to which it is insured, this insurance, whilst remaining subject to termination as provided in Clauses 8.1.1 to 8.1.4, shall not extend beyond the time the subject-matter insured is first moved for the purpose of the commencement of transit to such other destination.

8.3 This insurance shall remain in force (subject to termination as provided for in Clauses 8.1.1 to 8.1.4 above and to the provisions of Clause 9 below) during delay beyond the control of the Assured, any deviation, forced discharge, reshipment or transhipment and during any variation of the adventure arising from the exercise of a liberty granted to carriers under the contract of carriage.

Incoterms® 2010
ICC rules for the use of domestic and international trade terms

INTRODUCTION

The Incoterms®[1] rules explain a set of three-letter trade terms reflecting business-to-business practice in contracts for the sale of goods. The Incoterms rules describe mainly the tasks, costs and risks involved in the delivery of goods from sellers to buyers.

How to use the Incoterms® 2010 rules

1. Incorporate the Incoterms® 2010 rules into your contract of sale

If you want the Incoterms® 2010 rules to apply to your contract, you should make this clear in the contract, through such words as, "[*the chosen Incoterms rule including the named place, followed by*] Incoterms® 2010" .

2. Choose the appropriate Incoterms rule

The chosen Incoterms rule needs to be appropriate to the goods, to the means of their transport, and above all to whether the parties intend to put additional obligations, for example such as the obligation to organize carriage or insurance, on the seller or on the buyer. The Guidance Note to each Incoterms rule contains information that is particularly helpful when making this choice. Whichever Incoterms rule is chosen, the parties should be aware that the interpretation of their contract may well be influenced by customs particular to the port or place being used.

---

1) "Incoterms" is registered trademark of the International Chamber of Commerce.

3. Specify your place or port as precisely as possible

The chosen Incoterms rule can work only if the parties name a place or port, and will work best if the parties specify the place or port as precisely as possible.
A good example of such precision would be:

"FCA 38 Cours Albert 1er, Paris, France Incoterms® 2010"

Under the Incoterms rules Ex Works (EXW), Free Carrier (FCA), Delivered at Terminal (DAT), Delivered at Place (DAP), Delivered Duty Paid (DDP), Free Alongside Ship (FAS), and Free on Board (FOB), the named place is the place where delivery takes place and where risk passes from the seller to the buyer. Under the Incoterms rules Carriage Paid To (CPT), Carriage and Insurance Paid To (CIP), Cost and Freight (CFR) and Cost, Insurance and Freight (CIF), the named place differs from the place of delivery. Under these four Incoterms rules, the named place is the place of destination to which carriage is paid. Indications as to place or destination can helpfully be further specified by stating a precise point in that place or destination in order to avoid doubt or argument.

4. Remember that Incoterms rules do not give you a complete contract of sale

Incoterms rules do say which party to the sale contract has the obligation to make carriage or insurance arrangements, when the seller delivers the goods to the buyer, and which costs each party is responsible for. Incoterms rules, however, say nothing about the price to be paid or the method of its payment. Neither do they deal with the transfer of ownership of the goods, or the consequences of a breach of contract. These matters are normally dealt with through express terms in the contract of sale or in the law governing that contract. The parties should be aware that mandatory local law may override any aspect of the sale contract, including the chosen Incoterms rule.

Main features of the Incoterms® 2010 rules

1. Two new Incoterms rules –DAT and DAP –have replaced the Incoterms 2000 rules DAF, DES, DEQ and DDU

The number of Incoterms rules has been reduced from 13 to 11. This has been achieved by substituting two new rules that may be used irrespective of the agreed mode of transport – DAT, Delivered at Terminal, and DAP, Delivered at Place – for the Incoterms 2000 rules DAF, DES, DEQ and DDU.
Under both new rules, delivery occurs at a named destination: in DAT, at the buyer' s

disposal unloaded from the arriving vehicle (as under the former DEQ rule); in DAP, likewise at the buyer's disposal, but ready for unloading (as under the former DAF, DES and DDU rules).

The new rules make the Incoterms 2000 rules DES and DEQ superfluous. The named terminal in DAT may well be in a port, and DAT can therefore safely be used in cases where the Incoterms 2000 rule DEQ once was. Likewise, the arriving "vehicle" under DAP may well be a ship and the named place of destination may well be a port: consequently, DAP can safely be used in cases where the Incoterms 2000 rule DES once was. These new rules, like their predecessors, are "delivered," with the seller bearing all the costs (other than those related to import clearance, where applicable) and risks involved in bringing the goods to the named place of destination.

2. Classification of the 11 Incoterms® 2010 rules

The 11 Incoterms® 2010 rules are presented in two distinct classes:

RULES FOR ANY MODE OR MODES OF TRANSPORT

EXW EX WORKS

FCA FREE CARRIER

CPT CARRIAGE PAID TO
CIP CARRIAGE AND INSURANCE PAID TO

DAT DELIVERED AT TERMINAL
DAP DELIVERED AT PLACE
DDP DELIVERED DUTY PAID

RULES FOR SEA AND INLAND WATERWAY TRANSPORT

FAS FREE ALONGSIDE SHIP
FOB FREE ON BOARD

CFR COST AND FREIGHT
CIF COST INSURANCE AND FREIGHT

The first class includes the seven Incoterms® 2010 rules that can be used irrespective of the mode of transport selected and irrespective of whether one or more than one mode of transport is employed. EXW, FCA, CPT, CIP, DAT, DAP and DDP belong to this class.

They can be used even when there is no maritime transport at all. It is important to remember, however, that these rules can be used in cases where a ship is used for part of the carriage.

In the second class of Incoterms® 2010 rules, the point of delivery and the place to which the goods are carried to the buyer are both ports, hence the label "sea and inland waterway" rules. FAS, FOB, CFR and CIF belong to this class. Under the last three Incoterms rules, all mention of the ship's rail as the point of delivery has been omitted in preference for the goods being delivered when they are "on board" the vessel. This more closely reflects modern commercial reality and avoids the rather dated image of the risk swinging to and fro across an imaginary perpendicular line.

3. Rules for domestic and international trade

Incoterms rules have traditionally been used in international sale contracts where goods pass across national borders. In various areas of the world, however, trade blocs, like the European Union, have made border formalities between different countries less significant. Consequently, the subtitle of the Incoterms® 2010 rules formally recognizes that they are available for application to both international and domestic sale contracts. As a result, the Incoterms® 2010 rules clearly state in a number of places that the obligation to comply with export/import formalities exists only where applicable.

Two developments have persuaded ICC that a movement in this direction is timely. Firstly, traders commonly use Incoterms rules for purely domestic sale contracts. The second reason is the greater willingness in the United States to use Incoterms rules in domestic trade rather than the former Uniform Commercial Code shipment and delivery terms.

4. Guidance Notes

Before each Incoterms® 2010 rule you will find a Guidance Note. The Guidance Notes explain the fundamentals of each Incoterms rule, such as when it should be used, when risk passes, and how costs are allocated between seller and buyer. The Guidance Notes are not part of the actual Incoterms® 2010 rules, but are intended to help the user accurately and efficiently steer towards the appropriate Incoterms rule for a particular transaction.

5. Electronic communication

Previous versions of Incoterms rules have specified those documents that could be replaced by EDI messages. Articles A1/B1 of the Incoterms® 2010 rules, however, now give electronic means of communication the same effect as paper communication, as long as the parties so agree or where customary. This formulation facilitates the evolution of new electronic procedures throughout the lifetime of the Incoterms® 2010 rules.

6. Insurance cover

The Incoterms® 2010 rules are the first version of the Incoterms rules since the revision of the Institute Cargo Clauses and take account of alterations made to those clauses. The Incoterms® 2010 rules place information duties relating to insurance in articles A3/B3, which deal with contracts of carriage and insurance. These provisions have been moved from the more generic articles found in articles A10/B10 of the Incoterms 2000 rules. The language in articles A3/B3 relating to insurance has also been altered with a view to clarifying the parties' obligations in this regard.

7. Security-related clearances and information required for such clearances

There is heightened concern nowadays about security in the movement of goods, requiring verification that the goods do not pose a threat to life or property for reasons other than their inherent nature. Therefore, the Incoterms® 2010 rules have allocated obligations between the buyer and seller to obtain or to render assistance in obtaining security-related clearances, such as chain-of-custody information, in articles A2/B2 and A10/B10 of various Incoterms rules.

8. Terminal handling charges

Under Incoterms rules CPT, CIP, CFR, CIF, DAT, DAP, and DDP, the seller must make arrangements for the carriage of the goods to the agreed destination. While the freight is paid by the seller, it is actually paid for by the buyer as freight costs are normally included by the seller in the total selling price. The carriage costs will sometimes include the costs of handling and moving the goods within port or container terminal facilities and the carrier or terminal operator may well charge these costs to the buyer who receives the goods. In these circumstances, the buyer will want to avoid paying for the same service twice: once to the seller as part of the total selling price and once independently to the carrier or the terminal operator. The Incoterms® 2010 rules seek to avoid this happening by clearly allocating such costs in articles A6/B6 of the relevant Incoterms rules.

9. String sales

In the sale of commodities, as opposed to the sale of manufactured goods, cargo is frequently sold several times during transit "down a string." When this happens, a seller in the middle of the string does not "ship" the goods because these have already been shipped by the first seller in the string. The seller in the middle of the string therefore performs its obligations towards its buyer not by shipping the goods, but by "procuring" goods that have been shipped. For clarification purposes, Incoterms® 2010 rules include the obligation to "procure goods shipped" as an alternative to the obligation to ship goods in the relevant Incoterms rules.

Variants of Incoterms rules

Sometimes the parties want to alter an Incoterms rule. The Incoterms® 2010 rules do not prohibit such alteration, but there are dangers in so doing. In order to avoid any unwelcome surprises, the parties would need to make the intended effect of such alterations extremely clear in their contract. Thus, for example, if the allocation of costs in the Incoterms® 2010 rules is altered in the contract, the parties should also clearly state whether they intend to vary the point at which the risk passes from seller to buyer.

Status of this introduction

This introduction gives general information on the use and interpretation of the Incoterms® 2010 rules, but does not form part of those rules.

Explanation of terms used in the Incoterms® 2010 rules

As in the Incoterms 2000 rules, the seller's and buyer's obligations are presented in mirror fashion, reflecting under column A the seller's obligations and under column B the buyer's obligations. These obligations can be carried out personally by the seller or the buyer or sometimes, subject to terms in the contract or the applicable law, through intermediaries such as carriers, freight forwarders or other persons nominated by the seller or the buyer for a specific purpose.

The text of the Incoterms® 2010 rules is meant to be self-explanatory. However, in order to assist users the following text sets out guidance as to the sense in which selected terms are used throughout the document.

Carrier: For the purposes of the Incoterms® 2010 rules, the carrier is the party with whom carriage is contracted.

Customs formalities: These are requirements to be met in order to comply with any applicable customs regulations and may include documentary, security, information or physical inspection obligations.

Delivery: This concept has multiple meanings in trade law and practice, but in the Incoterms® 2010 rules, it is used to indicate where the risk of loss of or damage to the goods passes from the seller to the buyer.

Delivery document: This phrase is now used as the heading to article A8. It means a document used to prove that delivery has occurred. For many of the Incoterms® 2010 rules, the delivery document is a transport document or corresponding electronic record. However, with EXW, FCA, FAS and FOB, the delivery document may simply be a receipt. A delivery document may also have other functions, for example as part of the mechanism for payment.

Electronic record or procedure: A set of information constituted of one or more electronic messages and, where applicable, being functionally equivalent with the corresponding paper document.

Packaging: This word is used for different purposes:

1. The packaging of the goods to comply with any requirements under the contract of sale.
2. The packaging of the goods so that they are fit for transportation.
3. The stowage of the packaged goods within a container or other means of transport.

In the Incoterms® 2010 rules, packaging means both the first and second of the above. The Incoterms® 2010 rules do not deal with the parties' obligations for stowage within a container and therefore, where relevant, the parties should deal with this in the sale contract.

RULES FOR ANY MODE OR MODES OF TRANSPORT

EXW

EX WORKS

EXW(insert named place of delivery) Incoterms® 2010

GUIDANCE NOTE

This rule may be used irrespective of the mode of transport selected and may also be used where more than one mode of transport is employed. It is suitable for domestic trade, while FCA is usually more appropriate for international trade.

"Ex Works" means that the seller delivers when it places the goods at the disposal of the buyer at the seller's premises or at another named place (i.e., works, factory,

warehouse, etc.). The seller does not need to load the goods on any collecting vehicle, nor does it need to clear the goods for export, where such clearance is applicable.
The parties are well advised to specify as clearly as possible the point within the named place of delivery, as the costs and risks to that point are for the account of the seller. The buyer bears all costs and risks involved in taking the goods from the agreed point, if any, at the named place of delivery.
EXW represents the minimum obligation for the seller. The rule should be used with care as:

a) The seller has no obligation to the buyer to load the goods, even though in practice the seller may be in a better position to do so. If the seller does load the goods, it does so at the buyer' s risk and expense. In cases where the seller is in a better position to load the goods, FCA, which obliges the seller to do so at its own risk and expense, is usually more appropriate.
b) A buyer who buys from a seller on an EXW basis for export needs to be aware that the seller has an obligation to provide only such assistance as the buyer may require to effect that export: the seller is not bound to organize the export clearance. Buyers are therefore well advised not to use EXW if they cannot directly or indirectly obtain export clearance.
c) The buyer has limited obligations to provide to the seller any information regarding the export of the goods. However, the seller may need this information for, e.g., taxation or reporting purposes.

A THE SELLER'S OBLIGATIONS

A1 General obligations of the seller

The seller must provide the goods and the commercial invoice in conformity with the contract of sale and any other evidence of conformity that may be required by the contract.
Any document referred to in A1–A10 may be an equivalent electronic record or procedure if agreed between the parties or customary.

A2 Licences, authorizations, security clearances and other formalities

Where applicable, the seller must provide the buyer, at the buyer' s request, risk and expense, assistance in obtaining any export licence, or other official authorization necessary for the export of the goods.

Where applicable, the seller must provide, at the buyer's request, risk and expense, any information in the possession of the seller that is required for the security clearance of the goods.

A3 Contracts of carriage and insurance

a) Contract of carriage
The seller has no obligation to the buyer to make a contract of carriage.
b) Contract of insurance
The seller has no obligation to the buyer to make a contract of insurance. However, the seller must provide the buyer, at the buyer's request, risk and expense (if any), with information that the buyer needs for obtaining insurance.

A4 Delivery

The seller must deliver the goods by placing them at the disposal of the buyer at the agreed point, if any, at the named place of delivery, not loaded on any collecting vehicle. If no specific point has been agreed within the named place of delivery, and if there are several points available, the seller may select the point that best suits its purpose. The seller must deliver the goods on the agreed date or within the agreed period.

B THE BUYER'S OBLIGATIONS

B1 General obligations of the buyer

The buyer must pay the price of the goods as provided in the contract of sale.
Any document referred to in B1–B10 may be an equivalent electronic record or procedure if agreed between the parties or customary.

B2 Licences, authorizations, security clearances and other formalities

Where applicable, it is up to the buyer to obtain, at its own risk and expense, any export and import licence or other official authorization and carry out all customs formalities for the export of the goods.

B3 Contracts of carriage and insurance

a) Contract of carriage
The buyer has no obligation to the seller to make a contract of carriage.
b) Contract of insurance
The buyer has no obligation to the seller to make a contract of insurance.

B4 Taking delivery

The buyer must take delivery of the goods when A4 and A7 have been complied with.

A5 Transfer of risks

The seller bears all risks of loss of or damage to the goods until they have been delivered in accordance with A4 with the exception of loss or damage in the circumstances described in B5.

A6 Allocation of costs

The seller must pay all costs relating to the goods until they have been delivered in accordance with A4, other than those payable by the buyer as envisaged in B6.

A7 Notices to the buyer

The seller must give the buyer any notice needed to enable the buyer to take delivery of the goods.

A8 Delivery document

The seller has no obligation to the buyer.

B5 Transfer of risks

The buyer bears all risks of loss of or damage to the goods from the time they have been delivered as envisaged in A4.
If the buyer fails to give notice in accordance with B7, then the buyer bears all risks of loss of or damage to the goods from the agreed date or the expiry date of the agreed period for delivery, provided that the goods have been clearly identified as the contract goods.

B6 Allocation of costs

The buyer must:
a)pay all costs relating to the goods from the time they have been delivered as envisaged in A4;
b)pay any additional costs incurred by failing either to take delivery of the goods when they have been placed at its disposal or to give appropriate notice in accordance with B7, provided that the goods have been clearly identified as the contract goods;

c)pay, where applicable, all duties, taxes and other charges, as well as the costs of carrying out customs formalities payable upon export; and

d)reimburse all costs and charges incurred by the seller in providing assistance as envisaged in A2.

B7 Notices to the seller

The buyer must, whenever it is entitled to determine the time within an agreed period and/or the point of taking delivery within the named place, give the seller sufficient notice thereof.

B8 Proof of delivery

The buyer must provide the seller with appropriate evidence of having taken delivery.

A9 Checking–packaging–marking

The seller must pay the costs of those checking operations (such as checking quality, measuring, weighing, counting) that are necessary for the purpose of delivering the goods in accordance with A4.

The seller must, at its own expense, package the goods, unless it is usual for the particular trade to transport the type of goods sold unpackaged. The seller may package the goods in the manner appropriate for their transport, unless the buyer has notified the seller of specific packaging requirements before the contract of sale is concluded. Packaging is to be marked appropriately.

A10 Assistance with information and related costs

The seller must, where applicable, in a timely manner, provide to or render assistance in obtaining for the buyer, at the buyer' s request, risk and expense, any documents and information, including security–related information, that the buyer needs for the export and/or import of the goods and/or for their transport to the final destination.

B9 Inspection of goods

The buyer must pay the costs of any mandatory pre–shipment inspection, including inspection mandated by the authorities of the country of export.

B10 Assistance with information and related costs

The buyer must, in a timely manner, advise the seller of any security information requirements so that the seller may comply with A10.

The buyer must reimburse the seller for all costs and charges incurred by the seller in providing or rendering assistance in obtaining documents and information as envisaged in A10.

FCA

Free Carrier

FCA(insert named place of delivery) Incoterms® 2010

GUIDANCE NOTE

This rule may be used irrespective of the mode of transport selected and may also be used where more than one mode of transport is employed.

"Free Carrier" means that the seller delivers the goods to the carrier or another person nominated by the buyer at the seller' s premises or another named place. The parties are well advised to specify as clearly as possible the point within the named place of delivery, as the risk passes to the buyer at that point.

If the parties intend to deliver the goods at the seller' s premises, they should identify the address of those premises as the named place of delivery. If, on the other hand, the parties intend the goods to be delivered at another place, they must identify a different specific place of delivery.

FCA requires the seller to clear the goods for export, where applicable. However, the seller has no obligation to clear the goods for import, pay any import duty or carry out any import customs formalities.

A THE SELLER'S OBLIGATIONS

A1 General obligations of the seller

The seller must provide the goods and the commercial invoice in conformity with the contract of sale and any other evidence of conformity that may be required by the contract. Any document referred to in A1–A10 may be an equivalent electronic record or procedure if agreed between the parties or customary.

A2 Licences, authorizations, security clearances and other formalities

Where applicable, the seller must obtain, at its own risk and expense, any export licence or other official authorization and carry out all customs formalities necessary for the export of thegoods.

A3 Contracts of carriage and insurance

a) Contract of carriage
The seller has no obligation to the buyer to make a contract of carriage. However, if requested by the buyer or if it is commercial practice and the buyer does not give an instruction to the contrary in due time, the seller may contract for carriage on usual terms at the buyer's risk and expense. In either case, the seller may decline to make the contract of carriage and, if it does, shall promptly notify the buyer.
b) Contract of insurance
The seller has no obligation to the buyer to make a contract of insurance. However, the seller must provide the buyer, at the buyer's request, risk, and expense (if any), with information that the buyer needs for obtaining insurance.

A4 Delivery

The seller must deliver the goods to the carrier or another person nominated by the buyer at the agreed point, if any, at the named place on the agreed date or within the agreed period.
Delivery is completed:
a) If the named place is the seller's premises, when the goods have been loaded on the means of transport provided by the buyer.
b) In any other case, when the goods are placed at the disposal of the carrier or another person nominated by the buyer on the seller's means of transport ready for unloading.
If no specific point has been notified by the buyer under B7 d) within the named place of delivery, and if there are several points available, the seller may select the point that best suits its purpose.

B THE BUYER'S OBLIGATIONS

B1 General obligations of the buyer

The buyer must pay the price of the goods as provided in the contract of sale.
Any document referred to in B1–B10 may be an equivalent electronic record or procedure if agreed between the parties or customary.

B2 Licences, authorizations, security clearances and other formalities

Where applicable, it is up to the buyer to obtain, at its own risk and expense, any import licence or other official authorization and carry out all customs formalities for the import of the goods and for their transport through any country.

B3 Contracts of carriage and insurance

a) Contract of carriage
The buyer must contract at its own expense for the carriage of the goods from the named place of delivery, except when the contract of carriage is made by the seller as provided for in A3 a).
b) Contract of insurance
The buyer has no obligation to the seller to make a contract of insurance.

B4 Taking delivery

The buyer must take delivery of the goods when they have been delivered as envisaged in A4.
Unless the buyer notifies the seller otherwise, the seller may deliver the goods for carriage in such a manner as the quantity and/or nature of the goods may require.

A5 Transfer of risks

The seller bears all risks of loss of or damage to the goods until they have been delivered in accordance with A4, with the exception of loss or damage in the circumstances described in B5.

A6 Allocation of costs

The seller must pay
a) all costs relating to the goods until they have been delivered in accordance with A4, other than those payable by the buyer as envisaged in B6; and
b) where applicable, the costs of customs formalities necessary for export, as well as all duties, taxes, and other charges payable upon export.

B5 Transfer of risks

The buyer bears all risks of loss of or damage to the goods from the time they have been delivered as envisaged in A4.
If
a) the buyer fails in accordance with B7 to notify the nomination of a carrier or another person as envisaged in A4 or to give notice; or

b) the carrier or person nominated by the buyer as envisaged in A4 fails to take the goods into its charge,
then, the buyer bears all risks of loss of or damage to the goods:
(i) from the agreed date, or in the absence of an agreed date,
(ii) from the date notified by the seller under A7 within the agreed period; or, if no such date has been notified,
(iii) from the expiry date of any agreed period for delivery,
provided that the goods have been clearly identified as the contract goods.

B6 Allocation of costs

The buyer must pay
a) all costs relating to the goods from the time they have been delivered as envisaged in A4, except, where applicable, the costs of customs formalities necessary for export, as well as all duties, taxes, and other charges payable upon export as referred to in A6 b);
b) any additional costs incurred, either because:
(i) the buyer fails to nominate a carrier or another person as envisaged in A4, or
(ii) the carrier or person nominated by the buyer as envisaged in A4 fails to take the goods into its charge, or
(iii) the buyer has failed to give appropriate notice in accordance with B7,
provided that the goods have been clearly identified as the contract goods; and
c) where applicable, all duties, taxes and other charges as well as the costs of carrying out customs formalities payable upon import of the goods and the costs for their transport through any country.

A7 Notices to the buyer

The seller must, at the buyer's risk and expense, give the buyer sufficient notice either that the goods have been delivered in accordance with A4 or that the carrier or another person nominated by the buyer has failed to take the goods within the time agreed.

A8 Delivery document

The seller must provide the buyer, at the seller's expense, with the usual proof that the goods have been delivered in accordance with A4.
The seller must provide assistance to the buyer, at the buyer's request, risk and expense, in obtaining a transport document.

A9 Checking–packaging–marking

The seller must pay the costs of those checking operations (such as checking quality, measuring, weighing, counting) that are necessary for the purpose of delivering the goods in accordance with A4, as well as the costs of any pre-shipment inspection mandated by the authority of the country of export.
The seller must, at its own expense, package the goods, unless it is usual for the particular trade to transport the type of goods sold unpackaged. The seller may package the goods in the manner appropriate for their transport, unless the buyer has notified the seller of specific packaging requirements before the contract of sale is concluded. Packaging is to be marked appropriately.

A10 Assistance with information and related costs

The seller must, where applicable, in a timely manner, provide to or render assistance in obtaining for the buyer, at the buyer' s request, risk and expense, any documents and information, including security-related information, that the buyer needs for the import of the goods and/or for their transport to the final destination.

B7 Notices to the seller

The buyer must notify the seller of
a) the name of the carrier or another person nominated as envisaged in A4 within sufficient time as to enable the seller to deliver the goods in accordance with that article;
b) where necessary, the selected time within the period agreed for delivery when the carrier or person nominated will take the goods;
c) the mode of transport to be used by the person nominated; and
d) the point of taking delivery within the named place.

B8 Proof of delivery

The buyer must accept the proof of delivery provided as envisaged in A8.

B9 Inspection of goods

The buyer must pay the costs of any mandatory pre-shipment inspection, except when such inspection is mandated by the authorities of the country of export.

B10 Assistance with information and related costs

The buyer must, in a timely manner, advise the seller of any security information

requirements so that the seller may comply with A10.

The buyer must reimburse the seller for all costs and charges incurred by the seller in providing or rendering assistance in obtaining documents and information as envisaged in A10.

The seller must reimburse the buyer for all costs and charges incurred by the buyer in providing or rendering assistance in obtaining documents and information as envisaged in B10.

The buyer must, where applicable, in a timely manner, provide to or render assistance in obtaining for the seller, at the seller' s request, risk and expense, any documents and information, including security-related information, that the seller needs for the transport and export of the goods and for their transport through any country.

CPT

CARRIAGE PAID TO

CPT(insert named place of destination) Incoterms® 2010

GUIDANCE NOTE

This rule may be used irrespective of the mode of transport selected and may also be used where more than one mode of transport is employed.

"Carriage Paid To" means that the seller delivers the goods to the carrier or another person nominated by the seller at an agreed place (if any such place is agreed between the parties) and that the seller must contract for and pay the costs of carriage necessary to bring the goods to the named place of destination.

When CPT, CIP, CFR or CIF are used, the seller fulfils its obligation to deliver when it hands the goods over to the carrier and not when the goods reach the place of destination.

This rule has two critical points, because risk passes and costs are transferred at different places. The parties are well advised to identify as precisely as possible in the contract both the place of delivery, where the risk passes to the buyer, and the named place of destination to which the seller must contract for the carriage. If several carriers are used for the carriage to the agreed destination and the parties do not agree on a specific point of delivery, the default position is that risk passes when the goods have been delivered to the first carrier at a point entirely of the seller' s choosing and over which the buyer has no control. Should the parties wish the risk to pass at a later stage (e.g., at an ocean port or airport), they need to specify this in their contract of sale.

The parties are also well advised to identify as precisely as possible the point within the

agreed place of destination, as the costs to that point are for the account of the seller. The seller is advised to procure contracts of carriage that match this choice precisely. If the seller incurs costs under its contract of carriage related to unloading at the named place of destination, the seller is not entitled to recover such costs from the buyer unless otherwise agreed between the parties.
CPT requires the seller to clear the goods for export, where applicable. However, the seller has no obligation to clear the goods for import, pay any import duty or carry out any import customs formalities.

A THE SELLER'S OBLIGATIONS

A1 General obligations of the seller

The seller must provide the goods and the commercial invoice in conformity with the contract of sale and any other evidence of conformity that may be required by the contract.
Any document referred to in A1–A10 may be an equivalent electronic record or procedure if agreed between the parties or customary.

A2 Licences, authorizations, security clearances and other formalities

Where applicable, the seller must obtain, at its own risk and expense, any export licence or other official authorization and carry out all customs formalities necessary for the export of the goods, and for their transport through any country prior to delivery.

A3 Contracts of carriage and insurance

a) Contract of carriage
The seller must contract or procure a contract for the carriage of the goods from the agreed point of delivery, if any, at the place of delivery to the named place of destination or, if agreed, any point at that place. The contract of carriage must be made on usual terms at the seller' s expense and provide for carriage by the usual route and in a customary manner. If a specific point is not agreed or is not determined by practice, the seller may select the point of delivery and the point at the named place of destination that best suit its purpose.
b) Contract of insurance
The seller has no obligation to the buyer to make a contract of insurance. However, the seller must provide the buyer, at the buyer' s request, risk, and expense (if any), with information that the buyer needs for obtaining insurance.

A4 Delivery

The seller must deliver the goods by handing them over to the carrier contracted in accordance with A3 on the agreed date or within the agreed period.

B THE BUYER'S OBLIGATIONS

B1 General obligations of the buyer

The buyer must pay the price of the goods as provided in the contract of sale.
Any document referred to in B1–B10 may be an equivalent electronic record or procedure if agreed between the parties or customary.

B2 Licences, authorizations, security clearances and other formalities

Where applicable, it is up to the buyer to obtain, at its own risk and expense, any import licence or other official authorization and carry out all customs formalities for the import of the goods and for their transport through any country.

B3 Contracts of carriage and insurance

a) Contract of carriage
The buyer has no obligation to the seller to make a contract of carriage.
b) Contract of insurance
The buyer has no obligation to the seller to make a contract of insurance. However, the buyer must provide the seller, upon request, with the necessary information for obtaining insurance.

B4 Taking delivery

The buyer must take delivery of the goods when they have been delivered as envisaged in A4 and receive them from the carrier at the named place of destination.

A5 Transfer of risks

The seller bears all risks of loss of or damage to the goods until they have been delivered in accordance with A4, with the exception of loss or damage in the circumstances described in B5.

A6 Allocation of costs

The seller must pay
a) all costs relating to the goods until they have been delivered in accordance with A4, other than those payable by the buyer as envisaged in B6;
b) the freight and all other costs resulting from A3 a), including the costs of loading the goods and any charges for unloading at the place of destination that were for the seller' s account under the contract of carriage; and
c) where applicable, the costs of customs formalities necessary for export, as well as all duties, taxes and other charges payable upon export, and the costs for their transport through any country that were for the seller' s account under the contract of carriage.

A7 Notices to the buyer

The seller must notify the buyer that the goods have been delivered in accordance with A4.
The seller must give the buyer any notice needed in order to allow the buyer to take measures that are normally necessary to enable the buyer to take the goods.

B5 Transfer of risks

The buyer bears all risks of loss of or damage to the goods from the time they have been delivered as envisaged in A4.
If the buyer fails to give notice in accordance with B7, it must bear all risks of loss of or damage to the goods from the agreed date or the expiry date of the agreed period for delivery, provided that the goods have been clearly identified as the contract goods.

B6 Allocation of costs

The buyer must, subject to the provisions of A3 a), pay
a) all costs relating to the goods from the time they have been delivered as envisaged in A4, except, where applicable, the costs of customs formalities necessary for export, as well as all duties, taxes, and other charges payable upon export as referred to in A6 c);
b) all costs and charges relating to the goods while in transit until their arrival at the agreed place of destination, unless such costs and charges were for the seller' s account under the contract of carriage;
c) unloading costs, unless such costs were for the seller' s account under the contract of carriage;
d) any additional costs incurred if the buyer fails to give notice in accordance with B7,

from the agreed date or the expiry date of the agreed period for dispatch, provided that the goods have been clearly identified as the contract goods; and

e) where applicable, all duties, taxes and other charges, as well as the costs of carrying out customs formalities payable upon import of the goods and the costs for their transport through any country, unless included within the cost of the contract of carriage.

B7 Notices to the seller

The buyer must, whenever it is entitled to determine the time for dispatching the goods and/or the named place of destination or the point of receiving the goods within that place, give the seller sufficient notice thereof.

A8 Delivery document

If customary or at the buyer' s request, the seller must provide the buyer, at the seller' s expense, with the usual transport document[s] for the transport contracted in accordance with A3.

This transport document must cover the contract goods and be dated within the period agreed for shipment. If agreed or customary, the document must also enable the buyer to claim the goods from the carrier at the named place of destination and enable the buyer to sell the goods in transit by the transfer of the document to a subsequent buyer or by notification to the carrier.

When such a transport document is issued in negotiable form and in several originals, a full set of originals must be presented to the buyer.

A9 Checking-packaging-marking

The seller must pay the costs of those checking operations (such as checking quality, measuring, weighing, counting) that are necessary for the purpose of delivering the goods in accordance with A4, as well as the costs of any pre-shipment inspection mandated by the authority of the country of export.

The seller must, at its own expense, package the goods, unless it is usual for the particular trade to transport the type of goods sold unpackaged. The seller may package the goods in the manner appropriate for their transport, unless the buyer has notified the seller of specific packaging requirements before the contract of sale is concluded. Packaging is to be marked appropriately.

A10 Assistance with information and related costs

The seller must, where applicable, in a timely manner, provide to or render assistance in

obtaining for the buyer, at the buyer's request, risk and expense, any documents and information, including security-related information, that the buyer needs for the import of the goods and/or for their transport to the final destination.
The seller must reimburse the buyer for all costs and charges incurred by the buyer in providing or rendering assistance in obtaining documents and information as envisaged in B10.

B8 Proof of delivery

The buyer must accept the transport document provided as envisaged in A8 if it is in conformity with the contract.

B9 Inspection of goods

The buyer must pay the costs of any mandatory pre-shipment inspection, except when such inspection is mandated by the authorities of the country of export.

B10 Assistance with information and related costs

The buyer must, in a timely manner, advise the seller of any security information requirements so that the seller may comply with A10.
The buyer must reimburse the seller for all costs and charges incurred by the seller in providing or rendering assistance in obtaining documents and information as envisaged in A10.
The buyer must, where applicable, in a timely manner, provide to or render assistance in obtaining for the seller, at the seller's request, risk and expense, any documents and information, including security-related information, that the seller needs for the transport and export of the goods and for their transport through any country.

CIP

CARRIAGE AND INSURANCE PAID TO

CIP(insert named place of destination) Incoterms® 2010

GUIDANCE NOTE

This rule may be used irrespective of the mode of transport selected and may also be used where more than one mode of transport is employed.
"Carriage and Insurance Paid to" means that the seller delivers the goods to the carrier

or another person nominated by the seller at an agreed place (if any such place is agreed between the parties) and that the seller must contract for and pay the costs of carriage necessary to bring the goods to the named place of destination.
The seller also contracts for insurance cover against the buyer' s risk of loss of or damage to the goods during the carriage. The buyer should note that under CIP the seller is required to obtain insurance only on minimum cover. Should the buyer wish to have more insurance protection, it will need either to agree as much expressly with the seller or to make its own extra insurance arrangements.
When CPT, CIP, CFR or CIF are used, the seller fulfils its obligation to deliver when it hands the goods over to the carrier and not when the goods reach the place of destination.
This rule has two critical points, because risk passes and costs are transferred at different places. The parties are well advised to identify as precisely as possible in the contract both the place of delivery, where the risk passes to the buyer, and the named place of destination to which the seller must contract for carriage. If several carriers are used for the carriage to the agreed destination and the parties do not agree on a specific point of delivery, the default position is that risk passes when the goods have been delivered to the first carrier at a point entirely of the seller' s choosing and over which the buyer has no control. Should the parties wish the risk to pass at a later stage (e.g., at an ocean port or an airport), they need to specify this in their contract of sale.
The parties are also well advised to identify as precisely as possible the point within the agreed place of destination, as the costs to that point are for the account of the seller. The seller is advised to procure contracts of carriage that match this choice precisely. If the seller incurs costs under its contract of carriage related to unloading at the named place of destination, the seller is not entitled to recover such costs from the buyer unless otherwise agreed between the parties.
CIP requires the seller to clear the goods for export, where applicable. However, the seller has no obligation to clear the goods for import, pay any import duty or carry out any import customs formalities.

A THE SELLER'S OBLIGATIONS

A1 General obligations of the seller

The seller must provide the goods and the commercial invoice in conformity with the contract of sale and any other evidence of conformity that may be required by the contract.

Any document referred to in A1–A10 may be an equivalent electronic record or procedure if agreed between the parties or customary.

A2 Licences, authorizations, security clearances and other formalities

Where applicable, the seller must obtain, at its own risk and expense, any export licence or other official authorization and carry out all customs formalities necessary for the export of the goods and for their transport through any country prior to delivery.

B THE BUYER'S OBLIGATIONS

B1 General obligations of the buyer

The buyer must pay the price of the goods as provided in the contract of sale.
Any document referred to in B1–B10 may be an equivalent electronic record or procedure if agreed between the parties or customary.

B2 Licences, authorizations, security clearances and other formalities

Where applicable, it is up to the buyer to obtain, at its own risk and expense, any import licence or other official authorization and carry out all customs formalities for the import of the goods and for their transport through any country.

A3 Contracts of carriage and insurance

a) Contract of carriage
The seller must contract or procure a contract for the carriage of the goods from the agreed point of delivery, if any, at the place of delivery to the named place of destination or, if agreed, any point at that place. The contract of carriage must be made on usual terms at the seller' s expense and provide for carriage by the usual route and in a customary manner. If a specific point is not agreed or is not determined by practice, the seller may select the point of delivery and the point at the named place of destination that best suit its purpose.
b) Contract of insurance
The seller must obtain at its own expense cargo insurance complying at least with the minimum cover as provided by Clauses (C) of the Institute Cargo Clauses (LMA/IUA) or any similar clauses. The insurance shall be contracted with underwriters or an insurance company of good repute and entitle the buyer, or any other person having an insurable interest in the goods, to claim directly from the insurer.

When required by the buyer, the seller shall, subject to the buyer providing any necessary information requested by the seller, provide at the buyer' s expense any additional cover, if procurable, such as cover as provided by Clauses (A) or (B) of the Institute Cargo Clauses (LMA/IUA) or any similar clauses, and/or cover complying with the Institute War Clauses and/or Institute Strikes Clauses (LMA/IUA) or any similar clauses.

The insurance shall cover, at a minimum, the price provided in the contract plus 10% (i.e., 110%) and shall be in the currency of the contract.

The insurance shall cover the goods from the point of delivery set out in A4 and A5 to at least the named place of destination.

The seller must provide the buyer with the insurance policy or other evidence of insurance cover.

Moreover, the seller must provide the buyer, at the buyer' s request, risk, and expense (if any), with information that the buyer needs to procure any additional insurance.

A4 Delivery

The seller must deliver the goods by handing them over to the carrier contracted in accordance with A3 on the agreed date or within the agreed period.

B3 Contracts of carriage and insurance

a) Contract of carriage

The buyer has no obligation to the seller to make a contract of carriage.

b) Contract of insurance

The buyer has no obligation to the seller to make a contract of insurance. However, the buyer must provide the seller, upon request, with any information necessary for the seller to procure any additional insurance requested by the buyer as envisaged in A3 b).

B4 Taking delivery

The buyer must take delivery of the goods when they have been delivered as envisaged in A4 and receive them from the carrier at the named place of destination.

A5 Transfer of risks

The seller bears all risks of loss of or damage to the goods until they have been delivered in accordance with A4, with the exception of loss or damage in the circumstances described in B5.

A6 Allocation of costs

The seller must pay
a) all costs relating to the goods until they have been delivered in accordance with A4, other than those payable by the buyer as envisaged in B6;
b) the freight and all other costs resulting from A3 a), including he costs of loading the goods and any charges for unloading at the place of destination that were for the seller' s account under the contract of carriage;
c) the costs of insurance resulting from A3 b); and
d) where applicable, the costs of customs formalities necessary for export, as well as all duties, taxes and other charges payable upon export, and the costs for their transport through any country that were for the seller' s account under the contract of carriage.

A7 Notices to the buyer

The seller must notify the buyer that the goods have been delivered in accordance with A4.
The seller must give the buyer any notice needed in order to allow the buyer to take measures that are normally necessary to enable the buyer to take the goods.

B5 Transfer of risks

The buyer bears all risks of loss of or damage to the goods from the time they have been delivered as envisaged in A4.
If the buyer fails to give notice in accordance with B7, it must bear all risks of loss of or damage to the goods from the agreed date or the expiry date of the agreed period for delivery,
provided that the goods have been clearly identified as the contract goods.

B6 Allocation of costs

The buyer must, subject to the provisions of A3 a), pay
a) all costs relating to the goods from the time they have been delivered as envisaged in A4, except, where applicable, the costs of customs formalities necessary for export, as well as all duties, taxes and other charges payable upon export as referred to in A6 d);
b) all costs and charges relating to the goods while in transit until their arrival at the agreed place of destination, unless such costs and charges were for the seller' s account under the contract of carriage;
c) unloading costs, unless such costs were for the seller' s account under the contract of

carriage;
d) any additional costs incurred if it fails to give notice in accordance with B7, from the agreed date or the expiry date of the agreed period for dispatch, provided that the goods have been clearly identified as the contract goods;
e) where applicable, all duties, taxes and other charges as well as the costs of carrying out customs formalities payable upon import of the goods and the costs for their transport through any country, unless included within the cost of the contract of carriage; and
f) the costs of any additional insurance procured at the buyer' s request under A3 and B3.

B7 Notices to the seller

The buyer must, whenever it is entitled to determine the time for dispatching the goods and/or the named place of destination or the point of receiving the goods within that place, give the seller sufficient notice thereof.

A8 Delivery document

If customary or at the buyer' s request, the seller must provide the buyer, at the seller' s expense, with the usual transport document[s] for the transport contracted in accordance with A3.
This transport document must cover the contract goods and be dated within the period agreed for shipment. If agreed or customary, the document must also enable the buyer to claim the goods from the carrier at the named place of destination and enable the buyer to sell the goods in transit by the transfer of the document to a subsequent buyer or by notification to the carrier.
When such a transport document is issued in negotiable form and in several originals, a full set of originals must be presented to the buyer.

A9 Checking-packaging-marking

The seller must pay the costs of those checking operations (such as checking quality, measuring, weighing, counting) that are necessary for the purpose of delivering the goods in accordance with A4 as well as the costs of any pre-shipment inspection mandated by the authority of the country of export.
The seller must, at its own expense, package the goods, unless it is usual for the particular trade to transport the type of goods sold unpackaged. The seller may package the goods in the manner appropriate for their transport, unless the buyer has notified the seller of specific packaging requirements before the contract of sale is concluded. Packaging is to be marked appropriately.

A10 Assistance with information and related costs

The seller must, where applicable, in a timely manner, provide to or render assistance in obtaining for the buyer, at the buyer's request, risk and expense, any documents and information, including security-related information, that the buyer needs for the import of the goods and/or for their transport to the final destination.
The seller must reimburse the buyer for all costs and charges incurred by the buyer in providing or rendering assistance in obtaining documents and information as envisaged in B10.

B8 Proof of delivery

The buyer must accept the transport document provided as envisaged in A8 if it is in conformity with the contract.

B9 Inspection of goods

The buyer must pay the costs of any mandatory pre-shipment inspection, except when such inspection is mandated by the authorities of the country of export.

B10 Assistance with information and related costs

The buyer must, in a timely manner, advise the seller of any security information requirements so that the seller may comply with A10.
The buyer must reimburse the seller for all costs and charges incurred by the seller in providing or rendering assistance in obtaining documents and information as envisaged in A10.
The buyer must, where applicable, in a timely manner, provide to or render assistance in obtaining for the seller, at the seller's request, risk and expense, any documents and information, including security-related information, that the seller needs for the transport and export of the goods and for their transport through any country.

DAT

DELIVERED AT TERMINAL

DAT(insert named terminal at port or place of destination) Incoterms® 2010

GUIDANCE NOTE

This rule may be used irrespective of the mode of transport selected and may also be used where more than one mode of transport is employed.

"Delivered at Terminal" means that the seller delivers when the goods, once unloaded from the arriving means of transport, are placed at the disposal of the buyer at a named terminal at the named port or place of destination. "Terminal" includes any place, whether covered or not, such as a quay, warehouse, container yard or road, rail or air cargo terminal. The seller bears all risks involved in bringing the goods to and unloading them at the terminal at the named port or place of destination.

The parties are well advised to specify as clearly as possible the terminal and, if possible, a specific point within the terminal at the agreed port or place of destination, as the risks to that point are for the account of the seller. The seller is advised to procure a contract of carriage that matches this choice precisely.

Moreover, if the parties intend the seller to bear the risks and costs involved in transporting and handling the goods from the terminal to another place, then the DAP or DDP rules should be used.

DAT requires the seller to clear the goods for export, where applicable. However, the seller has no obligation to clear the goods for import, pay any import duty or carry out any import customs formalities.

A THE SELLER'S OBLIGATIONS

A1 General obligations of the seller

The seller must provide the goods and the commercial invoice in conformity with the contract of sale and any other evidence of conformity that may be required by the contract.

Any document referred to in A1–A10 may be an equivalent electronic record or procedure if agreed between the parties or customary.

A2 Licences, authorizations, security clearances and other formalities

Where applicable, the seller must obtain, at its own risk and expense, any export licence and other official authorization and carry out all customs formalities necessary for the export of the goods and for their transport through any country prior to delivery.

A3 Contracts of carriage and insurance

a) Contract of carriage

The seller must contract at its own expense for the carriage of the goods to the named terminal at the agreed port or place of destination. If a specific terminal is not agreed or

is not determined by practice, the seller may select the terminal at the agreed port or place of destination that best suits its purpose.
b) Contract of insurance
The seller has no obligation to the buyer to make a contract of insurance. However, the seller must provide the buyer, at the buyer' s request, risk, and expense (if any), with information that the buyer needs for obtaining insurance.

A4 Delivery

The seller must unload the goods from the arriving means of transport and must then deliver them by placing them at the disposal of the buyer at the named terminal referred to in A3 a) at the port or place of destination on the agreed date or within the agreed period.

B THE BUYER'S OBLIGATIONS

B1 General obligations of the buyer

The buyer must pay the price of the goods as provided in the contract of sale.
Any document referred to in B1–B10 may be an equivalent electronic record or procedure if agreed between the parties or customary.

B2 Licences, authorizations, security clearances and other formalities

Where applicable, the buyer must obtain, at its own risk and expense, any import licence or other official authorization and carry out all customs formalities for the import of the goods.

B3 Contracts of carriage and insurance

a) Contract of carriage
The buyer has no obligation to the seller to make a contract of carriage.
b) Contract of insurance
The buyer has no obligation to the seller to make a contract of insurance. However, the buyer must provide the seller, upon request, with the necessary information for obtaining insurance.

B4 Taking delivery

The buyer must take delivery of the goods when they have been delivered as envisaged in A4.

A5 Transfer of risks

The seller bears all risks of loss of or damage to the goods until they have been delivered in accordance with A4 with the exception of loss or damage in the circumstances described in B5.

A6 Allocation of costs

The seller must pay

a) in addition to costs resulting from A3 a), all costs relating to the goods until they have been delivered in accordance with A4, other than those payable by the buyer as envisaged in B6; and

b) where applicable, the costs of customs formalities necessary for export as well as all duties, taxes and other charges payable upon export and the costs for their transport through any country, prior to delivery in accordance with A4.

A7 Notices to the buyer

The seller must give the buyer any notice needed in order to allow the buyer to take measures that are normally necessary to enable the buyer to take delivery of the goods.

A8 Delivery document

The seller must provide the buyer, at the seller's expense, with a document enabling the buyer to take delivery of the goods as envisaged in A4/B4.

B5 Transfer of risks

The buyer bears all risks of loss of or damage to the goods from the time they have been delivered as envisaged in A4.

If

a) the buyer fails to fulfil its obligations in accordance with B2, then it bears all resulting risks of loss of or damage to the goods; or

b) the buyer fails to give notice in accordance with B7, then it bears all risks of loss of or damage to the goods from the agreed date or the expiry date of the agreed period for delivery,

provided that the goods have been clearly identified as the contract goods.

B6 Allocation of costs

The buyer must pay

a) all costs relating to the goods from the time they have been delivered as envisaged in A4;
b) any additional costs incurred by the seller if the buyer fails to fulfil its obligations in accordance with B2, or to give notice in accordance with B7, provided that the goods have been clearly identified as the contract goods; and
c) where applicable, the costs of customs formalities as well as all duties, taxes and other charges payable upon import of the goods.

B7 Notices to the seller

The buyer must, whenever it is entitled to determine the time within an agreed period and/or the point of taking delivery at the named terminal, give the seller sufficient notice thereof.

B8 Proof of delivery

The buyer must accept the delivery document provided as envisaged in A8.

A9 Checking-packaging-marking

The seller must pay the costs of those checking operations (such as checking quality, measuring, weighing, counting) that are necessary for the purpose of delivering the goods in accordance with A4, as well as the costs of any pre-shipment inspection mandated by the authority of the country of export.
The seller must, at its own expense, package the goods, unless it is usual for the particular trade to transport the type of goods sold unpackaged. The seller may package the goods in the manner appropriate for their transport, unless the buyer has notified the seller of specific packaging requirements before the contract of sale is concluded. Packaging is to be marked appropriately.

A10 Assistance with information and related costs

The seller must, where applicable, in a timely manner, provide to or render assistance in obtaining for the buyer, at the buyer's request, risk and expense, any documents and information, including security-related information, that the buyer needs for the import of the goods and/or for their transport to the final destination.
The seller must reimburse the buyer for all costs and charges incurred by the buyer in providing or rendering assistance in obtaining documents and information as envisaged in B10.

B9 Inspection of goods

The buyer must pay the costs of any mandatory pre-shipment inspection, except when such inspection is mandated by the authorities of the country of export.

B10 Assistance with information and related costs

The buyer must, in a timely manner, advise the seller of any security information requirements so that the seller may comply with A10.
The buyer must reimburse the seller for all costs and charges incurred by the seller in providing or rendering assistance in obtaining documents and information as envisaged in A10.
The buyer must, where applicable, in a timely manner, provide to or render assistance in obtaining for the seller, at the seller' s request, risk and expense, any documents and information, including security-related information, that the seller needs for the transport and export of the goods and for their transport through any country.

DAP

DELIVERED AT PLACE

DAP(insert named place of destination) Incoterms® 2010

GUIDANCE NOTE

This rule may be used irrespective of the mode of transport selected and may also be used where more than one mode of transport is employed.
"Delivered at Place" means that the seller delivers when the goods are placed at the disposal of the buyer on the arriving means of transport ready for unloading at the named place of destination. The seller bears all risks involved in bringing the goods to the named place.
The parties are well advised to specify as clearly as possible the point within the agreed place of destination, as the risks to that point are for the account of the seller. The seller is advised to procure contracts of carriage that match this choice precisely. If the seller incurs costs under its contract of carriage related to unloading at the place of destination, the seller is not entitled to recover such costs from the buyer unless otherwise agreed between the parties.
DAP requires the seller to clear the goods for export, where applicable. However, the seller has no obligation to clear the goods for import, pay any import duty or carry out

any import customs formalities. If the parties wish the seller to clear the goods for import, pay any import duty and carry out any import customs formalities, the DDP term should be used.

A THE SELLER'S OBLIGATIONS

A1 General obligations of the seller

The seller must provide the goods and the commercial invoice in conformity with the contract of sale and any other evidence of conformity that may be required by the contract.
Any document referred to in A1–A10 may be an equivalent electronic record or procedure if agreed between the parties or customary.

A2 Licences, authorizations, security clearances and other formalities

Where applicable, the seller must obtain, at its own risk and expense, any export licence and other official authorization and carry out all customs formalities necessary for the export of the goods and for their transport through any country prior to delivery.

A3 Contracts of carriage and insurance

a) Contract of carriage
The seller must contract at its own expense for the carriage of the goods to the named place of destination or to the agreed point, if any, at the named place of destination. If a specific point is not agreed or is not determined by practice, the seller may select the point at the named place of destination that best suits its purpose.
b) Contract of insurance
The seller has no obligation to the buyer to make a contract of insurance. However, the seller must provide the buyer, at the buyer' s request, risk, and expense (if any), with information that the buyer needs for obtaining insurance.

A4 Delivery

The seller must deliver the goods by placing them at the disposal of the buyer on the arriving means of transport ready for unloading at the agreed point, if any, at the named place of destination on the agreed date or within the agreed period.

B THE BUYER'S OBLIGATIONS

B1 General obligations of the buyer

The buyer must pay the price of the goods as provided in the contract of sale.
Any document referred to in B1–B10 may be an equivalent electronic record or procedure if agreed between the parties or customary.

B2 Licences, authorizations, security clearances and other formalities

Where applicable, the buyer must obtain, at its own risk and expense, any import licence or other official authorization and carry out all customs formalities for the import of the goods.

B3 Contracts of carriage and insurance

a) Contract of carriage
The buyer has no obligation to the seller to make a contract of carriage.
b) Contract of insurance
The buyer has no obligation to the seller to make a contract of insurance. However, the buyer must provide the seller, upon request, with the necessary information for obtaining insurance.

B4 Taking delivery

The buyer must take delivery of the goods when they have been delivered as envisaged in A4.

A5 Transfer of risks

The seller bears all risks of loss of or damage to the goods until they have been delivered in accordance with A4, with the exception of loss or damage in the circumstances described in B5.

A6 Allocation of costs

The seller must pay
a) in addition to costs resulting from A3 a), all costs relating to the goods until they have been delivered in accordance with A4, other than those payable by the buyer as envisaged in B6;
b) any charges for unloading at the place of destination that were for the seller' s

account under the contract of carriage; and
c) where applicable, the costs of customs formalities necessary for export as well as all duties, taxes and other charges payable upon export and the costs for their transport through any country, prior to delivery in accordance with A4.

A7 Notices to the buyer

The seller must give the buyer any notice needed in order to allow the buyer to take measures that are normally necessary to enable the buyer to take delivery of the goods.

A8 Delivery document

The seller must provide the buyer, at the seller's expense, with a document enabling the buyer to take delivery of the goods as envisaged in A4/B4.

B5 Transfer of risks

The buyer bears all risks of loss of or damage to the goods from the time they have been delivered as envisaged in A4.
If
a) the buyer fails to fulfil its obligations in accordance with B2, then it bears all resulting risks of loss of or damage to the goods; or
b) the buyer fails to give notice in accordance with B7, then it bears all risks of loss of or damage to the goods from the agreed date or the expiry date of the agreed period for delivery,
provided that the goods have been clearly identified as the contract goods.

B6 Allocation of costs

The buyer must pay
a) all costs relating to the goods from the time they have been delivered as envisaged in A4;
b) all costs of unloading necessary to take delivery of the goods from the arriving means of transport at the named place of destination, unless such costs were for the seller's account under the contract of carriage;
c) any additional costs incurred by the seller if the buyer fails to fulfil its obligations in accordance with B2 or to give notice in accordance with B7, provided that the goods have been clearly identified as the contract goods; and
d) where applicable, the costs of customs formalities, as well as all duties, taxes and other charges payable upon import of the goods.

B7 Notices to the seller

The buyer must, whenever it is entitled to determine the time within an agreed period and/or the point of taking delivery within the named place of destination, give the seller sufficient notice thereof.

B8 Proof of delivery

The buyer must accept the delivery document provided as envisaged in A8.

A9 Checking–packaging–marking

The seller must pay the costs of those checking operations (such as checking quality, measuring, weighing, counting) that are necessary for the purpose of delivering the goods in accordance with A4, as well as the costs of any pre–shipment inspection mandated by the authority of the country of export.
The seller must, at its own expense, package the goods, unless it is usual for the particular trade to transport the type of goods sold unpackaged. The seller may package the goods in the manner appropriate for their transport, unless the buyer has notified the seller of specific packaging requirements before the contract of sale is concluded. Packaging is to be marked appropriately.

A10 Assistance with information and related costs

The seller must, where applicable, in a timely manner, provide to or render assistance in obtaining for the buyer, at the buyer' s request, risk and expense, any documents and information, including security–related information, that the buyer needs for the import of the goods and/or for their transport to the final destination.
The seller must reimburse the buyer for all costs and charges incurred by the buyer in providing or rendering assistance in obtaining documents and information as envisaged in B10.

B9 Inspection of goods

The buyer must pay the costs of any mandatory pre–shipment inspection, except when such inspection is mandated by the authorities of the country of export.

B10 Assistance with information and related costs

The buyer must, in a timely manner, advise the seller of any security information

requirements so that the seller may comply with A10.
The buyer must reimburse the seller for all costs and charges incurred by the seller in providing or rendering assistance in obtaining documents and information as envisaged in A10.
The buyer must, where applicable, in a timely manner, provide to or render assistance in obtaining for the seller, at the seller' s request, risk and expense, any documents and information, including security-related information, that the seller needs for the transport and export of the goods and for their transport through any country.

DDP

DELIVERED DUTY PAID

DDP (insert named place of destination) Incoterms® 2010

GUIDANCE NOTE

This rule may be used irrespective of the mode of transport selected and may also be used where more than one mode of transport is employed.
"Delivered Duty Paid" means that the seller delivers the goods when the goods are placed at the disposal of the buyer, cleared for import on the arriving means of transport ready for unloading at the named place of destination. The seller bears all the costs and risks involved in bringing the goods to the place of destination and has an obligation to clear the goods not only for export but also for import, to pay any duty for both export and import and to carry out all customs formalities.
DDP represents the maximum obligation for the seller.
The parties are well advised to specify as clearly as possible the point within the agreed place of destination, as the costs and risks to that point are for the account of the seller. The seller is advised to procure contracts of carriage that match this choice precisely. If the seller incurs costs under its contract of carriage related to unloading at the place of destination, the seller is not entitled to recover such costs from the buyer unless otherwise agreed between the parties.
The parties are well advised not to use DDP if the seller is unable directly or indirectly to obtain import clearance.
If the parties wish the buyer to bear all risks and costs of import clearance, the DAP rule should be used.
Any VAT or other taxes payable upon import are for the seller' s account unless expressly agreed otherwise in the sales contract.

A THE SELLER'S OBLIGATIONS

A1 General obligations of the seller

The seller must provide the goods and the commercial invoice in conformity with the contract of sale and any other evidence of conformity that may be required by the contract.

Any document referred to in A1–A10 may be an equivalent electronic record or procedure if agreed between the parties orcustomary.

A2 Licences, authorizations, security clearances and other formalities

Where applicable, the seller must obtain, at its own risk and expense, any export and import licence and other official authorization and carry out all customs formalities necessary for the export of the goods, for their transport through any country and for their import.

A3 Contracts of carriage and insurance

a) Contract of carriage

The seller must contract at its own expense for the carriage of the goods to the named place of destination or to the agreed point, if any, at the named place of destination. If a specific point is not agreed or is not determined by practice, the seller may select the point at the named place of destination that best suits its purpose.

b) Contract of insurance

The seller has no obligation to the buyer to make a contract of insurance. However, the seller must provide the buyer, at the buyer' s request, risk, and expense (if any), with information that the buyer needs for obtaining insurance.

A4 Delivery

The seller must deliver the goods by placing them at the disposal of the buyer on the arriving means of transport ready for unloading at the agreed point, if any, at the named place of destination on the agreed date or within the agreed period.

B THE BUYER' OBLIGATIONS

B1 General obligations of the buyer

The buyer must pay the price of the goods as provided in the contract of sale.

Any document referred to in B1–B10 may be an equivalent electronic record or procedure if agreed between the parties or customary.

B2 Licences, authorizations, security clearances and other formalities

Where applicable, the buyer must provide assistance to the seller, at the seller' s request, risk and expense, in obtaining any import licence or other official authorization for the import of the goods.

B3 Contracts of carriage and insurance

a) Contract of carriage
The buyer has no obligation to the seller to make a contract of carriage.
b) Contract of insurance
The buyer has no obligation to the seller to make a contract of insurance. However, the buyer must provide the seller, upon request, with the necessary information for obtaining insurance.

B4 Taking delivery

The buyer must take delivery of the goods when they have been delivered as envisaged in A4.

A5 Transfer of risks

The seller bears all risks of loss of or damage to the goods until they have been delivered in accordance with A4, with the exception of loss or damage in the circumstances described in B5.

A6 Allocation of costs

The seller must pay
a) in addition to costs resulting from A3 a), all costs relating to the goods until they have been delivered in accordance with A4, other than those payable by the buyer as envisaged in B6;
b) any charges for unloading at the place of destination that were for the seller' s account under the contract of carriage; and
c) where applicable, the costs of customs formalities necessary for export and import as well as all duties, taxes and other charges payable upon export and import of the goods, and the costs for their transport through any country prior to delivery in accordance with A4.

A7 Notices to the buyer

The seller must give the buyer any notice needed in order to allow the buyer to take measures that are normally necessary to enable the buyer to take delivery of the goods.

A8 Delivery document

The seller must provide the buyer, at the seller' s expense, with a document enabling the buyer to take delivery of the goods as envisaged in A4/B4.

B5 Transfer of risks

The buyer bears all risks of loss of or damage to the goods from the time they have been delivered as envisaged in A4.
If
a) the buyer fails to fulfil its obligations in accordance with B2, then it bears all resulting risks of loss of or damage to the goods; or
b) the buyer fails to give notice in accordance with B7, then it bears all risks of loss of or damage to the goods from the agreed date or the expiry date of the agreed period for delivery,
provided that the goods have been clearly identified as the contract goods.

B6 Allocation of costs

The buyer must pay
a) all costs relating to the goods from the time they have been delivered as envisaged in A4;
b) all costs of unloading necessary to take delivery of the goods from the arriving means of transport at the named place of destination, unless such costs were for the seller' s account under the contract of carriage; and
c) any additional costs incurred if it fails to fulfil its obligations in accordance with B2 or to give notice in accordance with B7, provided that the goods have been clearly identified as the contract goods.

B7 Notices to the seller

The buyer must, whenever it is entitled to determine the time within an agreed period and/or the point of taking delivery within the named place of destination, give the seller sufficient notice thereof.

B8 Proof of delivery

The buyer must accept the proof of delivery provided as envisaged in A8.

A9 Checking-packaging-marking

The seller must pay the costs of those checking operations (such as checking quality, measuring, weighing, counting) that are necessary for the purpose of delivering the goods in accordance with A4, as well as the costs of any pre-shipment inspection mandated by the authority of the country of export or of import.

The seller must, at its own expense, package the goods, unless it is usual for the particular trade to transport the type of goods sold unpackaged. The seller may package the goods in the manner appropriate for their transport, unless the buyer has notified the seller of specific packaging requirements before the contract of sale is concluded. Packaging is to be marked appropriately.

A10 Assistance with information and related costs

The seller must, where applicable, in a timely manner, provide to or render assistance in obtaining for the buyer, at the buyer' s request, risk and expense, any documents and information, including security-related information, that the buyer needs for the transport of the goods to the final destination, where applicable, from the named place of destination.

The seller must reimburse the buyer for all costs and charges incurred by the buyer in providing or rendering assistance in obtaining documents and information as envisaged in B10.

B9 Inspection of goods

The buyer has no obligation to the seller to pay the costs of any mandatory pre-shipment inspection mandated by the authority of the country of export or of import.

B10 Assistance with information and related costs

The buyer must, in a timely manner, advise the seller of any security information requirements so that the seller may comply with A10.

The buyer must reimburse the seller for all costs and charges incurred by the seller in providing or rendering assistance in obtaining documents and information as envisaged in A10.

The buyer must, where applicable, in a timely manner, provide to or render assistance in obtaining for the seller, at the seller's request, risk and expense, any documents and information, including security-related information, that the seller needs for the transport, export and import of the goods and for their transport through any country.

RULES FOR SEA AND INLAND WATERWAY TRANSPORT

FAS

FREE ALONGSIDE SHIP

FAS(insert named port of shipment) Incoterms® 2010

GUIDANCE NOTE

This rule is to be used only for sea or inland waterway transport.

"Free Alongside Ship" means that the seller delivers when the goods are placed alongside the vessel (e.g., on a quay or a barge) nominated by the buyer at the named port of shipment. The risk of loss of or damage to the goods passes when the goods are alongside the ship, and the buyer bears all costs from that moment onwards.

The parties are well advised to specify as clearly as possible the loading point at the named port of shipment, as the costs and risks to that point are for the account of the seller and these costs and associated handling charges may vary according to the practice of the port.

The seller is required either to deliver the goods alongside the ship or to procure goods already so delivered for shipment. The reference to "procure" here caters for multiple sales down a chain ('string sales'), particularly common in the commodity trades.

Where the goods are in containers, it is typical for the seller to hand the goods over to the carrier at a terminal and not alongside the vessel. In such situations, the FAS rule would be inappropriate, and the FCA rule should be used.

FAS requires the seller to clear the goods for export, where applicable. However, the seller has no obligation to clear the goods for import, pay any import duty or carry out any import customs formalities.

A THE SELLER'S OBLIGATIONS

A1 General obligations of the seller

The seller must provide the goods and the commercial invoice in conformity with the contract of sale and any other evidence of conformity that may be required by the contract.
Any document referred to in A1–A10 may be an equivalent electronic record or procedure if agreed between the parties or customary.

A2 Licences, authorizations, security clearances and other formalities

Where applicable, the seller must obtain, at its own risk and expense, any export licence or other official authorization and carry out all customs formalities necessary for the export of the goods.

A3 Contracts of carriage and insurance

a) Contract of carriage
The seller has no obligation to the buyer to make a contract of carriage. However, if requested by the buyer or if it is commercial practice and the buyer does not give an instruction to the contrary in due time, the seller may contract for carriage on usual terms at the buyer' s risk and expense. In either case, the seller may decline to make the contract of carriage and, if it does, shall promptly notify the buyer.
b) Contract of insurance
The seller has no obligation to the buyer to make a contract of insurance. However, the seller must provide the buyer, at the buyer' s request, risk, and expense (if any), with information that the buyer needs for obtaining insurance.

A4 Delivery

The seller must deliver the goods either by placing them alongside the ship nominated by the buyer at the loading point, if any, indicated by the buyer at the named port of shipment or by procuring the goods so delivered. In either case, the seller must deliver the goods on the agreed date or within the agreed period and in the manner customary at the port.
If no specific loading point has been indicated by the buyer, the seller may select the point within the named port of shipment that best suits its purpose. If the parties have agreed that delivery should take place within a period, the buyer has the option to choose the date within that period.

B THE BUYER'S OBLIGATIONS

B1 General obligations of the buyer

The buyer must pay the price of the goods as provided in the contract of sale.
Any document referred to in B1–B10 may be an equivalent electronic record or procedure if agreed between the parties or customary.

B2 Licences, authorizations, security clearances and other formalities

Where applicable, it is up to the buyer to obtain, at its own risk and expense, any import licence or other official authorization and carry out all customs formalities for the import of the goods and for their transport through any country.

B3 Contracts of carriage and insurance

a) Contract of carriage
The buyer must contract, at its own expense for the carriage of the goods from the named port of shipment, except where the contract of carriage is made by the seller as provided for in A3 a).
b) Contract of insurance
The buyer has no obligation to the seller to make a contract of insurance.

B4 Taking delivery

The buyer must take delivery of the goods when they have been delivered as envisaged in A4.

A5 Transfer of risks

The seller bears all risks of loss of or damage to the goods until they have been delivered in accordance with A4 with the exception of loss or damage in the circumstances described in B5.

A6 Allocation of costs

The seller must pay
a) all costs relating to the goods until they have been delivered in accordance with A4, other than those payable by the buyer as envisaged in B6; and
b) where applicable, the costs of customs formalities necessary for export as well as all duties, taxes and other charges payable upon export.

A7 Notices to the buyer

The seller must, at the buyer' s risk and expense, give the buyer sufficient notice either that the goods have been delivered in accordance with A4 or that the vessel has failed to take the goods within the time agreed.

B5 Transfer of risks

The buyer bears all risks of loss of or damage to the goods from the time they have been delivered as envisaged in A4.
If
a) the buyer fails to give notice in accordance with B7; or
b) the vessel nominated by the buyer fails to arrive on time, or fails to take the goods or closes for cargo earlier than the time notified in accordance with B7;
then the buyer bears all risks of loss of or damage to the goods from the agreed date or the expiry date of the agreed period for delivery, provided that the goods have been clearly identified as the contract goods.

B6 Allocation of costs

The buyer must pay
a) all costs relating to the goods from the time they have been delivered as envisaged in A4, except, where applicable, the costs of customs formalities necessary for export as well as all duties, taxes, and other charges payable upon export as referred to in A6 b);
b) any additional costs incurred, either because:
(i) the buyer has failed to give appropriate notice in accordance with B7, or
(ii) the vessel nominated by the buyer fails to arrive on time, is unable to take the goods, or closes for cargo earlier than the time notified in accordance with B7,
provided that the goods have been clearly identified as the contract goods; and
c) where applicable, all duties, taxes and other charges, as well as the costs of carrying out customs formalities payable upon import of the goods and the costs for their transport through any country.

B7 Notices to the seller

The buyer must give the seller sufficient notice of the vessel name, loading point and, where necessary, the selected delivery time within the agreed period.

A8 Delivery document

The seller must provide the buyer, at the seller' s expense, with the usual proof that the goods have been delivered in accordance with A4.
Unless such proof is a transport document, the seller must provide assistance to the buyer, at the buyer' s request, risk and expense, in obtaining a transport document.

A9 Checking–packaging–marking

The seller must pay the costs of those checking operations (such as checking quality, measuring, weighing, counting) that are necessary for the purpose of delivering the goods in accordance with A4, as well as the costs of any pre-shipment inspection mandated by the authority of the country of export.
The seller must, at its own expense, package the goods, unless it is usual for the particular trade to transport the type of goods sold unpackaged. The seller may package the goods in the manner appropriate for their transport, unless the buyer has notified the seller of specific packaging requirements before the contract of sale is concluded. Packaging is to be marked appropriately.

A10 Assistance with information and related costs

The seller must, where applicable, in a timely manner, provide to or render assistance in obtaining for the buyer, at the buyer' s request, risk and expense, any documents and information, including security-related information, that the buyer needs for the import of the goods and/or for their transport to the final destination.
The seller must reimburse the buyer for all costs and charges incurred by the buyer in providing or rendering assistance in obtaining documents and information as envisaged in B10.

B8 Proof of delivery

The buyer must accept the proof of delivery provided as envisaged in A8.

B9 Inspection of goods

The buyer must pay the costs of any mandatory pre-shipment inspection, except when such inspection is mandated by the authorities of the country of export.

B10 Assistance with information and related costs

The buyer must, in a timely manner, advise the seller of any security information

requirements so that the seller may comply with A10.
The buyer must reimburse the seller for all costs and charges incurred by the seller in providing or rendering assistance in obtaining documents and information as envisaged in A10.
The buyer must, where applicable, in a timely manner, provide to or render assistance in obtaining for the seller, at the seller' s request, risk and expense, any documents and information, including security-related information, that the seller needs for the transport and export of the goods and for their transport through any country.

FOB

FREE ON BOARD

FOB (insert named port of shipment) Incoterms® 2010

GUIDANCE NOTE

This rule is to be used only for sea or inland waterway transport.
"Free on Board" means that the seller delivers the goods on board the vessel nominated by the buyer at the named port of shipment or procures the goods already so delivered. The risk of loss of or damage to the goods passes when the goods are on board the vessel, and the buyer bears all costs from that moment onwards.
The seller is required either to deliver the goods on board the vessel or to procure goods already so delivered for shipment. The reference to "procure" here caters for multiple sales down a chain ('string sales'), particularly common in the commodity trades.
FOB may not be appropriate where goods are handed over to the carrier before they are on board the vessel, for example goods in containers, which are typically delivered at a terminal. In such situations, the FCA rule should be used.
FOB requires the seller to clear the goods for export, where applicable. However, the seller has no obligation to clear the goods for import, pay any import duty or carry out any import customs formalities.

A THE SELLER'S OBLIGATIONS

A1 General obligations of the seller

The seller must provide the goods and the commercial invoice in conformity with the contract of sale and any other evidence of conformity that may be required by the

contract.
Any document referred to in A1–A10 may be an equivalent electronic record or procedure if agreed between the parties or customary.

A2 Licences, authorizations, security clearances and other formalities

Where applicable, the seller must obtain, at its own risk and expense, any export licence or other official authorization and carry out all customs formalities necessary for the export of the goods.

A3 Contracts of carriage and insurance

a) Contract of carriage
The seller has no obligation to the buyer to make a contract of carriage. However, if requested by the buyer or if it is commercial practice and the buyer does not give an instruction to the contrary in due time, the seller may contract for carriage on usual terms at the buyer' s risk and expense. In either case, the seller may decline to make the contract of carriage and, if it does, shall promptly notify the buyer.
b) Contract of insurance
The seller has no obligation to the buyer to make a contract of insurance. However, the seller must provide the buyer, at the buyer' s request, risk, and expense (if any), with information that the buyer needs for obtaining insurance.

A4 Delivery

The seller must deliver the goods either by placing them on board the vessel nominated by the buyer at the loading point, if any, indicated by the buyer at the named port of shipment or by procuring the goods so delivered. In either case, the seller must deliver the goods on the agreed date or within the agreed period and in the manner customary at the port.
If no specific loading point has been indicated by the buyer, the seller may select the point within the named port of shipment that best suits its purpose.

B THE BUYER'S OBLIGATIONS

B1 General obligations of the buyer

The buyer must pay the price of the goods as provided in the contract of sale.
Any document referred to in B1–B10 may be an equivalent electronic record or procedure if agreed between the parties or customary.

B2 Licences, authorizations, security clearances and other formalities

Where applicable, it is up to the buyer to obtain, at its own risk and expense, any import licence or other official authorization and carry out all customs formalities for the import of the goods and for their transport through any country.

B3 Contracts of carriage and insurance

a) Contract of carriage
The buyer must contract, at its own expense for the carriage of the goods from the named port of shipment, except where the contract of carriage is made by the seller as provided for in A3 a).
b) Contract of insurance
The buyer has no obligation to the seller to make a contract of insurance.

B4 Taking delivery

The buyer must take delivery of the goods when they have been delivered as envisaged in A4.

A5 Transfer of risks

The seller bears all risks of loss of or damage to the goods until they have been delivered in accordance with A4 with the exception of loss or damage in the circumstances described in B5.

A6 Allocation of costs

The seller must pay
a) all costs relating to the goods until they have been delivered in accordance with A4, other than those payable by the buyer as envisaged in B6; and
b) where applicable, the costs of customs formalities necessary for export, as well as all duties, taxes and other charges payable upon export.

B5 Transfer of risks

The buyer bears all risks of loss of or damage to the goods from the time they have been delivered as envisaged in A4.
If
a) the buyer fails to notify the nomination of a vessel in accordance with B7; or

b) the vessel nominated by the buyer fails to arrive on time to enable the seller to comply with A4, is unable to take the goods, or closes for cargo earlier than the time notified in accordance with B7;
then, the buyer bears all risks of loss of or damage to the goods:
(i) from the agreed date, or in the absence of an agreed date,
(ii) from the date notified by the seller under A7 within the agreed period, or, if no such date has been notified,
(iii) from the expiry date of any agreed period for delivery,
provided that the goods have been clearly identified as the contract goods.

B6 Allocation of costs

The buyer must pay
a) all costs relating to the goods from the time they have been delivered as envisaged in A4, except, where applicable, the costs of customs formalities necessary for export, as well as all duties, taxes and other charges payable upon export as referred to in A6 b);
b) any additional costs incurred, either because:
(i) the buyer has failed to give appropriate notice in accordance with B7, or
(ii) the vessel nominated by the buyer fails to arrive on time, is unable to take the goods, or closes for cargo earlier than the time notified in accordance with B7,
provided that the goods have been clearly identified as the contract goods; and
c) where applicable, all duties, taxes and other charges, as well as the costs of carrying out customs formalities payable upon import of the goods and the costs for their transport through any country.

A7 Notices to the buyer

The seller must, at the buyer's risk and expense, give the buyer sufficient notice either that the goods have been delivered in accordance with A4 or that the vessel has failed to take the goods within the time agreed.

A8 Delivery document

The seller must provide the buyer, at the seller's expense, with the usual proof that the goods have been delivered in accordance with A4.
Unless such proof is a transport document, the seller must provide assistance to the buyer, at the buyer's request, risk and expense, in obtaining a transport document.

A9 Checking-packaging-marking

The seller must pay the costs of those checking operations (such as checking quality, measuring, weighing, counting) that are necessary for the purpose of delivering the goods in accordance with A4, as well as the costs of any pre-shipment inspection mandated by the authority of the country of export.
The seller must, at its own expense, package the goods, unless it is usual for the particular trade to transport the type of goods sold unpackaged. The seller may package the goods in the manner appropriate for their transport, unless the buyer has notified the seller of specific packaging requirements before the contract of sale is concluded. Packaging is to be marked appropriately.

A10 Assistance with information and related costs

The seller must, where applicable, in a timely manner, provide to or render assistance in obtaining for the buyer, at the buyer' s request, risk and expense, any documents and information, including security-related information, that the buyer needs for the import of the goods and/or for their transport to the final destination.
The seller must reimburse the buyer for all costs and charges incurred by the buyer in providing or rendering assistance in obtaining documents and information as envisaged in B10.

B7 Notices to the seller

The buyer must give the seller sufficient notice of the vessel name, loading point and, where necessary, the selected delivery time within the agreed period.

B8 Proof of delivery

The buyer must accept the proof of delivery provided as envisaged in A8.

B9 Inspection of goods

The buyer must pay the costs of any mandatory pre-shipment inspection, except when such inspection is mandated by the authorities of the country of export.

B10 Assistance with information and related costs

The buyer must, in a timely manner, advise the seller of any security information requirements so that the seller may comply with A10.
The buyer must reimburse the seller for all costs and charges incurred by the seller in

providing or rendering assistance in obtaining documents and information as envisaged in A10.
The buyer must, where applicable, in a timely manner, provide to or render assistance in obtaining for the seller, at the seller' s request, risk and expense, any documents and information, including security-related information, that the seller needs for the transport and export of the goods and for their transport through any country.

CFR

COST AND FREIGHT

CFR(insert named port of destination) Incoterms® 2010

GUIDANCE NOTE

This rule is to be used only for sea or inland waterway transport.
"Cost and Freight" means that the seller delivers the goods on board the vessel or procures the goods already so delivered. The risk of loss of or damage to the goods passes when the goods are on board the vessel. The seller must contract for and pay the costs and freight necessary to bring the goods to the named port of destination.
When CPT, CIP, CFR or CIF are used, the seller fulfils its obligation to deliver when it hands the goods over to the carrier in the manner specified in the chosen rule and not when the goods reach the place of destination.
This rule has two critical points, because risk passes and costs are transferred at different places. While the contract will always specify a destination port, it might not specify the port of shipment, which is where risk passes to the buyer. If the shipment port is of particular interest to the buyer, the parties are well advised to identify it as precisely as possible in the contract.
The parties are well advised to identify as precisely as possible the point at the agreed port of destination, as the costs to that point are for the account of the seller. The seller is advised to procure contracts of carriage that match this choice precisely. If the seller incurs costs under its contract of carriage related to unloading at the specified point at the port of destination, the seller is not entitled to recover such costs from the buyer unless otherwise agreed between the parties.
The seller is required either to deliver the goods on board the vessel or to procure goods already so delivered for shipment to the destination.
In addition, the seller is required either to make a contract of carriage or to procure such a contract. The reference to "procure" here caters for multiple sales down a chain ('string sales'), particularly common in the commodity trades.

CFR may not be appropriate where goods are handed over to the carrier before they are on board the vessel, for example goods in containers, which are typically delivered at a terminal. In such circumstances, the CPT rule should be used.
CFR requires the seller to clear the goods for export, where applicable. However, the seller has no obligation to clear the goods for import, pay any import duty or carry out any import customs formalities.

A THE SELLER'S OBLIGATIONS

A1 General obligations of the seller

The seller must provide the goods and the commercial invoice in conformity with the contract of sale and any other evidence of conformity that may be required by the contract.
Any document referred to in A1–A10 may be an equivalent electronic record or procedure if agreed between the parties or customary.

A2 Licences, authorizations, security clearances and other formalities

Where applicable, the seller must obtain, at its own risk and expense, any export licence or other official authorization and carry out all customs formalities necessary for the export of the goods.

A3 Contracts of carriage and insurance

a) Contract of carriage
The seller must contract or procure a contract for the carriage of the goods from the agreed point of delivery, if any, at the place of delivery to the named port of destination or, if agreed, any point at that port. The contract of carriage must be made on usual terms at the seller' s expense and provide for carriage by the usual route in a vessel of the type normally used for the transport of the type of goods sold.
b) Contract of insurance
The seller has no obligation to the buyer to make a contract of insurance. However, the seller must provide the buyer, at the buyer' s request, risk, and expense (if any), with information that the buyer needs for obtaining insurance.

A4 Delivery

The seller must deliver the goods either by placing them on board the vessel or by procuring the goods so delivered. In either case, the seller must deliver the goods on the agreed date or within the agreed period and in the manner customary at the port.

B THE BUYER'S OBLIGATIONS

B1 General obligations of the buyer

The buyer must pay the price of the goods as provided in the contract of sale.
Any document referred to in B1–B10 may be an equivalent electronic record or procedure if agreed between the parties or customary.

B2 Licences, authorizations, security clearances and other formalities

Where applicable, it is up to the buyer to obtain, at its own risk and expense, any import licence or other official authorization and carry out all customs formalities for the import of the goods and for their transport through any country.

B3 Contracts of carriage and insurance

a) Contract of carriage
The buyer has no obligation to the seller to make a contract of carriage.
b) Contract of insurance
The buyer has no obligation to the seller to make a contract of insurance. However, the buyer must provide the seller, upon request, with the necessary information for obtaining insurance.

B4 Taking delivery

The buyer must take delivery of the goods when they have been delivered as envisaged in A4 and receive them from the carrier at the named port of destination.

A5 Transfer of risks

The seller bears all risks of loss of or damage to the goods until they have been delivered in accordance with A4, with the exception of loss or damage in the circumstances described in B5.

A6 Allocation of costs

The seller must pay
a) all costs relating to the goods until they have been delivered in accordance with A4, other than those payable by the buyer as envisaged in B6;

b) the freight and all other costs resulting from A3 a), including the costs of loading the goods on board and any charges for unloading at the agreed port of discharge that were for the seller's account under the contract of carriage; and
c) where applicable, the costs of customs formalities necessary for export as well as all duties, taxes and other charges payable upon export, and the costs for their transport through any country that were for the seller's account under the contract of carriage.

A7 Notices to the buyer

The seller must give the buyer any notice needed in order to allow the buyer to take measures that are normally necessary to enable the buyer to take the goods.

B5 Transfer of risks

The buyer bears all risks of loss of or damage to the goods from the time they have been delivered as envisaged in A4.
If the buyer fails to give notice in accordance with B7, then it bears all risks of loss of or damage to the goods from the agreed date or the expiry date of the agreed period for shipment, provided that the goods have been clearly identified as the contract goods.

B6 Allocation of costs

The buyer must, subject to the provisions of A3 a), pay
a) all costs relating to the goods from the time they have been delivered as envisaged in A4, except, where applicable, the costs of customs formalities necessary for export as well as all duties, taxes, and other charges payable upon export as referred to in A6 c);
b) all costs and charges relating to the goods while in transit until their arrival at the port of destination, unless such costs and charges were for the seller's account under the contract of carriage;
c) unloading costs including lighterage and wharfage charges, unless such costs and charges were for the seller's account under the contract of carriage;
d) any additional costs incurred if it fails to give notice in accordance with B7, from the agreed date or the expiry date of the agreed period for shipment, provided that the goods have been clearly identified as the contract goods; and
e) where applicable, all duties, taxes and other charges, as well as the costs of carrying out customs formalities payable upon import of the goods and the costs for their transport through any country unless included within the cost of the contract of carriage.

B7 Notices to the seller

The buyer must, whenever it is entitled to determine the time for shipping the goods and/or the point of receiving the goods within the named port of destination, give the seller sufficient notice thereof.

A8 Delivery document

The seller must, at its own expense, provide the buyer without delay with the usual transport document for the agreed port of destination.
This transport document must cover the contract goods, be dated within the period agreed for shipment, enable the buyer to claim the goods from the carrier at the port of destination and, unless otherwise agreed, enable the buyer to sell the goods in transit by the transfer of the document to a subsequent buyer or by notification to the carrier.
When such a transport document is issued in negotiable form and in several originals, a full set of originals must be presented to the buyer.

A9 Checking–packaging–marking

The seller must pay the costs of those checking operations (such as checking quality, measuring, weighing, counting) that are necessary for the purpose of delivering the goods in accordance with A4, as well as the costs of any pre-shipment inspection mandated by the authority of the country of export.
The seller must, at its own expense, package the goods, unless it is usual for the particular trade to transport the type of goods sold unpackaged. The seller may package the goods in the manner appropriate for their transport, unless the buyer has notified the seller of specific packaging requirements before the contract of sale is concluded. Packaging is to be marked appropriately.

A10 Assistance with information and related costs

The seller must, where applicable, in a timely manner, provide to or render assistance in obtaining for the buyer, at the buyer's request, risk and expense, any documents and information, including security-related information, that the buyer needs for the import of the goods and/or for their transport to the final destination.
The seller must reimburse the buyer for all costs and charges incurred by the buyer in providing or rendering assistance in obtaining documents and information as envisaged in B10.

B8 Proof of delivery

The buyer must accept the transport document provided as envisaged in A8 if it is in conformity with the contract.

B9 Inspection of goods

The buyer must pay the costs of any mandatory pre-shipment inspection, except when such inspection is mandated by the authorities of the country of export.

B10 Assistance with information and related costs

The buyer must, in a timely manner, advise the seller of any security information requirements so that the seller may comply with A10.
The buyer must reimburse the seller for all costs and charges incurred by the seller in providing or rendering assistance in obtaining documents and information as envisaged in A10.
The buyer must, where applicable, in a timely manner, provide to or render assistance in obtaining for the seller, at the seller's request, risk and expense, any documents and information, including security-related information, that the seller needs for the transport and export of the goods and for their transport through any country.

CIF

COST, INSURANCE AND FREIGHT

CIF(insert named port of destination) Incoterms® 2010

GUIDANCE NOTE

This rule is to be used only for sea or inland waterway transport.
"Cost, Insurance and Freight" means that the seller delivers the goods on board the vessel or procures the goods already so delivered. The risk of loss of or damage to the goods passes when the goods are on board the vessel. The seller must contract for and pay the costs and freight necessary to bring the goods to the named port of destination. The seller also contracts for insurance cover against the buyer's risk of loss of or damage to the goods during the carriage. The buyer should note that under CIF the seller is required to obtain insurance only on minimum cover. Should the buyer wish to have more insurance protection, it will need either to agree as much expressly with the seller or to make its own extra insurance arrangements.

When CPT, CIP, CFR, or CIF are used, the seller fulfils its obligation to deliver when it hands the goods over to the carrier in the manner specified in the chosen rule and not when the goods reach the place of destination.

This rule has two critical points, because risk passes and costs are transferred at different places. While the contract will always specify a destination port, it might not specify the port of shipment, which is where risk passes to the buyer. If the shipment port is of particular interest to the buyer, the parties are well advised to identify it as precisely as possible in the contract.

The parties are well advised to identify as precisely as possible the point at the agreed port of destination, as the costs to that point are for the account of the seller. The seller is advised to procure contracts of carriage that match this choice precisely. If the seller incurs costs under its contract of carriage related to unloading at the specified point at the port of destination, the seller is not entitled to recover such costs from the buyer unless otherwise agreed between the parties.

The seller is required either to deliver the goods on board the vessel or to procure goods already so delivered for shipment to the destination. In addition the seller is required either to make a contract of carriage or to procure such a contract. The reference to "procure" here caters for multiple sales down a chain ('string sales'), particularly common in the commodity trades.

CIF may not be appropriate where goods are handed over to the carrier before they are on board the vessel, for example goods in containers, which are typically delivered at a terminal. In such circumstances, the CIP rule should be used.

CIF requires the seller to clear the goods for export, where applicable. However, the seller has no obligation to clear the goods for import, pay any import duty or carry out any import customs formalities.

A THE SELLER'S OBLIGATIONS

A1 General obligations of the seller

The seller must provide the goods and the commercial invoice in conformity with the contract of sale and any other evidence of conformity that may be required by the contract.

Any document referred to in A1–A10 may be an equivalent electronic record or procedure if agreed between the parties or customary.

A2 Licences, authorizations, security clearances and other formalities

Where applicable, the seller must obtain, at its own risk and expense, any export licence or other official authorization and carry out all customs formalities necessary for the export of the goods.

B THE BUYER'S OBLIGATIONS

B1 General obligations of the buyer

The buyer must pay the price of the goods as provided in the contract of sale.
Any document referred to in B1–B10 may be an equivalent electronic record or procedure if agreed between the parties or customary.

B2 Licences, authorizations, security clearances and formalities

Where applicable, it is up to the buyer to obtain, at its own risk and expense, any import licence or other official authorization and carry out all customs formalities for the import of the goods and for their transport through any country.

A3 Contracts of carriage and insurance

a) Contract of carriage
The seller must contract or procure a contract for the carriage of the goods from the agreed point of delivery, if any, at the place of delivery to the named port of destination or, if agreed, any point at that port. The contract of carriage must be made on usual terms at the seller' s expense and provide for carriage by the usual route in a vessel of the type normally used for the transport of the type of goods sold.
b) Contract of insurance
The seller must obtain, at its own expense, cargo insurance complying at least with the minimum cover provided by Clauses (C) of the Institute Cargo Clauses (LMA/IUA) or any similar clauses. The insurance shall be contracted with underwriters or an insurance company of good repute and entitle the buyer, or any other person having an insurable interest in the goods, to claim directly from the insurer.
When required by the buyer, the seller shall, subject to the buyer providing any necessary information requested by the seller, provide at the buyer' s expense any additional cover, if procurable, such as cover as provided by Clauses (A) or (B) of the Institute Cargo Clauses (LMA/IUA) or any similar clauses and/or cover complying with the Institute War

Clauses and/or Institute Strikes Clauses (LMA/IUA) or any similar clauses.
The insurance shall cover, at a minimum, the price provided in the contract plus 10% (i.e., 110%) and shall be in the currency of the contract.
The insurance shall cover the goods from the point of delivery set out in A4 and A5 to at least the named port of destination.
The seller must provide the buyer with the insurance policy or other evidence of insurance cover.
Moreover, the seller must provide the buyer, at the buyer' s request, risk, and expense (if any), with information that the buyer needs to procure any additional insurance.

A4 Delivery

The seller must deliver the goods either by placing them on board the vessel or by procuring the goods so delivered. In either case, the seller must deliver the goods on the agreed date or within the agreed period and in the manner customary at the port.

B3 Contracts of carriage and insurance

a) Contract of carriage
The buyer has no obligation to the seller to make a contract of carriage.
b) Contract of insurance
The buyer has no obligation to the seller to make a contract of insurance. However, the buyer must provide the seller, upon request, with any information necessary for the seller to procure any additional insurance requested by the buyer as envisaged in A3 b).

B4 Taking delivery

The buyer must take delivery of the goods when they have been delivered as envisaged in A4 and receive them from the carrier at the named port of destination.

A5 Transfer of risks

The seller bears all risks of loss of or damage to the goods until they have been delivered in accordance with A4, with the exception of loss or damage in the circumstances described in B5.

A6 Allocation of costs

The seller must pay
a) all costs relating to the goods until they have been delivered in accordance with A4,

other than those payable by the buyer as envisaged in B6;
b) the freight and all other costs resulting from A3 a), including the costs of loading the goods on board and any charges for unloading at the agreed port of discharge that were for the seller's account under the contract of carriage;
c) the costs of insurance resulting from A3 b); and
d) where applicable, the costs of customs formalities necessary for export, as well as all duties, taxes and other charges payable upon export, and the costs for their transport through any country that were for the seller's account under the contract of carriage.

B5 Transfer of risks

The buyer bears all risks of loss of or damage to the goods from the time they have been delivered as envisaged in A4.
If the buyer fails to give notice in accordance with B7, then it bears all risks of loss of or damage to the goods from the agreed date or the expiry date of the agreed period for shipment, provided that the goods have been clearly identified as the contract goods.

B6 Allocation of costs

The buyer must, subject to the provisions of A3 a), pay
a) all costs relating to the goods from the time they have been delivered as envisaged in A4, except, where applicable, the costs of customs formalities necessary for export, as well as all duties, taxes and other charges payable upon export as referred to in A6 d);
b) all costs and charges relating to the goods while in transit until their arrival at the port of destination, unless such costs and charges were for the seller's account under the contract of carriage;
c) unloading costs including lighterage and wharfage charges, unless such costs and charges were for the seller's account under the contract of carriage;
d) any additional costs incurred if it fails to give notice in accordance with B7, from the agreed date or the expiry date of the agreed period for shipment, provided that the goods have been clearly identified as the contract goods;
e) where applicable, all duties, taxes and other charges, as well as the costs of carrying out customs formalities payable upon import of the goods and the costs for their transport through any country, unless included within the cost of the contract of carriage; and
f) the costs of any additional insurance procured at the buyer's request under A3 b) and B3 b).

A7 Notices to the buyer

The seller must give the buyer any notice needed in order to allow the buyer to take measures that are normally necessary to enable the buyer to take the goods.

A8 Delivery document

The seller must, at its own expense provide the buyer without delay with the usual transport document for the agreed port of destination.
This transport document must cover the contract goods, be dated within the period agreed for shipment, enable the buyer to claim the goods from the carrier at the port of destination and, unless otherwise agreed, enable the buyer to sell the goods in transit by the transfer of the document to a subsequent buyer or by notification to the carrier.
When such a transport document is issued in negotiable form and in several originals, a full set of originals must be presented to the buyer.

A9 Checking–packaging–marking

The seller must pay the costs of those checking operations (such as checking quality, measuring, weighing, counting) that are necessary for the purpose of delivering the goods in accordance with A4, as well as the costs of any pre-shipment inspection mandated by the authority of the country of export.
The seller must, at its own expense, package the goods, unless it is usual for the particular trade to transport the type of goods sold unpackaged. The seller may package the goods in the manner appropriate for their transport, unless the buyer has notified the seller of specific packaging requirements before the contract of sale is concluded. Packaging is to be marked appropriately.

B7 Notices to the seller

The buyer must, whenever it is entitled to determine the time for shipping the goods and/or the point of receiving the goods within the named port of destination, give the seller sufficient notice thereof.

B8 Proof of delivery

The buyer must accept the transport document provided as envisaged in A8 if it is in conformity with the contract.

B9 Inspection of goods

The buyer must pay the costs of any mandatory pre-shipment inspection, except when such inspection is mandated by the authorities of the country of export.

A10 Assistance with information and related costs

The seller must, where applicable, in a timely manner, provide to or render assistance in obtaining for the buyer, at the buyer' s request, risk and expense, any documents and information, including security-related information, that the buyer needs for
the import of the goods and/or for their transport to the final destination.
The seller must reimburse the buyer for all costs and charges incurred by the buyer in providing or rendering assistance in obtaining documents and information as envisaged in B10.

B10 Assistance with information and related costs

The buyer must, in a timely manner, advise the seller of any security information requirements so that the seller may comply with A10.
The buyer must reimburse the seller for all costs and charges incurred by the seller in providing or rendering assistance in obtaining documents and information as envisaged in A10.
The buyer must, where applicable, in a timely manner, provide to or render assistance in obtaining for the seller, at the seller' s request, risk and expense, any documents and information, including security-related information, that the seller needs for the transport and export of the goods and for their transport through any country.